Allgemeines Deutsches Handelsgesetzbuch

Allgemeine Deutsche Wechselordnung

Nebst

den ergänzenden Reichsgesetzen.

Mit ausführlichem Sachregister.

Herausgegeben

von

Dr. Emil Friedberg,

Königl. Sächs. Geh. Hofrath und o. Prof. der Rechte an der Univ. Leipzig.

Zweite, um einen Nachtrag vermehrte Ausgabe.

Leipzig,

Verlag von Veit & Comp.

1892.

Der am Schluß befindliche **Nachtrag** enthält:

Vorrede.

Die in das Handelsrecht einschlagenden gemeinrechtlichen Normen sind nicht mehr allein in dem Handelsgesetzbuche und in der Wechselordnung zu finden. Auch die Reichsjustizgesetze, das Strafgesetzbuch, die Reichs-Konkurs-, die Reichs-Gewerbe-Ordnung u. s. w. müssen herangezogen werden.

Die von mir besorgte Ausgabe beabsichtigt, dies ganze Material zusammenzufassen. Daher sind keine Erklärungen zum Texte des Gesetzbuches gegeben, wohl aber die einschlagenden Bestimmungen der anderen Reichsgesetze mit abgedruckt worden, die umfangreicheren im Anhange.

Ich glaube damit einem Bedürfnisse für die Vorlesungen über Handelsrecht, welches ich wenigstens stets empfunden habe, und welches durch keine der bisherigen Ausgaben voll befriedigt wird, abzuhelfen. Aber auch für kaufmännische Kreise, meine ich, wird es werthvoll sein, den gesammten Rechtsstoff zusammengefaßt zur Hand zu haben. Sind diese doch noch weniger als die der jungen Juristen in der Lage, sich das in dem Gesetzbuche enthaltene Material nach allen Seiten hin ergänzen zu können.

Der ursprüngliche Text des Gesetzbuches ist mit deutschen Typen gedruckt; die späteren Abänderungen sind dagegen durch lateinischen Druck erkennbar gemacht.

Die ausführlichen Sach- und Quellenregister werden die Benutzung des Buches erleichtern.

Leipzig, im März 1890.

Emil Friedberg.

I. Inhaltsübersicht

Allgemeine deutsche Wechsel-Ordnung unter Berücksichtigung der Nürnberger Novellen.

Anhang.

II. Verzeichniß

der abgedruckten Reichsgesetze

nach der Zeitfolge geordnet.

Reichsrecht.

III. Verzeichniß der gebrauchten Abkürzungen.

ADWO = Allgemeine Deutsche Wechselordnung.
BGBl = Bundes-Gesetzblatt.
CPO = Civilprozeßordnung.
EG z. CPO = Einführungsgesetz zur Civilprozeßordnung.
EG z. KO = Einführungsgesetz zur Konkursordnung.
EG z. StPO = Einführungsgesetz zur Strafprozeßordnung.
G = Gesetz.
GO = Gewerbe-Ordnung.
GVG = Gerichtsverfassungsgesetz
HGB = Handelsgesetzbuch.
KO = Konkursordnung.
Nov. = Novelle.
RGBl = Reichs-Gesetzblatt.
RV = Reichsverfassung.
StGB = Strafgesetzbuch.
V = Verordnung.

Bundesgesetz,[1]

betreffend die Einführung der Allgemeinen Deutschen Wechsel-Ordnung, der Nürnberger Wechsel-Novellen und des Allgemeinen Deutschen Handelsgesetzbuches als Bundesgesetze. Vom 5. Juni 1869. (BGBl 379.)

Wir, Wilhelm, von Gottes Gnaden König von Preußen ꝛc., verordnen im Namen des Norddeutschen Bundes, nach erfolgter Zustimmung des Bundesrathes und des Reichstages, was folgt:

§ 1. Die Allgemeine Deutsche Wechsel-Ordnung (Anlage A) nebst den die Ergänzung und Erläuterung derselben betreffenden

---

[1] Gilt in Württemberg, Baden und Hessen nach Verf. d. Deutschen Bundes v. 31./12. 1870 Art. 80, 15 (RGBl 1870, 648); in Bayern nach RG 22./4. 1871 (RGBl 1871, 88). In Oesterreich gelten die A. D. Wechsel-O. nach Patent 25./1. 1850, die Nürnberger Novellen nach Justizministerial-Verordn. 2./11. 1858 (RGBl Nr. 197), die vier ersten Bücher des HGB (Allg. HGB f. d. Kaiserth. Oesterreich) nach G 17./12. 1862; doch ist für Transleithanien die Geltung dieser Gesetze aufgehoben worden durch Handelsgesetz 16./5. 1875 und Wechselgesetz 5./6. 1876. — Vgl. Deutsche RV Art. 4: Der Beaufsichtigung Seitens des Reiches und der Gesetzgebung desselben unterliegen die nachstehenden Angelegenheiten: 1) die Bestimmungen über ... den Gewerbebetrieb einschließlich des Versicherungswesens ...; 2) die Zoll- und Handelsgesetzgebung ...; 3) die Ordnung des Maß-, Münz- und Gewichtssystems, nebst Feststellung der Grundsätze über die Emission von fundirtem und unfundirtem Papiergeld; 4) die allgemeinen Bestimmungen über das Bankwesen; 5) die Erfindungspatente; 6) der Schutz des geistigen Eigenthums; 7) Organisation eines gemeinsamen Schutzes des deutschen Handels im Auslande, der deutschen Schiffahrt und ihrer Flagge zur See und Anordnung gemeinsamer konsularischer Vertretung, welche vom Reiche ausgestattet wird; 8) das Eisenbahnwesen, in Bayern vorbehältlich der Bestimmung im Art. 46, und die Herstellung von Land- und Wasserstraßen im Interesse der Landesvertheidigung und des allgemeinen Verkehrs; 9) der Flößerei- und Schiffahrtsbetrieb auf den mehreren Staaten gemeinsamen Wasserstraßen und der Zustand der letzteren, sowie die Fluß- und sonstigen Wasserzölle; desgleichen die Seeschiffahrtszeichen (Leuchtfeuer, Tonnen, Baken und sonstige Tagesmarken [Zusatz des G 3./3. 73]); 10) das Post- und Telegraphenwesen, jedoch

sogenannten Nürnberger Novellen (Anlage B), sowie das Allgemeine Deutsche Handelsgesetzbuch (Anlage C) werden zu Bundesgesetzen erklärt und als solche in das gesammte Bundesgebiet eingeführt, jedoch unbeschadet der Vorschriften des Bundesgesetzes über die Nationalität der Kauffahrteischiffe und ihre Befugniß zur Führung der Bundesflagge vom 25. October 1867 (BGBl 35) und des Bundesgesetzes über die Aufhebung der Schuldhaft vom 29. Mai 1868 (BGBl 237).

§ 2. Die bei oder nach der Einführung der Wechsel-Ordnung, der Nürnberger Novellen und des Handelsgesetzbuches in die einzelnen Bundesstaaten oder deren Landestheile im Wege der Landesgesetzgebung erlassenen Vorschriften bleiben als landesgesetzliche Vorschriften insoweit in Kraft, als sie nur eine Ergänzung und nicht eine Abänderung einer Bestimmung der Wechsel-Ordnung, der Nürnberger Novellen oder des Handelsgesetzbuches enthalten.

§ 3. Insbesondere bleiben folgende auf die Einführung der Wechsel-Ordnung und des Handelsgesetzbuches sich beziehende landesgesetzliche Vorschriften in Kraft:

A. in Aufhebung der Wechsel-Ordnung:

die Vorschriften der §§ 5—7 der für die freie und Hansestadt Hamburg am 5. März 1849 in Bezug auf die Einführung der Allgemeinen Deutschen Wechsel-Ordnung publizirten

---

in Bayern und Württemberg nur nach Maßgabe der Bestimmungen im Art. 52; 13) die gemeinsame Gesetzgebung über das gesammte bürgerliche Recht, das Strafrecht und das gerichtliche Verfahren (Fassung nach G 20./12. 73).

Die Landeseinführungsgesetze sind für: Preußen 24./6. 61 (in den 1866 einverleibten Provinzen sind die dortigen Einführungsgesetze: Hannover 5./10. 64; Kurhessen 3./5. 65; Nassau 2./10. 61; Frankfurt a/M. 17./10. 62; Landgrafenthum Hessen 25./8. 63 in Geltung geblieben, indessen ist durch V 24./8. 67 Art. 10 u. 11 des Preuß. G 24./6. 61 unter Aufhebung der entgegenstehenden Bestimmungen eingeführt worden. In Schleswig-Holstein V 5./7. 67; Lauenburg 21./10. 68. Im Jahdegebiet gilt nach G 9./3. 70 das hannöv. Einf.-G); Bayern 10./11. 61; Sachsen 30./10. 61; Württemberg 13./8. 65; Baden 6./8. 62; Hessen 1./1. 63; Mecklenburg-Schwerin V 28./12. 63; Weimar G 18./8. 62; Mecklenburg-Strelitz V 28./12. 63; Oldenburg G 18./4. 64; Braunschweig G 14./9. 63; S.-Meiningen G 25./6. 62; S.-Altenburg G 21./10. 63; S.-Gotha 11./7. 62; S.-Koburg 19./2. 62; Anhalt (Anh.-Bernburg G 14./7. 62 ist in Kraft geblieben; Anh.-Dessau-Köthen G 1./9. 63); Schwarzburg-Rudolstadt G 13./5. 64; Schwarzburg-Sondershausen G 30./5. 62; Waldeck G 11./2. 62; Reuß ä. L. G 12./5. 62; Reuß j. L. G 23./2. 63; Schaumburg-Lippe Ausführungs-V z. BG 5./6. 69 vom 11./12. 69; Lippe G 20./4. 64; Lübeck G 26./10. 63; Bremen V 11./5. 64; Hamburg G 22./12. 65; Elsaß-Lothringen G 19./6. 72 (siehe Anhang Nr. I).

Verordnung[1] und der entsprechenden §§ 8—10 der Königlich Preußischen Verordnung, betreffend die Einführung der Allgemeinen Deutschen Wechsel-Ordnung in die Herzogthümer Holstein und Schleswig, vom 13. Mai 1867;[2]

B. in Ansehung des Handelsgesetzbuches:

1) die Vorschriften, nach welchen unter Landesgesetzen im Sinne des Handelsgesetzbuches nicht blos die förmlichen Gesetze, sondern das gesammte Landesrecht zu verstehen und in Ansehung der betreffenden Vorbehalte des Handelsgesetzbuches die Erlassung maßgebender Vorschriften auf anderem Wege, als auf dem Wege der förmlichen Gesetzgebung, soweit dies nach dem Landesrecht zulässig, nicht ausgeschlossen ist;

2) die Vorschriften, welche in Ansehung der Eintragungen in das Handelsregister noch andere als die in dem Handelsgesetzbuch bestimmten Eintragungen zulassen oder gebieten;

3) die Vorschriften, welche den Prokuristen zur Ertheilung von Konsensen vor den mit der Führung der Eigenthums- und Hypothekenbücher oder der Schuld- und Pfandprotokolle beauftragten Behörden und Beamten nur für den Fall befugt erklären, daß demselben diese Befugniß besonders beigelegt ist;

4) die Vorschriften, welche bestimmen, daß die Vorschriften des Landesrechts über die rechtlichen Voraussetzungen für den Erwerb des Eigenthums an unbeweglichen Sachen durch die Bestimmungen des Handelsgesetzbuches nicht berührt werden;

---

[1] (Samml. d. Verordn. 21, 42): § 5. Bei einem in Banko zahlbaren Wechsel vertritt die auf denselben gesetzte Anweisung, an welches Bankokonto der Betrag abgeschrieben werden soll (Banko-Indorso), die Stelle der vor dem Empfange vorzunehmenden Quittirung des Wechsels.

§ 6. Ein auf Altona, zahlbar Hamburg, gezogener Wechsel gilt, wenn nicht ein bestimmter, in Hamburg wohnhafter Domiziliat darauf benannt ist, nicht als Domizilwechsel und ist daher in Altona zur Zahlung zu präsentiren.

§ 7. Die in den Artikeln 56 und 62 der Wechsel-Ordnung enthaltene Vorschrift der Präsentation des Wechsels an die auf den Zahlungsort lautenden Nothadressen gilt auch für Altonaische Nothadressen, welche sich auf einem auf Hamburg gezogenen, sowie für Hamburgische Nothadressen, welche sich auf einem auf Altona gezogenen Wechsel befinden.

[2] (GS 671) § 8 = Hamb. V § 5 u. s. w. anfangend: Bei einem in Altona in Hamburger Banko zahlbaren Wechsel ... § 9 wie oben § 6, doch mit dem Zusatze: Dasselbe gilt auch im umgekehrten Falle, wenn ein Wechsel auf Hamburg, zahlbar Altona, gezogen werden sollte. § 10 wie oben § 7 mit dem Unterschiede in der Fassung: Gilt auch für Hamburgische Nothadressen, sowie für Altonaer Nothadressen, welche sich auf einem auf Hamburg gezogenen Wechsel befinden.

5) die Vorschriften, welche die Anwendung des Artikels 295 des Handelsgesetzbuches insoweit beschränken, als sie die abweichenden Vorschriften, welche das bürgerliche Recht für die zur Eintragung in das Hypothekenbuch bestimmten Schuldurkunden enthält, in Kraft erhalten;
6) die Vorschriften, welche die Artikel 306 und 307 des Handelsgesetzbuches auf Inhaberpapiere, so lange dieselben außer Kurs gesetzt sind, für nicht anwendbar erklären;
7) die Vorschriften, welche bestimmen, daß unter Konkurs im Sinne des Handelsgesetzbuches auch das Falliment des Rheinischen Rechts und das Debitverfahren des Bremischen Rechts zu verstehen sei;
8) die Vorschriften, welche bestimmen, daß durch die Artikel 313 bis 316 des Handelsgesetzbuches die im bürgerlichen Rechte in einem weiteren Umfange begründete Zulassung des Zurückbehaltungsrechtes (Retentionsrechtes) nicht berührt werden (wird).

§ 4. Als Landesgesetze bleiben, auch insoweit sie Abänderungen des Handelsgesetzbuches enthalten, in Geltung:

für das Großherzogthum Mecklenburg-Schwerin:
die §§ 51—55 der die Publikation des Handelsgesetzbuches betreffenden Verordnung vom 28. Dezember 1863;[1]

für die freie Hansestadt Bremen:
die am 12. Februar 1866 publizirte, die Löschung der Seeschiffe betreffende obrigkeitliche Verordnung;[2]

---

[1] Siehe unten zu Art. 468.

[2] Die V v. 12./2. 66 (GS 2) wurde in § 7 abgeändert durch G 23./4. 76 (GS 54) und in dieser veränderten Gestalt noch einmal publizirt. Dann wurden die §§ 2—4 und 7 abgeändert durch G 6./5. 77 (GS 32). Demnach gelten jetzt folgende Normen: „Im Interesse des Frachtgeschäftes wird in Betreff derjenigen Seeschiffe, deren Frachtgut nach der Stadt Bremen bestimmt ist, deren Tiefgang aber bei gewöhnlichem Wasserstande das Hinauffahren bis zur Stadt Bremen nicht gestattet, in Gemäßheit verfassungsmäßiger Beschlußnahme das Nachstehende verordnet. § 1. Hinsichtlich der Bestimmung des Wasserplatzes unterhalb Bremen, an welchem der Schiffer das Schiff zur Löschung der Ladung hinzulegen hat, bleibt es bei dem bisherigen Recht, insbesondere bei der Verpflichtung des Schiffers, jeder rechtzeitigen Anweisung des Löschplatzes von Seiten der Ladungsempfänger Folge zu leisten. Unter allen Umständen gilt eine Anweisung als rechtzeitig, wenn sie innerhalb der nächsten 24 Stunden nach Ankunft des Schiffes auf der Rhede von Bremerhaven erfolgt. | In den Monaten November, Dezember, Januar und Februar und sobald außerdem die Weser nicht frei vom Eise ist, darf jedoch weder ein Ladungsempfänger einen Platz zum Löschen der Ladung anweisen, noch ein Schiffer in Ermangelung einer Anweisung einen Löschplatz wählen, der nicht

mit der Stadt Bremen durch eine Eisenbahn verbunden ist. § 2 (6./5. 77). Der Transport des Frachtgutes vom Löschplatz nach Bremen geschieht auf Gefahr und Kosten des Ladungsempfängers, welcher daher das Frachtgut am Löschplatze in Empfang zu nehmen hat. | Wegen verweigerter oder verzögerter Empfangnahme kommen die Vorschriften des Handelsgesetzbuches (Art. 595 ff.) über verweigerte oder verzögerte Abnahme zur Anwendung. | Die Uebernahme des Frachtgutes gilt aber erst nach Ankunft der Waare in Bremen als vollendet. Der Schiffer ist verpflichtet, das Frachtgut am Löschplatze auszuliefern, ohne vorab die Zahlung der Fracht oder die Erfüllung der übrigen Obliegenheiten des Empfängers oder deren Sicherstellung verlangen zu können, jedoch unbeschadet seines Rechtes, wegen bestandener Gefährdung seiner Ansprüche gerichtliche Sicherheitsmaßregeln zu beantragen. | Werden indeß Güter am Löschplatz zum Zweck der Lagerung belassen oder werden sie von da nicht nach dem Bestimmungsort, sondern nach einem anderen Platz verladen, so gilt damit die Uebernahme als geschehen und tritt die Zahlungspflicht des Empfängers nach Maßgabe der Art. 615 ff. des Handelsgesetzbuches ein. § 3. Der Schiffer ist verpflichtet, auf Verlangen eines oder mehrerer der betheiligten Ladungsempfänger von der ihm in den Art. 602 und 605 des Allgem. Deutschen Handelsgesetzbuches eingeräumten Befugniß, die Empfänger von Stückgütern zur unverzüglichen Empfangnahme derselben anzuhalten und im Falle der Verzögerung die Güter niederzulegen, nach Maßgabe der vorgedachten Artikel gegen jeden einzelnen Empfänger Gebrauch zu machen. § 4 (G 6./5. 77). Im Falle der Verfrachtung eines Schiffes im Ganzen dauert die Löschzeit, falls unter den Parteien nicht Anderes verabredet ist:

	Vom 1. März bis zum 31. October	Vom 1. Novbr. bis zum letzten Febr.
Bei Schiffen bis zur Größe von 100 gemessenen Register=Tons Netto=Raumgehalt	6 Tage	8 Tage
von 101 bis 200 Reg.=Tons	7 "	9 "
" 201 " 300 "	8 "	10 "
" 301 " 400 "	10 "	12 "
" 401 " 500 "	12 "	14 "
" 501 " 600 "	14 "	16 "
" 601 " 700 "	15 "	17 "
" 701 " 800 "	16 "	18 "
" 801 " 900 "	17 "	19 "
" 901 " 1000 "	18 "	20 "
" 1001 " 1100 "	19 "	22 "
" 1101 " 1200 "	20 "	23 "
" 1201 " 1300 "	21 "	25 "
" 1301 " 1400 "	22 "	26 "
" 1401 " 1500 "	23 "	28 "
" 1501 " 1600 "	24 "	29 "
" 1601 " 1700 "	25 "	31 "

Für jede weiteren 100 Tons werden in der Zeit vom 1. März bis 31. October 1 Tag und in der Zeit vom 1. November bis zum letzten Februar 2 Tage Löschzeit mehr gerechnet. | Der Beginn der Löschzeit richtet sich nach

für die freie und Hansestadt Hamburg:
der § 50 des am 22. Dezember 1865 publizirten Einführungsgesetzes zum Allgemeinen Deutschen Handelsgesetzbuch.[1]

§ 5. Die in Gemäßheit der §§ 16 und 52 der unter dem 6. Juni 1864 von dem Senate der freien Hansestadt Bremen publizirten obrigkeitlichen Verordnung, betreffend die Einführung des Allgemeinen Deutschen Handelsgesetzbuches, den Privatgläubigern eines Handelsgesellschafters in Ansehung des Vermögens einer Handelsgesellschaft zu der Zeit, zu welcher dieses Gesetz in Geltung tritt, zustehenden Pfand- und Vorzugsrechte bleiben unberührt.

§ 6. Dieses Gesetz tritt am 1. Januar 1870 in Kraft.

Urkundlich unter Unserer Höchsteigenhändigen Unterschrift und beigedrucktem Bundes-Insiegel.

Gegeben Schloß Babelsberg, den 5. Juni 1869.

(L. S.) **Wilhelm.**

Gr. v. Bismarck-Schönhausen.

Art. 595 des Handelsgesetzbuchs. | Im Hafen zu Bremerhaven darf die Löschung eines Schiffes nur an dem vom Hafenmeister angewiesenen Löschplatze geschehen (vgl. §§ 12 und 13 der Hafenordnung vom 25. Jan. 1873). | Bei nur theilweise beladenen Schiffen wird die Löschzeit verhältnißmäßig kürzer berechnet. | Sonn- und Feiertage kommen bei Berechnung dieser Fristen nicht in Anschlag. § 5. Bei der Empfangnahme des Frachtgutes steht dem Empfänger während der Löschzeit das Wiegen und Messen an Bord des Schiffes frei. § 6. Verlust und Beschädigung der Güter, welche bei der Empfangnahme aus einem Seeschiffe äußerlich erkennbar waren, können später nur geltend gemacht werden, wenn von deren Vorhandensein dem Schiffer oder seinem Stellvertreter bei der Empfangnahme schriftlich oder sonst in genügender Weise Anzeige gemacht worden ist. § 7 (G 6./5. 77). Die Fracht, gleichwie das dem Schiffer oder dem Verfrachter nach dem Frachtvertrage oder dem Connossement außerdem Gebührende ist — abgesehen von dem in § 2, Absatz 4 erwähnten Falle — in der Stadt Bremen am zweiten Werktage nach erfolgter Ankunft des Frachtgutes daselbst, jedenfalls aber, solche Ankunft mag bereits erfolgt sein oder nicht, spätestens am zehnten Tage nach der Empfangnahme desselben aus dem Seeschiffe zu bezahlen. | Die Fristberechnung geschieht für jedes Connossement besonders und beginnt für die Frachtzahlung auf jedes Connossement mit dem Tage, welcher auf die Ablieferung des letzten Stückes des in dem Connossement bezeichneten Gutes vom Bord des Seeschiffes folgt."

[1] „Der § 9 der Verordn. für Schiffer und Schiffsvolck vom 27. März 1786 ist aufgehoben. Dagegen kommen die §§ 8, 11, 12 u. 13 dieser Verordnung (Auswahl gilt. Verordn. d. Freyen u. Hanse-Stadt Hamburg v. J. 1774 bis 1810. Hamb. 1831. 1, 108) für die rechtliche Beurtheilung des Verhältnisses zwischen dem Schiffer, dem Leichterschiffer, dem Everführer und dem Empfänger auch ferner zur Anwendung, falls die Güter in Schuten oder sonst zu Wasser gelöscht werden."

Allgemeines
Deutsches Handelsgesetzbuch.

Allgemeine Bestimmungen.

Art. 1. In Handelssachen kommen, insoweit dieses Gesetzbuch keine Bestimmungen enthält, die Handelsgebräuche [1] und in deren Ermangelung das allgemeine bürgerliche Recht zur Anwendung. [2]

Art. 2. An den Bestimmungen der Deutschen Wechsel-Ordnung wird durch dieses Gesetzbuch nichts geändert.

Art. 3. Wo dieses Gesetzbuch von dem Handelsgerichte spricht, tritt in Ermangelung eines besonderen Handelsgerichts das gewöhnliche Gericht an dessen Stelle. [3]

---

[1] **GVG** 118: Ueber Gegenstände, zu deren Beurtheilung eine kaufmännische Begutachtung genügt, sowie über das Bestehen von Handelsgebräuchen kann die Kammer für Handelssachen auf Grund eigener Sachkunde und Wissenschaft entscheiden.

CPO 265: Das in einem anderen Staate geltende Recht, die Gewohnheitsrechte und Statuten bedürfen des Beweises nur insofern, als sie dem Gericht unbekannt sind. Bei Ermittelung dieser Rechtsnormen ist das Gericht auf die von den Parteien beigebrachten Nachweise nicht beschränkt; es ist befugt, auch andere Erkenntnißquellen zu benutzen und zum Zwecke einer solchen Benutzung das Erforderliche anzuordnen.

[2] **RG** 10./7. 79, 3 (**RGBl** 197): In Betreff des bürgerlichen Rechts ist anzunehmen, daß in den Konsulargerichtsbezirken die Reichsgesetze, das Preußische Allgemeine Landrecht und die das bürgerliche Recht betreffenden allgemeinen Gesetze derjenigen preußischen Landestheile, in welchen das Allgemeine Landrecht Gesetzeskraft hat, gelten. In Handelssachen kommt zunächst das in den Konsulargerichtsbezirken geltende Handelsgewohnheitsrecht zur Anwendung.

[3] **GVG** 70: Vor die Civilkammern einschließlich der Kammern für Handelssachen gehören alle bürgerlichen Rechtsstreitigkeiten, welche nicht den Amtsgerichten zugewiesen sind.

100. Soweit die Landesjustizverwaltung ein Bedürfniß als vorhanden annimmt, können bei den Landgerichten für deren Bezirke oder für örtlich abgegrenzte Theile derselben Kammern für Handelssachen gebildet werden.

Solche Kammern können ihren Sitz innerhalb des Landgerichtsbezirks auch an Orten haben, an welchen das Landgericht seinen Sitz nicht hat.

101. Vor die Kammern für Handelssachen gehören nach Maßgabe der folgenden Vorschriften diejenigen den Landgerichten in erster Instanz zugewiesenen bürgerlichen Rechtsstreitigkeiten, in welchen durch die Klage ein Anspruch:

1. gegen einen Kaufmann (Art. 4 HGB) aus Geschäften, welche auf Seiten beider Kontrahenten Handelsgeschäfte (Art. 271—276 HGB) sind;
2. aus einem Wechsel im Sinne der Wechsel-Ordnung;
3. aus einem der nachstehend bezeichneten Rechtsverhältnisse geltend gemacht wird:
   a) aus dem Rechtsverhältnisse zwischen den Mitgliedern einer Handelsgesellschaft, zwischen dem stillen Gesellschafter und dem Inhaber eines Handelsgewerbes, zwischen den Theilnehmern einer Vereinigung zu einzelnen Handelsgeschäften oder einer Vereinigung zum Handelsbetriebe (Art. 10 HGB), sowohl während des Bestehens als nach Auflösung des geschäftlichen Verhältnisses, sowie aus dem Rechtsverhältnisse zwischen den Liquidatoren oder den Vorstehern einer Handelsgesellschaft und der Gesellschaft oder den Mitgliedern der Gesellschaft;
   b) aus dem Rechtsverhältnisse, welches das Recht zum Gebrauche der Handelsfirma betrifft;
   c) aus den Rechtsverhältnissen, welche sich auf den Schutz der Marken, Muster und Modelle beziehen;
   d) aus dem Rechtsverhältnisse, welches durch die Veräußerung eines bestehenden Handelsgeschäfts zwischen den Kontrahenten entsteht;
   e) aus dem Rechtsverhältnisse zwischen dem Prokuristen, dem Handlungsbevollmächtigten oder Handlungsgehülfen und dem Eigenthümer der Handelsniederlassung, sowie aus dem Rechtsverhältnisse zwischen einer dritten Person und demjenigen, welcher ihr als Prokurist oder Handlungsbevollmächtigter aus einem Handelsgeschäfte haftet (Art. 55 HGB);
   f) aus dem Rechtsverhältnisse, welches aus den Berufsgeschäften des Handelsmäklers im Sinne des Handelsgesetzbuchs zwischen diesem und den Parteien entsteht;
   g) aus den Rechtsverhältnissen des Seerechts, insbesondere aus denjenigen, welche auf die Rhederei, die Rechte und Pflichten des Rheders, des Korrespondentrheders und der Schiffsbesatzung, auf die Bodmerei und die Haverei, auf den Schadensersatz im Falle des Zusammenstoßens von Schiffen, auf die Bergung und Hülfeleistung in Seenoth und auf die Ansprüche der Schiffsgläubiger sich beziehen.

102. Die Verhandlung des Rechtsstreits erfolgt vor der Kammer für Handelssachen, wenn der Kläger dies in der Klageschrift beantragt hat. Die Einlassungsfrist (§ 234 Satz 1 CPO) beträgt mindestens zwei Wochen.

In den Fällen der §§ 466, 467 der Civilprozeßordnung hat der Kläger den Antrag auf Verhandlung vor der Kammer für Handelssachen in der mündlichen Verhandlung vor dem Amtsgerichte zu stellen.

103. Wird vor der Kammer für Handelssachen eine vor dieselbe nicht gehörige Klage zur Verhandlung gebracht, so ist der Rechtsstreit auf Antrag des Beklagten an die Civilkammer zu verweisen.

Gehört die Klage oder die im Falle des § 467 der Civilprozeßordnung erhobene Widerklage als Klage nicht vor die Kammer für Handelssachen, so ist diese auch von Amtswegen befugt, den Rechtsstreit an die Civilkammer zu verweisen, so lange nicht eine Verhandlung zur Hauptsache erfolgt und auf dieselbe ein Beschluß verkündet ist. Die Verweisung von Amtswegen kann nicht aus dem Grunde erfolgen, daß der Beklagte nicht Kaufmann ist.

104. Wird vor der Civilkammer eine vor die Kammer für Handelssachen gehörige Klage zur Verhandlung gebracht, so ist der Rechtsstreit auf Antrag des Beklagten an die Kammer für Handelssachen zu verweisen. Ein Beklagter, welcher nicht in das Handelsregister eingetragen ist, kann den Antrag nicht darauf stützen, daß er Kaufmann ist.

Der Antrag ist zurückzuweisen, wenn die im Falle des § 467 der Civilprozeßordnung erhobene Widerklage als Klage vor die Kammer für Handelssachen nicht gehören würde.

Zu einer Verweisung von Amtswegen ist die Civilkammer nicht befugt.

Die Civilkammer ist zur Verwerfung des Antrags auch dann befugt, wenn der Kläger demselben zugestimmt hat.

105. Wird in einem bei der Kammer für Handelssachen anhängigen Rechtsstreite die Klage in Gemäßheit des § 253 der Civilprozeßordnung durch den Antrag auf Feststellung eines Rechtsverhältnisses erweitert oder eine Widerklage erhoben und gehört die erweiterte Klage oder die Widerklage als Klage nicht vor die Kammer für Handelssachen, so ist der Rechtsstreit auf Antrag des Gegners an die Civilkammer zu verweisen.

Unter der Beschränkung des § 103 Abs. 2 ist die Kammer zu der Verweisung auch von Amtswegen befugt. Diese Befugniß tritt auch dann ein, wenn durch Klagänderung ein Anspruch geltend gemacht wird, welcher nicht vor die Kammer für Handelssachen gehört.

106. Der Antrag auf Verweisung des Rechtsstreits an eine andere Kammer ist nur vor der Verhandlung des Antragstellers zur Sache zulässig.

Ueber den Antrag ist vorab zu verhandeln und zu entscheiden.

107. Gegen die Entscheidung über Verweisung eines Rechtsstreits an die Civilkammer oder an die Kammer für Handelssachen findet kein Rechtsmittel statt. Erfolgt die Verweisung an eine andere Kammer, so ist diese Entscheidung für die Kammer, an welche der Rechtsstreit verwiesen wird, bindend. Der Termin zur weiteren mündlichen Verhandlung wird von Amtswegen bestimmt und den Parteien bekannt gemacht.

108. Bei der Kammer für Handelssachen kann ein Anspruch in Gemäßheit des § 61 der Civilprozeßordnung nur dann geltend gemacht werden, wenn der Rechtsstreit nach den Bestimmungen des § 101 vor die Kammer für Handelssachen gehört.

109. Die Kammern für Handelssachen entscheiden in der Besetzung mit einem Mitgliede des Landgerichts als Vorsitzenden und zwei Handelsrichtern.

Sämmtliche Mitglieder der Kammer für Handelssachen haben gleiches Stimmrecht.

In Streitigkeiten, welche sich auf das Rechtsverhältniß zwischen Rheder oder Schiffer und Schiffsmannschaft beziehen, kann die Entscheidung durch den Vorsitzenden allein erfolgen.

110. Im Falle des § 100 Abs. 2 kann ein Amtsrichter Vorsitzender der Kammer für Handelssachen sein.

111. Das Amt der Handelsrichter ist ein Ehrenamt.

112. Die Handelsrichter werden auf gutachtlichen Vorschlag des zur Vertretung des Handelsstandes berufenen Organs für die Dauer von drei Jahren ernannt; eine wiederholte Ernennung ist nicht ausgeschlossen.

113. Zum Handelsrichter kann jeder Deutsche ernannt werden, welcher als Kaufmann oder als Vorstand einer Aktiengesellschaft in das Handelsregister eingetragen oder eingetragen gewesen ist, das dreißigste Lebensjahr vollendet hat und in dem Bezirke der Kammer für Handelssachen wohnt.

Personen, welche in Folge gerichtlicher Anordnung in der Verfügung über ihr Vermögen beschränkt sind, können nicht zu Handelsrichtern ernannt werden.

114. An Seeplätzen können Handelsrichter auch aus dem Kreise der Schiffahrtskundigen ernannt werden.

115. Die Handelsrichter sind vor ihrem Amtsantritte auf die Erfüllung der Obliegenheiten des ihnen übertragenen Amtes eidlich zu verpflichten.

116. Die Handelsrichter haben während der Dauer ihres Amts in Beziehung auf dasselbe alle Rechte und Pflichten richterlicher Beamten.

117. Ein Handelsrichter ist seines Amts zu entheben, wenn er eine der für die Ernennung erforderlichen Eigenschaften nachträglich verliert.

Die Enthebung erfolgt durch den ersten Civilsenat des Oberlandesgerichts nach Anhörung des Betheiligten.

118. Ueber Gegenstände, zu deren Beurtheilung eine kaufmännische Begutachtung genügt, sowie über das Bestehen von Handelsgebräuchen kann die Kammer für Handelssachen auf Grund eigener Sachkunde und Wissenschaft entscheiden.

23. Die Zuständigkeit der Amtsgerichte umfaßt in bürgerlichen Rechtsstreitigkeiten, soweit dieselben nicht ohne Rücksicht auf den Werth des Streitgegenstandes den Landgerichten zugewiesen sind:

1. Streitigkeiten über vermögensrechtliche Ansprüche, deren Gegenstand an Geld oder Geldeswerth die Summe von dreihundert Mark nicht übersteigt;
2. ohne Rücksicht auf den Werth des Streitgegenstandes:

   Streitigkeiten zwischen Vermiethern und Miethern von Wohnungs- und anderen Räumen wegen Ueberlassung, Benutzung und Räumung derselben, sowie wegen Zurückhaltung der vom Miether in die Miethsräume eingebrachten Sachen;

   Streitigkeiten zwischen Dienstherrschaft und Gesinde, zwischen Arbeitgebern und Arbeitern hinsichtlich des Dienst- und Arbeitsverhältnisses, sowie die im § 108 der Gewerbeordnung bezeichneten Streitigkeiten, insofern dieselben während der Dauer des Dienst-, Arbeits- oder Lehrverhältnisses entstehen:

   Streitigkeiten zwischen Reisenden und Wirthen, Fuhrleuten, Schiffern, Flößern oder Auswanderungsexpedienten in den Einschiffungshäfen, welche über Wirthszechen, Fuhrlohn, Ueberfahrtsgelder, Beförderung der Reisenden und ihrer Habe und über Verlust und Beschädigung der letzteren, sowie Streitigkeiten zwischen Reisenden und Handwerkern, welche aus Anlaß der Reise entstanden sind;

Streitigkeiten wegen Viehmängel;

Streitigkeiten wegen Wildschadens;

Ansprüche aus einem außerehelichen Beischlafe;

das Aufgebotsverfahren.

EG z. CPO 3: Die Civilprozeßordnung findet auf alle bürgerlichen Rechtsstreitigkeiten Anwendung, welche vor die ordentlichen Gerichte gehören.

Insoweit die Gerichtsbarkeit in bürgerlichen Rechtsstreitigkeiten, für welche besondere Gerichte zugelassen sind, durch die Landesgesetzgebung den ordentlichen Gerichten übertragen wird, kann dieselbe ein abweichendes Verfahren gestatten.

13. Die prozeßrechtlichen Vorschriften der Reichsgesetze werden durch die Civilprozeßordnung nicht berührt.

Aufgehoben werden:

1. § 2 des Gesetzes, betreffend die Aufhebung der Schuldhaft, vom 29. Mai 1868;
2. Artikel 34—36, 37 Satz 2, 39, 77, 78, 79 Abs. 2, 488, 494, 889 des Handelsgesetzbuchs;
3. § 6 des Gesetzes, betreffend die Verbindlichkeit zum Schadensersatze für die bei dem Betriebe von Eisenbahnen, Bergwerken u. s. w. herbeigeführten Tödtungen und Körperverletzungen, vom 7. Juni 1871;
4. § 14 des Gesetzes über das Postwesen des Deutschen Reichs vom 28. Oktober 1871, insoweit diese Vorschrift die Unterbrechung der Verjährung an die Anmeldung der Klage knüpft.

Der Artikel 80 der Wechsel-Ordnung wird dahin abgeändert, daß die Verjährung auch nach Maßgabe der §§ 190, 254, 461 Abs. 2, 471 Abs. 2 der Civilprozeßordnung unterbrochen wird.

In den Fällen der Artikel 348, 365, 407 des Handelsgesetzbuchs ist das im § 448 der Civilprozeßordnung bezeichnete Amtsgericht zuständig; auf die Ernennung, Beeidigung und Vernehmung der Sachverständigen finden die Vorschriften der Civilprozeßordnung in dem achten Titel des ersten Abschnitts des zweiten Buchs entsprechende Anwendung.

14. Die prozeßrechtlichen Vorschriften der Landesgesetze treten für alle bürgerlichen Rechtsstreitigkeiten, deren Entscheidung in Gemäßheit des § 3 nach den Vorschriften der Civilprozeßordnung zu erfolgen hat, außer Kraft, soweit nicht in der Civilprozeßordnung auf sie verwiesen oder soweit nicht bestimmt ist, daß sie nicht berührt werden.

Außer Kraft treten insbesondere:

1. die Vorschriften über die bindende Kraft des strafgerichtlichen Urtheils für den Civilrichter;
2. die Vorschriften, welche in Ansehung gewisser Rechtsverhältnisse einzelne Arten von Beweismitteln ausschließen oder nur unter Beschränkungen zulassen;
3. Die Vorschriften, nach welchen unter bestimmten Voraussetzungen eine Thatsache als mehr oder minder wahrscheinlich anzunehmen ist;
4. Die Vorschriften über die Bewilligung von Moratorien, über die Ur-

Erstes Buch.

Vom Handelsstande.

Erster Titel: Von den Kaufleuten.

Art. 4. Als Kaufmann im Sinne dieses Gesetzbuchs ist anzusehen, wer gewerbemäßig Handelsgeschäfte betreibt.[1]

---

theilsfristen und über die Befugnisse des Gerichts, dem Schuldner bei der Verurtheilung Zahlungsfristen zu gewähren;

5. die Vorschriften, nach welchen eine Nebenforderung als anerkannt gilt, wenn über dieselbe nicht entschieden ist.

15. Unberührt bleiben:

2. die landesgesetzlichen Vorschriften über die Fortdauer des Gerichtsstandes einer Gesellschaft, einer Genossenschaft oder eines Vereins nach Auflösung derselben; über das Verfahren in Betreff der Sperre der Zahlung abhanden gekommener Inhaberpapiere; über das Verfahren bei Streitigkeiten, welche die Zwangsenteignung und die Entschädigung derselben betreffen.

Vgl. auch G 30./11. 74, 19 (Anh. III, 1); 11./1. 76, 15 (Anh. III, 2); 14./3. 75, 50 (Anh. II).

[1] Vgl. Zollvereinsverordn. 8./7. 67, 26 (BGBl 105). Schlußprotokoll 8./7. 67, 17 (BGBl 111).

RGO 14. Wer den selbständigen Betrieb eines stehenden Gewerbes anfängt, muß der für den Ort, wo solches geschieht, nach den Landesgesetzen zuständigen Behörde gleichzeitig Anzeige davon machen. Diese Anzeige liegt auch demjenigen ob, welcher zum Betriebe eines Gewerbes im Umherziehen (Titel III) befugt ist.

Außerdem hat, wer Versicherungen für eine Mobiliar- oder Immobiliar-Feuerversicherungsanstalt als Agent oder Unteragent vermitteln will, bei Uebernahme der Agentur, und derjenige, welcher dieses Geschäft wieder aufgiebt, oder welchem die Versicherungsanstalt den Auftrag wieder entzieht, innerhalb der nächsten acht Tage der zuständigen Behörde seines Wohnortes davon Anzeige zu machen. Buch- und Steindrucker, Buch- und Kunsthändler, Antiquare, Leihbibliothekare, Inhaber von Lesekabinetten, Verkäufer von Druckschriften, Zeitungen und Bildern haben bei der Eröffnung ihres Gewerbebetriebes das Lokal desselben, sowie jeden späteren Wechsel des letzteren spätestens am Tage seines Eintritts der zuständigen Behörde ihres Wohnortes anzugeben.

15. Die Behörde bescheinigt innerhalb dreier Tage den Empfang der Anzeige.

Die Fortsetzung des Betriebes kann polizeilich verhindert werden, wenn ein Gewerbe, zu dessen Beginn eine besondere Genehmigung erforderlich ist, ohne diese Genehmigung begonnen wird.

148. Mit Geldstrafe bis zu einhundertfünfzig Mark und im Unvermögensfalle mit Haft bis zu vier Wochen wird bestraft:

Art. 5. Die in Betreff der Kaufleute gegebenen Bestimmungen gelten in gleicher Weise in Betreff der Handelsgesellschaften, insbesondere auch der Kommanditgesellschaften auf Aktien und[1] der Aktiengesellschaften.

Dieselben gelten auch in Betreff der öffentlichen Banken in den Grenzen ihres Handelsbetriebs, unbeschadet der für sie bestehenden Verordnungen.[2]

Art. 6. Eine Frau, welche gewerbemäßig Handelsgeschäfte betreibt (Handelsfrau), hat in dem Handelsbetriebe alle Rechte und Pflichten eines Kaufmanns.

Dieselbe kann sich in Betreff ihrer Handelsgeschäfte auf die in den einzelnen Staaten geltenden Rechtswohlthaten der Frauen nicht berufen.

Es macht hierbei keinen Unterschied, ob sie das Handelsgewerbe allein oder in Gemeinschaft mit Anderen, ob sie dasselbe in eigener Person oder durch einen Prokuristen betreibt.

Art. 7. Eine Ehefrau kann ohne Einwilligung ihres Ehemannes nicht Handelsfrau sein.

Es gilt als Einwilligung des Mannes, wenn die Frau mit Wissen und ohne Einspruch desselben Handel treibt.

Die Ehefrau eines Kaufmanns, welche ihrem Ehemanne nur Beihülfe in dem Handelsgewerbe leistet, ist keine Handelsfrau.

Art. 8. Eine Ehefrau, welche Handelsfrau ist, kann sich durch Handelsgeschäfte gültig verpflichten, ohne daß es zu den einzelnen Geschäften einer besonderen Einwilligung ihres Ehemannes bedarf.

Sie haftet für die Handelsschulden mit ihrem ganzen Vermögen, ohne Rücksicht auf die Verwaltungsrechte und den Nießbrauch oder die sonstigen, an diesem Vermögen durch die Ehe begründeten Rechte des Ehemannes. Es haftet auch das gemeinschaftliche Vermögen, soweit Gütergemeinschaft besteht; ob zugleich der Ehemann mit seinem persönlichen Vermögen haftet, ist nach den Landesgesetzen zu beurtheilen.

Art. 9. Eine Handelsfrau kann in Handelssachen selbstständig

---

1. wer außer den im § 147 vorgesehenen Fällen ein stehendes Gewerbe beginnt, ohne dasselbe vorschriftsmäßig anzuzeigen;
2. wer die im § 14 erforderte An- und Abmeldung einer übernommenen Feuerversicherungsagentur unterläßt;
3. wer die im § 14 erforderten Anzeigen über das Betriebslokal unterläßt.

4. Den Zünften und kaufmännischen Korporationen steht ein Recht, Andere von dem Betrieb eines Gewerbes auszuschließen, nicht zu.

[1] Die lateinisch gedruckten Worte sind durch BG 11./6. 1870 hinzugefügt und gelten nicht für Oesterreich.

[2] Siehe unten RBankgesetz 14./3. 1875. (Anhang II.)

vor Gericht auftreten; es macht keinen Unterschied, ob sie unverheirathet oder verheirathet ist.[1]

Art. 10. Die Bestimmungen, welche dieses Gesetzbuch über die Firmen, die Handelsbücher und die Prokura enthält, finden auf Höker, Trödler, Hausirer und dergleichen Handelsleute von geringerem Gewerbebetriebe, ferner auf Wirthe, gewöhnliche Fuhrleute, gewöhnliche Schiffer, und Personen, deren Gewerbe nicht über den Umfang des Handwerksbetriebs hinausgeht, keine Anwendung. Den Landesgesetzen bleibt vorbehalten, im Falle es erforderlich erscheint, diese Klassen genauer festzustellen.

Vereinigungen zum Betriebe eines Handelsgewerbes, auf welches die bezeichneten Bestimmungen keine Anwendung finden, gelten nicht als Handelsgesellschaften.

Den Landesgesetzen bleibt vorbehalten, zu verordnen, daß die bezeichneten Bestimmungen auch noch für andere Klassen von Kaufleuten ihres Staatsgebiets keine Anwendung finden sollen. Ebenso können sie aber auch verordnen, daß diese Bestimmungen auf einzelne der genannten Klassen, oder daß sie auf alle Kaufleute ihres Staatsgebiets Anwendung finden sollen.

Art. 11. Durch die Landesgesetze, welche in gewerbepolizeilicher oder gewerbesteuerlicher Beziehung Erfordernisse zur Begründung der Eigenschaft eines Kaufmanns oder besonderer Klassen von Kaufleuten aufstellen, wird die Anwendung der Bestimmungen dieses Gesetzbuchs nicht ausgeschlossen; ebenso werden jene Gesetze durch dieses Gesetzbuch nicht berührt.[2]

---

[1] **CPO** 51: Eine Person ist insoweit prozeßfähig, als sie sich durch Verträge verpflichten kann.

Die Prozeßfähigkeit einer großjährigen Person wird dadurch, daß sie unter väterlicher Gewalt steht, die Prozeßfähigkeit einer Frau dadurch, daß sie Ehefrau ist, nicht beschränkt.

Die Vorschriften über die Geschlechtsvormundschaft finden auf die Prozeßführung keine Anwendung.

RGO 11: Das Geschlecht begründet in Beziehung auf die Befugniß zum selbstständigen Betriebe eines Gewerbes keinen Unterschied.

Frauen, welche selbstständig ein Gewerbe betreiben, können in Angelegenheiten ihres Gewerbes selbstständig Rechtsgeschäfte abschließen und vor Gericht auftreten, gleichviel, ob sie verheirathet oder unverheirathet sind. Sie können sich in Betreff der Geschäfte aus ihrem Gewerbebetrieb auf die in den einzelnen Bundesstaaten bestehenden Rechtswohlthaten der Frauen nicht berufen. Es macht hierbei keinen Unterschied, ob sie das Gewerbe allein oder in Gemeinschaft mit anderen Personen, ob sie dasselbe in eigener Person oder durch einen Stellvertreter betreiben.

[2] Vgl. **RGO** 21./6. 69 jetzt 1./7. 83; **RG** 6./7. 87. (**RGBl** 281) oben S. 14.

Zweiter Titel. Von dem Handelsregister.[1]

Art. 12. Bei jedem Handelsgerichte ist ein Handelsregister zu führen, in welches die in diesem Gesetzbuche angeordneten Eintragungen aufzunehmen sind.

Das Handelsregister ist öffentlich. Die Einsicht desselben ist während der gewöhnlichen Dienststunden einem Jeden gestattet. Auch kann von den Eintragungen gegen Erlegung der Kosten eine Abschrift gefordert werden, die auf Verlangen zu beglaubigen ist.

Art. 13. Die Eintragungen in das Handelsregister sind von dem Handelsgerichte, sofern nicht in diesem Gesetzbuche in einzelnen

---

[1] **KO** 104. Der Gerichtsschreiber hat unter Bezeichnung des Konkursverwalters beglaubigte Abschriften der Formel des Eröffnungsbeschlusses den Behörden für die Führung des Handels- oder Genossenschaftsregisters oder ähnlicher Register und der Dienstbehörde des Gemeinschuldners mitzutheilen.

105. Sobald eine den Eröffnungsbeschluß aufhebende Entscheidung die Rechtskraft erlangt hat, ist die Aufhebung des Verfahrens öffentlich bekannt zu machen. Die Vorschriften der §§ 103 Abs. 2 (auszugsweise Einrückung der Bekanntmachung in den Deutschen Reichsanzeiger), 104 finden entsprechende Anwendung.

151. Nach der Abhaltung des Schlußtermins beschließt das Gericht die Aufhebung des Konkursverfahrens. Eine Anfechtung des Beschlusses findet nicht statt.

Der Beschluß und der Grund der Aufhebung sind öffentlich bekannt zu machen.

Die Vorschriften der §§ 103 Abs. 2, 104, 106 finden entsprechende Anwendung.

175. Sobald der Vergleich rechtskräftig bestätigt ist, beschließt das Gericht die Aufhebung des Konkursverfahrens. Eine Anfechtung des Beschlusses findet nicht statt.

Der Beschluß und der Grund der Aufhebung sind öffentlich bekannt zu machen.

Die Vorschriften der §§ 103 Abs. 2, 104, 106 finden entsprechende Anwendung.

184. Im Falle der rechtskräftigen Verurtheilung wird, wenn genügende Masse vorhanden ist, das Konkursverfahren auf Antrag eines Konkursgläubigers wieder aufgenommen.

Die Wiederaufnahme erfolgt durch Beschluß des Gerichts. Auf den Zeitpunkt der Wiederaufnahme und die Bekanntmachung derselben finden die Vorschriften der §§ 100, 103, 104, 106 entsprechende Anwendung.

191. Der Einstellungsbeschluß und der Grund der Einstellung sind öffentlich bekannt zu machen.

Die Vorschriften der §§ 103 Abs. 2, 104, 106 finden entsprechende Anwendung.

Fällen ausdrücklich ein Anderes bestimmt ist, nach ihrem ganzen Inhalte durch eine oder mehrere Anzeigen in öffentlichen Blättern ohne Verzug bekannt zu machen.

Art. 14. Jedes Handelsgericht hat für seinen Bezirk alljährlich im Monat Dezember die öffentlichen Blätter zu bestimmen, in welchen im Laufe des nächstfolgenden Jahres die im Art. 13 vorgeschriebenen Bekanntmachungen erfolgen sollen. Der Beschluß ist in einem oder mehreren öffentlichen Blättern bekannt zu machen.

Wenn eines der bestimmten Blätter im Laufe des Jahres zu erscheinen aufhört, so hat das Gericht ein anderes Blatt an dessen Stelle zu bestimmen und öffentlich bekannt zu machen.

Inwiefern die Gerichte bei der Wahl der zu bestimmenden Blätter an Weisungen höherer Behörden gebunden sind, ist nach den Landesgesetzen zu beurtheilen.

Dritter Titel. Von den Handelsfirmen.[1]

Art. 15. Die Firma eines Kaufmanns ist der Name, unter welchem er im Handel seine Geschäfte betreibt und die Unterschrift abgiebt.

Art. 16. Ein Kaufmann, welcher sein Geschäft ohne Gesellschafter oder nur mit einem stillen Gesellschafter betreibt, darf nur seinen Familiennamen (bürgerlichen Namen) mit oder ohne Vornamen als Firma führen.

Er darf der Firma keinen Zusatz beifügen, welcher ein Gesellschaftsverhältniß andeutet. Dagegen sind andere Zusätze gestattet, welche zur näheren Bezeichnung der Person oder des Geschäftes dienen.

Art. 17. Die Firma einer offenen Handelsgesellschaft muß, wenn in dieselbe nicht die Namen sämmtlicher Gesellschafter aufgenommen sind, den Namen wenigstens eines der Gesellschafter mit einem das Vorhandensein einer Gesellschaft andeutenden Zusatze enthalten.

Die Firma einer Kommanditgesellschaft muß den Namen wenigstens eines persönlich haftenden Gesellschafters mit einem das Vorhandensein einer Gesellschaft andeutenden Zusatze enthalten.

Die Namen anderer Personen, als der persönlich haftenden Gesellschafter, dürfen in die Firma einer Handelsgesellschaft nicht aufgenommen werden; auch darf sich keine offene Handelsgesellschaft oder

[1] Siehe Anh. III, 1) RG über den Markenschutz 30./11. 74; 2) RG betr. das Urheberrecht an Mustern und Modellen 11./1. 76; 3) Patentgesetz 25./5. 77; vgl. auch Bankgesetz (Anh. II) § 66. — In Oesterreich gelten betr. des Markenschutzes G 7./12. 58 und 15./6. 65.

Kommanditgesellschaft als Aktiengesellschaft bezeichnen, selbst wenn das Kapital der Kommanditisten in Aktien zerlegt ist.

Art. 18. Die Firma einer Aktiengesellschaft muß in der Regel von dem Gegenstande ihrer Unternehmung entlehnt sein.

Der Name von Gesellschaftern oder anderen Personen darf in die Firma nicht aufgenommen werden.

Art. 19. Jeder Kaufmann ist verpflichtet, seine Firma bei dem Handelsgerichte, in dessen Bezirk seine Handelsniederlassung[1] sich be-

---

[1] **CPO** 18. Der allgemeine Gerichtsstand einer Person, welche keinen Wohnsitz hat, wird durch den Aufenthaltsort im Deutschen Reich und, wenn ein solcher nicht bekannt ist, durch den letzten Wohnsitz bestimmt.

19. Der allgemeine Gerichtsstand der Gemeinden, der Korporationen, sowie derjenigen Gesellschaften, Genossenschaften oder anderen Personenvereine und derjenigen Stiftungen, Anstalten und Vermögensmassen, welche als solche verklagt werden können, wird durch den Sitz derselben bestimmt. Als Sitz gilt, wenn nicht ein anderes erhellt, der Ort, wo die Verwaltung geführt wird.

Gewerkschaften haben den allgemeinen Gerichtsstand bei dem Gerichte, in dessen Bezirke das Bergwerk liegt, Behörden, wenn sie als solche verklagt werden können, bei dem Gerichte ihres Amtssitzes.

Neben dem durch die Vorschriften dieses Paragraphen bestimmten Gerichtsstande ist ein durch Statut oder in anderer Weise besonders geregelter Gerichtsstand zulässig.

22. Hat Jemand zum Betriebe einer Fabrik, einer Handlung oder eines anderen Gewerbes eine Niederlassung, von welcher aus unmittelbar Geschäfte geschlossen werden, so können gegen ihn alle Klagen, welche auf den Geschäftsbetrieb der Niederlassung Bezug haben, bei dem Gerichte des Orts erhoben werden, wo die Niederlassung sich befindet.

Der Gerichtsstand der Niederlassung ist auch für Klagen gegen Personen begründet, welche ein mit Wohn- und Wirthschaftsgebäuden versehenes Gut als Eigenthümer, Nutznießer oder Pächter bewirthschaften, soweit diese Klagen die auf die Bewirthschaftung des Guts sich beziehenden Rechtsverhältnisse betreffen.

23. Das Gericht, bei welchem Gemeinden, Korporationen, Gesellschaften, Genossenschaften oder andere Personenvereine den allgemeinen Gerichtsstand haben, ist für die Klagen zuständig, welche von denselben gegen ihre Mitglieder als solche oder von den Mitgliedern in dieser Eigenschaft gegen einander erhoben werden.

24. Für Klagen wegen vermögensrechtlicher Ansprüche gegen eine Person, welche im Deutschen Reich keinen Wohnsitz hat, ist das Gericht zuständig, in dessen Bezirke sich Vermögen derselben oder der mit der Klage in Anspruch genommene Gegenstand befindet. Bei Forderungen gilt als der Ort, wo das Vermögen sich befindet, der Wohnsitz des Schuldners und, wenn für die Forderung eine Sache zur Sicherheit haftet, auch der Ort, wo die Sache sich befindet.

29. Für Klagen auf Feststellung des Bestehens oder Nichtbestehens eines Vertrags, auf Erfüllung oder Aufhebung eines solchen, sowie auf Entschädigung

findet, Behufs der Eintragung in das Handelsregister anzumelden; er hat dieselbe nebst seiner persönlichen Unterschrift vor dem Handelsgerichte zu zeichnen oder die Zeichnung derselben in beglaubigter Form einzureichen.

Art. 20. Jede neue Firma muß sich von allen an demselben Orte oder in derselben Gemeinde bestehenden und in das Handelsregister eingetragenen Firmen deutlich unterscheiden.

---

wegen Nichterfüllung oder nicht gehöriger Erfüllung ist das Gericht des Orts zuständig, wo die streitige Verpflichtung zu erfüllen ist.

30. Für Klagen aus den auf Messen und Märkten, mit Ausnahme der Jahr- und der Wochenmärkte, geschlossenen Handelsgeschäften (Meß- und Marktsachen) ist das Gericht des Meß- oder Marktorts zuständig, wenn die Erhebung der Klage erfolgt, während der Beklagte oder ein zur Prozeßführung berechtigter Vertreter desselben am Orte oder im Bezirke des Gerichts sich aufhält.

31. Für Klagen, welche aus einer Vermögensverwaltung von dem Geschäftsherrn gegen den Verwalter oder von dem Verwalter gegen den Geschäftsherrn erhoben werden, ist das Gericht des Orts zuständig, wo die Verwaltung geführt ist.

165. Die Zustellungen können an jedem Orte erfolgen, wo die Person, welcher zugestellt werden soll, angetroffen wird.

Hat die Person an diesem Orte eine Wohnung oder ein Geschäftslokal, so ist die außerhalb der Wohnung oder des Geschäftslokals an sie erfolgte Zustellung nur gültig, wenn die Annahme nicht verweigert ist.

168. Für Gewerbetreibende, welche ein besonderes Geschäftslokal haben, kann, wenn sie in dem Geschäftslokale nicht angetroffen werden, die Zustellung an einen darin anwesenden Gewerbegehülfen erfolgen.

169. Wird der gesetzliche Vertreter oder der Vorsteher einer Behörde, einer Gemeinde, einer Korporation oder eines Personenvereins, welchem zugestellt werden soll, in dem Geschäftslokale während der gewöhnlichen Geschäftsstunden nicht angetroffen, oder ist er an der Annahme verhindert, so kann die Zustellung an einen anderen in dem Geschäftslokale anwesenden Beamten oder Bediensteten bewirkt werden.

Wird der gesetzliche Vertreter oder der Vorsteher in seiner Wohnung nicht angetroffen, so finden die Bestimmungen der §§ 166, 167 nur Anwendung, wenn ein besonderes Geschäftslokal nicht vorhanden ist.

KO 64: Für das Konkursverfahren ist das Amtsgericht ausschließlich zuständig, bei welchem der Gemeinschuldner seinen allgemeinen Gerichtsstand hat.

Sind mehrere Gerichte zuständig, so schließt dasjenige, bei welchem zuerst die Eröffnung des Verfahrens beantragt worden ist, die übrigen aus.

208. Ein Konkursverfahren über das im Inlande befindliche Vermögen eines Schuldners, welcher im Deutschen Reiche keinen allgemeinen Gerichtsstand hat, findet statt, wenn derselbe zum Betriebe einer Fabrik, einer Handlung oder eines anderen Gewerbes im Inlande eine Niederlassung hat, von welcher aus unmittelbar Geschäfte geschlossen werden.

Hat ein Kaufmann mit einem in das Handelsregister bereits eingetragenen Kaufmann gleiche Vor- und Familiennamen, und will auch er sich derselben als seiner Firma bedienen, so muß er dieser einen Zusatz beifügen, durch welchen sich dieselbe von der bereits eingetragenen Firma deutlich unterscheidet.

Art. 21. Die Firma muß auch für die an einem anderen Orte oder in einer anderen Gemeinde errichtete Zweigniederlassung bei dem für die letztere zuständigen Handelsgerichte angemeldet werden.

Besteht an dem Orte oder in der Gemeinde, wo die Zweigniederlassung errichtet wird, bereits eine gleiche Firma, so muß der Firma ein Zusatz beigefügt werden, durch welchen sie sich von jener bereits vorhandenen Firma deutlich unterscheidet.

Die Eintragung bei dem Handelsgerichte der Zweigniederlassung findet nicht statt, bevor nachgewiesen ist, daß die Eintragung bei dem Handelsgerichte der Hauptniederlassung geschehen ist.

Art. 22. Wer ein bestehendes Handelsgeschäft durch Vertrag oder Erbgang erwirbt, kann dasselbe unter der bisherigen Firma mit oder ohne einen das Nachfolgeverhältniß andeutenden Zusatz fortführen, wenn der bisherige Geschäftsinhaber oder dessen Erben oder die etwaigen Miterben in die Fortführung der Firma ausdrücklich willigen.

Art. 23. Die Veräußerung einer Firma als solcher, abgesondert von dem Handelsgeschäft, für welches sie bisher geführt wurde, ist nicht zulässig.

Art. 24. Wenn in ein bestehendes Handelsgeschäft Jemand als Gesellschafter eintritt, oder wenn ein Gesellschafter zu einer Handelsgesellschaft neu hinzutritt oder aus einer solchen austritt, so kann, ungeachtet dieser Veränderung, die ursprüngliche Firma fortgeführt werden.

Jedoch ist beim Austreten eines Gesellschafters dessen ausdrückliche Einwilligung in die Fortführung der Firma erforderlich, wenn sein Name in der Firma enthalten ist.

Art. 25. Wenn die Firma geändert wird oder erlischt, oder wenn die Inhaber der Firma sich ändern, so ist dies nach den Bestimmungen des Art. 19 bei dem Handelsgerichte anzumelden.

Dasselbe gilt, wenn ein Schuldner, welcher im Deutschen Reiche keinen allgemeinen Gerichtsstand hat, im Inlande ein mit Wohn- und Wirthschaftsgebäuden versehenes Gut als Eigenthümer, Nutznießer oder Pächter bewirthschaftet.

Für das Verfahren ist das Amtsgericht ausschließlich zuständig, in dessen Bezirke die Niederlassung oder das Gut sich befindet.

Ist im Auslande ein Konkursverfahren eröffnet, so bedarf es nicht des Nachweises der Zahlungsunfähigkeit zur Eröffnung des inländischen Verfahrens.

Ist die Aenderung oder das Erlöschen nicht in das Handelsregister eingetragen und öffentlich bekannt gemacht, so kann derjenige, bei welchem jene Thatsachen eingetreten sind, dieselben einem Dritten nur insofern entgegensetzen, als er beweist, daß sie dem letzteren bekannt waren.

Ist die Eintragung und Bekanntmachung geschehen, so muß ein Dritter die Aenderung oder das Erlöschen gegen sich gelten lassen, sofern nicht Umstände die Annahme begründen, daß er diese Thatsachen weder gekannt habe, noch habe kennen müssen.

Art. 26.[1] Das Handelsgericht hat die Betheiligten zur Befolgung der Vorschriften der Art. 19, 21 und 25 von Amtswegen durch Ordnungsstrafen anzuhalten.

In gleicher Weise hat es gegen diejenigen einzuschreiten, welche sich einer nach den Vorschriften dieses Titels ihnen nicht zustehenden Firma bedienen.

Art. 27. Wer durch den unbefugten Gebrauch einer Firma in seinen Rechten verletzt ist, kann den Unberechtigten auf Unterlassung der weiteren Führung der Firma und auf Schadenersatz belangen.

Ueber das Vorhandensein und die Höhe des Schadens entscheidet das Handelsgericht nach seinem freien Ermessen.

Das Handelsgericht kann die Veröffentlichung des Erkenntnisses auf Kosten des Verurtheilten verordnen.[2]

---

[1] **RG** 30./3. 88 (RGBl 129) 1: Kann im Falle des Erlöschens einer in das Handelsregister eingetragenen Firma die Anmeldung dieser Thatsache durch die hierzu Verpflichteten nicht in Gemäßheit des Art. 26 des Handelsgesetzbuches herbeigeführt werden, so hat das Gericht das Erlöschen der Firma von Amtswegen in das Handelsregister einzutragen. 2. Vor der Eintragung sind der eingetragene Inhaber der Firma oder die Rechtsnachfolger desselben aufzufordern, einen etwaigen Widerspruch gegen die Eintragung bis zum Ablauf einer nicht unter drei Monaten zu bestimmenden Frist schriftlich oder zum Protokoll des Gerichtsschreibers geltend zu machen. | Sind die bezeichneten Personen oder der Aufenthalt derselben nicht bekannt, so erfolgt die Aufforderung durch einmalige Bekanntmachung in den für die Veröffentlichungen aus dem Handelsregister bestimmten öffentlichen Blättern (HGB Art. 13, 14). Auch kann die Einrückung der Bekanntmachung noch in andere Blätter angeordnet werden. | Das Gericht entscheidet über den erhobenen Widerspruch. Gegen den einen Widerspruch zurückweisenden Beschluß findet binnen der Nothfrist von zwei Wochen Beschwerde nach Maßgabe der in Sachen der nichtstreitigen Gerichtsbarkeit geltenden landesgesetzlichen Bestimmungen statt. Eine hiernach zulässige Anfechtung der in der Beschwerdeinstanz ergehenden Entscheidung ist an die gleiche Nachfrist gebunden. 3. Im Falle der Löschung einer Firma hat das Gericht zugleich das Erlöschen der für die erloschene Firma eingetragenen Prokuren von Amtswegen in das Handelsregister einzutragen.

[2] **StGB** 287 ersetzt durch G. 30./11. 74, 14 (Anh. III, 1).

Vierter Titel. Von den Handelsbüchern.

Art. 28. Jeder Kaufmann[1] ist verpflichtet, Bücher zu führen; aus welchen seine Handelsgeschäfte und die Lage seines Vermögens vollständig zu ersehen ist.

Er ist verpflichtet, die empfangenen Handelsbriefe aufzubewahren und eine Abschrift (Kopie oder Abdruck) der abgesandten Handelsbriefe zurückzubehalten und nach der Zeitfolge in ein Kopirbuch einzutragen.

Art. 29. Jeder Kaufmann hat bei dem Beginne seines Gewerbes seine Grundstücke, seine Forderungen und Schulden, den Betrag seines baaren Geldes und seine anderen Vermögensstücke genau zu verzeichnen, dabei den Werth der Vermögensstücke anzugeben und einen das Verhältniß des Vermögens und der Schulden darstellenden Abschluß zu machen; er hat demnächst in jedem Jahre ein solches Inventar und eine solche Bilanz seines Vermögens anzufertigen.

Hat der Kaufmann ein Waarenlager, dessen Inventur nach der Beschaffenheit des Geschäfts nicht füglich in jedem Jahre geschehen kann, so genügt es, wenn das Inventar des Waarenlagers alle zwei Jahre aufgenommen wird.

Für Handelsgesellschaften kommen dieselben Bestimmungen in Bezug auf das Gesellschaftsvermögen zur Anwendung.

Art. 30. Das Inventar und die Bilanz sind von dem Kaufmann zu unterzeichnen. Sind mehrere persönlich haftende Gesellschafter vorhanden, so haben sie alle zu unterzeichnen.

Das Inventar und die Bilanz können in ein dazu bestimmtes Buch eingeschrieben oder jedesmal besonders aufgestellt werden. Im letzteren Falle sind dieselben zu sammeln und in zusammenhängender Reihenfolge geordnet aufzubewahren.

---

[1] GO 38. Die Centralbehörden sind ferner befugt, Vorschriften darüber zu erlassen, in welcher Weise die im § 35 Abs. 2 und 3 verzeichneten Gewerbetreibenden ihre Bücher zu führen und welcher polizeilichen Kontrole über den Umfang und die Art ihres Geschäftsbetriebes sie sich zu unterwerfen haben.

(Die in Bezug genommenen Gewerbe sind: Trödelhandel, Kleinhandel mit Garnabfällen oder Dräumen von Seide, Wolle, Baumwolle oder Leinen, und der Handel mit Dynamit oder anderen Sprengstoffen. Weiter die gewerbsmäßige Besorgung fremder Rechtsangelegenheiten und bei Behörden wahrzunehmender Geschäfte, insbesondere die Abfassung der darauf bezüglichen schriftlichen Aufsätze, das Geschäft der gewerbsmäßigen Vermittelungsagenten für Immobiliarverträge, Darlehen und Heirathen, das Geschäft eines Gesindevermittlers und eines Stellenvermittlers, sowie das Geschäft eines Auktionators.)

Art. 31. Bei der Aufnahme des Inventars und der Bilanz sind sämmtliche Vermögensstücke und Forderungen nach dem Werthe anzusetzen, welcher ihnen zur Zeit der Aufnahme beizulegen ist.

Zweifelhafte Forderungen sind nach ihrem wahrscheinlichen Werthe anzusetzen, uneinbringliche Forderungen aber abzuschreiben.

Art. 32. Bei der Führung der Handelsbücher und bei den übrigen erforderlichen Aufzeichnungen muß sich der Kaufmann einer lebenden Sprache und der Schriftzeichen einer solchen bedienen.

Die Bücher müssen gebunden und jedes von ihnen muß Blatt für Blatt mit fortlaufenden Zahlen versehen sein.

An Stellen, welche der Regel nach zu beschreiben sind, dürfen keine leeren Zwischenräume gelassen werden. Der ursprüngliche Inhalt einer Eintragung darf nicht durch Durchstreichen oder auf andere Weise unleserlich gemacht, es darf nicht radirt, noch dürfen solche Veränderungen vorgenommen werden, bei deren Beschaffenheit es ungewiß ist, ob sie bei der ursprünglichen Eintragung oder erst später gemacht worden ist.

Art. 33. Die Kaufleute sind verpflichtet, ihre Handelsbücher während zehn Jahre, von dem Tage der in dieselben geschehenen letzten Eintragung an gerechnet, aufzubewahren.

Dasselbe gilt in Ansehung der empfangenen Handelsbriefe, sowie in Ansehung der Inventare und Bilanzen.

Art. 34—36.[1]

Art. 37. Im Laufe eines Rechtsstreites kann der Richter auf

[1] Aufgehoben durch **EG z. CPO** 13, 2 (siehe oben zu Art. 3). Dafür gilt: **CPO.** 259. Das Gericht hat unter Berücksichtigung des gesammten Inhalts der Verhandlungen und des Ergebnisses einer etwaigen Beweisaufnahme nach freier Ueberzeugung zu entscheiden, ob eine thatsächliche Behauptung für wahr oder für nicht wahr zu erachten sei. In dem Urtheile sind die Gründe anzugeben, welche für die richterliche Ueberzeugung leitend gewesen sind.

An gesetzliche Beweisregeln ist das Gericht nur in den durch dieses Gesetz bezeichneten Fällen gebunden.

392. Kommt der Gegner der Anordnung, die Urkunde vorzulegen oder den Eid zu leisten, nicht nach, so ist, wenn der Beweisführer eine Abschrift der Urkunde beigebracht hat, diese Abschrift als richtig anzusehen. Ist eine Abschrift der Urkunde nicht beigebracht, so können die Behauptungen des Beweisführers über die Beschaffenheit und den Inhalt der Urkunde als bewiesen angenommen werden.

409. Ist eine Urkunde von einer Partei in der Absicht, deren Benutzung dem Gegner zu entziehen, beseitigt oder zur Benutzung untauglich gemacht, so können die Behauptungen des Gegners über die Beschaffenheit und den Inhalt der Urkunde als bewiesen angesehen werden.

den Antrag einer Partei die Vorlegung der Handelsbücher der Gegenpartei verordnen.[1]

Art. 38. Wenn in einem Rechtsstreite Handelsbücher vorgelegt werden, so ist von dem Inhalte derselben, soweit er den Streitpunkt betrifft, unter Zuziehung der Parteien Einsicht zu nehmen und im geeigneten Falle ein Auszug zu fertigen. Der übrige Inhalt der Bücher ist dem Richter insoweit offen zu legen, als dies zur Prüfung ihrer ordnungsmäßigen Führung nothwendig ist.

Art. 39.

Art. 40. Die Mittheilung der Handelsbücher zur vollständigen Kenntnißnahme von ihrem ganzen Inhalte kann in Erbschafts- oder Gütergemeinschafts-Angelegenheiten, sowie in Gesellschaftstheilungssachen und im Konkurse, soweit es die Bücher des Gemeinschuldners betrifft, gerichtlich verordnet werden.[2]

Fünfter Titel. Von den Prokuristen und Handlungsbevollmächtigten.

Art. 41. Wer von dem Eigenthümer einer Handelsniederlassung (Prinzipal) beauftragt ist, in dessen Namen und für dessen Rechnung

---

[1] Der zweite Satz aufgehoben durch EG z. CPO 13, 2 (siehe oben zu Art. 3), ebenso Art. 39.

[2] KO 112: Die Geschäftsbücher des Gemeinschuldners sind durch den Gerichtsschreiber zu schließen.

209. Schuldner, welche ihre Zahlungen eingestellt haben, oder über deren Vermögen das Konkursverfahren eröffnet worden ist, werden wegen betrüglichen Bankerutts mit Zuchthaus bestraft, wenn sie in der Absicht, ihre Gläubiger zu benachtheiligen,

1. Vermögensstücke verheimlicht oder bei Seite geschafft haben,
2. Schulden oder Rechtsgeschäfte anerkannt oder aufgestellt haben, welche ganz oder theilweise erdichtet sind,
3. Handelsbücher zu führen unterlassen haben, deren Führung ihnen gesetzlich oblag, oder
4. ihre Handelsbücher vernichtet oder verheimlicht oder so geführt oder verändert haben, daß dieselben keine Uebersicht des Vermögenszustandes gewähren.

Sind mildernde Umstände vorhanden, so tritt Gefängnißstrafe nicht unter drei Monaten ein.

210. Schuldner, welche ihre Zahlungen eingestellt haben, oder über deren Vermögen das Konkursverfahren eröffnet worden ist, werden wegen einfachen Bankerutts mit Gefängniß bis zu zwei Jahren bestraft, wenn sie

1. durch Aufwand, Spiel oder Differenzhandel mit Waaren oder Börsenpapieren übermäßige Summen verbraucht haben oder schuldig geworden sind,

das Handelsgeschäft zu betreiben und per procura die Firma zu zeichnen, ist Prokurist.

Die Bestellung des Prokuristen kann durch Ertheilung einer ausdrücklich als Prokura bezeichneten Vollmacht, oder durch ausdrückliche Bezeichnung des Bevollmächtigten als Prokuristen, oder durch die Ermächtigung, per procura die Firma des Prinzipals zu zeichnen, geschehen.

Die Prokura kann mehreren Personen gemeinschaftlich ertheilt werden (Kollektivprokura).

Art. 42.[1] Die Prokura ermächtigt zu allen Arten von gerichtlichen und außergerichtlichen Geschäften und Rechtshandlungen, welche der Betrieb eines Handelsgewerbes mit sich bringt; sie ersetzt jede nach den Landesgesetzen erforderliche Spezialvollmacht; sie berechtigt zur Anstellung und Entlassung von Handlungsgehülfen und Bevollmächtigten.

Zur Veräußerung und Belastung von Grundstücken ist der Prokurist nur ermächtigt, wenn ihm diese Befugniß besonders ertheilt ist.

Art. 43. Eine Beschränkung des Umfanges der Prokura (Art. 42) hat dritten Personen gegenüber keine rechtliche Wirkung.

Dies gilt insbesondere von der Beschränkung, daß die Prokura nur für gewisse Geschäfte oder gewisse Arten von Geschäften gelte, oder daß sie nur unter gewissen Umständen oder für eine gewisse Zeit oder an einzelnen Orten ausgeübt werden solle.

Art. 44. Der Prokurist hat in der Weise zu zeichnen, daß er der Firma einen die Prokura andeutenden Zusatz und seinen Namen beifügt.

---

2. Handelsbücher zu führen unterlassen haben, deren Führung ihnen gesetzlich oblag, oder dieselben verheimlicht, vernichtet oder so unordentlich geführt haben, daß sie keine Uebersicht ihres Vermögenszustandes gewähren, oder
3. es gegen die Bestimmung des Handelsgesetzbuchs unterlassen haben, die Bilanz ihres Vermögens in der vorgeschriebenen Zeit zu ziehen.

211. Schuldner, welche ihre Zahlungen eingestellt haben, oder über deren Vermögen das Konkursverfahren eröffnet worden ist, werden mit Gefängniß bis zu zwei Jahren bestraft, wenn sie, obwohl sie ihre Zahlungsunfähigkeit kannten, einem Gläubiger in der Absicht, ihn vor den übrigen Gläubigern zu begünstigen, eine Sicherung oder Befriedigung gewährt haben, welche derselbe nicht oder nicht in der Art oder nicht in der Zeit zu beanspruchen hatte.

[1] **CPO** 159. Die Zustellung erfolgt an den Generalbevollmächtigten, sowie in den durch den Betrieb eines Handelsgewerbes hervorgerufenen Rechtsstreitigkeiten an den Prokuristen mit gleicher Wirkung, wie an die Partei selbst.

Bei einer Kollektivprokura hat jeder Prokurist der mit diesem Zusatze versehenen Firmazeichnung seinen Namen beizufügen.

Art. 45. Die Ertheilung der Prokura ist vom Prinzipal persönlich oder in beglaubigter Form beim Handelsgerichte zur Eintragung in das Handelsregister anzumelden.

Der Prokurist hat die Firma nebst seiner Namensunterschrift persönlich vor dem Handelsgerichte zu zeichnen (Art. 44) oder die Zeichnung in beglaubigter Form einzureichen.

Das Erlöschen der Prokura ist von den Prinzipal in gleicher Weise zur Eintragung in das Handelsregister anzumelden.

Die Betheiligten sind zur Befolgung dieser Vorschriften von Amtswegen durch Ordnungsstrafen anzuhalten.

Art. 46. Wenn das Erlöschen der Prokura nicht in das Handelsregister eingetragen und öffentlich bekannt gemacht ist, so kann der Prinzipal dasselbe einem Dritten nur dann entgegensetzen, wenn er beweist, daß es letzterem beim Abschlusse des Geschäfts bekannt war.

Ist die Eintragung und Bekanntmachung geschehen, so muß ein Dritter das Erlöschen der Prokura gegen sich gelten lassen, sofern nicht durch die Umstände die Annahme begründet wird, daß er das Erlöschen beim Abschlusse des Geschäfts weder gekannt habe, noch habe kennen müssen.

Art. 47. Wenn ein Prinzipal Jemandem ohne Ertheilung der Prokura, sei es zum Betriebe seines ganzen Handelsgewerbes oder zu einer bestimmten Art von Geschäften oder zu einzelnen Geschäften, in seinem Handelsgewerbe bestellt (Handlungsbevollmächtigter), so erstreckt sich die Vollmacht auf alle Geschäfte und Rechtshandlungen, welche der Betrieb eines derartigen Handelsgewerbes oder die Ausführung derartiger Geschäfte gewöhnlich mit sich bringt.

Jedoch ist der Handlungsbevollmächtigte zum Eingehen von Wechselverbindlichkeiten, zur Aufnahme von Darlehen und zur Prozeßführung nur ermächtigt, wenn ihm eine solche Befugniß besonders ertheilt ist.

Im Uebrigen bedarf er zu den Geschäften, auf welche sich seine Vollmacht erstreckt, der in den Landesgesetzen vorgeschriebenen Spezialvollmacht nicht.

Art. 48. Der Handlungsbevollmächtigte hat sich bei der Zeichnung jedes eine Prokura andeutenden Zusatzes zu enthalten; er hat mit einem das Vollmachtsverhältniß ausdrückenden Zusatze zu zeichnen.

Art. 49. Die Bestimmungen der beiden vorhergehenden Artikel finden auch Anwendung auf Handlungsbevollmächtigte, welche ihr

Prinzipal als Handlungsreisende[1] zu Geschäften an auswärtigen Orten verwendet. Dieselben gelten insbesondere für ermächtigt, den

[1] GO 44. Wer ein stehendes Gewerbe betreibt, ist befugt, auch außerhalb des Gemeindebezirks seiner gewerblichen Niederlassung persönlich oder durch in seinem Dienste stehende Reisende für die Zwecke seines Gewerbebetriebes Waaren aufzukaufen und Bestellungen auf Waaren zu suchen.

Die aufgekauften Waaren dürfen nur behufs deren Beförderung nach dem Bestimmungsorte mitgeführt werden; von den Waaren, auf welche Bestellungen gesucht werden, dürfen nur Proben und Muster mitgeführt werden, soweit nicht der Bundesrath für bestimmte Waaren, welche im Verhältnisse zu ihrem Umfange einen hohen Werth haben und übungsgemäß an die Wiederkäufer im Stück abgesetzt werden, zum Zweck des Absatzes an Personen, welche damit Handel treiben, Ausnahmen zuläßt. (Vgl. Bekanntmachung des Bundesraths betr. Ausführungsbestimmungen zur GO. 31./10. 83 [CBl 305]).

Das Aufkaufen von Waaren darf ferner nur bei Kaufleuten oder solchen Personen, welche die Waaren produziren, oder in offenen Verkaufsstellen erfolgen.

44a. Wer in Gemäßheit des § 44 Abs. 1 und 2 Waarenbestellungen aufsucht oder Waaren aufkauft, bedarf hierzu einer Legitimationskarte, welche auf den Antrag des Inhabers des stehenden Gewerbebetriebes von der für dessen Niederlassungsort zuständigen Verwaltungsbehörde für die Dauer des Kalenderjahres und den Umfang des Reichs ausgestellt wird. Die Legitimationskarte enthält den Namen des Inhabers derselben, den Namen der Person oder der Firma, in deren Diensten er handelt, und die nähere Bezeichnung des Gewerbebetriebes.

Der Inhaber der Legitimationskarte ist verpflichtet, dieselbe während der Ausübung des Gewerbebetriebes bei sich zu führen, auf Erfordern der zuständigen Behörden oder Beamten vorzuzeigen und, sofern er hierzu nicht im Stande ist, auf deren Geheiß den Betrieb bis zur Herbeischaffung der Legitimationskarte einzustellen.

Die Legitimationskarte ist zu versagen, wenn bei demjenigen, für welchen sie beantragt wird, eine der im § 57 Ziffer 1 bis 4 bezeichneten Voraussetzungen zutrifft, außerdem darf sie nur dann versagt werden, wenn die im § 57b Ziffer 2 bezeichnete Voraussetzung vorliegt.

Die Legitimationskarte kann durch die Behörde, welche sie ausgestellt hat, zurückgenommen werden, wenn sich ergiebt, daß eine der im § 57 Ziffer 1 bis 4 bezeichneten Voraussetzungen zur Zeit der Ertheilung derselben vorhanden gewesen, der Behörde aber unbekannt geblieben, oder nach Ertheilung derselben eingetreten ist, oder wenn bei dem Geschäftsbetriebe die im § 44 gezogenen Schranken überschritten werden.

Wegen des Verfahrens gelten die Vorschriften des § 63 Abs. 1.

Einer Legitimationskarte bedürfen diejenigen Gewerbetreibenden nicht, welche durch die in den Zollvereins- oder Handelsverträgen vorgesehene Gewerbelegitimationskarte bereits legitimirt sind. In Betreff dieser Gewerbetreibenden finden die vorstehenden Bestimmungen über die Verpflichtung zum

Kaufpreis aus den von ihnen abgeschlossenen Verkäufen einzuziehen oder dafür Zahlungsfristen zu bewilligen.

Art. 50. Wer in einem Laden oder in einem offenen Magazin oder Waarenlager angestellt ist, gilt für ermächtigt, daselbst Verkäufe und Empfangnahmen vorzunehmen, welche in einem derartigen Laden, Magazin oder Waarenlager gewöhnlich geschehen.

Art. 51. Wer die Waare und eine unquittirte Rechnung überbringt, gilt deshalb noch nicht für ermächtigt, die Zahlung zu empfangen.

Art. 52.[1] Durch das Rechtsgeschäft, welches ein Prokurist oder ein Handlungsbevollmächtigter gemäß der Prokura oder der Vollmacht im Namen des Prinzipals schließt, wird der letztere dem Dritten gegenüber berechtigt und verpflichtet.

Es ist gleichgültig, ob das Geschäft ausdrücklich im Namen des Prinzipals geschlossen worden ist, oder ob die Umstände ergeben, daß es nach dem Willen der Kontrahenten für den Prinzipal geschlossen werden sollte.

Zwischen dem Prokuristen oder Bevollmächtigten und dem Dritten erzeugt das Geschäft weder Rechte noch Verbindlichkeiten.

Art. 53. Der Prokurist oder der Handlungsbevollmächtigte kann ohne Einwilligung des Prinzipals seine Prokura oder Handlungsvollmacht auf einen Anderen nicht übertragen.

Art. 54. Die Prokura oder Handlungsvollmacht ist zu jeder Zeit widerruflich, unbeschadet der Rechte aus dem bestehenden Dienstverhältnisse.

Der Tod des Prinzipals hat das Erlöschen der Prokura oder Handlungsvollmacht nicht zur Folge.

Art. 55. Wer ein Handelsgeschäft als Prokurist oder als Handlungsbevollmächtigter schließt, ohne Prokura oder Handlungsvollmacht erhalten zu haben, ingleichen ein Handlungsbevollmäch-

---

Mitführen der Legitimationskarte, über die Folgen der Nichterfüllung dieser Verpflichtung, sowie über die Versagung und Zurücknahme der Karte entsprechende Anwendung.

Ueber Gewerbe-Legitimationskarten der Handlungsreisenden im Verkehr mit Oesterreich-Ungarn (Schlußprot. 23./5. 81 zu Art. 19 [RGBl 149]); mit der Schweiz (Schlußprot. 23./5. 81 zu Art. 10 [RGBl 168]); mit Serbien (Vertr. v. 6./1. 83, 4 [RGBl 43]); mit Spanien (Vertr. 12./7. 83, Schlußprot z. Art. 5 [RGBl 326]).

[1] StGB 266: Wegen Untreue werden mit Gefängniß, neben welchem auf Verlust der bürgerlichen Ehrenrechte erkannt werden kann, bestraft:

2. Bevollmächtigte, welche über Forderungen oder andere Vermögensstücke des Auftraggebers absichtlich zum Nachtheile desselben verfügen.

tigter, welcher bei Abschluß eines Geschäfts seine Vollmacht überschreitet, ist dem Dritten persönlich nach Handelsrecht verhaftet; der Dritte kann nach seiner Wahl ihn auf Schadenersatz oder Erfüllung belangen.

Diese Haftungspflicht tritt nicht ein, wenn der Dritte, ungeachtet er den Mangel der Prokura oder der Vollmacht oder die Ueberschreitung der letzteren kannte, sich mit ihm eingelassen hat.

Art. 56. Ein Prokurist oder ein zum Betriebe des ganzen Handelsgewerbes bestellter Handlungsbevollmächtigter darf ohne Einwilligung des Prinzipals weder für eigene Rechnung, noch für Rechnung eines Dritten Handelsgeschäfte machen.

Eine Einwilligung des Prinzipals ist schon dann anzunehmen, wenn ihm bei Ertheilung der Prokura oder der Vollmacht bekannt war, daß der Prokurist oder Handlungsbevollmächtigte für eigene oder fremde Rechnung Handelsgeschäfte betreibe, und er die Aufgebung dieses Betriebes nicht bedungen hat.

Uebertritt der Prokurist oder Handlungsbevollmächtigte diese Vorschrift, so kann der Prinzipal Ersatz des verursachten Schadens fordern. Auch muß sich der Prokurist oder Handlungsbevollmächtigte auf Verlangen des Prinzipals gefallen lassen, daß die für seine Rechnung gemachten Geschäfte als für Rechnung des Prinzipals geschlossen angesehen werden.

Sechster Titel. Von den Handlungsgehülfen.[1]

Art. 57. Die Natur der Dienste und die Ansprüche der Handlungsgehülfen (Handlungsdiener, Handlungslehrlinge) auf Gehalt und Unterhalt werden, in Ermangelung einer Uebereinkunft, durch den

---

[1] Vgl. GO 154. Die Bestimmungen der §§ 105 bis 133 finden auf Gehülfen und Lehrlinge in Apotheken und Handelsgeschäften keine Anwendung.

KO 54: Die Konkursforderungen werden nach folgender Rangordnung, bei gleichem Range nach Verhältniß ihrer Beträge, berichtigt:

1. die für das letzte Jahr vor der Eröffnung des Verfahrens oder dem Ableben des Gemeinschuldners rückständigen Forderungen an Lohn, Kostgeld oder anderen Dienstbezügen der Personen, welche sich dem Gemeinschuldner für dessen Haushalt, Wirthschaftsbetrieb oder Erwerbsgeschäft zu dauerndem Dienste verdungen hatten.

RG 15./6. 83, 2: Durch statutarische Bestimmungen einer Gemeinde für ihren Bezirk, oder eines weiteren Kommunalverbandes für seinen Bezirk oder Theile desselben, kann die Anwendung der Vorschriften des § 1 (Ausdehnung des Versicherungszwanges) erstreckt werden . . . 2. auf Handlungs-Gehülfen und Lehrlinge, Gehülfen und Lehrlinge in Apotheken.

Ortsgebrauch oder durch das Ermessen des Gerichts, nöthigenfalls nach Einholung eines Gutachtens von Sachverständigen, bestimmt.

Art. 58. Ein Handlungsgehülfe ist nicht ermächtigt, Rechtsgeschäfte im Namen und für Rechnung des Prinzipals vorzunehmen.

Wird er jedoch von dem Prinzipal zu Rechtsgeschäften in dessen Handelsgewerbe beauftragt, so finden die Bestimmungen über Handelsbevollmächtigte Anwendung.

Art. 59. Ein Handlungsgehülfe darf ohne Einwilligung des Prinzipals weder für eigene Rechnung noch für Rechnung eines Dritten Handelsgeschäfte machen.

In dieser Beziehung kommen die für den Prokuristen und Handlungsbevollmächtigten geltenden Bestimmungen (Art. 56) zur Anwendung.

Art. 60. Ein Handlungsgehülfe, welcher durch unverschuldetes Unglück an Leistung seines Dienstes zeitweise verhindert wird, geht dadurch seiner Ansprüche auf Gehalt und Unterhalt nicht verlustig. Jedoch hat er auf diese Vergünstigung nur für die Dauer von sechs Wochen Anspruch.

Art. 61.[1] Das Dienstverhältniß zwischen dem Prinzipal und

Vereinszollgesetz 1./7. 69, 15, 3: 1) Handel- und Gewerbetreibende haben für ihre Diener, Lehrlinge, Markthelfer, Gewerbsgehülfen, Ehegatten, Kinder, Gesinde, und die sonst in ihrem Dienste oder Tagelohn stehenden oder sich gewöhnlich bei der Familie aufhaltenden Personen, 2) Eisenbahnverwaltungen und Dampfschiffahrtsgesellschaften für ihre Angestellten und Bevollmächtigten, 3) andere nicht zur handel- und gewerbetreibenden Klasse gehörenden Personen aber nur für ihre Ehegatten und Kinder rücksichtlich der Geldbußen, Zollgefälle und Prozeßkosten zu haften, in welche die solchergestalt zu vertretenden Personen wegen Verletzung der zollgesetzlichen oder Zollverwaltungs-Vorschriften verurtheilt worden sind, die sie bei Ausführung der ihnen von den subsidiarisch Verhafteten übertragenen oder ein- für allemal überlassenen Handels-, Gewerbs- und anderen Verrichtungen zu beobachten hatten. Der Zollverwaltung bleibt in dem Falle, wenn die Geldbuße von dem Angeschuldigten nicht beigetrieben werden kann, vorbehalten, die Geldbuße von dem subsidiarisch Verhafteten einzuziehen, oder statt dessen und mit Verzichtung hierauf die im Unvermögensfalle an die Stelle der Geldbuße tretende Freiheitsstrafe sogleich an dem Angeschuldigten vollstrecken zu lassen. Weisen indessen die unter 1 und 3 bezeichneten subsidiarisch Verhafteten nach, daß das Zollvergehen ohne ihr Wissen verübt worden, so haften sie nur für die Zollgefälle.

[1] KO 19: Ein in dem Haushalte, Wirthschaftsbetriebe oder Erwerbsgeschäfte des Gemeinschuldners angetretenes Dienstverhältniß kann (im Falle der Konkurseröffnung) von jedem Theile aufgekündigt werden. Die Frist und Zeit für die Kündigung ist, falls eine kürzere Frist oder nähere Zeit nicht bedungen war, die gesetzliche oder ortsübliche und in Ermangelung einer solchen von dem Konkursgerichte auf Antrag des Kündigenden festzusetzen.

dem Handlungsdiener kann von jedem Theile mit Ablauf eines jeden Kalendervierteljahres nach vorgängiger sechswöchentlicher Kündigung aufgehoben werden. Ist durch Vertrag eine kürzere oder längere Zeitdauer oder eine kürzere oder längere Kündigungsfrist bedungen, so hat es hierbei sein Bewenden.

In Betreff der Handlungslehrlinge ist die Dauer der Lehrzeit nach dem Lehrvertrage und in Ermangelung vertragsmäßiger Bestimmungen nach den örtlichen Verordnungen und dem Ortsgebrauche zu beurtheilen.

Art. 62. Die Aufhebung des Dienstverhältnisses vor der bestimmten Zeit (Art. 61) kann aus wichtigen Gründen von jedem Theile verlangt werden.

Die Beurtheilung der Wichtigkeit der Gründe bleibt dem Ermessen des Richters überlassen.

Art. 63. Gegen den Prinzipal kann insbesondere die Aufhebung des Dienstverhältnisses ausgesprochen werden, wenn derselbe den Gehalt oder den gebührenden Unterhalt nicht gewährt, oder wenn er sich thätlicher Mißhandlungen oder schwerer Ehrverletzungen gegen den Handlungsgehülfen schuldig gemacht.

Art. 64. Gegen den Handlungsgehülfen kann insbesondere die Aufhebung des Dienstverhältnisses ausgesprochen werden:

1) wenn derselbe im Dienste untreu ist oder das Vertrauen mißbraucht;
2) wenn derselbe ohne Einwilligung des Prinzipals für eigene Rechnung oder für Rechnung eines Dritten Handelsgeschäfte macht;
3) wenn derselbe seine Dienste zu leisten verweigert oder ohne einen rechtmäßigen Hinderungsgrund während einer den Umständen nach erheblichen Zeit unterläßt;
4) wenn derselbe durch anhaltende Krankheit oder Kränklichkeit oder durch eine längere Freiheitsstrafe oder Abwesenheit an Verrichtung seiner Dienste verhindert wird;
5) wenn derselbe sich thätlicher Mißhandlungen oder erheblicher Ehrverletzungen gegen den Prinzipal schuldig macht;
6) wenn derselbe sich einem unsittlichen Lebenswandel ergiebt.

Art. 65. Hinsichtlich der Personen, welche bei dem Betriebe des Handelsgewerbes Gesindedienste verrichten, hat es bei den für das Gesindedienstverhältniß geltenden Bestimmungen sein Bewenden.

Siebenter Titel. Von den Handelsmäklern oder Sensalen.[1]

Art. 66. Die Handelsmäkler (Sensale) sind amtlich bestellte Vermittler für Handelsgeschäfte.

Sie leisten vor Antritt ihres Amtes den Eid, daß sie die ihnen obliegenden Geschäfte getreu erfüllen wollen.

Art. 67. Die Handelsmäkler vermitteln für Auftraggeber Käufe und Verkäufe über Waaren, Schiffe, Wechsel, inländische und ausländische Staatspapiere, Aktien und andere Handelspapiere, ingleichen Verträge über Versicherungen, Bodmerei, Befrachtung und Miethe von Schiffen, sowie über Land- und Wassertransporte und andere den Handel betreffende Gegenstände.

Durch die übertragene Geschäftsvermittelung ist ein Handelsmäkler noch nicht als bevollmächtigt anzusehen, eine Zahlung oder eine andere im Vertrage bedungene Leistung in Empfang zu nehmen.

Art. 68. Die Anstellung der Handelsmäkler geschieht entweder im Allgemeinen für alle Arten von Mäklergeschäften oder nur für einzelne Arten derselben.

Art. 69. Die Handelsmäkler haben insbesondere folgende Pflichten:[2]

1) sie dürfen für eigene Rechnung keine Handelsgeschäfte machen, weder unmittelbar noch mittelbar, auch nicht als Kommissionäre, sie dürfen für die Erfüllung der Geschäfte, welche sie vermitteln, sich nicht verbindlich machen oder Bürgschaft leisten, alles dies unbeschadet der Gültigkeit der Geschäfte;
2) sie dürfen zu keinem Kaufmann in dem Verhältnisse eines Prokuristen, Handlungsbevollmächtigten oder Handlungsgehülfen stehen;
3) sie dürfen sich nicht mit anderen Handelsmäklern zu einem

---

[1] Statt dieses Titels gilt in Oesterreich Ges. betr. die Handelsmäkler 4./4. 1875. — Vgl. für Hamburg G 20./12. 1871. Bremen V 3./5. 4./12. 1867.

[2] **StGB** 266: Wegen Untreue werden mit Gefängniß, neben welchem auf Verlust der bürgerlichen Ehrenrechte erkannt werden kann, bestraft:

3. Feldmesser, Versteigerer, Mäkler, Güterbestätiger, Schaffner, Wäger, Messer, Bracker, Schauer, Stauer und andere zur Betreibung ihres Gewerbes von der Obrigkeit verpflichtete Personen, wenn sie bei den ihnen übertragenen Geschäften absichtlich diejenigen benachtheiligen, deren Geschäfte sie besorgen.

Wird die Untreue begangen, um sich oder einem Anderen einen Vermögensvortheil zu verschaffen, so kann neben der Gefängnißstrafe auf Geldstrafe bis zu dreitausend Mark erkannt werden.

gemeinschaftlichen Betriebe der Mäklergeschäfte oder eines Theiles derselben vereinigen; zur gemeinschaftlichen Vermittelung einzelner Geschäfte sind sie unter Zustimmung der Auftraggeber befugt;

4) sie müssen die Mäklerverrichtungen persönlich betreiben und dürfen sich zur Abschließung der Geschäfte eines Gehülfen nicht bedienen;

5) sie sind zur Verschwiegenheit über die Aufträge, Verhandlungen und Abschlüsse verpflichtet, soweit nicht das Gegentheil durch die Parteien bewilligt oder durch die Natur des Geschäfts geboten ist;

6) sie dürfen zu keinem Geschäfte die Einwilligung der Parteien oder deren Bevollmächtigten anders annehmen, als durch ausdrückliche und persönliche Erklärung; es ist den Mäklern weder erlaubt, von Abwesenden Aufträge zu übernehmen, noch sich zur Vermittelung eines Unterhändlers zu bedienen.

Art. 70. Handelsmäklern, welche Schiffsmäkelei betreiben, kann gestattet werden, den Schiffern im Einziehen und Vorschießen der Frachten und Unkosten als Abrechner oder in anderer ortsüblicher Weise Hülfsdienste zu leisten.

Art. 71. Der Handelsmäkler muß außer seinem Handbuche ein Tagebuch führen, in welches letztere alle abgeschlossenen Geschäfte täglich einzutragen sind. Das Eingetragene hat er täglich zu unterzeichnen.

Das Tagebuch muß vor dem Gebrauche Blatt für Blatt mit fortlaufenden Zahlen bezeichnet und der vorgesetzten Behörde zur Beglaubigung der Zahl der Blätter vorgelegt werden.

Art. 72. Die Eintragungen in das Tagebuch müssen die Namen der Kontrahenten, die Zeit des Abschlusses, die Bezeichnung des Gegenstandes und die Bedingungen des Geschäfts, insbesondere bei Verkäufen von Waaren die Gattung und Menge derselben, sowie den Preis und die Zeit der Lieferung enthalten.

Die Eintragungen müssen in Deutscher Sprache, oder, sofern die Geschäftssprache des Ortes eine andere ist, in dieser geschehen; sie müssen nach Ordnung des Datums und ohne leere Zwischenräume erfolgen.

Die Bestimmungen über die Einrichtung der Handelsbücher (Art. 32) finden auch auf das Tagebuch des Mäklers Anwendung.

Art. 73. Der Handelsmäkler muß ohne Verzug nach Abschluß des Geschäfts jeder Partei eine von ihm unterzeichnete Schlußnote, welche die in dem vorhergehenden Artikel als Gegenstand der Eintragung bezeichneten Thatsachen enthält, zustellen.

Bei Geschäften, welche nicht sofort erfüllt werden sollen, ist die Schlußnote den Parteien zu ihrer Unterschrift zuzustellen und jeder Partei das von der anderen unterschriebene Exemplar zu übersenden.

Verweigert eine Partei die Annahme oder Unterschrift der Schlußnote, so muß der Handelsmäkler davon der anderen Partei ohne Verzug Anzeige machen.

Art. 74. Der Handelsmäkler ist verpflichtet, den Parteien zu jeder Zeit auf Verlangen beglaubigte Auszüge aus dem Tagebuche zu geben, die Alles enthalten müssen, was von dem Mäkler in Ansehung des die Parteien angehenden Geschäfts eingetragen ist.

Art. 75. Wenn ein Handelsmäkler stirbt oder aus dem Amte scheidet, so ist sein Tagebuch bei der Behörde niederzulegen.

Art. 76. Der Abschluß eines durch Handelsmäkler vermittelten Vertrages ist von der Eintragung desselben in das Tagebuch oder von der Aushändigung der Schlußnoten unabhängig.

Diese Thatsachen dienen nur zum Beweise des abgeschlossenen Vertrages.

Art. 77, 78.[1]

Art. 79. Im Laufe eines Rechtsstreites kann der Richter, selbst ohne Antrag einer Partei, die Vorlegung des Tagebuchs verordnen, um dasselbe einzusehen und mit der Schlußnote, den Auszügen und anderen Beweismitteln zu vergleichen.[2]

Art. 80. Der Handelsmäkler muß, sofern nicht die Parteien ihm dieses erlassen haben oder der Ortsgebrauch mit Rücksicht auf die Gattung der Waare davon entbindet, von jeder durch seine Vermittelung nach Probe verkauften Waare die Probe, nachdem er dieselbe behufs der Wiedererkennung gezeichnet hat, so lange aufbewahren, bis die Waare ohne Einwendung gegen ihre Beschaffenheit angenommen, oder das Geschäft in anderer Weise erledigt ist.

Art. 81. Jedes Verschulden des Handelsmäklers berechtigt die dadurch geschädigte Partei, Schadloshaltung von ihm zu fordern.

Art. 82. Der Handelsmäkler hat die Mäklergebühr (Sensarie) zu fordern, sobald das Geschäft geschlossen und, wenn es ein bedingtes war, unbedingt geworden und von ihm seiner Verpflichtung wegen Zustellung der Schlußnoten Genüge geschehen ist, unbeschadet anderweiter Bestimmung durch örtliche Verordnungen oder durch Ortsgebrauch.

Ist das Geschäft nicht zum Abschlusse gekommen, oder nicht zu

---

[1] Aufgehoben durch EG z. CPO § 13, 2 (siehe oben zu Art. 3).

[2] Der zweite Absatz ebenfalls aufgehoben.

einem unbedingten geworden, so kann für die Unterhandlungen keine Mäklergebühr gefordert werden.

Der Betrag der Mäklergebühr wird durch örtliche Verordnungen geregelt; in Ermangelung derselben entscheidet der Ortsgebrauch.

Art. 83. Ist unter den Parteien nichts darüber vereinbart, wer die Mäklergebühr bezahlen soll, so ist dieselbe in Ermangelung örtlicher Verordnungen oder eines Ortsgebrauchs von jeder Partei zur Hälfte zu entrichten.

Art. 84. Ueber die Anstellung der Handelsmäkler und über die Bestrafung der von ihnen im Berufe begangenen Pflichtverletzungen das Erforderliche zu bestimmen, bleibt den Landesgesetzen überlassen.

Den Landesgesetzen bleibt vorbehalten, die Vorschriften dieses Titels nach Maaßgabe der örtlichen Bedürfnisse zu ergänzen; es kann insbesondere den Handelsmäklern das ausschließliche Recht zur Vermittelung von Handelsgeschäften beigelegt werden.

Auch kann in den Landesgesetzen oder in örtlichen Verordnungen der in diesem Titel den Handelsmäklern zugewiesene Kreis von Amtsverrichtungen und Befugnissen (Art. 67, 70) oder der Umfang ihrer Pflichten (Art. 69) erweitert oder eingeschränkt werden.

Zweites Buch.

Von den Handelsgesellschaften.

Erster Titel. Von der offenen Handelsgesellschaft.

Erster Abschnitt.

Von der Errichtung der Gesellschaft.

Art. 85. Eine offene Handelsgesellschaft ist vorhanden, wenn zwei oder mehrere Personen ein Handelsgewerbe unter gemeinschaftlicher Firma betreiben und bei keinem der Gesellschafter die Betheiligung auf Vermögenseinlagen beschränkt ist.

Zur Gültigkeit des Gesellschaftsvertrages bedarf es der schriftlichen Abfassung oder anderer Förmlichkeiten nicht.

Art. 86. Die Errichtung einer offenen Handelsgesellschaft ist von den Gesellschaftern bei dem Handelsgerichte, in dessen Bezirk die Gesellschaft ihren Sitz hat, und bei jedem Handelsgerichte, in dessen Bezirk sie eine Zweigniederlassung hat, behufs der Eintragung in das Handelsregister anzumelden.

Die Anmeldung muß enthalten:

1) den Namen, Vornamen, Stand und Wohnort jedes Gesellschafters;
2) die Firma der Gesellschaft und den Ort, wo sie ihren Sitz hat;
3) den Zeitpunkt, mit welchem die Gesellschaft begonnen hat;
4) im Falle vereinbart ist, daß nur einer oder einige der Gesellschafter die Gesellschaft vertreten sollen, die Angabe, welcher oder welche dazu bestimmt sind, ingleichen, ob das Recht nur in Gemeinschaft ausgeübt werden soll.

Art. 87. Wenn die Firma einer bestehenden Gesellschaft geändert oder der Sitz der Gesellschaft an einen anderen Ort verlegt wird, oder, wenn neue Gesellschafter in dieselbe eintreten, oder wenn einem Gesellschafter die Befugniß, die Gesellschaft zu vertreten (Art. 86 Ziff. 4), nachträglich ertheilt, oder wenn eine solche Befugniß aufgehoben wird, so sind diese Thatsachen bei dem Handelsgerichte Behufs der Eintragung in das Handelsregister anzumelden.

Bei der Aenderung der Firma, bei der Verlegung des Sitzes der Gesellschaft und bei der Aufhebung der Vertretungsbefugniß richtet sich die Wirkung gegen Dritte in den Fällen der geschehenen oder der nicht geschehenen Eintragung und Bekanntmachung nach den Bestimmungen des Art. 25.

Art. 88. Die Anmeldungen (Art. 86, 87) müssen von allen Gesellschaftern persönlich vor dem Handelsgerichte unterzeichnet oder in beglaubigter Form eingereicht werden. Sie sind ihrem ganzen Inhalte nach in das Handelsregister einzutragen.

Die Gesellschafter, welche die Gesellschaft vertreten sollen, haben die Firma nebst ihrer Namensunterschrift persönlich vor dem Handelsgerichte zu zeichnen oder die Zeichnung derselben in beglaubigter Form einzureichen.

Art. 89. Das Handelsgericht hat die Betheiligten zur Befolgung der vorstehenden Anordnungen (Art. 86—88) von Amtswegen durch Ordnungsstrafen anzuhalten.

Zweiter Abschnitt.

Das Rechtsverhältniß der Gesellschafter unter einander.

Art. 90. Das Rechtsverhältniß der Gesellschafter unter einander richtet sich zunächst nach dem Gesellschaftsvertrage.

Soweit über die in den nachfolgenden Artikeln dieses Abschnitts berührten Punkte keine Vereinbarung getroffen ist, kommen die Bestimmungen dieser Artikel zur Anwendung.

Art. 91. Wenn Geld oder andere verbrauchbare und vertretbare Sachen, oder wenn unverbrauchbare oder unvertretbare Sachen nach einer Schätzung, die nicht blos zum Zweck der Gewinnvertheilung geschieht, in die Gesellschaft eingebracht werden, so werden diese Gegenstände Eigenthum der Gesellschaft.

Im Zweifel wird angenommen, daß die in das Inventar der Gesellschaft mit der Unterschrift sämmtlicher Gesellschafter eingetragenen, bis dahin einem Gesellschafter gehörigen, beweglichen oder unbeweglichen Sachen Eigenthum der Gesellschaft geworden sind.

Art. 92. Ein Gesellschafter ist nicht verpflichtet, die Einlage über den vertragsmäßigen Betrag zu erhöhen, oder die durch Verlust verminderte Einlage zu ergänzen.

Art. 93. Für die Auslagen, welche ein Gesellschafter in Gesellschaftsangelegenheiten macht, für die Verbindlichkeiten, welche er wegen derselben übernimmt, und für die Verluste, welche er unmittelbar durch seine Geschäftsführung oder aus Gefahren, welche von derselben unzertrennlich sind, erleidet, ist ihm die Gesellschaft verhaftet.

Von den vorgeschossenen Geldern kann er Zinsen fordern, vom Tage des geleisteten Vorschusses an gerechnet.

Für die Bemühungen bei dem Betriebe der Gesellschaftsgeschäfte steht dem Gesellschafter ein Anspruch auf Vergütung nicht zu.

Art. 94. Jeder Gesellschafter ist verpflichtet, in den Angelegenheiten der Gesellschaft den Fleiß und die Sorgfalt anzuwenden, welche er in seinen eigenen Angelegenheiten anzuwenden pflegt.

Er haftet der Gesellschaft für den Schaden, welcher ihr durch sein Verschulden entstanden ist. Er kann gegen diesen Schaden nicht die Vortheile aufrechnen, welche er der Gesellschaft in anderen Fällen durch seinen Fleiß verschafft hat.

Art. 95. Ein Gesellschafter, welcher seine Geldeinlage nicht zur rechten Zeit einzahlt, oder eingenommene Gesellschaftsgelder nicht zur rechten Zeit an die Gesellschaftskasse abliefert, oder unbefugt Gelder aus der Gesellschaftskasse für sich entnimmt, ist von Rechtswegen zur Entrichtung von Zinsen seit dem Tage verpflichtet, an welchem die Zahlung oder die Ablieferung hätte geschehen sollen oder die Herausnahme des Geldes erfolgt ist.

Die Verpflichtung zum Ersatze des etwa entstandenen größeren Schadens und die übrigen rechtlichen Folgen der Handlung werden hierdurch nicht ausgeschlossen.

Art. 96. Ein Gesellschafter darf ohne Genehmigung der anderen Gesellschafter weder in dem Handelszweige der Gesellschaft für eigene Rechnung oder für Rechnung eines Dritten Geschäfte machen, noch an einer anderen gleichartigen Handelsgesellschaft als offener Gesellschafter Theil nehmen.

Eine Genehmigung der Theilnahme an einer anderen gleich=

artigen Handelsgesellschaft ist schon dann anzunehmen, wenn den übrigen Gesellschaftern bei Eingehung der Gesellschaft bekannt war, daß der Gesellschafter an jener Handelsgesellschaft als offener Gesellschafter Theil nehme und gleichwohl das Aufgeben der Theilnahme nicht ausdrücklich bedungen worden ist.

Art. 97. Ein Gesellschafter, welcher den vorstehenden Bestimmungen zuwiderhandelt, muß sich auf Verlangen der Gesellschaft gefallen lassen, daß die für seine Rechnung gemachten Geschäfte als für Rechnung der Gesellschaft geschlossen angesehen werden; auch kann die Gesellschaft statt dessen den Ersatz des entstandenen Schadens fordern; alles dies unbeschadet des Rechts, die Auflösung des Gesellschaftsvertrags in den geeigneten Fällen herbeizuführen.

Das Recht der Gesellschaft, in ein von dem Gesellschafter für eigene Rechnung gemachtes Geschäft einzutreten oder Schadenersatz zu fordern, erlischt nach drei Monaten, von dem Zeitpunkte an gerechnet, in welchem die Gesellschaft von dem Abschlusse des Geschäfts Kenntniß erhalten hat.

Art. 98. Ein Gesellschafter kann ohne die Einwilligung der übrigen Gesellschafter keinen Dritten in die Gesellschaft aufnehmen.

Wenn ein Gesellschafter einseitig einen Dritten an seinem Antheile betheiligt oder seinen Antheil an denselben abtritt, so erlangt dieser gegen die Gesellschaft unmittelbar keine Rechte; er ist insbesondere zur Einsicht der Handelsbücher und Papiere der Gesellschaft nicht berechtigt.

Art. 99. Wenn die Geschäftsführung in dem Gesellschaftsvertrage einem oder mehreren der Gesellschafter übertragen ist, so schließen diese die übrigen Gesellschafter von der Geschäftsführung aus; sie sind berechtigt, ungeachtet des Widerspruchs der übrigen Gesellschafter, alle Handlungen vorzunehmen, welche der gewöhnliche Betrieb des Handelsgewerbes der Gesellschaft mit sich bringt.

Art. 100. Wenn die Geschäftsführung mehreren Gesellschaftern mit der ausdrücklichen Beschränkung übertragen ist, daß einer nicht ohne den andern handeln könne, so darf keiner allein Geschäfte vornehmen, es sei denn, daß Gefahr im Verzuge ist.

Ist hingegen mehreren Gesellschaftern die Geschäftsführung ohne diese ausdrückliche Beschränkung übertragen, so darf jeder derselben allein alle zur Geschäftsführung gehörenden Handlungen vornehmen. Jedoch muß, wenn einer unter ihnen gegen die Vornahme einer Handlung Widerspruch erhebt, dieselbe unterbleiben.

Art. 101. Die im Gesellschaftsvertrage einem oder mehreren Gesellschaftern geschehene Uebertragung der Geschäftsführung kann, so lange die Gesellschaft dauert, nicht ohne rechtmäßige Ursache widerrufen werden.

Die Beurtheilung, ob eine rechtmäßige Ursache vorliege, bleibt dem Ermessen des Richters überlassen.

Der Widerruf kann insbesondere in den im Art. 125 Ziffer 2—5 bezeichneten Fällen für begründet erklärt werden.

Art. 102. Wenn im Gesellschaftsvertrage die Geschäftsführung nicht einem oder mehreren Gesellschaftern übertragen ist, so sind alle Gesellschafter zum Betriebe der Geschäfte der Gesellschaft gleichmäßig berechtigt und verpflichtet.

Erhebt ein Gesellschafter gegen die Vornahme einer Handlung Widerspruch, so muß dieselbe unterbleiben.

Art. 103. Ein Beschluß der sämmtlichen Gesellschafter muß vor der Vornahme von Geschäften eingeholt werden, welche über den gewöhnlichen Betrieb des Handelsgewerbes der Gesellschaft hinausgehen, oder welche dem Zweck derselben fremd sind.

Dies ist auch dann erforderlich, wenn die Geschäftsführung einem oder mehreren Gesellschaftern übertragen ist.

Zur Fassung des Beschlusses ist Stimmeneinhelligkeit erforderlich. Ist diese nicht zu erlangen, so muß die Handlung, in Ansehung deren Beschluß gefaßt werden soll, unterbleiben.

Art. 104. Zur Bestellung eines Prokuristen ist, sofern nicht Gefahr im Verzuge ist, die Einwilligung aller geschäftsführenden Gesellschafter, und wenn keine solche ernannt sind, die Einwilligung aller Gesellschafter erforderlich.

Der Widerruf der Prokura kann von jedem der zur Ertheilung derselben befugten Gesellschafter geschehen.

Art. 105. Jeder Gesellschafter, auch wenn er nicht in dem Geschäftsbetriebe der Gesellschaft thätig ist, kann sich persönlich von dem Gange der Gesellschaftsangelegenheiten unterrichten; er kann jederzeit in das Geschäftslokal kommen, die Handelsbücher und Papiere der Gesellschaft einsehen und auf ihrer Grundlage eine Bilanz zu seiner Uebersicht anfertigen.

Ist im Gesellschaftsvertrage ein Anderes bestimmt, so verliert diese Bestimmung ihre Wirkung, wenn eine Unredlichkeit in der Geschäftsführung nachgewiesen wird.

Art. 106. Jedem Gesellschafter werden am Schlusse eines jeden Geschäftsjahres von seiner Einlage, oder, wenn sich dieselbe beim Schlusse des vorigen Jahres durch Hinzurechnung seines Antheils am Gewinne vermehrt oder durch Abrechnung seines Antheils am Verluste vermindert hat, von seinem Antheile am Gesellschaftsvermögen Zinsen zu vier vom Hundert gutgeschrieben und von den während des Geschäftsjahres auf den Antheil entnommenen Geldern Zinsen in demselben Maaßstabe zur Last geschrieben.

Die dem Gesellschafter hiernach zukommenden Zinsen vermehren seinen Antheil am Gesellschaftsvermögen.

Vor Deckung dieser Zinsen ist kein Gewinn vorhanden, und der Verlust der Gesellschaft wird durch dieselben vermehrt oder gebildet.

Art. 107. Am Schlusse eines jeden Geschäftsjahres wird, auf Grund des Inventars und der Bilanz, der Gewinn oder der Verlust dieses Jahres ermittelt und für jeden Gesellschafter sein Antheil daran berechnet.

Der Gewinn jedes Gesellschafters wird seinem Antheile am Gesellschaftsvermögen zugeschrieben, der Verlust von demselben abgeschrieben.

Art. 108. Ein Gesellschafter darf ohne Einwilligung der übrigen Gesellschafter seine Einlage oder seinen Antheil am Gesellschaftsvermögen nicht vermindern.

Er darf jedoch, auch ohne diese Einwilligung, auf seinen Antheil am Gesellschaftsvermögen die Zinsen desselben für das letztverflossene Jahr, und soweit es nicht zum offenbaren Nachtheil der Gesellschaft gereicht, Gelder bis zu einem Betrage entnehmen, welcher seinen Antheil am Gewinne des letztverflossenen Jahres nicht übersteigt.

Art. 109. Der Gewinn oder Verlust wird, in Ermangelung einer anderen Vereinbarung, unter die Gesellschafter nach Köpfen vertheilt.

Dritter Abschnitt.

Von dem Rechtsverhältniß der Gesellschaft zu dritten Personen.

Art. 110. Die rechtliche Wirksamkeit einer offenen Handelsgesellschaft tritt im Verhältniß zu dritten Personen mit dem Zeitpunkte ein, in welchem die Errichtung der Gesellschaft in das Handelsregister eingetragen ist, oder die Gesellschaft auch nur ihre Geschäfte begonnen hat.

Die Beschränkung, daß die Gesellschaft erst mit einem späteren Zeitpunkte, als dem der Eintragung, ihren Anfang nehmen soll, hat gegen dritte Personen keine rechtliche Wirkung.

Art. 111. Die Handelsgesellschaft kann unter ihrer Firma Rechte erwerben und Verbindlichkeiten eingehen, Eigenthum und andere dingliche Rechte an Grundstücken erwerben, vor Gericht klagen und verklagt werden.

Ihr ordentlicher Gerichtsstand ist bei dem Gericht, in dessen Bezirk sie ihren Sitz hat.

Art. 112. Die Gesellschafter haften für alle Verbindlichkeiten der Gesellschaft solidarisch und mit ihrem ganzen Vermögen.

Eine entgegenstehende Verabredung hat gegen Dritte keine rechtliche Wirkung.

Art. 113. Wer in eine bestehende Handelsgesellschaft eintritt, haftet gleich den anderen Gesellschaftern für alle von der Gesellschaft vor seinem Eintritte eingegangenen Verbindlichkeiten, es mag die Firma eine Aenderung erleiden oder nicht.

Ein entgegenstehender Vertrag ist gegen Dritte ohne rechtliche Wirkung.

Art. 114. Jeder zur Vertretung der Gesellschaft befugte Gesellschafter ist ermächtigt, alle Arten von Geschäften und Rechtshandlungen im Namen der Gesellschaft vorzunehmen, insbesondere auch die der Gesellschaft gehörenden Grundstücke zu veräußern und zu belasten.

Die Gesellschaft wird durch die Rechtsgeschäfte, welche ein zur Vertretung der Gesellschaft befugter Gesellschafter in ihrem Namen schließt, berechtigt und verpflichtet; es ist gleichgültig, ob das Geschäft ausdrücklich im Namen der Gesellschaft geschlossen worden ist, oder ob die Umstände ergeben, daß es nach dem Willen der Kontrahenten für die Gesellschaft geschlossen werden sollte.

Art. 115. Die Gesellschaft wird durch Rechtsgeschäfte eines Gesellschafters nicht verpflichtet, wenn derselbe von der Befugniß, die Gesellschaft zu vertreten, ausgeschlossen (Art. 86 Ziff. 4), oder seine Befugniß, die Gesellschaft zu vertreten, aufgehoben ist (Art. 87), sofern hinsichtlich dieser Ausschließung oder Aufhebung die Voraussetzungen vorhanden sind, unter welchen nach Art. 46 hinsichtlich des Erlöschens der Prokura die Wirkung gegen Dritte eintritt.

Art. 116. Eine Beschränkung des Umfanges der Befugniß eines Gesellschafters, die Gesellschaft zu vertreten, hat dritten Personen gegenüber keine rechtliche Wirkung; insbesondere ist die Beschränkung nicht zulässig, daß die Vertretung sich nur auf gewisse Geschäfte oder Arten von Geschäften erstrecken, oder daß sie nur unter gewissen Umständen oder für eine gewisse Zeit oder an einzelnen Orten stattfinden solle.

Art. 117. Die Gesellschaft wird vor Gericht von jedem Gesellschafter gültig vertreten, welcher von der Befugniß, die Gesellschaft zu vertreten, nicht ausgeschlossen ist.

Zur Behändigung von Vorladungen und anderen Zustellungen an die Gesellschaft genügt es, wenn dieselbe an einen der zur Vertretung befugten Gesellschafter geschieht.

Art. 118. Die Ertheilung, sowie die Aufhebung einer Prokura geschieht mit rechtlicher Wirkung gegen Dritte durch einen der zur Vertretung der Gesellschaft befugten Gesellschafter.

Art. 119. Die Privatgläubiger eines Gesellschafters sind nicht befugt, die zum Gesellschaftsvermögen gehörigen Sachen, Forderungen oder Rechte oder einen Antheil an denselben zum Behuf ihrer Befriedigung oder Sicherstellung in Anspruch zu nehmen. Gegenstand der Exekution, des Arrestes oder der Beschlagnahme kann für sie nur dasjenige sein, was der Gesellschafter selbst an Zinsen und an Gewinnantheilen zu fordern berechtigt ist, und was ihm bei der Auseinandersetzung zukommt.

Art. 120. Die Bestimmung des vorigen Artikels gilt auch in Betreff der Privatgläubiger, zu deren Gunsten eine Hypothek oder ein Pfandrecht an dem Vermögen eines Gesellschafters kraft des Gesetzes oder aus einem anderen Rechtsgrunde besteht. Ihre Hypothek oder ihr Pfandrecht erstreckt sich nicht auf die zum Gesellschaftsvermögen gehörigen Sachen, Forderungen und Rechte, oder auf einen Antheil an denselben, sondern nur auf dasjenige, was in dem letzten Satze des vorigen Artikels bezeichnet ist.

Jedoch werden die Rechte, welche an den von einem Gesellschafter in das Vermögen der Gesellschaft eingebrachten Gegenständen bereits zur Zeit des Einbringens bestanden, durch die vorstehenden Bestimmungen nicht berührt.

Art. 121. Eine Kompensation zwischen Forderungen der Gesellschaft und Privatforderungen des Gesellschaftsschuldners gegen einen einzelnen Gesellschafter findet während der Dauer der Gesellschaft weder ganz noch theilweise statt; nach Auflösung der Gesellschaft ist sie zulässig, wenn und insoweit die Gesellschaftsforderung dem Gesellschafter bei der Auseinandersetzung überwiesen ist.

Art. 122.[1] Im Falle des Konkurses der Gesellschaft werden

---

[1] Dafür jetzt KO 198: Im Falle der Zahlungsunfähigkeit einer offenen Handelsgesellschaft, einer Kommanditgesellschaft oder einer Kommanditgesellschaft auf Aktien findet über das Gesellschaftsvermögen ein selbstständiges Konkursverfahren statt.

Die Vorschrift des § 193 Abs. 2 findet entsprechende Anwendung (siehe zu HGB 242).

199. Zu dem Antrage auf Eröffnung des Verfahrens ist außer den Konkursgläubigern jeder persönlich haftende Gesellschafter und jeder Liquidator berechtigt.

Wird der Antrag nicht von allen persönlich haftenden Gesellschaftern oder allen Liquidatoren gestellt, so ist derselbe zuzulassen, wenn die Zahlungsunfähigkeit der Gesellschaft glaubhaft gemacht wird. Das Gericht hat die übrigen persönlich haftenden Gesellschafter oder Liquidatoren nach Maaßgabe des § 97 Abs. 2, 3 zu hören.

200. Ein Zwangsvergleich kann nur auf den Vorschlag aller persönlich haftenden Gesellschafter geschlossen werden.

die Gläubiger derselben aus dem Gesellschaftsvermögen abgesondert befriedigt, und können aus dem Privatvermögen der Gesellschafter nur wegen des Ausfalls ihre Befriedigung suchen; den Landesgesetzen bleibt vorbehalten, zu bestimmen, ob und wie weit den Privatgläubigern der Gesellschafter ein Absonderungsrecht in Bezug auf das Privatvermögen derselben zusteht.

Vierter Abschnitt.

Von der Auflösung der Gesellschaft und dem Austreten einzelner Gesellschafter aus derselben.

Art. 123. Die Gesellschaft wird aufgelöst:

1) durch die Eröffnung des Konkurses über die Gesellschaft;

2) durch den Tod eines der Gesellschafter, wenn nicht der Ver-

---

Der Zwangsvergleich begrenzt, soweit er nicht ein Anderes festsetzt, zugleich den Umfang der solidarischen Haftung der persönlich haftenden Gesellschafter mit ihrem sonstigen Vermögen.

201. Wenn Gesellschaftsgläubiger in einem über das Privatvermögen eines persönlich haftenden Gesellschafters eröffneten Konkursverfahren ihre Befriedigung wegen des Ausfalls suchen, welchen sie in dem Konkursverfahren über das Gesellschaftsvermögen erleiden, so sind bei den Vertheilungen die Antheile auf den vollen Betrag der Gesellschaftsforderungen zurückzubehalten, bis der Ausfall bei dem Gesellschaftsvermögen feststeht.

Im Uebrigen finden auf die vorstehend bezeichneten Forderungen die Vorschriften der §§ 57, 88 entsprechende Anwendung.

214. Die Strafvorschriften der §§ 209—211 (siehe zu Art. 40) finden gegen die Mitglieder des Vorstandes einer Aktiengesellschaft oder eingetragenen Genossenschaft und gegen die Liquidatoren einer Handelsgesellschaft oder eingetragenen Genossenschaft, welche ihre Zahlungen eingestellt hat, oder über deren Vermögen das Konkursverfahren eröffnet worden ist, Anwendung, wenn sie in dieser Eigenschaft die mit Strafe bedrohten Handlungen begangen haben.

14. Befindet sich der Gemeinschuldner mit Dritten in einem Miteigenthume, in einer Gesellschaft oder in einer anderen Gemeinschaft, so erfolgt die Theilung oder sonstige Auseinandersetzung außerhalb des Konkursverfahrens.

44. Wer sich mit dem Gemeinschuldner in einem Miteigenthume, in einer Gesellschaft oder in einer anderen Gemeinschaft befindet, kann wegen der auf ein solches Verhältniß sich gründenden Forderungen abgesonderte Befriedigung aus dem bei der Theilung oder sonstigen Auseinandersetzung ermittelten Antheile des Gemeinschuldners verlangen.

57. Ein Gläubiger, welcher abgesonderte Befriedigung beansprucht, kann die Forderung, wenn der Gemeinschuldner auch persönlich für sie haftet, zur Konkursmasse geltend machen, aus derselben aber nur für den Betrag verhältnißmäßige Befriedigung verlangen, zu welchem er auf abgesonderte Befriedigung verzichtet, oder mit welchem er bei der letzteren ausgefallen ist.

In Oesterreich gilt statt dessen KO 25./12. 1868, § 199—201.

trag bestimmt, daß die Gesellschaft mit den Erben des Verstorbenen fortbestehen soll;

3) durch die Eröffnung des Konkurses über das Vermögen eines der Gesellschafter oder durch die eingetretene rechtliche Unfähigkeit eines der Gesellschafter zur selbstständigen Vermögensverwaltung;

4) durch gegenseitige Uebereinkunft;

5) durch Ablauf der Zeit, auf deren Dauer die Gesellschaft eingegangen ist, sofern nicht die Gesellschafter dieselbe stillschweigend fortsetzen; in diesem Falle gilt sie von da an als auf unbestimmte Dauer eingegangen;

6) durch die von Seiten eines Gesellschafters geschehene Aufkündigung, wenn die Gesellschaft auf unbestimmte Dauer eingegangen ist.

Eine auf Lebenszeit eingegangene Gesellschaft ist als eine Gesellschaft von unbestimmter Dauer zu betrachten.

Art. 124. Die Aufkündigung einer Gesellschaft von unbestimmter Dauer Seitens eines Gesellschafters muß, wenn nicht ein Anderes vereinbart ist, mindestens sechs Monate vor Ablauf des Geschäftsjahres der Gesellschaft erfolgen.

Art. 125. Ein Gesellschafter kann die Auflösung der Gesellschaft vor Ablauf der für ihre Dauer bestimmten Zeit oder bei Gesellschaften von unbestimmter Dauer ohne vorgängige Aufkündigung verlangen, sofern hierzu wichtige Gründe vorhanden sind.

Die Beurtheilung, ob solche Gründe anzunehmen sind, bleibt im Falle des Widerspruchs dem Ermessen des Richters überlassen.

Die Auflösung kann insbesondere ausgesprochen werden:

1) wenn durch äußere Umstände die Erreichung des gesellschaftlichen Zwecks unmöglich wird;

2) wenn ein Gesellschafter bei der Geschäftsführung oder bei der Rechnungslegung unredlich verfährt;

3) wenn ein Gesellschafter die Erfüllung der ihm obliegenden wesentlichen Verpflichtungen unterläßt;

4) wenn ein Gesellschafter die Firma oder das Vermögen der Gesellschaft für seine Privatzwecke mißbraucht;

5) wenn ein Gesellschafter durch anhaltende Krankheit oder aus anderen Ursachen zu den ihm obliegenden Geschäften der Gesellschaft unfähig wird.

Art. 126. Hat ein Privatgläubiger eines Gesellschafters nach fruchtlos vollstreckter Exekution in dessen Privatvermögen die Exekution in das dem Gesellschafter bei dereinstiger Auflösung der Gesellschaft zukommende Guthaben erwirkt, so ist er berechtigt, es mag die Gesellschaft auf bestimmte oder auf unbestimmte Dauer eingegangen sein, Behufs seiner Befriedigung nach vorher von ihm geschehener Aufkündigung die Auflösung der Gesellschaft verlangen.

Die Aufkündigung muß mindestens sechs Monate vor Ablauf des Geschäftsjahres der Gesellschaft geschehen.

Art. 127. Wenn die Gesellschafter vor der Auflösung der Gesellschaft übereingekommen sind, daß, ungeachtet des Ausscheidens eines oder mehrerer Gesellschafter, die Gesellschaft unter den übrigen fortgesetzt werden soll, so endigt die Gesellschaft nur in Beziehung auf den Ausscheidenden; im Uebrigen besteht sie mit allen ihren bisherigen Rechten und Verbindlichkeiten fort.

Art. 128. Wenn die Auflösung der Gesellschaft aus Gründen gefordert werden darf, welche in der Person eines Gesellschafters liegen (Art. 125), so kann anstatt derselben auf Ausschließung dieses Gesellschafters erkannt werden, sofern die sämmtlichen übrigen Gesellschafter hierauf antragen.

Art. 129. Die Auflösung der Gesellschaft muß, wenn sie nicht in Folge der Eröffnung des Konkurses über die Gesellschaft geschieht, in das Handelsregister eingetragen werden.

Diese Eintragung muß selbst dann geschehen, wenn die Gesellschaft durch Ablauf der Zeit, für welche sie eingegangen war, beendigt wird.

Gleich der Auflösung der Gesellschaft muß auch das Ausscheiden oder die Ausschließung eines Gesellschafters aus der Gesellschaft in das Handelsregister eingetragen werden.

Das Handelsgericht hat die Betheiligten zur Anmeldung dieser Thatsachen von Amtswegen durch Ordnungsstrafen anzuhalten.

Dritten Personen kann die Auflösung der Gesellschaft oder das Ausscheiden oder die Ausschließung eines Gesellschafters aus derselben nur insofern entgegengesetzt werden, als hinsichtlich einer solchen Thatsache die Voraussetzungen vorhanden sind, unter welchen nach Art. 25 hinsichtlich des Erlöschens der Firma oder der Aenderung ihrer Inhaber die Wirkung gegen Dritte eintritt.

Art. 130. Wenn ein Gesellschafter ausscheidet oder ausgeschlossen wird, so erfolgt die Auseinandersetzung der Gesellschaft mit demselben auf Grund der Vermögenslage, in welcher sich die Gesellschaft zur Zeit des Ausscheidens oder zur Zeit der Behändigung der Klage auf Ausschließung befindet.

An den späteren Geschäften, Rechten und Verbindlichkeiten nimmt der Ausgeschiedene oder Ausgeschlossene nur insofern Antheil, als dieselben eine unmittelbare Folge dessen sind, was vor jenem Zeitpunkte bereits geschehen war.

Der Ausgeschiedene oder Ausgeschlossene muß sich die Beendigung der laufenden Geschäfte in der Weise gefallen lassen, wie sie nach dem Ermessen der verbleibenden Gesellschafter am vortheilhaftesten ist.

Jedoch ist er, wenn eine frühere vollständige Auseinandersetzung nicht möglich ist, berechtigt, am Schlusse eines jeden Geschäftsjahres Rechnungsablage über die inzwischen erledigten Geschäfte, sowie die Auszahlung der ihm hiernach gebührenden Beträge zu fordern; auch kann er am Schlusse eines jeden Geschäftsjahres den Nachweis über den Stand der noch laufenden Geschäfte fordern.

Art. 131. Ein ausgeschiedener oder ausgeschlossener Gesellschafter muß sich die Auslieferung seines Antheils am Gesellschaftsvermögen in einer den Werth desselben darstellenden Geldsumme gefallen lassen; er hat kein Recht auf einen verhältnißmäßigen Antheil an den einzelnen Forderungen, Waaren oder anderen Vermögensstücken der Gesellschaft.

Art. 132. Macht ein Privatgläubiger eines Gesellschafters von dem nach Art. 126 ihm zustehenden Rechte Gebrauch, so können die übrigen Gesellschafter auf Grund eines einstimmigen Beschlusses statt der Auflösung der Gesellschaft die Auseinandersetzung und die Auslieferung des Antheils des Schuldners nach den Bestimmungen der vorhergehenden Artikel vornehmen; der letztere ist dann als aus der Gesellschaft ausgeschieden zu betrachten.

Fünfter Abschnitt.

Von der Liquidation der Gesellschaft.

Art. 133. Nach Auflösung der Gesellschaft außer dem Fall des Konkurses derselben erfolgt die Liquidation, sofern diese nicht durch einstimmigen Beschluß der Gesellschafter oder durch den Gesellschaftsvertrag einzelnen Gesellschaftern oder anderen Personen übertragen ist, durch die sämmtlichen bisherigen Gesellschafter oder deren Vertreter als Liquidatoren. Ist einer der Gesellschafter gestorben, so haben dessen Rechtsnachfolger einen gemeinschaftlichen Vertreter zu bestellen.

Auf den Antrag eines Gesellschafters kann aus wichtigen Gründen die Ernennung von Liquidatoren durch den Richter erfolgen. Der Richter kann in einem solchen Falle Personen als Liquidatoren ernennen oder als solche beiordnen, welche nicht zu den Gesellschaftern gehören.

Art. 134. Die Abberufung von Liquidatoren geschieht durch einstimmigen Beschluß aller Gesellschafter; sie kann auch auf den Antrag eines Gesellschafters aus wichtigen Gründen durch den Richter erfolgen.

Art. 135. Die Liquidatoren sind von den Gesellschaftern beim Handelsgerichte zur Eintragung in das Handelsregister anzumelden; sie haben ihre Unterschrift persönlich vor dem Handelsgerichte zu zeichnen oder die Zeichnung in beglaubigter Form einzureichen.

Das Austreten eines Liquidators oder das Erlöschen der Vollmacht eines solchen ist gleichfalls zur Eintragung in das Handelsregister anzumelden.

Die Gesellschafter sind zur Befolgung dieser Vorschriften von Amtswegen durch Ordnungsstrafen anzuhalten.

Dritten Personen kann die Ernennung von Liquidatoren, sowie das Austreten eines Liquidators oder das Erlöschen der Vollmacht eines solchen nur insofern entgegengesetzt werden, als hinsichtlich dieser Thatsachen die Voraussetzungen vorhanden sind, unter welchen nach Art. 25 und 46 hinsichtlich einer Aenderung der Inhaber einer Firma oder des Erlöschens einer Prokura die Wirkung gegen Dritte eintritt.

Art. 136. Sind mehrere Liquidatoren vorhanden, so können sie die zur Liquidation gehörenden Handlungen mit rechtlicher Wirkung nur in Gemeinschaft vornehmen, sofern nicht ausdrücklich bestimmt ist, daß sie einzeln handeln können.

Art. 137. Die Liquidatoren haben die laufenden Geschäfte zu beendigen, die Verpflichtungen der aufgelösten Gesellschaft zu erfüllen, die Forderungen derselben einzuziehen und das Vermögen der Gesellschaft zu versilbern; sie haben die Gesellschaft gerichtlich und außergerichtlich zu vertreten; sie können für dieselbe Vergleiche schließen und Kompromisse eingehen. Zur Beendigung schwebender Geschäfte können die Liquidatoren auch neue Geschäfte eingehen.[1]

---

[1] **Unfallversicherungsgesetz** 6./7. 84, 96. Diejenigen Betriebsunternehmer, Bevollmächtigten oder Repräsentanten, Betriebs- oder Arbeiteraufseher, gegen welche durch strafgerichtliches Urtheil festgestellt worden ist, daß sie den Unfall vorsätzlich oder durch Fahrlässigkeit mit Außerachtlassung derjenigen Aufmersamkeit, zu der sie vermöge ihres Amtes, Berufes oder Gewerbes besonders verpflichtet sind, herbeigeführt haben, haften für alle Aufwendungen, welche in Folge des Unfalls auf Grund dieses Gesetzes oder des Gesetzes, betreffend die Krankenversicherung der Arbeiter, vom 15. Juni 1883 (RGBl S. 73) von den Genossenschaften oder Krankenkassen gemacht worden sind.

In gleicher Weise haftet als Betriebsunternehmer eine Aktiengesellschaft, eine Innung oder eingetragene Genossenschaft für die durch ein Mitglied ihres Vorstandes, sowie eine Handelsgesellschaft, eine Innung oder eingetragene Genossenschaft für die durch einen der Liquidatoren herbeigeführten Unfälle.

Als Ersatz für die Rente kann in diesen Fällen deren Kapitalwerth gefordert werden.

Die Veräußerung von unbeweglichen Sachen kann durch die Liquidatoren ohne Zustimmung der sämmtlichen Gesellschafter nicht anders, als durch öffentliche Versteigerung bewirkt werden.

Art. 138. Eine Beschränkung des Umfanges der Geschäftsbefugnisse der Liquidatoren (Art. 137) hat gegen dritte Personen keine rechtliche Wirkung.

Art. 139. Die Liquidatoren haben ihre Unterschrift in der

Der Anspruch verjährt in achtzehn Monaten von dem Tage, an welchem das strafrechtliche Urtheil rechtskräftig geworden ist.

105. Die Strafvorschriften der §§ 103 und 104 finden auch gegen die gesetzlichen Vertreter handlungsunfähiger Betriebsunternehmer, desgleichen gegen die Mitglieder des Vorstandes einer Aktiengesellschaft, Innung oder eingetragenen Genossenschaft, sowie gegen die Liquidatoren einer Handelsgesellschaft, Innung oder eingetragenen Genossenschaft Anwendung.

G 5./5. 86 (betr. die Unfall- und Krankenversicherung der in land- und forstwirthschaftlichen Arbeiten beschäftigten Personen):

117. Diejenigen Betriebsunternehmer, Bevollmächtigten oder Repräsentanten, Betriebs- oder Arbeiteraufseher, gegen welche durch strafgerichtliches Urtheil festgestellt worden ist, daß sie den Unfall vorsätzlich oder durch Fahrlässigkeit mit Außerachtlassung derjenigen Aufmerksamkeit, zu der sie vermöge ihres Amtes, Berufes oder Gewerbes besonders verpflichtet sind, herbeigeführt haben, haften für alle Aufwendungen, welche in Folge des Unfalles auf Grund dieses Gesetzes oder des Gesetzes, betreffend die Krankenversicherung der Arbeiter, vom 15. Juni 1883 (RGBl S. 73) von den Genossenschaften, Gemeinden (§ 10 Abs. 1) oder Krankenkassen gemacht worden sind.

In gleicher Weise haftet als Betriebsunternehmer eine Aktiengesellschaft, eine Innung oder eingetragene Genossenschaft für die durch ein Mitglied ihres Vorstandes, sowie eine Handelsgesellschaft, eine Innung oder eingetragene Genossenschaft für die durch einen der Liquidatoren herbeigeführten Unfälle.

Als Ersatz für die Rente kann in diesen Fällen deren Kapitalwerth gefordert werden.

Der Anspruch verjährt in achtzehn Monaten von dem Tage, an welchem das strafrechtliche Urtheil rechtskräftig geworden ist.

118. Die in den §§ 116 und 117 bezeichneten Ansprüche können, auch ohne daß die daselbst vorgesehene Feststellung durch strafgerichtliches Urtheil stattgefunden hat, geltend gemacht werden, falls diese Feststellung wegen des Todes oder der Abwesenheit des Betreffenden oder aus einem anderen in der Person desselben liegenden Grunde nicht erfolgen kann.

125. Die Strafvorschriften der §§ 123 und 124 finden auch gegen die gesetzlichen Vertreter handlungsunfähiger Betriebsunternehmer, desgleichen gegen die Mitglieder des Vorstandes einer Aktiengesellschaft, Innung oder eingetragenen Genossenschaft, sowie gegen die Liquidatoren einer Handelsgesellschaft, Innung oder eingetragenen Genossenschaft Anwendung.

Weise abzugeben, daß sie der bisherigen, nun als Liquidationsfirma zu bezeichnenden Firma ihren Namen beifügen.

Art. 140. Die Liquidatoren haben, selbst wenn sie vom Richter bestellt sind, den Gesellschaftern gegenüber bei der Geschäftsführung den von diesen einstimmig getroffenen Anordnungen Folge zu geben.

Art. 141. Die während der Liquidation entbehrlichen Gelder werden vorläufig unter die Gesellschafter vertheilt.

Zur Deckung von Schulden der Gesellschaft, welche erst später fällig werden, sowie zur Deckung der Ansprüche, welche den einzelnen Gesellschaftern bei der Auseinandersetzung zustehen, sind die erforderlichen Gelder zurückzubehalten.

Art. 142. Die Liquidatoren haben die schließliche Auseinandersetzung unter den Gesellschaftern herbeizuführen.

Streitigkeiten, welche über die Auseinandersetzung entstehen, fallen der richterlichen Entscheidung anheim.

Art. 143. Wenn ein Gesellschafter Sachen in die Gesellschaft eingebracht hat, welche Eigenthum derselben geworden sind, so fallen dieselben bei der Auseinandersetzung nicht an ihn zurück, sondern er erhält den Wert aus dem Gesellschaftsvermögen erstattet, für welchen sie gemäß Uebereinkunft übernommen wurden.

Fehlt es an dieser Werthbestimmung, so geschieht die Erstattung nach dem Werthe, welchen die Sachen zur Zeit der Einbringung hatten.

Art. 144. Ungeachtet der Auflösung der Gesellschaft kommen bis zur Beendigung der Liquidation in Bezug auf das Rechtsverhältniß der bisherigen Gesellschafter unter einander, sowie der Gesellschaft zu dritten Personen die Vorschriften des zweiten und dritten Abschnitts zur Anwendung, soweit sich aus den Bestimmungen des gegenwärtigen Abschnitts und aus dem Wesen der Liquidation nicht ein Anderes ergiebt.

Der Gerichtsstand, welchen die Gesellschaft zur Zeit ihrer Auflösung hatte, bleibt bis zur Beendigung der Liquidation für die aufgelöste Gesellschaft bestehen.

Zustellungen an die Gesellschaft geschehen mit rechtlicher Wirkung an einen der Liquidatoren.

Art. 145. Nach Beendigung der Liquidation werden die Bücher und Schriften der aufgelösten Gesellschaft einem der gewesenen Gesellschafter oder einem Dritten in Verwahrung gegeben. Der Gesellschafter oder der Dritte wird in Ermangelung einer gütlichen Uebereinkunft durch das Handelsgericht bestimmt.

Die Gesellschafter und deren Rechtsnachfolger behalten das Recht auf Einsicht und Benutzung der Bücher und Papiere.

Sechster Abschnitt.

Von der Verjährung der Klagen gegen die Gesellschafter.

Art. 146. Die Klagen gegen einen Gesellschafter aus Ansprüchen gegen die Gesellschaft verjähren in fünf Jahren nach Auflösung der Gesellschaft oder nach seinem Ausscheiden oder seiner Ausschließung aus derselben, sofern nicht nach Beschaffenheit der Forderung eine kürzere Verjährungsfrist gesetzlich eintritt.

Die Verjährung beginnt mit dem Tage, an welchem die Auflösung der Gesellschaft oder das Ausscheiden oder die Ausschließung des Gesellschafters aus derselben in das Handelsregister eingetragen ist.

Wird die Forderung erst nach der Eintragung fällig, so beginnt die Verjährung mit dem Zeitpunkte der Fälligkeit.

Art. 147. Ist noch ungetheiltes Gesellschaftsvermögen vorhanden, so kann dem Gläubiger die fünfjährige Verjährung nicht entgegengesetzt werden, sofern er seine Befriedigung nur aus dem Gesellschaftsvermögen sucht.

Art. 148. Die Verjährung zu Gunsten eines ausgeschiedenen oder ausgeschlossenen Gesellschafters wird durch Rechtshandlungen nicht unterbrochen, welche gegen die fortbestehende Gesellschaft oder einen anderen Gesellschafter vorgenommen werden.

Die Verjährung zu Gunsten eines bei der Auflösung einer Gesellschaft zu derselben gehörigen Gesellschafters wird nicht durch Rechtshandlungen gegen einen anderen Gesellschafter, wohl aber durch Rechtshandlungen gegen die Liquidatoren unterbrochen.

Art. 149. Die Verjährung läuft auch gegen Minderjährige und bevormundete Personen, sowie gegen juristische Personen, denen gesetzlich die Rechte der Minderjährigen zustehen, ohne Zulassung der Wiedereinsetzung in den vorigen Stand, jedoch mit Vorbehalt des Regresses gegen die Vormünder und Verwalter.

Zweiter Titel. Von der Kommanditgesellschaft.

Erster Abschnitt.

Von der Kommanditgesellschaft im Allgemeinen.

Art. 150. Eine Kommanditgesellschaft ist vorhanden, wenn bei einem unter einer gemeinschaftlichen Firma betriebenen Handelsgewerbe ein oder mehrere Gesellschafter sich nur mit Vermögenseinlagen betheiligen (Kommanditisten), während bei einem oder mehreren anderen Gesellschaftern die Betheiligung nicht in dieser Weise beschränkt ist (persönlich haftende Gesellschafter).

Sind mehrere persönlich haftende Gesellschafter vorhanden, so ist in Ansehung ihrer die Gesellschaft zugleich eine offene Gesellschaft.

Zur Gültigkeit des Gesellschaftsvertrages bedarf es der schriftlichen Abfassung nicht.

Art. 151. Die Errichtung einer Kommanditgesellschaft ist von sämmtlichen Gesellschaftern bei dem Handelsgerichte, in dessen Bezirk die Gesellschaft ihren Sitz hat, Behufs der Eintragung in das Handelsregister anzumelden.

Die Anmeldung muß enthalten:

1) den Namen, Vornamen, Stand und Wohnort jedes persönlich haftenden Gesellschafters;
2) den Namen, Vornamen, Stand und Wohnort jedes Kommanditisten mit der Bezeichnung desselben als solchen;
3) die Firma der Gesellschaft und den Ort, wo sie ihren Sitz hat;
4) den Betrag der Vermögenseinlage jedes Kommanditisten.

Die Anmeldung muß von allen Gesellschaftern persönlich vor dem Handelsgerichte unterzeichnet, oder in beglaubigter Form eingereicht werden; sie ist nach ihrem ganzen Inhalt in das Handelsregister einzutragen. Bei der Bekanntmachung der Kommanditgesellschaft in den öffentlichen Blättern (Art. 13) unterbleibt die Angabe der Namen, des Standes und des Wohnortes der Kommanditisten, sowie die Angabe des Betrages ihrer Vermögenseinlagen.

Art. 152. Bei jedem Handelsgerichte, in dessen Bezirk die Kommanditgesellschaft eine Zweigniederlassung hat, muß dies Behufs der Eintragung in das Handelsregister angemeldet werden.

Die Anmeldung muß die in Art. 151 Ziffer 1 bis 4 bezeichneten Angaben enthalten, und von sämmtlichen persönlich haftenden Gesellschaftern vor dem Handelsgericht unterzeichnet oder in beglaubigter Form eingereicht werden.

Art. 153. Die persönlich haftenden Gesellschafter, welche die Gesellschaft vertreten sollen, haben die Firma nebst ihrer Namensunterschrift persönlich vor dem Handelsgericht, in dessen Bezirk die Gesellschaft ihren Sitz hat, und vor jedem Handelsgericht, in dessen Bezirk sie eine Zweigniederlassung hat, zu zeichnen oder die Zeichnung in beglaubigter Form einzureichen.

Art. 154. Das Handelsgericht hat die persönlich haftenden Gesellschafter zur Befolgung der in den Art. 151, 152 und 153 enthaltenen Vorschriften von Amtswegen durch Ordnungsstrafen anzuhalten.

Art. 155. Wenn die Firma einer bestehenden Kommanditgesellschaft geändert, oder der Sitz der Gesellschaft an einen anderen Ort verlegt wird, so sind diese Thatsachen von sämmtlichen Gesellschaftern in der durch Art. 151 bestimmten Weise Behufs der Eintragung in das Handelsregister anzumelden. Das Handelsgericht hat die persönlich haftenden Gesellschafter zur Befolgung dieser Anordnung von Amtswegen durch Ordnungsstrafen anzuhalten.

Bei der Bekanntmachung kommt in Betreff der Kommanditisten die Vorschrift des Art. 151 zur Anwendung.

Die Wirkung gegen Dritte richtet sich nach den Bestimmungen des Art. 25.

Art. 156. Wenn in eine bestehende Kommanditgesellschaft ein neuer Kommanditist eintritt, so muß dies von sämmtlichen Gesellschaftern zur Eintragung in das Handelsregister und zur Bekanntmachung nach den Bestimmungen des Art. 151 angemeldet werden.

Art. 157. Das Rechtsverhältniß der Gesellschafter unter einander richtet sich zunächst nach dem Gesellschaftsvertrage. Soweit keine Vereinbarung getroffen ist, kommen die gesetzlichen Bestimmungen über das Rechtsverhältniß der offenen Gesellschafter unter einander auch hier zur Anwendung, jedoch mit den Abweichungen, welche die nachfolgenden Art. (158 bis 162) ergeben.

Art. 158. Die Geschäftsführung der Gesellschaft wird durch den oder die persönlich haftenden Gesellschafter besorgt.

Ein Kommanditist ist zur Führung der Geschäfte der Gesellschaft weder berechtigt noch verpflichtet.

Er kann gegen die Vornahme einer Handlung der Geschäftsführung durch die persönlich haftenden Gesellschafter (Art. 99 bis 102) Widerspruch nicht erheben.

Art. 159. Ein Kommanditist darf ohne Genehmigung der anderen Gesellschafter in dem Handelszweig der Gesellschaft für eigene oder fremde Rechnung Geschäfte machen und an einer anderen gleichartigen Handelsgesellschaft als offener Gesellschafter Theil nehmen.

Art. 160. Jeder Kommanditist ist berechtigt, die abschriftliche Mittheilung der jährlichen Bilanz zu verlangen und die Richtigkeit derselben unter Einsicht der Bücher und Papiere zu prüfen.

Die im Art. 105 bezeichneten weiteren Rechte eines offenen Gesellschafters stehen einem Kommanditisten nicht zu.

Jedoch kann das Handelsgericht auf den Antrag eines Kommanditisten, wenn wichtige Gründe dazu vorliegen, die Mittheilung einer Bilanz oder sonstiger Aufklärungen nebst Vorlegung der Bücher und Papiere zu jeder Zeit anordnen.

Art. 161. Die Bestimmungen der Art. 106 bis 108 über die Verzinsung der Einlage, über die jährliche Berechnung des Gewinnes und Verlustes und über die Befugniß, Zinsen und Gewinn zu erheben, gelten auch in Betreff des Kommanditisten.

Jedoch nimmt ein Kommanditist an dem Verluste nur bis zum Betrage seiner eingezahlten oder rückständigen Einlage Antheil. — Er ist nicht verpflichtet, die Zinsen und den Gewinn, welche er bezogen hat, wegen späterer Verluste zurückzuzahlen; jedoch wird, so lange seine ursprüngliche Einlage durch Verlust vermindert ist, der jährliche Gewinn zur Deckung des Verlustes verwendet.

Art. 162. Ist über die Höhe der Betheiligung an Gewinn und Verlust nichts vereinbart, so wird dieselbe nach richterlichem Ermessen, nöthigenfalls unter Zuziehung von Sachverständigen, festgestellt.

Art. 163. Im Verhältniß zu dritten Personen tritt die rechtliche Wirksamkeit einer Kommanditgesellschaft mit dem Zeitpunkt ein, in welchem die Errichtung der Gesellschaft bei dem Handelsgericht, in dessen Bezirk die Gesellschaft ihren Sitz hat, in das Handelsregister eingetragen ist, oder die Gesellschaft auch nur ihre Geschäfte begonnen hat.

Die Beschränkung, daß die Gesellschaft erst mit einem späteren Zeitpunkt als dem der Eintragung ihren Anfang nehmen soll, hat gegen dritte Personen keine rechtliche Wirkung.

Hat die Gesellschaft vor der Eintragung ihre Geschäfte begonnen, so haftet jeder Kommanditist dritten Personen für die bis zur Eintragung entstandenen Verbindlichkeiten der Gesellschaft gleich einem persönlich haftenden Gesellschafter, wenn er nicht beweist, daß denselben seine beschränkte Betheiligung bei der Gesellschaft bekannt war.

Art. 164. Die Kommanditgesellschaft kann unter ihrer Firma Rechte erwerben und Verbindlichkeiten, Eigenthum und andere dingliche Rechte an Grundstücken erwerben. vor Gericht klagen und verklagt werden.

Ihr ordentlicher Gerichtsstand ist bei dem Gericht, in dessen Bezirk sie ihren Sitz hat.

Art. 165. Für die Verbindlichkeiten der Gesellschaft haftet der Kommanditist nur mit der Einlage und, soweit diese nicht eingezahlt ist, mit dem versprochenen Betrage.

Die Einlage des Kommanditisten kann während des Bestehens der Gesellschaft weder ganz noch theilweise zurückbezahlt oder erlassen werden.

Zinsen können ihm von der Gesellschaft nur insoweit bezahlt werden, als dadurch die ursprüngliche Einlage nicht vermindert wird.

Er kann bis zur Wiederergänzung der durch Verlust verminderten Einlage weder Zinsen noch Gewinn beziehen.

Er haftet für die Verbindlichkeiten der Gesellschaft, wenn und insoweit er diesen Bestimmungen entgegen Zahlungen von der Gesellschaft empfangen hat.

Er ist jedoch nicht verpflichtet, die Zinsen und den Gewinn zurückzuzahlen, welche er auf Grund einer in gutem Glauben errichteten Bilanz in gutem Glauben bezogen hat

Art. 166. Wer in eine bestehende Handelsgesellschaft als Kommanditist eintritt, haftet nach Maßgabe des vorhergehenden Artikels für alle von der Gesellschaft vor seinem Eintritt eingegangenen Verbindlichkeiten, es mag die Firma eine Aenderung erleiden oder nicht.

Ein entgegenstehender Vertrag ist gegen Dritte ohne rechtliche Wirkung.

Art. 167. Die Kommanditgesellschaft wird durch die persönlich haftenden Gesellschafter berechtigt und verpflichtet; sie wird durch dieselben vor Gericht vertreten.

Zur Behändigung von Vorladungen und anderen Zustellungen an die Gesellschaft genügt es, wenn dieselbe an einen der zur Vertretung befugten Gesellschafter geschieht.

Ein Kommanditist, welcher für die Gesellschaft Geschäfte schließt, ohne ausdrücklich zu erklären, daß er nur als Prokurist oder als Bevollmächtigter handle, ist aus diesen Geschäften gleich einem persönlich haftenden Gesellschafter verpflichtet.

Art. 168. Der Name eines Kommanditisten darf in der Firma der Gesellschaft nicht enthalten sein; im entgegengesetzten Falle haftet er den Gläubigern der Gesellschaft gleich einem offenen Gesellschafter.

Art. 169. Die Bestimmungen der Art. 119, 120, 121 und 122 finden auch bei der Kommanditgesellschaft Anwendung.

Art. 170. Wenn ein Kommanditist stirbt oder zur Verwaltung seines Vermögens rechtlich unfähig wird, so hat dies die Auflösung der Gesellschaft nicht zur Folge.

Im Uebrigen gelten die in den Art. 123 bis 128 für die offene Gesellschaft gegebenen Bestimmungen auch für die Kommanditgesellschaft.

Art. 171. Wenn eine Kommanditgesellschaft aufgelöst wird, oder wenn ein Kommanditist mit seiner ganzen Einlage oder mit einem Theile derselben ausscheidet, so müssen diese Thatsachen in das Handelsregister eingetragen werden.

Bei der Bekanntmachung unterbleibt die Bezeichnung des Kommanditisten und die Angabe des Betrages der Einlage.

Die Bestimmungen des Art. 129 kommen auch hier zur Anwendung.

Art. 172. Was bei der offenen Gesellschaft über die Art der Auseinandersetzung (Art. 130, 131 und 132), über die Liquidation und über die Verjährung der Klagen gegen die Gesellschafter bestimmt ist, gilt auch bei der Kommanditgesellschaft in Betreff aller Gesellschafter.[1]

Zweiter Abschnitt.[2]

Von der Kommanditgesellschaft auf Aktien insbesondere.

Art. 173. Das Gesammtkapital der Kommanditisten kann in Aktien zerlegt werden.

Art. 173. Das Kapital der Kommanditisten kann in Aktien oder Aktienantheile zerlegt werden.

Die Aktien oder Aktienantheile müssen auf Namen lauten. Sie müssen

---

[1] Vgl. KO 198—201, 44 (oben zu Art. 122).

[2] In Oesterreich gilt für diesen Abschnitt und den folgenden Titel der ursprüngliche Wortlaut des HGB. Für das Deutsche Reich ist derselbe abgeändert worden durch das RG 11./6. 70 und gilt in dieser Form noch zum großen Theil für diejenigen Kommonditgesellschaften auf Aktien und Aktiengesellschaften, welche vor dem Inkrafttreten des RG 18./7. 84 errichtet worden sind. Soweit das nicht der Fall ist und für die gedachten, nach jenem Zeitpunkte errichteten Gesellschaften gilt dagegen das RG 18./7. 84. Wir geben den Wortlaut desselben im Texte, indem wir durch lateinischen Druck die neuen Normen und die Abweichungen von dem RG 11./6. 70 andeuten. Unter dem Text ist der Wortlaut des letzteren abgedruckt, wobei wieder die Aenderungen gegenüber dem HGB durch lateinischen Druck ausgezeichnet oder angegeben sind.

Das RG 18./7. 84 bestimmt: 1. Die Bestimmungen im zweiten Abschnitte des zweiten Titels und im dritten Titel vom zweiten Buche des Handelsgesetzbuchs, Art. 173 bis 249a, werden durch nachstehende Bestimmungen ersetzt.

(Es folgen dann die letzteren, worauf das Gesetz fortfährt):

2. Die in den Art. 173, 173a, 174a, 175 Abs. 1 und 2, 175a bis 177, 180 und 207, 207a, 209 Abs. 1 und 2, 209a bis 210c, 213a der neuen Fassung enthaltenen Bestimmungen finden auf Gesellschaften, welche vor dem Tage des Inkrafttretens dieses Gesetzes angemeldet sind, aber erst an oder nach diesem Tage zur Eintragung in das Handelsregister gelangen, keine Anwendung, sofern schon vor dem bezeichneten Tage die Voraussetzungen erfüllt sind, an deren Nachweis die bisherigen Bestimmungen die Eintragung knüpfen.

Dasselbe gilt für diese Gesellschaften, sowie für die schon bestehenden Gesellschaften von den Vorschriften der Art. 180a bis 180e, 181 und 213b bis 213f.

Die Vorschrift im Art. 181a und 215c über die Unzulässigkeit der Ausgabe von Interimsscheinen vor der Eintragung des Gesellschaftsvertrages in das Handelsregister findet auf die im ersten Absatze bezeichneten Gesellschaften Anwendung.

3. Auf eine Erhöhung des Gesammtkapitals der Kommanditisten oder des Grundkapitals bestehender Gesellschaften kommen die Bestimmungen dieses Gesetzes nicht zur Anwendung, sofern der auf die neu auszugebenden Aktien eingeforderte Betrag vor dem Inkrafttreten dieses Gesetzes geleistet ist.

Die Aktien sind untheilbar.
Dieselben können auf Inhaber oder auf Namen lauten.

auf einen Betrag von mindestens funfzig[1] Vereinsthalern gestellt werden, wenn nicht die Landesgesetze nach Maßgabe der besonderen örtlichen Bedürfnisse einen geringeren Betrag gestatten. Aktien oder Aktienantheile, welche auf Inhaber lauten, oder welche auf einen geringeren als den gesetzlich bestimmten

[1] **HGB**: zweihundert.

4. Die Vorschriften im Art. 190 Abs. 1 und 4 (Art. 221) über das Stimmrecht finden auf die bestehenden und die im § 2 Abs. 1 bezeichneten Gesellschaften nicht Anwendung, soweit der Gesellschaftsvertrag zur Zeit des Inkrafttretens dieses Gesetzes andere Bestimmungen enthält.

5. Die bestehenden und die im § 2 Abs. 1 bezeichneten Gesellschaften dürfen auf Grund des Art. 222 Ziff. 3 der alten Fassung von dem Inkrafttreten dieses Gesetzes ab die Zeichner nicht vollständig eingezahlter Aktien von der Haftung für weitere Einzahlungen nicht befreien und Interimsscheine, welche auf Inhaber lauten, nur insoweit ausstellen, als die Befreiung des Zeichners schon vor diesem Tage eingetreten ist.

6. Die Vorschrift des Art. 225a der neuen Fassung findet auf die vor der Geltung des Handelsgesetzbuchs errichteten Gesellschaften keine Anwendung, soweit der Gesellschaftsvertrag nach Maßgabe der früheren Vorschriften abweichende Bestimmungen enthält.

Die Vorschriften der Art. 196a, 232 finden auf Mitglieder des Vorstandes einer bestehenden oder einer im § 2 Abs. 1 bezeichneten Gesellschaft keine Anwendung, sofern die Bestellung des Mitgliedes vor dem Inkrafttreten dieses Gesetzes erfolgt ist.

7. Die Vorschriften im Art. 185b Ziff. 2 (Art. 239b) über den Gewinn aus einer Erhöhung des Kapitals finden auf die bestehenden Gesellschaften schon für das beim Inkrafttreten des Gesetzes laufende Geschäftsjahr, die übrigen Vorschriften über Bilanz und Reservefonds (Art. 185a bis 185c, Art. 239 bis 239b der neuen Fassung) erst vom Beginn des folgenden Geschäftsjahres Anwendung.

Für Werthpapiere und Waaren, welche die Gesellschaft schon in dem letzten Geschäftsjahre vor dem Inkrafttreten dieses Gesetzes besessen hat, kann an Stelle des Anschaffungs- oder Herstellungspreises der Betrag ausgesetzt werden, mit welchem sie in der Bilanz des vorbezeichneten Geschäftsjahres enthalten sind.

Werden in Gemäßheit der Vorschrift im Art. 185a Ziff. 3 und 239b dauernd zum Geschäftsbetriebe der Gesellschaft bestimmte Gegenstände unter Zugrundelegung des Anschaffungs- oder Herstellungspreises zu einem Betrage angesetzt, welcher den Werth übersteigt, mit welchem sie in der Bilanz des letzten Geschäftsjahres vor dem 1. Oktober 1883 enthalten sind, so dürfen hierauf beruhende Dividenden nur unter Beobachtung der Vorschriften gezahlt werden, welche für eine Herabsetzung des Kapitals der Kommanditisten oder des Grundkapitals maßgebend sind.

Antheilscheine, in welchen der Bezug von Aktien zugesichert wird, oder welche sonst über das Antheilsrecht der Kommanditisten vor Ausgabe der Aktien ausgestellt werden (Interimsscheine), dürfen nicht auf Inhaber lauten.

Art. 173a. Die Aktien müssen auf einen Betrag von mindestens eintausend Mark gestellt werden.

Für ein gemeinnütziges Unternehmen kann im Falle eines besonderen örtlichen Bedürfnisses der Bundesrath die Ausgabe von Aktien, welche auf Namen lauten, zu einem geringeren, jedoch mindestens zweihundert Mark erreichenden Betrage zulassen. Die gleiche Genehmigung kann in dem Falle ertheilt werden, dass für ein Unternehmen das Reich oder ein Bundesstaat, ein Provinzial-, Kreis- oder Amtsverband oder eine sonstige öffentliche Korporation auf die Aktien einen bestimmten Ertrag bedingungslos und ohne Zeitbeschränkung gewährleistet hat.

Auf Namen lautende Aktien, deren Uebertragung an die Einwilligung der Gesellschaft gebunden ist, dürfen auf einen Betrag von weniger als eintausend, jedoch nicht von weniger als zweihundert Mark gestellt werden.

Die vorstehenden Bestimmungen gelten auch von Interimsscheinen.

Art. 174. Eine Kommanditgesellschaft auf Aktien gilt als Handelsgesellschaft, auch wenn der Gegenstand des Unternehmens nicht in Handelsgeschäften besteht.

Art. 174a. Die persönlich haftenden Gesellschafter haben sich bei Errichtung der Gesellschaft mit Einlagen zu betheiligen, welche zusammen mindestens den zehnten Theil des Gesammtkapitals der Kommanditisten und, wenn dieses drei Millionen Mark übersteigt, für den übersteigenden Betrag den fünfzigsten Theil desselben darstellen.

Betrag gestellt werden, sind nichtig. Die Ausgeber solcher Aktien oder Aktienantheile sind den Besitzern für allen durch die Ausgabe verursachten Schaden solidarisch verhaftet.

Die vorstehenden Bestimmungen gelten auch von Promessen und Interimsscheinen.

Art. 174. Eine Kommanditgesellschaft auf Aktien gilt als Handelsgesellschaft, auch wenn der Gegenstand des Unternehmens nicht in Handelsgeschäften besteht.[1]

Ueber die Errichtung und den Inhalt des Gesellschaftsvertrages muß eine gerichtliche oder notarielle Urkunde aufgenommen werden. Zur Aktienzeichnung genügt eine schriftliche Erklärung.

[1] Statt dessen **HGB: Kommanditgesellschaften auf Aktien können nur mit staatlicher Genehmigung errichtet werden.**

Art. 175. Der Inhalt des Gesellschaftsvertrages (Statut) muss durch die persönlich haftenden Gesellschafter in gerichtlicher oder notarieller Verhandlung festgestellt werden.

Der Gesellschaftsvertrag muß enthalten:

1. den Namen, Vornamen, Stand und Wohnort, sowie die Höhe und Art der Einlage jedes persönlich haftenden Gesellschafters;
2. die Firma der Gesellschaft und den Ort, wo sie ihren Sitz hat;
3. den Gegenstand des Unternehmens;
4. die Zahl und den Betrag der Aktien;
5. die Art der Aktien, ob sie auf Inhaber oder auf Namen lauten, und im Falle der Ausgabe beider Arten die Zahl der Aktien einer jeden Art;
6. die Form, in welcher die Zusammenberufung der Generalversammlung der Kommanditisten geschieht;
7. die Form, in welcher die von der Gesellschaft ausgehenden Bekanntmachungen erfolgen.

Bekanntmachungen, welche durch öffentliche Blätter erfolgen sollen, sind in den Deutschen Reichsanzeiger einzurücken. Andere Blätter ausser diesem hat der Gesellschaftsvertrag zu bestimmen.

Art. 175a. Der Aufnahme in den Gesellschaftsvertrag bedürfen Bestimmungen, nach welchen

1. das Unternehmen auf eine gewisse Zeit beschränkt wird;
2. Aktien für einen höheren als den Nominalbetrag ausgegeben werden;

Art. 175. Der Gesellschaftsvertrag[1] muß enthalten:

1. den Namen, Vornamen, Stand und Wohnort jedes persönlich haftenden Gesellschafters;
2. die Firma der Gesellschaft und den Ort, wo sie ihren Sitz hat;
3. den Gegenstand des Unternehmens;
4. die Zeitdauer des Unternehmens, im Fall dasselbe auf eine bestimmte Zeit beschränkt sein soll;
5. die Zahl und den Betrag der Aktien oder Aktienantheile;
6. die Bestimmung, daß ein Aufsichtsrath von mindestens drei Mitgliedern aus der Zahl der Kommanditisten durch Wahl derselben bestellt werden müsse;
7. die Form, in welcher die Zusammenberufung der Generalversammlung der Kommanditisten geschieht;
8. die Form, in welcher die von der Gesellschaft ausgehenden Bekanntmachungen erfolgen, sowie die öffentlichen Blätter, in welche dieselben aufzunehmen sind.

---

[1] HGB setzt hinzu: dessen Genehmigung erfolgen soll.

3. eine Umwandlung der Aktien rücksichtlich ihrer Art statthaft ist;
4. für einzelne Gattungen von Aktien verschiedene Rechte, insbesondere Betreffs der Zinsen oder Dividenden oder des Antheils am Gesellschaftsvermögen, gewährt werden;
5. über gewisse Gegenstände die Generalversammlung der Kommanditisten nicht schon durch einfache Stimmenmehrheit, sondern nur durch eine grössere Stimmenmehrheit oder nach anderen Erfordernissen Beschluss fassen kann;
6. ein Austreten einzelner persönlich haftender Gesellschafter die Auflösung der Gesellschaft nicht zur Folge hat.

Für einen geringeren als den Nominalbetrag darf die Ausgabe der Aktien nicht festgesetzt werden.

Art. 175b. Jeder zu Gunsten einzelner Gesellschafter bedungene besondere Vortheil muss in dem Gesellschaftsvertrage unter Bezeichnung des Berechtigten festgesetzt werden.

Werden von persönlich haftenden Gesellschaftern oder von Kommanditisten Einlagen, welche nicht durch Baarzahlung zu leisten sind, gemacht, so müssen die Person des Gesellschafters, der Gegenstand der Einlage und der für sie zu gewährende Antheil an dem Gesammtkapital der Kommanditisten oder dem sonstigen Gesellschaftsvermögen in dem Gesellschaftsvertrage festgesetzt werden. Ingleichen sind, falls Seitens der zu errichtenden Gesellschaft vorhandene oder herzustellende Anlagen oder sonstige Vermögensstücke übernommen werden, die Person des Kontrahenten, der Gegenstand der Uebernahme und die für ihn zu gewährende Vergütung festzusetzen.

Von diesen Festsetzungen gesondert ist der Gesammtaufwand, welcher zu Lasten der Gesellschaft an Gesellschafter oder Andere als Entschädigung oder Belohnung für die Gründung oder deren Vorbereitung gewährt wird, in dem Gesellschaftsvertrage festzusetzen.

Jedes Abkommen der persönlich haftenden Gesellschafter über die vorbezeichneten Gegenstände, welches nicht die vorgeschriebene Festsetzung in dem Gesellschaftsvertrage gefunden hat, ist der Gesellschaft gegenüber unwirksam.

Art. 175c. Die Zeichnung der Aktien erfolgt durch schriftliche Erklärung, aus welcher die Betheiligung nach Anzahl und, im Falle einer Verschiedenheit der Aktien, nach Betrag, Art oder Gattung derselben hervorgehen muss.

Die Erklärung (Zeichnungsschein), welche in zwei Exemplaren unterzeichnet werden soll, hat zu enthalten:

1. das Datum des Statuts, die im Artikel 175 Absatz 2, 175b vorgesehenen Festsetzungen und im Falle verschiedener Gattungen von Aktien den Gesammtbetrag einer jeden;
2. den Betrag, für welchen die Ausgabe der Aktie stattfindet, und den Betrag der festgesetzten Einzahlungen;
3. den Zeitpunkt, mit dessen Eintritt die Zeichnung unverbindlich wird, sofern nicht bis dahin die Errichtung der Gesellschaft beschlossen ist.

Zeichnungsscheine, welche diesen Inhalt nicht vollständig haben oder ausser dem unter Ziffer 3 bezeichneten Vorbehalte Beschränkungen in der Verpflichtung des Zeichners enthalten, sind ungültig. Ist ungeachtet eines hiernach ungültigen Zeichnungsscheines die Eintragung des Gesellschaftsvertrages in das Handelsregister erfolgt, so ist der Zeichner, wenn er auf Grund einer dem ersten Absatze entsprechenden Erklärung in der zur Beschlussfassung über die Errichtung der Gesellschaft berufenen Generalversammlung gestimmt oder später als Kommanditist Rechte ausgeübt oder Verpflichtungen erfüllt hat, der Gesellschaft wie aus einem gültigen Zeichnungsscheine verpflichtet.

Jede nicht in dem Zeichnungsscheine enthaltene Beschränkung ist der Gesellschaft gegenüber unwirksam.

Art. 175d. Die persönlich haftenden Gesellschafter haben in dem Falle des Artikels 175b Absatz 2 in einer von ihnen zu unterzeichnenden Erklärung die Umstände darzulegen, mit Rücksicht auf welche ihnen die Höhe der für die eingelegten oder übernommenen Gegenstände gewährten Beträge gerechtfertigt erscheint. Hierbei haben sie insbesondere die dem Erwerbe der Gesellschaft vorausgegangenen Rechtsgeschäfte, welche auf denselben hingezielt haben, sowie die früheren Erwerbs- und Herstellungspreise aus den letzten zwei Jahren anzugeben.

Art. 175e. Jede Kommanditgesellschaft auf Aktien muss einen Aufsichtsrath haben.

Zur Wahl des ersten Aufsichtsraths ist die Generalversammlung der Kommanditisten sofort nach der Zeichnung des Gesammtkapitals von den persönlich haftenden Gesellschaftern zu berufen.

Die Mitglieder des Aufsichtsraths haben den Hergang der Gründung zu prüfen. Die Prüfung hat sich auf die im Artikel 174a bestimmte Betheiligung, sowie auf die Richtigkeit und Vollständigkeit der Angaben zu erstrecken, welche rücksichtlich der Zeichnung und Einzahlung des Gesammtkapitals der Kommanditisten und rücksichtlich der im Artikel 175b vorgesehenen Festsetzungen von den persönlich haftenden Gesellschaftern, insbesondere in der im Artikel 175d vorgeschriebenen Erklärung, gemacht sind.

Ueber die Prüfung ist unter Darlegung der im vorstehenden Absatze bezeichneten Umstände schriftlich Bericht zu erstatten.

Art. 175f. Ueber die Errichtung der Gesellschaft muss in einer durch die persönlich haftenden Gesellschafter zu berufenden Generalversammlung der Kommanditisten Beschluss gefasst werden.

Vor der Beschlussfassung hat sich der Aufsichtsrath über die Ergebnisse der ihm rücksichtlich der Gründung obliegenden Prüfung auf Grund seines Berichts und dessen urkundlichen Grundlagen zu erklären.

Die der Errichtung der Gesellschaft zustimmende Mehrheit muss mindestens ein Viertheil der sämmtlichen berufenen oder als Rechtsnachfolger derselben in der Generalversammlung zugelassenen Kommanditisten begreifen, und der Betrag ihrer Antheile muss mindestens ein Viertheil des Gesammtkapitals darstellen. Die Zustimmung aller erschienenen Kommanditisten ist erforderlich, wenn die in den Artikeln 175 Ziffer 1 bis 5 und 175a bezeichneten Bestimmungen des Gesellschaftsvertrages abgeändert oder die im Artikel 175b vorgesehenen Festsetzungen zu Lasten der Gesellschaft erweitert werden sollen.

Art. 175g. Auf die Berufung und Beschlussfassung der im Artikel 175e und 175f bezeichneten Generalversammlungen finden, soweit nicht im letzteren Artikel ein Anderes bestimmt ist, die Regeln entsprechende Anwendung, welche für die Gesellschaft nach der Eintragung maassgebend sind.

Art. 176. Der Gesellschaftsvertrag muß bei dem Handelsgerichte, in dessen Bezirke die Gesellschaft ihren Sitz hat, in das Handelsregister eingetragen werden.

Der Anmeldung behufs der Eintragung in das Handelsregister müssen beigefügt sein:

1. in dem Falle des Artikels 175b die den bezeichneten Festsetzungen zum Grunde liegenden oder zu ihrer Ausführung geschlossenen Verträge, die im Artikel 175d vorgesehene Erklärung und eine Berechnung des Gründungsaufwandes, in welcher die Vergütungen nach Art und Höhe und die Empfänger einzeln aufzuführen sind;
2. zum Nachweise der Zeichnung des Gesammtkapitals der Kom-

Art. 176. Der Gesellschaftsvertrag muß bei dem Handelsgericht, in dessen Bezirk die Gesellschaft ihren Sitz hat, in das Handelsregister eingetragen und im Auszuge veröffentlicht werden.

manditisten die Duplikate der Zeichnungsscheine und ein von den persönlich haftenden Gesellschaftern in beglaubigter Form unterschriebenes Verzeichniss der sämmtlichen Kommanditisten, welches die auf jeden entfallenden Aktien, sowie die auf letztere geschehenen Einzahlungen angiebt;

3. die Urkunden über die Bestellung des Aufsichtsraths und der in Gemässheit des Artikels 175e erstattete Bericht nebst dessen urkundlichen Grundlagen;

4. in dem Falle, dass der Gegenstand des Unternehmens der staatlichen Genehmigung bedarf, sowie in den Fällen des Artikels 173a Absatz 2 die Genehmigungsurkunde.

In der Anmeldung ist die Erklärung abzugeben, dass auf jede Aktie, soweit nicht andere als durch Baarzahlung zu leistende Einlagen gemacht sind, der eingeforderte Betrag baar eingezahlt und im Besitze der persönlich haftenden Gesellschafter sei. Die Einforderung muss mindestens ein Viertheil des Nominalbetrages und im Falle einer Ausgabe der Aktien für einen höheren als den Nominalbetrag auch den Mehrbetrag umfassen. Als Baarzahlung gilt die Zahlung in deutschem Gelde, in Reichskassenscheinen, sowie in gesetzlich zugelassenen Noten deutscher Banken.

Die Anmeldung muß von sämmtlichen persönlich haftenden Gesellschaftern und sämmtlichen Mitgliedern des Aufsichtsraths vor dem Handelsgerichte unterzeichnet oder in beglaubigter Form eingereicht werden.

Die der Anmeldung beigefügten Schriftstücke werden bei dem Handelsgerichte in Urschrift oder in beglaubigter Abschrift aufbewahrt.

Der Auszug muß enthalten:

1. das Datum des Gesellschaftsvertrages;[1]
2. den Namen, Vornamen, Stand und Wohnort jedes persönlich haftenden Gesellschafters;
3. die Firma der Gesellschaft und den Ort, wo sie ihren Sitz hat:
4. die Zahl und den Betrag der Aktien und Aktienantheile;
5. die Form, in welcher die von der Gesellschaft ausgehenden Bekanntmachungen erfolgen, sowie die öffentlichen Blätter, in welche dieselben aufzunehmen sind;

Ist[2] in dem Gesellschaftsvertrage bestimmt, daß das Austreten eines oder mehrerer persönlich haftender Gesellschafter die Auflösung der Gesellschaft nicht zur Folge habe (Art. 199), so ist auch diese Bestimmung zu veröffentlichen.

---

[1] Zusatz des HGB: „und der Genehmigungsurkunde".
[2] Dieser Absatz fehlt im HGB.

Art. 177. Der eingetragene Gesellschaftsvertrag ist im Auszuge von dem Handelsgerichte zu veröffentlichen.

Die Veröffentlichung muss enthalten:

1. das Datum des Gesellschaftsvertrages und die im Artikel 175 Absatz 2 und 3, 175a Ziffer 1, 4 und 6 und 175b bezeichneten Festsetzungen;
2. den Namen, Stand und Wohnort der Mitglieder des Aufsichtsraths.

Art. 178. Vor erfolgter Eintragung in das Handelsregister besteht die Kommanditgesellschaft als solche nicht.

Ist vor der Eintragung im Namen der Gesellschaft gehandelt worden, so haften die Handelnden persönlich und solidarisch.

Art. 179. Die Vorschriften der Artikel 152 und 153 sind auch bei der Kommanditgesellschaft auf Aktien zu befolgen.

Die Anmeldung der Zweigniederlassung muß die im Artikel 177 Absatz 2 bezeichneten Angaben und den Nachweis der Eintragung des Gesellschaftsvertrages bei dem Handelsgerichte der

---

Art. 177. Der Anmeldung Behufs der Eintragung in das Handelsregister muß beigefügt sein:

1. die Bescheinigung, daß der gesammte Betrag des Kapitals der Kommanditisten durch Unterschriften gedeckt ist:
2. die Bescheinigung, daß mindestens ein Viertheil des von jedem Kommanditisten gezeichneten Betrages von ihm eingezahlt ist;
3. der Nachweis, daß der Aufsichtsrath nach Inhalt des Vertrages (Art. 175 Ziff. 6) in einer Generalversammlung der Kommanditisten gewählt ist.

Die Anmeldung muß von sämmtlichen persönlich haftenden Gesellschaftern vor dem Handelsgerichte unterzeichnet oder in beglaubigter Form eingereicht werden. Die der Anmeldung beigefügten Schriftstücke werden bei dem Handelsgerichte in Urschrift oder in beglaubigter Abschrift aufbewahrt.

Art. 178. Vor erfolgter Eintragung[1] in das Handelsregister besteht die Kommanditgesellschaft als solche nicht. Die vor der Eintragung[2] ausgegebenen Aktien oder Aktienantheile sind nichtig. Die Ausgeber sind den Besitzern für allen durch die Ausgabe verursachten Schaden solidarisch verhaftet.

Wenn vor erfolgter Eintragung im Namen der Gesellschaft gehandelt worden ist, so haften die Handelnden persönlich und solidarisch.

Art. 179. Die Vorschriften der Artikel 152 und 153 sind auch bei der Kommanditgesellschaft auf Aktien zu befolgen; die Anmeldung muß die im Artikel 176 Ziff. 1—5 bezeichneten Angaben enthalten. Das Handelsgericht hat die persönlich haftenden Gesellschafter zur Befolgung dieser Vorschriften von Amtswegen durch Ordnungsstrafen anzuhalten.

---

[1] HGB: Genehmigung und Eintragung.
[2] vor der Eintragung: fehlt HGB.
[3] HGB: Genehmigung und Eintragung.

Hauptniederlassung enthalten. Eines Nachweises, dass die für diese im Artikel 176 vorgeschriebenen Erfordernisse beobachtet sind, bedarf es nicht.

Befindet sich die Hauptniederlassung im Auslande, so hat die Anmeldung der Zweigniederlassung ausser dem Nachweise des Bestehens der Kommanditgesellschaft auf Aktien als solcher die im Artikel 177 Absatz 2 bezeichneten Angaben und in dem Falle, dass der Gegenstand des Unternehmens oder die Zulassung zum Gewerbebetriebe im Inlande der staatlichen Genehmigung bedarf, den Nachweis der ertheilten Genehmigung zu enthalten.

Art. 180. Der Gesellschaft sind die persönlich haftenden Gesellschafter für die Richtigkeit und Vollständigkeit der Angaben, welche sie rücksichtlich der Zeichnung und Einzahlung des Kapitals der Kommanditisten, sowie rücksichtlich der im Artikel 175b vorgesehenen Festsetzungen Behufs Eintragung des Gesellschaftsvertrages in das Handelsregister machen, solidarisch verhaftet; sie haben unbeschadet der Verpflichtung zum Ersatze des sonst etwa entstandenen Schadens insbesondere einen an der Zeichnung des Gesammtkapitals der Kommanditisten fehlenden Betrag zu übernehmen, fehlende Einzahlungen zu leisten und eine Vergütung, welche nicht unter den zu bezeichnenden Gründungsaufwand aufgenommen ist, zu ersetzen. Imgleichen sind der Gesellschaft in dem Falle, dass sie von persönlich haftenden Gesellschaftern durch Einlagen oder Uebernahmen der im Artikel 175b bezeichneten Art böslicherweise geschädigt ist, die sämmtlichen persönlich haftenden Gesellschafter zum Ersatze des entstandenen Schadens solidarisch verpflichtet.

Von dieser Verbindlichkeit ist ein persönlich haftender Gesellschafter befreit, wenn er beweist, dass er die Unrichtigkeit oder

---

Art. 180. Wenn ein Gesellschafter eine Einlage macht, welche nicht in baarem Gelde besteht, oder wenn er sich zu seinen Gunsten besondere Vortheile ausbedingt, so muß in einer Generalversammlung der Kommanditisten die Abschätzung und Prüfung der Zulässigkeit angeordnet und in einer späteren Generalversammlung die Genehmigung durch Beschluß erfolgt sein.

Der Beschluß wird nach der Mehrheit der in der Versammlung anwesenden oder durch Vollmacht vertretenen Kommanditisten gefaßt; jedoch muß diese Mehrheit mindestens ein Viertheil der sämmtlichen Kommanditisten begreifen und der Betrag ihrer Antheile zusammen mindestens ein Viertheil des Gesammtkapitals der Kommanditisten darstellen. Der Gesellschafter, welcher die Einlage macht oder sich besondere Vortheile ausbedingt, hat bei der Beschlußfassung kein Stimmrecht.

Ein gegen den Inhalt dieser Bestimmungen geschlossener Vertrag hat keine rechtliche Wirkung.

Unvollständigkeit der Angabe oder die bösliche Schädigung weder gekannt habe, noch bei Anwendung der Sorgfalt eines ordentlichen Kaufmanns habe kennen müssen.

Entsteht durch Zahlungsunfähigkeit eines Kommanditisten der Gesellschaft ein Ausfall, so sind ihr die persönlich haftenden Gesellschafter, welche bei der Anmeldung des Gesellschaftsvertrages die Zahlungsunfähigkeit kannten, zum Ersatze solidarisch verpflichtet.

Ausser den persönlich haftenden Gesellschaftern sind der Gesellschaft zum Schadenersatze solidarisch verpflichtet:

1. in dem Falle, dass eine Vergütung nicht unter den zu bezeichnenden Gründungsaufwand aufgenommen ist, der Empfänger, wenn er zur Zeit des Empfanges wusste oder nach den Umständen annehmen musste, dass die Verheimlichung beabsichtigt oder erfolgt war, und jeder Dritte, welcher zur Verheimlichung wissentlich mitgewirkt hat;
2. in dem Falle einer böslichen Schädigung durch Einlagen oder Uebernahme jeder Dritte, welcher zu derselben wissentlich mitgewirkt hat.

Art. 180a. Wer vor der Eintragung des Gesellschaftsvertrages in das Handelsregister oder in den ersten zwei Jahren nach der Eintragung, um Aktien in den Verkehr einzuführen, eine öffentliche Ankündigung derselben erlässt, ist der Gesellschaft im Falle der Unrichtigkeit oder Unvollständigkeit von Angaben, welche die persönlich haftenden Gesellschafter rücksichtlich der Zeichnung oder Einzahlung des Gesammtkapitals der Kommanditisten oder der im Artikel 175b vorgesehenen Festsetzungen Behufs Eintragung des Gesellschaftsvertrages in das Handelsregister gemacht haben, sowie in dem Falle einer böslichen Schädigung der Gesellschaft durch Einlagen oder Uebernahmen für den Ersatz des ihr daraus entstandenen Schadens neben den im Artikel 180 bezeichneten Personen solidarisch verhaftet, sofern ihm nachgewiesen wird, dass er die Unrichtigkeit oder Unvollständigkeit der Angaben oder die bösliche Schädigung gekannt hat oder bei Anwendung der Sorgfalt eines ordentlichen Geschäftsmannes hat kennen müssen.

Art. 180b. Mitglieder des Aufsichtsraths, welchen nachgewiesen wird, dass sie bei der ihnen durch Artikel 175e Absatz 3 auferlegten Prüfung die Sorgfalt eines ordentlichen Geschäftsmannes verletzt haben, haften der Gesellschaft solidarisch für den ihr daraus entstandenen Schaden, soweit der Ersatz desselben von den in Gemässheit der Artikel 180, 180a verpflichteten Personen nicht zu erlangen ist.

Art. 180c. Vergleiche oder Verzichtleistungen, weiche die der Gesellschaft aus der Gründung zustehenden Ansprüche gegen die in Gemässheit der Artikel 180 bis 180b verpflichteten Personen betreffen, sind erst nach Ablauf von drei Jahren seit Eintragung des Gesellschaftsvertrages in das Handelsregister und nur mit Zustimmung der Generalversammlung der Kommanditisten zulässig. Die Zeitbeschränkung findet nicht Anwendung, sofern der Verpflichtete im Falle der Zahlungsunfähigkeit zur Abwendung oder Beseitigung des Konkursverfahrens mit seinen Gläubigern sich vergleicht.

Art. 180d. Die Ansprüche der Gesellschaft gegen die in Gemässheit der Artikel 180 bis 180b verpflichteten Personen verjähren in fünf Jahren seit Eintragung des Gesellschaftsvertrages in das Handelsregister.

Art. 180e. Werden vor Ablauf von zwei Jahren seit Eintragung des Gesellschaftsvertrags in das Handelsregister Seitens der Gesellschaft Verträge geschlossen, durch welche sie vorhandene oder herzustellende Anlagen oder unbewegliche Gegenstände für eine den zehnten Theil des Gesammtkapitals der Kommanditisten übersteigende Vergütung erwerben soll, so bedürfen dieselben zu ihrer Gültigkeit der Zustimmung der Generalversammlung der Kommanditisten.

Vor der Beschlussfassung hat der Aufsichtsrath den Vertrag zu prüfen und über die Ergebnisse seiner Prüfung schriftlich Bericht zu erstatten.

Die Antheile der zustimmenden Mehrheit der Kommanditisten müssen in dem Falle, dass der Vertrag im ersten Jahre geschlossen wird, mindestens ein Viertheil des Gesammtkapitals, anderenfalls mindestens drei Viertheile des in der Generalversammlung vertretenen Gesammtkapitals darstellen.

Der genehmigte Vertrag ist in Urschrift oder in beglaubigter Abschrift mit dem Berichte des Aufsichtsraths nebst dessen urkundlichen Grundlagen und mit dem Nachweise über die Beschlussfassung zum Handelsregister einzureichen.

Hat der Erwerb in Ausführung einer vor der Errichtung der Gesellschaft von den persönlich haftenden Gesellschaftern getroffenen Vereinbarung stattgefunden, so kommen in Betreff der Rechte der Gesellschaft auf Entschädigung und in Betreff der ersatzpflichtigen Personen die Vorschriften der Artikel 180 und 180c zur Anwendung.

Die vorstehenden Bestimmungen finden auf den Erwerb unbeweglicher Gegenstände nicht Anwendung, sofern auf ihn der

Gegenstand des Unternehmens gerichtet ist oder der Erwerb im Wege der Zwangsvollstreckung geschieht.

Art. 180f.[1] Jede Bestimmung, welche die Fortsetzung der Gesellschaft oder eine Abänderung des Inhalts des Gesellschaftsvertrages zum Gegenstande hat, bedarf zu ihrer Gültigkeit der notariellen oder gerichtlichen Abfassung.

Die Bestimmung muß in das Handelsregister eingetragen und in gleicher Weise wie der ursprüngliche Vertrag veröffentlicht werden (Art. **177**, 179). Dieselbe hat keine rechtliche Wirkung, bevor sie bei dem Handelsgerichte, in dessen Bezirke die Gesellschaft ihren Sitz hat, in das Handelsregister eingetragen ist.

Art. 180g. Die Abänderung des Inhalts des Gesellschaftsvertrages kann nicht ohne Beschluss der Generalversammlung der Kommanditisten erfolgen. Sofern der Gesellschaftsvertrag für eine Abänderung derjenigen Bestimmung, welche den Gegenstand der Beschlussfassung bildet, nicht andere Erfordernisse aufstellt, bedarf der Beschluss einer Mehrheit von drei Viertheilen des in der Generalversammlung vertretenen Gesammtkapitals.

Diese Vorschrift findet auch dann Anwendung, wenn mehrere Gattungen von Aktien mit verschiedener Berechtigung ausgegeben sind.

Soll durch die Beschlussfassung das bisherige Rechtsverhältniss unter den verschiedenen Gattungen zum Nachtheile einer derselben abgeändert werden, so bedarf es zu dem von der gemeinschaftlichen Generalversammlung gefassten Beschlusse der Zustimmung einer besonderen Generalversammlung der benachtheiligten Kommanditisten, deren Beschlussfassung gleichfalls nach der Vorschrift des ersten Absatzes sich richtet.

Die Bestimmung des Gesellschaftsvertrages, Inhalts deren die Uebertragung von Aktien, welche in Gemässheit des Artikels 173a Absatz 3 auf einen geringeren Betrag als eintausend Mark gestellt sind, an die Einwilligung der Gesellschaft gebunden ist, kann nicht abgeändert werden.

Art. 180h. Eine Erhöhung des Gesammtkapitals der Kommanditisten darf nicht vor der vollen Einzahlung desselben erfolgen. Für Versicherungsgesellschaften kann der Gesellschaftsvertrag ein Anderes bestimmen.

Die Erhöhung kann nicht ohne Beschluss der Generalversammlung der Kommanditisten stattfinden. Für die neu auszugebenden Aktien kann die Leistung eines höheren als des Nominal-

[1] Siehe unten Art. 198.

betrages festgesetzt werden; der Beschluss hat den Mindestbetrag zu bezeichnen, für welchen die Aktien auszugeben sind. Ein geringerer als der Nominalbetrag darf nicht festgesetzt werden.

Auf eine Erhöhung, welche in den ersten zwei Jahren seit Eintragung des Gesellschaftsvertrages in das Handelsregister beschlossen wird, findet die Vorschrift im Artikel 174a über die Betheiligung der persönlich haftenden Gesellschafter mit der Maassgabe Anwendung, dass die Betheiligung nach dem Gesammtkapitale einschliesslich dessen Erhöhung zu bemessen ist und aus dem Beschlusse hervorgehen muss, welche Einlagen demzufolge noch gemacht werden.

Die Beschlussfassung unterliegt den Vorschriften im Artikel 180g Absatz 1 und 3. Die Bestimmung über die Erhöhung ist in das Handelsregister einzutragen. Die Anmeldung hat die Angabe zu enthalten, dass das bisherige Gesammtkapital eingezahlt sei, für Versicherungsgesellschaften inwieweit die Einzahlung desselben stattgefunden habe. Auf die Abfassung und die Eintragung finden die Vorschriften im Artikel 180f Anwendung.

Eine Zusicherung von Rechten auf den Bezug neu auszugebender Aktien, welche vor dem Beschlusse auf Erhöhung des Gesammtkapitals erfolgt, ist der Gesellschaft gegenüber unwirksam.

Art. 180i. Die Zeichnung der neu auszugebenden Aktien erfolgt durch schriftliche Erklärung, welche in zwei Exemplaren unterzeichnet werden soll.

Die stattgefundene Erhöhung des Kapitals der Kommanditisten ist Behufs der Eintragung in das Handelsregister anzumelden. Die Vorschriften in Art. 176 und 179 finden entsprechende Anwendung.

Vor der Eintragung der stattgefundenen Erhöhung in das Handelsregister desjenigen Gerichts, in dessen Bezirke die Gesellschaft ihren Sitz hat, sollen Aktien oder Interimsscheine nicht ausgegeben werden.

Art. 181. Die Einlagen, mit welchen ein persönlich haftender Gesellschafter sich in Gemässheit der Artikel 174a, 180h Absatz 3 betheiligt hat, dürfen ihm weder ganz noch theilweise zurückgegeben oder erlassen werden.

Art. 181. Für die gesellschaftlichen Kapitalantheile, welche auf die Einlagen der persönlich haftenden Gesellschafter fallen, oder welche denselben als besondere Vortheile ausbedungen sind, dürfen keine Aktien ausgegeben werden; diese Kapitalantheile dürfen von den persönlich haftenden Gesellschaftern, so lange die letzteren in diesem ihrem Rechtsverhältnisse zur Gesellschaft stehen, nicht veräußert werden.

Er darf den Antheil, welcher ihm am Gesellschaftsvermögen einschliesslich des Gesammtkapitals der Kommanditisten auf solche Einlagen zugewiesen ist, nur an andere persönlich haftende Gesellschafter veräussern. In gleicher Weise ist, wenn er als persönlich haftender Gesellschafter ausscheidet, die Veräusserung desjenigen, was ihm auf solche Einlagen bei der Auseinandersetzung zugewiesen ist, bis zum Ablaufe von drei Jahren seit dem Ausscheiden, jedoch nicht länger als bis zum Ablaufe von zehn Jahren seit Eintragung des Gesellschaftsvertrages in das Handelsregister beschränkt. Während der Dauer dieser Beschränkung darf der Antheil des Gesellschafters oder dasjenige, was ihm bei der Auseinandersetzung zugewiesen ist, nicht ausgeliefert und für Privatgläubiger desselben nur insoweit gepfändet werden, als diese Gegenstände nicht bis zum Ablaufe der Zeitbeschränkung wegen Forderungen der Gesellschaft oder solcher Gesellschaftsgläubiger, deren Ansprüche vor dem Ausscheiden des persönlich haftenden Gesellschafters entstanden waren, verwendet oder gepfändet sind.

Soweit die Einlagen auf das Gesammtkapital der Kommanditisten gemacht sind, hat der Aufsichtsrath die hierfür auszustellenden Aktien oder Interimsscheine in Verwahrung zu nehmen und mit dem Vermerk „unveräusserlich" zu versehen. Die Löschung des Vermerkes findet durch den Aufsichtsrath nach dem Wegfalle der bezeichneten Beschränkung statt.

Art. 181 a. Interimsscheine, welche auf Inhaber lauten, sind nichtig. Die Ausgeber haften den Besitzern solidarisch für allen durch die Ausgabe verursachten Schaden.

Das Gleiche gilt, wenn Aktien oder Interimsscheine auf einen geringeren als den nach Artikel 173 a zugelassenen Betrag gestellt sind oder ausgegeben werden, bevor der Gesellschaftsvertrag bei dem Handelsgerichte, in dessen Bezirke die Gesellschaft ihren Sitz hat, in das Handelsregister eingetragen ist.

Aus Aktien und Interimsscheinen, welche in Gemässheit des Artikels 173 a auf einen Betrag von weniger als eintausend Mark gestellt sind, sollen im Falle des zweiten Absatzes des bezeichneten Artikels die ertheilte Genehmigung, im Falle des dritten Absatzes die Beschränkungen hervorgehen, welchen die Kommanditisten in Bezug auf die Form einer Uebertragung ihrer Rechte und die Einwilligung der Gesellschaft in dieselbe unterworfen sind.

Art. 182. Aktien, welche auf Namen lauten, müssen mit genauer Bezeichnung des Inhabers nach Namen, Wohnort und Stand in das Aktienbuch der Gesellschaft eingetragen werden.

Sie können, soweit nicht der Artikel 1881 oder der Gesellschaftsvertrag ein anderes bestimmt, ohne Einwilligung der Gesellschaft auf andere Personen übertragen werden. Zu der im Gesellschaftsvertrage vorbehaltenen Einwilligung der Gesellschaft in die Uebertragung von Aktien, welche auf einen Betrag von weniger als eintausend Mark gestellt sind, ist die Zustimmung des Aufsichtsraths und der Generalversammlung erforderlich. Die Uebertragung dieser Aktien bedarf zu ihrer Gültigkeit einer die Person des Erwerbers bezeichnenden gerichtlich oder notariell beglaubigten Erklärung.

Die Uebertragung anderer Aktien, welche auf Namen lauten, kann durch Indossament geschehen. In Betreff der Form desselben kommen die Bestimmungen der Artikel 11 bis 13 der Deutschen Wechsel-Ordnung zur Anwendung.

Art. 183. Wenn das Eigenthum der auf Namen lautenden Aktie auf einen Anderen übergeht, so ist dies, unter Vorlegung der Aktie und des Nachweises des Ueberganges, bei der Gesellschaft anzumelden und im Aktienbuche zu bemerken.

Im Verhältnisse zu der Gesellschaft werden nur diejenigen als die Eigenthümer angesehen, welche als solche im Aktienbuche verzeichnet sind.

Zur Prüfung der Legitimation ist die Gesellschaft berechtigt, aber nicht verpflichtet.

Art. 183 a. Die im Artikel 182 und 183 enthaltenen Bestimmungen finden auf die Eintragung der Interimsscheine und die Uebertragung derselben auf andere Personen Anwendung.

Vor der vollen Leistung des Nominalbetrages oder des in

Art. 182. Die Aktien oder Aktienantheile sind untheilbar.

Sie müssen mit genauer Bezeichnung des Inhabers nach Namen, Wohnort und Stand in das Aktienbuch der Gesellschaft eingetragen werden.

Sie können, sofern nicht der Gesellschaftsvertrag ein Anderes bestimmt, ohne Einwilligung der übrigen Gesellschafter auf andere Personen übertragen werden.

Die Uebertragung kann durch Indossament geschehen.

In Betreff der Form des Indossaments kommen die Bestimmungen der Artikel 11—13 der Allgemeinen Deutschen Wechsel-Ordnung zur Anwendung.

Art. 183. Wenn das Eigenthum der Aktie auf einen Anderen übergeht, so ist dies, unter Vorlegung der Aktie und des Nachweises des Ueberganges, bei der Gesellschaft anzumelden und im Aktienbuche zu bemerken.

Im Verhältnisse zu der Gesellschaft werden nur diejenigen als die Eigenthümer der Aktien angesehen, welche als solche im Aktienbuche verzeichnet sind.

Zur Prüfung der Legitimation ist die Gesellschaft berechtigt, aber nicht verpflichtet.

den Fällen der Artikel 175a Ziffer 2, 180h Absatz 2 festgesetzten Betrages soll die Aktie nicht ausgegeben werden.

Art. 183 b. Die Verpflichtung des Kommanditisten, zu den Zwecken der Gesellschaft und zur Erfüllung ihrer Verbindlichkeiten beizutragen, wird durch den Nominalbetrag der Aktie, in den Fällen der Artikel 175a Ziffer 2, 180h Absatz 2 durch den Betrag, für welchen die Aktie ausgegeben ist, begrenzt.

Art. 184. Ein Gesellschafter, welcher den auf die Aktie eingeforderten Betrag nicht zur rechten Zeit einzahlt, ist zur Zahlung von Verzugszinsen von Rechtswegen verpflichtet.

Im Gesellschaftsvertrage können für den Fall der verzögerten Einzahlung Konventionalstrafen ohne Rücksicht auf die sonst stattfindenden gesetzlichen Einschränkungen festgesetzt werden.

Ist im Gesellschaftsvertrage keine besondere Form, wie die Aufforderung zur Einzahlung geschehen soll, bestimmt, so geschieht dieselbe in der Form, in welcher die Bekanntmachungen der Gesellschaft nach dem Gesellschaftsvertrage überhaupt erfolgen müssen.

Art. 184 a. Im Falle verzögerter Einzahlung kann an die säumigen Gesellschafter eine erneute Aufforderung zur Zahlung unter Androhung ihres Ausschlusses mit dem Antheilsrechte erlassen werden. Die Aufforderung hat mindestens dreimal durch Bekanntmachung in den hierzu bestimmten öffentlichen Blättern, die erste Bekanntmachung mindestens drei Monate und die letzte Bekanntmachung mindestens vier Wochen vor Ablauf der für die Einzahlung gesetzten Nachfrist zu erfolgen. Statt der Bekanntmachungen in den öffentlichen Blättern genügt, falls das Antheilsrecht nicht ohne Einwilligung der Gesellschaft übertragbar ist, die Bekanntmachung der Aufforderung mit einer vier Wochen übersteigenden Nachfrist durch besonderen Erlass an die säumigen Gesellschafter.

Ein Gesellschafter, welcher den auf die Aktie zu leistenden Betrag nicht einzahlt, obwohl die im vorstehenden Absatze bezeichnete Aufforderung stattgefunden hat, ist seiner Anrechte aus der Zeichnung der Aktie und der geleisteten Theilzahlungen zu Gunsten der Gesellschaft verlustig zu erklären. Die den Ausschluss bewirkende Erklärung erfolgt mittels Bekanntmachung

---

Art. 184. So lange der Betrag einer Aktie nicht vollständig eingezahlt ist, bleibt der ursprüngliche Zeichner zur Einzahlung des Rückstandes an die Gesellschaft verpflichtet; die Gesellschaft kann ihn dieser Verbindlichkeit nicht entlassen.

durch die hierzu bestimmten öffentlichen Blätter. An Stelle der bisherigen Urkunde ist eine neue auszugeben, welche ausser den früher geleisteten Theilzahlungen den eingeforderten Betrag zu umfassen hat. Wegen des Ausfalls, welchen die Gesellschaft an diesem Betrage oder den später eingeforderten Beträgen erleidet, bleibt ihr der ausgeschlossene Gesellschafter verhaftet.

Von den vorstehenden Rechtsfolgen kann der Gesellschafter nicht befreit werden.

Art. 184 b. Soweit der ausgeschlossene Gesellschafter den eingeforderten Betrag nicht gezahlt hat, ist für denselben der Gesellschaft der letzte und jeder frühere, in dem Aktienbuche verzeichnete Rechtsvorgänger verhaftet, ein früherer Rechtsvorgänger, soweit die Zahlung von dessen Rechtsnachfolger nicht zu erlangen ist. Dies ist bis zum Nachweise des Gegentheils anzunehmen, soweit von letzterem die Zahlung nicht bis zum Ablauf von vier Wochen geleistet wird, nachdem an ihn die Zahlungsaufforderung und an den Rechtsvorgänger die Benachrichtigung von derselben erfolgt ist. Der Rechtsvorgänger erhält gegen Zahlung des rückständigen Betrages die neu auszugebende Urkunde.

Die Haftpflicht des Rechtsvorgängers ist auf die innerhalb der Frist von zwei Jahren auf die Aktien eingeforderten Beträge beschränkt. Die Frist beginnt mit dem Tage, an welchem die Uebertragung des Antheilsrechts zum Aktienbuche der Gesellschaft angemeldet ist.

Von der vorstehenden Verbindlichkeit können die Rechtsvorgänger nicht befreit werden.

Ist die Zahlung des rückständigen Betrages von Rechtsvorgängern nicht zu erlangen, so kann die Gesellschaft das Antheilsrecht zum Börsenpreise und in Ermangelung eines solchen durch öffentliche Versteigerung verkaufen.

Art. 184 c. Die Gesellschafter können gegen die ihnen in Gemässheit der Artikel 184 bis 184 b obliegenden Zahlungen eine Aufrechnung nicht geltend machen. Ebensowenig findet an dem Gegenstande einer zu leistenden Einlage wegen Forderungen, welche sich nicht auf dasselbe beziehen, ein Zurückbehaltungsrecht statt.

Art. 184 d. Die Gesellschaft soll eigene Aktien im geschäftlichen Betriebe, sofern nicht eine Kommission zum Einkauf ausgeführt wird, weder erwerben noch zum Pfande nehmen. Sie darf eigene Interimsscheine im geschäftlichen Betriebe auch in Ausführung einer Einkaufskommission weder erwerben noch zum Pfande nehmen.

Art. 185. Die persönlich haftenden Gesellschafter sind verpflichtet, spätestens in den ersten sechs Monaten jedes Geschäftsjahres für das verflossene Geschäftsjahr eine Bilanz, eine Gewinn- und Verlustrechnung, sowie einen den Vermögensstand und die Verhältnisse der Gesellschaft entwickelnden Bericht dem Aufsichtsrathe und mit dessen Bemerkungen der Generalversammlung der Kommanditisten vorzulegen.

Art. 185 a. Für die Aufstellung der Bilanz kommen die allgemeinen Vorschriften des Artikels 31 mit folgenden Maassgaben zur Anwendung:

1. Werthpapiere und Waaren, welche einen Börsen- oder Marktpreis haben, dürfen höchstens zu dem Börsen- oder Marktpreise zur Zeit der Bilanzaufstellung, sofern dieser jedoch den Anschaffungs- oder Herstellungspreis übersteigt, höchstens zu letzterem angesetzt werden;
2. andere Vermögensgegenstände sind höchstens zu dem Anschaffungs- oder Herstellungspreise anzusetzen.
3. Anlagen und sonstige Gegenstände, welche nicht zur Weiterveräusserung, vielmehr dauernd zum Geschäftsbetriebe der Gesellschaft bestimmt sind, dürfen ohne Rücksicht auf einen geringeren Werth zu dem Anschaffungs- oder Herstellungspreise angesetzt werden, sofern ein der Abnutzung gleichkommender Betrag in Abzug gebracht oder ein derselben entsprechender Erneuerungsfonds in Ansatz gebracht wird;
4. die Kosten der Organisation und Verwaltung dürfen nicht als Aktiva, müssen vielmehr ihrem vollen Betrage nach in der Jahresrechnung als Ausgabe erscheinen;
5. der Betrag des Gesammtkapitals der Kommanditisten, der Antheil der persönlich haftenden Gesellschafter am sonstigen Gesellschaftsvermögen und der Betrag eines jeden Reserve- und Erneuerungsfonds sind unter die Passiva aufzunehmen;
6. der aus der Vergleichung sämmtlicher Aktiva und sämmtlicher Passiva sich ergebende Gewinn oder Verlust muss am Schlusse der Bilanz besonders angegeben werden.

Art. 185 b. Zur Deckung eines aus der Bilanz sich ergebenden Verlustes ist ein Reservefonds zu bilden; in denselben ist einzustellen:

1. von dem jährlichen Reingewinne mindestens der zwanzigste

Art. 185. Die persönlich haftenden Gesellschafter sind verpflichtet, dem Aufsichtsrath und den Kommanditisten spätestens in den ersten sechs Monaten jedes Geschäftsjahres eine Bilanz des verflossenen Geschäftsjahres vorzulegen.

Theil so lange, als der Reservefonds den zehnten oder den im Gesellschaftsvertrage bestimmten höheren Theil des Gesammtkapitals nicht überschreitet.

2. der Gewinn, welcher bei Errichtung der Gesellschaft oder einer Erhöhung des Gesammtkapitals der Ausgabe der Aktien für einen höheren als den Nominalbetrag erzielt wird.

Art. 185 c. Nach erfolgter Genehmigung durch die Generalversammlung sind die Bilanz, sowie die Gewinn- und Verlustrechnung ohne Verzug von den persönlich haftenden Gesellschaftern in den hierzu bestimmten öffentlichen Blättern bekannt zu machen und zu dem Handelsregister einzureichen.

Im Uebrigen werden die Grundsätze, nach welchen die Bilanz aufzunehmen, Reservefonds zu bilden und anzulegen sind und die Prüfung der Bilanz zu erfolgen hat, durch den Gesellschaftsvertrag bestimmt.

Art. 186. Die Rechte, welche den Kommanditisten gegenüber den persönlich haftenden Gesellschaftern nach dem Gesellschaftsvertrage oder nach den Bestimmungen des vorigen Abschnitts in Beziehung auf die Führung der Geschäfte, die Einsicht und Prüfung der Bilanz, die Bestimmung der Gewinnvertheilung, die Auflösung oder Kündigung der Gesellschaft und die Befugniß, das Ausscheiden eines persönlich haftenden Gesellschafters zu verlangen, zustehen, werden in der Generalversammlung durch Beschlussfassung der erschienenen Kommanditisten ausgeübt.

Die Beschlüsse der Generalversammlung werden durch den Aufsichtsrath ausgeführt, wenn nicht im Gesellschaftsvertrage ein Anderes bestimmt ist.

Art. 187. Die Generalversammlung der Kommanditisten wird

Art. 186. Die Rechte, welche den Kommanditisten gegenüber den persönlich haftenden Gesellschaftern nach dem Gesellschaftsvertrage oder nach den Bestimmungen des vorigen Abschnitts in Beziehung auf die Führung der Geschäfte, die Einsicht und Prüfung der Bilanz, die Bestimmung der Gewinnvertheilung, die Auflösung oder Kündigung der Gesellschaft und die Befugniß, das Ausscheiden eines persönlich haftenden Gesellschafters zu verlangen, zustehen, werden von der Gesammtheit der Kommanditisten in der Generalversammlung ausgeübt.

Die Beschlüsse der Generalversammlung werden durch den Aufsichtsrath ausgeführt, wenn nicht im Gesellschaftsvertrage ein Anderes bestimmt ist.

Art. 187. Die Generalversammlung der Kommanditisten wird durch die persönlich haftenden Gesellschafter oder durch den Aufsichtsrath berufen, sofern nicht nach dem Gesellschaftsvertrage auch andere Personen dazu befugt sind.

durch die persönlich haftenden Gesellschafter oder durch den Aufsichtsrath berufen, sofern nicht nach dem Gesetze oder dem Gesellschaftsvertrage auch andere Personen dazu befugt sind.

Die Generalversammlung ist außer den im Gesetze oder im Gesellschaftsvertrage ausdrücklich bestimmten Fällen zu berufen, wenn dies im Interesse der Gesellschaft erforderlich erscheint.

Art. 188. Die Generalversammlung muß berufen werden, wenn dies von Kommanditisten, deren Antheile zusammen den zehnten Theil des Gesammtkapitals darstellen, in einer von ihnen unterzeichneten Eingabe unter Angabe des Zwecks und der Gründe verlangt wird. Ist im Gesellschaftsvertrage das Recht, die Berufung der Generalversammlung zu verlangen, an den Besitz eines geringeren Antheils am Gesammtkapitale geknüpft, so hat es hierbei sein Bewenden.

Wird dem Verlangen nicht entsprochen, so kann das Handelsgericht die Kommanditisten, welche das Verlangen gestellt haben, zur Berufung der Generalversammlung ermächtigen. Mit der Berufung ist die gerichtliche Ermächtigung zu veröffentlichen.

Art. 189. Die Berufung der Generalversammlung hat in der durch das Gesetz und den Gesellschaftsvertrag bestimmten Weise zu erfolgen.

Der Zweck der Generalversammlung muß jederzeit bei der Berufung bekannt gemacht werden. Ueber Gegenstände, deren Verhand-

Art. 188. Eine Generalversammlung der Kommanditisten ist außer den im Gesellschaftsvertrage ausdrücklich bestimmten Fällen zu berufen, wenn dies im Interesse der Gesellschaft erforderlich erscheint.

Die Generalversammlung muß auch dann berufen werden, wenn dies von einem Kommanditisten oder einer Anzahl von Kommanditisten, deren Aktien zusammen den zehnten Theil des Gesammtkapitals der Kommanditisten darstellen, in einer von ihnen unterzeichneten Eingabe unter Angabe des Zwecks und der Gründe verlangt wird. Ist im Gesellschaftsvertrage das Recht, die Berufung einer Generalversammlung zu verlangen, an den Besitz eines größeren oder eines geringeren Antheils am Gesammtkapitale geknüpft, so hat es hierbei sein Bewenden.

Art. 189. Die Berufung der Generalversammlung hat in der durch den Gesellschaftsvertrag bestimmten Weise zu erfolgen.

Der Zweck der Generalversammlung muß jederzeit bei der Berufung bekannt gemacht werden. Ueber Gegenstände, deren Verhandlung nicht in dieser Weise angekündigt ist, können Beschlüsse nicht gefaßt werden; hiervon ist jedoch der Beschluß über den in einer Generalversammlung gestellten Antrag auf Berufung einer außerordentlichen Generalversammlung ausgenommen.

Zur Stellung von Anträgen und zu Verhandlungen ohne Beschlußfassung bedarf es der Ankündigung nicht.

lung nicht in dieser Weise angekündigt ist, können Beschlüsse nicht gefaßt werden; hiervon ist jedoch der Beschluß über den in der Generalversammlung gestellten Antrag auf Berufung einer außerordentlichen Generalversammlung ausgenommen.

Zur Stellung von Anträgen und zu Verhandlungen ohne Beschlußfassung bedarf es der Ankündigung nicht.

Art. 190. Jede Aktie gewährt das Stimmrecht. Dasselbe wird nach den Aktienbeträgen ausgeübt. Der Gesellschaftsvertrag kann für den Fall, dass ein Kommanditist mehrere Aktien besitzt, die Ausübung des Stimmrechts für dieselben durch einen Höchstbetrag oder in Abstufungen oder nach Gattungen beschränken.

Vollmachten erfordern zu ihrer Gültigkeit die schriftliche Form, sie bleiben in der Verwahrung der Gesellschaft.

Wer durch die Beschlussfassung entlastet oder von einer Verpflichtung befreit werden soll, hat hierbei kein Stimmrecht und darf ein solches auch nicht für Andere ausüben. Dasselbe gilt von einer Beschlussfassung, welche die Eingehung eines Rechtsgeschäfts mit ihm betrifft.

Persönlich haftende Gesellschafter, welchen in Gemässheit der Artikel 174a, 180h Absatz 3 Antheile am Gesammtkapital der Kommanditisten zustehen oder welche sonst Aktien erwerben, haben kein Stimmrecht.

Im Uebrigen ist für die Bedingungen des Stimmrechts und die Form, in welcher dasselbe auszuüben ist, der Gesellschaftsvertrag maassgebend.

Art. 190a. Ein Beschluss der Generalversammlung kann wegen Verletzung des Gesetzes oder des Gesellschaftsvertrages als ungültig im Wege der Klage angefochten werden. Dieselbe findet nur binnen der Frist von einem Monate statt. Zur Anfechtung befugt ist ausser persönlich haftenden Gesellschaftern jeder in der Generalversammlung erschienene Kommanditist, sofern er gegen den Beschluss Widerspruch zum Protokoll erklärt hat, und jeder nicht erschienene Kommanditist, sofern er die Anfechtung darauf gründet, dass die Berufung der Generalversammlung oder die Ankündigung des Gegenstandes der Beschlussfassung nicht gehörig erfolgt war.

Die Klage ist gegen die persönlich haftenden Gesellschafter,

Art. 190. Soweit nicht der Gesellschaftsvertrag ein Anderes bestimmt, werden die Beschlüsse der Generalversammlung der Kommanditisten mit einfacher Stimmenmehrheit gefaßt, und jede Aktie gewährt dem Inhaber Eine Stimme.

soweit sie nicht selbst klagen, und gegen den Aufsichtsrath zu richten. Zuständig für die Klage ist ausschliesslich das Landgericht, in dessen Bezirke die Gesellschaft ihren Sitz hat. Die mündliche Verhandlung erfolgt nicht vor Ablauf der im ersten Absatze bezeichneten Frist. Mehrere Anfechtungsprozesse sind zur gleichzeitigen Verhandlung und Entscheidung zu verbinden.

Ein klagender Kommanditist hat seine Aktien gerichtlich zu hinterlegen und auf Verlangen der Gesellschaft wegen der ihr drohenden Nachtheile eine nach freiem Ermessen des Gerichts zu bestimmende Sicherheit zu leisten. Das Verlangen ist als prozesshindernde Einrede geltend zu machen. Wird die Sicherheit binnen der vom Gerichte gestellten Frist nicht geleistet, so ist die Klage auf Antrag für zurückgenommen zu erklären.

Die persönlich haftenden Gesellschafter haben die Erhebung einer jeden Klage, sowie den Termin zur mündlichen Verhandlung ohne Verzug in den für die Bekanntmachungen der Gesellschaft bestimmten Blättern zu veröffentlichen.

Soweit durch ein Urtheil rechtskräftig der Beschluss für ungültig erklärt ist, wirkt es auch gegenüber den Kommanditisten, welche nicht Partei sind. Dasselbe ist von den persönlich haftenden Gesellschaftern ohne Verzug zu dem Handelsregister einzureichen. War der Beschluss in dasselbe eingetragen, so ist auch das Urtheil einzutragen und in gleicher Weise wie der Beschluss zu veröffentlichen (Art. 177, 179).

Art. 190b. Für einen durch unbegründete Anfechtung des Beschlusses (Art. 190a) der Gesellschaft entstandenen Schaden haften ihr solidarisch die Kläger, welchen bei Erhebung der Klage eine bösliche Handlungsweise zur Last fällt.

Art. 191. Der Aufsichtsrath besteht, sofern nicht der Gesellschaftsvertrag eine höhere Zahl festsetzt, aus drei von der Generalversammlung der Kommanditisten zu wählenden Mitgliedern. Persönlich haftende Gesellschafter können nicht Mitglieder des Aufsichtsraths sein.

Die Wahl des ersten Aufsichtsraths gilt für die Dauer des ersten Geschäftsjahres und, wenn dasselbe auf einen kürzeren Zeitraum als ein Jahr seit Eintragung des Gesellschaftsvertrages in

---

Art. 191. Der Aufsichtsrath kann das erste Mal nicht auf länger als Ein Jahr, später nicht auf länger als fünf Jahre gewählt werden.

Insoweit die Wahl auf einen längeren Zeitraum geschieht, ist dieselbe ohne rechtliche Wirkung.

das Handelsregister bemessen ist, bis zum Ablauf des am Ende dieses Jahres laufenden Geschäftsjahres.

Später kann der Aufsichtsrath nicht auf länger als fünf Geschäftsjahre gewählt werden. Insoweit die Wahl auf einen längeren Zeitraum geschieht, ist dieselbe ohne rechtliche Wirkung.

Die Bestellung zum Mitgliede des Aufsichtsraths kann auch vor Ablauf des Zeitraums, für welchen dasselbe gewählt ist, durch die Generalversammlung widerrufen werden. Der Beschluss bedarf einer Mehrheit von drei Viertheilen des in der Generalversammlung vertretenen Gesammtkapitals.

Art. 192. Den Mitgliedern des ersten Aufsichtsraths darf eine Vergütung für die Ausübung ihrer Thätigkeit nur durch die Generalversammlung nach Ablauf des Zeitraumes, für welchen er gewählt ist, bewilligt werden.

Art. 193. Der Aufsichtsrath hat die Geschäftsführung der Gesellschaft in allen Zweigen der Verwaltung zu überwachen und zu dem Zweck sich von dem Gange der Angelegenheiten der Gesellschaft zu unterrichten. Er kann jederzeit über dieselben Berichterstattung von den persönlich haftenden Gesellschaftern verlangen und selbst oder durch einzelne von ihm zu bestimmende Mitglieder die Bücher und Schriften der Gesellschaft einsehen, sowie den Bestand der Gesellschaftskasse und die Bestände an Effekten, Handelspapieren und Waaren untersuchen.

Er hat die Jahresrechnungen, die Bilanzen und die Vorschläge zur Gewinnvertheilung zu prüfen und darüber der Generalversammlung Bericht zu erstatten.

Weitere Obliegenheiten des Aufsichtsraths werden durch den Gesellschaftsvertrag bestimmt.

Die Mitglieder des Aufsichtsraths können die Ausübung ihrer Obliegenheiten nicht anderen Personen übertragen.

Art. 192. Den Mitgliedern des ersten Aufsichtsrathes darf eine Vergütung für die Ausübung ihres Berufs nur durch einen nach Ablauf des ersten Geschäftsjahres einzuholenden Beschluß der Generalversammlung der Kommanditisten bewilligt werden.

Ist die Vergütung früher oder in einer anderen als der vorstehenden Weise bewilligt, so ist diese Festsetzung ohne rechtliche Wirkung.

Art. 193. Der Aufsichtsrath überwacht die Geschäftsführung der Gesellschaft in allen Zweigen ihrer Verwaltung; er kann sich von dem Gange der Angelegenheiten der Gesellschaft unterrichten, die Bücher und Schriften derselben jederzeit einsehen und den Bestand der Gesellschaftskasse untersuchen.

Er hat die Jahresrechnungen, die Bilanzen und die Vorschläge zur Gewinnvertheilung zu prüfen und darüber alljährlich der Generalversammlung Bericht zu erstatten.

Art. 194. Der Aufsichtsrath ist ermächtigt, gegen die persönlich haftenden Gesellschafter die Prozesse zu führen, welche die Generalversammlung beschließt.

Handelt es sich um die Verantwortlichkeit der Mitglieder des Aufsichtsraths, so kann letzterer ohne und selbst gegen den Beschluß der Generalversammlung gegen die persönlich haftenden Gesellschafter klagen.

Art. 195. Wenn die Kommanditisten selbst in Gesammtheit und im gemeinsamen Interesse gegen die persönlich haftenden Gesellschafter auftreten wollen oder gegen die Mitglieder des Aufsichtsraths einen Prozeß zu führen haben, so werden sie durch Bevollmächtigte vertreten, welche in der Generalversammlung gewählt werden.

Falls aus irgend einem Grunde die Bestellung von Bevollmächtigten durch Wahl in der Generalversammlung gehindert wird, kann das Handelsgericht auf Antrag die Bevollmächtigten ernennen.

Art. 196. Die Gesellschaft wird durch die persönlich haftenden Gesellschafter berechtigt und verpflichtet; sie wird durch dieselben vor Gericht vertreten.

Art. 194. Der Aufsichtsrath ist ermächtigt, gegen die persönlich haftenden Gesellschafter die Prozesse zu führen, welche die Generalversammlung beschließt.

Jeder Kommanditist ist befugt, als Intervenient in den Prozeß auf seine Kosten einzutreten.

Handelt es sich um die eigene Verantwortlichkeit des Aufsichtsrathes, so kann letzterer ohne und selbst gegen den Beschluß der Generalversammlung gegen die persönlich haftenden Gesellschafter klagen.

Art. 195. Wenn die Kommanditisten selbst in Gesammtheit und im gemeinsamen Interesse gegen die persönlich haftenden Gesellschafter auftreten wollen, oder gegen die Mitglieder des Aufsichtsrathes einen Prozeß zu führen haben, so werden sie durch Bevollmächtigte vertreten, welche in der Generalversammlung gewählt werden.

Falls aus irgend einem Grunde die Bestellung von Bevollmächtigten durch Wahl in der Generalversammlung gehindert wird, kann das Handelsgericht auf Antrag die Bevollmächtigten ernennen.

Jeder Kommanditist ist befugt, als Intervenient in den Prozeß auf seine Kosten einzutreten.

Art. 196. Die Gesellschaft wird durch die persönlich haftenden Gesellschafter berechtigt und verpflichtet; sie wird durch dieselben vor Gericht vertreten.

Zur Behändigung von Vorladungen und anderen Zustellungen an die Gesellschaft genügt es, wenn dieselbe an einen der zur Vertretung befugten Gesellschafter geschieht.

Die Bestimmung des Artikels 167 in Betreff des Kommandisten, welcher für die Gesellschaft Geschäfte schließt, findet bei der Kommanditgesellschaft auf Aktien keine Anwendung.

Zur Behändigung von Vorladungen und anderen Zustellungen an die Gesellschaft genügt es, wenn dieselbe an einen der zur Vertretung befugten Gesellschafter geschieht.

Die Bestimmung des Artikels 167 in Betreff des Kommanditisten, welcher für die Gesellschaft Geschäfte schließt, findet bei der Kommanditgesellschaft auf Aktien keine Anwendung.

Ar. 196a. Die Bestimmungen der Artikel 96 und 97 über den Betrieb von Geschäften in dem Handelszweige der Gesellschaft, sowie über die Theilnahme an einer anderen gleichartigen Gesellschaft finden auf die persönlich haftenden Gesellschafter mit der Maassgabe Anwendung, dass

1. die Genehmigung Seitens der Kommanditisten durch die Generalversammlung erfolgt, sofern nicht die Befugniss zur Ertheilung durch den Gesellschaftsvertrag oder durch Beschluss der Generalversammlung dem Aufsichtsrath übertragen worden ist;
2. das Recht der Gesellschaft, in ein von einem persönlich haftenden Gesellschafter für eigene Rechnung gemachtes Geschäft einzutreten oder Schadenersatz zu fordern, nach drei Monaten von dem Zeitpunkte an erlischt, in welchem die übrigen persönlich haftenden Gesellschafter und der Aufsichtsrath von dem Abschlusse des Geschäfts Kenntniss erhalten haben.

Art. 197. Die Einlagen können den Kommanditisten, solange die Gesellschaft besteht, nicht zurückgezahlt werden.

Zinsen von bestimmter Höhe können für die Aktien nicht bedungen noch ausbezahlt werden; es darf nur dasjenige auf sie vertheilt werden, was sich nach der jährlichen Bilanz als reiner Gewinn ergiebt.

Art. 198. Die Kommanditisten haften für die Verbindlichkeiten der Gesellschaft, wenn und insoweit sie den gesetzlichen Bestimmungen

---

Art. 197. Die Einlagen können den Kommanditisten, so lange die Gesellschaft besteht, nicht zurückgezahlt werden.

Zinsen von bestimmter Höhe können für die Kommanditisten nicht bedungen noch ausbezahlt werden; es darf nur dasjenige unter sie vertheilt werden, was sich nach der jährlichen Bilanz, und, wenn im Gesellschaftsvertrage die Innehaltung eines Reservekapitals bestimmt ist, nach Abzug desselben als reiner Ueberschuß ergiebt.

Die Kommanditisten haften für die Verbindlichkeiten der Gesellschaft, wenn und insoweit sie diesen Bestimmungen entgegen Zahlungen von der Gesellschaft empfangen haben; sie sind jedoch nicht verpflichtet, die in gutem Glauben bezogenen Dividenden zurückzuzahlen.

entgegen Zahlungen von der Gesellschaft empfangen haben; sie sind jedoch nicht verpflichtet, die in gutem Glauben bezogenen Dividenden zurückzuzahlen.

Art. 199. Eine Uebereinkunft, durch welche das Austreten eines oder mehrerer persönlich haftender Gesellschafter bestimmt wird, steht der Auflösung der Gesellschaft gleich. Zu derselben bedarf es der Zustimmung der Generalversammlung der Kommanditisten.

Es kann jedoch durch den Gesellschaftsvertrag bestimmt werden, daß das Austreten eines oder mehrerer persönlich haftender Gesellschafter die Auflösung der Gesellschaft dann nicht zur Folge habe, wenn mindestens noch ein persönlich haftender Gesellschafter bleibt.

Art. 200. Wenn ein Kommanditist stirbt oder in Konkurs verfällt, oder zur Verwaltung seines Vermögens rechtlich unfähig

Art. 198. Jede Abänderung des Gesellschaftsvertrages bedarf zu ihrer Gültigkeit der notariellen oder gerichtlichen Abfassung.[1]

Der abändernde Vertrag muß in gleicher Weise, wie der ursprüngliche Vertrag, in das Handelsregister eingetragen und im Auszuge veröffentlicht werden (Art. 176, 179).

Der abändernde Vertrag[2] hat keine rechtliche Wirkung, bevor derselbe bei bei dem Handelsgericht, in dessen Bezirk die Gesellschaft ihren Sitz hat, in das Handelsregister eingetragen ist.

Art. 199. Eine Uebereinkunft, durch welche das Austreten eines oder mehrerer persönlich haftender Gesellschafter bestimmt wird, steht der Auflösung der Gesellschaft gleich. Zu derselben bedarf es der Zustimmung einer Generalversammlung der Kommanditisten.

Es kann jedoch durch den Gesellschaftsvertrag oder durch einen denselben abändernden Vertrag (Art. 198) bestimmt werden, daß das Austreten eines oder mehrerer persönlich haftender Gesellschafter die Auflösung der Gesellschaft dann nicht zur Folge habe, wenn mindestens noch ein persönlich haftender Gesellschafter bleibt. In Ansehung der Eintragung in das Handelsregister finden die Bestimmungen des Artikels 129 Anwendung.[3]

Art. 200. Wenn ein Kommanditist stirbt, oder in Konkurs verfällt, oder zur Verwaltung seines Vermögens rechtlich unfähig wird, so hat dies die Auflösung der Gesellschaft nicht zur Folge. Der Artikel 126 findet in Bezug auf die Privatgläubiger eines Kommanditisten keine Anwendung. Im Uebrigen gelten die Art. 123 bis 128 auch für die Kommanditgesellschaft auf Aktien.

[1] **HGB** Zusatz: sowie der staatlichen Genehmigung.

[2] **HGB** Zusatz: und die Genehmigungsurkunde.

[3] **HGB**: Das Austreten eines persönlich haftenden Gesellschafters in Folge gegenseitiger Uebereinkunft (Art. 123 Ziff. 4) ist während des Bestehens der Gesellschaft unstatthaft. | Eine solche Uebereinkunft steht der Auflösung der Gesellschaft gleich; zu derselben bedarf es der Zustimmung einer Generalversammlung der Kommanditisten.

wird, so hat dies die Auflösung der Gesellschaft nicht zur Folge. Der Artikel 126 findet in Bezug auf die Privatgläubiger eines Kommanditisten keine Anwendung. Im Uebrigen gelten die Artikel 123 bis 129 auch für die Kommanditgesellschaft auf Aktien. Die im Artikel 129 vorgesehene Eintragung ist auch bei dem Handelsgerichte einer jeden Zweigniederlassung zu bewirken; Dritten gegenüber entscheidet die Eintragung bei dem Handelsgerichte, in dessen Bezirke die Gesellschaft ihren Sitz hat.

Art. 201. Bei der Auflösung einer Kommanditgesellschaft auf Aktien, welche außer dem Falle der Eröffnung des Konkurses erfolgt, darf die Vertheilung des Vermögens unter die Gesellschafter nicht eher vollzogen werden, als nach Verlauf eines Jahres von dem Tage an gerechnet, an welchem die Auflösung der Gesellschaft in das Handelsregister eingetragen ist.

Art. 202. Die aus den Handelsbüchern der Gesellschaft ersichtlichen oder in anderer Weise bekannten Gläubiger sind durch besondere Erlasse aufzufordern, sich zu melden; unterlassen sie dies, so ist der Betrag ihrer Forderungen gerichtlich zu hinterlegen.

Das Letztere muß auch in Ansehung der noch schwebenden Verbindlichkeiten und streitigen Forderungen geschehen, sofern nicht die Vertheilung des Gesellschaftsvermögens bis zu deren Erledigung ausgesetzt bleibt, oder den Gläubigern eine angemessene Sicherheit bestellt wird.

Art. 203. Eine theilweise Zurückzahlung des Kapitals der

Art. 201. Die Auflösung der Gesellschaft muß, wenn sie nicht in Folge der Eröffnung des Konkurses über die Gesellschaft geschieht, in das Handelsregister eingetragen werden.

Die Eintragung muß selbst dann geschehen, wenn die Gesellschaft durch Ablauf der Zeit, für welche sie eingegangen war, beendigt wird.

Art. 202. Bei der Auflösung einer Kommanditgesellschaft auf Aktien, welche außer dem Falle der Eröffnung des Konkurses erfolgt, darf die Vertheilung des Vermögens unter die Gesellschafter nicht eher vollzogen werden, als nach Verlauf eines Jahres, von dem Tage an gerechnet, an welchem die Auflösung der Gesellschaft in das Handelsregister eingetragen ist.

Die aus den Handelsbüchern der Gesellschaft ersichtlichen oder in anderer Weise bekannten Gläubiger sind durch besondere Erlasse aufzufordern, sich zu melden; unterlassen sie dies, so ist der Betrag ihrer Forderungen gerichtlich niederzulegen.

Das letztere muß auch in Ansehung der noch schwebenden Verbindlichkeiten und streitigen Forderungen geschehen, sofern nicht die Vertheilung des Gesellschaftsvermögens bis zu deren Erledigung ausgesetzt bleibt, oder den Gläubigern eine angemessene Sicherheit bestellt wird.

Art. 203. Eine theilweise Zurückzahlung des Kapitals der Komman-

Kommanditisten oder eine Herabsetzung desselben kann nicht ohne Beschluß der Generalversammlung der Kommanditisten und nur unter Beobachtung derselben Vorschriften erfolgen, welche für die Vertheilung des Gesellschaftsvermögens im Falle der Auflösung maaßgebend sind. Die Bestimmung über die Zurückzahlung oder Herabsetzung hat zugleich die Art, in welcher dieselbe erfolgen soll, und die zu ihrer Durchführung erforderlichen Maassregeln festzusetzen. Die Bestimmung ist in das Handelsregister einzutragen. Auf die Eintragung und die Beschlussfassung finden die Vorschriften im Artikel 180f und im Artikel 180g Absatz 1 und 3 entsprechende Anwendung.

Die gleichen Erfordernisse gelten für eine Amortisation der Aktien. Ohne Beobachtung dieser Erfordernisse darf die Gesellschaft ihre Aktien nur aus dem nach der jährlichen Bilanz sich ergebenden Gewinne und nur in dem Falle amortisiren, dass dies durch den ursprünglichen Gesellschaftsvertrag oder durch einen, den letzteren vor Ausgabe der Aktien abändernden Vertrag zugelassen ist.

Art. 204. Die Mitglieder des Aufsichtsraths haben bei Erfüllung der ihnen nach Artikel 193 zugewiesenen Obliegenheiten die Sorgfalt eines ordentlichen Geschäftsmanns anzuwenden.

Sie sind der Gesellschaft neben den persönlich haftenden Gesellschaftern solidarisch zum Ersatze verpflichtet, wenn mit ihrem Wissen und ohne ihr Einschreiten entgegen den gesetzlichen Bestimmungen

1. Einlagen an persönlich haftende Gesellschafter oder an Kommanditisten zurückgezahlt,
2. Zinsen oder Dividenden gezahlt,

---

ditisten kann nur vermöge einer Abänderung[1] des Gesellschaftsvertrages erfolgen.

Die Zurückzahlung kann nur unter Beobachtung derselben Bestimmungen geschehen, welche für die Vertheilung des Gesellschaftsvermögens im Falle der Auflösung maaßgebend sind (Art. 201, 202).

Art. 204. Die Mitglieder des Aufsichtsrathes sind gleich den persönlich haftenden Gesellschaftern solidarisch zur Erstattung geleisteter Zahlungen verpflichtet, wenn mit ihrem Wissen und ohne ihr Einschreiten

1. Einlagen an die Kommanditisten zurückgezahlt, oder
2. Zinsen oder Dividenden gezahlt sind, welche nicht aus dem auf die Aktien fallenden Gewinne entnommen wurden, oder
3. die Vertheilung des Gesellschaftsvermögens oder eine theilweise Zurückzahlung des Kapitals der Kommanditisten ohne Beobachtung der gesetzlichen Bestimmungen (Art. 202, 203) erfolgt ist.

---

[1] HGB Zusatz: staatlich genehmigten.

3. eigene Aktien oder Interimsscheine der Gesellschaft erworben oder zum Pfande genommen,
4. Aktien vor der vollen Leistung des Nominalbetrages oder des in den Fällen der Artikel 175 a Ziffer 2, 180 h Absatz 2 festgesetzten Betrages, oder Aktien oder Interimsscheine im Falle einer stattgefundenen Erhöhung des Gesammtkapitals vor Eintragung derselben in das Handelsregister (Art. 180 i Abs. 3) ausgegeben sind,
5. die Vertheilung des Gesellschaftsvermögens, eine theilweise Zurückzahlung oder eine Herabsetzung des Kapitals der Kommanditisten oder eine Amortisation von Aktien erfolgt ist.

Der Ersatzanspruch kann in den Fällen des zweiten Absatzes auch von den Gläubigern der Gesellschaft, soweit sie von dieser ihre Befriedigung nicht erlangen können, selbstständig geltend gemacht werden. Die Ersatzpflicht wird ihnen gegenüber dadurch nicht aufgehoben, dass die Handlung auf einem Beschlusse der Generalversammlung beruht.

Die Ansprüche auf Grund der vorstehenden Bestimmungen verjähren in fünf Jahren.

Art. 205. Die Liquidation erfolgt, sofern der Gesellschaftsvertrag nicht ein Anderes bestimmt, durch sämmtliche persönlich haftende Gesellschafter und eine oder mehrere von der Generalversammlung der Kommanditisten gewählte Personen.

Auf die Anmeldung der Liquidatoren und die Zeichnung ihrer Unterschrift bei dem Handelsgerichte einer Zweigniederlassung findet die Vorschrift im Schlusssatze des Artikels 200 Anwendung.

Die Liquidatoren haben bei Beginn der Liquidation eine Bilanz aufzustellen. Dieselbe ist von ihnen ohne Verzug in den hierzu bestimmten öffentlichen Blättern bekannt zu machen und zu dem Handelsregister einzureichen.

Art. 206. Zu dem Antrage auf Ernennung von Liquidatoren durch den Richter sind ausser jedem persönlich haftenden Gesell-

Art. 205. Die Liquidation erfolgt, sofern der Gesellschaftsvertrag nicht ein Anderes bestimmt, durch sämmtliche persönlich haftende Gesellschafter und eine oder mehrere von der Generalversammlung der Kommanditisten gewählte Personen.

Art. 206.[1] Die persönlich haftenden Mitglieder und die Mitglieder des Aufsichtsrathes werden mit Gefängniß bis zu drei Monaten bestraft:

---

[1] **HGB:** Den Landesgesetzen bleibt vorbehalten, zu bestimmen, daß es der staatlichen Genehmigung zur Errichtung von Kommanditgesellschaften auf

schafter und der Generalversammlung der Kommanditisten auch der Aufsichtsrath sowie Kommanditisten befugt, deren Antheile zusammen den zwanzigsten Theil des Gesammtkapitals darstellen. Die Kommanditisten haben bei Stellung des Antrages glaubhaft zu machen, dass sie die Aktien seit mindestens sechs Monaten besitzen.

Die Abberufung der Liquidatoren kann durch den Richter unter denselben Voraussetzungen, wie die Bestellung erfolgen. Vom Richter ernannte Liquidatoren können nur durch diesen abberufen werden.

Art. 206 a. Die Gesellschaft kann sich in eine Aktiengesellschaft umwandeln, sofern dies durch den Gesellschaftsvertrag zugelassen ist.

Die Uebereinkunft über die Umwandlung bedarf zu ihrer Gültigkeit der notariellen oder gerichtlichen Abfassung und der Zustimmung einer Generalversammlung der Kommanditisten; die Antheile der zustimmenden Mehrheit müssen mindestens ein Viertheil des Gesammtkapitals darstellen. Die Uebereinkunft hat die zur Durchführung der Umwandlung erforderlichen Maassregeln, insbesondere die Firma sowie die Art der Bestellung und Zusammensetzung des Vorstandes, zu enthalten.

Die Uebereinkunft und die in Gemässheit derselben vollzogene Bestellung der Mitglieder des Vorstandes ist unter Beifügung der

---

1. wenn sie vorsätzlich Behufs der Eintragung des Gesellschaftsvertrages in das Handelsregister falsche Angaben über die Zeichnung oder Einzahlung des Kapitals der Kommanditisten machen;
2. wenn durch ihre Schuld länger als drei Monate die Gesellschaft ohne Aufsichtsrath geblieben ist, oder in dem letzteren die zur Beschlußfähigkeit erforderliche Zahl von Mitgliedern gefehlt hat;
3. wenn sie in ihren Darstellungen, in ihren Uebersichten über den Vermögensstand der Gesellschaft oder in den in der Generalversammlung gehaltenen Vorträgen wissentlich den Stand der Verhältnisse der Gesellschaft unwahr darstellen oder verschleiern.

Wird in den Fällen zu 2 und 3 festgestellt, daß mildernde Umstände vorhanden sind, so ist auf Geldstrafe bis zu Eintausend Thalern zu erkennen.

Aktien im Allgemeinen oder von einzelnen Arten derselben nicht bedarf. In diesem Falle kommen die Bestimmungen dieses Abschnitts zur Anwendung, soweit sie die staatliche Genehmigung bei der Errichtung oder Abänderung des Gesellschaftsvertrages nicht zum Gegenstande haben; der Gesellschaftsvertrag muß jedoch die in dem Art. 175 verzeichneten Bestimmungen enthalten, bevor die in dem Art. 176 vorgeschriebene Eintragung in das Handelsregister erfolgen darf.

Legitimation der letzteren Behufs der Eintragung in das Handelsregister (Art. 177, 179) durch die persönlich haftenden Gesellschafter anzumelden. Zugleich haben diese eine Bilanz von dem Tage der Anmeldung einzureichen und in den hierzu bestimmten öffentlichen Blättern bekannt zu machen. Auf die Eintragung der Uebereinkunft findet die Vorschrift im Schlusssatze des Artikels 180 f Anwendung.

Mit der Eintragung gelten die persönlich haftenden Gesellschafter als ausgeschieden und die Gesellschaft als Aktiengesellschaft fortbestehend. Die Beschränkungen, welchen persönlich haftende Gesellschafter nach der Vorschrift im Artikel 181 Absatz 2 unterworfen sind, dauern nach Maassgabe der Letzteren fort.

In Ansehung der bisherigen Gläubiger der Gesellschaft sind die Vorschriften im Artikel 202 zu beobachten. Für die Beobachtung derselben sind den Gläubigern die Mitglieder des Vorstandes und des Aufsichtsraths persönlich und solidarisch verantwortlich, die Mitglieder des Aufsichtsraths, soweit die Befriedigung oder Sicherstellung mit ihrem Wissen nnd ohne ihr Einschreiten unterlassen ist. Die Ersatzpflicht wird dadurch nicht aufgehoben, dass die Unterlassung auf einem Beschlusse der Generalversammlung beruht.

Dritter Titel. Von der Aktiengesellschaft.

Erster Abschnitt.

Allgemeine Grundsätze.

Art. 207. Eine Gesellschaft ist eine Aktiengesellschaft, wenn sich die sämmtlichen Gesellschafter nur mit Einlagen betheiligen, ohne persönlich für die Verbindlichkeiten der Gesellschaft zu haften.

Das Einlagekapital (Grundkapital) wird in Aktien zerlegt.

Die Aktien sind untheilbar.

Dieselben können auf Inhaber oder auf Namen lauten.

Antheilscheine, in welchen der Bezug der Aktien zugesichert wird oder welche sonst über das Antheilsrecht des Aktionärs vor

---

Art. 207. Eine Gesellschaft[1] ist eine Aktiengesellschaft, wenn sich die sämmtlichen Gesellschafter nur mit Einlagen betheiligen, ohne persönlich für die Verbindlichkeiten der Gesellschaft zu haften.

Das Gesellschaftskapital wird in Aktien oder auch in Aktienantheile zerlegt.

Die Aktien oder Aktienantheile sind untheilbar.

Dieselben können auf Inhaber oder auf Namen lauten.

---

[1] **HGB:** Handelsgesellschaft.

Ausgabe der Aktien ausgestellt werden (Interimsscheine), dürfen nicht auf Inhaber lauten.

Art. 207 a. Die Aktien müssen auf einen Betrag von mindestens eintausend Mark gestellt werden.

Für ein gemeinnütziges Unternehmen kann im Falle eines besonderen örtlichen Bedürfnisses der Bundesrath die Ausgabe von Aktien, welche auf Namen lauten, zu einem geringeren, jedoch mindestens zweihundert Mark erreichenden Betrage zulassen. Die gleiche Genehmigung kann in dem Falle ertheilt werden, dass für ein Unternehmen das Reich oder ein Bundesstaat oder ein Provinzial-, Kreis- oder Amtsverband oder eine sonstige öffentliche Korporation auf die Aktien einen bestimmten Ertrag bedingungslos und ohne Zeitbeschränkung gewährleistet hat.

Auf Namen lautende Aktien, deren Uebertragung an die Einwilligung der Gesellschaft gebunden ist, dürfen auf einen Betrag von weniger als eintausend, jedoch nicht von weniger als zweihundert Mark gestellt werden.

Die vorstehenden Bestimmungen gelten auch von Interimsscheinen.

Art. 208. Eine Aktiengesellschaft gilt als Handelsgesellschaft, auch wenn der Gegenstand des Unternehmens nicht in Handelsgeschäften besteht.

Art. 207 a.[1] Die Aktien oder Aktienantheile müssen, wenn sie auf Namen lauten, auf einen Betrag von mindestens Funfzig Vereinsthalern, wenn sie auf Inhaber lauten, auf einen Betrag von mindestens Einhundert Vereinsthalern gestellt werden. Bei Versicherungsgesellschaften müssen auch solche Aktien oder Aktienantheile, welche auf Namen lauten, auf einen Betrag von mindestens Einhundert Vereinsthalern gestellt werden.

Aktien oder Aktienantheile, welche auf einen geringeren Betrag gestellt werden, sind nichtig. Die Ausgeber solcher Aktien oder Aktienantheile sind den Besitzern für allen durch die Ausgabe verursachten Schaden solidarisch verhaftet.

Der Nominalbetrag der Aktien oder Aktienantheile darf während des Bestehens der Gesellschaft weder vermindert noch erhöht werden.

Die vorstehenden Bestimmungen gelten auch von Promessen und Interimsscheinen.

Art. 208. Eine Aktiengesellschaft gilt als Handelsgesellschaft, auch wenn der Gegenstand des Unternehmens nicht in Handelsgeschäften besteht.[2]

Ueber die Errichtung und den Inhalt des Gesellschaftsvertrages (Statuts) muß eine gerichtliche oder notarielle Urkunde aufgenommen werden.

Zur Aktienzeichnung genügt eine schriftliche Erklärung.

---

[1] Fehlt: **HGB.**

[2] Statt des Abs. 1 **HGB:** Aktiengesellschaften können nur mit staatlicher Genehmigung errichtet werden.

Art. 209. Der Inhalt des Gesellschaftsvertrages (Statut) muss durch mindestens fünf Personen, welche Aktien übernehmen, in gerichtlicher oder notarieller Verhandlung festgestellt werden. In derselben ist zugleich der Betrag der von jedem Einzelnen übernommenen Aktien anzugeben.

Der Gesellschaftsvertrag muß bestimmen:

1. die Firma und den Sitz der Gesellschaft;
2. den Gegenstand des Unternehmens;
3. die Höhe des Grundkapitals und der einzelnen Aktien;
4. die Art der Aktien, ob sie auf Inhaber oder auf Namen lauten, und im Falle der Ausgabe beider Arten die Zahl der Aktien einer jeden Art;
5. die Art der Bestellung und Zusammensetzung des Vorstandes;

Art. 209. Der Gesellschaftsvertrag[1] muß insbesondere bestimmen:

1. die Firma und den Besitz der Gesellschaft;
2. den Gegenstand des Unternehmens;
3. die Zeitdauer des Unternehmens, im Falle dasselbe auf eine bestimmte Zeit beschränkt sein soll;
4. die Höhe des Grundkapitals und der einzelnen Aktien oder Aktienantheile;
5. die Eigenschaft der Aktien, ob sie auf Inhaber oder auf Namen gestellt werden sollen, ingleichen die etwa bestimmte Zahl der einen oder[2] der anderen Art, sowie die etwa zugelassene Umwandlung derselben;
6. die Bestellung eines Aufsichtsrathes von mindestens drei aus der Zahl der Aktionäre zu wählenden Mitgliedern;[3]
7. die Grundsätze, nach welchen die Bilanz aufzunehmen und der Gewinn zu berechnen und auszuzahlen ist, sowie die Art und Weise, wie die Prüfung der Bilanz erfolgt;
8. die Art der Bestellung und Zusammensetzung des Vorstandes und die Formen für die Legitimation der Mitglieder desselben und der Beamten der Gesellschaft;
9. die Form, in welcher die Zusammenberufung der Aktionäre geschieht;
10. die Bedingungen des Stimmrechts der Aktionäre und die Form, in welcher dasselbe ausgeübt wird;
11. die Gegenstände, über welche nicht schon durch einfache Stimmenmehrheit der auf Zusammenberufung erschienenen Aktionäre, sondern nur durch eine größere Stimmenmehrheit oder nach anderen Erfordernissen Beschluß gefaßt werden kann;
12. die Form, in welcher die von der Gesellschaft ausgehenden Bekanntmachungen erfolgen, sowie die öffentlichen Blätter, in welche dieselben aufzunehmen sind.

---

[1] **HGB** Zusatz: dessen Genehmigung erfolgen soll.
[2] **HGB**: und.
[3] Nummer 6 fehlt **HGB**; wo demnach nur Nr. 1—11 vorhanden sind.

6. die Form, in welcher die Zusammenberufung der Generalversammlung der Aktionäre geschieht;
7. die Form, in welcher die von der Gesellschaft ausgehenden Bekanntmachungen erfolgen.

Bekanntmachungen, welche durch öffentliche Blätter erfolgen sollen, sind in den Deutschen Reichsanzeiger einzurücken. Andere Blätter ausser diesem hat der Gesellschaftsvertrag zu bestimmen.

Art. 209 a. Der Aufnahme in den Gesellschaftsvertrag bedürfen Bestimmungen, nach welchen

1. das Unternehmen auf eine gewisse Zeit beschränkt wird;
2. Aktien für einen höheren als den Nominalbetrag ausgegeben werden;
3. eine Umwandlung der Aktien rücksichtlich ihrer Art statthaft ist;
4. für einzelne Gattungen von Aktien verschiedene Rechte, insbesondere Betreffs der Zinsen oder Dividenden oder des Antheils am Gesellschaftsvermögen, gewährt werden;
5. über gewisse Gegenstände der Generalversammlung der Aktionäre nicht schon durch einfache Stimmenmehrheit, sondern nur durch eine größere Stimmenmehrheit oder nach anderen Erfordernissen Beschluß fassen kann.

Für einen geringeren als den Nominalbetrag darf die Ausgabe der Aktien nicht festgesetzt werden.

Art. 209 b. Jeder zu Gunsten einzelner Aktionäre bedungene besondere Vortheil muss in dem Gesellschaftsvertrage unter Bezeichnung des Berechtigten festgesetzt werden.

Art. 209a.[1] Nach der Zeichnung des Grundkapitals hat eine Generalversammlung der Aktionäre auf Grund der ihr vorzulegenden Bescheinigungen durch Beschluss festzustellen, dass das Grundkapital vollständig gezeichnet, und dass mindestens zehn Prozent, bei Versicherungsgesellschaften mindestens zwanzig Prozent, auf jede Aktie eingezahlt sind, sofern nicht der Gesellschaftsvertrag zwischen den sämmtlichen Aktionären abgeschlossen und darin die Erfüllung jener Erfordernisse anerkannt ist.

Ueber den Beschluss ist eine gerichtliche oder notarielle Urkunde aufzunehmen.

Art. 209b.[2] Wenn ein Aktionär eine auf das Grundkapital anzurechnende Einlage macht, welche nicht in baarem Gelde besteht, oder wenn Anlagen oder sonstige Vermögensstücke von der zu errichtenden Gesellschaft übernommen werden sollen, so ist in dem Gesellschaftsver-

[1] Fehlt: HGB.
[2] Fehlt: HGB.

Werden auf das Grundkapital von Aktionären Einlagen, welche nicht durch Baarzahlung zu leisten sind, gemacht oder Seitens der zu errichtenden Gesellschaft vorhandene oder herzustellende Anlagen oder sonstige Vermögensstücke übernommen, so müssen die Person des Aktionärs oder des Kontrahenten, der Gegenstand der Einlage oder der Uebernahme und der Betrag der für die Einlage zu gewährenden Aktien oder die für den übernommenen Gegenstand zu gewährende Vergütung in dem Gesellschaftsvertrage festgesetzt werden.

Von diesen Festsetzungen gesondert ist der Gesammtaufwand, welcher zu Lasten der Gesellschaft an Aktionäre oder Andere als Entschädigung oder Belohnung für die Gründung oder deren Vorbereitung gewährt wird, in dem Gesellschaftsvertrage festzusetzen.

Jedes Abkommen über die vorbezeichneten Gegenstände, welches nicht die vorgeschriebene Festsetzung in dem Gesellschaftsvertrage gefunden hat, ist der Gesellschaft gegenüber unwirksam.

Art. 209 c. Die Aktionäre, welche das Statut festgestellt

---

trage der Werth der Einlage oder des Vermögenstücks festzusetzen und die Zahl der Aktien oder der Preis zu bestimmen, welche für dieselben gewährt werden. Jeder zu Gunsten eines Aktionärs bedungene besondere Vortheil ist im Gesellschaftsvertrage gleichfalls festzusetzen.

Nach der Zeichnung des Grundkapitals muss in den Fällen, welche in dem vorstehenden Absatz bezeichnet sind, sofern nicht der Gesellschaftsvertrag zwischen den sämmtlichen Aktionären abgeschlossen ist, die Genehmigung des Vertrages in einer Generalversammlung der Aktionäre durch Beschluss erfolgen.

Die den Vertrag genehmigende Mehrheit muss mindestens ein Viertheil der sämmtlichen Aktionäre begreifen und der Betrag ihrer Antheile mindestens ein Viertheil des gesammten Grundkapitals darstellen. Der Gesellschafter, welcher die betreffende Einlage macht oder sich besondere Vortheile ausbedingt, hat bei der Beschlussfassung kein Stimmrecht.

Ueber den Beschluss ist eine gerichtliche oder notarielle Urkunde aufzunehmen.

Art. 209 c.[1] Die Zusammenberufung der Generalversammlung erfolgt in den Fällen der Art. 209 a und 209 b nach den Bestimmungen, welche der Gesellschaftsvertrag über die Zusammenberufung der Generalversammlungen enthält.

---

[1] Fehlt HGB.

haben, oder welche andere als durch Baarzahlung zu leistende Einlagen machen, gelten als die Gründer der Gesellschaft.

Art. 209 d. In dem Falle, dass sämmtliche Aktien durch die Gründer übernommen werden, gilt mit der Uebernahme die Gesellschaft als errichtet.

Soweit die Uebernahme nicht schon bei Feststellung des Statuts erfolgt ist, kann sie in einer besonderen gerichtlichen oder notariellen Verhandlung unter Angabe der Beträge, welche die einzelnen Gründer noch übernehmen, bewirkt werden.

Art. 209 e. Werden nicht sämmtliche Aktien durch die Gründer übernommen, so muss der Errichtung der Gesellschaft die Zeichnung der übrigen Aktien vorhergehen. Die Zeichnung erfolgt durch schriftliche Erklärung, aus welcher die Betheiligung nach Anzahl und, im Falle einer Verschiedenheit der Aktien, nach Betrag, Art oder Gattung derselben hervorgehen muss.

Die Erklärung (Zeichnungsschein), welche in zwei Exemplaren unterzeichnet werden soll, hat zu enthalten:

1. das Datum des Statuts, die im Artikel 209 Absatz 2, 209 b vorgesehenen Festsetzungen und im Falle verschiedener Gattungen von Aktien den Gesammtbetrag einer jeden;
2. den Namen, Stand und Wohnort der Gründer;
3. den Betrag, für welchen die Ausgabe der Aktie stattfindet, und den Betrag der festgesetzten Einzahlungen;
4. den Zeitpunkt, mit dessen Eintritt die Zeichnung unverbindlich wird, sofern nicht bis dahin die Errichtung der Gesellschaft beschlossen ist.

Zeichnungsscheine, welche diesen Inhalt nicht vollständig haben oder ausser dem unter Ziffer 4 bezeichneten Vorbehalte Beschränkungen in der Verpflichtung des Zeichners enthalten, sind ungültig. Ist ungeachtet eines hiernach ungültigen Zeichnungsscheines die Eintragung des Gesellschaftsvertrages in das Handelsregister erfolgt, so ist der Zeichner, wenn er auf Grund einer dem ersten Absatze entsprechenden Erklärung in der zur Beschlussfassung über die Errichtung der Gesellschaft berufenen Generalversammlung gestimmt oder später als Aktionär Rechte ausgeübt oder Verpflichtungen erfüllt hat, der Gesellschaft wie aus einem gültigen Zeichnungsscheine verpflichtet.

Jede nicht in dem Zeichnungsscheine enthaltene Beschränkung ist der Gesellschaft gegenüber unwirksam.

Art. 209 f. Jede Aktiengesellschaft muss ausser dem Vorstande einen Aufsichtsrath haben.

Art. 209 g. Die Gründer haben in dem Falle des Artikels

209b Absatz 2 in einer von ihnen zu unterzeichnenden Erklärung die Umstände darzulegen, mit Rücksicht auf welche ihnen die Höhe der für die eingelegten oder übernommenen Gegenstände gewährten Beträge gerechtfertigt erscheint. Hierbei haben sie insbesondere die dem Erwerbe der Gesellschaft vorausgegangenen Rechtsgeschäfte, welche auf denselben hingezielt haben, sowie die früheren Erwerbs- und Herstellungspreise aus den letzten zwei Jahren anzugeben.

Art. 209h. Die Mitglieder des Vorstandes und des Aufsichtsraths haben den Hergang der Gründung zu prüfen. Sind Mitglieder zugleich Gründer oder haben sie der Gesellschaft ein Vermögensstück überlassen oder sich einen besonderen Vortheil ausbedungen (Art. 209b), so muss ausserdem eine Prüfung durch besondere Revisoren stattfinden, welche das für die Vertretung des Handelsstandes berufene Organ und in Ermangelung eines solchen der Vorstand und der Aufsichtsrath zu bestellen hat.

Die Prüfung hat sich auf die Richtigkeit und Vollständigkeit der Angaben zu erstrecken, welche rücksichtlich der Zeichnung und Einzahlung des Grundkapitals und der im Artikel 209b vorgesehenen Festsetzungen von den Gründern, insbesondere in der im Artikel 209g vorgeschriebenen Erklärung, gemacht sind.

Ueber die Prüfung ist unter Darlegung der im vorstehenden Absatze bezeichneten Umstände schriftlich Bericht zu erstatten.

Art. 210. Der Gesellschaftsvertrag muß bei dem Handelsgerichte, in dessen Bezirke die Gesellschaft ihren Sitz hat, in das Handelsregister eingetragen werden.

Art. 210. Der Gesellschaftsvertrag[1] muß bei dem Handelsgericht, in dessen Bezirk die Gesellschaft ihren Sitz hat, in das Handelsregister eingetragen und im Auszuge veröffentlicht werden.

Der Auszug muß enthalten:

1. das Datum des Gesellschaftsvertrages;[2]
2. die Firma und den Sitz der Gesellschaft;
3. den Gegenstand und die Zeitdauer des Unternehmens;
4. die Höhe des Grundkapitals und der einzelnen Aktien oder Aktienantheile;
5. die Eigenschaft derselben, ob sie auf Inhaber oder auf Namen gestellt sind;
6. die Form, in welcher die von der Gesellschaft ausgehenden Bekanntmachungen erfolgen, sowie die öffentlichen Blätter, in welche dieselben aufzunehmen sind.

Ist im Gesellschaftsvertrage eine Form bestimmt, in welcher der Vorstand seine Willenserklärungen kundgiebt und für die Gesellschaft zeichnet, so ist auch diese Bestimmung zu veröffentlichen.

---

[1] HGB Zusatz: und die Genehmigungsurkunde.

[2] HGB Zusatz: und der Genehmigungsurkunde.

Der Anmeldung Behufs der Eintragung in das Handelsregister müssen beigefügt sein:

1. in dem Falle des Artikels 209b die den bezeichneten Festsetzungen zum Grunde liegenden oder zu ihrer Ausführung geschlossenen Verträge, die Artikel 209g vorgesehene Erklärung und eine Berechnung des Gründungsaufwandes, in welcher die Vergütungen nach Art und Höhe und die Empfänger einzeln aufzuführen sind;
2. in dem Falle, dass nicht alle Aktien von den Gründern übernommen sind, zum Nachweise der Zeichnung des Grundkapitals die Duplikate der Zeichnungsscheine und ein von den Gründern in beglaubigter Form unterschriebenes Verzeichniss der sämmtlichen Aktionäre, welches die auf jeden entfallenen Aktien sowie die auf letztere geschehenen Einzahlungen angiebt;
3. die Urkunden über die Bestellung des Vorstandes und des Aufsichtsraths, die in Gemässheit des Artikels 209h erstatteten Berichte nebst deren urkundlichen Grundlagen;
4. in dem Falle, dass der Gegenstand des Unternehmens der staatlichen Genehmigung bedarf, sowie in den Fällen des Artikels 207a Absatz 2 die Genehmigungsurkunde.

In der Anmeldung ist die Erklärung abzugeben, dass auf jede Aktie, soweit nicht andere als durch Baarzahlung zu leistende Einlagen gemacht sind, der eingeforderte Betrag baar eingezahlt und im Besitze des Vorstandes sei. Die Einforderung muss mindestens ein Viertheil des Nominalbetrages, und im Falle einer Ausgabe der Aktien für einen höheren als den Nominalbetrag auch den Mehrbetrag umfassen. Als Baarzahlung gilt die Zahlung in Deutschem Gelde, in Reichskassenscheinen, sowie in gesetzlich zugelassenen Noten Deutscher Banken.

Die Anmeldung muß von sämmtlichen Gründern und Mitgliedern des Vorstandes und Aufsichtsraths vor dem Handelsgerichte unterzeichnet oder in beglaubigter Form eingereicht werden.

Die der Anmeldung beigefügten Schriftstücke werden bei dem Handelsgerichte in Urschrift oder in beglaubigter Abschrift aufbewahrt.

Art. 210a. In dem Falle, dass die Gründer nicht alle Aktien

Art. 210a.[1] Der Anmeldung Behufs der Eintragung in das Handelsregister muss beigefügt sein:

---

[1] Fehlt HGB.

übernommen haben, beruft das Handelsgericht ohne Verzug eine Generalversammlung der in dem Verzeichnisse aufgeführten Aktionäre zur Beschlussfassung über die Errichtung der Gesellschaft.

Die Versammlung findet unter der Leitung des Gerichts statt. Vorstand und Aufsichtsrath haben sich über die Ergebnisse der ihnen rücksichtlich der Gründung obliegenden Prüfung auf Grund der Berichte (Art. 209h) und deren urkundlichen Grundlagen zu erklären. Jedes Mitglied des Vorstandes und des Aufsichtsraths kann bis zur Beschlussfassung die Unterzeichnung der Anmeldung zurückziehen.

Die der Errichtung der Gesellschaft zustimmende Mehrheit muß mindestens ein Viertheil sämmtlicher in dem Verzeichnisse aufgeführten oder als Rechtsnachfolger derselben in der Generalversammlung zugelassenen Aktionäre begreifen, und der Betrag ihrer Antheile muß mindestens ein Viertheil des gesammten Grundkapitals darstellen. Die Zustimmung aller erschienenen Aktionäre ist erforderlich, wenn die im Artikel 209 Ziffer 1 bis 5 und 209a bezeichneten Bestimmungen des Gesellschaftsvertrages abgeändert oder die im Artikel 209b vorgesehenen Festsetzungen zu Lasten der Gesellschaft erweitert werden sollen.

Die Beschlussfassung ist zu vertagen, wenn es von den Aktionären mit einfacher Stimmenmehrheit verlangt wird.

Art. 210b. Auf die Berufung und Beschlussfassung der vor der Eintragung des Gesellschaftsvertrages stattfindenden Generalversammlungen kommen, soweit nicht im Artikel 210a ein Anderes bestimmt ist, die Regeln zur entsprechenden Anwendung, welche für die Gesellschaft nach der Eintragung maassgebend sind.

---

1. die Bescheinigung, dass der gesammte Betrag des Grundkapitals durch Unterschriften gedeckt ist;
2. die Bescheinigung, dass mindestens zehn Prozent, bei Versicherungsgesellschaften mindestens zwanzig Prozent, des von jedem Aktionär gezeichneten Betrages eingezahlt sind;
3. der Nachweis, dass der Aufsichtsrath nach Inhalt des Vertrages in einer Generalversammlung der Aktionäre gewählt ist;
4. betreffenden Falls die gerichtliche oder notarielle Urkunde über die in den Artikeln 209a und 209b bezeichneten Beschlüsse der Generalversammlung.

Die Anmeldung muss von sämmtlichen Mitgliedern des Vorstandes vor dem Handelsgericht unterzeichnet oder in beglaubigter Form eingereicht werden. Die der Anmeldung beigefügten Schriftstücke werden bei dem Handelsgericht in Urschrift oder in beglaubigter Abschrift aufbewahrt.

Art. 210c. Der eingetragene Gesellschaftsvertrag ist im Auszuge von dem Handelsgerichte zu veröffentlichen.

Die Veröffentlichung muß enthalten:

1. das Datum des Gesellschaftsvertrages und die im Artikel 209 Absatz 2 und 3, 209a Ziffer 1 und 4 und 209b bezeichneten Festsetzungen;
2. den Namen, Stand und Wohnort der Gründer und die Angabe, ob sie die sämmtlichen Aktien übernommen haben;
3. den Namen, Stand und Wohnort der Mitglieder des Vorstandes und des Aufsichtsraths sowie der in Gemässheit des Artikels 209h bestellten Revisoren.

Ist im Gesellschaftsvertrage eine Form bestimmt, in welcher der Vorstand seine Willenserklärungen kundgiebt und für die Gesellschaft zeichnet, so ist auch diese Bestimmung zu veröffentlichen.

Art. 211. Vor erfolgter Eintragung in das Handelsregister besteht die Aktiengesellschaft als solche nicht.

Ist vor der Eintragung im Namen der Gesellschaft gehandelt worden, so haften die Handelnden persönlich und solidarisch.

Art. 212. Jede Zweigniederlassung muß bei dem Handelsgerichte, in dessen Bezirke sie sich befindet, Behufs der Eintragung in das Handelsgericht angemeldet werden.

Die Anmeldung ist von sämmtlichen Mitgliedern des Vorstandes

Art. 211. Vor erfolgter Eintragung[1] in das Handelsregister besteht die Aktiengesellschaft als solche nicht. Die vor der Eintragung ausgegebenen Aktien oder Aktienantheile sind nichtig. Die Ausgeber sind den Besitzern für allen durch die Ausgabe verursachten Schaden solidarisch verhaftet.[2]

Wenn vor erfolgter Eintragung[3] in das Handelsregister im Namen der Gesellschaft gehandelt worden ist, so haften die Handelnden persönlich und solidarisch.

Art. 212. Bei jedem Handelsgericht, in dessen Bezirk die Aktiengesellschaft eine Zweigniederlassung hat, muß dies Behufs der Eintragung in das Handelsregister angemeldet werden.

Die Anmeldung muß von sämmtlichen Mitgliedern des Vorstandes vor dem Handelsgericht unterzeichnet oder in beglaubigter Form eingereicht werden und[4] die in Art. 210 Absatz 2 und 3 bezeichneten Angaben enthalten. Das Handelsgericht hat die Mitglieder des Vorstandes zur Befolgung dieser Vorschriften von Amtswegen durch Ordnungsstrafen anzuhalten.

---

[1] **HGB** Zusatz: Genehmigung und.
[2] Fehlt: **HGB.**
[3] **HGB** Zusatz: Genehmigung und.
[4] **HGB**: fehlt.

vor dem Handelsgerichte zu unterzeichnen oder in beglaubigter Form einzureichen.

Dieselbe hat die im Artikel 210c Absatz 2 und 3 bezeichneten Angaben zu enthalten. Im Uebrigen finden die Vorschriften im Artikel 179 Absatz 2 und 3 Anwendung.

Art. 213. Die Aktiengesellschaft als solche hat selbstständig ihre Rechte und Pflichten; sie kann Eigenthum und andere dingliche Rechte an Grundstücken erwerben, sie kann vor Gericht klagen und verklagt werden.

Ihr ordentlicher Gerichtsstand ist bei dem Gerichte, in dessen Bezirke sie ihren Sitz hat.

Art. 213a. Der Gesellschaft sind die Gründer für die Richtigkeit und Vollständigkeit der Angaben, welche sie rücksichtlich der Zeichnung und Einzahlung des Grundkapitals, sowie rücksichtlich der im Artikel 209b vorgesehenen Festsetzungen Behufs Eintragung des Gesellschaftsvertrages in das Handelsregister machen, solidarisch verhaftet; sie haben unbeschadet der Verpflichtung zum Ersatze des sonst etwa entstandenen Schadens insbesondere einen an der Zeichnung des Grundkapitals fehlenden Betrag zu übernehmen, fehlende Einzahlungen zu leisten und eine Vergütung, welche nicht unter den zu bezeichnenden Gründungsaufwand aufgenommen ist, zu ersetzen. Imgleichen sind der Gesellschaft in dem Falle, dass sie von Gründern durch Einlagen oder Uebernahmen der im Artikel 209b bezeichneten Art böslicherweise geschädigt ist, die sämmtlichen Gründer für den Ersatz des entstandenen Schadens solidarisch verpflichtet.

Von dieser Verbindlichkeit ist ein Gründer befreit, wenn er beweist, dass er die Unrichtigkeit oder Unvollständigkeit der Angabe oder die bösliche Schädigung weder gekannt habe, noch bei Anwendung der Sorgfalt eines ordentlichen Geschäftsmanns habe kennen müssen.

Entsteht durch Zahlungsunfähigkeit eines Aktionärs der Gesellschaft ein Ausfall, so sind ihr die Gründer, welche bei der Anmeldung des Gesellschaftsvertrages die Zahlungsunfähigkeit kannten, zum Ersatze solidarisch verpflichtet.

Ausser den Gründern sind der Gesellschaft zum Schadenersatze solidarisch verpflichtet:

Art. 213. Die Aktiengesellschaft als solche hat selbstständig ihre Rechte und Pflichten; sie kann Eigenthum und andere dingliche Rechte an Grundstücken erwerben; sie kann vor Gericht klagen und verklagt werden.

Ihr ordentlicher Gerichtsstand ist bei dem Gerichte, in dessen Bezirk sie ihren Sitz hat.

1. in dem Falle, dass eine Vergütung nicht unter den zu bezeichnenden Gründungsaufwand aufgenommen ist, der Empfänger, wenn er zur Zeit des Empfanges wusste oder nach den Umständen annehmen musste, dass die Verheimlichung beabsichtigt oder erfolgt war, und jeder Dritte, welcher zur Verheimlichung wissentlich mitgewirkt hat;
2. in dem Falle einer böslichen Schädigung durch Einlagen oder Uebernahmen jeder Dritte, welcher zu derselben wissentlich mitgewirkt hat.

Art. 213b. Wer vor der Eintragung des Gesellschaftsvertrages in das Handelsregister oder in den ersten zwei Jahren nach der Eintragung, um Aktien in den Verkehr einzuführen, eine öffentliche Ankündigung derselben erlässt, ist der Gesellschaft im Falle der Unrichtigkeit oder Unvollständigkeit von Angaben, welche die Gründer rücksichtlich der Zeichnung oder Einzahlung des Grundkapitals oder der im Artikel 209b vorgesehenen Festsetzungen Behufs Eintragung des Gesellschaftsvertrages in das Handelsregister gemacht haben, sowie in dem Falle einer böslichen Schädigung der Gesellschaft durch Einlagen oder Uebernahmen für den Ersatz des ihr daraus entstandenen Schadens neben den im Artikel 213a bezeichneten Personen solidarisch verhaftet, sofern ihm nachgewiesen wird, dass er die Unrichtigkeit oder Unvollständigkeit der Angaben oder die bösliche Schädigung gekannt hat oder bei Anwendung der Sorgfalt eines ordentlichen Geschäftsmanns hat kennen müssen.

Art. 213c. Mitglieder des Vorstandes und des Aufsichtsraths, welchen nachgewiesen wird, dass sie bei der ihnen durch Artikel 209h auferlegten Prüfung die Sorgfalt eines ordentlichen Geschäftsmanns verletzt haben, haften der Gesellschaft solidarisch für den ihr daraus entstandenen Schaden, soweit der Ersatz desselben von den in Gemässheit der Artikel 213a und 213b verpflichteten Personen nicht zu erlangen ist.

Art. 213d. Vergleiche oder Verzichtleistungen, welche die der Gesellschaft aus der Gründung zustehenden Ansprüche gegen die in Gemässheit der Artikel 213a bis 213c verpflichteten Personen betreffen, sind erst nach Ablauf von drei Jahren seit Eintragung des Gesellschaftsvertrages in das Handelsregister und nur mit Zustimmung der Generalversammlung zulässig; sie sind unzulässig, soweit in der Versammlung eine Minderheit, deren Antheile den fünften Theil des Grundkapitals darstellen, Widerspruch erhebt. Die Zeitbeschränkung findet nicht Anwendung, sofern der Verpflichtete im Falle der Zahlungsunfähigkeit zur Abwendung oder Beseitigung des Konkursverfahrens mit seinen Gläubigern sich vergleicht.

Art. 213e. Die Ansprüche der Gesellschaft gegen die in Gemässheit der Artikel 213a bis 213c verpflichteten Personen verjähren in fünf Jahren seit Eintragung des Gesellschaftsvertrages in das Handelsregister.

Art. 213f. Werden vor Ablauf von zwei Jahren seit Eintragung des Gesellschaftsvertrages in das Handelsregister Seitens der Gesellschaft Verträge geschlossen, durch welche sie vorhandene oder herzustellende Anlagen oder unbewegliche Gegenstände für eine den zehnten Theil des Grundkapitals übersteigende Vergütung erwerben soll, so bedürfen dieselben zu ihrer Gültigkeit der Zustimmung der Generalversammlung.

Vor der Beschlussfassung hat der Aufsichtsrath den Vertrag zu prüfen und über die Ergebnisse seiner Prüfung schriftlich Bericht zu erstatten.

Die Antheile der zustimmenden Mehrheit müssen in dem Falle, dass der Vertrag im ersten Jahre geschlossen wird, mindestens ein Viertheil des Grundkapitals, anderenfalls mindestens drei Viertheile des in der Generalversammlung vertretenen Grundkapitales darstellen.

Der genehmigte Vertrag ist in Urschrift oder in beglaubigter Abschrift mit dem Berichte des Aufsichtsraths nebst dessen urkundlichen Grundlagen und mit dem Nachweise über die Beschlussfassung zum Handelsregister einzureichen.

Hat der Erwerb in Ausführung einer vor der Errichtung der Gesellschaft von den Gründern getroffenen Vereinbarung stattgefunden, so kommen in Betreff der Rechte der Gesellschaft auf Entschädigung und in Betreff der ersatzpflichtigen Personen die Vorschriften der Artikel 213a und 213d zur Anwendung.

Die vorstehenden Bestimmungen finden auf den Erwerb unbeweglicher Gegenstände nicht Anwendung, sofern auf ihn der Gegenstand des Unternehmens gerichtet ist oder der Erwerb im Wege der Zwangsvollstreckung geschieht.

Art. 214. Jeder Beschluß der Generalversammlung, welcher die Fortsetzung der Gesellschaft oder eine Abänderung des Inhalts des Gesellschaftsvertrages zum Gegenstande hat, muß in das Handelsregister eingetragen und in gleicher Weise, wie der ursprüngliche Vertrag, veröffentlicht werden (Art. 210c, 212).

Art. 214. Jeder Beschluß der Generalversammlung, welcher die Fortsetzung der Gesellschaft oder eine Abänderung der Bestimmungen des Gesell-

Der Beschluß hat keine rechtliche Wirkung, bevor derselbe bei dem Handelsgerichte, in dessen Bezirke die Gesellschaft ihren Sitz hat, in das Handelsregister eingetragen ist.

Art. 215. Die Abänderung des Inhalts des Gesellschaftsvertrages kann nicht anders als durch Beschluss der Generalversammlung erfolgen.

Sofern der Gesellschaftsvertrag für eine Abänderung derjenigen Bestimmung, welche den Gegenstand der Beschlussfassung bildet, nicht andere Erfordernisse aufstellt, erfolgt der Beschluss durch eine Mehrheit von drei Viertheilen des in der Generalversammlung vertretenen Grundkapitals.

Für eine Abänderung des Gegenstandes des Unternehmens muss diese Mehrheit erreicht sein; der Gesellschaftsvertrag kann ausser derselben noch andere Erfordernisse aufstellen.

Dasselbe gilt von dem Falle, wenn die Gesellschaft durch Uebertragung ihres Vermögens und ihrer Schulden an eine andere Aktiengesellschaft gegen Gewährung von Aktien der letzteren aufgelöst werden soll.

Die vorstehenden Bestimmungen gelten auch dann, wenn mehrere Gattungen von Aktien mit verschiedener Berechtigung ausgegeben sind.

---

schaftsvertrages zum Gegenstande hat, bedarf zu seiner Gültigkeit der notariellen oder gerichtlichen Beurkundung.[1]

Ein solcher Beschluß muß[2] in gleicher Weise wie der ursprüngliche Vertrag in das Handelsregister eingetragen und veröffentlicht[3] werden (Art. 210, 212).

Der Beschluß hat keine rechtliche Wirkung, bevor derselbe bei dem Handelsgericht, in dessen Bezirk die Gesellschaft ihren Sitz hat, in das Handelsregister eingetragen ist.

Art. 215. Die Abänderung des Gegenstandes der Unternehmung der Gesellschaft kann nicht durch Stimmenmehrheit beschlossen werden, sofern dies nicht im Gesellschaftsvertrage ausdrücklich gestattet ist.

Dasselbe gilt von dem Falle, wenn die Gesellschaft durch Uebertragung ihres Vermögens und ihrer Schulden an eine andere Aktiengesellschaft gegen Gewährung von Aktien der letzteren aufgelöst werden soll.

Die[4] Aktiengesellschaft darf eigene Aktien nicht erwerben. Sie darf eigene Aktien auch nicht amortisiren, sofern dies nicht durch den ursprünglichen Gesellschaftsvertrag oder durch einen, den letzteren abändernden, vor Ausgabe der Aktien gefassten Beschluss zugelassen ist.

---

[1] HGB Zusatz: sowie der staatlichen Bestätigung.
[2] HGB: Ein solcher Beschluß und die Genehmigungsurkunde müssen.
[3] HGB Zusatz: im Auszug.
[4] Dieser Absatz fehlt HGB.

Soll durch die Beschlussfassung das bisherige Rechtsverhältniss unter den verschiedenen Gattungen zum Nachtheile einer derselben abgeändert werden, so bedarf es zu dem von der gemeinschaftlichen Generalversammlung gefassten Beschlusse der Zustimmung einer besonderen Generalversammlung der benachtheiligten Aktionäre, deren Beschlussfassung gleichfalls nach der Vorschrift des zweiten Absatzes sich richtet.

Die Bestimmung des Gesellschaftsvertrages, Inhalts deren die Uebertragung von Aktien, welche in Gemässheit des Artikels 207a Absatz 3 auf einen geringeren Betrag als eintausend Mark gestellt sind, an die Einwilligung der Gesellschaft gebunden ist, kann nicht abgeändert werden.

Art. 215a. Eine Erhöhung des Grundkapitals der Gesellschaft darf nicht vor der vollen Einzahlung desselben erfolgen. Für Versicherungsgesellschaften kann der Gesellschaftsvertrag ein Anderes bestimmen.

Ueber die Erhöhung hat die Generalversammlung zu beschliessen. Für die neu auszugebenden Aktien kann die Leistung eines höheren als des Nominalbetrages festgesetzt werden; der Beschluss hat den Mindestbetrag zu bezeichnen, für welchen die Aktien auszugeben sind. Ein geringerer als der Nominalbetrag darf nicht festgesetzt werden. Die Beschlussfassung unterliegt den Vorschriften im Artikel 215 Absatz 2 und 6.

Der Beschluss ist in das Handelsregister einzutragen. Die Anmeldung hat die Angabe zu enthalten, dass das bisherige Grundkapital eingezahlt sei, für Versicherungsgesellschaften, inwieweit die Einzahlung desselben stattgefunden habe. Auf die Eintragung finden die Vorschriften im Artikel 214 Anwendung.

Eine Zusicherung von Rechten auf den Bezug neu auszugebender Aktien, welche vor dem Beschlusse auf Erhöhung des Grundkapitals erfolgt, ist der Gesellschaft gegenüber unwirksam.

Art. 215b. Die Zeichnung der neu auszugebenden Aktien erfolgt durch schriftliche Erklärung, welche in zwei Exemplaren unterzeichnet werden soll.

Die stattgefundene Erhöhung des Grundkapitals ist Behufs der Eintragung in das Handelsregister anzumelden. Die Vorschriften im Artikel 210 und 212 finden entsprechende Anwendung.

Art. 215c. Interimsscheine, welche auf Inhaber lauten, sind nichtig; die Ausgeber haften den Besitzern solidarisch für allen durch die Ausgabe verursachten Schaden.

Das Gleiche gilt, wenn Aktien oder Interimsscheine auf

einen geringeren als den nach Artikel 207a zugelassenen Betrag gestellt sind, oder wenn sie ausgegeben werden, bevor der Gesellschaftsvertrag bei dem Handelsgerichte, in dessen Bezirke die Gesellschaft ihren Sitz hat, in das Handelsregister eingetragen ist.

Vor der vollen Leistung des Nominalbetrages oder des in den Fällen der Artikel 209a Ziffer 2, 215a Absatz 2 festgesetzten Betrages soll die Aktie nicht ausgegeben werden. Imgleichen sollen im Falle einer stattgefundenen Erhöhung des Grundkapitals vor Eintragung derselben in das Handelsregister des im vorigen Absatze bezeichneten Gerichts Aktien oder Interimsscheine nicht ausgegeben werden.

Aus Aktien und Interimsscheinen, welche in Gemässheit des Artikels 207a auf einen Betrag von weniger als eintausend Mark gestellt sind, sollen im Falle des zweiten Absatzes des bezeichneten Artikels die ertheilte Genehmigung, im Falle des dritten Absatzes die Beschränkungen hervorgehen, welchen die Aktionäre in Bezug auf die Form einer Uebertragung ihrer Rechte und die Einwilligung der Gesellschaft in dieselbe unterworfen sind.

Art. 215d. Die Aktiengesellschaft soll eigene Aktien im geschäftlichen Betriebe, sofern nicht eine Kommission zum Einkauf ausgeführt wird, weder erwerben, noch zum Pfande nehmen. Sie darf eigene Interimsscheine im geschäftlichen Betriebe auch in Ausführung einer Einkaufskommission weder erwerben noch zum Pfande nehmen.

Eine Amortisation der Aktien ist zulässig, sofern sie unter Beobachtung der für die Zurückzahlung oder Herabsetzung des Grundkapitals maassgebenden Vorschriften erfolgt. Ohne Beobachtung derselben darf die Gesellschaft ihre Aktien nur aus dem nach der jährlichen Bilanz sich ergebenden Gewinne und nur in dem Falle amortisiren, daß dies durch den ursprünglichen Gesellschaftsvertrag oder durch einen, den letzteren vor Ausgabe der Aktien abändernden Beschluß zugelassen ist.

Zweiter Abschnitt.

Rechtsverhältniß der Aktionäre.

Art. 216. Jeder Aktionär hat einen verhältnißmäßigen Antheil an dem Vermögen der Gesellschaft.

Art. 216. Jeder Aktionär hat einen verhältnißmäßigen Antheil an dem Vermögen der Gesellschaft.

Er kann den eingezahlten Betrag nicht zurückfordern und hat, solange die Gesellschaft besteht, nur einen Anspruch auf den reinen Gewinn, soweit

Er kann den eingezahlten Betrag nicht zurückfordern und hat, solange die Gesellschaft besteht, nur einen Anspruch auf den reinen Gewinn, soweit dieser nach dem Gesellschaftsvertrage zur Vertheilung unter die Aktionäre bestimmt ist.

Art. 217. Zinsen von bestimmter Höhe dürfen für die Aktionäre nicht bedungen, noch ausbezahlt werden; es darf nur dasjenige unter sie vertheilt werden, was sich nach der jährlichen Bilanz als reiner Gewinn ergiebt.

Jedoch können für den in dem Gesellschaftsvertrage angegebenen Zeitraum, welchen die Vorbereitung des Unternehmens bis zum Anfange des vollen Betriebes erfordert, den Aktionären Zinsen von bestimmter Höhe bedungen werden.

Art. 218. Der Aktionär ist in keinem Falle verpflichtet, die in gutem Glauben empfangenen Zinsen und Dividenden zurückzugeben.

Art. 219. Die Verpflichtung des Aktionärs, zu den Zwecken der Gesellschaft und zur Erfüllung ihrer Verbindlichkeiten beizutragen, wird durch den Nominalbetrag der Aktie, in den Fällen der Artikel 209a Ziffer 2, 215a Absatz 2 durch den Betrag, für welchen die Aktie ausgegeben ist, begrenzt.

Rücksichtlich der Einzahlung der auf die Aktie zu leistenden Beträge, sowie rücksichtlich einer zu leistenden Einlage finden die Bestimmungen der Artikel 184 bis 184c auf den Aktionär und die Rechtsvorgänger desselben Anwendung.

---

dieser nach dem Gesellschaftsvertrage zur Vertheilung unter die Aktionäre bestimmt ist.

Art. 217. Zinsen von bestimmter Höhe dürfen für die Aktionäre nicht bedungen, noch ausbezahlt werden; es darf nur dasjenige unter sie vertheilt werden, was sich nach der jährlichen Bilanz und, wenn im Gesellschaftsvertrage die Innehaltung eines Reservekapitals bestimmt ist, nach Abzug desselben als reiner Ueberschuß über die volle Einlage[1] ergiebt. Die Aktionäre können bis zur Wiederergänzung des durch Verlust verminderten Gesammtbetrages der Einlagen Dividenden nicht beziehen.

Jedoch können für den in dem Gesellschaftsvertrage angegebenen Zeitraum, welchen die Vorbereitung des Unternehmens bis zum Anfange des vollen Betriebes erfordert, den Aktionären Zinsen von bestimmter Höhe bedungen werden.

Art. 219. Der Aktionär ist nicht schuldig, zu den Zwecken der Gesellschaft und zur Erfüllung ihrer Verbindlichkeiten mehr beizutragen, als den für die Aktie statutenmäßig zu leistenden Beitrag.

---

[1] Das lateinisch Gedruckte fehlt: **HGB.**

Art. 220. Für die Eintragung der Interimsscheine und der auf Namen gestellten Aktien in das Aktienbuch, sowie für die Uebertragung derselben auf andere Personen sind die Vorschriften der Artikel 182 und 183 maassgebend.

Art. 221. Die Rechte, welche den Aktionären in den Angelegenheiten der Gesellschaft, insbesondere in Beziehung auf die Führung der Geschäfte, die Prüfung der Bilanz und die Bestimmung der Gewinnvertheilung zustehen, werden in der Generalversammlung durch Beschlussfassung der erschienenen Aktionäre ausgeübt.

Rücksichtlich der Bedingungen und der Ausübung des Stimmrechts kommen die Vorschriften im Artikel 190 zur Anwendung.

Art. 222. Die Vorschriften im Artikel 190a, 190b über die Anfechtung eines Beschlusses der Generalversammlung finden mit der Maassgabe Anwendung, dass an die Stelle der persönlich haftenden Gesellschafter der Vorstand tritt.

Art. 220. Ein Aktionär, welcher den Betrag seiner Aktie nicht zur rechten Zeit einzahlt, ist zur Zahlung von Verzugszinsen von Rechtswegen verpflichtet.

Im Gesellschaftsvertrage können für den Fall der verzögerten Einzahlung des gezeichneten Aktienbetrages oder eines Theils desselben Konventionalstrafen ohne Rücksicht auf die sonst stattfindenden gesetzlichen Einschränkungen festgesetzt werden; auch kann bestimmt werden, daß die säumigen Aktionäre ihrer Anrechte aus der Zeichnung der Aktien und der geleisteten Theilzahlungen zu Gunsten der Gesellschaft verlustig gehen.

Art. 221. Ist im Gesellschaftsvertrage keine besondere Form, wie die Aufforderung zur Einzahlung geschehen soll, bestimmt, so geschieht dieselbe in der Form, in welcher die Bekanntmachungen der Gesellschaft nach dem Gesellschaftsvertrage überhaupt erfolgen müssen (Art. 209 Ziff. 11[1]).

Jedoch kann in keinem Falle ein Aktionär seines Anrechts verlustig erklärt werden, wenn nicht die Aufforderung zur Zahlung mindestens dreimal in den hierzu bestimmten öffentlichen Blättern (Art. 209 Ziff. 11[1]), das letzte Mal wenigstens vier Wochen vor dem für die Einzahlungen gesetzten Schlußtermine, bekannt gemacht worden ist. Wenn die Aktien auf Namen lauten und ohne Einwilligung der übrigen Aktionäre nicht übertragbar sind, so kann die Bekanntmachung dieser Aufforderungen durch besondere Erlasse an die einzelnen Aktionäre statt der Einrückungen in die öffentlichen Blätter erfolgen.

Art. 222. Wenn die Aktien oder Aktienantheile auf Inhaber gestellt werden, so kommen folgende Grundsätze zur Anwendung:

1. die Ausgabe der Aktien darf vor Einzahlung des ganzen Nominalbetrages derselben nicht erfolgen; ebensowenig dürfen über die geleisteten Partialzahlungen Promessen oder Interimsscheine, welche auf Inhaber lauten, ausgestellt werden.

---

[1] Richtiger: 12.

Art. 222a. Auf Antrag von Aktionären, deren Antheile zusammen den zehnten Theil des Grundkapitals darstellen, kann das Landgericht, in dessen Bezirke die Gesellschaft ihren Sitz hat, zur Prüfung eines Herganges bei der Gründung oder eines nicht mehr als zwei Jahre zurückliegenden Herganges bei der Geschäftsführung oder Liquidation der Gesellschaft Revisoren ernennen, sofern ein in der Generalversammlung gestellter Antrag auf Prüfung abgelehnt ist und dem Gerichte glaubhaft gemacht wird, dass bei dem Hergange Unredlichkeiten oder grobe Verletzungen des Gesetzes oder des Gesellschaftsvertrages stattgefunden haben. Die Antragsteller haben zugleich die Aktien bis zur Entscheidung über den Antrag gerichtlich zu hinterlegen und glaubhaft zu machen, dass sie dieselben seit mindestens sechs Monaten, von der Generalversammlung zurückgerechnet, besitzen.

Vor der Anordnung sind der Vorstand oder die Liquidatoren, sowie der Aufsichtsrath zu hören. Die Anordnung ist von einer nach freiem Ermessen zu bestimmenden Sicherheitsleistung abhängig zu machen.

Der Vorstand hat den Revisoren die Einsicht der Bücher und Schriften der Gesellschaft und die Untersuchung des Bestandes der Gesellschaftskasse, wie der Bestände an Effekten, Handelspapieren und Waaren zu gestatten.

Der Bericht über das Ergebniss der Prüfung ist von den Revisoren zu dem Handelsregister einzureichen und von dem Vor-

2. Der Zeichner der Aktie ist für die Einzahlung von 40 Prozent des Nominalbetrages der Aktie unbedingt verhaftet; von dieser Verpflichtung kann derselbe weder durch Uebertragung seines Anrechtes auf einen Dritten sich befreien, noch Seitens der Gesellschaft entbunden werden; wird der Zeichner der Aktie, wegen verzögerter Einzahlung, seines Anrechtes aus der Zeichnung verlustig erklärt (Art. 220), so bleibt er dessenungeachtet zur Einzahlung von 40 Prozent des Nominalbetrages der Aktie verpflichtet.
3. Im Gesellschaftsvertrage kann bestimmt werden, daß und unter welchen Maaßgaben nach erfolgter Einzahlung von 40 Prozent die Befreiung des Zeichners von der Haftung für weitere Einzahlungen zulässig sei, und daß im Falle der eingetretenen Befreiung über die geleisteten Einzahlungen Promessen oder Interimsscheine, welche auf Inhaber lauten, ausgestellt werden dürfen.

Diejenigen Landesgesetze, welche die Höhe der Einzahlung (Art. 222 Ziff. 2 und 3) auf 25 Prozent des Nominalbetrages der Aktie herabgesetzt haben, werden hierdurch nicht berührt.[1]

[1] Fehlt: **HGB.**

stande bei der Berufung der nächsten Generalversammlung als Gegenstand der Beschlussfassung anzukündigen.

Ist der Antrag auf Ernennung von Revisoren zurückgewiesen oder erweist er sich nach dem Ergebnisse der Prüfung als unbegründet, so sind die Aktionäre, welchen eine bösliche Handlungsweise bei Stellung des Antrages zur Last fällt, solidarisch verpflichtet, einen durch die Stellung desselben der Gesellschaft entstandenen Schaden zu ersetzen.

Art. 223. Die Ansprüche der Gesellschaft aus der Gründung gegen die in Gemässheit der Artikel 213a bis 213c verpflichteten Personen oder aus der Geschäftsführung gegen die Mitglieder des Vorstandes und des Aufsichtsraths, sowie aus der Liquidation gegen die Liquidatoren und die Mitglieder des Aufsichtsraths sind zu erheben, wenn in der Generalversammlung dies mit einfacher Stimmenmehrheit beschlossen oder von einer Minderheit, deren Antheile den fünften Theil des Grundkapitals darstellen, verlangt wird.

Die Erhebung des Anspruchs auf Verlangen der Minderheit muss binnen drei Monaten seit der Generalversammlung erfolgen. Die von der Minderheit bezeichneten Personen können durch das Handelsgericht als Bevollmächtigte der Gesellschaft zur Führung des Prozesses ernannt werden. Der Klage ist das Protokoll der Generalversammlung, soweit dasselbe die Erhebung des Anspruchs betrifft, in beglaubigter Abschrift beizufügen. Die Minderheit hat den fünften Theil des Grundkapitals in Aktien der Gesellschaft für die Dauer des Prozesses gerichtlich zu hinterlegen und dem Gerichte glaubhaft zu machen, dass sie dieselben seit mindestens sechs Monaten, von der Generalversammlung zurückgerechnet, besitzt. Sie hat auf Verlangen der Beklagten wegen der denselben

---

Art. 223. Wenn die Aktien auf Namen lauten, so kommen die bei der Kommanditgesellschaft auf Aktien gegebenen Bestimmungen über die Eintragung der Aktien in das Aktienbuch der Gesellschaft und über die Uebertragung derselben auf Andere (Art. 182, 183) auch hier zur Anwendung.

So lange der Betrag der Aktie nicht vollständig eingezahlt ist, wird der Aktionär durch Uebertragung seines Anrechts auf einen Anderen von der Verbindlichkeit zur Zahlung des Rückstandes nur dann befreit, wenn die Gesellschaft den neuen Erwerber an seiner Stelle annimmt und ihn der Verbindlichkeit entläßt.

Auch in diesem Falle bleibt der austretende Aktionär auf Höhe des Rückstandes für alle bis dahin von der Gesellschaft eingegangenen Verbindlichkeiten noch auf ein Jahr, vom Tage des Austritts an gerechnet, subsidiarisch verhaftet.

drohenden Nachtheile eine nach freiem Ermessen des Gerichts zu bestimmende Sicherheit zu leisten. Das Verlangen ist als prozesshindernde Einrede geltend zu machen. Wird die Sicherheit binnen der vom Gerichte gestellten Frist nicht geleistet, so ist die Klage auf Antrag für zurückgenommen zu erklären. Die Minderheit ist verpflichtet, die der Gesellschaft auferlegten Prozesskosten ihr zu erstatten. Für den Schaden, welcher durch eine unbegründete Klage den Beklagten entstanden ist, haften ihnen solidarisch die Aktionäre, welchen bei Erhebung des Anspruchs eine bösliche Handlungsweise zur Last fällt.

Im Uebrigen kommen die Bestimmungen der Artikel 194 und 195 zur entsprechenden Anwendung.

Art. 224. Die für den Aufsichtsrath einer Kommanditgesellschaft auf Aktien in den Artikeln 191 und 192 gegebenen Bestimmungen finden auf den Aufsichtsrath einer Aktiengesellschaft Anwendung.

Art. 225. Der Aufsichtsrath hat den Vorstand bei seiner Geschäftsführung in allen Zweigen der Verwaltung zu überwachen und zu dem Zweck sich von dem Gange der Angelegenheiten der Gesellschaft zu unterrichten. Er kann jederzeit über dieselben Berichterstattung von dem Vorstande verlangen und selbst oder durch einzelne von ihm zu bestimmende Mitglieder die Bücher und

Art. 224. Die Rechte, welche den Aktionären in den Angelegenheiten der Gesellschaft, insbesondere in Beziehung auf die Führung der Geschäfte, die Einsicht und Prüfung der Bilanz und die Bestimmung der Gewinnvertheilung zustehen, werden von der Gesammtheit der Aktionäre in der Generalversammlung ausgeübt.

Jede Aktie gewährt dem Inhaber Eine Stimme, wenn nicht der Gesellschaftsvertrag ein Anderes festsetzt.

Art. 225.[1] Die für den Aufsichtsrath einer Kommanditgesellschaft auf Aktien in den Artikeln 191 und 192 gegebenen Bestimmungen finden auch auf den Aufsichtsrath einer Aktiengesellschaft Anwendung.

---

[1] **HGB** 225: Ist ein Aufsichtsrath bestellt, so überwacht derselbe die Geschäftsführung der Gesellschaft in allen Zweigen der Verwaltung; er kann sich von dem Gange der Angelegenheiten der Gesellschaft unterrichten, die Bücher und Schriften derselben jederzeit einsehen und den Bestand der Gesellschaftskasse untersuchen.

Er hat die Jahresrechnungen, die Bilanzen und die Vorschläge zur Gewinnvertheilung zu prüfen und darüber alljährlich der Generalversammlung der Aktionäre Bericht zu erstatten.

Er hat eine Generalversammlung zu berufen, wenn dies im Interesse der Gesellschaft erforderlich ist.

Schriften der Gesellschaft einsehen, sowie den Bestand der Gesellschaftskasse und die Bestände an Effekten, Handelspapieren und Waaren untersuchen. Er hat die Jahresrechnungen, die Bilanzen und die Vorschläge zur Gewinnvertheilung zu prüfen und darüber der Generalversammlung der Aktionäre Bericht zu erstatten.

Er hat eine Generalversammlung zu berufen, wenn dies im Interesse der Gesellschaft erforderlich ist.

Weitere Obliegenheiten des Aufsichtsraths werden durch den Gesellschaftsvertrag bestimmt.

Die Mitglieder des Aufsichtsraths können die Ausübung ihrer Obliegenheiten nicht anderen Personen übertragen.

Art. 225 a. Die Mitglieder des Aufsichtsraths dürfen nicht zugleich Mitglieder des Vorstandes oder dauernd Stellvertreter derselben sein, auch nicht als Beamte die Geschäfte der Gesellschaft führen. Nur für einen im Voraus begrenzten Zeitraum kann der Aufsichtsrath einzelne seiner Mitglieder zu Stellvertretern von behinderten Mitgliedern des Vorstandes bestellen; während dieses Zeitraums und bis zur ertheilten Entlastung des Vertreters darf der letztere eine Thätigkeit als Mitglied des Aufsichtsraths nicht ausüben.

Scheiden aus dem Vorstande Mitglieder aus, so dürfen die-

Art. 225 a. Der Aufsichtsrath überwacht die Geschäftsführung der Gesellschaft in allen Zweigen der Verwaltung; er kann sich von dem Gange der Angelegenheiten der Gesellschaft unterrichten, die Bücher und Schriften derselben jederzeit einsehen und den Bestand der Gesellschaftskasse untersuchen.

Er hat die Jahresrechnungen, die Bilanzen und die Vorschläge zur Gewinnvertheilung zu prüfen und darüber alljährlich der Generalversammlung der Aktionäre Bericht zu erstatten.

Er hat eine Generalversammlung zu berufen, wenn dies im Interesse der Gesellschaft erforderlich ist.

Art. 225 b. Die Mitglieder des Aufsichtsrathes sind persönlich und solidarisch zum Schadenersatz verpflichtet, wenn mit ihrem Wissen und ohne ihr Einschreiten:

1. Einlagen an die Aktionäre zurückgezahlt, oder, der Bestimmung des Artikels 215 Absatz 3 entgegen, eigene Aktien der Gesellschaft erworben oder amortisirt worden sind;
2. Zinsen oder Dividenden gezahlt sind, welche nach Maassgabe der Bestimmungen des Artikels 217 nicht gezahlt werden durften;
3. die Vertheilung des Gesellschaftsvermögens oder eine theilweise Zurückzahlung oder eine Herabsetzung des Grundkapitals ohne Beobachtung der gesetzlichen Bestimmungen (Art. 245 und 248) erfolgt ist.

selben nicht vor ertheilter Entlastung in den Aufsichtsrath gewählt werden.

Art. 226. Die Mitglieder des Aufsichtsraths haben bei Erfüllung der ihnen nach Artikel 225 zugewiesenen Obliegenheiten die Sorgfalt eines ordentlichen Geschäftsmanns anzuwenden.

Dieselben sind der Gesellschaft neben den Mitgliedern des Vorstandes persönlich und solidarisch zum Ersatze verpflichtet, wenn mit ihrem Wissen und ohne ihr Einschreiten entgegen den gesetzlichen Bestimmungen:

1. Einlagen an die Aktionäre zurückgezahlt;
2. Zinsen oder Dividenden gezahlt;
3. eigene Aktien oder Interimsscheine der Gesellschaft erworben, zum Pfande genommen oder amortisirt werden;
4. Aktien vor der vollen Leistung des Nominalbetrages oder des in den Fällen der Artikel 209 a Ziffer 2, 215 a Absatz 2 festgesetzten Betrages, oder Aktien oder Interimsscheine im Falle einer stattgefundenen Erhöhung des Grundkapitals vor Eintragung derselben in das Handelsregister desjenigen Gerichts, in dessen Bezirke die Gesellschaft ihren Sitz hat, ausgegeben sind;
5. die Vertheilung des Gesellschaftsvermögens, eine theilweise Zurückzahlung oder eine Herabsetzung des Grundkapitals oder im Falle des Artikels 215 Absatz 4 die Vereinigung der Vermögen der beiden Gesellschaften erfolgt ist.

Der Ersatzanspruch kann in den Fällen des zweiten Absatzes auch von den Gläubigern der Gesellschaft, soweit sie von dieser ihre Befriedigung nicht erlangen können, selbstständig geltend gemacht werden. Die Ersatzpflicht wird ihnen gegenüber dadurch nicht aufgehoben, dass die Handlung auf einem Beschlusse der Generalversammlung beruht.

Die Ansprüche auf Grund der vorstehenden Bestimmung verjähren in fünf Jahren.

Dritter Abschnitt.

Rechte und Pflichten des Vorstandes.

Art. 227. Die Aktiengesellschaft wird durch den Vorstand gerichtlich und außergerichtlich vertreten.

Art. 226. Handelt es sich um die Führung von Prozessen gegen die Mitglieder des Vorstandes oder des Aufsichtsrathes, so kommen die für die Kommanditgesellschaft auf Aktien gegebenen Bestimmungen (Art. 194, 195) auch hier zur Anwendung.

Der Vorstand kann aus einer oder mehreren Personen bestehen; diese können besoldet oder unbesoldet, Aktionäre oder Andere sein.

Ihre Bestellung ist zu jeder Zeit widerruflich, unbeschadet der Entschädigungsansprüche aus bestehenden Verträgen.

Art. 228. Die jeweiligen Mitglieder des Vorstandes müssen alsbald nach ihrer Bestellung zur Eintragung in das Handelsregister (Art. 210, 212) angemeldet werden. Der Anmeldung ist ihre Legitimation beizufügen.

Sie haben ihre Unterschrift vor dem Handelsgerichte zu zeichnen, oder die Zeichnung derselben in beglaubigter Form einzureichen.

Art. 229. Der Vorstand hat in der durch den Gesellschaftsvertrag bestimmten Form seine Willenserklärungen kundzugeben und für die Gesellschaft zu zeichnen. Ist nichts darüber bestimmt, so ist die Zeichnung durch sämmtliche Mitglieder des Vorstandes erforderlich.

Die Zeichnung geschieht in der Weise, daß die Zeichnenden zu der Firma der Gesellschaft oder zu der Benennung des Vorstandes ihre Unterschrift hinzufügen.

Art. 230.[1] Die Gesellschaft wird durch die von dem Vorstande in ihrem Namen geschlossenen Rechtsgeschäfte berechtigt und verpflichtet; es ist gleichgültig, ob das Geschäft ausdrücklich im Namen der Gesellschaft geschlossen worden ist, oder ob die Umstände ergeben, daß es nach dem Willen der Kontrahenten für die Gesellschaft geschlossen werden sollte.

Art. 231. Der Vorstand ist der Gesellschaft gegenüber ver-

Art. 227. Jede Aktiengesellschaft muß einen Vorstand haben (Art. 209 Ziff. 7[2]). Sie wird durch denselben gerichtlich und außergerichtlich vertreten.

Der Vorstand kann aus Einem oder mehreren Mitgliedern bestehen; diese können besoldet oder unbesoldet, Aktionäre oder Andere sein.

Ihre Bestellung ist zu jeder Zeit widerruflich, unbeschadet der Entschädigungsansprüche aus bestehenden Verträgen.

Art. 228. Die jeweiligen Mitglieder des Vorstandes müssen alsbald nach ihrer Bestellung zur Eintragung in das Handelsregister angemeldet werden. Der Anmeldung ist ihre Legitimation beizufügen.

Sie haben ihre Unterschrift vor dem Handelsgerichte zu zeichnen, oder die Zeichnung derselben in beglaubigter Form einzureichen.

Das Handelsgericht hat die Mitglieder des Vorstandes zur Befolgung dieser Vorschriften von Amtswegen durch Ordnungsstrafen anzuhalten.

---

[2] Richtiger: 8.

---

[1] Siehe zu Art. 137.

pflichtet, die Beschränkungen einzuhalten, welche in dem Gesellschaftsvertrage oder durch Beschlüsse der Generalversammlung für den Umfang seiner Befugniß, die Gesellschaft zu vertreten, festgesetzt sind.

Gegen dritte Personen hat jedoch eine Beschränkung der Befugniß des Vorstandes, die Gesellschaft zu vertreten, keine rechtliche Wirkung. Dies gilt insbesondere für den Fall, daß die Vertretung sich nur auf gewisse Geschäfte oder Arten von Geschäften erstrecken, oder nur unter gewissen Umständen oder für eine gewisse Zeit oder an einzelnen Orten stattfinden soll, oder daß für einzelne Geschäfte die Zustimmung der Generalversammlung, des Aufsichtsraths oder eines anderen Organs der Gesellschaft erfordert ist.

Art. 232. Die Bestimmungen des Artikels 196 a über den Betrieb von Geschäften in dem Handelszweige der Gesellschaft, sowie über die Theilnahme an einer anderen gleichartigen Gesellschaft finden auf die Mitglieder des Vorstandes entsprechende Anwendung.

Art. 232 a. Die für Mitglieder des Vorstandes gegebenen Bestimmungen gelten auch für Stellvertreter von Mitgliedern.

Art. 233. Jede Aenderung in der Zusammensetzung des Vorstandes muß zur Eintragung in das Handelsregister (Art. 210, 212) angemeldet werden.

Dritten Personen kann die Aenderung nur insofern entgegengesetzt werden, als in Betreff dieser Aenderung die in Artikel 46 in Betreff des Erlöschens der Prokura bezeichneten Voraussetzungen vorhanden sind. Entscheidend hierfür ist die Eintragung bei dem Handelsgerichte, in dessen Bezirke die Gesellschaft ihren Sitz hat.

Art. 234. Der Vorstand kann, sofern nicht durch den Gesellschaftsvertrag oder durch Beschluss der Generalversammlung ein Anderes bestimmt ist, einen Prokuristen nur mit Zustimmung

---

Art. 232. Eide Namens der Gesellschaft werden durch den Vorstand geleistet.

Art. 233. Jede Aenderung der Mitglieder des Vorstandes muß bei Ordnungsstrafe zur Eintragung in das Handelsregister angemeldet werden.

Dritten Personen kann die Aenderung nur insofern entgegengesetzt werden, als in Betreff dieser Aenderung die im Artikel 46 in Betreff des Erlöschens der Prokura bezeichneten Voraussetzungen vorhanden sind.

Art. 234. Der Betrieb von Geschäften der Gesellschaft, sowie die Vertretung der Gesellschaft in Bezug auf diese Geschäftsführung kann auch sonstigen Bevollmächtigten oder Beamten der Gesellschaft zugewiesen werden. In diesem Falle bestimmt sich die Befugniß derselben nach der ihnen ertheilten Vollmacht; sie erstreckt sich im Zweifel auf alle Rechtshandlungen, welche die Ausführung derartiger Geschäfte gewöhnlich mit sich bringt.

des Aufsichtsraths bestellen. Diese Beschränkung hat Dritten gegenüber keine rechtliche Wirkung.

Art. 235. Der Betrieb von Geschäften der Gesellschaft, sowie die Vertretung der Gesellschaft in Bezug auf diese Geschäftsführung kann auch sonstigen Bevollmächtigten oder Beamten der Gesellschaft zugewiesen werden. In diesem Falle bestimmt sich die Befugniß derselben nach der ihnen ertheilten Vollmacht; sie erstreckt sich im Zweifel auf alle Rechtshandlungen, welche die Ausführung derartiger Geschäfte gewöhnlich mit sich bringt.

Art. 236. Die Generalversammlung der Aktionäre wird durch den Vorstand berufen, soweit nicht nach dem Gesetze oder dem Gesellschaftsvertrage auch andere Personen dazu befugt sind.

Die Generalversammlung ist, außer den im Gesetze oder im Gesellschaftsvertrage ausdrücklich bestimmten Fällen, zu berufen, wenn es im Interesse der Gesellschaft erforderlich erscheint.

Art. 237. Aktionäre, deren Antheile zusammen den zwanzigsten Theil des Grundkapitals darstellen, sind berechtigt, in einer von ihnen unterzeichneten Eingabe unter Angabe des Zwecks und der Gründe die Berufung der Generalversammlung zu verlangen. Ist in dem Gesellschaftsvertrage das Recht, die Berufung der Generalversammlung zu verlangen, an den Besitz eines geringeren Antheils am Grundkapital geknüpft, so hat es hierbei sein Bewenden.

In gleicher Weise haben die Aktionäre das Recht, zu verlangen, dass Gegenstände zur Beschlussfassung einer Generalversammlung angekündigt werden.

Art. 235. Zur Behändigung von Vorladungen und anderen Zustellungen an die Gesellschaft genügt es, wenn dieselbe an ein Mitglied des Vorstandes, welches zu zeichnen oder mitzuzeichnen befugt ist, oder an einen Beamten der Gesellschaft, welcher dieselbe vor Gericht zu vertreten berechtigt ist, geschieht.

Art. 236. Die Generalversammlung der Aktionäre wird durch den Vorstand berufen, soweit nicht nach dem Gesellschaftsvertrage auch andere Personen dazu befugt sind.

Art. 237. Eine Generalversammlung der Aktionäre ist, außer den im Gesellschaftsvertrage ausdrücklich bestimmten Fällen, zu berufen, wenn dies im Interesse der Gesellschaft erforderlich erscheint.

Die Generalversammlung muß auch dann berufen werden, wenn dies ein Aktionär oder eine Anzahl von Aktionären, deren Aktien zusammen den zehnten Theil des Grundkapitals darstellen, in einer von ihnen unterzeichneten Eingabe unter Angabe des Zwecks und der Gründe verlangen. Ist in dem Gesellschaftsvertrage das Recht, die Berufung einer Generalversammlung zu verlangen, an den Besitz eines größeren oder eines geringeren Antheils am Grundkapital geknüpft, so hat es hierbei sein Bewenden.

Wird dem Verlangen nicht entsprochen, so kann das Handelsgericht die Aktionäre, welche das Verlangen gestellt haben, zur Berufung der Generalversammlung oder zur Ankündigung des Gegenstandes ermächtigen. Mit der Berufung oder Ankündigung ist die gerichtliche Ermächtigung zu veröffentlichen.

Art. 238. Die Berufung der Generalversammlung hat in der durch den Gesellschaftsvertrag bestimmten Weise mit einer Frist von mindestens zwei Wochen zu erfolgen. Ist in dem Gesellschaftsvertrage die Ausübung des Stimmrechts davon abhängig gemacht, dass die Aktien bis zu einem bestimmten Zeitpunkte vor der Generalversammlung hinterlegt werden, so ist die Frist derart zu bemessen, dass für die Hinterlegung mindestens zwei Wochen frei bleiben.

Der Zweck der Generalversammlung soll jederzeit bei der Berufung bekannt gemacht werden. Ueber Gegenstände, deren Verhandlung nicht in der durch den Gesellschaftsvertrag oder durch Artikel 237 Absatz 3 vorgesehenen Weise mindestens eine Woche vor dem Tage der Generalversammlung angekündigt ist, können Beschlüsse nicht gefaßt werden; hiervon ist jedoch der Beschluß über den in einer Generalversammlung gestellten Antrag auf Berufung einer außerordentlichen Generalversammlung ausgenommen.

Zu Stellung von Anträgen und zu Verhandlungen ohne Beschlußfassung bedarf es der Ankündigung nicht.

Art. 238 a. Jeder Beschluss der Generalversammlung bedarf zu seiner Gültigkeit der gerichtlichen oder notariellen Beurkundung. Die Zuziehung von Zeugen ist nicht erforderlich.

Eine beglaubigte Abschrift der Urkunde ist ohne Verzug nach der Generalversammlung von dem Vorstande zu dem Handelsregister einzureichen.

Art. 239. Der Vorstand ist verpflichtet, Sorge zu tragen, daß die erforderlichen Bücher der Gesellschaft geführt werden.

Art. 238. Die Berufung der Generalversammlung hat in der durch den Gesellschaftsvertrag bestimmten Weise zu erfolgen.

Der Zweck der Generalversammlung muß jederzeit bei der Berufung bekannt gemacht werden. Ueber Gegenstände, deren Verhandlung nicht in dieser Weise angekündigt ist, können Beschlüsse nicht gefaßt werden; hiervon ist jedoch der Beschluß über den in einer Generalversammlung gestellten Antrag auf Berufung einer außerordentlichen Generalversammlung ausgenommen.

Zur Stellung von Anträgen und zu Verhandlungen ohne Beschlußfassung bedarf es der Ankündigung nicht.

Art. 239. Der Vorstand ist verpflichtet, Sorge zu tragen, daß die erforderlichen Bücher der Gesellschaft geführt werden. Er muß den Aktionären

Er muss in der durch den Gesellschaftsvertrag bestimmten Frist, welche über die ersten sechs Monate des Geschäftsjahres nicht erstreckt werden kann, und in Ermangelung einer solchen Frist in den ersten drei Monaten desselben für das verflossene Geschäftsjahr eine Bilanz, eine Gewinn- und Verlustrechnung, sowie einen den Vermögensstand und die Verhältnisse der Gesellschaft entwickelnden Bericht dem Aufsichtsrath und mit dessen Bemerkungen der Generalversammlung vorlegen. Er hat die Vorlagen mindestens zwei Wochen vor der Versammlung in dem Geschäftslokale der Gesellschaft zur Einsicht der Aktionäre auszulegen. Jeder Aktionär ist berechtigt, auf seine Kosten eine Abschrift der Bilanz, der Gewinn- und Verlustrechnung, sowie des Geschäftsberichts zu verlangen.

Art. 239 a. Zur Prüfung der Bilanz können durch die Generalversammlung besondere Revisoren bestellt werden.

Die Verhandlung ist zu vertagen, wenn dies mit einfacher Stimmenmehrheit beschlossen oder von einer Minderheit, deren Antheile den zehnten Theil des Grundkapitals darstellen, verlangt

---

spätestens in den ersten sechs Monaten jedes Geschäftsjahres eine Bilanz des verflossenen Geschäftsjahres vorlegen und solche innerhalb dieser Frist in der Form und in den öffentlichen Blättern, welche für die Bekanntmachungen der Gesellschaft in dem Gesellschaftsvertrage bestimmt sind, veröffentlichen.[1]

Zur Entlastung des Vorstandes bei Legung der Rechnung[2] können Personen nicht bestellt werden, welche auf irgend eine Weise an der Geschäftsführung Theil nehmen.

Dieses Verbot bezieht sich nicht auf die Personen, welchen die Aufsicht über die Geschäftsführung zusteht.

Art. 239a. Für die Aufstellung der Bilanz sind folgende Vorschriften maassgebend:

1. kurshabende Papiere dürfen höchstens zu dem Kurswerthe, welchen dieselben zur Zeit der Bilanzaufstellung haben, angesetzt werden;
2. die Kosten der Organisation und Verwaltung dürfen nicht unter die Aktiva aufgeführt werden, müssen vielmehr ihrem vollen Betrage nach in der Jahresrechnung als Ausgabe erscheinen;
3. der Betrag des Grundkapitals und des etwa im Gesellschaftsvertrage vorgeschriebenen Reserve- oder Erneuerungsfonds ist unter die Passiva aufzunehmen;
4. der aus der Vergleichung sämmtlicher Aktiva und sämmtlicher Passiva sich ergebende Gewinn oder Verlust muss am Schlusse der Bilanz besonders angegeben werden.

---

[1] Fehlt: HGB.

[2] HGB: Rechnungen.

wird, auf Verlangen der Minderheit jedoch nur, soweit von ihr bestimmte Ansätze der Bilanz bemängelt werden.

Ist die Verhandlung auf Verlangen der Minderheit vertagt, so gilt bezüglich der nicht bemängelten Ansätze der Bilanz die Entlastung des Vorstandes als erfolgt.

Art. 239 b. Die Vorschriften der Artikel 185 a, 185 b, 185 c über die Bilanz und den Reservefonds finden entsprechende Anwendung.

Art. 240. Erreicht der Verlust, welcher aus der Jahresbilanz oder einer im Laufe des Geschäftsjahres aufgestellten Bilanz sich ergiebt, die Hälfte des Grundkapitals, so muß der Vorstand unverzüglich die Generalversammlung berufen und dieser davon Anzeige machen.

Sobald Zahlungsunfähigkeit der Gesellschaft eintritt, muss der Vorstand die Eröffnung des Konkurses beantragen; dasselbe gilt, wenn aus der Jahresbilanz oder einer im Laufe des Geschäftsjahres aufgestellten Bilanz sich ergiebt, daß das Vermögen nicht mehr die Schulden deckt.

Art. 241. Die Mitglieder des Vorstandes sind aus den von ihnen im Namen der Gesellschaft vorgenommenen Rechtshandlungen Dritten gegenüber für die Verbindlichkeiten der Gesellschaft persönlich nicht verpflichtet.

Art. 240. Ergiebt sich aus der letzten Bilanz, daß sich das Grundkapital um die Hälfte vermindert hat, so muß der Vorstand unverzüglich eine Generalversammlung berufen und dieser[1] davon Anzeige machen.[2] (Vgl. zu Art. 242.)

Ergiebt sich, daß das Vermögen der Gesellschaft nicht mehr die Schulden deckt, so muß der Vorstand hiervon dem Gericht Behufs der Eröffnung des Konkurses Anzeige machen.

Art. 241. Die Mitglieder des Vorstandes sind aus den von ihnen im Namen der Gesellschaft vorgenommenen Rechtshandlungen Dritten gegenüber für die Verbindlichkeiten der Gesellschaft persönlich nicht verpflichtet.

Mitglieder des Vorstandes, welche außer den Grenzen ihres Auftrages, oder den Vorschriften dieses Titels oder des Gesellschaftsvertrages entgegen handeln, haften persönlich und solidarisch für den dadurch entstandenen Schaden. Dies gilt insbesondere, wenn sie der Bestimmung des Artikels 217 entgegen an die Aktionäre Dividenden oder Zinsen zahlen, oder wenn sie zu einer Zeit noch Zahlungen leisten, in welcher ihnen die Zahlungsunfähigkeit der Gesellschaft hätte bekannt sein müssen.

---

[1] **HGB** Zusatz: sowie der zuständigen Verwaltungsbehörde.

[2] **HGB** Zusatz: Die Verwaltungsbehörde kann in diesem Falle von den Büchern der Gesellschaft Einsicht nehmen und nach Befinden der Umstände die Auflösung der Gesellschaft verfügen.

8*

Die Mitglieder des Vorstandes haben bei ihrer Geschäftsführung die Sorgfalt eines ordentlichen Geschäftsmanns anzuwenden.

Mitglieder, welche ihre Obliegenheiten verletzen, haften der Gesellschaft solidarisch für den dadurch entstandenen Schaden. Insbesondere sind sie in den Fällen des Artikels 226 Ziffer 1 bis 5, sowie in dem Falle einer nach der Zahlungsunfähigkeit oder Ueberschuldung der Gesellschaft (Art. 240 Abs. 2) geleisteten Zahlung zum Ersatze verpflichtet.

In den vorbezeichneten Fällen kann der Ersatzanspruch auch von den Gläubigern der Gesellschaft, soweit sie von dieser ihre Befriedigung nicht erlangen können, selbstständig geltend gemacht werden. Die Ersatzpflicht wird ihnen gegenüber dadurch nicht aufgehoben, dass die Handlung auf einem Beschlusse der Generalversammlung beruht.

Die Ansprüche auf Grund der vorstehenden Bestimmungen verjähren in fünf Jahren.

Vierter Abschnitt.
Auflösung der Gesellschaft.

Art. 242. Die Aktiengesellschaft wird aufgelöst:
1. durch Ablauf der im Gesellschaftsvertrage bestimmten Zeit;
2. durch Beschluß der Generalversammlung; der Beschluss bedarf einer Mehrheit von drei Viertheilen des in der Generalversammlung vertretenen Grundkapitals. Der Gesellschaftsvertrag kann ausser dieser Mehrheit noch andere Erfordernisse aufstellen;
3. durch Eröffnung des Konkurses.[1]

Art. 242. Die Aktiengesellschaft wird aufgelöst:
1. durch Ablauf der im Gesellschaftsvertrage bestimmten Zeit;
2. durch einen notariellen (richtiger: notariell) oder gerichtlich beurkundeten Beschluß der Aktionäre;[1]
3. durch Eröffnung des Konkurses;

Wenn die Auflösung einer Aktiengesellschaft aus anderen Gründen[2] erfolgt, so finden die Bestimmungen dieses Abschnittes ebenfalls Anwendung.

[1] HGB eingeschoben: 3. durch Verfügung der Verwaltungsbehörde, wenn sich das Grundkapital um die Hälfte vermindert hat (Art. 240); 4. durch Eröffnung des Konkurses.

[2] HGB eingeschoben: oder die Zurücknahme der staatlichen Genehmigung nach dem in den einzelnen Staaten geltenden Recht.

---

[1] KO 193. I. Ueber das Vermögen einer Aktiengesellschaft findet das Konkursverfahren außer dem Falle der Zahlungsunfähigkeit in dem Falle der Ueberschuldung statt.

Wenn die Auflösung einer Aktiengesellschaft aus anderen Gründen erfolgt, so finden die Bestimmungen dieses Abschnittes ebenfalls Anwendung.

Art. 243. Die Auflösung der Gesellschaft muß, wenn sie nicht eine Folge des eröffneten Konkurses ist, durch den Vorstand zur Eintragung in das Handelsregister (Art. 210, 212) angemeldet werden; sie muß zu drei verschiedenen Malen durch die hierzu bestimmten öffentlichen Blätter bekannt gemacht werden.

Durch diese Bekanntmachung müssen zugleich die Gläubiger aufgefordert werden, sich bei der Gesellschaft zu melden.

Art. 244. Die Liquidation geschieht durch den Vorstand, wenn nicht dieselbe durch den Gesellschaftsvertrag oder einen Beschluß der Generalversammlung an andere Personen übertragen wird.

Auf den Antrag des Aufsichtsrathes oder von Aktionären, deren Antheile zusammen den zwanzigsten Theil des Grundkapitals darstellen, kann die Ernennung von Liquidatoren durch den Richter erfolgen. Die Aktionäre haben bei Stellung des Antrages glaubhaft zu machen, dass sie die Aktien seit mindestens sechs Monaten besitzen.

Art. 244. Die Liquidation geschieht durch den Vorstand, wenn nicht dieselbe durch den Gesellschaftsvertrag oder einen Beschluß der Aktionäre an andere Personen übertragen wird.

Es kommen die bei der offenen Handelsgesellschaft über die Anmeldung und das Rechtsverhältniß der Liquidatoren gegebenen Bestimmungen auch hier zur Anwendung, mit der Maaßgabe, daß die Anmeldungen Behufs der Eintragung in das Handelsregister durch den Vorstand zu machen sind.

Die Bestellung der Liquidatoren ist jederzeit widerruflich.

Nach Auflösung einer Aktiengesellschaft ist die Eröffnung des Verfahrens so lange zulässig, als die Vertheilung des Vermögens nicht vollzogen ist.

194. Zu dem Antrage auf Eröffnung des Verfahrens ist außer den Konkursgläubigern jedes Mitglied des Vorstandes und jeder Liquidator berechtigt.

Wird der Antrag nicht von allen Mitgliedern des Vorstandes oder allen Liquidatoren gestellt, so ist derselbe zuzulassen, wenn die Zahlungsunfähigkeit oder Ueberschuldung glaubhaft gemacht wird. Das Gericht hat die übrigen Mitglieder oder Liquidatoren nach Maaßgabe des § 97 Abs. 2, 3 zu hören.

214. Die Strafvorschriften der §§ 209—211 (siehe oben zu Art. 40) finden gegen die Mitglieder des Vorstandes einer Aktiengesellschaft oder eingetragenen Genossenschaft und gegen die Liquidatoren einer Handelsgesellschaft oder eingetragenen Genossenschaft, welche ihre Zahlungen eingestellt hat, oder über deren Vermögen das Konkursverfahren eröffnet worden ist, Anwendung, wenn sie in dieser Eigenschaft die mit Strafe bedrohten Handlungen begangen haben.

Die Anmeldung der ersten Liquidatoren zur Eintragung in das Handelsregister (Art. 210, 212) ist durch den Vorstand zu machen.

Die Abberufung der Liquidatoren kann durch den Richter unter denselben Voraussetzungen, wie die Bestellung erfolgen. Liquidatoren, welche nicht vom Richter ernannt sind, können auch durch die Generalversammlung vor Ablauf des Zeitraums, für welchen sie bestellt sind, abberufen werden.

Art. 244 a. Auf die Liquidation finden, soweit nicht in diesem Abschnitte ein Anderes bestimmt ist, die für die Liquidation einer offenen Handelsgesellschaft gegebenen Bestimmungen entsprechende Anwendung.

Die Liquidatoren haben die Rechte und Pflichten des Vorstandes und unterliegen gleich diesem der Ueberwachung des Aufsichtsraths. Die Beschränkungen des Artikels 232 und die im Artikel 234 zugelassene Bestellung von Prokuristen finden nicht statt.

Die Liquidatoren haben bei Beginn der Liquidation eine Bilanz aufzustellen. Dieselbe ist von ihnen ohne Verzug in den hierzu bestimmten öffentlichen Blättern bekannt zu machen und zu dem Handelsregister einzureichen.

Die Veräusserung unbeweglicher Sachen kann durch die Liquidatoren, sofern nicht der Gesellschaftsvertrag oder ein Beschluss der Generalversammlung anders bestimmt, nur durch öffentliche Versteigerung bewirkt werden.

Art. 245. Das Vermögen einer aufgelösten Aktiengesellschaft

Art. 245.[1] Das Vermögen einer aufgelösten Aktiengesellschaft wird nach Tilgung ihrer Schulden unter die Aktionäre nach Verhältniß ihrer Aktien vertheilt.

Die Vertheilung darf nicht eher vollzogen werden, als nach Ablauf eines Jahres, von dem Tage an gerechnet, an welchem die Bekanntmachung in den hierzu bestimmten öffentlichen Blättern (Art. 243) zum dritten Male erfolgt ist.

In Ansehung der aus den Handelsbüchern ersichtlichen oder in anderer Weise bekannten Gläubiger und in Ansehung der noch schwebenden Verbindlichkeiten und streitigen Forderungen kommen die bei der Kommanditgesellschaft auf Aktien gegebenen Bestimmungen (Art. 202 Absatz 2 und 3) zur Anwendung.

Mitglieder des Vorstandes und Liquidatoren, welche diesen Vorschriften entgegen handeln, sind persönlich und solidarisch zur Erstattung der geleisteten Zahlungen verpflichtet.

---

[1] In Oesterreich abgeändert durch V 21./6. 73 (RGBl Nr. 114).

wird nach Tilgung ihrer Schulden unter die Aktionäre nach Verhältniß ihrer Aktien vertheilt.

Die Vertheilung darf nicht eher vollzogen werden, als nach Ablauf eines Jahres von dem Tage an gerechnet, an welchem die Bekanntmachung in den öffentlichen Blättern (Art. 243) zum dritten Male erfolgt ist.

In Ansehung der aus den Handelsbüchern ersichtlichen oder in anderer Weise bekannten Gläubiger und in Ansehung der noch schwebenden Verbindlichkeiten und streitigen Forderungen kommen die bei der Kommanditgesellschaft auf Aktien gegebenen Bestimmungen (Art. 202) zur Anwendung.

Nach gelegter Schlussrechnung ist die Beendigung der Liquidation von den Liquidatoren in den hierzu bestimmten öffentlichen Blättern bekannt zu machen.

Art. 246. Die Handelsbücher der aufgelösten Gesellschaft sind nach der Bekanntmachung von der Beendigung der Liquidation an einem von dem Handelsgerichte zu bestimmenden sicheren Orte zur Aufbewahrung auf die Dauer von zehn Jahren niederzulegen.

Die Aktionäre und die Gläubiger können zur Einsicht der Handelsbücher vom Handelsgerichte ermächtigt werden.

Art. 247. Bei der Auflösung einer Aktiengesellschaft durch Vereinigung derselben mit einer anderen Aktiengesellschaft (Art 215) kommen folgende Bestimmungen zur Anwendung:

1. Das Vermögen der aufzulösenden Gesellschaft ist so lange getrennt zu verwalten, bis die Befriedigung oder Sicherstellung ihrer Gläubiger erfolgt ist.

Art. 246. Die Handelsbücher der aufgelösten Gesellschaft sind an einem von dem Handelsgerichte zu bestimmenden sicheren Orte zur Aufbewahrung auf die Dauer von zehn Jahren niederzulegen.

Art. 247. Bei der Auflösung einer Aktiengesellschaft durch Vereinigung derselben mit einer anderen Aktiengesellschaft (Art. 215) kommen folgende Bestimmungen zur Anwendung.[1]

1. Das Vermögen der aufzulösenden Gesellschaft ist so lange getrennt zu verwalten, bis die Befriedigung oder Sicherstellung ihrer Gläubiger erfolgt ist.
2. Der bisherige Gerichtsstand der Gesellschaft bleibt für die Dauer der

---

[1] **HGB** Abs. 1 lautet: Die Auflösung einer Aktiengesellschaft durch Vereinigung derselben mit einer anderen Aktiengesellschaft (Art. 215) kann nur unter staatlicher Genehmigung erfolgen. Es kommen bei dieser Auflösung folgende Bestimmungen zur Anwendung.

2. Der bisherige Gerichtsstand der Gesellschaft bleibt für die Dauer der getrennten Vermögensverwaltung bestehen, dagegen wird die Verwaltung von der anderen Gesellschaft geführt.
3. Die Mitglieder des Vorstandes und des Aufsichtsraths der letzteren Gesellschaft sind den Gläubigern der aufgelösten Gesellschaft für die Ausführung der getrennten Verwaltung persönlich und solidarisch verantwortlich, die Mitglieder des Aufsichtsraths, soweit eine Vereinigung der Vermögen beider Gesellschaften mit ihrem Wissen und ohne ihr Einschreiten erfolgt ist.
4. Die Auflösung der Gesellschaft ist zur Eintragung in das Handelsregister anzumelden.
5. Die öffentliche Aufforderung der Gläubiger der aufgelösten Gesellschaft (Art. 243) kann unterlassen oder auf einen späteren Zeitpunkt verschoben werden. Jedoch ist die Vereinigung der beiden Gesellschaften erst in dem Zeitpunkte zulässig, in welchem eine Vertheilung des Vermögens einer aufgelösten Aktiengesellschaft unter die Aktionäre erfolgen darf (Art. 245).

Art. 248. Eine theilweise Zurückzahlung des Grundkapitals

---

getrennten Vermögensverwaltung bestehen; dagegen wird die Verwaltung von der anderen Gesellschaft geführt.
3. Der Vorstand der letzteren Gesellschaft ist den Gläubigern für die Ausführung der getrennten Verwaltung persönlich und solidarisch verantwortlich.
4. Die Auflösung der Gesellschaft ist zur Eintragung in das Handelsregister bei Ordnungsstrafe anzumelden.
5. Die öffentliche Aufforderung der Gläubiger der aufgelösten Gesellschaft (Art. 243) kann unterlassen oder auf einen späteren Zeitpunkt verschoben werden. Jedoch ist die Vereinigung der Vermögen der beiden Gesellschaften erst in dem Zeitpunkte zulässig, in welchem eine Vertheilung des Vermögens einer aufgelösten Aktiengesellschaft unter die Aktionäre erfolgen darf (Art. 245).

Art. 248. Eine theilweise Zurückzahlung des Grundkapitals an die Aktionäre oder eine Herabsetzung desselben kann nur auf Beschluß der Generalversammlung erfolgen.[1]

Die Zurückzahlung oder Herabsetzung[2] kann nur unter Beobachtung derselben Bestimmungen erfolgen, welche für die Vertheilung des Gesellschaftsvermögens im Falle der Auflösung maaßgebend sind (Art. 243, 245).

Die Mitglieder des Vorstandes, welche dieser Vorschrift entgegen handeln, sind den Gläubigern der Gesellschaft persönlich und solidarisch verhaftet.

---

[1] **HGB** Zusatz: Dieser Beschluß bedarf zu seiner Gültigkeit der staatlichen Genehmigung.
[2] **HGB**: fehlt.

an die Aktionäre oder eine Herabsetzung desselben kann nur auf Beschluß der Generalversammlung und nur unter Beobachtung derselben Bestimmungen erfolgen, welche für die Vertheilung des Gesellschaftsvermögens im Falle der Auflösung maaßgebend sind (Art. 243, 245). Der Beschluss hat zugleich die Art, in welcher die Zurückzahlung erfolgen soll, und die zu ihrer Durchführung erforderlichen Maassregeln festzusetzen. Er muss, sofern der Gesellschaftsvertrag für die Beschlussfassung nicht noch andere Erfordernisse aufstellt, durch eine Mehrheit von drei Viertheilen des in der Generalversammlung vertretenen Grundkapitals erfolgen. Sind verschiedene Gattungen von Aktien ausgegeben, so bedarf es zu dem von der gemeinschaftlichen Generalversammlung gefassten Beschlusse der Zustimmung einer besonderen Generalversammlung der benachtheiligten Aktionäre, deren Beschlussfassung derselben Vorschrift unterliegt.

Der Beschluss ist in das Handelsregister einzutragen; auf die Eintragung finden die Vorschriften im Artikel 214 Anwendung.

Vierter Titel. Strafbestimmungen.

Art. 249. Persönlich haftende Gesellschafter, Mitglieder des Aufsichtsraths und Liquidatoren einer Kommanditgesellschaft auf Aktien, sowie Mitglieder des Vorstandes und des Aufsichtsraths und Liquidatoren einer Aktiengesellschaft werden, wenn sie absichtlich zum Nachtheile der Gesellschaft handeln, mit Gefängniss und zugleich mit Geldstrafe bis zu zwanzigtausend Mark bestraft.

Fünfter Abschnitt.
Schlußbestimmungen.

Art. 249.[1] Die Mitglieder des Aufsichtsrathes und des Vorstandes werden mit Gefängniß bis zu drei Monaten bestraft:

---

[1] **HGB** 249: Den Landesgesetzen bleibt vorbehalten, zu bestimmen, daß es der staatlichen Genehmigung zur Errichtung von Aktiengesellschaften im Allgemeinen oder von einzelnen Arten derselben nicht bedarf. Auch in diesem Falle kommen jedoch die Bestimmungen dieses Titels zur Anwendung, ausgenommen, insoweit dieselben

1. zur Errichtung einer Aktiengesellschaft (Art. 208, 210, 211),
2. zu Beschlüssen der Generalversammlung (Art. 214),
3. zur Auflösung einer Aktiengesellschaft durch Vereinigung mit einer anderen Aktiengesellschaft (Art. 247),
4. zur theilweisen Zurückzahlung des Grundkapitals an die Aktionäre, (Art. 248),

Zugleich kann auf Verlust der bürgerlichen Ehrenrechte erkannt werden.

Art. 249a. Mit Gefängniss und zugleich mit Geldstrafe bis zu zwanzigtausend Mark werden bestraft:

1. persönlich haftende Gesellschafter oder Mitglieder des Aufsichtsraths einer Kommanditgesellschaft auf Aktien, sowie Gründer, Mitglieder des Vorstandes oder des Aufsichtsraths einer Aktiengesellschaft, welche Behufs Eintragung des Gesellschaftsvertrages in das Handelsregister rücksichtlich der Zeichnung oder Einzahlung des Gesammtkapitals der Kommanditisten oder des

---

1. wenn sie vorsätzlich Behufs der Eintragung des Gesellschaftsvertrages in das Handelsregister falsche Angaben über die Zeichnung oder Einzahlung des Grundkapitals machen;
2. wenn durch ihre Schuld länger als drei Monate die Gesellschaft ohne Aufsichtsrath geblieben ist, oder in dem letzteren die zur Beschlußfähigkeit erforderliche Zahl von Mitgliedern gefehlt hat;
3. wenn sie in ihren Darstellungen, in ihren Uebersichten über den Vermögensstand der Gesellschaft oder in den in der Generalversammlung gehaltenen Vorträgen wissentlich den Stand der Verhältnisse der Gesellschaft unwahr darstellen oder verschleiern.

Wird in den Fällen zu 2 und 3 festgestellt, daß mildernde Umstände vorhanden sind, so ist auf Geldstrafe bis zu Eintausend Thalern zu erkennen.

Art. 249a. Die Mitglieder des Vorstandes werden mit Gefängniss bis zu drei Monaten bestraft, wenn sie der Vorschrift des Artikels 240 zuwider dem Gerichte die Anzeige zu machen unterlassen, dass das Vermögen der Gesellschaft nicht mehr die Schulden deckt.

Die Strafe tritt nicht ein, wenn von ihnen nachgewiesen wird, dass die Anzeige ohne ihr Verschulden unterblieben ist.

---

die staatliche Genehmigung und deren Eintragung in das Handelsregister erfordern, und

5. die Anzeige, daß sich das Grundkapital um die Hälfte vermindert hat, sowie die hierauf zu erlassende Verfügung der Verwaltungsbehörde (Art. 240, 242 Ziff. 3)

zum Gegenstande haben; der Gesellschaftsvertrag muß jedoch die in dem Artikel 209 verzeichneten Bestimmungen enthalten, bevor die in dem Artikel 210 vorgeschriebene Eintragung in das Handelsregister erfolgen kann.

Außerdem bleibt den Landesgesetzen überhaupt vorbehalten, zu bestimmen, daß für besondere Arten von Aktiengesellschaften, oder in besonderen Fällen, durch den Gesellschaftsvertrag mit staatlicher Genehmigung

1. die in dem Artikel 222 bestimmte Höhe der Einzahlung von vierzig Prozent des Nominalbetrages der Aktien bis auf fünfundzwanzig Prozent dieses Betrages herabgesetzt, und
2. die in dem Artikel 239 bestimmte Frist zur Vorlegung der Bilanz bis auf zwölf Monate seit Ablauf des Geschäftsjahres ausgedehnt werden darf.

Grundkapitals der Aktiengesellschaft oder der im Artikel 175 b oder 209 b vorgesehenen Festsetzungen wissentlich falsche Angaben machen;

2. diejenigen, welche rücksichtlich der bezeichneten Thatsachen wissentlich falsche Angaben in einer im Artikel 180 a. 213 b vorgesehenen Ankündigung von Aktien machen;
3. persönlich haftende Gesellschafter oder Mitglieder des Aufsichtsraths einer Kommanditgesellschaft auf Aktien, sowie Mitglieder des Vorstandes und des Aufsichtsraths einer Aktiengesellschaft, welche Behufs Eintragung einer Erhöhung des Gesammtkapitals der Kommanditisten oder des Grundkapitals der Aktiengesellschaft in das Handelsregisters (Art. 180 h und 180 i, 215 a und 215 b) rücksichtlich der Einzahlung des bisherigen oder rücksichtlich der Zeichnung oder Einzahlung des erhöhten Kapitals wissentlich falsche Angaben machen.

Zugleich kann auf Verlust der bürgerlichen Ehrenrechte erkannt werden.

Sind mildernde Umstände vorhanden, so tritt ausschliesslich die Geldstrafe ein.

Art. 249 b. Persönlich haftende Gesellschafter, Mitglieder des Aufsichtsraths und Liquidatoren einer Kommanditgesellschaft auf Aktien, sowie Mitglieder des Vorstandes und des Aufsichtsraths und Liquidatoren einer Aktiengesellschaft werden mit Gefängniss bis zu einem Jahr und zugleich mit Geldstrafe bis zu zwanzigtausend Mark bestraft:

1. wenn sie wissentlich in ihren Darstellungen, in ihren Uebersichten über den Vermögensstand der Gesellschaft oder in den in der Generalversammlung gehaltenen Vorträgen den Stand der Verhältnisse der Gesellschaft unwahr darstellen oder verschleiern;
2. wenn sie vor der vollen Leistung des Nominalbetrages der Aktien oder des in den Fällen der Artikel 175 a Ziffer 2, 180 h Absatz 2, 209 a Ziffer 2, 215 a Absatz 2 festgesetzten Betrages Aktien ausgeben;
3. wenn sie in dem Falle einer stattgefundenen Erhöhung des Gesammtkapitals oder des Grundkapitals vor Eintragung derselben in das Handelsregister (Art. 180 i Abs. 3, 215 c Abs. 3) Aktien oder Interimsscheine ausgeben;
4. wenn sie auf einen geringeren Betrag als eintausend Mark gestellte Aktien oder Interimsscheine ausgeben, welche nicht die im Artikel 181 a Absatz 3, 215 c Absatz 4 vorgeschriebenen Angaben enthalten.

Im Falle der Ziffer 1 kann zugleich auf Verlust der bürgerlichen Ehrenrechte erkannt werden.

Sind mildernde Umstände vorhanden, so tritt ausschliesslich die Geldstrafe ein.

Art. 249 c. Mit Gefängniß bis zu drei Monaten und zugleich mit Geldstrafe bis zu fünftausend Mark werden bestraft:

1. die persönlich haftenden Gesellschafter, die Mitglieder des Aufsichtsraths und die Liquidatoren einer Kommanditgesellschaft auf Aktien, sowie die Mitglieder des Vorstandes und des Aufsichtsraths und die Liquidatoren einer Aktiengesellschaft, wenn länger als drei Monate die Gesellschaft ohne Aufsichtsrath geblieben ist oder in dem letzteren die zur Beschlußfähigkeit erforderliche Zahl von Mitgliedern gefehlt hat;
2. die Mitglieder des Vorstandes und die Liquidatoren einer Aktiengesellschaft, wenn sie entgegen der Vorschrift des Artikels 240 Absatz 2 es unterlassen haben, die Eröffnung des Konkurses zu beantragen.

Sind mildernde Umstände vorhanden, so ist auf die Geldstrafe ausschliesslich zu erkennen.

Die Strafe tritt nicht gegen denjenigen ein, welcher nachweist, dass die Bestellung oder Ergänzung des Aufsichtsraths oder der Eröffnungsantrag ohne sein Verschulden unterblieben ist.

Art. 249 d. Mit Gefängniss bis zu einem Jahre und zugleich mit Geldstrafe bis zu zehntausend Mark wird bestraft:

1. wer in öffentlichen Bekanntmachungen wissentlich falsche Thatsachen vorspiegelt oder wahre Thatsachen entstellt, um zur Betheiligung an einem Aktienunternehmen zu bestimmen;
2. wer in betrügerischer Absicht auf Täuschung berechnete Mittel anwendet, um auf den Kurs von Aktien einzuwirken;
3. wer über die Hinterlegung von Aktien oder Interimsscheinen Bescheinigungen, welche zum Nachweise des Stimmrechts in einer Generalversammlung dienen sollen, wissentlich falsch ausstellt oder verfälscht, oder von einer solchen Bescheinigung, wissend, dass sie falsch oder verfälscht ist, zur Ausübung des Stimmrechts Gebrauch macht.

Zugleich kann auf Verlust der bürgerlichen Ehrenrechte erkannt werden.

Sind mildernde Umstände vorhanden, so tritt ausschliesslich die Geldstrafe ein.

Ist die öffentliche Bekanntmachung ad 1 im Inseratentheil einer periodischen Druckschrift erfolgt und der Verfasser des Inserates nicht nur unter demselben genannt, sondern auch in dem Bereiche der richterlichen Gewalt eines deutschen Bundesstaates, so findet § 20 Alinea 2 des Gesetzes über die Presse vom 7. Mai 1874 [1] (Reichs-Gesetzblatt Seite 65) keine Anwendung.

Art. 249 e. Wer sich besondere Vortheile dafür hat gewähren oder versprechen lassen, dass er bei einer Abstimmung in der Generalversammlung von Kommanditisten oder Aktionären in einem gewissen Sinne stimme, wird mit Geldstrafe bis zu dreitausend Mark oder mit Gefängniss bis zu einem Jahre bestraft.

Art. 249 f. Wer in der Generalversammlung die Aktien eines Anderen, zu dessen Vertretung er nicht befugt ist, ohne dessen Einwilligung zur Ausübung des Stimmrechts benutzt, wird mit einer Geldstrafe von zehn bis dreissig Mark für jede der Aktien, jedoch nicht unter eintausend Mark, bestraft. Die gleiche Strafe trifft denjenigen, welcher Aktien eines Anderen gegen Entgelt leiht und für diese das Stimmrecht ausübt, sowie denjenigen, welcher hierzu durch Verleihung der Aktien wissentlich mitgewirkt hat.

Art. 249 g. Die persönlich haftenden Gesellschafter und die Liquidatoren einer Kommanditgesellschaft auf Aktien sind zur Befolgung der in den Artikeln 179, 185, 185 c, 190 a Absatz 4 und 5, 193 Absatz 2 und 205 Absatz 3 enthaltenen Vorschriften von dem Handelsgerichte durch Ordnungsstrafen anzuhalten.

In gleicher Weise sind die Mitglieder des Vorstandes und die Liquidatoren einer Aktiengesellschaft zur Befolgung der in den Artikeln 212, 213 f Absatz 4, 222 (Art. 190 a Abs. 4, 5), 222 a Absatz 3 und 4, 225 Absatz 1, 228, 233 Absatz 1, 238 a Absatz 2, 239 Absatz 2, 239 b (Art. 185 c), 240 Absatz 1, 243 Absatz 1, 244 Absatz 3, 244 a Absatz 3 und 247 Ziffer 4 enthaltenen Vorschriften anzuhalten.

Drittes Buch.

Von der stillen Gesellschaft und von Vereinigung zu einzelnen Handelsgeschäften für gemeinschaftliche Rechnung.

Erster Titel. Von der stillen Gesellschaft.

Art. 250. Eine stille Gesellschaft ist vorhanden, wenn sich Jemand an dem Betriebe des Handelsgewerbes eines Anderen mit

[1] Ist die Druckschrift eine periodische, so ist der verantwortliche Redakteur als Thäter zu bestrafen, wenn nicht durch besondere Umstände die Annahme seiner Thäterschaft ausgeschlossen ist.

einer Vermögenseinlage gegen Antheil an Gewinn und Verlust betheiligt.

Zur Gültigkeit des Vertrages bedarf es der schriftlichen Abfassung oder sonstiger Förmlichkeiten nicht.

Art. 251. Der Inhaber des Handelsgewerbes betreibt die Geschäfte unter seiner Firma.

Eine das Verhältniß einer Handelsgesellschaft andeutende Firma darf derselbe wegen der Betheiligung eines stillen Gesellschafters bei Ordnungsstrafe nicht annehmen.

Art. 252. Der Inhaber des Handelsgewerbes wird Eigenthümer der Einlage des stillen Gesellschafters.

Der stille Gesellschafter ist nicht verpflichtet, die Einlage über den vertragsmäßigen Betrag zu erhöhen, oder die durch Verlust verminderte Einlage zu ergänzen.

Art. 253. Der stille Gesellschafter ist berechtigt, die abschriftliche Mittheilung der jährlichen Bilanz zu verlangen und die Richtigkeit derselben unter Einsicht der Bücher und Papiere zu prüfen.

Das Handelsgericht kann auf den Antrag des stillen Gesellschafters, wenn wichtige Gründe dazu vorliegen, die Mittheilung einer Bilanz oder sonstiger Aufklärungen nebst Vorlegung der Bücher und Papiere zu jeder Zeit anordnen.

Art. 254. Ist über die Höhe der Betheiligung des stillen Gesellschafters an Gewinn und Verlust nichts vereinbart, so wird dieselbe nach richterlichem Ermessen, nöthigenfalls unter Zuziehung von Sachverständigen, festgestellt.

Art. 255. Am Schlusse eines jeden Geschäftsjahres wird der Gewinn und Verlust berechnet und dem stillen Gesellschafter der ihm zufallende Gewinn ausbezahlt.

Der stille Gesellschafter nimmt an dem Verluste nur bis zum Betrage seiner eingezahlten oder rückständigen Einlage Antheil. Er ist nicht verpflichtet, den bezogenen Gewinn wegen späterer Verluste zurückzuzahlen; jedoch wird, solange seine ursprüngliche Einlage durch Verlust vermindert ist, der jährliche Gewinn zur Deckung des Verlustes verwendet.

Der Gewinn, welcher von dem stillen Gesellschafter nicht erhoben wird, vermehrt dessen Einlage nicht, sofern nicht ein Anderes vereinbart ist.

Art. 256. Aus den Geschäften des Handelsgewerbes wird der Inhaber desselben dem Dritten gegenüber allein berechtigt und verpflichtet.

Art. 257. Der Name eines stillen Gesellschafters darf in der Firma des Inhabers des Handelsgewerbes nicht enthalten sein; im entgegengesetzten Falle haftet der stille Gesellschafter den Gläubigern der Gesellschaft persönlich und solidarisch.

Art. 258. Wenn der Inhaber des Handelsgewerbes in Konkurs verfällt, so ist der stille Gesellschafter befugt, wegen seiner Einlage, soweit dieselbe den Betrag des auf ihn fallenden Antheils am Verluste übersteigt, seine Forderung als Konkursgläubiger geltend zu machen.

Ist die Einlage rückständig, so hat der stille Gesellschafter dieselbe bis zu dem Betrage, welcher zur Deckung seines Antheils am Verluste erforderlich ist, in die Konkursmasse zu zahlen.

Art. 259. Wenn innerhalb eines Jahres vor Eröffnung des Konkurses über das Vermögen des Inhabers des Handelsgewerbes durch Vereinbarung zwischen ihm und dem stillen Gesellschafter das Gesellschaftsverhältniß aufgelöst worden ist, so können die Konkursgläubiger verlangen, daß der stille Gesellschafter die ihm zurückbezahlte Einlage in die Konkursmasse einzahle, unbeschadet seines Rechts, die in dem Zeitpunkt der Auflösung ihm aus dem Gesellschaftsverhältnisse zustehende Forderung als Konkursgläubiger geltend zu machen.

Dasselbe gilt, wenn dem stillen Gesellschafter in dem bezeichneten Zeitraum ohne Auflösung des Gesellschaftsverhältnisses die Einlage zurückbezahlt wurde.

In gleicher Weise ist, wenn der Inhaber des Handelsgewerbes in dem bezeichneten Zeitraum dem stillen Gesellschafter dessen Antheil an dem entstandenen Verluste ganz oder theilweise erlassen hat, der Erlaß zu Gunsten der Konkursgläubiger unwirksam.

Die Bestimmungen dieses Artikels treten nicht ein, wenn der stille Gesellschafter beweist, daß der Konkurs in Umständen seinen Grund hat, welche erst nach dem Zeitpunkt der Auflösung, der Zurückzahlung oder des Erlasses eingetreten sind.

Art. 260. Ob und inwieweit eine rechtliche Wirkung zu Gunsten dritter Personen eintritt, wenn durch einen stillen Gesellschafter oder mit dessen Willen das Vorhandensein der stillen Gesellschaft kundgemacht wird, ist nach allgemeinen Rechtsgrundsätzen zu beurtheilen.

Art. 261. Die stille Gesellschaft wird aufgelöst:

1. durch den Tod des Inhabers des Handelsgewerbes, wenn nicht der Vertrag bestimmt, daß die Gesellschaft mit den Erben des Verstorbenen fortbestehen soll;
2. durch die eingetretene rechtliche Unfähigkeit des Inhabers des Handelsgewerbes zur selbstständigen Vermögensverwaltung;
3. durch die Eröffnung des Konkurses über das Vermögen des Inhabers des Handelsgewerbes oder des stillen Gesellschafters;

4. durch gegenseitige Uebereinkunft;
5. durch Ablauf der Zeit, auf deren Dauer die stille Gesellschaft eingegangen ist, wenn dieselbe nicht stillschweigend fortgesetzt wird; in diesem Falle gilt der Vertrag von da an als auf unbestimmte Dauer geschlossen;
6. durch die Aufkündigung eines der beiden Theile, wenn der Vertrag auf unbestimmte Dauer geschlossen ist.

Ein auf Lebenszeit geschlossener Vertrag ist als auf unbestimmte Dauer geschlossen zu betrachten.

Die Aufkündigung eines auf unbestimmte Dauer geschlossenen Vertrages muß, wenn nicht ein Anderes vereinbart ist, mindestens sechs Monate vor Ablauf des Geschäftsjahres erfolgen.

Art. 262. Die Auflösung der stillen Gesellschaft kann vor Ablauf der für ihre Dauer bestimmten Zeit oder bei einem Vertrage von unbestimmter Dauer ohne vorherige Aufkündigung verlangt werden, wenn dazu wichtige Gründe vorhanden sind. Die Beurtheilung, ob solche Gründe anzunehmen sind, bleibt im Falle des Widerspruchs dem Ermessen des Richters überlassen.

Art. 263. Die Bestimmung des Art. 126 gilt auch zu Gunsten der Privatgläubiger eines stillen Gesellschafters.

Art. 264. Wenn der stille Gesellschafter stirbt, oder zur Verwaltung seines Vermögens rechtlich unfähig wird, so hat dies die Auflösung der stillen Gesellschaft nicht zur Folge.

Art. 265. Nach Auflösung der stillen Gesellschaft muß der Inhaber des Handelsgewerbes sich mit dem stillen Gesellschafter auseinandersetzen und die Forderung desselben in Gelde berichtigen.

Der Inhaber des Handelsgewerbes besorgt die Liquidation der bei der Auflösung noch schwebenden Geschäfte.

Zweiter Titel. Von der Vereinigung zu einzelnen Handelsgeschäften für gemeinschaftliche Rechnung.[1]

Art. 266. Die Vereinigung zu einem oder mehreren einzelnen Handelsgeschäften für gemeinschaftliche Rechnung bedarf einer schrift-

[1] Vgl. **KO** 44 (siehe oben zu Art. 122 S. 44).

Für Erwerbs- und Wirthschaftsgenossenschaften s. **RG** 1./5. 89 (Anh. IV); **RG** 4./7. 68 (RGBl 415) und Deklarat. 19./5. 71 (RGBl 101). Oesterr. G 9./4. 73. Vgl. auch Sächs. G 15./6. 68 und 25./3. 74; Bayer. G 29./4. 69; **RG** 23./6. 83; **EG z. KO** 6.

Für Gegenseitigkeitsgesellschaften: **RG** über die eingeschriebenen Hülfskassen 7./4. 76 (RGBl 125); 1./6. 84 (RGBl 54); 15./6. 83 §§ 85, 87 (RGBl 99); **RGO** 1./7. 83 §§ 83, 97a, 95c, 100cd, 140; **RG**

lichen Abfassung nicht und ist sonstigen Förmlichkeiten nicht unterworfen.

Art. 267. Wenn nicht ein Anderes verabredet ist, so sind alle Theilnehmer in gleichem Verhältnisse zu dem gemeinsamen Unternehmen beizutragen verpflichtet.

Art. 268. Ist über den Antheil der Theilnehmer am Gewinn und Verlust nichts vereinbart, so werden die Einlagen verzinst, der Gewinn oder Verlust aber nach Köpfen vertheilt.

Art. 269. Aus Geschäften, welche ein Theilnehmer mit einem Dritten geschlossen hat, wird Ersterer dem Dritten gegenüber allein berechtigt und verpflichtet.

Ist ein Theilnehmer zugleich im Auftrage und Namen der übrigen aufgetreten, oder haben alle Theilnehmer gemeinschaftlich oder durch einen gemeinsamen Bevollmächtigten gehandelt, so ist jeder Theilnehmer Dritten gegenüber solidarisch berechtigt und verpflichtet.

Art. 270. Nach Beendigung des gemeinschaftlichen Geschäfts muß der Theilnehmer, welcher dasselbe führte, den übrigen Theilnehmern unter Mittheilung der Beläge Rechnung ablegen.

Er besorgt die Liquidation.

Viertes Buch.

Von den Handelsgeschäften.

Erster Titel. Von den Handelsgeschäften im Allgemeinen.

Erster Abschnitt.

Begriff der Handelsgeschäfte.

Art. 271.[1] Handelsgeschäfte sind:

1. der Kauf oder die anderweite Anschaffung von Waaren oder anderen beweglichen Sachen, von Staatspapieren, Aktien oder anderen für den Handelsverkehr bestimmten Werthpapieren, um dieselben weiter zu veräußern; es macht keinen Unterschied, ob

betr. die Krankenversicherung 15./6. 83 (RGBl 73); 28./1. 85 (RGBl 5); 28./5. 85 (RGBl 162); V 24./6. 86 (RGBl 205); Unfallversicherung 6./7. 84 (RGBl 69); 28./5. 85 (RGBl 159); 15./3., 15./5. 86 (RGBl 53. 132); 11./7., 13./7. 87 (RGBl 287. 329 [s. Anh. X, 2]); V 13./11., 26./12. 87 (RGBl 527. 537); 28./3. 88 (RGBl 125); RG betr. die Invaliden- und Altersversicherung 22./7. 89 (RGBl 97).

[1] Oesterr. G 1./4. 75 (RGBl. Nr. 67), 14: Börsengeschäfte sind als Handelsgeschäfte zu betrachten.

die Waaren oder anderen beweglichen Sachen in Natur oder nach einer Bearbeitung oder Verarbeitung weiter veräußert werden sollen;

2. die Uebernahme einer Lieferung von Gegenständen der unter Ziffer 1 bezeichneten Art, welche der Uebernehmer zu diesem Zweck anschafft;
3. die Uebernahme einer Versicherung gegen Prämie;
4. die Uebernahme der Beförderung von Gütern oder Reisenden zur See und das Darleihen gegen Verbodmung.

Art. 272. Handelsgeschäfte sind ferner die folgenden Geschäfte, wenn sie gewerbsmäßig betrieben werden:

1. die Uebernahme der Bearbeitung oder Verarbeitung beweglicher Sachen für Andere, wenn der Gewerbebetrieb des Uebernehmers über den Umfang des Handwerks hinausgeht;
2. die Bankier- oder Geldwechslergeschäfte;
3. die Geschäfte des Kommissionärs (Art. 360), des Spediteurs und des Frachtführers, sowie die Geschäfte der für den Transport von Personen bestimmten Anstalten;
4. die Vermittelung oder Abschließung von Handelsgeschäften für andere Personen; die amtlichen Geschäfte der Handelsmäkler sind jedoch hierin nicht einbegriffen;
5. die Verlagsgeschäfte, sowie die sonstigen Geschäfte des Buch- oder Kunsthandels; ferner die Geschäfte der Druckereien, sofern nicht ihr Betrieb nur ein handwerksmäßiger ist.

Die bezeichneten Geschäfte sind auch alsdann Handelsgeschäfte, wenn sie zwar einzeln, jedoch von einem Kaufmann im Betriebe seines gewöhnlich auf andere Geschäfte gerichteten Handelsgewerbes gemacht werden.

Art. 273. Alle einzelnen Geschäfte eines Kaufmanns, welche zum Betriebe seines Handelsgewerbes gehören, sind als Handelsgeschäfte anzusehen.

Dies gilt insbesondere für die gewerbliche Weiterveräußerung der zu diesem Zweck angeschafften Waaren, beweglichen Sachen und Werthpapiere, sowie für die Anschaffung von Geräthen, Material und anderen beweglichen Sachen, welche bei dem Betriebe des Gewerbes unmittelbar benutzt oder verbraucht werden sollen.

Die Weiterveräußerungen, welche von Handwerkern vorgenommen werden, sind, insoweit dieselben nur in Ausübung ihres Handwerksbetriebes geschehen, als Handelsgeschäfte nicht zu betrachten.

Art. 274. Die von einem Kaufmann geschlossenen Verträge gelten im Zweifel als zum Betriebe des Handelsgewerbes gehörig.

Die von einem Kaufmann gezeichneten Schuldscheine gelten als im Betriebe des Handelsgewerbes gezeichnet, sofern sich nicht aus denselben das Gegentheil ergiebt.

Art. 275. Verträge über unbewegliche Sachen sind keine Handelsgeschäfte.

Art. 276. Die Eigenschaft oder die Gültigkeit eines Handelsgeschäfts wird dadurch nicht ausgeschlossen, daß einer Person wegen ihres Amtes oder Standes, oder aus gewerbepolizeilichen oder anderen ähnlichen Gründen untersagt ist, Handel zu treiben oder Handelsgeschäfte zu schließen.

Art. 277. Bei jedem Rechtsgeschäft, welches auf der Seite eines der Kontrahenten ein Handelsgeschäft ist, sind die Bestimmungen dieses vierten Buchs in Beziehung auf beide Kontrahenten gleichmäßig anzuwenden, sofern nicht aus diesen Bestimmungen selbst sich ergiebt, daß ihre besonderen Festsetzungen sich nur auf denjenigen von beiden Kontrahenten beziehen, auf dessen Seite das Geschäft ein Handelsgeschäft ist.

Zweiter Abschnitt.

Allgemeine Bestimmungen über Handelsgeschäfte.

Art. 278. Bei Beurtheilung und Auslegung der Handelsgeschäfte hat der Richter den Willen der Kontrahenten zu erforschen und nicht an dem buchstäblichen Sinne des Ausdrucks zu haften.

Art. 279. In Beziehung auf die Bedeutung und Wirkung von Handlungen und Unterlassungen ist auf die im Handelsverkehr geltenden Gewohnheiten und Gebräuche Rücksicht zu nehmen.

Art. 280.[1] Wenn zwei oder mehrere Personen einem Anderen gegenüber in einem Geschäft, welches auf ihrer Seite ein Handelsgeschäft ist, gemeinschaftlich eine Verpflichtung eingegangen sind, so sind sie als Solidarschuldner zu betrachten, sofern sich nicht aus der Uebereinkunft mit dem Gläubiger das Gegentheil ergiebt.

Art. 281. Bei Handelsgeschäften, ingleichen in allen Fällen, in welchen in diesem Gesetzbuche eine solidarische Verpflichtung auferlegt wird, steht einem Solidarschuldner die Einrede der Theilung oder der Vorausklage nicht zu.

Dasselbe gilt von Bürgen, wenn die Schuld aus einem Handelsgeschäft auf Seiten des Hauptschuldners hervorgeht, oder wenn die Bürgschaft selbst ein Handelsgeschäft ist.

---

[1] **KO** 61. Wird über das Vermögen mehrerer oder einer von mehreren Personen, welche neben einander für dieselbe Leistung auf das Ganze haften, das Konkursverfahren eröffnet, so kann der Gläubiger bis zu seiner vollen Befriedigung in jedem Verfahren den Betrag geltend machen, den er zur Zeit der Eröffnung des Verfahrens zu fordern hatte.

Art. 282. Wer aus einem Geschäft, welches auf seiner Seite ein Handelsgeschäft ist, einem Anderen zur Sorgfalt verpflichtet ist, muß die Sorgfalt eines ordentlichen Kaufmanns anwenden.

Art. 283.[1] Wer Schadensersatz zu fordern hat, kann die Erstattung des wirklichen Schadens und des entgangenen Gewinnes verlangen.

Art. 284. Die Konventionalstrafe unterliegt keiner Beschränkung in Ansehung des Betrages; sie kann das Doppelte des Interesses übersteigen.

Der Schuldner ist im Zweifel nicht berechtigt, sich durch Erlegung der Konventionalstrafe von der Erfüllung zu befreien.

Die Verabredung einer Konventionalstrafe schließt im Zweifel den Anspruch auf einen den Betrag derselben übersteigenden Schadensersatz nicht aus.

Art. 285. Die Daraufgabe (Arrha) gilt nur dann als Reugeld, wenn dies vereinbart oder ortsgebräuchlich ist.

Sie ist, wenn nichts Anderes vereinbart oder ortsgebräuchlich ist, zurückzugeben oder in Anrechnung zu bringen.

Art. 286. Wegen übermäßiger Verletzung, insbesondere wegen Verletzung über die Hälfte, können Handelsgeschäfte nicht angefochten werden.

Art. 287. Die Höhe der gesetzlichen Zinsen, insbesondere auch der Verzugszinsen, ist bei Handelsgeschäften sechs vom Hundert jährlich.

In allen Fällen, in welchen in diesem Gesetzbuche die Verpflichtung zur Zahlung von Zinsen ohne Bestimmung der Höhe ausgesprochen wird, sind darunter Zinsen zu sechs vom Hundert jährlich zu verstehen.

Art. 288. Wer aus einem Geschäft, welches auf seiner Seite ein Handelsgeschäft ist, eine fällige Forderung hat, kann wegen derselben vom Tage der Mahnung an Zinsen fordern, sofern er nicht

---

[1] **CPO** 260. Ist unter den Parteien streitig, ob ein Schaden entstanden sei, und wie hoch sich der Schaden oder ein zu ersetzendes Interesse belaufe, so entscheidet hierüber das Gericht unter Würdigung aller Umstände nach freier Ueberzeugung. Ob und inwieweit eine beantragte Beweisaufnahme aber von Amtswegen die Begutachtung durch Sachverständige anzuordnen sei, bleibt dem Ermessen des Gerichts überlassen. Das Gericht kann anordnen, daß der Beweisführer den Schaden oder das Interesse eidlich schätzt. In diesem Falle hat das Gericht zugleich den Betrag zu bestimmen, welchen die eidliche Schätzung nicht übersteigen darf. Die Vorschriften über den Schätzungseid werden aufgehoben.

nach dem bürgerlichen Recht schon von einem früheren Zeitpunkte an Zinsen zu fordern berechtigt ist.

Die Uebersendung der Rechnung gilt für sich allein nicht als Mahnung.

Art. 289. Kaufleute unter einander sind berechtigt, in beiderseitigen Handelsgeschäften auch ohne Verabredung oder Mahnung von jeder Forderung seit dem Tage, an welchem sie fällig war, Zinsen zu fordern.

Art. 290. Ein Kaufmann, welcher in Ausübung des Handelsgewerbes einem Kaufmann oder Nichtkaufmann Geschäfte besorgt oder Dienste leistet, kann dafür auch ohne vorherige Verabredung Provision, und wenn es sich um Aufbewahrung handelt, zugleich auch Lagergeld nach den an dem Orte gewöhnlichen Sätzen fordern.

Von seinen Darlehen, Vorschüssen, Auslagen und anderen Verwendungen kann er, vom Tage ihrer Leistung oder Beschaffung an, Zinsen in Ansatz bringen.

Dies gilt insbesondere auch von dem Kommissionär oder Spediteur.

Art. 291. Wenn ein Kaufmann mit einem anderen Kaufmann in laufender Rechnung (Kontokurrent) steht, so ist derjenige, welchem beim Rechnungsabschlusse ein Ueberschuß gebührt, von dem ganzen Betrage desselben, wenngleich darunter Zinsen begriffen sind, seit dem Tage des Abschlusses Zinsen zu fordern berechtigt.

Der Rechnungsabschluß geschieht jährlich einmal, sofern nicht von den Parteien ein Anderes bestimmt ist.

Art. 292.[1] Bei Handelsgeschäften können Zinsen zu sechs vom Hundert jährlich bedungen werden; höhere Zinsen zu bedingen ist nur insofern zulässig, als die Landesgesetze solches gestatten.

---

[1] Jetzt gilt **BG** 14./11. 67. 1. Die Höhe der Zinsen, sowie die Höhe und die Art der Vergütung für Darlehne und für andere kreditirte Forderungen, ferner Konventionalstrafen, welche für die unterlassene Zahlung eines Darlehns oder einer sonst kreditirten Forderung zu leisten sind, unterliegen der freien Vereinbarung.

Die entgegenstehenden privatrechtlichen und strafrechtlichen Bestimmungen werden aufgehoben.

2. Derjenige, welcher für eine Schuld dem Gläubiger einen höheren Zinssatz als jährlich sechs vom Hundert gewährt oder zusagt, ist zu einer halbjährigen Kündigung des Vertrages befugt. Jedoch kann er von dieser Befugniß nicht unmittelbar bei Eingehung des Vertrages, sondern erst nach Ablauf eines halben Jahres Gebrauch machen.

Vertragsbestimmungen, durch welche diese Vorschrift zum Nachtheil des Schuldners beschränkt oder aufgehoben wird, sind ungültig.

Bei Darlehen, welche ein Kaufmann empfängt, und bei Schulden eines Kaufmanns aus seinen Handelsgeschäften können auch höhere Zinsen als sechs vom Hundert bedungen werden.

Auf Schuldverschreibungen, welche unter den gesetzlichen Voraussetzungen auf jeden Inhaber gestellt werden, sowie auf Darlehne, welche ein Kaufmann empfängt, und auf Schulden eines Kaufmanns aus seinen Handelsgeschäften leiden die in diesem Paragraphen enthaltenen Vorschriften keine Anwendung.

3. Wird die Zahlung eines Darlehns oder einer anderen kreditirten Forderung verzögert, so bleibt auch für die Zögerungszinsen der bedungene Zinssatz maaßgebend, sofern derselbe höher ist, als die gesetzlich bestimmten Zögerungszinsen.

4. Die privatrechtlichen Bestimmungen in Betreff der Zinsen von Zinsen und die Vorschriften für die gewerblichen Pfandleih-Anstalten werden durch dieses Gesetz nicht geändert.

5. Den Landesgesetzen bleibt vorbehalten, zu bestimmen, daß die im § 2 dieses Gesetzes eingeräumte Kündigungsbefugniß des Schuldners gänzlich wegfalle, oder daß ein höherer Zinssatz, als sechs Prozent, oder eine längere Kündigungsfrist, als sechs Monate, für die bezeichnete Befugniß maaßgebend sei.

Soweit einzelne Landesgesetze Bestimmungen enthalten, welche die erwähnte Kündigungsbefugniß des Schuldners ausschließen, oder in der bezeichneten Weise beschränken, bleiben dieselben in Gültigkeit, bis sie auf dem verfassungsmäßigen Wege des betreffenden Landes, oder durch ein Bundesgesetz abgeändert werden. — Ebenso für Bayern: G 5./12. 67; für Oesterreich G 14./6. 68; 19./7. 77; 28./5. 81.

RStGB 302a (RG 24./5. 80). Wer unter Ausbeutung der Nothlage des Leichtsinns oder der Unerfahrenheit eines Anderen für ein Darlehen oder im Falle der Stundung einer Geldforderung sich oder einem Dritten Vermögensvortheile versprechen oder gewähren läßt, welche den üblichen Zinsfuß dergestalt überschreiten, daß nach den Umständen des Falles die Vermögensvortheile in auffälligem Mißverhältnisse zu der Leistung stehen, wird wegen Wuchers mit Gefängniß bis zu sechs Monaten und zugleich mit Geldstrafe bis zu dreitausend Mark bestraft. Auch kann auf Verlust der bürgerlichen Ehrenrechte erkannt werden.

302b. Wer sich oder einem Dritten die wucherlichen Vermögensvortheile (§ 302a) verschleiert oder wechselmäßig oder unter Verpfändung der Ehre, auf Ehrenwort, eidlich oder unter ähnlichen Versicherungen oder Betheuerungen versprechen läßt, wird mit Gefängniß bis zu Einem Jahre und zugleich mit Geldstrafe bis zu sechstausend Mark bestraft. Auch kann auf Verlust der bürgerlichen Ehrenrechte erkannt werden.

302c. Dieselben Strafen (§§ 302a, 302b) treffen denjenigen, welcher mit Kenntniß des Sachverhalts eine Forderung der vorbezeichneten Art erwirbt und entweder dieselbe weiter veräußert oder die wucherlichen Vermögensvortheile geltend macht.

302d. Wer den Wucher gewerbs- oder gewohnheitsmäßig betreibt, wird

Art. 293. Die Zinsen können bei Handelsgeschäften in ihrem Gesammtbetrage das Kapital übersteigen.

Art. 294. Die Anerkennung einer Rechnung schließt den Beweis eines Irrthums oder eines Betrugs in der Rechnung nicht aus.

Art. 295.[1] Die Beweiskraft eines Schuldscheins oder einer Quittung ist an den Ablauf einer Zeitfrist nicht gebunden.

Art. 296. Der Ueberbringer einer Quittung gilt für ermächtigt, die Zahlung zu empfangen, sofern nicht die dem Zahlenden bekannten Umstände der Annahme einer solchen Ermächtigung entgegenstehen.

Art. 297. Ein Antrag, ein Auftrag oder eine Vollmacht, welche von einem Kaufmann in dem Handelsgewerbe ausgegangen sind, werden durch seinen Tod nicht aufgehoben, sofern nicht eine entgegengesetzte Willensmeinung aus seiner Erklärung oder aus den Umständen hervorgeht.

Art. 298. Bei einer Vollmacht zu Handelsgeschäften kommen in Betreff des Verhältnisses zwischen dem Vollmachtgeber, dem Bevollmächtigten und dem Dritten, mit welchem der Bevollmächtigte

---

mit Gefängniß nicht unter drei Monaten und zugleich mit Geldstrafe von einhundertfünfzig bis zu fünfzehntausend Mark bestraft. Auch ist auf Verlust der bürgerlichen Ehrenrechte zu erkennen.

360. 12. wer als Pfandleiher oder Rückkaufshändler bei Ausübung seines Gewerbes den darüber erlassenen Anordnungen zuwider handelt, insbesondere den durch Landesgesetz oder Anordnung der zuständigen Behörde bestimmten Zinsfuß überschreitet. (Geldstrafe bis 150 Mark oder Haft.)

RG 24./5. 80. 3: Verträge, welche gegen die Vorschriften der §§ 302a, 302b des Strafgesetzbuchs verstoßen, sind ungültig.

Sämmtliche von dem Schuldner oder für ihn geleisteten Vermögensvortheile (§ 302a) müssen zurückgewährt und vom Tage des Empfanges an verzinst werden. Hierfür sind diejenigen, welche sich des Wuchers schuldig gemacht haben, solidarisch verhaftet, der nach § 302c des Strafgesetzbuchs Schuldige jedoch nur in Höhe des von ihm oder einem Rechtsnachfolger Empfangenen. Die Verpflichtung eines Dritten, welcher sich des Wuchers nicht schuldig gemacht hat, bestimmt sich nach den Vorschriften des bürgerlichen Rechts.

Das Recht der Rückforderung verjährt in fünf Jahren seit dem Tage, an welchem die Leistung erfolgt ist.

Der Gläubiger ist berechtigt, das aus dem ungültigen Vertrage Geleistete zurückzufordern; für diesen Anspruch haftet die für die vertragsmäßige Forderung bestellte Sicherheit. Die weiter gehenden Rechte eines Gläubigers, welchem nach den Bestimmungen des bürgerlichen Rechts die Ungültigkeit des Vertrages nicht entgegengesetzt werden kann, werden hierdurch nicht berührt.

(In Elsaß-Lothringen sind durch das vorliegende RG die Art. 2 bis 7 des franz. Ges. vom 19. Dez. 1850 aufgehoben.)

[1] Wörtlich gleich EG z. CPO 17.

Namens des Vollmachtgebers das Geschäft schließt, dieselben Bestimmungen zur Anwendung, welche im Artikel 52 in Beziehung auf die Prokuristen und Handlungsbevollmächtigten gegeben sind.

Ingleichen gilt die Bestimmung des Artikel 55 in Beziehung auf denjenigen, welcher ein Handelsgeschäft als Bevollmächtigter schließt, ohne Vollmacht dazu erhalten zu haben, oder welcher bei dem Abschlusse des Handelsgeschäfts seine Vollmacht überschreitet.

Art. 299. Im Falle der Abtretung einer aus einem Handelsgeschäft hervorgegangenen Forderungen kann die Bezahlung ihres vollen Betrages auch dann verlangt werden, wenn dieser Betrag die Summe des für die Abtretung vereinbarten Preises übersteigt.

Art. 300. Ein Kaufmann, welcher eine auf ihn ausgestellte Anweisung (Assignation) gegenüber demjenigen, zu dessen Gunsten sie ausgestellt ist, angenommen hat, ist demselben zur Erfüllung verpflichtet. Die auf eine schriftliche Anweisung geschriebene und unterschriebene Annahme-Erklärung gilt als ein dem Assignatar geleistetes Zahlungsversprechen.

Art. 301. Anweisungen und Verpflichtungsscheine, welche von Kaufleuten über Leistungen von Geld oder einer Quantität vertretbarer Sachen oder Werthpapiere ausgestellt sind, ohne daß darin die Verpflichtung zur Leistung von einer Gegenleistung abhängig gemacht ist, können durch Indossament übertragen werden, wenn sie an Ordre lauten.

Zur Gültigkeit der Urkunde oder des Indossaments ist nicht erforderlich, daß sie die Angabe des Verpflichtungsgrundes oder das Empfangsbekenntniß der Valuta enthalten.

Wer eine solche Anweisung acceptirt hat, ist demjenigen, zu dessen Gunsten sie ausgestellt oder an welchen sie indossirt ist, zur Erfüllung verpflichtet.

Art. 302. Ingleichen können Konnossemente der Seeschiffer und Ladescheine der Frachtführer, Auslieferungsscheine (Lagerscheine, Warrants) über Waaren oder andere bewegliche Sachen, welche von einer zur Aufbewahrung solcher Sachen staatlich ermächtigten Anstalt ausgestellt sind,[1] ferner Bodmereibriefe und Seeassekuranzpolicen durch Indossament übertragen werden, wenn sie an Ordre lauten.

Art. 303. Durch das Indossament der in den beiden vorhergehenden Artikeln bezeichneten Urkunden gehen alle Rechte aus dem indossirten Papiere auf den Indossatar über.

Der Verpflichtete kann sich nur solcher Einreden bedienen, welche

[1] Oesterr. VO 29./6. 66 über die Ertheilung von Konzessionen für öffentliche Lagerhäuser § 10 ff.

ihm nach Maaßgabe der Urkunde selbst oder unmittelbar gegen den jedesmaligen Kläger zustehen.

Der Schuldner ist nur gegen Aushändigung des quittirten Papiers zu erfüllen verpflichtet.

Art. 304. Ob außer den in diesem Gesetzbuch bezeichneten noch andere an Ordre lautende Anweisungen, Verpflichtungsscheine oder sonstige Urkunden mit der in Artikel 303 erwähnten Wirkung durch Indossament übertragen werden können, ist nach den Landesgesetzen zu beurtheilen.

Art. 305. Für Papiere, welche an Ordre lauten und welche durch Indossament übertragen werden können (Art. 301 bis 304), gelten in Betreff der Form des Indossaments, in Betreff der Legitimation des Inhabers und der Prüfung dieser Legitimation, sowie in Betreff der Verpflichtung des Besitzers zur Herausgabe dieselben Bestimmungen, welche die Artikel 11 bis 13, 36 und 74 der Allgemeinen Deutschen Wechsel-Ordnung in Betreff des Wechsels enthalten.

Sind die im Art. 301 bezeichneten Papiere abhanden gekommen, so finden in Bezug auf die Amortisation die im Artikel 73 der Allgemeinen Deutschen Wechsel-Ordnung gegebenen Bestimmungen Anwendung. Die Amortisation der im Artikel 302 bezeichneten Papiere richtet sich nach den Landesgesetzen.[1]

---

[1] Jetzt CPO 837. Für das Aufgebotsverfahren zum Zwecke der Kraftloserklärung (Amortisation) abhanden gekommener oder vernichteter Wechsel und der in den Artikeln 301, 302 des Handelsgesetzbuchs bezeichneten Urkunden gelten die nachfolgenden besonderen Bestimmungen.

Die Bestimmungen finden in Betreff anderer Urkunden, bezüglich welcher das Gesetz das Aufgebotsverfahren zuläßt, insoweit Anwendung, als in dem Gesetze nicht besondere Vorschriften enthalten sind.

838. Bei Papieren, welche auf den Inhaber lauten, oder welche durch Indossament übertragen werden können und mit einem Blankoindossamente versehen sind, ist der letzte Inhaber berechtigt, das Aufgebotsverfahren zu beantragen.

Bei anderen Urkunden ist derjenige zu dem Antrage berechtigt, welcher das Recht aus der Urkunde geltend machen kann.

839. Für das Aufgebotsverfahren ist das Gericht des Orts zuständig, welchen die Urkunde als den Erfüllungsort bezeichnet. Enthält die Urkunde eine solche Bezeichnung nicht, so ist das Gericht zuständig, bei welchem der Aussteller seinen allgemeinen Gerichtsstand hat, und in Ermangelung eines solchen Gerichts dasjenige, bei welchem der Aussteller zur Zeit der Ausstellung seinen allgemeinen Gerichtsstand gehabt hat.

Ist der Anspruch, über welchen die Urkunde ausgestellt ist, in einem

Grund- oder Hypothekenbuche eingetragen, so ist das Gericht der belegenen Sache ausschließlich zuständig.

840. Der Antragsteller hat zur Begründung des Antrags:
1. entweder eine Abschrift der Urkunde beizubringen, oder den wesentlichen Inhalt der Urkunde und Alles anzugeben, was zur vollständigen Erkennbarkeit derselben erforderlich ist;
2. den Verlust der Urkunde, sowie diejenigen Thatsachen glaubhaft zu machen, von welchen seine Berechtigung abhängt, das Aufgebotsverfahren zu beantragen;
3. sich zur eidlichen Versicherung der Wahrheit seiner Angaben zu erbieten.

841. In dem Aufgebot ist der Inhaber der Urkunde aufzufordern, spätestens im Aufgebotstermine seine Rechte bei dem Gericht anzumelden und die Urkunde vorzulegen. Als Rechtsnachtheil ist anzudrohen, daß die Kraftloserklärung der Urkunde erfolgen werde.

842. Die öffentliche Bekanntmachung des Aufgebots erfolgt durch Anheftung an die Gerichtstafel und in dem Lokale der Börse, wenn eine solche am Sitze des Aufgebotsgerichts besteht, sowie durch dreimalige Einrückung in die im § 187 Absatz 2 bezeichneten Blätter.

Das Gericht kann anordnen, daß die Einrückung noch in andere Blätter und zu mehreren Malen erfolge.

843. Bei Werthpapieren, für welche von Zeit zu Zeit Zinsscheine oder Gewinnantheile ausgegeben werden, ist der Aufgebotstermin so zu bestimmen, daß bis zu demselben der erste einer seit der Zeit des glaubhaft gemachten Verlustes ausgegebenen Reihe von Zinsscheinen oder Gewinnantheilen fällig geworden ist und seit der Fälligkeit desselben sechs Monate abgelaufen sind.

Vor Erlassung des Ausschlußurtheils hat der Antragsteller ein nach Ablauf dieser sechsmonatigen Frist ausgestelltes Zeugniß der betreffenden Behörde, Kasse oder Anstalt beizubringen, daß die Urkunde seit der Zeit des glaubhaft gemachten Verlustes ihr zur Ausgabe neuer Scheine nicht vorgelegt sei, und daß die neuen Scheine an einen Anderen als den Antragsteller nicht ausgegeben seien.

844. Bei Werthpapieren, für welche Zinsscheine oder Gewinnantheilscheine zuletzt für einen längeren Zeitraum als vier Jahre ausgegeben sind, genügt es, wenn der Aufgebotstermin so bestimmt wird, daß bis zu demselben seit der Zeit des glaubhaft gemachten Verlustes von den zuletzt ausgegebenen Scheinen solches für vier Jahre fällig geworden und seit der Fälligkeit des letzten derselben sechs Monate abgelaufen sind. Scheine für Zeitabschnitte, für welche keine Zinsen oder Gewinnantheile bezahlt werden, kommen nicht in Betracht.

Vor Erlassung des Ausschlußurtheils hat der Antragsteller ein nach Ablauf dieser sechsmonatigen Frist ausgestelltes Zeugniß der betreffenden Behörde, Kasse oder Anstalt beizubringen, daß die für die bezeichneten vier Jahre und später etwa fällig gewordenen Scheine ihr von einem Anderen als dem Antragsteller nicht vorgelegt seien. Hat in der Zeit seit dem Erlasse des Aufgebots eine Ausgabe neuer Scheine stattgefunden, so muß das Zeugniß auch die im § 843 Absatz 2 bezeichneten Angaben enthalten.

845. Bei Werthpapieren, für welche Zinsscheine oder Gewinnantheilscheine

Art. 306.[1] Wenn Waaren oder andere bewegliche Sachen von einem Kaufmann in dessen Handelsbetriebe veräußert und übergeben

ausgegeben sind, aber nicht mehr ausgegeben werden, ist, wenn nicht die Voraussetzungen der §§ 843, 844 vorhanden sind, der Aufgebotstermin so zu bestimmen, daß bis zu demselben seit der Fälligkeit des letzten ausgegebenen Scheines sechs Monate abgelaufen sind.

846. Ist in einer Schuldurkunde eine Verfallzeit angegeben, welche zur Zeit der ersten Einrückung des Aufgebots in den Deutschen Reichsanzeiger noch nicht eingetreten ist, und sind die Voraussetzungen der §§ 843—845 nicht vorhanden, so ist der Aufgebotstermin so zu bestimmen, daß seit dem Verfalltage sechs Monate abgelaufen sind.

847. Zwischen dem Tage, an welchem die erste Einrückung des Aufgebots in den Deutschen Reichsanzeiger erfolgt ist, und dem Aufgebotstermine muß ein Zeitraum von mindestens sechs Monaten liegen.

848. In dem Ausschlußurtheil ist die Urkunde für kraftlos zu erklären.

Das Ausschlußurtheil ist seinem wesentlichen Inhalte nach durch den Deutschen Reichsanzeiger bekannt zu machen.

In gleicher Weise hat nach eingetretener Rechtskraft die Bekanntmachung des auf die Anfechtungsklage ergangenen Urtheils, soweit dadurch die Kraftloserklärung aufgehoben wird, zu erfolgen.

849. Die Vorschriften der §§ 843—848 finden auch auf das Aufgebot anderer als der im § 837 Absatz 1 bezeichneten Urkunden, welche auf den Inhaber lauten oder durch Indossament übertragbar und mit einem Blankoindossament versehen sind, Anwendung, insoweit nicht der Anspruch, über welchen die Urkunde ausgestellt ist, in einem Grund- oder Hypothekenbuche eingetragen ist.

Durch diese Bestimmung werden Vorschriften, welche für das Aufgebotsverfahren noch andere oder schwerere Voraussetzungen aufstellen, nicht berührt.

850. Derjenige, welcher das Ausschlußurtheil erwirkt hat, ist dem durch die Urkunde Verpflichteten gegenüber berechtigt, die Rechte aus der Urkunde geltend zu machen.

Vgl. **RG** 12./5. 73 (**RGBl** 91), betr. das Aufgebot und die Amortisation verlorener oder vernichteter Schuldurkunden des Norddeutschen Bundes und des Deutschen Reiches; **RG** 8./6. 71, betr. die Inhaberpapiere mit Prämien (Anhang Nr. V).

[1] **KO** 35: Die Ansprüche auf Aussonderung eines dem Gemeinschuldner nicht gehörigen Gegenstandes aus der Konkursmasse auf Grund eines dinglichen oder persönlichen Rechts bestimmen sich nach den außerhalb des Konkursverfahrens geltenden Gesetzen.

36. Der Verkäufer oder Einkaufskommissionär kann Waaren, welche von einem anderen Orte an den Gemeinschuldner abgesendet und von dem Gemeinschuldner noch nicht vollständig bezahlt sind, zurückfordern, sofern nicht dieselben schon vor der Eröffnung des Verfahrens an dem Orte der Ablieferung angekommen und in den Gewahrsam des Gemeinschuldners oder einer anderen Person für ihn gelangt sind.

Die Bestimmungen des § 15 finden Anwendung.

worden sind, so erlangt der redliche Erwerber das Eigenthum, auch wenn der Veräußerer nicht Eigenthümer war. Das früher begründete Eigenthum erlischt. Jedes früher begründete Pfandrecht oder sonstige dingliche Recht erlischt, wenn dasselbe dem Erwerber bei der Veräußerung bekannt war.

Sind Waaren oder andere bewegliche Sachen von einem Kaufmann in dessen Handelsbetriebe verpfändet und übergeben worden, so kann ein früher begründetes Eigenthum, Pfandrecht oder sonstiges dingliches Recht an den Gegenständen zum Nachtheil des redlichen Pfandnehmers oder dessen Rechtsnachfolger nicht geltend gemacht werden.

Das gesetzliche Pfandrecht des Kommissionärs, Spediteurs und Frachtführers steht einem durch Vertrag erworbenen Pfandrechte gleich.

Dieser Artikel findet keine Anwendung, wenn die Gegenstände gestohlen oder verloren waren.[1]

Art. 307. Die Bestimmungen des vorigen Artikels finden bei

---

38. Sind Gegenstände, deren Aussonderung aus der Konkursmasse hätte beansprucht werden können, vor der Eröffnung des Verfahrens von dem Gemeinschuldner oder nach der Eröffnung des Verfahrens von dem Verwalter veräußert worden, so ist der Aussonderungsberechtigte befugt, die Abtretung des Rechts auf die Gegenleistung, soweit diese noch aussteht, zu verlangen. Er kann die Gegenleistung aus der Masse beanspruchen, soweit sie nach der Eröffnung des Verfahrens zu derselben eingezogen worden ist.

VZG 1./7. 69. 13: Zur Entrichtung des Zolles ist dem Staate gegenüber derjenige verpflichtet, welcher zur Zeit, wo der Zoll zu entrichten, Inhaber (natürlicher Besitzer) des zollpflichtigen Gegenstandes ist. Dem Inhaber steht derjenige gleich, welcher den zollpflichtigen Gegenstand aus einer öffentlichen Niederlage entnimmt.

14. Die zollpflichtigen Gegenstände haften ohne Rücksicht auf die Rechte eines Dritten an denselben für den darauf ruhenden Zoll und können, solange dessen Entrichtung nicht erfolgt ist, von der Zollbehörde zurückbehalten oder mit Beschlag belegt werden. Das an den Inhaber des zollpflichtigen Gegenstandes von einem Zollbeamten ergangene Verbot, über den fraglichen Gegenstand weiter zu verfügen, hat die volle Wirkung der Beschlagnahme. Die Verabfolgung der Waaren, auf welchen noch ein Zollanspruch haftet, kann in keinem Falle, auch nicht von den Gerichten, Gläubigern oder Gütervertretern (Massenkuratoren) bei Konkursen eher verlangt werden, als bis die Abgaben davon bezahlt sind. (Vgl. **KO** 41, 1.)

[1] **StGB** 259. Wer seines Vortheils wegen Sachen, von denen er weiß oder den Umständen nach annehmen muß, daß sie mittelst einer strafbaren Handlung erlangt sind, verheimlicht, ankauft, zum Pfande nimmt oder sonst an sich bringt oder zu deren Absatze bei Anderen mitwirkt, wird als Hehler mit Gefängniß bestraft.

Papieren auf Inhaber auch dann Anwendung, wenn die Veräußerung oder Verpfändung nicht von einem Kaufmann in dessen Handelsbetriebe geschehen ist, und wenn die Papiere gestohlen oder verloren waren.

Art. 308. Durch die beiden vorhergehenden Artikel werden die Landesgesetze nicht berührt, welche für den Besitzer noch günstigere Bestimmungen enthalten.

Art. 309.[1] Die zur Bestellung eines Faustpfandes in dem bürgerlichen Rechte vorgeschriebenen Förmlichkeiten sind nicht erforderlich, wenn unter Kaufleuten für eine Forderung aus beiderseitigen

---

[1] **KO** 40. Gläubiger, welche an einer beweglichen körperlichen Sache, an einer Forderung oder an einem anderen Vermögensrechte des Gemeinschuldners ein Faustpfandrecht haben, können aus den ihnen verpfändeten Gegenständen abgesonderte Befriedigung wegen ihrer Pfandforderung verlangen, zunächst wegen der Kosten, dann wegen der Zinsen, zuletzt wegen des Kapitals.

41. Den Faustpfandgläubigern stehen gleich: 5. Gastwirthe wegen ihrer Forderungen für Wohnung und Bewirthung des Gastes, in Ansehung der von demselben eingebrachten, von ihnen zurückbehaltenen Sachen;

6. Künstler, Werkmeister, Handwerker und Arbeiter wegen ihrer Forderungen für Arbeit und Auslagen, in Ansehung der von ihnen gefertigten oder ausgebesserten, noch in ihrem Gewahrsam befindlichen Sachen;

7. diejenigen, welche etwas zum Nutzen einer Sache verwendet haben, wegen des, den noch vorhandenen Vortheil nicht übersteigenden Betrages ihrer Forderung aus der Verwendung, in Ansehung der zurückbehaltenen Sache;

8. diejenigen, denen nach dem Handelsgesetzbuche an gewissen Gegenständen ein Pfandrecht oder Zurückbehaltungsrecht zusteht, in Ansehung dieser Gegenstände;

9. diejenigen, welche durch Pfändung ein Pfandrecht erlangt haben, in Ansehung der gepfändeten Gegenstände.

EG z. KO 11. In einem am Tage des Inkrafttretens der Konkursordnung oder nach diesem Tage eröffneten Konkursverfahren finden die Bestimmungen der Konkursordnung und dieses Gesetzes über abgesonderte Befriedigung auf Pfand- und Vorzugsrechte Anwendung, wenngleich dieselben oder die Forderungen vor dem bezeichneten Tage erworben sind.

12. Insoweit Pfand- und Vorzugsrechte, welche vor dem Tage des Inkrafttretens der Konkursordnung auf Grund eines Vertrages, einer letztwilligen Anordnung oder einer richterlichen Verfügung erworben oder in Bankstatuten den Banknoten-Inhabern rechtsgültig zugesichert sind, zufolge der Bestimmungen der Konkursordnung und dieses Gesetzes ihre Wirksamkeit verlieren, kann die Landesgesetzgebung für die Forderung des Berechtigten ein Vorrecht vor allen oder einzelnen der im § 54 der Konkursordnung bezeichneten Forderungen gewähren.

Handelsgeschäften ein Faustpfand an beweglichen Sachen, an Papieren auf Inhaber oder an Papieren, welche durch Indossament übertragen werden können, bestellt wird.

Ist das Pfand- oder Vorzugsrecht auf einzelne bewegliche Gegenstände des Schuldners beschränkt, so kann das Vorrecht nur in Höhe des Erlöses derselben gewährt werden.

Das durch die vorstehenden Bestimmungen vorbehaltene Vorrecht kann nicht gewährt werden für ein zwei Jahre nach dem Inkrafttreten der Konkursordnung eröffnetes Konkursverfahren, wenn nicht das Vorrecht dadurch erhalten wird, daß dasselbe bis zum Ablaufe der zwei Jahre zur Eintragung in ein öffentliches Register vorschriftsmäßig angemeldet ist. Der Erlaß von Vorschriften über die Einrichtung solcher Register, sowie über die Anmeldung und Eintragung der Forderungen bleibt der Landesgesetzgebung vorbehalten.

14. Faustpfandrechte im Sinne des § 40 der Konkursordnung bestehen an beweglichen körperlichen Sachen nur, wenn der Pfandgläubiger oder ein Dritter für ihn den Gewahrsam der Sache erlangt und behalten hat.

Das Absonderungsrecht besteht ohne Uebergabe der Sache, sofern:

1. nach den Reichsgesetzen oder den Landesgesetzen die Uebergabe von Konnossementen und ähnlichen Papieren über Waaren oder andere bewegliche Sachen der Uebergabe derselben, oder die Eintragung der Verpfändung in das Schiffsregister oder die Uebergabe der mit einem beglaubigten Vermerke der Verpfändung versehenen Schiffsurkunden oder einer beglaubigten Abschrift derselben der Uebergabe des verpfändeten Schiffes gleichsteht;
2. über eine Verbodmung nach Vorschrift des Handelsgesetzbuchs ein Bodmereibrief ausgestellt ist.

15. Faustpfandrechte im Sinne des § 40 der Konkursordnung bestehen an Forderungen und anderen Vermögensrechten nur:

1. wenn der Drittschuldner von der Verpfändung benachrichtigt ist;
2. wenn der Pfandgläubiger oder ein Dritter für ihn den Gewahrsam der körperlichen Sache, welche den Gegenstand des Rechts bildet, oder der über die Forderung oder das Vermögensrecht ausgestellten Urkunde erlangt und behalten hat;
3. wenn die Verpfändung in dem Grund- oder Hypothekenbuche eingetragen ist.

16. Die Vorschriften der Landesgesetze, welche für den Erwerb von Faustpfandrechten mehrere der in den §§ 14, 15 bezeichneten Erfordernisse oder weitere Erfordernisse festsetzen, bleiben unberührt.

17. Der Landesgesetzgebung bleibt vorbehalten, Bestimmungen zu treffen, nach welchen

1. den Inhabern der von Gemeinden oder anderen Verbänden, von Korporationen, Aktiengesellschaften, Kommanditgesellschaften auf Aktien oder Genossenschaften ausgestellten Pfandbriefe oder ähnlicher auf Grund erworbener Forderungen von denselben ausgestellter Werthpapiere an solchen Forderungen ein Faustpfandrecht im Sinne des § 40 der Kon-

In diesem Falle genügt neben der einfachen Vereinbarung über die Verpfändung:

1. bei beweglichen Sachen und bei Papieren auf Inhaber die Uebertragung des Besitzes auf den Gläubiger, wie solche nach den Bestimmungen des bürgerlichen Rechts für das Faustpfand erfordert wird;
2. bei Papieren, welche durch Indossament übertragen werden können, die Uebergabe des indossirten Papiers.[1]

Art. 310. Ist die Bestellung eines Faustpfandes unter Kaufleuten für eine Forderung aus beiderseitigen Handelsgeschäften schriftlich erfolgt, so kann der Gläubiger, wenn der Schuldner im Verzuge ist, sich aus dem Pfande sofort bezahlt machen, ohne daß es einer Klage gegen den Schuldner bedarf.

Der Gläubiger hat die Bewilligung hierzu unter Vorlegung der erforderlichen Bescheinigungsmittel bei dem für ihn zuständigen Handelsgerichte nachzusuchen, von welchem hierauf ohne Gehör des Schuldners und auf Gefahr des Gläubigers der Verkauf der verpfändeten Gegenstände oder eines Theils derselben verordnet wird.

Von der Bewilligung, sowie von der Vollziehung der Verkaufs hat der Gläubiger dem Schuldner, soweit es thunlich, sofort zu benachrichtigen; unterläßt er die Anzeige, so ist er zum Schadenersatze verpflichtet. Um den Verkauf zu bewirken, ist der Nachweis der Anzeige nicht erforderlich.

---

kursordnung dadurch gewährt werden kann, daß einem Vertreter sämmtlicher Inhaber allein oder in Gemeinschaft mit dem Aussteller die Ausübung des Gewahrsams der über die Forderungen lautenden Urkunden übertragen oder auf diesen Urkunden die Gewährung des Pfandrechts vermerkt wird;

2. den Inhabern von Schuldverschreibungen, welche von den unter Nr. 1 bezeichneten Schuldnern über eine Anleihe ausgestellt sind, an gewissen beweglichen körperlichen Sachen ein Faustpfandrecht im Sinne des § 40 der Konkursordnung dadurch gewährt werden kann, daß einem Vertreter sämmtlicher Inhaber allein oder in Gemeinschaft mit dem Aussteller die Ausübung des Gewahrsams der Sachen übertragen wird;
3. den Inhabern von Schuldverschreibungen, welche von den unter Nr. 1 bezeichneten Schuldnern über eine Anleihe ausgestellt sind, ein Vorrecht vor nicht bevorrechtigten Konkursgläubigern, deren Forderungen später entstehen, dadurch gewährt werden kann, daß die zu bevorrechtigenden Forderungen in ein öffentliches Schuldenbuch eingetragen werden.

[1] CPO 732. Die Pfändung von Forderungen aus Wechseln und anderen Papieren, welche durch Indossament übertragen werden können, wird dadurch bewirkt, daß der Gerichtsvollzieher diese Papiere in Besitz nimmt.

Vgl. EG z. KO 14 oben S. 142.

Art. 311.[1] Wenn die Bestellung eines Faustpfandes unter Kaufleuten für eine Forderung aus beiderseitigen Handelsgeschäften erfolgt und schriftlich vereinbart ist, daß der Gläubiger ohne gerichtliches Verfahren sich aus dem Pfande befriedigen könne, so darf, wenn der Schuldner im Verzuge ist, der Gläubiger das Pfand öffentlich verkaufen lassen; er darf in diesem Falle, wenn die verpfändeten Gegenstände einen Börsenpreis oder Marktpreis haben, den Verkauf auch nicht öffentlich durch einen Handelsmäkler oder in Ermangelung eines solchen durch einen zu Versteigerungen befugten Beamten zum laufenden Preise bewirken. Von der Vollziehung des Verkaufs hat der Gläubiger den Schuldner, soweit es thunlich, sofort zu benachrichtigen; bei Unterlassung der Anzeige ist er zum Schadenersatze verpflichtet.

Art. 312. Durch die vorhergehenden Artikel werden die den öffentlichen Pfandanstalten, Kreditinstituten oder Banken durch Gesetze, Verordnungen oder Statuten verliehenen besonderen Rechte in Betreff der Bestellung oder Veräußerung von Pfändern nicht berührt.[2]

Ingleichen ist durch die vorhergehenden Artikel nicht ausgeschlossen, daß die Bestellung und Veräußerung von Faustpfändern unter Kaufleuten für Forderungen aus Handelsgeschäften rechtsgültig geschehen kann, wenn dabei die in den einzelnen Staaten für die Bestellung oder Veräußerung von Faustpfändern geltenden Bestimmungen beobachtet werden.

Art. 313. Ein Kaufmann hat wegen der fälligen Forderungen, welche ihm gegen einen anderen Kaufmann aus den zwischen ihnen geschlossenen beiderseitigen Handelsgeschäften zustehen, ein Zurückbehaltungsrecht (Retentionsrecht) an allen beweglichen Sachen und Werthpapieren des Schuldners, welche mit dessen Willen auf Grund von Handelsgeschäften in seinen Besitz gekommen sind, sofern er dieselben noch in seinem Gewahrsam hat oder sonst, insbesondere vermittelst Konnossemente, Ladescheine oder Lagerscheine noch in der Lage ist, darüber zu verfügen.

Dieses Recht tritt jedoch nicht ein, wenn die Zurückbehaltung

---

[1] Nach Oesterr. G 1./4. 76, 15 findet dieser Artikel bei „Pfandgeschäften, Prolongations- oder Kostgeschäften, welche Börsengeschäfte sind", auch dann Anwendung, wenn das Geschäft nicht unter Kaufleuten für eine Forderung aus beiderseitigen Gewerbsgeschäften entstanden, und wenn auch nicht schriftlich vereinbart ist, daß der Gläubiger ohne gerichtliches Verfahren sich aus dem Pfande befriedigen könne.

[2] Vgl. Oesterr. V 19./6. 66, 12 f. über die Ertheilung von Konzessionen für öffentliche Lagerhäuser.

der Gegenstände der von dem Schuldner vor oder bei der Uebergabe ertheilten Vorschrift oder der von dem Gläubiger übernommenen Verpflichtung, in einer bestimmten Weise mit den Gegenständen zu verfahren, widerstreiten würde.[1]

Art. 314. Das in dem vorhergehenden Artikel bezeichnete Zurückbehaltungsrecht besteht unter den dort angegebenen Voraussetzungen selbst wegen der nicht fälligen Forderungen:

1. wenn über das Vermögen des Schuldners der Konkurs eröffnet worden ist, oder der Schuldner auch nur seine Zahlungen eingestellt hat;
2. wenn eine Exekution in das Vermögen des Schuldners fruchtlos vollstreckt oder wider denselben wegen Nichterfüllung einer Zahlungsverbindlichkeit die Vollstreckung des Personalarrestes erwirkt worden ist.

In diesen Fällen steht auch die Vorschrift des Schuldners oder die Uebernahme der Verpflichtung, in einer bestimmten Weise mit den Gegenständen zu verfahren, dem Zurückbehaltungsrecht nicht entgegen, sofern die vorstehend unter 1 und 2 bezeichneten Umstände erst nach Uebergabe der Gegenstände oder nach Uebernahme der Verpflichtung eingetreten oder dem Gläubiger bekannt geworden sind.

Art. 315. Der Gläubiger, welchem das Zurückbehaltungsrecht nach den Art. 313 oder 314 zusteht, ist verpflichtet, von der Ausübung desselben den Schuldner ohne Verzug zu benachrichtigen. Er ist befugt, wenn ihn dieser nicht rechtzeitig in anderer Weise sichert, im Wege der Klage bei dem für ihn selbst zuständigen Gerichte gegen den Schuldner den Verkauf der Gegenstände zu beantragen; er kann sich aus dem Erlöse vor den anderen Gläubigern des Schuldners befriedigen. Der Gläubiger hat diese Rechte auch gegenüber der Konkursmasse des Schuldners.[2]

Art. 316. Die in den Art. 313—315 dem Gläubiger gegebenen Rechte treten nicht ein, soweit die Parteien dies besonders vereinbart haben.

Dritter Abschnitt.

Abschließung der Handelsgeschäfte.

Art. 317.[3] Bei Handelsgeschäften ist die Gültigkeit der Verträge durch schriftliche Abfassung oder andere Förmlichkeiten nicht bedingt.

---

[1] Zu Art. 313—316 vgl. das oben abgedruckte G v. 5./6. 69 § 3, Nr. 8.

[2] Vgl. **KO** § 41, 8 oben zu Art. 309.

[3] **CPO** § 259 (s. oben zu Art. 34). **EG z. CPO** § 14 (s. oben zu Art. 3). **Reichsstempelgesetze** 1./7. 81; 29./5. 85. (Anhang VI.)

Ausnahmen von dieser Regel finden nur insoweit statt, als sie in diesem Gesetzbuche enthalten sind.

Art. 318. Ueber einen Antrag unter Gegenwärtigen zur Abschließung eines Handelsgeschäfts muß die Erklärung sogleich abgegeben werden, widrigenfalls der Antragende an seinen Antrag nicht länger gebunden ist.

Art. 319. Bei einem unter Abwesenden gestellten Antrage bleibt der Antragende bis zu dem Zeitpunkte gebunden, in welchem er bei ordnungsmäßiger rechtzeitiger Absendung der Antwort den Eingang der letzteren erwarten darf. Bei der Berechnung dieses Zeitpunktes darf der Antragende von der Voraussetzung ausgehen, daß sein Antrag rechtzeitig angekommen sei.

Trifft die rechtzeitig abgesandte Annahme erst nach diesem Zeitpunkte ein, so besteht der Vertrag nicht, wenn der Antragende in der Zwischenzeit oder ohne Verzug nach dem Eintreffen der Annahme von seinem Rücktritt Nachricht gegeben hat.

Art. 320. Geht der Widerruf eines Antrages dem anderen Theile früher als der Antrag, oder zu gleicher Zeit mit demselben zu, so ist der Antrag für nicht geschehen zu erachten.

Ebenso ist die Annahme für nicht geschehen zu erachten, wenn der Widerruf noch vor der Erklärung der Annahme oder zu gleicher Zeit mit derselben bei dem Antragsteller eingegangen ist.

Art. 321. Ist ein unter Abwesenden verhandelter Vertrag zu Stande gekommen, so gilt der Zeitpunkt, in welchem die Erklärung der Annahme Behufs der Absendung abgegeben ist, als der Zeitpunkt des Abschlusses des Vertrages.

Art. 322. Eine Annahme unter Bedingungen oder Einschränkungen gilt als Ablehnung des Antrages verbunden mit einem neuen Antrage.

Art. 323. Wenn zwischen dem Kaufmann, welchem ein Auftrag gegeben wird, und dem Auftraggeber eine Geschäftsverbindung besteht, oder sich derselbe gegen letzteren zur Ausrichtung solcher Aufträge erboten hat, so ist er zu einer Antwort ohne Zögern verpflichtet, widrigenfalls sein Schweigen als Uebernahme des Auftrages gilt.

Auch wenn derselbe den Auftrag ablehnt, ist er schuldig, die mit dem Auftrage etwa übersandten Waaren oder anderen Gegenstände auf Kosten des Auftraggebers, soweit er für diese Kosten gedeckt ist, und soweit es ohne seinen Nachtheil geschehen kann, einstweilen vor Schaden zu bewahren.

Das Handelsgericht kann auf seinen Antrag verordnen, daß das Gut in einem öffentlichen Lagerhause oder bei einem Dritten so lange niedergelegt wird, bis der Eigenthümer anderweitige Vorkehrung trifft.

Vierter Abschnitt.

Erfüllung der Handelsgeschäfte.

Art. 324. Die Erfüllung des Handelsgeschäfts muß an dem Orte geschehen, welcher im Vertrage bestimmt oder nach der Natur des Geschäfts oder der Absicht der Kontrahenten als Ort der Erfüllung anzusehen ist.

Fehlt es an diesen Voraussetzungen, so hat der Verpflichtete an dem Orte zu erfüllen, an welchem er zur Zeit des Vertragsabschlusses seine Handelsniederlassung oder in deren Ermangelung seinen Wohnort hatte. Wenn jedoch eine bestimmte Sache übergeben werden soll, welche sich zur Zeit des Vertragsabschlusses mit Wissen der Kontrahenten an einem anderen Orte befand, so geschieht die Uebergabe an diesem Orte.

Art. 325. Bei Geldzahlungen, mit Ausnahme der Auszahlung von indossabelen oder auf Inhaber lautenden Papieren, ist der Schuldner verpflichtet, wenn nicht ein Anderes aus dem Vertrage oder aus der Natur des Geschäfts oder der Absicht der Kontrahenten hervorgeht, auf seine Gefahr und Kosten die Zahlung dem Gläubiger an den Ort zu übermachen, an welchem der letztere zur Zeit der Entstehung der Forderung seine Handelsniederlassung oder in deren Ermangelung seinen Wohnort hatte.

Durch diese Bestimmung wird jedoch der gesetzliche Erfüllungsort des Schuldners (Art. 324) in Betreff des Gerichtsstandes oder in sonstiger Beziehung nicht geändert.

Art. 326. Wenn die Zeit der Erfüllung einer Verbindlichkeit in dem Vertrage nicht bestimmt ist, so kann die Erfüllung zu jeder Zeit gefordert und geleistet werden, sofern nicht nach den Umständen oder nach dem Handelsgebrauche etwas Anderes anzunehmen ist.

Art. 327. Lautet die Erfüllungszeit auf das Frühjahr oder den Herbst oder auf ähnliche Zeitbestimmungen, so entscheidet der Handelsgebrauch des Ortes der Erfüllung.

Ist die Erfüllung auf die Mitte eines Monats gestellt worden, so gilt der funfzehnte dieses Monats als der Tag der Erfüllung.

Art. 328. Wenn die Erfüllung einer Verbindlichkeit mit dem Ablaufe einer bestimmten Frist nach Abschluß des Vertrages erfolgen soll, so fällt der Zeitpunkt der Erfüllung:

1. wenn die Frist nach Tagen bestimmt ist, auf den letzten Tag der Frist; bei Berechnung der Frist wird der Tag, an welchem der Vertrag geschlossen ist, nicht mit gerechnet; ist die Frist

auf acht oder vierzehn Tage bestimmt, so werden darunter volle acht oder vierzehn Tage verstanden;

2. wenn die Frist nach Wochen, Monaten, oder einem mehrere Monate umfassenden Zeitraum (Jahr, halbes Jahr, viertel Jahr) bestimmt ist, auf denjenigen Tag der letzten Woche oder des letzten Monats, welcher durch seine Benennung oder Zahl dem Tage des Vertragsschlusses entspricht; fehlt dieser Tag in dem letzten Monate, so fällt die Erfüllung auf den letzten Tag dieses Monats.

Der Ausdruck „halber Monat" wird einem Zeitraum von funfzehn Tagen gleich geachtet. Ist die Frist zur Erfüllung auf einen oder mehrere ganze Monate und einen halben Monat gestellt, so sind die funfzehn Tage zuletzt zu zählen.

Nach den vorstehenden Grundsätzen ist die Frist auch dann zu berechnen, wenn der Anfang derselben nicht nach dem Tage des Vertragsschlusses, sondern nach einem anderen Zeitpunkte oder Ereignisse bestimmt worden ist.

Art. 329. Fällt der Zeitpunkt der Erfüllung auf einen Sonntag oder allgemeinen Feiertag, so gilt der nächste Werktag als der Tag der Erfüllung.

Art. 330. Soll die Erfüllung innerhalb eines gewissen Zeitraums geschehen, so muß sie vor Ablauf desselben erfolgen.

Fällt der letzte Tag des Zeitraums auf einen Sonntag oder allgemeinen Feiertag, so muß spätestens am nächstvorhergehenden Werktage erfüllt werden.

Art. 331. Abänderungen in diesen Zeitberechnungen (Art. 328 bis 330), soweit sie die Liquidationstermine der Börsengeschäfte betreffen, bleiben den Börsenordnungen[1] vorbehalten.

Art. 332. Die Erfüllung muß an dem Erfüllungstage während der gewöhnlichen Geschäftszeit geleistet und angenommen werden.

Art. 333. Ist die vertragsmäßige Frist zur Erfüllung einer Verbindlichkeit verlängert worden, so beginnt die neue Frist im Zweifel am ersten Tage nach Ablauf der alten Frist.

Art. 334. In allen Fällen, in welchen ein Verfalltag bestimmt worden ist, ist nach der Natur des Geschäfts und der Absicht der Kontrahenten zu beurtheilen, ob derselbe nur zu Gunsten eines der beiden Kontrahenten hinzugefügt worden ist.

Auch wenn der Schuldner hiernach vor dem Verfalltage zu zahlen befugt ist, ist er doch nicht berechtigt, ohne Einwilligung des

[1] Oesterr. G 1./4. 75.

Gläubigers den Diskonto abzuziehen, insofern nicht Uebereinkunft oder Handelsgebrauch ihn dazu ermächtigen.

Art. 335. Ist im Vertrage über die Beschaffenheit und Güte der Waare nichts Näheres bestimmt, so hat der Verpflichtete Handelsgut mittlerer Art und Güte zu gewähren.

Art. 336.[1] Maaß, Gewicht, Münzfuß, Münzsorten, Zeitrechnung und Entfernungen, welche an dem Orte gelten, wo der Vertrag erfüllt werden soll, sind im Zweifel als die vertragsmäßigen zu betrachten.

Ist die im Vertrage bestimmte Münzsorte am Zahlungsorte nicht im Umlauf oder nur eine Rechnungswährung, so kann der Betrag nach dem Werthe zur Verfallzeit in der Landesmünze gezahlt werden, sofern nicht durch den Gebrauch des Wortes „effektiv“ oder eines ähnlichen Zusatzes die Zahlung in der im Vertrage benannten Münzsorte ausdrücklich bedungen ist.

Zweiter Titel. Vom Kauf.

Art. 337. Das Anerbieten zum Verkauf, welches erkennbar für mehrere Personen, insbesondere durch Mittheilung von Preislisten, Lagerverzeichnissen, Proben oder Mustern geschieht, oder bei welchem die Waare, der Preis oder die Menge nicht bestimmt bezeichnet ist, ist kein verbindlicher Antrag zum Kauf.

Art. 338. Nach den Bestimmungen über den Kauf ist auch ein Handelsgeschäft zu beurtheilen, dessen Gegenstand in der Lieferung einer Quantität vertretbarer Sachen gegen einen bestimmten Preis besteht.

Art. 339. Ein Kauf auf Besicht oder auf Probe ist unter der in dem Willen des Käufers stehenden Bedingung geschlossen,

---

[1] Vgl. Betreffs des Geldes:

G betr. Ausprägung von Reichsgoldmünzen 4./12. 71 (RGBl 404); 9./7. 73 (Anh. VII, 1); 20./4. 74 (RGBl 35); 30./4. 74 (Anh. VII, 2); 14./3. 75 (Anh. II); 6./1. 76 (RGBl 3).

Deutsche Maaß- und Gewichtsordnung 17./8. 68 (BGBl 473), Deutsches RG nach RVerf. Art. 80, I, Nr. 11; für Bayern 26./11. 71 (RGBl 397); Elsaß-Lothringen G 19./12. 74, 1 (RGBl 75, 1); mit Ergänzungen und Abänderungen: 10./3. 70 (RGBl 46); 7./12. 73 (RGBl 377); 11./7. 84 (RGBl 115); Ausführungsbestimmungen dazu: Bek. 30./10. 84 (RGBl 215); Bek. 27./7. 85 (RGBl 263).

G betr. die Bezeichnung des Raumgehaltes der Schankgefäße 20./7. 81 (RGBl 249).

Aichordnung 27./12. 84 (RGBl 85, Beil. zu Nr. 5); Bek. 4./5. 85 (RGBl 176).

daß der Käufer die Waare besehen oder prüfen und genehmigen werde. Diese Bedingung ist im Zweifel eine aufschiebende.

Der Käufer ist vor seiner Genehmigung an den Kauf nicht gebunden. Der Verkäufer hört auf, gebunden zu sein, wenn der Käufer bis zum Ablauf der verabredeten oder ortsgebräuchlichen Frist nicht genehmigt.

In Ermangelung einer verabredeten oder ortsgebräuchlichen Frist kann der Verkäufer nach Ablauf einer den Umständen angemessenen Zeit den Käufer zur Erklärung auffordern; er hört auf, gebunden zu sein, wenn sich der Käufer auf die Aufforderung nicht sofort erklärt.

Ist die auf Besicht oder Probe verkaufte Waare zum Zweck der Besichtigung oder Probe bereits übergeben, so gilt das Stillschweigen des Käufers bis nach Ablauf der Frist oder auf die Aufforderung als Genehmigung.

Art. 340. Ein Kauf nach Probe oder Muster ist unbedingt, jedoch unter der Verpflichtung des Verkäufers geschlossen, daß die Waare der Probe oder dem Muster gemäß sei.

Art. 341. Ein Kauf zur Probe ist unbedingter Kauf unter Hinzufügung des Beweggrundes.

Art. 342. Hinsichtlich des Ortes der Erfüllung der Verbindlichkeiten des Verkäufers und des Käufers kommen die Bestimmungen des Artikel 324 Absatz 1 zur Anwendung.

Die Uebergabe der Waare geschieht, wenn aus diesen Bestimmungen sich nicht ein Anderes ergiebt, an dem Orte, wo der Verkäufer zur Zeit des Vertragsabschlusses seine Handelsniederlassung oder in deren Ermangelung seinen Wohnort hatte. Wenn jedoch eine bestimmte Sache verkauft ist, welche sich zur Zeit des Vertragsabschlusses mit Wissen der Kontrahenten an einem anderen Orte befand, so geschieht die Uebergabe an diesem Orte.

Der Kaufpreis ist bei der Uebergabe zu entrichten, sofern nicht ein Anderes durch die Natur des Geschäfts bedingt oder durch Vertrag oder Handelsgebrauch bestimmt ist. Im Uebrigen kommt die Bestimmung des Art. 325 auch in Bezug auf diese Zahlung zur Anwendung.

Art. 343. Der Verkäufer ist verpflichtet, die Waare, solange der Käufer mit der Empfangnahme nicht im Verzuge ist, mit der Sorgfalt eines ordentlichen Geschäftsmannes aufzubewahren.

Ist der Käufer mit der Empfangnahme der Waare im Verzuge, so kann der Verkäufer die Waare auf Gefahr und Kosten des Käufers in einem öffentlichen Lagerhause oder bei einem Dritten niederlegen. Er ist auch befugt, nach vorgängiger Androhung die Waare öffentlich verkaufen zu lassen; er darf, wenn die Waare einen Börsenpreis oder einen Marktpreis hat, nach vorgängiger Androhung den Verkauf auch nicht öffentlich durch einen Handelsmäkler oder in Ermangelung eines solchen durch einen zu Versteigerungen befugten Beamten zum laufenden Preise bewirken. Ist die Waare dem Verderben ausgesetzt und Gefahr im Verzuge, so bedarf es der vorgängigen Androhung nicht.

Von der Vollziehung des Verkaufs hat der Verkäufer den Käufer, soweit es thunlich, sofort zu benachrichtigen; bei Unterlassung ist er zum Schadensersatze verpflichtet.

Art. 344. Soll die Waare dem Käufer von einem anderen Orte übersendet werden, und hat der Käufer über die Art der Uebersendung nichts bestimmt, so gilt der Verkäufer für beauftragt, mit der Sorgfalt eines ordentlichen Kaufmanns die Bestimmung statt des Käufers zu treffen, insbesondere auch die Person zu bestimmen, durch welche der Transport der Waare besorgt oder ausgeführt werden soll.

Art. 345. Nach Uebergabe der Waare an den Spediteur oder Frachtführer oder die sonst zum Transport der Waare bestimmte Person trägt der Käufer die Gefahr, von welcher die Waare betroffen wird. Hat jedoch der Käufer eine besondere Anweisung über die Art der Uebersendung ertheilt, und ist der Verkäufer ohne dringende Veranlassung davon abgewichen, so ist dieser für den daraus entstandenen Schaden verantwortlich.

Der Verkäufer hat die Gefahr, von welcher die Waare auf dem Transport betroffen wird, in dem Falle zu tragen, wenn er gemäß dem Vertrage die Waare an dem Orte, wohin der Transport geschieht, zu liefern hat, so daß dieser Ort für ihn als der Ort der Erfüllung gilt. Daraus, daß der Verkäufer die Zahlung von Kosten oder Auslagen der Versendung übernommen hat, folgt für sich allein noch nicht, daß der Ort, wohin der Transport geschieht, für den Verkäufer als der Ort der Erfüllung gilt.

Durch die Bestimmungen dieses Artikels ist nicht ausgeschlossen, daß die Gefahr schon seit einem früheren Zeitpunkte von dem Käufer getragen wird, sofern dies nach dem bürgerlichen Recht der Fall sein würde.

Art. 346.[1] Der Käufer ist verpflichtet, die Waare zu empfangen,

---

[1] Vgl. RG 14./5. 79, betr. den Verkehr mit Nahrungsmitteln, Genußmitteln und Gebrauchsgegenständen (RGBl 145); mit Abänderung vom 29./6. 87 (RGBl 276); RG betr. die Verwendung gesundheitsschädlicher Farben bei der Herstellung von Nahrungsmitteln,

sofern sie vertragsmäßig beschaffen ist oder in Ermangelung besonderer Verabredung den gesetzlichen Erfordernissen entspricht (Art. 335).

Die Empfangnahme muß sofort geschehen, wenn nicht ein Anderes bedungen oder ortsgebräuchlich oder durch die Umstände geboten ist.

Art. 347. Ist die Waare von einem anderen Orte übersendet, so hat der Käufer ohne Verzug nach der Ablieferung, soweit dies nach dem ordnungsmäßigen Geschäftsgange thunlich ist, die Waare zu untersuchen, und wenn sich dieselbe nicht als vertragsmäßig oder gesetzmäßig (Art. 335) ergiebt, dem Verkäufer sofort davon Anzeige zu machen.

Versäumt er dies, so gilt die Waare als genehmigt, soweit es sich nicht um Mängel handelt, welche bei der sofortigen Untersuchung nach ordnungsmäßigem Geschäftsgange nicht erkennbar waren.

Ergeben sich später solche Mängel, so muß die Anzeige ohne Verzug nach der Entdeckung gemacht werden, widrigenfalls die Waare auch rücksichtlich dieser Mängel als genehmigt gilt.

Die vorstehende Bestimmung findet auch auf den Verkauf auf Besicht oder Probe oder nach Probe Anwendung, insoweit es sich um Mängel der übersendeten Waare handelt, welche bei ordnungsmäßigem Besicht oder ordnungsmäßiger Prüfung nicht erkennbar waren.

Art. 348. Wenn der Käufer die von einem anderen Orte übersendete Waare beanstandet, so ist er verpflichtet, für die einstweilige Aufbewahrung derselben zu sorgen.

Er kann, wenn sich bei der Ablieferung oder später Mängel ergeben, den Zustand der Waare durch Sachverständige feststellen lassen. Der Verkäufer ist in gleicher Weise berechtigt, diese Feststellung zu verlangen, wenn ihm der Käufer die Anzeige gemacht hat, daß er die Waare wegen Mängel beanstande.

Die Sachverständigen ernennt auf Antrag des Betheiligten das Handelsgericht oder in dessen Ermangelung der Richter des Orts.[1]

Die Sachverständigen haben das Gutachten schriftlich oder zu Protokoll zu erstatten.

Ist die Waare dem Verderben ausgesetzt und Gefahr im Verzuge, so kann der Käufer die Waare unter Beobachtung der Bestimmungen des Artikels 343 verkaufen lassen.

Genußmitteln und Gebrauchsgegenständen, 5./7. 87 (RGBl 277); RG, betr. den Verkehr mit blei- und zinkhaltigen Gegenständen 1./7. 87 (RGBl 273); 12./7. 87, betr. den Verkehr mit Ersatzmitteln für Butter (RGBl 375); Bek. dazu 30./7. und 12./11. (RGBl 383, 521).

[1] EG z. CPO 13: das Amtsgericht.

Art. 349. Der Mangel der vertragsmäßigen oder gesetzmäßigen Beschaffenheit der Waare kann von dem Käufer nicht geltend gemacht werden, wenn derselbe erst nach Ablauf von sechs Monaten seit der Ablieferung an den Käufer entdeckt worden ist.

Die Klagen gegen den Verkäufer wegen Mängel verjähren in sechs Monaten nach der Ablieferung an den Käufer.

Die Einreden sind erloschen, wenn die im Artikel 347 vorgeschriebene sofortige Absendung der Anzeige des Mangels nicht innerhalb sechs Monate nach der Ablieferung an den Käufer geschehen ist. Ist die Anzeige in dieser Weise erfolgt, so bleiben die Einreden bestehen.

An den besonderen Gesetzen oder Handelsgebräuchen, durch welche für einzelne Arten von Gegenständen eine kürzere Frist bestimmt ist, wird hierdurch nichts geändert.

Ist die Haftbarkeit des Verkäufers auf eine kürzere oder längere Frist vertragsmäßig festgesetzt, so hat es hierbei sein Bewenden.

Art. 350. Die Bestimmungen der Artikel 347 und 349 können von dem Verkäufer im Falle eines Betruges nicht geltend gemacht werden.

Art. 351. Sofern nicht durch Ortsgebrauch oder besondere Abrede ein Anderes bestimmt ist, trägt der Verkäufer die Kosten der Uebergabe, insbesondere des Messens und Wägens; der Käufer die Kosten der Abnahme.

Art. 352. Ist der Kaufpreis nach dem Gewicht der Waare zu berechnen, so kommt das Gewicht der Verpackung (Taragewicht) in Abzug, wenn nicht durch besondere Abrede oder durch den Handelsgebrauch am Orte der Uebergabe ein Anderes bestimmt ist. Ob und in welcher Höhe das Taragewicht nach einem bestimmten Ansatze oder Verhältnisse statt nach genauer Ausmittelung abzuziehen ist, ingleichen ob und wieviel als Gutgewicht zu Gunsten des Käufers zu berechnen ist, oder als Vergütung für schadhafte oder unbrauchbare Theile (Refaktie) gefordert werden kann, ist nach dem Vertrage oder dem Handelsgebrauche am Orte der Uebergabe zu beurtheilen.

Art. 353. Ist im Vertrage der Marktpreis oder der Börsenpreis als Kaufpreis bestimmt, so ist im Zweifel hierunter der laufende Preis, welcher zur Zeit und an dem Orte der Erfüllung oder an dem für letzteren maaßgebenden Handelsplatze nach den dafür bestehenden örtlichen Einrichtungen festgestellt ist, in Ermangelung einer solchen Feststellung oder bei nachgewiesener Unrichtigkeit derselben, der mittlere Preis zu verstehen, welcher sich aus der Vergleichung der zur Zeit und am Orte der Erfüllung geschlossenen Kaufverträge ergiebt.

Art. 354.[1] Wenn der Käufer mit der Zahlung des Kaufpreises im Verzuge und die Waare noch nicht übergeben ist, so hat der Verkäufer die Wahl, ob er die Erfüllung des Vertrages und Schadenersatz wegen verspäteter Erfüllung verlangen, oder ob er statt der Erfüllung die Waare unter Beobachtung der Bestimmungen des Artikels 343 für Rechnung des Käufers verkaufen und Schadenersatz fordern, oder ob er von dem Vertrage abgehen will, gleich als ob derselbe nicht geschlossen wäre.

Art. 355. Wenn der Verkäufer mit der Uebergabe der Waare im Verzuge ist, so hat der Käufer die Wahl, ob er die Erfüllung nebst Schadenersatz wegen verspäteter Erfüllung verlangen, oder ob er statt der Erfüllung Schadenersatz wegen Nichterfüllung fordern oder von dem Vertrage abgehen will, gleich als ob derselbe nicht geschlossen wäre.

Art. 356. Will ein Kontrahent auf Grund der Bestimmungen der vorigen Artikel statt der Erfüllung Schadenersatz wegen Nichterfüllung fordern oder von dem Vertrage abgehen, so muß er dies dem anderen Kontrahenten anzeigen und ihm dabei, wenn die Natur des Geschäfts dies zuläßt, noch eine den Umständen angemessene Frist zur Nachholung des Versäumten gewähren.

Art. 357. Ist bedungen, daß die Waare genau zu einer festbestimmten Zeit oder binnen einer festbestimmten Frist geliefert werden soll, so kommt der Artikel 356 nicht zur Anwendung. Der Käufer sowie der Verkäufer kann die Rechte, welche ihm gemäß Artikel 354 oder 355 zustehen, nach seiner Wahl ausüben. Es muß jedoch derjenige, welcher auf der Erfüllung bestehen will, dies unverzüglich nach Ablauf der Zeit oder der Frist dem anderen Kontrahenten anzeigen; unterläßt er dies, so kann er später nicht auf der Erfüllung bestehen.

Will der Verkäufer statt der Erfüllung für Rechnung des säumigen Käufers verkaufen, so muß er, im Falle die Waare einen Markt- oder Börsenpreis hat, den Verkauf unverzüglich nach Ablauf

---

[1] Vgl. KO 15: Wenn ein zweiseitiger Vertrag zur Zeit der Eröffnung des Konkursverfahrens von dem Gemeinschuldner und von dem anderen Theile nicht oder nicht vollständig erfüllt ist, so kann der Konkursverwalter an Stelle des Gemeinschuldners den Vertrag erfüllen und die Erfüllung von dem anderen Theile verlangen.

Der Verwalter muß auf Erfordern des anderen Theils, auch wenn die Erfüllungszeit noch nicht eingetreten ist, demselben ohne Verzug erklären, ob er die Erfüllung verlangen will. Unterläßt er dies, so kann er auf der Erfüllung nicht bestehen.

36 s. oben zu Art. 306. Oesterr. G 1./4. 75, 16.

der Zeit oder der Frist vornehmen. Ein späterer Verkauf gilt nicht als für Rechnung des Käufers geschehen. Eine vorgängige Androhung ist nicht erforderlich, dagegen hat der Verkäufer auch in diesem Falle den bewirkten Verkauf dem Käufer ungesäumt anzuzeigen.

Wenn der Käufer statt der Erfüllung Schadenersatz wegen Nichterfüllung fordert, so besteht, im Falle die Waare einen Markt- oder Börsenpreis hat, der Betrag des von dem Verkäufer zu leistenden Schadenersatzes in der Differenz zwischen dem Kaufpreise und dem Markt- und Börsenpreise zur Zeit und am Orte der geschuldeten Lieferung, unbeschadet des Rechts des Käufers, einen erweislich höheren Schaden geltend zu machen.[1]

Art. 358. In den Fällen des Artikel 357 ist jeder Kontrahent berechtigt, den Verzug des andern Kontrahenten auf dessen Kosten durch eine öffentliche Urkunde (Protest) feststellen zu lassen.

Art. 359. Wenn in den Fällen der Artikel 354, 355 und 357 sich aus den Umständen, insbesondere aus der Natur des Vertrages, aus der Absicht der Kontrahenten oder aus der Beschaffenheit des zu leistenden Gegenstandes ergiebt, daß die Erfüllung des Vertrages auf beiden Seiten theilbar ist, so kann das Abgehen des einen Kontrahenten von dem Vertrage nur in Betreff des von dem anderen Kontrahenten nicht erfüllten Theiles des Vertrages erfolgen.

Dritter Titel. Von dem Kommissionsgeschäft.

Art. 360. Kommissionär ist derjenige, welcher gewerbemäßig in eigenem Namen für Rechnung eines Auftraggebers (Kommittenten) Handelsgeschäfte schließt.

---

[1] **KO** 16: War die Lieferung von Waaren, welche einen Markt- oder Börsenpreis haben, genau zu einer festbestimmten Zeit oder binnen einer festbestimmten Frist bedungen, und tritt die Zeit oder der Ablauf der Frist erst nach der Eröffnung des Verfahrens ein, so kann nicht die Erfüllung verlangt, sondern nur eine Forderung wegen Nichterfüllung geltend gemacht werden.

Der Betrag dieser Forderung bestimmt sich durch den Unterschied zwischen dem Kaufpreise und demjenigen Markt- oder Börsenpreise, welcher an dem Orte der Erfüllung oder an dem für denselben maaßgebenden Handelsplatze sich für die am zweiten Werktage nach der Eröffnung des Verfahrens mit der bedungenen Erfüllungszeit geschlossenen Geschäfte ergiebt.

Ist ein solcher Markt- oder Börsenpreis nicht zu ermitteln, so findet die Bestimmung des ersten Absatzes keine Anwendung.

Oesterr. G 1./4. 75, 13: **Bei der Entscheidung von Rechtsstreitigkeiten aus Börsengeschäften (§ 12) ist die Einwendung, daß dem Anspruche ein als Wette oder Spiel zu beurtheilendes Differenzgeschäft zu Grunde liege, unstatthaft.**

Durch die Geschäfte, welche der Kommissionär mit Dritten schließt, wird er allein berechtigt und verpflichtet. Zwischen dem Kommittenten und den Dritten entstehen daraus keine Rechte und Pflichten.

Ist von dem Auftraggeber ausdrücklich bestimmt, daß das Geschäft auf seinen Namen abgeschlossen werden soll, so ist dies keine kaufmännische Kommission, sondern ein gewöhnlicher Auftrag zu einem Handelsgeschäft.

Art. 361. Der Kommissionär hat das Geschäft mit der Sorgfalt eines ordentlichen Kaufmanns im Interesse des Kommittenten gemäß dem Auftrage auszuführen; er hat dem Kommittenten die erforderlichen Nachrichten zu geben, insbesondere sofort nach der Ausführung des Auftrages davon Anzeige zu machen; er ist verpflichtet, dem Kommittenten über das Geschäft Rechenschaft zu geben und ihm dasjenige zu leisten, was er aus dem Geschäft zu fordern hat.

Art. 362. Handelt der Kommissionär nicht gemäß dem übernommenen Auftrage, so ist er dem Kommittenten zum Ersatze des Schadens verpflichtet; der Kommittent ist nicht gehalten, das Geschäft für seine Rechnung gelten zu lassen.

Art. 363. Hat der Kommissionär unter dem ihm gesetzten Preise verkauft, so muß er dem Kommittenten den Unterschied im Preise vergüten, sofern er nicht beweist, daß ein Verkauf zu dem gesetzten Preise nicht ausgeführt werden konnte und die Vornahme des Verkaufs von dem Kommittenten Schaden abgewendet hat.

Art. 364. Hat der Kommissionär den für den Einkauf gesetzten Preis überschritten, so kann der Kommittent den Einkauf als nicht für seine Rechnung geschehen zurückweisen, sofern sich der Kommissionär nicht zugleich mit der Einkaufsanzeige zur Deckung des Unterschiedes erbietet.

Der Kommittent, welcher den Einkauf als nicht für seine Rechnung geschehen zurückweisen will, muß dies ohne Verzug auf die Einkaufsanzeige erklären, widrigenfalls die Ueberschreitung des Auftrages als genehmigt gilt.

Art. 365. Wenn das Gut, welches dem Kommissionär zugesandt wird, bei der Ablieferung sich in einem äußerlich erkennbar beschädigten oder mangelhaften Zustande befindet, so muß der Kommissionär die Rechte gegen den Frachtführer oder Schiffer wahren, für den Beweis jenes Zustandes sorgen und dem Kommittenten ohne Verzug Nachricht geben.

Im Unterlassungsfalle ist er für den daraus entstandenen Schaden verantwortlich.

Er kann den Zustand durch Sachverständige feststellen lassen, und wenn das Gut dem Verderben ausgesetzt und Gefahr im Verzuge ist, unter Beobachtung der Bestimmungen des Artikels 343 den Verkauf des Gutes bewirken.[1]

Art. 366. Treten Veränderungen an dem Gute ein, welche dessen Entwerthung befürchten lassen, und ist keine Zeit vorhanden, die Verfügung des Kommittenten einzuholen, oder der Kommittent in der Ertheilung der Verfügung säumig, so kann der Kommissionär unter Beobachtung der Bestimmungen des Artikels 343 den Verkauf des Guts veranlassen.

Ein gleiches Recht hat der Kommissionär in allen anderen Fällen, in welchen der Kommittent, obwohl hierzu nach Lage der Sache verpflichtet, über das Gut zu verfügen unterläßt.

Art. 367. Für Verlust oder Beschädigung des Guts ist der Kommissionär, während er Aufbewahrer desselben ist, verantwortlich, wenn er nicht beweist, daß der Verlust oder die Beschädigung durch Umstände herbeigeführt ist, welche durch die Sorgfalt eines ordentlichen Kaufmanns nicht abgewendet werden konnten.

Der Kommissionär ist wegen Unterlassung der Versicherung des Guts nur dann verantwortlich, wenn er von dem Kommittenten den Auftrag zur Versicherung erhalten hat.

Art. 368. Forderungen aus einem Geschäft, welches der Kommissionär abgeschlossen hat, kann der Kommittent dem Schuldner gegenüber erst nach der Abtretung geltend machen.

Jedoch gelten solche Forderungen, auch wenn sie nicht abgetreten sind, im Verhältniß zwischen dem Kommittenten und dem Kommissionär oder dessen Gläubigern als Forderungen des Kommittenten.

Art. 369. Der Kommissionär, welcher ohne Einwilligung des Kommittenten einem Dritten Vorschüsse macht oder Kredit giebt, thut dies auf eigene Gefahr.

Insoweit jedoch der Handelsgebrauch am Orte des Geschäfts das Kreditiren des Kaufpreises mit sich bringt, ist in Ermangelung einer anderen Bestimmung des Kommittenten auch der Kommissionär dazu berechtigt.

Hat der Kommissionär unbefugt auf Kredit verkauft, so hat er dem Kommittenten, welcher dies nicht genehmigt, sofort als Schuldner des Kaufpreises die Zahlung zu leisten. Beweist der Kommissionär, daß beim Verkauf gegen Baar der Preis ein geringerer gewesen sein würde, so hat er nur diesen Preis und, wenn derselbe geringer ist, als der auftraggemäße Preis, auch den Unterschied gemäß Artikel 363 zu vergüten.

---

[1] Vgl. Anmerkung zu Art. 348.

Art. 370. Der Kommissionär steht für die Zahlung oder für die anderweitige Erfüllung der Verbindlichkeit seines Kontrahenten ein, wenn dies von ihm übernommen oder am Orte seiner Niederlassung Handelsgebrauch ist.

Der Kommissionär, welcher für seinen Kontrahenten einsteht, ist dem Kommittenten für die gehörige Erfüllung im Zeitpunkte des Verfalls unmittelbar und persönlich insoweit verhaftet, als solche aus dem Vertragsverhältnisse überhaupt rechtlich gefordert werden kann.

Der Kommissionär, welcher für seinen Kontrahenten einsteht, ist dafür zu einer Vergütung (del credere-Provision) berechtigt.

Art. 371. Der Kommittent ist schuldig, dem Kommissionär zu ersetzen, was dieser an baaren Auslagen oder überhaupt zum Vollzuge des Geschäfts nothwendig oder nützlich aufgewendet hat. Hierzu gehört auch die Vergütung für die Benutzung der Lagerräume und der Transportmittel des Kommissionärs und der Arbeit seiner Leute.

Der Kommissionär hat die Provision zu fordern, wenn das Geschäft zur Ausführung gekommen ist. Für Geschäfte, welche nicht zur Ausführung gekommen sind, kann eine Provision nicht gefordert werden; jedoch hat der Kommissionär das Recht auf die Auslieferungsprovision, sofern eine solche ortsgebräuchlich ist.

Art. 372. Wenn der Kommissionär zu vorteilhafteren Bedingungen abschließt, als sie ihm vom Kommittenten gestellt worden, so kommt der Vortheil dem letzteren allein zu Statten.

Dies gilt insbesondere, wenn der Preis, für welchen der Kommissionär verkauft, den vom Kommittenten bestimmten niedrigsten Preis übersteigt, oder wenn der Preis, für welchen er einkauft, den vom Kommittenten bestimmten höchsten Preis nicht erreicht.

Art. 373. Ein Kommissionär, welcher den Ankauf eines Wechsels übernommen hat, ist, wenn er den Wechsel indossirt, verpflichtet, denselben regelmäßig und ohne Vorbehalt zu indossiren.

Art. 374. Der Kommissionär hat an dem Kommissionsgut, sofern er dasselbe noch in seinem Gewahrsam hat oder sonst, insbesondere mittelst der Konnossemente, Ladescheine oder Lagerscheine, noch in der Lage ist, darüber zu verfügen, ein Pfandrecht wegen der auf das Gut verwendeten Kosten, wegen der Provision, wegen der rücksichtlich des Gutes gegebenen Vorschüsse und Darlehen, wegen der rücksichtlich desselben gezeichneten Wechsel oder in anderer Weise eingegangenen Verbindlichkeiten, sowie wegen aller Forderungen aus laufender Rechnung in Kommissionsgeschäften.

Der Kommissionär kann sich für die vorstehend erwähnten Ansprüche aus den durch das Kommissionsgeschäft begründeten und noch ausstehenden Forderungen vorzugsweise vor dem Kommittenten und dessen Gläubigern befriedigen.[1]

Art. 375.[2] Ist der Kommittent in Erfüllung der in dem vorigen Artikel bezeichneten Verpflichtungen gegen den Kommissionär im Verzuge, so ist der letztere berechtigt, sich unter Beobachtung der Vorschriften des Artikels 310 aus dem Kommissionsgute bezahlt zu machen; er hat dieses Recht auch gegenüber den übrigen Gläubigern und der Konkursmasse des Kommittenten.

Art. 376. Bei der Kommission zum Einkauf oder zum Verkauf von Waaren, Wechseln und Werthpapieren, welche einen Börsenpreis oder Marktpreis haben, ist der Kommissionär, wenn der Kommittent nicht ein Anderes bestimmt hat, befugt, das Gut, welches er einkaufen soll, selbst als Verkäufer zu liefern, oder das Gut, welches er zu verkaufen beauftragt ist, als Käufer für sich zu behalten.

In diesem Falle ist die Pflicht des Kommissionärs, Rechenschaft über die Abschließung des Kaufs oder Verkaufs zu geben, auf den Nachweis beschränkt, daß bei dem berechneten Preise der Börsenpreis oder Marktpreis zur Zeit der Ausführung des Auftrags eingehalten ist. Er ist zu der gewöhnlichen Provision berechtigt und kann die bei Kommissionsgeschäften sonst regelmäßig vorkommenden Unkosten berechnen.

Macht der Kommissionär nicht zugleich mit der Anzeige über die Ausführung des Auftrages eine andere Person als Käufer oder Verkäufer namhaft, so ist der Kommittent befugt, den Kommissionär selbst als Käufer oder Verkäufer in Anspruch zu nehmen.

Art. 377. Wenn der Kommittent den Auftrag widerruft und der Widerruf bei dem Kommissionär eintrifft, bevor die Anzeige von der Ausführung des Auftrages Behufs ihrer Absendung abgegeben ist, so kann sich der Kommissionär der Befugniß, selbst als Käufer oder Verkänfer aufzutreten, nicht mehr bedienen.

Art. 378. Die Bestimmungen dieses Titels kommen auch zur Anwendung, wenn ein Kaufmann, dessen gewöhnlicher Handelsbetrieb nicht in Kommissionsgeschäften besteht, ein eigenes Handelsgeschäft in eigenem Namen für Rechnung eines Auftraggebers schließt.

Vierter Titel. Von dem Speditionsgeschäfte.

Art. 379. Spediteur ist derjenige, welcher gewerbemäßig in eigenem Namen für fremde Rechnung Güterversendungen durch Frachtführer oder Schiffer zu besorgen übernimmt.

[1] Vgl. KO 36 (oben zu Art. 306); 41, 8 (oben zu Art. 309).
[2] KO 36 (oben zu Art. 306).

Art. 380. Der Spediteur haftet für jeden Schaden, welcher aus der Vernachlässigung der Sorgfalt eines ordentlichen Kaufmanns bei der Empfangnahme und Aufbewahrung des Gutes, bei der Wahl der Frachtführer, Schiffer oder Zwischenspediteure und überhaupt bei der Ausführung der von ihm übernommenen Versendung der Güter entsteht.

Der Spediteur hat die Anwendung dieser Sorgfalt zu beweisen.

Art. 381. Der Spediteur hat die Provision und die Erstattung dessen zu fordern, was er an Auslagen und Kosten oder überhaupt zum Zweck der Versendung nothwendig oder nützlich aufgewendet hat (Art. 371).

Er ist nicht befugt, eine höhere als die mit dem Frachtführer oder Schiffer bedungene Fracht zu berechnen.

Art. 382. Der Spediteur hat wegen der Fracht, der Provision, der Auslagen, Kosten und Verwendungen und wegen der dem Versender auf das Gut geleisteten Vorschüsse ein Pfandrecht an dem Gute, sofern er dasselbe noch in seinem Gewahrsam hat oder in der Lage ist, darüber zu verfügen.

Er kann dieses Recht auch gegenüber den übrigen Gläubigern und der Konkursmasse des Eigenthümers geltend machen.[1]

Bedient sich der Spediteur eines Zwischenspediteurs, so hat der letztere zugleich die seinem Vormann zustehenden Rechte, insbesondere dessen Pfandrecht, auszuüben.

Soweit der Vormann wegen seiner Forderung durch Nachnahme von dem Nachmann befriedigt ist, geht die Forderung und das Pfandrecht des Vormanns von Rechtswegen auf den Nachmann über. Dasselbe gilt in Bezug auf die Forderung und das Pfandrecht des Frachtführers, wenn und insoweit der letztere von dem Zwischenspediteur befriedigt ist.

Art. 383. Ein Spediteur, welcher die Versendung durch Frachtführer oder Schiffer, jedoch mittelst von ihm für eigene Rechnung gemietheter Transportmittel besorgt, kann die gewöhnliche Fracht nebst der Provision und den sonstigen Kosten berechnen.

Art. 384. Wenn ein Spediteur mit dem Absender oder Empfänger über bestimmte Sätze der Transportkosten sich geeinigt hat, so haftet er, in Ermangelung einer entgegenstehenden Vereinbarung, für die von ihm angenommenen Zwischenspediteure und Frachtführer. Er ist in diesem Falle zur Provision nur dann berechtigt, wenn vereinbart ist, daß eine solche neben den bestimmten Sätzen der Transportkosten gefordert werden könne.

---

[1] KO 46, 8 (oben zu Art. 309).

Art. 385. Der Spediteur ist, wenn nicht ein Anderes bestimmt ist, befugt, den Transport der Güter selbst auszuführen.

Wenn er sich dieser Befugniß bedient, so hat er zugleich die Rechte und Pflichten eines Frachtführers und kann die gewöhnliche Fracht, die Provision und die bei Speditionsgeschäften sonst regelmäßig vorkommenden Unkosten berechnen.

Art. 386. Die Klagen gegen den Spediteur wegen gänzlichen Verlustes oder wegen Verminderung, Beschädigung oder verspäteter Ablieferung des Guts verjähren nach einem Jahre.

Die Frist beginnt in Ansehung der Klagen wegen des gänzlichen Verlustes mit dem Ablauf des Tages, an welchem die Ablieferung hätte bewirkt sein müssen; in Ansehung der Klagen wegen Verminderung, Beschädigung oder verspäteter Ablieferung mit dem Ablauf des Tages, an welchem die Ablieferung geschehen ist.

In gleicher Art sind die Einreden wegen Verlustes, Verminderung, Beschädigung oder verspäteter Ablieferung des Guts erloschen, wenn nicht die Anzeige von diesen Thatsachen an den Spediteur binnen der einjährigen Frist abgesandt worden ist.

Die Bestimmungen dieses Artikels finden in Fällen des Betruges oder der Veruntreuung des Spediteurs keine Anwendung.

Art. 387. Im Uebrigen sind die Rechte und Pflichten des Spediteurs, soweit dieser Titel keine Bestimmungen darüber enthält, nach den Grundsätzen des vorigen Titels zu beurtheilen; insbesondere kommen die Bestimmungen, welche in den Artikeln 365 bis 367 für den Kommissionär gegeben sind, auch für den Spediteur zur Anwendung.

Art. 388. Wenn ein Kaufmann, dessen gewöhnlicher Handelsbetrieb nicht in Speditionsgeschäften besteht, eine Güterversendung durch Frachtführer oder Schiffer für fremde Rechnung in eigenem Namen zu besorgen übernimmt, so gelten in Ansehung eines solchen Geschäfts die Vorschriften dieses Titels.

Art. 389. Die Bestimmungen dieses Titels finden keine Anwendung auf Personen, welche nur die Vermittelung von Frachtverträgen zwischen dem Absender und dem Frachtführer oder Schiffer bewirken (Frachtmäkler, Güterbestätter, Schiffsprokureure).

Fünfter Titel. Von dem Frachtgeschäft.

Erster Abschnitt.

Vom Frachtgeschäft überhaupt.

Art. 390. Frachtführer ist derjenige, welcher gewerbemäßig den Transport von Gütern zu Lande oder auf Flüssen oder Binnengewässern ausführt.

Art. 391. Der Frachtbrief dient als Beweis über den Vertrag zwischen dem Frachtführer und dem Absender.

Der Frachtführer kann die Ausstellung eines Frachtbriefes verlangen.

Art. 392. Der Frachtbrief enthält:

1. die Bezeichnung des Guts nach Beschaffenheit, Menge und Merkzeichen;
2. den Namen und Wohnort des Frachtführers;
3. den Namen des Absenders;
4. den Namen dessen, an welchen das Gut abgeliefert werden soll;
5. den Ort der Ablieferung;
6. die Bestimmung in Ansehung der Fracht;
7. den Ort und Tag der Ausstellung;
8. die besonderen Vereinbarungen, welche die Parteien etwa noch über andere Punkte, namentlich über die Zeit, innerhalb welcher der Transport bewirkt werden soll, und über die Entschädigung wegen verspäteter Ablieferung, getroffen haben.

Art. 393. Der Absender ist verpflichtet, bei Gütern, welche vor der Ablieferung an den Empfänger einer zoll- oder steueramtlichen Behandlung unterliegen, den Frachtführer in den Besitz der deshalb erforderlichen Begleitpapiere zu setzen. Er haftet dem Frachtführer, sofern nicht diesem selbst ein Verschulden zur Last fällt, für alle Strafen und Schäden, welche denselben wegen Unrichtigkeit oder Unzulänglichkeit der Begleitpapiere treffen.

Art. 394. Ist über die Zeit, binnen welcher der Frachtführer den Transport bewirken soll, im Frachtvertrage nichts bedungen, so wird die Frist, innerhalb deren er die Reise antreten muß, durch den Ortsgebrauch bestimmt; besteht ein Ortsgebrauch nicht, so ist die Reise binnen einer den Umständen des Falles angemessenen Frist anzutreten.

Wird der Antritt oder die Fortsetzung der Reise durch Naturereignisse oder sonstige Zufälle zeitweilig verhindert, so braucht der Absender die Aufhebung des Hindernisses nicht abzuwarten, er kann vielmehr von dem Vertrage zurücktreten, muß aber den Frachtführer, sofern demselben kein Verschulden zur Last fällt, wegen der Kosten zur Vorbereitung der Reise, der Kosten der Wiederausladung und der Ansprüche in Beziehung auf die bereits zurückgelegte Reise entschädigen. Ueber die Höhe der Entschädigung entscheidet der Ortsgebrauch und in dessen Ermangelung das richterliche Ermessen.

Art. 395. Der Frachtführer haftet für den Schaden, welcher durch Verlust oder Beschädigung des Frachtguts seit der Empfangnahme bis zur Ablieferung entstanden ist, sofern er nicht beweist, daß der Verlust oder die Beschädigung durch höhere Gewalt (vis major) oder durch die natürliche Beschaffenheit des Guts, namentlich durch inneren Verderb, Schwinden, gewöhnliche Leckage u. dgl., oder durch äußerlich nicht erkennbare Mängel der Verpackung entstanden ist.

Für Kostbarkeiten, Gelder und Werthpapiere haftet der Frachtführer nur dann, wenn ihm diese Beschaffenheit oder der Werth des Guts angegeben ist.

Art. 396. Wenn auf Grund des vorhergehenden Artikels von dem Frachtführer für Verlust oder Beschädigung des Guts Ersatz geleistet werden muß, so ist der Berechnung des Schadens nur der gemeine Handelswerth des Guts zu Grunde zu legen.

Im Falle des Verlustes ist der gemeine Handelswerth zu ersetzen, welchen Gut derselben Art und Beschaffenheit am Ort der Ablieferung zu der Zeit hatte, in welcher das Gut abzuliefern war; davon kommt in Abzug, was in Folge des Verlustes an Zöllen und Unkosten erspart ist.

Im Falle der Beschädigung ist der Unterschied zwischen dem Verkaufswerth des Guts im beschädigten Zustande und dem gemeinen Handelswerth zu ersetzen, welchen das Gut ohne diese Beschädigung am Ort und zur Zeit der Ablieferung gehabt haben würde, nach Abzug der Zölle und Unkosten, soweit sie in Folge der Beschädigung erspart sind.

Hat das Gut keinen Handelswerth, so ist der Berechnung des Schadens der gemeine Werth des Guts zu Grunde zu legen.

Wenn dem Frachtführer eine bösliche Handlungsweise nachgewiesen wird, so hat er den vollen Schaden zu ersetzen.

Art. 397. Der Frachtführer haftet für den Schaden, welcher durch Versäumung der bedungenen oder üblichen Lieferungszeit entstanden ist, sofern er nicht beweist, daß er die Verspätung durch Anwendung der Sorgfalt eines ordentlichen Frachtführers nicht habe abwenden können.

Art. 398. Ist für den Fall verspäteter Ablieferung ein Abzug an der Fracht oder der Verlust der Fracht oder sonst eine Konventionalstrafe bedungen, so kann im Zweifel außerdem auch der Ersatz des diesen Betrag übersteigenden Schadens gefordert werden, welcher durch die verspätete Ablieferung entstanden ist.

Art. 399. Beweist der Frachtführer, daß er die Verspätung durch die Sorgfalt eines ordentlichen Frachtführers nicht habe abwenden können, so kann die bedungene gänzliche oder theilweise Einbehaltung der Fracht, oder die Konventionalstrafe wegen verspäteter Ablieferung nicht in Anspruch genommen werden, es sei denn, daß sich aus dem Vertrage eine entgegenstehende Absicht ergiebt.

Art. 400. Der Frachtführer haftet für seine Leute und für andere Personen, deren er sich bei Ausführung des von ihm übernommenen Transports bedient.

Art. 401. Wenn der Frachtführer zur gänzlichen oder theilweisen Ausführung des von ihm übernommenen Transports das Gut einem anderen Frachtführer übergiebt, so haftet er für diesen und die etwa folgenden Frachtführer bis zur Ablieferung.

Jeder Frachtführer, welcher auf einen anderen Frachtführer folgt, tritt dadurch, daß er das Gut mit dem ursprünglichen Frachtbrief annimmt, in den Frachtvertrag gemäß dem Frachtbrief ein, übernimmt eine selbstständige Verpflichtung, den Transport nach Inhalt des Frachtbriefes auszuführen, und hat auch in Bezug auf den von den früheren Frachtführern bereits ausgeführten Transport für die Verbindlichkeiten derselben einzustehen.

Art. 402. Der Frachtführer hat den späteren Anweisungen des Absenders wegen Zurückgabe des Guts oder wegen Auslieferung desselben an einen anderen als den im Frachtbriefe bezeichneten Empfänger so lange Folge zu leisten, als er nicht letzterem nach Ankunft des Guts am Ort der Ablieferung den Frachtbrief übergeben hat.

Ist dies bereits geschehen, so hat er nur die Anweisungen des bezeichneten Empfängers zu beachten, widrigenfalls er demselben für das Gut verhaftet ist.

Art. 403. Der Frachtführer ist verpflichtet, am Ort der Ablieferung dem durch den Frachtbrief bezeichneten Empfänger das Frachtgut auszuhändigen.

Art. 404. Der im Frachtbriefe bezeichnete Empfänger ist vor Ankunft des Guts am Ort der Ablieferung dem Frachtführer gegenüber berechtigt, alle zur Sicherstellung des Guts erforderlichen Maaßregeln zu ergreifen und dem Frachtführer die zu diesem Zweck nothwendigen Anweisungen zu ertheilen; die Auslieferung des Guts kann er vor dessen Ankunft am Ort der Ablieferung nur dann fordern, wenn der Absender den Frachtführer zu derselben ermächtigt hat.

Art. 405. Nach Ankunft des Frachtführers am Ort der Ablieferung ist der im Frachtbriefe bezeichnete Empfänger berechtigt, die durch den Frachtvertrag begründeten Rechte gegen Erfüllung der Verpflichtungen, wie sie der Frachtbrief ergiebt, in eigenem Namen gegen den Frachtführer geltend zu machen, sei es, daß er hierbei in eigenem oder fremdem Interesse handle; er ist insbesondere berechtigt, den Frachtführer auf Uebergabe des Frachtbriefes und Auslieferung des Guts zu belangen, sofern nicht der Absender demselben vor Anstellung der Klage eine nach Maaßgabe des Artikels 402 noch zulässige entgegenstehende Anweisung gegeben hat.

Art. 406. Durch Annahme des Guts und des Frachtbriefes wird der Empfänger verpflichtet, dem Frachtführer nach Maaßgabe des Frachtbriefes Zahlung zu leisten.

Art. 407. Wenn der bezeichnete Empfänger des Guts nicht auszumitteln ist oder die Annahme verweigert, oder wenn Streit über die Annahme oder den Zustand des Guts entsteht, so kann der Betheiligte den letzteren durch Sachverständige feststellen lassen.

Die Sachverständigen ernennt auf das Ansuchen des Betheiligten das Handelsgericht oder in dessen Ermangelung der Richter des Orts.[1]

Die Sachverständigen haben ihr Gutachten schriftlich oder zu Protokoll zu erstatten.

Das Gericht kann auf Ansuchen des Betheiligten verordnen, daß das Gut in einem öffentlichen Lagerhause oder bei einem Dritten niedergelegt, und daß es ganz oder zu einem entsprechenden Theile Behufs Bezahlung der Fracht und der übrigen Forderungen des Frachtführers öffentlich verkauft wird.

Ueber das Ansuchen um Ernennung von Sachverständigen oder um Verfügung des Gerichts wegen Niederlegung und wegen Verkaufs des Guts wird die Gegenpartei, wenn sie am Orte anwesend ist, gehört.

Art. 408. Durch Annahme des Guts und Bezahlung der Fracht erlischt jeder Anspruch gegen den Frachtführer.

Nur wegen Verlustes oder Beschädigung, welche bei der Ablieferung äußerlich nicht erkennbar waren, kann der Frachtführer selbst nach der Annahme und nach Bezahlung der Fracht in Anspruch genommen werden, wenn die Feststellung des Verlustes oder der Beschädigung ohne Verzug nach der Entdeckung nachgesucht worden ist, und bewiesen wird, daß der Verlust oder die Beschädigung während der Zeit seit der Empfangnahme bis zur Ablieferung entstanden ist.

Die Bestimmungen über die Verjährung der Klagen und Einreden des Spediteurs wegen Verlustes, Beschädigung oder verspäteter Ablieferung des Guts (Art. 386) finden auch auf den Frachtführer Anwendung.

Art. 409. Der Frachtführer hat wegen aller durch den Frachtvertrag begründeten Forderungen, insbesondere der Fracht- und Liegegelder, sowie wegen der Zollgelder und anderer Auslagen ein Pfand-

[1] Siehe zu Artikel 348.

recht an dem Frachtgut. Dieses Pfandrecht besteht, so lange das Gut zurückbehalten oder niedergelegt ist; es dauert auch nach der Ablieferung noch fort, insofern der Frachtführer es binnen drei Tagen nach der Ablieferung gerichtlich geltend macht, und das Gut noch bei dem Empfänger oder bei einem Dritten sich befindet, welcher es für den Empfänger besitzt.

Er kann zu seiner Befriedigung den Verkauf des Guts oder eines Theils desselben veranlassen (Art. 407).

Er hat dieses Recht auch gegenüber den übrigen Gläubigern und der Konkursmasse des Eigenthümers.[1]

Art. 410. Geht das Gut durch die Hände mehrerer Frachtführer, so hat der letzte bei der Ablieferung, sofern nicht der Frachtbrief das Gegentheil bestimmt, auch die aus dem Frachtbriefe sich ergebenden Forderungen der vorhergehenden einzuziehen und deren Rechte, insbesondere auch das Pfandrecht, auszuüben.

Der vorhergehende Frachtführer, welcher von dem nachfolgenden befriedigt ist, überträgt auf diesen von Rechtswegen seine Forderung und sein Pfandrecht.

In gleicher Art wird die Forderung und das Pfandrecht des Spediteurs auf den nachfolgenden Spediteur und den Frachtführer übertragen.

Das Pfandrecht der Vormänner besteht so lange, als das Pfandrecht des letzten Frachtführers.

Art. 411. Wenn auf demselben Gute zwei oder mehrere gemäß den Artikeln 374, 382 und 409 begründete Pfandrechte bestehen, so geht unter denjenigen Pfandrechten, welche durch die Versendung oder durch den Transport des Guts entstanden sind, das später entstandene dem früher entstandenen vor; diese Pfandrechte haben sämmtlich den Vorrang vor dem Pfandrecht des Kommissionärs und vor dem Pfandrecht des Spediteurs für Vorschüsse; unter den letzteren Pfandrechten geht das früher entstandene dem später entstandenen vor.

Art. 412. Wenn der Frachtführer das Gut ohne Bezahlung abliefert und das Pfandrecht nicht binnen drei Tagen nach der Ablieferung gerichtlich geltend macht, so wird er, sowie die vorhergehenden Frachtführer und die Spediteure, des Rückgriffs gegen die Vormänner verlustig. Der Anspruch gegen den Empfänger bleibt in Kraft.

Art. 413. Der Absender und der Frachtführer können übereinkommen, daß der letztere dem ersteren einen Ladeschein ausstellt.

---

[1] KO 41, 8 (s. oben zu Art. 309).

Der Ladeschein ist eine Urkunde, durch welche der Frachtführer sich zur Aushändigung des Guts verpflichtet.

Art. 414. Der Ladeschein enthält:

1. die Bezeichnung der geladenen Güter nach Beschaffenheit, Menge und Merkzeichen;
2. den Namen und Wohnort des Frachtführers;
3. den Namen des Absenders;
4. den Namen desjenigen, an den oder an dessen Ordre das Gut abgeliefert werden soll. Als solcher ist der Absender zu verstehen, wenn der Ladeschein lediglich an Ordre gestellt ist;
5. den Ort der Ablieferung;
6. die Bestimmung in Ansehung der Fracht;
7. den Ort und Tag der Ausstellung.

Der Ladeschein muß von dem Frachtführer unterzeichnet sein.

Der Absender hat dem Frachtführer auf dessen Verlangen eine von ihm unterzeichnete gleichlautende Kopie des Ladescheins auszuhändigen

Art. 415. Der Ladeschein entscheidet für die Rechtsverhältnisse zwischen dem Frachtführer und dem Empfänger des Guts; die nicht in demselben aufgenommenen Bestimmungen des Frachtvertrages haben gegenüber dem Empfänger keine rechtliche Wirkung, sofern nicht auf dieselben ausdrücklich Bezug genommen ist.

Für die Rechtsverhältnisse zwischen Frachtführer und Absender bleiben die Bestimmungen des Frachtvertrages maaßgebend.

Art. 416. Wenn der Frachtführer einen Ladeschein ausgestellt hat, darf er späteren Anweisungen des Absenders wegen Zurückgabe oder Auslieferung des Guts an einen anderen als den durch den Ladeschein legitimirten Empfänger nur dann Folge leisten, wenn ihm der Ladeschein zurückgegeben wird. Handelt er dieser Bestimmung entgegen, so ist er dem rechtmäßigen Inhaber des Ladescheins für das Gut verpflichtet.

Art. 417. Zum Empfange des Guts legitimirt ist derjenige, an welchen das Gut nach dem Ladeschein abgeliefert werden soll, oder auf welchen der Ladeschein, wenn er an Ordre lautet, durch Indossament übertragen ist.

Art. 418. Der Frachtführer ist zur Ablieferung des Guts nur gegen Rückgabe des Ladescheins, auf welchem die Ablieferung des Guts zu bescheinigen ist, verpflichtet.

Art. 419. Im Uebrigen kommen die Bestimmungen über die Rechte und Pflichten des Frachtführers auch in dem Falle zur Anwendung, wenn ein Ladeschein ausgestellt ist.

Art. 420. Wenn ein Kaufmann, dessen gewöhnlicher Handelsbetrieb sich nicht auf die Ausführung von Frachtgeschäften erstreckt, in einem einzelnen Falle einen Transport von Gütern zu Land oder auf Flüssen und Binnengewässern auszuführen übernimmt, so kommen die Bestimmungen dieses Titels auch in Bezug auf ein solches Geschäft zur Anwendung.

Art. 421. Die Bestimmungen dieses Abschnitts finden auch Anwendung auf Frachtgeschäfte von Eisenbahnen und anderen öffentlichen Transportanstalten.

Sie gelten jedoch für die Postanstalten nur insoweit, als nicht durch besondere Gesetze oder Verordnungen für dieselben ein Anderes bestimmt ist.[1]

Für die Eisenbahnen kommen ferner die Bestimmungen des folgenden Abschnitts zur Anwendung.

Zweiter Abschnitt.

Von dem Frachtgeschäft der Eisenbahnen insbesondere.[2]

Art. 422. Eine Eisenbahn, welche dem Publikum zur Benutzung für den Gütertransport eröffnet ist, kann die bei ihr nachgesuchte Eingehung eines Frachtgeschäfts für ihre Bahnstrecke nicht verweigern, insofern

1. die Güter, an sich oder vermöge ihrer Verpackung nach den Reglements, und im Falle die letzteren fehlen oder keinen Anhalt gewähren, nach den Einrichtungen und der Benutzungsweise der Bahn zum Transport sich eignen;
2. der Absender in Bezug auf die Fracht, die Auflieferung der Güter und die sonstigen den Eisenbahnen freigestellten Trans-

[1] RG über das Postwesen 28./10. 71 (RGBl 347); über Posttaxwesen 28./10. 71 (RGBl 358); 17./5. 73 (GBl 107); 3./11. 74 (RGBl 127); über Portofreiheiten 5./6. 69 (RGBl 141); Postordnung 8./3. 79 (Centr.Bl 185) mit Nachträgen. Weltpostvereinsvertrag 1./6. 78 (RGBl 79, 83); 21./3. 85 (RGBl 86, 82). Eisenbahnpostgesetz 20./12. 75 (RGBl 318); Vollzugsbestimmungen dazu 9./2. 76 (Centr.Bl 87). Vgl. auch für Telegraphenanstalten: Telegr.-Ordn. 13./8. 80 (Centr.Bl 560); Telegr. Betriebsordn. 76; Internat. Telegr.-Vertrag 10. 22./7. 75 (ABl 243) mit Ausführungsübereinkunft 17./9. 85.

[2] Betriebsreglem. f. d. Eisenbahnen Deutschlands 11./5. 74 (RGBl 84) nebst Ergänzungen. RG 7./6. 71 betr. die Verbindlichkeit zum Schadensersatze für die bei dem Betriebe von Eisenbahnen rc herbeigeführten Tödtungen und Körperverletzungen (RGBl 207). RG 27./6. 73 betr. die Errichtung eines Reichseisenbahnamtes (RGBl 164).

Für Oesterreich: Betriebsreglem. 10./6. 74 (RGBl Nr. 75); G 5./3. 69.

portbedingungen sich den allgemein geltenden Anordnungen der Bahnverwaltung unterwirft;

3. die regelmäßigen Transportmittel der Bahn zur Ausführung des Transports genügen.

Die Eisenbahnen sind nicht verpflichtet, die Güter zum Transport eher anzunehmen, als bis die Beförderung derselben geschehen kann.

In Ansehung der Zeit der Beförderung darf kein Absender vor dem Anderen ohne einen in den Einrichtungen der Bahn, in den Transportverhältnissen, oder im öffentlichen Interesse liegenden Grund begünstigt werden.

Zuwiderhandlungen gegen die Bestimmungen dieses Artikels begründen den Anspruch auf Ersatz des dadurch entstandenen Schadens.

Art. 423. Die im Artikel 422 bezeichneten Eisenbahnen sind nicht befugt, die Anwendung der in den Artikeln 395, 396, 397, 400, 401, 408 enthaltenen Bestimmungen über die Verpflichtung des Frachtführers zum Schadenersatze, sei es in Bezug auf den Eintritt, den Umfang oder die Dauer der Verpflichtung oder in Bezug auf die Beweislast, zu ihrem Vortheil durch Verträge (mittelst Reglements oder durch besondere Uebereinkunft) im Voraus auszuschließen oder zu beschränken, außer, soweit solches durch die nachfolgenden Artikel zugelassen ist.

Vertragsbestimmungen, welche dieser Vorschrift entgegenstehen, haben keine rechtliche Wirkung.

Art. 424. Es kann bedungen werden:

1. in Ansehung der Güter, welche nach Vereinbarung mit dem Absender in unbedeckten Wagen transportirt werden:
   daß für den Schaden nicht gehaftet werde, welcher aus der mit dieser Transportart verbundenen Gefahr entstanden ist;
2. in Ansehung der Güter, welche, ungeachtet ihre Natur eine Verpackung zum Schutz gegen Verlust oder Beschädigung auf dem Transport erfordert, nach Erklärung des Absenders auf dem Frachtbrief unverpackt oder mit mangelhafter Verpackung aufgegeben sind:
   daß für den Schaden nicht gehaftet werde, welcher aus der mit dem Mangel der Verpackung oder mit der mangelhaften Beschaffenheit der Verpackung verbundenen Gefahr entstanden ist;
3. in Ansehung der Güter, deren Auf- und Abladen nach Vereinbarung mit dem Absender von diesem besorgt wird:
   daß für den Schaden nicht gehaftet werde, der aus der mit dem Auf- und Abladen oder mit mangelhafter Verladung verbundenen Gefahr entstanden ist;

4. in Ansehung der Güter, welche vermöge ihrer eigenthümlichen natürlichen Beschaffenheit der besonderen Gefahr ausgesetzt sind, gänzlichen oder theilweisen Verlust oder Beschädigung, namentlich Bruch, Rost, inneren Verderb, außergewöhnliche Leckage u. s. w. zu erleiden:
   daß für den Schaden nicht gehaftet werde, welcher aus dieser Gefahr entstanden ist;
5. in Ansehung lebender Thiere:
   daß für den Schaden nicht gehaftet werde, welcher aus der mit dem Transport dieser Thiere für dieselben verbundenen besonderen Gefahr entstanden ist;
6. in Ansehung begleiteter Güter:
   daß für den Schaden nicht gehaftet werde, welcher aus der Gefahr entstanden ist, deren Abwendung durch die Begleitung bezweckt wird.

Ist eine der in diesem Artikel zugelassenen Bestimmungen bedungen, so gilt zugleich als bedungen, daß bis zum Nachweise des Gegentheils vermuthet werden soll, daß ein eingetretener Schaden, wenn er aus der nicht übernommenen Gefahr entstehen konnte, aus derselben wirklich entstanden ist.

Eine nach diesem Artikel bedungene Befreiung von der Haftpflicht kann nicht geltend gemacht werden, wenn nachgewiesen wird, daß der Schaden durch Verschulden der Bahnverwaltung oder ihrer Leute entstanden ist.

Art. 425. In Ansehung des Reisegepäcks kann bedungen werden:

1. daß für Verlust oder Beschädigung von Reisegepäck, welches nicht zum Transport aufgegeben ist, nur gehaftet werde, wenn ein Verschulden der Bahnverwaltung oder ihrer Leute nachgewiesen wird. Dasselbe kann in Ansehung von Gegenständen bedungen werden, welche sich in Reise-Equipagen befinden;
2. daß für Verlust von Reisegepäck, welches zum Transport aufgegeben ist, nur gehaftet werde, wenn das Gepäck binnen einer bestimmten Frist nach der Ablieferungszeit abgefordert wird.

Die Frist darf nicht kürzer als drei Tage sein.

Art. 426. In Ansehung der Güter, welche nach ihrer natürlichen Beschaffenheit bei dem Transport regelmäßig einen Verlust an Gewicht oder an Maaß erleiden, kann bedungen werden, daß bis zu einem im Voraus bestimmten Normalsatze für Verlust an Gewicht oder Maaß nicht gehaftet werde. Der Normalsatz muß, im Falle mehrere Stücke zusammen transportirt worden sind, für jedes einzelne Stück besonders berechnet werden, wenn das Gewicht oder

Maaß der einzelnen Stücke im Frachtbrief verzeichnet oder sonst erweislich ist.

Die hier bezeichnete Bestimmung kann nicht geltend gemacht werden, wenn nachgewiesen wird, daß der Verlust nach den Umständen des Falles nicht in Folge der natürlichen Beschaffenheit des Guts entstanden ist, oder daß der bestimmte Normalsatz dieser Beschaffenheit oder den sonstigen Umständen des Falles nicht entspricht.

Art. 427. Es kann bedungen werden:

1. daß der nach Artikel 396 der Schadensberechnung zu Grunde zu legende Werth den im Frachtbrief, im Ladeschein oder im Gepäckschein als Werth des Guts angegebenen Betrag und in Ermangelung einer solchen Angabe einen im Voraus bestimmten Normalsatz nicht übersteigen soll;
2. daß die Höhe des nach Artikel 397 wegen verspäteter Lieferung zu leistenden Schadensersatzes den im Frachtbrief, im Ladeschein oder im Gepäckschein als die Höhe des Interesses an der rechtzeitigen Lieferung angegebenen Betrag und in Ermangelung einer solchen Angabe einen im Voraus bestimmten Normalsatz, welcher auch in dem Verluste der Fracht oder eines Theiles derselben bestehen kann, nicht übersteigen soll.

Im Falle einer böslichen Handlungsweise der Eisenbahnverwaltung oder ihrer Leute kann die Beschränkung der Haftpflicht auf den Normalsatz oder den angegebenen Werth des Guts nicht geltend gemacht werden.

Art. 428. Es kann bedungen werden, daß nach erfolgter Empfangnahme des Guts und Bezahlung der Fracht jeder Anspruch wegen Verlustes an dem Gute oder wegen Beschädigung desselben auch dann, wenn dieselben bei der Ablieferung nicht erkennbar waren und erst später entdeckt worden sind (Art. 408 Abs. 2), erlischt, wenn der Anspruch nicht binnen einer bestimmten Frist nach der Ablieferung bei der Eisenbahnverwaltung angemeldet worden ist.

Die Frist darf nicht kürzer als vier Wochen sein.

Art. 429. Wenn eine Eisenbahn das Gut mit einem Frachtbrief übernimmt, nach welchem der Transport durch mehrere sich an einander anschließende Eisenbahnen zu bewirken ist, so kann bedungen werden, daß nicht sämmtliche Eisenbahnen, welche das Gut mit dem Frachtbrief übernommen haben, nach Maaßgabe des Artikels 401 als Frachtführer für den ganzen Transport haften, sondern daß nur die erste Bahn und diejenige Bahn, welche das Gut mit dem Frachtbriefe zuletzt übernommen hat, dieser Haftpflicht für den ganzen Transport unterliegt, vorbehaltlich des Rückgriffs der Eisenbahnen gegen einander, daß dagegen eine der übrigen, in der Mitte liegenden,

Eisenbahnen nur dann als Frachtführer in Anspruch genommen werden kann, wenn ihr nachgewiesen wird, daß der Schaden auf ihrer Bahn sich ereignet hat.

Art. 430. Wenn eine Eisenbahn das Gut mit einem Frachtbrief zum Transport übernimmt, in welchem als Ort der Ablieferung ein weder an ihrer Bahn, noch an einer der sich an sie anschließenden Bahnen liegenden Ort bezeichnet ist, so kann bedungen werden, daß die Haftpflicht der Eisenbahn oder der Eisenbahnen als Frachtführer nicht für den ganzen Transport bis zum Ort der Ablieferung, sondern nur für den Transport bis zu dem Ort bestehe, wo der Transport mittelst Eisenbahn enden soll; ist dies bedungen, so treten in Bezug auf die Weiterbeförderung nur die Verpflichtungen des Spediteurs ein.

Art. 431. Ist von dem Absender auf dem Frachtbrief bestimmt, daß das Gut an einem an der Eisenbahn liegenden Ort abgegeben werden, oder liegen bleiben soll, so gilt, ungeachtet im Frachtbrief ein anderweitiger Bestimmungsort angegeben ist, der Transport als nur bis zu jenem an der Bahn liegenden Ort übernommen, und die Bahn ist nur bis zur Ablieferung an diesem Ort verantwortlich.

Fünftes Buch.

Vom Seehandel.[1]

Erster Titel. Allgemeine Bestimmungen.[2]

Art. 432—437.[3]

---

[1] Buch V gilt nicht in Oesterreich.

[2] Deutsche RV Art. 54: Die Kauffahrteischiffe aller Bundesstaaten bilden eine einheitliche Handelsmarine. Das Reich hat das Verfahren zur Ermittelung der Ladungsfähigkeit der Seeschiffe zu bestimmen, die Ausstellung der Meßbriefe, sowie die Schiffscertifikate zu regeln und die Bedingungen festzustellen, von welchen die Erlaubniß zur Führung eines Seeschiffes abhängig ist. In den Seehäfen und auf allen natürlichen und künstlichen Wasserstraßen der einzelnen Bundesstaaten werden die Kauffahrteischiffe sämmtlicher Bundesstaaten gleichmäßig zugelassen und behandelt. Die Abgaben, welche in den Seehäfen von den Seeschiffen oder deren Ladungen für die Benutzung der Schiffahrtsanstalten erhoben werden, dürfen die zur Unterhaltung und gewöhnlichen Herstellung dieser Anstalten erforderlichen Kosten nicht übersteigen. Auf allen natürlichen Wasserstraßen dürfen Abgaben nur für die Benutzung besonderer Anstalten, die zur Erleichterung des Verkehrs bestimmt sind, erhoben werden. Diese Abgaben, sowie die Abgaben für die Befahrung solcher künstlichen Wasserstraßen, welche Staatseigenthum sind, dürfen die zur Unterhaltung und gewöhnlichen Herstellung der Anstalten und Anlagen erforderlichen Kosten

Art. 438.[1]

Art. 439. Bei der Veräußerung eines Schiffs oder eines Antheils am Schiff (Schiffspart) kann zum Eigenthumserwerb die nach den Grundsätzen des bürgerlichen Rechts etwa erforderliche Uebergabe durch die unter den Kontrahenten getroffene Vereinbarung ersetzt werden, daß das Eigenthum sofort auf den Erwerber übergehen soll.

Art. 440. In allen Fällen der Veräußerung eines Schiffs oder einer Schiffspart kann jeder Theil verlangen, daß ihm auf seine Kosten eine beglaubigte Urkunde über die Veräußerung ertheilt werde.

Art. 441. Wird ein Schiff oder eine Schiffspart veräußert, während das Schiff auf der Reise sich befindet, so ist im Verhältniß zwischen dem Veräußerer und Erwerber in Ermangelung einer anderen Vereinbarung anzunehmen, daß dem Erwerber der Gewinn der laufenden Reise gebühre oder der Verlust derselben zur Last falle.

Art. 442. Durch die Veräußerung eines Schiffs oder einer Schiffspart wird in den persönlichen Verpflichtungen des Veräußerers gegen Dritte nichts geändert.

Art. 443. Unter dem Zubehör eines Schiffs sind alle Sachen begriffen, welche zu dem bleibenden Gebrauch des Schiffs bei der Seefahrt bestimmt sind.

Dahin gehören insbesondere auch die Schiffsboote.

Im Zweifel werden Gegenstände, welche in das Schiffsinventar eingetragen sind, als Zubehör des Schiffs angesehen.

Art. 444. Im Sinne dieses fünften Buches gilt ein seeuntüchtig gewordenes Schiff

1. als reparaturunfähig, wenn die Reparatur des Schiffs überhaupt nicht möglich ist, oder an dem Ort, wo das Schiff sich befindet, nicht bewerkstelligt, dasselbe auch nicht nach dem Hafen, wo die Reparatur auszuführen wäre, gebracht werden kann;

---

nicht übersteigen. Auf die Flößerei finden diese Bestimmungen insoweit Anwendung, als dieselbe auf schiffbaren Wasserstraßen betrieben wird. Auf fremde Schiffe oder deren Ladungen andere oder höhere Abgaben zu legen, als von den Schiffen der Bundesstaaten oder deren Ladungen zu entrichten sind, steht keinem Einzelstaate, sondern nur dem Reiche zu.

[3] Ersetzt durch BG 25./10. 67 (Anhang Nr. VIII).

[1] Dafür jetzt RG 28./6. 73, 1 (Anhang IX). Für die Schiffsvermessung vgl. Schiffsvermessungsordn. 5./7. 72 (RGBl 270); 20./6. 88 (RGBl 190); Anweisung dazu 5./1. 73 (Centr.Bl f. d. Deutsche Reich 156); 13./2. 74 (ib. 223); Vorschrift 15./4. 79 (ib. 288); Bestimmungen (ib. 73, 163. 316; 74, 323; 75, 324. 688; 76, 20. 221; 79, 144. 269; 80, 38; 88, 253).

2. als reparaturunwürdig, wenn die Kosten der Reparatur ohne Abzug für den Unterschied zwischen alt und neu mehr betragen würden, als drei Viertel seines früheren Werths.

Ist die Seeuntüchtigkeit während einer Reise eingetreten, so gilt als der frühere Werth derjenige, welchen das Schiff bei dem Antritt der Reise gehabt hat, in den übrigen Fällen derjenige, welchen das Schiff, bevor es seeuntüchtig geworden ist, gehabt hat oder bei gehöriger Ausrüstung gehabt haben würde.

Art. 445. Zur Schiffsbesatzung werden gerechnet der Schiffer, die Schiffsmannschaft, sowie alle übrigen auf dem Schiff angestellten Personen.

Art. 446. Ein zum Abgehen fertiges (segelfertiges) Schiff kann wegen Schulden nicht mit Beschlag belegt werden. Diese Bestimmung tritt jedoch nicht ein, wenn die Schulden zum Behuf der anzutretenden Reise gemacht worden sind.

Durch eine Beschlagnahme von bereits an Bord des Schiffs befindlichen Gütern wegen Schulden kann deren Wiederausladung nur in denjenigen Fällen erwirkt werden, in welchen der Ablader selbst die Wiederausladung noch zu fordern befugt wäre, und nur gegen Leistung desjenigen, was dieser alsdann zu leisten haben würde.

Eine zur Schiffsbesatzung gehörige Person kann wegen Schulden von dem Zeitpunkt an nicht mehr verhaftet werden, in welchem das Schiff segelfertig ist.[1]

Art. 447. Wenn in diesem fünften Buche die Europäischen Häfen den nichteuropäischen Häfen entgegengesetzt werden, so sind unter den ersteren zugleich die nichteuropäischen Häfen des Mittelländischen, Schwarzen und Azowschen Meeres als mitbegriffen anzusehen.

Art. 448. Die Bestimmungen des fünften Buches, welche sich auf den Aufenthalt des Schiffs im Heimathshafen beziehen, können von den Landesgesetzen auf alle oder einige Häfen des Reviers des Heimathshafens ausgedehnt werden.

---

[1] **CPO** 785: Die Haft ist unstatthaft ....

3. gegen den Schiffer, die Schiffsmannschaft und alle übrigen auf einem Seeschiff angestellten Personen, wenn das Schiff zum Abgehen fertig (segelfertig) ist.

Vgl. auch 771: Hat der Schuldner eine unbewegliche Sache oder ein bewohntes Schiff herauszugeben, zu überlassen oder zu räumen, so hat der Gerichtsvollzieher den Schuldner aus dem Besitze zu setzen und den Gläubiger in den Besitz einzuweisen.

Art. 449. Für die Postanstalten gelten die Bestimmungen des fünften Buches nur insoweit, als nicht durch besondere Gesetze oder Verordnungen für dieselben ein Anderes vorgeschrieben ist.[1]

Zweiter Titel. Von dem Rheder und von der Rhederei.

Art. 450. Rheder ist der Eigenthümer eines ihm zum Erwerb durch die Seefahrt dienenden Schiffs.

Art. 451. Der Rheder ist für den Schaden verantwortlich, welchen eine Person der Schiffsbesatzung einem Dritten durch ihr Verschulden in Ausführung ihrer Dienstverrichtungen zufügt.

Art. 452. Der Rheder haftet für den Anspruch eines Dritten nicht persönlich, sondern er haftet nur mit Schiff und Fracht:

1. wenn der Anspruch auf ein Rechtsgeschäft gegründet wird, welches der Schiffer als solcher kraft seiner gesetzlichen Befugnisse, und nicht mit Bezug auf eine besondere Vollmacht geschlossen hat;
2. wenn der Anspruch auf die Nichterfüllung oder auf die unvollständige oder mangelhafte Erfüllung eines von dem Rheder abgeschlossenen Vertrages gegründet wird, insofern die Ausführung des Vertrages zu den Dienstobliegenheiten des Schiffers gehört hat, ohne Unterschied, ob die Nichterfüllung oder die unvollständige oder die mangelhafte Erfüllung von einer Person der Schiffsbesatzung verschuldet ist oder nicht;
3. wenn der Anspruch auf das Verschulden einer Person der Schiffsbesatzung gegründet wird.

In den unter Ziffer 1 und 2 bezeichneten Fällen kommt jedoch dieser Artikel nicht zur Anwendung, wenn den Rheder selbst in Ansehung der Vertragserfüllung ein Verschulden trifft, oder wenn derselbe die Vertragserfüllung besonders gewährleistet hat.

Art. 453.[2]

Art. 454. Die übrigen Fälle, in welchen der Rheder nicht persönlich, sondern nur mit Schiff und Fracht haftet, sind in den folgenden Titeln bestimmt.

Art. 455. Der Rheder als solcher kann wegen eines jeden Anspruchs, ohne Unterschied ob er persönlich oder nur mit Schiff und Fracht haftet, vor dem Gerichte des Heimathshafens (Art. 435) belangt werden.

Art. 456. Wird von mehreren Personen ein ihnen gemein-

---

[1] Vgl. zu Art. 421.

[2] Dafür jetzt Seemannsordnung 68 (Anhang Nr. X. 1).

schaftlich zustehendes Schiff zum Erwerb durch die Seefahrt für gemeinschaftliche Rechnung verwendet, so besteht eine Rhederei.

Der Fall, wenn das Schiff einer Handelsgesellschaft gehört, wird durch die Bestimmungen über die Rhederei nicht berührt.

Art. 457. Das Rechtsverhältniß der Mitrheder unter einander bestimmt sich zunächst nach dem zwischen ihnen geschlossenen Vertrage. Soweit eine Vereinbarung nicht getroffen ist, kommen die Bestimmungen der nachfolgenden Artikel zur Anwendung.

Art. 458. Für die Angelegenheiten der Rhederei sind die Beschlüsse der Mitrheder maaßgebend. Bei der Beschlußfassung entscheidet die Mehrheit der Stimmen. Die Stimmen werden nach der Größe der Schiffsparten gezählt. Die Stimmenmehrheit für einen Beschluß ist vorhanden, wenn der Person oder den Personen, welche für den Beschluß gestimmt haben, zusammen mehr als die Hälfte des ganzen Schiffes gehört.

Einstimmigkeit sämmtlicher Mitrheder ist erforderlich zu Beschlüssen, welche eine Abänderung des Rhedereivertrages bezwecken oder welche den Bestimmungen des Rhedereivertrages entgegen oder dem Zwecke der Rhederei fremd sind.

Art. 459. Durch Beschluß der Mehrheit kann für den Rhedereibetrieb ein Korrespondentrheder (Schiffsdirektor, Schiffsdisponent) bestellt werden. Zur Bestellung eines Korrespondentrheders, welcher nicht zu den Mitrhedern gehört, ist ein einstimmiger Beschluß erforderlich.

Die Bestellung des Korrespondentrheders kann zu jeder Zeit durch Stimmenmehrheit widerrufen werden, unbeschadet der Rechte auf Entschädigung aus bestehenden Verträgen.

Art. 460. Im Verhältniß zu Dritten ist der Korrespondentrheder kraft seiner Bestellung befugt, alle Geschäfte und Rechtshandlungen vorzunehmen, welche der Geschäftsbetrieb einer Rhederei gewöhnlich mit sich bringt.

Die Befugniß erstreckt sich insbesondere auf die Ausrüstung, Erhaltung und Verfrachtung des Schiffs, auf die Versicherung der Fracht, der Ausrüstungskosten und der Havereigelder, sowie auf die mit dem gewöhnlichen Geschäftsbetrieb verbundene Empfangnahme von Geldern.

Der Korrespondentrheder ist in demselben Umfange befugt, die Rhederei vor Gericht zu vertreten.

Er ist befugt, den Schiffer anzustellen und zu entlassen; der Schiffer hat sich nur an dessen Anweisungen und nicht auch an die etwaigen Anweisungen der einzelnen Mitrheder zu halten.

Im Namen der Rhederei oder einzelner Mitrheder Wechselverbindlichkeiten einzugehen oder Darlehen aufzunehmen, das Schiff oder Schiffsparten zu verkaufen oder zu verpfänden oder für dieselben Versicherung zu nehmen, ist der Korrespondentrheder nicht befugt, es sei denn, daß ihm eine Vollmacht hierzu besonders ertheilt ist.

Im Uebrigen bedarf es zu den Geschäften und Rechtshandlungen, welche er kraft seiner Bestellung vorzunehmen befugt ist, der in den Landesgesetzen etwa vorgeschriebenen Spezialvollmacht nicht.

Art. 461. Durch ein Rechtsgeschäft, welches der Korrespondentrheder als solcher innerhalb der Grenzen seiner Befugnisse geschlossen hat, wird die Rhederei dem Dritten gegenüber auch dann berechtigt und verpflichtet, wenn das Geschäft ohne Nennung der einzelnen Mitrheder geschlossen ist.

Ist die Rhederei durch ein von dem Korrespondentrheder abgeschlossenes Geschäft verpflichtet, so haften die Mitrheder in gleichem Umfange (Art. 452), als wenn das Geschäft von ihnen selbst geschlossen wäre.

Art. 462. Eine Beschränkung der im Artikel 460 bezeichneten Befugnisse des Korrespondentrheders kann die Rhederei einem Dritten nur insofern entgegensetzen, als sie beweist, daß die Beschränkung dem Dritten zur Zeit des Abschlusses des Geschäfts bekannt war.

Art. 463. Der Rhederei gegenüber ist der Korrespondentrheder verpflichtet, die Beschränkungen einzuhalten, welche von derselben für den Umfang seiner Befugnisse festgesetzt sind; er hat sich ferner nach den gefaßten Beschlüssen zu richten und dieselben zur Ausführung zu bringen.

Im Uebrigen ist der Umfang seiner Befugnisse auch der Rhederei gegenüber nach den Bestimmungen des Artikels 460 mit der Maaßgabe zu beurtheilen, daß er zu neuen Reisen und Unternehmungen, zu außergewöhnlichen Reparaturen, sowie zur Anstellung oder Entlassung des Schiffers vorher die Beschlüsse der Rhederei einholen muß.

Art. 464. Der Korrespondentrheder ist verpflichtet, in den Angelegenheiten der Rhederei die Sorgfalt eines ordentlichen Rheders anzuwenden.

Art. 465. Der Korrespondentrheder hat über seine die Rhederei betreffende Geschäftsführung abgesondert Buch zu führen und die dazu gehörigen Beläge aufzubewahren. Er hat auch jedem Mitrheder auf dessen Verlangen Kenntniß von allen Verhältnissen zu geben, die sich auf die Rhederei, insbesondere auf das Schiff, die Reise und die Ausrüstung beziehen; er muß ihm jederzeit die Einsicht der die Rhederei betreffenden Bücher, Briefe und Papiere gestatten.

Art. 466. Der Korrespondentrheder ist verpflichtet, jederzeit auf Beschluß der Rhederei derselben Rechnung zu legen. Die Genehmigung der Rechnung und die Billigung der Verwaltung des Korrespondentrheders durch die Mehrheit hindert die Minderheit nicht, ihr Recht geltend zu machen.

Art. 467. Jeder Mitrheder hat nach Verhältniß seiner Schiffspart zu den Ausgaben der Rhederei, insbesondere zu den Kosten der Ausrüstung und der Reparatur des Schiffs, beizutragen.

Ist ein Mitrheder mit Leistung seines Beitrags in Verzug und wird das Geld von Mitrhedern für ihn vorgeschossen, so ist er denselben von Rechtswegen zur Entrichtung von Zinsen von dem Zeitpunkt der Vorschüsse an verpflichtet. Ob durch einen solchen Vorschuß ein Pfandrecht an der Schiffspart des säumigen Mitrheders erworben wird, ist nach den Landesgesetzen zu beurtheilen. Auch wenn ein Pfandrecht nicht erworben ist, wird durch den Vorschuß ein versicherbares Interesse hinsichtlich der Schiffspart für die Mitrheder begründet. Im Falle der Versicherung dieses Interesse hat der säumige Mitrheder die Kosten derselben zu ersetzen.

Art. 468.[1] Wenn eine neue Reise oder wenn nach Beendigung einer Reise die Reparatur des Schiffs oder wenn die Befriedigung

---

[1] In Mecklenburg-Schwerin gelten statt dieses Artikels die folgenden Bestimmungen der EV 28./12. 63 (vgl. S. 4): 51. Jedes Schiff, welches mehreren Eigenthümern gehört, muß einen Korrespondentrheder haben.

52. Bei Abstimmungen über Angelegenheiten des laufenden Rhedereibetriebes werden die Stimmen derjenigen Mitrheder, welche nicht an dem Sitze der Rhederei wohnhaft sind und bei dem Korrespondentrheder einen Vertreter nicht angemeldet haben, desgleichen die Stimmen derjenigen Mitglieder, welche rechtlich oder thatsächlich an der Theilnahme behindert sind, solange sie einer Vertretung entbehren, den mehreren Stimmen hinzugezählt.

53. Die Minderheit der Rhederei, welche durch einen Beschluß der Mehrheit in den Angelegenheiten der Rhederei überstimmt ist, Artikel 458, Absatz 1, Artikel 473, Absatz 1 des Handelsgesetzbuchs, hat das Recht, das Schiff zu setzen, d. h. dasselbe zu einem bestimmten Geldpreise zu veranschlagen, zu welchem die Mehrheit der Rheder entweder das Schiff gegen Auszahlung der Antheile der Minderheit nach jenem Preise übernehmen, oder, wenn sie dies ablehnt, das Schiff der Minderheit der Rheder gegen Auszahlung ihrer Antheile nach jenem Preise überlassen muß. 1. Zu der Minderheit werden auch die etwa bei der Abstimmung ordnungswidrig übergangenen Mitrheder gerechnet, die sich dem Beschlusse der Mehrheit nicht fügen wollen. Das Recht zu setzen steht allen zu der Minderheit gehörenden, welche davon Gebrauch machen wollen, zu, daher, wenn die Uebrigen dies nicht wollen, auch einem Einzelnen. 2. Nach beendigter Abstimmung hat der Korrespondentrheder die Minderheit sofort mit dem Beschlusse der Mehrheit bekannt zu machen. Auch die Setzung muß

eines Gläubigers beschlossen worden ist, welchem die Rhederei nur mit Schiff und Fracht haftet, so kann jeder Mitrheder, welcher dem Beschlusse nicht zugestimmt hat, sich von der Leistung der zur Ausführung desselben erforderlichen Einzahlungen dadurch befreien, daß er seine Schiffspart ohne Anspruch auf Entgelt aufgiebt.

Der Mitrheder, welcher von dieser Befugniß Gebrauch machen

---

binnen drei Tagen, Artikel 468, Absatz 2 des Handelsgesetzbuchs, in eiligen Fällen sofort, nach erhaltener Kenntniß von dem Mehrheitsbeschlusse erfolgen. Dieselbe ist an die dem letzteren beistimmenden Mitrheder zu richten und dem Korrespondentrheder zur Erwirkung der Gegenerklärung zuzustellen. 3. Der Geldanschlag des Schiffes, welchen die Setzung enthalten muß, ergreift den Werth des Schiffes und der Schiffsgeräthschaften und behält die sonstigen Aktiva und Passiva einer besonderen Liquidation vor. 4. Nach rechtzeitig erfolgter Setzung muß die Ausführung des Mehrheitsbeschlusses unterbleiben. Befindet sich das Schiff auf der Reise, so genügt die Anmeldung der Setzung, welche dann innerhalb acht Tagen, nachdem der Setzende durch den Korrespondentrheder von der Ankunft des Schiffes in einem Hafen benachrichtigt ist, geschehen muß. 5. Die Mehrheit hat sich über die Wahl, ob sie nehmen oder geben will, binnen vierzehn Tagen zu erklären. In dem Falle des Gebens müssen die gesammten Parte der Mehrheit gegeben werden, mit Ausnahme der Parte Derjenigen, welche sich der Abstimmung der oder des Setzenden fügen wollen. Ist die Mehrheit über Nehmen oder Geben getheilt, so gehen Diejenigen vor, welche das ganze Part der oder des Setzenden für ihre alleinige Rechnung nehmen wollen. 6. Die Setzung führt an sich nicht zu der Auflösung der Rhederei, sondern nur zu dem Wechsel der Inhaber einzelner Schiffsparte. Der bei dem Schiffe bleibende Theil tritt von dem Zeitpunkte der Erklärung auf die Setzung in die laufenden Verbindlichkeiten der Rhederei ein. Der Setzungspreis ist binnen acht Tagen nach zugelegter Liquidation an den ausscheidenden Theil zu berichtigen, worauf das Schiff zu der freien Verfügung des Nehmers steht. Kann die Liquidation nicht unverzüglich beschafft werden, so wird dem Nehmer gegen genugsame Sicherheit die Verfügung über das Schiff freigegeben. 7. Diejenigen Rheder, welche sich an der fraglichen Abstimmung nicht betheiligt haben, bleiben mit ihrem Parte im Schiffe. 8. Hat die Mehrheit einen von der Minderheit ausgehenden Antrag abgelehnt, so ist eine Setzung aus diesem Grunde nur unter den Voraussetzungen statthaft, unter welchen nach dem Artikel 473, Absatz 2 des Handelsgesetzbuchs der Verkauf des Schiffes durch die Mehrheit beschlossen werden darf. Der Verkauf des Schiffes kann auch dann durch die Mehrheit beschlossen werden, wenn dasselbe in einem anderen Hafen seine Reise beendigt hat und die Schiffsmannschaft entlassen ist. Vgl. Artikel 469, Absatz 2 des Handelsgesetzbuchs.

54. Durch die in dem Artikel 467, Absatz 2 des Handelsgesetzbuchs erwähnten Vorschüsse der Mitrheder, daher auch des Korrespondentrheders, wird ein Pfandrecht an den Parten der säumigen Mitrheder erworben.

55. Der Artikel 468 des Handelsgesetzbuchs tritt in Folge des § 53 dieser Verordnung nicht in Wirksamkeit.

will, muß dies den Mitrhedern oder dem Korrespondentrheder innerhalb dreier Tage nach dem Tage des Beschlusses oder, wenn er bei der Beschlußfassung nicht anwesend und nicht vertreten war, innerhalb dreier Tage nach der Mittheilung des Beschlusses gerichtlich oder notariell kundgeben.

Die aufgegebene Schiffspart fällt den übrigen Mitrhedern nach Verhältniß der Größe ihrer Schiffsparten zu.

Art. 469. Die Vertheilung des Gewinnes und Verlustes geschieht nach der Größe der Schiffsparten.

Die Berechnung des Gewinnes und Verlustes und die Auszahlung des etwaigen Gewinnes erfolgt jedesmal, nachdem das Schiff in den Heimathshafen zurückgekehrt ist, oder nachdem es in einem anderen Hafen seine Reise beendigt hat und die Schiffsmannschaft entlassen ist.

Außerdem müssen auch vor dem erwähnten Zeitpunkte die eingehenden Gelder, insoweit sie nicht zu späteren Ausgaben oder zur Deckung von Ansprüchen einzelner Mitrheder an die Rhederei erforderlich sind, unter die einzelnen Mitrheder nach Verhältniß der Größe ihrer Schiffsparten vorläufig vertheilt und ausgezahlt werden.

Art. 470. Jeder Mitrheder kann seine Schiffspart jederzeit und ohne Einwilligung der übrigen Mitrheder ganz oder theilweise veräußern.

Ein gesetzliches Vorkaufsrecht steht den Mitrhedern nicht zu. Es kann jedoch die Veräußerung einer Schiffspart, in Folge welcher das Schiff das Recht, die Landesflagge zu führen, verlieren würde, rechtsgültig nur mit Zustimmung aller Mitrheder erfolgen. Die Landesgesetze, welche eine solche Veräußerung überhaupt für unzulässig erklären, werden durch diese Bestimmung nicht berührt.

Art. 471. Der Mitrheder, welcher seine Schiffspart veräußert hat, wird, so lange die Veräußerung von ihm und dem Erwerber den Mitrhedern oder dem Korrespondentrheder nicht angezeigt worden ist, im Verhältniß zu den Mitrhedern noch als Mitrheder betrachtet und bleibt wegen aller vor dieser Anzeige begründeten Verbindlichkeiten als Mitrheder den übrigen Mitrhedern verhaftet.

Der Erwerber der Schiffspart ist jedoch im Verhältniß zu den übrigen Mitrhedern schon seit dem Zeitpunkte der Erwerbung als Mitrheder verpflichtet.

Er muß die Bestimmungen des Rhedereivertrages, die gefaßten Beschlüsse und eingegangenen Geschäfte gleichwie der Veräußerer gegen sich gelten lassen; die übrigen Mitrheder können außerdem alle gegen den Veräußerer als Mitrheder begründeten Verbindlichkeiten in Bezug auf die veräußerte Schiffspart gegen den Erwerber zur Aufrechnung bringen, unbeschadet des Rechts des letzteren auf Gewährleistung gegen den Veräußerer.

Art. 472. Eine Aenderung in den Personen der Mitrheder ist ohne Einfluß auf den Fortbestand der Rhederei.

Wenn ein Mitrheder stirbt oder in Konkurs geräth, oder zur Verwaltung seines Vermögens rechtlich unfähig wird, so hat dies die Auflösung der Rhederei nicht zur Folge.

Eine Aufkündigung von Seiten eines Mitrheders oder eine Ausschließung eines Mitrheders findet nicht statt.

Art. 473. Die Auflösung der Rhederei kann durch Stimmenmehrheit beschlossen werden. Der Beschluß, das Schiff zu veräußern, steht dem Beschlusse der Auflösung gleich.

Ist die Auflösung der Rhederei oder die Veräußerung des Schiffs beschlossen, so muß das Schiff öffentlich verkauft werden. Der Verkauf kann nur geschehen, wenn das Schiff zu einer Reise nicht verfrachtet ist und in dem Heimathshafen oder in einem inländischen Hafen sich befindet. Ist jedoch das Schiff als reparaturunfähig oder reparaturunwürdig (Art. 444) kondemnirt, so kann der Verkauf desselben, auch wenn es verfrachtet ist, und selbst im Auslande erfolgen. Soll von den vorstehenden Bestimmungen abgewichen werden, so ist die Zustimmung aller Mitrheder erforderlich.

Art. 474. Die Mitrheder als solche haften Dritten, wenn ihre persönliche Haftung eintritt, nur nach Verhältniß der Größe ihrer Schiffsparten.

Ist eine Schiffspart veräußert, so haften für die in der Zeit zwischen der Veräußerung und der im Artikel 471 erwähnten Anzeige etwa begründeten persönlichen Verbindlichkeiten rücksichtlich dieser Schiffspart sowohl der Veräußerer als der Erwerber.

Art. 475. Die Mitrheder als solche können wegen eines jeden Anspruchs, ohne Unterschied, ob dieser von einem Mitrheder oder von einem Dritten erhoben ist, vor dem Gerichte des Heimathshafens (Art. 435) belangt werden.

Diese Vorschrift kommt auch dann zur Anwendung, wenn die Klage nur gegen einen Mitrheder oder gegen einige Mitrheder gerichtet ist.

Art. 476. Auf die Vereinigung zweier oder mehrerer Personen, ein Schiff für gemeinschaftliche Rechnung zu erbauen und zur Seefahrt zu verwenden, finden die Artikel 457, 458, 467, der letztere mit der Maaßgabe Anwendung, daß er zugleich auf die Baukosten zu beziehen ist, desgleichen die Artikel 472 und 474 und, sobald das Schiff vollendet und von dem Erbauer abgeliefert ist außerdem die Artikel 470, 471 und 473.

Der Korrespondentrheder (Art. 459) kann auch schon vor Vollendung des Schiffs bestellt werden; er hat in diesem Falle sogleich nach seiner Bestellung in Bezug auf den künftigen Rhedereibetrieb die Rechte und Pflichten eines Korrespondentrheders.

Art. 477. Wer ein ihm nicht gehöriges Schiff zum Erwerb durch die Seefahrt für seine Rechnung verwendet und es entweder selbst führt oder die Führung einem Schiffer anvertraut, wird im Verhältniß zu Dritten als Rheder angesehen.

Der Eigenthümer kann denjenigen, welcher aus der Verwendung einen Anspruch als Schiffsgläubiger herleitet, an der Durchführung des Anspruchs nicht hindern, sofern er nicht beweist, daß die Verwendung ihm gegenüber eine widerrechtliche und der Gläubiger nicht in gutem Glauben war.

Dritter Titel. Von dem Schiffer.[1]

Art. 478. Der Führer des Schiffs (Schiffskapitän, Schiffer) ist verpflichtet, bei allen Dienstverrichtungen, namentlich bei der Erfüllung der von ihm auszuführenden Verträge, die Sorgfalt eines ordentlichen Schiffers anzuwenden. Er haftet für jeden durch sein Verschulden entstandenen Schaden, insbesondere für den Schaden, welcher aus der Verletzung der in diesem und den folgenden Titeln ihm auferlegten Pflichten entsteht.

Art. 479. Diese Haftung des Schiffers besteht nicht nur gegenüber dem Rheder, sondern auch gegenüber dem Befrachter, Ablader oder Ladungsempfänger, dem Reisenden, der Schiffsbesatzung und demjenigen Schiffsgläubiger, dessen Forderung aus einem Kreditgeschäft (Art. 497) entstanden ist, insbesondere dem Bodmereigläubiger.

Der Schiffer wird dadurch, daß er auf Anweisung des Rheders gehandelt hat, den übrigen vorgenannten Personen gegenüber von der Haftung nicht befreit.

Durch eine solche Anweisung wird auch der Rheder persönlich

[1] RG 27./12. 72 betr. die Verpflichtung deutscher Kauffahrteischiffe zur Mitnahme hülfsbedürftiger Seeleute (RGBl 432). V 15./8. 76 über das Verhalten der Schiffer nach einem Zusammenstoß von Schiffen auf See (RGBl 189). G 25./3. 80 betr. die Schiffsmeldungen bei den Konsulaten des Deutschen Reichs (RGBl 181); V dazu 28./7 80 (RGBl 183). G 4./12. 76 betr. die Schonzeit für den Fang der Robben (RGBl 233); V dazu 29./3. 77 (RGBl 409). G 25./10. 67 (Anhang Nr. VIII). Vgl. auch Anmerkung zu Buch V, Tit. 8, Abschn. 2 und zu Artikel 527.

verpflichtet, wenn er bei Ertheilung derselben von dem Sachverhältniß unterrichtet war.

Art. 480. Der Schiffer hat vor Antritt der Reise dafür zu sorgen, daß das Schiff in seetüchtigem Stande, gehörig eingerichtet und ausgerüstet, gehörig bemannt und verproviantirt ist, und daß die zum Ausweis für Schiff, Besatzung und Ladung erforderlichen Papiere an Bord sind.

Art. 481. Der Schiffer hat zu sorgen für die Tüchtigkeit der Geräthschaften zum Laden und Löschen, sowie für die gehörige Stauung nach Seemannsbrauch, auch wenn die Stauung durch besondere Stauer bewirkt wird.

Er hat dafür zu sorgen, daß das Schiff nicht überladen, und daß es mit dem nöthigen Ballaste und der erforderlichen Garnirung versehen wird.

Art. 482. Wenn der Schiffer im Auslande die dort geltenden gesetzlichen Vorschriften, insbesondere die Polizei-, Steuer- und Zollgesetze nicht beobachtet, so hat er den daraus entstehenden Schaden zu ersetzen.

Desgleichen hat er den Schaden zu ersetzen, welcher daraus entsteht, daß er Güter ladet, von welchen er wußte oder wissen mußte, daß sie Kriegskontrebande seien.

Art. 483. Sobald das Schiff zum Abgehen fertig ist, hat der Schiffer die Reise bei der ersten günstigen Gelegenheit anzutreten.

Auch wenn er durch Krankheit oder andere Ursachen verhindert ist, das Schiff zu führen, darf er den Abgang oder die Weiterfahrt desselben nicht ungebührlich aufhalten; er muß vielmehr, wenn Zeit und Umstände gestatten, die Anordnung des Rheders einzuholen, diesem ungesäumt die Verhinderung anzeigen und für die Zwischenzeit die geeigneten Vorkehrungen treffen, im entgegengesetzten Falle einen anderen Schiffer einsetzen. Für diesen Stellvertreter ist er nur insofern verantwortlich, als ihm bei der Wahl desselben ein Verschulden zur Last fällt.

Art. 484. Vom Beginn des Ladens an bis zur Beendigung der Löschung darf der Schiffer das Schiff gleichzeitig mit dem Steuermann nur in dringenden Fällen verlassen; er hat in solchen Fällen zuvor aus den Schiffsoffizieren oder der übrigen Mannschaft einen geeigneten Vertreter zu bestellen.

Dasselbe gilt auch vor Beginn des Ladens und nach Beendigung der Löschung, wenn das Schiff in einem nicht sicheren Hafen oder auf einer nicht sicheren Rhede liegt.

Bei drohender Gefahr oder wenn das Schiff in See sich befindet, muß der Schiffer an Bord sein, sofern nicht eine dringende Nothwendigkeit seine Abwesenheit rechtfertigt.

Art. 485. Wenn der Schiffer in Fällen der Gefahr mit den Schiffsoffizieren einen Schiffsrath zu halten für angemessen findet, so ist er gleichwohl an die gefaßten Beschlüsse nicht gebunden; er bleibt stets für die von ihm getroffenen Maaßregeln verantwortlich.

Art. 486. Auf jedem Schiffe muß ein Journal geführt werden, in welches für jede Reise alle erheblichen Begebenheiten, seit mit dem Einnehmen der Ladung oder des Ballastes begonnen ist, einzutragen sind.

Das Journal wird unter der Aufsicht des Schiffers von dem Steuermann und im Falle der Verhinderung des letzteren von dem Schiffer selbst oder unter seiner Aufsicht von einem durch ihn zu bestimmenden geeigneten Schiffsmann geführt.

Art. 487. Von Tag zu Tag sind in das Journal einzutragen:

die Beschaffenheit von Wind und Wetter;

die von dem Schiffe gehaltenen Kurse und zurückgelegten Distanzen;

die ermittelte Breite und Länge;

der Wasserstand bei den Pumpen.

Ferner sind in das Journal einzutragen:

die durch das Loth ermittelte Wassertiefe;

jedes Annehmen eines Lootsen und die Zeit seiner Ankunft und seines Abganges;

die Veränderungen im Personal der Schiffsbesatzung;

die im Schiffsrath gefaßten Beschlüsse;

alle Unfälle, welche dem Schiff oder der Ladung zustoßen, und die Beschreibung derselben.

Auch die auf dem Schiffe begangenen strafbaren Handlungen und die verhängten Disziplinarstrafen, sowie die vorgekommenen Geburts- und Sterbefälle sind in das Journal einzutragen.[1]

Die Eintragungen müssen, soweit die Umstände nicht hindern, täglich geschehen.

Das Journal ist von dem Schiffer und dem Steuermann zu unterschreiben.

Art. 488.[2]

Art. 489. Die Landesgesetze können bestimmen, daß auf

---

[1] **RG** 6./2. 75 über die Beurkundung des Personenstands und die Eheschließung, 61—64.

[2] Ueber die Beweiskraft des Journals, aufgehoben (s. oben zu Art. 3).

kleineren Fahrzeugen (Küstenfahrer u. dgl.) die Führung eines Journals nicht erforderlich sei.

Art. 490. Der Schiffer hat über alle Unfälle, welche sich während der Reise ereignen, sie mögen den Verlust oder die Beschädigung des Schiffs oder der Ladung, das Einlaufen in einen Nothhafen oder einen sonstigen Nachtheil zur Folge haben, mit Zuziehung aller Personen der Schiffsbesatzung oder einer genügenden Anzahl derselben eine Verklarung abzulegen.

Die Verklarung ist ohne Verzug zu bewirken, und zwar:

im Bestimmungshafen, oder bei mehreren Bestimmungshäfen in demjenigen, welchen das Schiff nach dem Unfalle zuerst erreicht;

im Nothhafen, sofern in diesem reparirt oder gelöscht wird;

am ersten geeigneten Orte, wo die Reise endet, ohne daß der Bestimmungshafen erreicht wird.

Ist der Schiffer gestorben oder außer Stande, die Aufnahme der Verklarung zu bewirken, so ist hierzu der im Range nächste Schiffsoffizier berechtigt und verpflichtigt.

Art. 491. Die Verklarung muß einen Bericht über die erheblichen Begebenheiten der Reise, namentlich eine vollständige und deutliche Erzählung der erlittenen Unfälle, unter Angabe der zur Abwendung oder Verringerung der Nachtheile angewendeten Mittel enthalten.

Art. 492. Im Gebiete dieses Gesetzbuchs muß die Verklarung, unter Vorlegung des Journals und eines Verzeichnisses aller Personen der Schiffsbesatzung, bei dem zuständigen Gericht angemeldet werden.[1]

Das Gericht hat nach Eingang der Anmeldung so bald als thunlich die Verklarung aufzunehmen.

Der dazu anberaumte Termin wird in geeigneter Weise öffentlich bekannt gemacht, insofern die Umstände einen solchen Aufenthalt gestatten.

Die Interessenten von Schiff und Ladung, sowie die etwa sonst bei dem Unfalle Betheiligten sind berechtigt, selbst oder durch Vertreter der Ablegung der Verklarung beizuwohnen.

Die Verklarung geschieht auf Grundlage des Journals. Kann das geführte Journal nicht beigebracht werden oder ist ein Journal nicht geführt (Art. 489), so ist der Grund hiervon anzugeben.

Art. 493. Der Richter ist befugt, außer den gestellten noch

---

[1] Nach **BG** 8./11. 67 sind im Auslande die Bundeskonsulate dazu zuständig.

andere Personen der Schiffsbesatzung, deren Abhörung er angemessen findet, zu vernehmen. Er kann zum Zweck besserer Aufklärung dem Schiffer sowohl als jeder anderen Person der Schiffsbesatzung geeignete Fragen zur Beantwortung vorlegen.

Der Schiffer und die zugezogenen übrigen Personen der Schiffsbesatzung haben ihre Aussagen zu beschwören.

Die über die Verklarung aufgenommene Verhandlung ist in Urschrift aufzubewahren und jedem Betheiligten auf Verlangen beglaubigte Abschrift zu ertheilen.

Art. 494.[1]

Art. 495. Rechtsgeschäfte, welche der Schiffer eingeht, während das Schiff im Heimathshafen sich befindet, sind für den Rheder nur dann verbindlich, wenn der Schiffer auf Grund einer Vollmacht gehandelt hat, oder wenn ein anderer besonderer Verpflichtungsgrund vorhanden ist.

Zur Annahme der Schiffsmannschaft ist der Schiffer auch im Heimathshafen befugt.

Art. 496. Befindet sich das Schiff außerhalb des Heimathshafens, so ist der Schiffer Dritten gegenüber kraft seiner Anstellung befugt, für den Rheder alle Geschäfte und Rechtshandlungen vorzunehmen, welche die Ausrüstung, Bemannung, Verproviantirung und Erhaltung des Schiffs, sowie überhaupt die Ausführung der Reise mit sich bringen.

Diese Befugniß erstreckt sich auch auf die Eingehung von Frachtverträgen; sie erstreckt sich ferner auf die Anstellung von Klagen welche sich auf den Wirkungskreis des Schiffers beziehen.

Art. 497. Zur Aufnahme von Darlehen, zur Eingehung von Käufen auf Borg, sowie zum Abschlusse ähnlicher Kreditgeschäfte ist jedoch der Schiffer nur dann befugt, wenn es zur Erhaltung des Schiffs oder zur Ausführung der Reise nothwendig und nur insoweit, als es zur Befriedigung des Bedürfnisses erforderlich ist. Ein Bodmereigeschäft ist er einzugehen nur dann befugt, wenn es zur Ausführung der Reise nothwendig und nur insoweit, als es zur Befriedigung des Bedürfnisses erforderlich ist.

Die Gültigkeit des Geschäfts ist weder von der wirklichen Verwendung, noch von der Zweckmäßigkeit der unter mehreren Kreditgeschäften getroffenen Wahl, noch von dem Umstande abhängig, ob dem Schiffer das erforderliche Geld zur Verfügung gestanden habe, es sei denn, daß dem Dritten der böse Glaube bewiesen würde.

Art. 498. Auf den persönlichen Kredit des Rheders Geschäfte

[1] Betr. Beweiskraft der Verklarung; aufgehoben (s. oben zu Art. 3).

abzuschließen, insbesondere Wechselverbindlichkeiten für denselben einzugehen, ist der Schiffer nur auf Grund einer ihn hierzu ermächtigenden Vollmacht (Art. 452 Ziff. 1) befugt. Verhaltungsmaaßregeln und dienstliche Anweisungen, welche der Schiffer vom Rheder erhält, genügen nicht, die persönliche Haftung des Rheders dem Dritten gegenüber zu begründen.

Art. 499. Die Befugniß zum Verkaufe des Schiffs hat der Schiffer nur im Falle dringender Nothwendigkeit, und nachdem dieselbe durch das Ortsgericht nach Anhörung von Sachverständigen und mit Zuziehung des Landeskonsuls, wo ein solcher vorhanden, festgestellt ist.

Ist keine Gerichtsbehörde und auch keine andere Behörde, welche die Untersuchung übernimmt, am Ort vorhanden, so hat der Schiffer zur Rechtfertigung seines Verfahrens das Gutachten von Sachverständigen einzuholen und, wenn dies nicht möglich ist, mit anderen Beweisen sich zu versehen.

Der Verkauf muß öffentlich geschehen.

Art. 500. Der Rheder, welcher die gesetzlichen Befugnisse des Schiffers beschränkt hat, kann dem Dritten die Nichteinhaltung dieser Beschränkungen nur dann entgegensetzen, wenn er beweist, daß dieselben dem Dritten bekannt waren.

Art. 501. Hat der Schiffer ohne besonderen Auftrag für Rechnung des Rheders aus eigenen Mitteln Vorschüsse geleistet oder sich persönlich verpflichtet, so stehen ihm gegen den Rheder wegen des Ersatzes keine größeren Rechte als einem Dritten zu.

Art. 502. Durch ein Rechtsgeschäft, welches der Schiffer in seiner Eigenschaft als Führer des Schiffs, sei es mit, sei es ohne Bezeichnung des Rheders, innerhalb seiner gesetzlichen Befugnisse geschlossen hat, wird der Rheder dem Dritten gegenüber berechtigt und die Haftung des Rheders mit Schiff und Fracht begründet.

Der Schiffer selbst wird dem Dritten durch das Rechtsgeschäft nicht verpflichtet, es sei denn, daß er eine Gewährleistung für die Erfüllung übernommen oder seine Befugnisse überschritten hätte. Die Haftung des Schiffers nach Maaßgabe der Artikel 478 und 479 wird hierdurch nicht ausgeschlossen.

Art. 503. Auch dem Rheder gegenüber sind für den Umfang der Befugnisse des Schiffers die vorstehenden Artikel maaßgebend, soweit der Rheder diese Befugnisse nicht beschränkt hat.

Außerdem ist der Schiffer verpflichtet, von dem Zustande des Schiffs, den Begebnissen der Reisen, den von ihm geschlossenen Verträgen und den anhängig gewordenen Prozessen den Rheder in fortlaufender Kenntniß zu erhalten und in allen erheblichen Fällen, namentlich in den Fällen der Artikel 497 und 499, oder wenn er eine Reise zu ändern oder einzustellen sich genöthigt findet, oder bei außergewöhnlichen Reparaturen und Anschaffungen die Ertheilung von Verhaltungsmaaßregeln nachzusuchen, sofern die Umstände es gestatten.

Zu außergewöhnlichen Reparaturen und Anschaffungen, selbst wenn er sie mit den ihm zur Verfügung stehenden Mitteln des Rheders bestreiten kann, darf er nur im Falle der Nothwendigkeit schreiten.

Wenn er das zur Bestreitung eines Bedürfnisses nöthige Geld nicht anders sich verschaffen kann, als entweder durch Bodmerei, oder durch den Verkauf von entbehrlichem Schiffszubehör, oder durch den Verkauf von entbehrlichen Schiffsvorräthen, so hat er diejenige Maaßregel zu ergreifen, welche für den Rheder mit dem geringsten Nachtheil verbunden ist.

Er muß dem Rheder nach der Rückkehr in den Heimathshafen und außerdem, so oft es verlangt wird, Rechnung legen.

Art. 504. Im Interesse der Ladungsbetheiligten hat der Schiffer während der Reise zugleich für das Beste der Ladung nach Möglichkeit Sorge zu tragen.

Werden zur Abwendung oder Verringerung eines Verlustes besondere Maaßregeln erforderlich, so liegt ihm ob, das Interesse der Ladungsbetheiligten als Vertreter derselben wahrzunehmen, wenn thunlich deren Anweisungen einzuholen und, insoweit es den Verhältnissen entspricht, zu befolgen, sonst aber nach eigenem Ermessen zu verfahren und überhaupt thunlichst dafür zu sorgen, daß die Ladungsbetheiligten von solchen Vorfällen und den dadurch veranlaßten Maaßregeln schleunigst in Kenntniß gesetzt werden.

Er ist in solchen Fällen namentlich auch berechtigt, die Ladung ganz oder zum Theil zu löschen, äußerstenfalls, wenn ein erheblicher Verlust wegen drohenden Verderbs oder aus sonstigen Gründen anders nicht abzuwenden ist, zu verkaufen oder Behufs Beschaffung der Mittel zu ihrer Erhaltung und Weiterbeförderung zu verbodmen, sowie im Falle der Anhaltung und Aufbringung zu reklamiren oder, wenn sie auf andere Weise seiner Verfügung entzogen ist, ihre Wiedererlangung außergerichtlich und gerichtlich zu betreiben.

Art. 505. Wird die Fortsetzung der Reise in der ursprünglichen Richtung durch einen Zufall verhindert, so ist der Schiffer befugt, die Reise entweder in einer anderen Richtung fortzusetzen, oder dieselbe auf kürzere oder längere Zeit einzustellen, oder nach dem Abgangshafen zurückzukehren, je nachdem es den Verhältnissen und den möglichst zu berücksichtigenden Anweisungen entspricht.

Im Falle der Auflösung des Frachtvertrages hat er nach den Vorschriften des Artikels 634 zu verfahren.

Art. 506. Auf den persönlichen Kredit der Ladungsbetheiligten Geschäfte abzuschließen, ist der Schiffer auch in den Fällen des Artikels 504 nur auf Grund einer ihn hierzu ermächtigenden Vollmacht befugt.

Art. 507. Außer den Fällen des Artikels 504 ist der Schiffer zur Verbodmung der Ladung oder zur Verfügung über Ladungstheile durch Verkauf oder Verwendung nur dann befugt, wenn und insoweit es zum Zweck der Fortsetzung der Reise nothwendig ist.

Art. 508. Gründet sich das Bedürfniß in einer großen Haverei und kann der Schiffer demselben durch verschiedene Maaßregeln abhelfen, so hat er diejenige Maaßregel zu ergreifen, welche für die Betheiligten mit dem geringsten Nachtheil verbunden ist.

Art. 509. Liegt der Fall einer großen Haverei nicht vor, so ist der Schiffer zur Verbodmung der Ladung oder zur Verfügung über Ladungstheile durch Verkauf oder Verwendung nur dann befugt, wenn er dem Bedürfniß auf anderem Wege nicht abhelfen kann, oder wenn die Wahl eines anderen Mittels einen unverhältnißmäßigen Schaden für den Rheder zur Folge haben würde.

Auch in diesen Fällen kann er die Ladung nur zusammen mit dem Schiff und der Fracht verbodmen (Art. 681, Absatz 2).

Er hat die Verbodmung vor dem Verkauf zu wählen, es sei denn, daß die Verbodmung einen unverhältnißmäßigen Schaden für den Rheder zur Folge haben würde.

Art. 510. Die Verbodmung der Ladung oder die Verfügung über Ladungstheile durch Verkauf oder Verwendung wird in den Fällen des vorstehenden Artikels als ein für Rechnung des Rheders abgeschlossenes Kreditgeschäft (Art. 497 und 757, Ziff. 7) angesehen.

Art. 511. In Bezug auf die Gültigkeit der in den Fällen der Artikel 504 und 507 bis 509 von dem Schiffer abgeschlossenen Rechtsgeschäfte kommen die Vorschriften des Artikels 497 zur Anwendung.

Art. 512. Zu den Geschäften und Rechtshandlungen, welche der Schiffer nach den Artikeln 495, 496, 497, 499, 504, 507 bis 509 vorzunehmen befugt ist, bedarf er der in den Landesgesetzen etwa vorgeschriebenen Spezialvollmacht nicht.

Art. 513. Was der Schiffer vom Befrachter, Ablader oder Ladungsempfänger außer der Fracht als Kaplaken, Primage oder sonst als Belohnung oder Entschädigung, gleichviel unter welchem Namen, erhält, muß er dem Rheder als Einnahme in Rechnung bringen.

Art. 514. Der Schiffer darf ohne Einwilligung des Rheders für eigene Rechnung keine Güter verladen. Handelt er dieser Bestimmung zuwider, so muß er dem Rheder die höchste am Abladungsort zur Abladungszeit für solche Reisen und Güter bedungene Fracht erstatten, unbeschadet des Rechts des Rheders, einen erweislich höheren Schaden geltend zu machen.

Art. 515. Der Schiffer kann, selbst wenn das Gegentheil vereinbart ist, jederzeit von dem Rheder entlassen werden, jedoch unbeschadet seiner Entschädigungsansprüche.

Art. 516. Erfolgt die Entlassung, weil der Schiffer untüchtig befunden ist, oder weil er seiner Pflicht nicht genügt, so erhält er nur dasjenige, was er von der Heuer einschließlich aller sonst bedungenen Vortheile bis dahin verdient hat.

Art. 517. Wenn ein Schiffer, welcher für eine bestimmte Reise angestellt ist, entlassen wird, weil die Reise wegen Krieg, Embargo oder Blokade, oder wegen eines Einfuhr- oder Ausfuhrverbots, oder wegen eines anderen Schiff oder Ladung betreffenden Zufalls nicht angetreten oder fortgesetzt werden kann, so erhält er gleichfalls nur dasjenige, was er von der Heuer einschließlich aller sonst bedungenen Vortheile bis dahin verdient hat. Dasselbe gilt, wenn ein auf unbestimmte Zeit angestellter Schiffer entlassen wird, nachdem er die Ausführung einer bestimmten Reise übernommen hat.

Erfolgt in diesen Fällen die Entlassung während der Reise, so hat der Schiffer außerdem nach seiner Wahl entweder auf freie Zurückbeförderung nach dem Hafen, wo er geheuert worden ist, oder auf eine entsprechende Vergütung Anspruch.

Wenn nach den Bestimmungen dieses Gesetzbuchs ein Anspruch auf freie Zurückbeförderung begründet ist, so umfaßt derselbe auch den Unterhalt während der Reise.

Art. 518. Wird ein Schiffer, welcher auf unbestimmte Zeit angestellt ist, aus anderen als den in den Artikeln 516 und 517 angeführten Gründen entlassen, nachdem er die Ausführung einer bestimmten Reise übernommen hat, so erhält er außer demjenigen, was ihm nach den Bestimmungen des vorigen Artikels gebührt, als Entschädigung noch die Heuer für zwei oder vier Monate, je nachdem die Entlassung in einem Europäischen oder in einem nichteuropäischen Hafen erfolgt ist. Jedoch erhält er in keinem Falle mehr, als er erhalten haben würde, wenn er die Reise zu Ende geführt hätte.

Art. 519. War die Heuer nicht zeitweise, sondern in Bausch und Bogen für die ganze Reise bedungen, so wird in den Fällen der Artikel 516 bis 518 die verdiente Heuer mit Rücksicht auf den vollen Heuerbetrag nach Verhältniß der geleisteten Dienste, sowie des etwa zurückgelegten Theiles der Reise bestimmt. Zur Ermittelung der im Artikel 518 erwähnten Heuer für zwei oder vier Monate wird die durchschnittliche Dauer der Reise einschließlich der Ladungs- und Löschungszeit unter Berücksichtigung der Beschaffenheit des Schiffs in Ansatz gebracht und danach die Heuer für die zwei oder vier Monate berechnet.

Art. 520. Endet die Rückreise des Schiffs nicht in dem Heimathshafen, und war der Schiffer für die Aus- und Rückreise oder auf unbestimmte[1] Zeit angestellt, so hat der Schiffer Anspruch auf freie Zurückbeförderung nach dem Hafen, wo er geheuert worden ist, und auf Fortbezug der Heuer während der Reise oder nach seiner Wahl auf eine entsprechende Vergütung.

Art. 521. Der Schiffer, welcher auf unbestimmte Zeit angestellt ist, muß, sobald er eine Reise angetreten hat, in dem Dienste verbleiben, bis das Schiff in den Heimathshafen oder in einen inländischen Hafen zurückgekehrt und die Entlöschung erfolgt ist.

Er kann jedoch seine Entlassung fordern, wenn seit der ersten Abreise zwei oder drei Jahre verflossen sind, je nachdem das Schiff zur Zeit der Aufkündigung in einem Europäischen oder in einem nichteuropäischen Hafen sich befindet. Er hat in einem solchen Falle dem Rheder die zu seiner Ersetzung erforderliche Zeit zu gewähren und den Dienst inzwischen fortzusetzen, jedenfalls die laufende Reise zu beendigen.

Hat der Rheder sofort nach der Kündigung die Rückreise angeordnet, so muß der Schiffer das Schiff zurückführen.

Art. 522. Die Schiffspart, mit welcher der Schiffer auf Grund einer mit den übrigen Rhedern getroffenen Vereinbarung als Mitrheder an dem Schiff betheiligt ist, muß im Falle seiner unfreiwilligen Entlassung auf sein Verlangen von den Mitrhedern gegen Auszahlung des durch Sachverständige zu bestimmenden Schätzungswerthes übernommen werden. Dieses Recht des Schiffers erlischt, wenn er die Erklärung, davon Gebrauch zu machen, ohne Grund verzögert.

Art. 523.[2] Falls der Schiffer nach Antritt der Reise erkrankt oder verwundet wird, so trägt der Rheder die Kosten der Verpflegung und Heilung:

---

[1] Der amtliche Text hat hier den Druckfehler: „bestimmte".

[2] **BG** 8./11. 67, 35: Die Bundeskonsulate sind befugt, an Stelle eines gestorbenen, erkrankten oder sonst zur Führung des Schiffes untauglich gewordenen Schiffers auf den Antrag der Betheiligten einen neuen Schiffsführer einzusetzen.

1. wenn der Schiffer mit dem Schiff zurückkehrt und die Rückreise in dem Heimathshafen oder in dem Hafen endet, wo er geheuert worden ist, bis zur Beendigung der Rückreise;
2. wenn er mit dem Schiff zurückkehrt und die Reise nicht in einem der genannten Häfen endet, bis zum Ablauf von sechs Monaten seit Beendigung der Rückreise;
3. wenn er während der Reise am Lande zurückgelassen werden mußte, bis zum Ablauf von sechs Monaten seit der Weiterreise des Schiffs.

Auch gebührt ihm in den beiden letzteren Fällen freie Zurückbeförderung (Art. 517) oder nach seiner Wahl eine entsprechende Vergütung.

Die Heuer einschließlich aller sonst bedungenen Vortheile bezieht der nach Antritt der Reise erkrankte oder verwundete Schiffer, wenn er mit dem Schiff zurückkehrt, bis zur Beendigung der Rückreise, wenn er am Lande zurückgelassen werden mußte, bis zu dem Tage, an welchem er das Schiff verläßt.

Ist der Schiffer bei Vertheidigung des Schiffs beschädigt, so hat er überdies auf eine angemessene, erforderlichenfalls von dem Richter zu bestimmende Belohnung Anspruch.

Art. 524. Stirbt der Schiffer nach Antritt des Dienstes, so hat der Rheder die bis zum Todestage verdiente Heuer einschließlich aller sonst bedungenen Vortheile zu entrichten; ist der Tod nach Antritt der Reise erfolgt, so hat der Rheder auch die Beerdigungskosten zu tragen.

Wird der Schiffer bei Vertheidigung des Schiffs getödtet, so hat der Rheder überdies eine angemessene, erforderlichenfalls von dem Richter zu bestimmende Belohnung zu zahlen.

Art. 525. Auf die in den Artikeln 523 und 524 bezeichneten Forderungen findet die Vorschrift des Artikels 453 gleichfalls Anwendung.

Art. 526. Auch nach dem Verluste des Schiffs ist der Schiffer verpflichtet, noch für die Verklarung zu sorgen und überhaupt das Interesse des Rheders so lange wahrzunehmen, als es erforderlich ist. Er hat aber auch für diese Zeit Anspruch auf Fortbezug der Heuer und auf Erstattung der Kosten des Unterhalts. Für diese Heuer und Unterhaltungskosten haftet der Rheder persönlich. Außerdem behält der Schiffer, jedoch nur nach Maaßgabe des Artikels 453, Anspruch auf freie Zurückbeförderung (Art. 517) oder nach seiner Wahl auf eine entsprechende Vergütung.

Art. 527. Die Bestimmungen der Landesgesetze über die von dem Schiffer nachzuweisende Qualifikation werden durch dieses Gesetzbuch nicht berührt.[1]

Vierter Titel. Von der Schiffsmannschaft.[2]

Fünfter Titel. Von dem Frachtgeschäft zur Beförderung von Gütern.[3]

Art. 557. Der Frachtvertrag zur Beförderung von Gütern bezieht sich entweder

---

[1] Dafür jetzt **GO** 31: Seeschiffer, Seesteuerleute, Maschinisten der Seedampfschiffe und Lootsen müssen sich über den Besitz der erforderlichen Kenntnisse durch ein Befähigungszeugniß der zuständigen Verwaltungsbehörde ausweisen.

Der Bundesrath erläßt die Vorschriften über den Nachweis der Befähigung. Die auf Grund dieses Nachweises ertheilten Zeugnisse gelten für das ganze Reich, bei Lootsen für das im Zeugniß angeführte Fahrwasser.

Soweit in Betreff der Schiffer und Lootsen auf Strömen in Folge von Staatsverträgen besondere Anordnungen getroffen sind, behält es dabei sein Bewenden. (Vgl. §§ 34, 40, 53.)

Bek. 25./9. 69 (RGBl 660) betr. die Prüfung der Seeschiffer und Seesteuerleute auf deutschen Kauffahrteischiffen; 30./5. 70 (RGBl 344); 21./12. 74 (Centr.Bl. 1875, 51); 19./6. 75 (ebenda 371); 25./6. 75 (das. 376); G 11./6. 78 (Maschinisten auf Seeschiffen [RGBl 109]); Bek. 30./6. 79 (Centr.Bl. 427); 2./12. 85 betr. Ergänzung der Vorschriften über die Prüfung der Seeschiffer und Seesteuerleute 2c vom 25./9. 69 (RGBl 319); 12./3. 85 betr. Zulassung als Schiffer auf kleiner Fahrt mit Hochseefischereifahrzeugen (RGBl 82); 6./8. 87 betr. den Nachweis der Befähigung als Seeschiffer und Seesteuermann auf deutschen Kauffahrteischiffen (RGBl 395); 15./6. 88 betr. die Befähigungszeugnisse für Schiffer auf kleiner Fahrt mit Hochseefischereifahrzeugen und die Berechnung der Steuermannsfahrzeit (RGBl 185).

[2] Aufgehoben durch die Seemannsordnung (s. Anhang IX).

[3] **RG** betr. die Küstenfrachtfahrt 22./5. 81 (RGBl 98 [geltend seit 1./1. 82]): 1. Das Recht, Güter in einem deutschen Seehafen zu laden und nach einem anderen deutschen Seehafen zu befördern, um sie daselbst auszuladen (Küstenfrachtfahrt), steht ausschließlich deutschen Schiffen zu.

2. Ausländischen Schiffen kann dieses Recht durch Staatsvertrag oder durch Kaiserliche Verordnung mit Zustimmung des Bundesraths eingeräumt werden.

3. Der Führer eines ausländischen Schiffes, welcher unbefugt Küstenfrachtfahrt betreibt, wird mit Geldstrafe bis zu dreitausend Mark bestraft.

Neben der Geldstrafe kann auf Einziehung des Schiffes und der unbefugt beförderten Güter erkannt werden, ohne Unterschied, ob sie dem Verurtheilten gehören oder nicht.

Der § 42 des Strafgesetzbuchs findet entsprechende Anwendung.

1. auf das Schiff im Ganzen oder einen verhältnißmäßigen Theil oder einen bestimmt bezeichneten Raum des Schiffs, oder
2. auf einzelne Güter (Stückgüter).

Art. 558. Wird das Schiff im Ganzen oder zu einem verhältnißmäßigen Theil, oder wird ein bestimmt bezeichneter Raum des Schiffs verfrachtet, so kann jede Partei verlangen, daß über den Vertrag eine schriftliche Urkunde (Chartepartie) errichtet werde.

Art. 559. In der Verfrachtung eines ganzen Schiffs ist die Kajüte nicht einbegriffen; es dürfen jedoch in dieselbe ohne Einwilligung des Befrachters keine Güter verladen werden.

Art. 560. Bei jeder Art von Frachtvertrag (Art. 557) hat der Verfrachter das Schiff in seetüchtigem Stande zu liefern.

Er haftet dem Befrachter für jeden Schaden, welcher aus dem mangelhaften Zustande des Schiffs entsteht, es sei denn, daß die Mängel aller Sorgfalt ungeachtet nicht zu entdecken waren.

Art. 561. Der Schiffer hat zur Einnahme der Ladung das Schiff an den vom Befrachter oder, wenn das Schiff an Mehrere verfrachtet ist, von sämmtlichen Befrachtern ihm angewiesenen Platz hinzulegen.

Wenn die Anweisung nicht rechtzeitig erfolgt, oder wenn von sämmtlichen Befrachtern nicht derselbe Platz angewiesen wird, oder

---

4. Bestehende vertragsmäßige Bestimmungen über die Küstenfrachtfahrt werden durch dieses Gesetz nicht berührt.

Dazu V 29./12. 81 (RGBl 275). Solche Verträge bestehen mit Belgien, Bek. 29./12. 81 (RGBl 275); Brasilien, Bek. 29./12. 81 (275); Costa Rica, Vertr. 30./1. 85, 2, 15 (86, 4); Dänemark, Bek. 29./12. 81 (275); Dominika, Vertr. 30./1. 85, 2, 15 (86, 4); Griechenland, Vertr. 9./7. 84, 14 (85, 31); Großbritannien, Bek. 29./12. 81 (275); Italien, Bek. 29./12. 81 (275), Vertr. 4./5. 83, 12 (116); Internationale Gesellschaft des Kongo, Uebereink. 8./11. 84, 2 (85, 213); Mexiko, Vertr. 5./12. 82, 4 (83, 249); Niederlande, Bek. 1./6. 86 (179); Norwegen, Bek. 29./12. 81 (276); Rumänien, Bek. 29./12. 81 (276); Schweden, Bek. 29./12. 81 (275); Siam, Bek. 29./12. 84 (276); Spanien, Vertr. 12./7. 83, 18 (317. 328); Tonga, Bek. 29./12. 81 (276). — Vgl. Bek. 29./12. 81 betr. die durch das G 25./5. 81 über die Küstenschiffahrt nicht berührten vertragsmäßigen Bestimmungen (RGBl 276).

Vgl. StGB 296a: Ausländer, welche in deutschen Küstengewässern unbefugt fischen, werden mit Geldstrafe bis zu sechshundert Mark oder mit Gefängniß bis zu sechs Monaten bestraft.

Neben der Geld- oder Gefängnißstrafe ist auf Einziehung der Fanggeräthe, welche der Thäter bei dem unbefugten Fischen bei sich geführt hat, ingleichen der in dem Fahrzeuge enthaltenen Fische zu erkennen, ohne Unterschied, ob die Fanggeräthe und Fische dem Verurtheilten gehören oder nicht.

wenn die Wassertiefe, die Sicherheit des Schiffs oder die örtlichen Verordnungen oder Einrichtungen die Befolgung der Anweisung nicht gestatten, so muß der Schiffer an dem ortsüblichen Ladungsplatz anlegen.

Art. 562. Sofern nicht durch Vertrag oder durch die örtlichen Verordnungen des Abladungshafens und in deren Ermangelung durch einen daselbst bestehenden Ortsgebrauch ein Anderes bestimmt ist, müssen die Güter von dem Befrachter kostenfrei bis an das Schiff geliefert, dagegen die Kosten der Einladung derselben in das Schiff von dem Verfrachter getragen werden.

Art. 563. Der Verfrachter muß statt der vertragsmäßigen Güter andere, von dem Befrachter zur Verschiffung nach demselben Bestimmungshafen ihm angebotene Güter annehmen, wenn dadurch seine Lage nicht erschwert wird.

Diese Bestimmung findet keine Anwendung, wenn die Güter im Vertrage nicht blos nach Art oder Gattung, sondern speziell bezeichnet sind.

Art. 564. Der Befrachter oder Ablader, welcher die verladenen Güter unrichtig bezeichnet oder Kriegskontrebande oder Güter verladet, deren Ausfuhr oder deren Einfuhr in den Bestimmungshafen verboten ist, oder welcher bei der Abladung die gesetzlichen Vorschriften, insbesondere die Polizei-, Steuer- und Zollgesetze übertritt, wird, insofern ihm dabei ein Verschulden zur Last fällt, nicht blos dem Verfrachter, sondern auch allen übrigen im ersten Absatz des Artikels 479 bezeichneten Personen für den durch sein Verfahren veranlaßten Aufenthalt und jeden anderen Schaden verantwortlich.

Dadurch, daß er mit Genehmigung des Schiffers gehandelt hat, wird seine Verantwortlichkeit den übrigen Personen gegenüber nicht ausgeschlossen.

Er kann aus der Konfiskation der Güter keinen Grund herleiten, die Zahlung der Fracht zu verweigern.

Gefährden die Güter das Schiff oder die übrige Ladung, so ist der Schiffer befugt, dieselben ans Land zu setzen oder in dringenden Fällen über Bord zu werfen.

Art. 565.[1] Auch derjenige, welcher ohne Wissen des Schiffers Güter an Bord bringt, ist nach Maaßgabe des vorigen Artikels

[1] Vgl. StGB 217: Ein Reisender oder Schiffsmann, welcher ohne Vorwissen des Schiffers, ingleichen ein Schiffer, welcher ohne Vorwissen des Rheders Gegenstände an Bord nimmt, welche das Schiff oder die Ladung gefährden, indem sie die Beschlagnahme oder Einziehung des Schiffes oder der Ladung veranlassen können, wird mit Geldstrafe bis zu eintausendfünfhundert Mark oder Gefängniß bis zu zwei Jahren bestraft.

zum Ersatze des daraus entstehenden Schadens verpflichtet. Der Schiffer ist befugt, solche Güter wieder ans Land zu setzen oder, wenn sie das Schiff oder die übrige Ladung gefährden, nöthigenfalls über Bord zu werfen. Hat der Schiffer die Güter an Bord behalten, so muß dafür die höchste am Abladungsort zur Abladungszeit für solche Reisen und Güter bedungene Fracht bezahlt werden.

Art. 566. Der Verfrachter ist nicht befugt, ohne Erlaubniß des Befrachters die Güter in ein anderes Schiff zu verladen. Handelt er dieser Bestimmung zuwider, so ist er für jeden Schaden verantwortlich, in Ansehung dessen er nicht beweist, daß derselbe auch dann entstanden und dem Befrachter zur Last gefallen sein würde, wenn die Güter nicht in ein anderes Schiff verladen worden wären.

Auf Umladungen in ein anderes Schiff, welche in Fällen der Noth nach Antritt der Reise erfolgen, findet dieser Artikel keine Anwendung.

Art. 567. Ohne Genehmigung des Abladers dürfen dessen Güter weder auf das Verdeck verladen, noch an die Seiten des Schiffs gehängt werden.

Den Landesgesetzen bleibt vorbehalten zu bestimmen, daß in Ansehung der Küstenschifffahrt die vorstehende Vorschrift, soweit sie auf die Beladung des Verdecks sich bezieht, keine Anwendung finde.

Art. 568. Bei der Verfrachtung eines Schiffs im Ganzen hat der Schiffer, sobald er zur Einnahme der Ladung fertig und bereit ist, dies dem Befrachter anzuzeigen.

Mit dem auf die Anzeige folgenden Tag beginnt die Ladezeit.

Ueber die Ladezeit hinaus hat der Verfrachter auf die Abladung noch länger zu warten, wenn es vereinbart ist (Ueberliegezeit).

Für die Ladezeit kann, sofern nicht das Gegentheil bedungen ist, keine besondere Vergütung verlangt werden. Dagegen muß der Befrachter dem Verfrachter für die Ueberliegezeit eine Vergütung (Liegegeld) gewähren.

Art. 569. Ist die Dauer der Ladezeit durch Vertrag nicht festgesetzt, so wird sie durch die örtlichen Verordnungen des Abladungshafens und in deren Ermangelung durch den daselbst bestehenden Ortsgebrauch bestimmt. Besteht auch ein solcher Ortsgebrauch nicht, so gilt als Ladezeit eine den Umständen des Falles angemessene Frist.

Ist eine Ueberliegezeit, nicht aber deren Dauer, durch Vertrag bestimmt, so beträgt die Ueberliegezeit vierzehn Tage.

Enthält der Vertrag nur die Festsetzung eines Liegegeldes, so ist anzunehmen, daß eine Ueberliegezeit ohne Bestimmung der Dauer vereinbart sei.

Art. 570. Ist die Dauer der Ladezeit oder der Tag, mit

welchem dieselbe enden soll, durch Vertrag bestimmt, so beginnt die Ueberliegezeit ohne Weiteres mit dem Ablauf der Ladezeit.

In Ermangelung einer solchen vertragsmäßigen Bestimmung beginnt die Ueberliegezeit erst, nachdem der Verfrachter dem Befrachter erklärt hat, daß die Ladezeit abgelaufen sei. Der Verfrachter kann schon innerhalb der Ladezeit dem Befrachter erklären, an welchem Tage er die Ladezeit für abgelaufen halte. In diesem Falle ist zum Ablauf der Ladezeit und zum Beginn der Ueberliegezeit eine neue Erklärung des Verfrachters nicht erforderlich.

Art. 571. Nach Ablauf der Ladezeit oder, wenn eine Ueberliegezeit vereinbart ist, nach Ablauf der Ueberliegezeit ist der Verfrachter nicht verpflichtet, auf die Abladung noch länger zu warten. Er muß jedoch seinen Willen, nicht länger zu warten, spätestens drei Tage vor Ablauf der Ladezeit oder der Ueberliegezeit dem Befrachter erklären.

Ist dies nicht geschehen, so läuft die Ladezeit oder Ueberliegezeit nicht eher ab, als bis die Erklärung nachgeholt ist und seit dem Tage der Abgabe derselben drei Tage verstrichen sind.

Die in diesem Artikel erwähnten drei Tage werden in allen Fällen als ununterbrochen fortlaufende Tage nach dem Kalender gezählt.

Art. 572. Die in den Artikeln 570 und 571 erwähnten Erklärungen des Verfrachters sind an keine besondere Form gebunden. Weigert sich der Befrachter, den Empfang einer solchen Erklärung in genügender Weise zu bescheinigen, so ist der Verfrachter befugt, eine öffentliche Urkunde darüber auf Kosten des Befrachters errichten zu lassen.

Art. 573. Das Liegegeld wird, wenn es nicht durch Vertrag bestimmt ist, von dem Richter nach billigem Ermessen, nöthigenfalls nach Anhörung von Sachverständigen festgesetzt.

Der Richter hat hierbei auf die näheren Umstände des Falles, insbesondere auf die Heuerbeträge und Unterhaltskosten der Schiffsbesatzung, sowie auf den dem Verfrachter entgehenden Frachtverdienst Rücksicht zu nehmen.

Art. 574. Bei Berechnung der Lade- und Ueberliegezeit werden die Tage in ununterbrochen fortlaufender Reihenfolge gezählt; insbesondere kommen in Ansatz die Sonn- und Feiertage, sowie diejenigen Tage, an welchen der Befrachter durch Zufall die Ladung zu liefern verhindert ist.

Nicht in Ansatz kommen jedoch die Tage, an welchen durch Wind und Wetter oder durch irgend einen anderen Zufall entweder

1. die Lieferung nicht nur der bedungenen, sondern jeder Art von Ladung an das Schiff, oder
2. die Uebernahme der Ladung

verhindert ist.

Art. 575. Für die Tage, während welcher der Verfrachter wegen Verhinderung der Lieferung jeder Art von Ladung hat länger warten müssen, gebührt ihm Liegegeld, selbst wenn die Verhinderung während der Ladezeit eingetreten ist. Dagegen ist für die Tage, während welcher er wegen Verhinderung der Uebernahme der Ladung hat länger warten müssen, Liegegeld nicht zu entrichten, selbst wenn die Verhinderung während der Ueberliegezeit eingetreten ist.

Art. 576. Sind für die Dauer der Ladezeit nach Artikel 569 die örtlichen Verordnungen oder der Ortsgebrauch maaßgebend, so kommen bei Berechnung der Ladezeit die beiden vorstehenden Artikel nur insoweit zur Anwendung, als die örtlichen Verordnungen oder der Ortsgebrauch nichts Abweichendes bestimmen.

Art. 577. Hat der Verfrachter sich ausbedungen, daß die Abladung bis zu einem bestimmten Tage beendigt sein müsse, so wird er durch die Verhinderung der Lieferung jeder Art von Ladung (Art. 574 Ziff. 1) zum längeren Warten nicht verpflichtet.

Art. 578. Soll der Verfrachter die Ladung von einem Dritten erhalten, und ist dieser Dritte ungeachtet der von dem Verfrachter in ortsüblicher Weise kundgemachten Bereitschaft zum Laden nicht zu ermitteln, oder verweigert er die Lieferung der Ladung, so hat der Verfrachter den Befrachter schleunigst hiervon zu benachrichtigen und nur bis zum Ablauf der Ladezeit, nicht auch während der etwa vereinbarten Ueberliegezeit auf die Abladung zu warten, es sei denn, daß er von dem Befrachter oder einem Bevollmächtigten desselben noch innerhalb der Ladezeit eine entgegengesetzte Anweisung erhält.

Ist für die Ladezeit und die Löschzeit zusammen eine ungetheilte Frist bestimmt, so wird für den oben erwähnten Fall die Hälfte dieser Frist als Ladezeit angesehen.

Art. 579. Der Verfrachter muß auf Verlangen des Befrachters die Reise auch ohne die volle bedungene Ladung antreten. Es gebührt ihm aber alsdann nicht allein die volle Fracht und das etwaige Liegegeld, sondern er ist auch berechtigt, insoweit ihm durch die Unvollständigkeit der Ladung die Sicherheit für die volle Fracht entgeht, die Bestellung einer anderweitigen Sicherheit zu fordern. Außerdem sind ihm die Mehrkosten, welche in Folge der Unvollständigkeit der Ladung ihm etwa erwachsen, durch den Befrachter zu erstatten.

Art. 580. Hat der Befrachter bis zum Ablauf der Zeit, während welcher der Verfrachter auf die Abladung zu warten verpflichtet ist (Wartezeit), die Abladung nicht vollständig bewirkt, so ist der Verfrachter befugt, sofern der Befrachter nicht von dem Vertrage zurücktritt, die Reise anzutreten und die im vorstehenden Artikel bezeichneten Forderungen geltend zu machen.

Art. 581. Der Befrachter kann vor Antritt der Reise, sei diese eine einfache oder zusammengesetzte, von dem Vertrage unter der Verpflichtung zurücktreten, die Hälfte der bedungenen Fracht als Fautfracht zu zahlen.

Bei Anwendung dieser Bestimmung wird die Reise schon dann als angetreten erachtet:

1. wenn der Befrachter den Schiffer bereits abgefertigt hat;
2. wenn er die Ladung bereits ganz oder zum Theil geliefert hat und die Wartezeit verstrichen ist.

Art. 582. Macht der Befrachter von dem im vorstehenden Artikel bezeichneten Rechte Gebrauch, nachdem Ladung geliefert ist, so muß er auch die Kosten der Einladung und Wiederausladung tragen und für die Zeit der mit möglichster Beschleunigung zu bewirkenden Wiederausladung, soweit sie nicht in die Ladezeit fällt, Liegegeld (Art. 573) zahlen.

Der Verfrachter ist verpflichtet, den Aufenthalt, welchen die Wiederausladung verursacht, selbst dann sich gefallen zu lassen, wenn dadurch die Wartezeit überschritten wird, wogegen ihm für die Zeit nach Ablauf der Wartezeit Liegegeld und der Ersatz des durch Ueberschreitung der Wartezeit entstandenen Schadens gebührt, soweit der letztere den Betrag dieses Liegegeldes erweislich übersteigt.

Art. 583. Nachdem die Reise im Sinne des Artikels 581 angetreten ist, kann der Befrachter nur gegen Berichtigung der vollen Fracht, sowie aller sonstigen Forderungen des Verfrachters (Art. 615) und gegen Berichtigung oder Sicherstellung der im Artikel 616 bezeichneten Forderungen von dem Vertrage zurücktreten und die Wiederausladung der Güter fordern.

Im Fall der Wiederausladung hat der Befrachter nicht nur die hierdurch entstandenen Mehrkosten, sondern auch den Schaden zu ersetzen, welcher aus dem durch die Wiederausladung verursachten Aufenthalt dem Verfrachter entsteht.

Zum Zweck der Wiederausladung der Güter die Reise zu ändern oder einen Hafen anzulaufen, ist der Verfrachter nicht verpflichtet.

Art. 584. Der Befrachter ist statt der vollen Fracht nur zwei Drittel derselben als Fautfracht zu zahlen verpflichtet, wenn das Schiff zugleich auf Rückladung verfrachtet ist oder in Ausführung des Vertrags zur Einnahme der Ladung eine Fahrt aus einem anderen Hafen zu machen hat, und wenn in diesen beiden Fällen der Rück=

tritt früher erklärt wird, als die Rückreise oder die Reise aus dem Abladungshafen im Sinne des Artikels 581 angetreten ist.

Art. 585. Bei anderen zusammengesetzten Reisen erhält der Verfrachter, wenn der Befrachter den Rücktritt erklärt, bevor in Bezug auf den letzten Reiseabschnitt die Reise im Sinne des Artikels 581 angetreten ist, als Fautfracht zwar die volle Fracht, es kommt von dieser jedoch eine angemessene Quote in Abzug, sofern die Umstände die Annahme begründen, daß der Verfrachter in Folge der Aufhebung des Vertrages Kosten erspart und Gelegenheit zu anderweitigem Frachtverdienst gehabt habe.

Können sich die Parteien über die Zulässigkeit des Abzuges oder die Höhe desselben nicht einigen, so entscheidet darüber der Richter nach billigem Ermessen.

Der Abzug darf in keinem Falle die Hälfte der Fracht übersteigen.

Art. 586. Hat der Befrachter bis zum Ablauf der Wartezeit keine Ladung geliefert, so ist der Verfrachter an seine Verpflichtungen aus dem Vertrage nicht länger gebunden, und befugt, gegen den Befrachter dieselben Ansprüche geltend zu machen, welche ihm zugestanden haben würden, wenn der Befrachter von dem Vertrage zurückgetreten wäre (Art. 581, 584, 585).

Art. 587. Auf die Fautfracht wird die Fracht, welche der Verfrachter für andere Ladungsgüter erhält, nicht angerechnet.

Durch diese Bestimmung wird jedoch die Vorschrift im ersten Absatz des Artikels 585 nicht berührt.

Der Anspruch des Verfrachters auf Fautfracht ist nicht davon abhängig, daß er die im Vertrage bezeichnete Reise ausführt.

Durch die Fautfracht werden die Ansprüche des Verfrachters auf Liegegeld und die übrigen ihm etwa zustehenden Forderungen (Art. 615) nicht ausgeschlossen.

Art. 588. Ist ein verhältnißmäßiger Theil oder ein bestimmt bezeichneter Raum des Schiffs verfrachtet, so gelten die Artikel 568 bis 587 mit folgenden Abweichungen:

1. Der Verfrachter erhält in den Fällen, in welchen er nach diesen Artikeln mit einem Theil der Fracht sich begnügen müßte, als Fautfracht die volle Fracht, es sei denn, daß sämmtliche Befrachter zurücktreten oder keine Ladung liefern.

   Von der vollen Fracht kommt jedoch die Fracht für diejenigen Güter in Abzug, welche der Verfrachter an Stelle der nicht gelieferten angenommen hat.

2. In den Fällen der Artikel 582 und 583 kann der Befrachter die Wiederausladung nicht verlangen, wenn dieselbe eine Ver-

zögerung der Reise zur Folge haben oder eine Umladung nöthig machen würde, es sei denn, daß alle übrigen Befrachter ihre Genehmigung ertheilten. Außerdem ist der Befrachter verpflichtet, sowohl die Kosten als auch den Schaden zu ersetzen, welche durch die Wiederausladung entstehen.

Machen sämmtliche Befrachter von dem Rechte des Rücktritts Gebrauch, so hat es bei den Vorschriften der Artikel 582 und 583 sein Bewenden.

Art. 589. Hat der Frachtvertrag Stückgüter zum Gegenstand, so muß der Befrachter auf die Aufforderung des Schiffers ohne Verzug die Abladung bewirken.

Ist der Befrachter säumig, so ist der Verfrachter nicht verpflichtet, auf die Lieferung der Güter zu warten; der Befrachter muß, wenn ohne dieselben die Reise angetreten wird, gleichwohl die volle Fracht entrichten. Es kommt von der letzteren jedoch die Fracht für diejenigen Güter in Abzug, welche der Verfrachter an Stelle der nicht gelieferten angenommen hat.

Der Verfrachter, welcher den Anspruch auf die Fracht gegen den säumigen Befrachter geltend machen will, ist bei Verlust des Anspruchs verpflichtet, dies dem Befrachter vor der Abreise kund zu geben. Auf diese Erklärung finden die Vorschriften des Artikels 572 Anwendung.

Art. 590. Nach der Abladung kann der Befrachter auch gegen Berichtigung der vollen Fracht, sowie aller sonstigen Forderungen des Verfrachters (Art. 615) und gegen Berichtigung oder Sicherstellung der im Artikel 616 bezeichneten Forderungen nur nach Maaßgabe des ersten Absatzes der Vorschrift unter Ziffer 2 des Artikels 588 von dem Vertrage zurücktreten und die Wiederausladung der Güter fordern.

Außerdem findet auch für diese Fälle die Vorschrift im letzten Absatz des Artikels 583 Anwendung.

Art. 591. Ist ein Schiff auf Stückgüter angelegt und die Zeit der Abreise nicht festgesetzt, so hat auf Antrag des Befrachters der Richter nach den Umständen des Falles den Zeitpunkt zu bestimmen, über welchen hinaus der Antritt der Reise nicht verschoben werden kann.

Art. 592. Bei jeder Art von Frachtvertrag hat der Befrachter innerhalb der Zeit, binnen welcher die Güter zu liefern sind, dem Schiffer zugleich alle zur Verschiffung derselben erforderlichen Papiere zuzustellen.

Art. 593. Der Schiffer hat zur Löschung der Ladung das Schiff an den Platz hinzulegen, welcher ihm von demjenigen, an den die Ladung abzuliefern ist (Empfänger), oder, wenn die Ladung an mehrere Empfänger abzuliefern ist, von sämmtlichen Empfängern angewiesen wird.

Wenn die Anweisung nicht rechtzeitig erfolgt, oder wenn von sämmtlichen Empfängern nicht derselbe Platz angewiesen wird, oder wenn die Wassertiefe, die Sicherheit des Schiffs oder die örtlichen Verordnungen oder Einrichtungen die Befolgung der Anweisung nicht gestatten, so muß der Schiffer an dem ortsüblichen Löschungsplatz anlegen.

Art. 594. Sofern nicht durch Vertrag oder durch die örtlichen Verordnungen des Löschungshafens und in deren Ermangelung durch einen daselbst bestehenden Ortsgebrauch ein Anderes bestimmt ist, werden die Kosten der Ausladung aus dem Schiffe von dem Verfrachter, alle übrigen Kosten der Löschung von dem Ladungsempfänger getragen.

Art. 595. Bei der Verfrachtung eines Schiffs im Ganzen hat der Schiffer, sobald er zum Löschen fertig und bereit ist, dies dem Empfänger anzuzeigen.

Die Anzeige muß durch öffentliche Bekanntmachung in ortsüblicher Weise geschehen, wenn der Empfänger dem Schiffer unbekannt ist.

Mit dem auf die Anzeige folgenden Tage beginnt die Löschzeit.

Ueber die Löschzeit hinaus hat der Verfrachter nur dann auf die Abnahme der Ladung noch länger zu warten, wenn es vereinbart ist (Ueberliegezeit).

Für die Löschzeit kann, sofern nicht das Gegentheil bedungen ist, keine besondere Vergütung verlangt werden. Dagegen muß dem Verfrachter für die Ueberliegezeit eine Vergütung (Liegegeld) gewährt werden.

Das Liegegeld wird von dem Richter nach Anleitung des Artikels 573 festgesetzt, wenn es nicht durch Vertrag bestimmt ist.

Art. 596. Ist die Dauer der Löschzeit durch Vertrag nicht festgesetzt, so wird sie durch die örtlichen Verordnungen des Löschungshafens und in deren Ermangelung durch den daselbst bestehenden Ortsgebrauch bestimmt. Besteht auch ein solcher Ortsgebrauch nicht, so gilt als Löschzeit eine den Umständen des Falles angemessene Frist.

Ist eine Ueberliegezeit, nicht aber deren Dauer, durch Vertrag bestimmt, so beträgt die Ueberliegezeit vierzehn Tage.

Enthält der Vertrag nur die Festsetzung eines Liegegeldes, so ist anzunehmen, daß eine Ueberliegezeit ohne Bestimmung der Dauer vereinbart sei.

Art. 597. Ist die Dauer der Löschzeit oder der Tag, mit

welchem dieselbe enden soll, durch Vertrag bestimmt, so beginnt die Ueberliegezeit ohne Weiteres mit dem Ablauf der Löschzeit.

In Ermangelung einer solchen vertragsmäßigen Bestimmung beginnt die Ueberliegezeit erst, nachdem der Verfrachter dem Empfänger erklärt hat, daß die Löschzeit abgelaufen sei. Der Verfrachter kann schon innerhalb der Löschzeit dem Empfänger erklären, an welchem Tage er die Löschzeit für abgelaufen halte. In diesem Falle ist zum Ablauf der Löschzeit und zum Beginn der Ueberliegezeit eine neue Erklärung des Verfrachters nicht erforderlich.

Auf die in diesem Artikel erwähnten Erklärungen des Verfrachters finden die Vorschriften des Artikels 572 Anwendung.

Art. 598. Bei Berechnung der Lösch- und Ueberliegezeit werden die Tage in ununterbrochen fortlaufender Reihenfolge gezählt; insbesondere kommen in Ansatz die Sonn- und Feiertage, sowie diejenigen Tage, an welchen der Empfänger durch Zufall die Ladung abzunehmen verhindert ist.

Nicht in Ansatz kommen jedoch die Tage, an welchen durch Wind und Wetter oder durch irgend einen anderen Zufall entweder

1. der Transport nicht nur der im Schiffe befindlichen, sondern jeder Art von Ladung von dem Schiff an das Land,

oder

2. die Ausladung aus dem Schiffe

verhindert ist.

Art. 599. Für die Tage, während welcher der Verfrachter wegen der Verhinderung des Transports jeder Art von Ladung von dem Schiff an das Land hat länger warten müssen, gebührt ihm Liegegeld, selbst wenn die Verhinderung während der Löschzeit eingetreten ist. Dagegen ist für die Tage, während welcher er wegen Verhinderung der Ausladung aus dem Schiffe hat länger warten müssen, Liegegeld nicht zu entrichten, selbst wenn die Verhinderung während der Ueberliegezeit eingetreten ist.

Art. 600. Sind für die Dauer der Löschzeit nach Artikel 596 die örtlichen Verordnungen oder der Ortsgebrauch maaßgebend, so kommen bei Berechnung der Löschzeit die beiden vorstehenden Artikel nur insoweit zur Anwendung, als die örtlichen Verordnungen oder der Ortsgebrauch nichts Abweichendes bestimmen.

Art. 601. Hat der Verfrachter sich ausbedungen, daß die Löschung bis zu einem bestimmten Tage beendigt sein müsse, so wird er durch die Verhinderung des Transports jeder Art von Ladung von dem Schiff an das Land (Art. 598 Ziff. 1) zum längeren Warten nicht verpflichtet.

Art. 602. Wenn der Empfänger zur Abnahme der Güter sich

bereit erklärt, dieselbe aber über die von ihm einzuhaltenden Fristen verzögert, so ist der Schiffer befugt, die Güter, unter Benachrichtigung des Empfängers, gerichtlich oder in anderer sicherer Weise niederzulegen.

Der Schiffer ist verpflichtet, in dieser Weise zu verfahren und zugleich den Befrachter davon in Kenntniß zu setzen, wenn der Empfänger die Annahme der Güter verweigert oder über dieselbe auf die im Artikel 595 vorgeschriebene Anzeige sich nicht erklärt, oder wenn der Empfänger nicht zu ermitteln ist.

Art. 603. Insoweit durch die Säumniß des Empfängers oder durch das Niederlegungsverfahren die Löschzeit ohne Verschulden des Schiffers überschritten wird, hat der Verfrachter Anspruch auf Liegegeld (Art. 595), unbeschadet des Rechts, für diese Zeit, soweit sie keine vertragsmäßige Ueberliegezeit ist, einen erweislich höheren Schaden geltend zu machen.

Art. 604. Die Artikel 595 bis 603 kommen auch dann zur Anwendung, wenn ein verhältnißmäßiger Theil oder ein bestimmt bezeichneter Raum des Schiffs verfrachtet ist.

Art. 605. Der Empfänger von Stückgütern hat dieselben auf die Aufforderung des Schiffers ohne Verzug abzunehmen. Ist der Empfänger dem Schiffer nicht bekannt, so muß die Aufforderung durch öffentliche Bekanntmachung in ortsüblicher Weise geschehen.

In Ansehung des Rechts und der Verpflichtung des Schiffers, die Güter niederzulegen, gelten die Vorschriften des Artikels 602. Die im Artikel 602 vorgeschriebene Benachrichtigung des Befrachters kann durch öffentliche, in ortsüblicher Weise zu bewirkende Bekanntmachung erfolgen.

Für die Tage, um welche durch die Säumniß des Empfängers oder durch das Niederlegungsverfahren die Frist, binnen welcher das Schiff würde entlöscht worden sein, überschritten ist, hat der Verfrachter Anspruch auf Liegegeld (Art. 595), unbeschadet des Rechts, einen erweislich höheren Schaden geltend zu machen.

Art. 606. Wenn bei der Verfrachtung des Schiffs im Ganzen oder eines verhältnißmäßigen Theils oder eines bestimmt bezeichneten Raums des Schiffs der Befrachter Unterfrachtverträge über Stückgüter geschlossen hat, so bleiben für die Rechte und Pflichten des ursprünglichen Verfrachters die Artikel 595 bis 603 maaßgebend.

Art. 607. Der Verfrachter haftet für den Schaden, welcher durch Verlust oder Beschädigung der Güter seit der Empfangnahme bis zur Ablieferung entstanden ist, sofern er nicht beweist, daß der Verlust oder die Beschädigung durch höhere Gewalt (vis major) oder durch die natürliche Beschaffenheit der Güter, namentlich durch inneren

Verderb, Schwinden, gewöhnliche Leckage und dergleichen, oder durch äußerlich nicht erkennbare Mängel der Verpackung entstanden ist.

Verlust und Beschädigung, welche aus einem mangelhaften Zustande des Schiffs entstehen, der aller Sorgfalt ungeachtet nicht zu entdecken war (Art. 560 Absatz 2), werden dem Verluste oder der Beschädigung durch höhere Gewalt gleichgeachtet.

Art. 608. Für Kostbarkeiten, Gelder und Werthpapiere haftet der Verfrachter nur in dem Falle, wenn diese Beschaffenheit oder der Werth der Güter bei der Abladung dem Schiffer angegeben ist.

Art. 609. Bevor der Empfänger die Güter übernommen hat, kann sowohl der Empfänger als der Schiffer, um den Zustand oder die Menge der Güter festzustellen, die Besichtigung derselben durch die zuständige Behörde oder durch die zu dem Zweck amtlich bestellten Sachverständigen bewirken lassen.

Bei diesem Verfahren ist die am Orte anwesende Gegenpartei zuzuziehen, sofern die Umstände es gestatten.

Art. 610. Ist die Besichtigung vor der Uebernahme nicht geschehen, so muß der Empfänger binnen achtundvierzig Stunden nach dem Tage der Uebernahme die nachträgliche Besichtigung der Güter nach Maaßgabe des Artikels 609 erwirken, widrigenfalls alle Ansprüche wegen Beschädigung oder theilweisen Verlustes erlöschen. Es macht keinen Unterschied, ob Verlust und Beschädigung äußerlich erkennbar waren oder nicht.

Diese Bestimmung findet keine Anwendung auf solche Verluste und Beschädigungen, welche durch eine bösliche Handlungsweise einer Person der Schiffsbesatzung entstanden sind.

Art. 611. Die Kosten der Besichtigung hat Derjenige zu tragen, welcher dieselbe beantragt hat.

Ist jedoch die Besichtigung von dem Empfänger beantragt, und wird ein Verlust oder eine Beschädigung ermittelt, wofür der Verfrachter Ersatz leisten muß, so fallen die Kosten dem Letzteren zur Last.

Art. 612. Wenn auf Grund des Artikels 607 für den Verlust von Gütern Ersatz geleistet werden muß, so ist nur der Werth der verlorenen Güter zu vergüten. Dieser Werth wird durch den Marktpreis bestimmt, welchen Güter derselben Art und Beschaffenheit am Bestimmungsorte der verlorenen Güter bei Beginn der Löschung des Schiffs oder, wenn eine Entlöschung des Schiffs an diesem Orte nicht erfolgt, bei seiner Ankunft daselbst haben.

In Ermangelung eines Marktpreises, oder falls über denselben oder über dessen Anwendung, insbesondere mit Rücksicht auf die Qualität der Güter Zweifel bestehen, wird der Preis durch Sachverständige ermittelt.

Von dem Preise kommt in Abzug, was an Fracht, Zöllen und Unkosten in Folge des Verlustes der Güter erspart wird.

Wird der Bestimmungsort der Güter nicht erreicht, so tritt an Stelle des Bestimmungsorts der Ort, wo die Reise endet, oder, wenn die Reise durch Verlust des Schiffs endet, der Ort, wohin die Ladung in Sicherheit gebracht ist.

Art. 613. Die Bestimmungen des Artikels 612 finden auch auf diejenigen Güter Anwendung, für welche der Rheder nach Artikel 510 Ersatz leisten muß.

Uebersteigt im Falle der Verfügung über die Güter durch Verkauf der Reinerlös derselben den im Artikel 612 bezeichneten Preis, so tritt an Stelle des letzteren der Reinerlös.

Art. 614. Muß für die Beschädigung der Güter auf Grund des Artikels 607 Ersatz geleistet werden, so ist nur die durch die Beschädigung verursachte Werthsverminderung der Güter zu vergüten. Diese Werthsverminderung wird bestimmt durch den Unterschied zwischen dem durch Sachverständige zu ermittelnden Verkaufswerth, welchen die Güter im beschädigten Zustande haben, und dem im Artikel 612 bezeichneten Preise nach Abzug der Zölle und Unkosten, soweit sie in Folge der Beschädigung erspart sind.

Art. 615. Durch Annahme der Güter wird der Empfänger verpflichtet, nach Maaßgabe des Frachtvertrages oder des Konnossements, auf deren Grund die Empfangnahme geschieht, die Fracht nebst allen Nebengebühren, sowie das etwaige Liegegeld zu bezahlen, die ausgelegten Zölle und übrigen Auslagen zu erstatten und die ihm sonst obliegenden Verpflichtungen zu erfüllen.

Der Verfrachter hat die Güter gegen Zahlung der Fracht und gegen Erfüllung der übrigen Verpflichtungen des Empfängers auszuliefern.

Art. 616. Der Verfrachter ist nicht verpflichtet, die Güter früher auszuliefern, als bis die auf denselben haftenden Beiträge zur großen Haverei, Bergungs- und Hülfskosten und Bodmereigelder bezahlt oder sichergestellt sind.

Ist die Verbodmung für Rechnung des Rheders geschehen, so gilt die vorstehende Bestimmung unbeschadet der Verpflichtung des Verfrachters, für die Befreiung der Güter von der Bodmereischuld noch vor der Auslieferung zu sorgen.

Art. 617. Der Verfrachter ist nicht verpflichtet, die Güter, mögen sie verdorben oder beschädigt sein oder nicht, für die Fracht an Zahlungsstatt anzunehmen.

Sind jedoch Behältnisse, welche mit flüssigen Waaren angefüllt waren, während der Reise ganz oder zum größeren Theil ausgelaufen, so können dieselben dem Verfrachter für die Fracht und seine übrigen Forderungen (Art. 615) an Zahlungsstatt überlassen werden.

Durch die Vereinbarung, daß der Verfrachter nicht für Leckage hafte, oder durch die Klausel: „frei von Leckage", wird dieses Recht nicht ausgeschlossen. Dieses Recht erlischt, sobald die Behältnisse in den Gewahrsam des Abnehmers gelangt sind.

Ist die Fracht in Bausch und Bogen bedungen, und sind nur einige Behältnisse ganz oder zum größeren Theil ausgelaufen, so können dieselben für einen verhältnißmäßigen Theil der Fracht und der übrigen Forderungen des Verfrachters an Zahlungsstatt überlassen werden.

Art. 618. Für Güter, welche durch irgend einen Unfall verloren gegangen sind, ist keine Fracht zu bezahlen und die etwa vorausbezahlte zu erstatten, sofern nicht das Gegentheil bedungen ist.

Diese Bestimmung kommt auch dann zur Anwendung, wenn das Schiff im Ganzen oder ein verhältnißmäßiger oder ein bestimmt bezeichneter Raum des Schiffs verfrachtet ist. Sofern in einem solchen Falle das Frachtgeld in Bausch und Bogen bedungen ist, berechtigt der Verlust eines Theils der Güter zu einem verhältnißmäßigen Abzuge von der Fracht.

Art. 619. Ungeachtet der Nichtablieferung ist die Fracht zu zahlen für Güter, deren Verlust in Folge ihrer natürlichen Beschaffenheit (Art. 607) eingetreten ist, sowie für Thiere, welche unterwegs gestorben sind.

Inwiefern die Fracht für Güter zu ersetzen ist, welche in Fällen der großen Haverei aufgeopfert worden sind, wird durch die Vorschriften über die große Haverei bestimmt.

Art. 620. Für Güter, welche ohne Abrede über die Höhe der Fracht zur Beförderung übernommen sind, ist die am Abladungsorte zur Abladungszeit übliche Fracht zu zahlen.

Für Güter, welche über das mit dem Befrachter vereinbarte Maaß hinaus zur Beförderung übernommen sind, ist die Fracht nach Verhältniß der bedungenen Fracht zu zahlen.

Art. 621. Wenn die Fracht nach Maaß, Gewicht oder Menge der Güter bedungen ist, so ist im Zweifel anzunehmen, daß Maaß, Gewicht oder Menge der abgelieferten und nicht der eingelieferten Güter für die Höhe der Fracht entscheiden soll.

Art. 622. Außer der Fracht können Kaplaken, Prämien und dergleichen nicht gefordert werden, sofern sie nicht ausbedungen sind.

Die gewöhnlichen und ungewöhnlichen Kosten der Schifffahrt, als: Lootsengeld, Hafengeld, Leuchtfeuergeld, Schlepplohn, Quarantänegelder, Auseisungskosten und dergleichen, fallen in Ermangelung einer entgegenstehenden Abrede dem Verfrachter allein zur Last, selbst wenn derselbe zu den Maaßregeln, welche die Auslagen verursacht haben, auf Grund des Frachtvertrages nicht verpflichtet war.

Die Fälle der großen Haverei, sowie die Fälle der Aufwendung von Kosten zur Erhaltung, Bergung und Rettung der Ladung werden durch diesen Artikel nicht berührt.

Art. 623. Wenn die Fracht nach Zeit bedungen ist, so beginnt sie in Ermangelung einer anderen Abrede mit dem Tage zu laufen, der auf denjenigen folgt, an welchem der Schiffer angezeigt hat, daß er zur Einnahme der Ladung, oder bei einer Reise in Ballast, daß er zum Antritt der Reise fertig und bereit sei, sofern aber bei einer Reise in Ballast diese Anzeige am Tage vor dem Antritt der Reise noch nicht erfolgt ist, mit dem Tage, an welchem die Reise angetreten wird.

Ist Liegegeld oder Ueberliegezeit bedungen, so beginnt in allen Fällen die Zeitfracht erst mit dem Tage zu laufen, an welchem der Antritt der Reise erfolgt.

Die Zeitfracht endet mit dem Tage, an welchem die Löschung vollendet ist.

Wird die Reise ohne Verschulden des Verfrachters verzögert oder unterbrochen, so muß für die Zwischenzeit die Zeitfracht fortentrichtet werden, jedoch unbeschadet der Bestimmungen der Artikel 639 und 640.

Art. 624. Der Verfrachter hat wegen der im Artikel 615 erwähnten Forderungen ein Pfandrecht an den Gütern.

Das Pfandrecht besteht, so lange die Güter zurückbehalten oder deponirt sind; es dauert auch nach der Ablieferung noch fort, sofern es binnen dreißig Tagen nach Beendigung derselben gerichtlich geltend gemacht wird; es erlischt jedoch, sobald vor der gerichtlichen Geltendmachung die Güter in den Gewahrsam eines Dritten gelangen, welcher sie nicht für den Empfänger besitzt.

Art. 625. Im Falle des Streites über die Forderungen des Verfrachters ist dieser die Güter auszuliefern verpflichtet, sobald die streitige Summe bei Gericht oder bei einer anderen zur Annahme von Depositen ermächtigten Behörde oder Anstalt deponirt ist.

Nach Ablieferung der Güter ist der Verfrachter zur Erhebung der deponirten Summe gegen angemessene Sicherheitsleistung berechtigt.

Art. 626. So lange das Pfandrecht des Verfrachters besteht, kann das Gericht auf dessen Ansuchen verordnen, daß die Güter ganz oder zu einem entsprechenden Theil Behufs Befriedigung des Verfrachters öffentlich verkauft werden.

Dieses Recht gebührt dem Verfrachter auch gegenüber den übrigen Gläubigern und der Konkursmasse des Eigenthümers.

Das Gericht hat die Betheiligten, wenn sie am Orte anwesend sind, über das Gesuch; bevor der Verkauf verfügt wird, zu hören.

Art. 627. Hat der Verfrachter die Güter ausgeliefert, so kann er wegen der gegen den Empfänger ihm zustehenden Forderungen (Art. 615) an dem Verfrachter sich nicht erholen. Nur insoweit der Befrachter mit dem Schaden des Verfrachters sich etwa bereichern würde, findet ein Rückgriff statt.

Art. 628. Hat der Verfrachter die Güter nicht ausgeliefert und von den im ersten Absatz des Artikels 626 bezeichneten Rechte Gebrauch gemacht, jedoch durch den Verkauf der Güter seine vollständige Befriedigung nicht erhalten, so kann er an dem Befrachter sich erholen, soweit er wegen seiner Forderungen aus dem zwischen ihm und dem Befrachter abgeschlossenen Frachtvertrage nicht befriedigt ist.

Art. 629. Werden die Güter von dem Empfänger nicht abgenommen, so ist der Befrachter verpflichtet, den Verfrachter wegen der Fracht und der übrigen Forderungen dem Frachtvertrage gemäß zu befriedigen.

Bei der Abnahme der Güter durch den Befrachter kommen die Artikel 593 bis 626 in der Weise zur Anwendung, daß an Stelle des in diesen Artikeln bezeichneten Empfängers der Befrachter tritt. Insbesondere steht in einem solchen Falle dem Verfrachter wegen seiner Forderungen das Zurückbehaltungs- und Pfandrecht an den Gütern nach Maaßgabe der Artikel 624, 625, 626, sowie das im Artikel 616 bezeichnete Recht zu.

Art. 630. Der Frachtvertrag tritt außer Kraft, ohne daß ein Theil zur Entschädigung des anderen verpflichtet ist, wenn vor Antritt der Reise durch einen Zufall

1. das Schiff verloren geht, insbesondere
   wenn es verunglückt,
   wenn es als reparaturunfähig oder reparaturunwürdig kondemnirt (Art. 444) und in dem letzteren Falle ohne Verzug öffentlich verkauft wird,
   wenn es geraubt wird,
   wenn es aufgebracht oder angehalten und für gute Prise erklärt wird,
   oder
2. die im Frachtvertrage nicht blos nach Art oder Gattung, sondern speziell bezeichneten Güter verloren gehen;
   oder

3. die, wenn auch nicht im Frachtvertrage speziell bezeichneten Güter verloren gehen, nachdem dieselben bereits an Bord gebracht oder Behufs Einladung in das Schiff an der Ladungsstelle von dem Schiffer übernommen worden sind.

Hat aber in dem unter Ziffer 3 bezeichneten Falle der Verlust der Güter noch innerhalb der Wartezeit (Art. 580) sich zugetragen, so tritt der Vertrag nicht außer Kraft, sofern der Befrachter ohne Verzug sich bereit erklärt, statt der verloren gegangenen andere Güter (Art. 563) zu liefern, und mit der Lieferung noch innerhalb der Wartezeit beginnt. Er hat die Abladung der anderen Güter binnen kürzester Frist zu vollenden, die etwaigen Mehrkosten dieser Abladung zu tragen und, insoweit durch dieselbe die Wartezeit überschritten wird, den dem Verfrachter daraus entstehenden Schaden zu ersetzen.

Art. 631. Jeder Theil ist befugt, von dem Vertrage zurückzutreten, ohne zur Entschädigung verpflichtet zu sein:

1. wenn vor Antritt der Reise
   das Schiff mit Embargo belegt oder zum landesherrlichen Dienst oder zum Dienst einer fremden Macht in Beschlag genommen,
   der Handel mit dem Bestimmungsort untersagt,
   der Ablandungs- oder Bestimmungshafen blokirt,
   die Ausfuhr der nach dem Frachtvertrage zu verschiffenden Güter aus dem Abladungshafen oder die Einfuhr derselben in den Bestimmungshafen verboten,
   durch eine andere Verfügung von hoher Hand das Schiff am Auslaufen oder die Reise oder die Versendung der nach dem Frachtvertrage zu liefernden Güter verhindert wird.

   In allen vorstehenden Fällen berechtigt jedoch die Verfügung von hoher Hand nur dann zum Rücktritt, wenn das eingetretene Hinderniß nicht voraussichtlich von nur unerheblicher Dauer ist;
2. wenn vor Antritt der Reise ein Krieg ausbricht, in Folge dessen das Schiff oder die nach dem Frachtvertrage zu verschiffenden Güter oder beide nicht mehr als frei betrachtet werden können und der Gefahr der Aufbringung ausgesetzt würden.

Die Ausübung der im Artikel 563 dem Befrachter beigelegten Befugniß ist in den Fällen der vorstehenden Bestimmungen nicht ausgeschlossen.

Art. 632. Wenn nach Antritt der Reise das Schiff durch einen Zufall verloren geht (Art. 630 Ziff. 1), so endet der Frachtvertrag. Jedoch hat der Befrachter, soweit Güter geborgen oder gerettet sind, die Fracht im Verhältniß der zurückgelegten zur ganzen Reise zu zahlen (Distanzfracht).

Die Distanzfracht ist nur so weit zu zahlen, als der gerettete Werth der Güter reicht.

Art. 633. Bei Berechnung der Distanzfracht kommt in Anschlag nicht allein das Verhältniß der bereits zurückgelegten zu der noch zurückzulegenden Entfernung, sondern auch das Verhältniß des Aufwandes an Kosten und Zeit, der Gefahren und Mühen, welche durchschnittlich mit dem vollendeten Theile der Reise verbunden sind, zu denen des nicht vollendeten Theiles.

Können sich die Parteien über den Betrag der Distanzfracht nicht einigen, so entscheidet darüber der Richter nach billigem Ermessen.

Art. 634. Die Auflösung des Frachtvertrages ändert nichts in den Verpflichtungen des Schiffers, bei Abwesenheit der Betheiligten auch nach dem Verluste des Schiffs für das Beste der Ladung zu sorgen (Art. 504 bis 506). Der Schiffer ist demzufolge berechtigt und verpflichtet, und zwar im Falle der Dringlichkeit auch ohne vorherige Anfrage, je nachdem es den Umständen entspricht, entweder die Ladung für Rechnung der Betheiligten mittelst eines anderen Schiffs nach dem Bestimmungshafen befördern zu lassen, oder die Auflagerung oder den Verkauf derselben zu bewirken und im Falle der Weiterbeförderung oder Auflagerung, Behufs Beschaffung der hierzu, sowie zur Erhaltung der Ladung nöthigen Mittel, einen Theil davon zu verkaufen, oder im Falle der Weiterbeförderung die Ladung ganz oder zum Theil zu verbodmen.

Der Schiffer ist jedoch nicht verpflichtet, die Ladung auszuantworten oder die Weiterbeförderung einem anderen Schiffer zu übergeben, bevor die Distanzfracht nebst den sonstigen Forderungen des Verfrachters (Art. 615) und die auf der Ladung haftenden Beiträge zur großen Haverei, Bergungs- und Hülfskosten und Bodmereigelder bezahlt oder sichergestellt sind.

Auch für die Erfüllung der nach dem ersten Absatz dieses Artikels dem Schiffer obliegenden Pflichten haftet der Rheder mit dem Schiffe, soweit etwas davon gerettet ist, und mit der Fracht.

Art. 635. Gehen nach Antritt der Reise die Güter durch einen Zufall verloren, so endet der Frachtvertrag, ohne daß ein Theil zur Entschädigung des anderen verpflichtet ist; insbesondere ist die Fracht weder ganz noch theilweise zu zahlen, insofern nicht im Gesetze das Gegentheil bestimmt ist (Art. 619).

Art. 636. Ereignet sich nach dem Antritt der Reise einer der im Artikel 631 erwähnten Zufälle, so ist jeder Theil befugt, von dem Vertrage zurückzutreten, ohne zur Entschädigung verpflichtet zu sein.

Ist jedoch einer der im Artikel 631 unter Ziffer 1 bezeichneten Zufälle eingetreten, so muß, bevor der Rücktritt stattfindet, auf die Beseitigung des Hindernisses drei oder fünf Monate gewartet werden, je nachdem das Schiff in einem europäischen oder in einem nicht-europäischen Hafen sich befindet.

Die Frist wird, wenn der Schiffer das Hinderniß während des Aufenthalts in einem Hafen erfährt, von dem Tage der erhaltenen Kunde, anderenfalls von dem Tage an berechnet, an welchem der Schiffer, nachdem er davon in Kenntniß gesetzt worden ist, mit dem Schiffe zuerst einen Hafen erreicht.

Die Ausladung des Schiffs erfolgt, in Ermangelung einer anderweitigen Vereinbarung, in dem Hafen, in welchem es zur Zeit der Erklärung des Rücktritts sich befindet.

Für den zurückgelegten Theil der Reise ist der Befrachter Distanzfracht (Art. 632, 633) zu zahlen verpflichtet.

Ist das Schiff in Folge des Hindernisses in den Abgangshafen oder in einen anderen Hafen zurückgekehrt, so wird bei Berechnung der Distanzfracht der dem Bestimmungshafen nächste Punkt, welchen das Schiff erreicht hat, Behufs Feststellung der zurückgelegten Entfernung zum Anhalt genommen.

Der Schiffer ist auch in den Fällen dieses Artikels verpflichtet, vor und nach der Auflösung des Frachtvertrags für das Beste der Ladung nach Maaßgabe der Artikel 504 bis 506 und 634 zu sorgen.

Art. 637. Muß das Schiff, nachdem es die Ladung eingenommen hat, vor Antritt der Reise in dem Abladungshafen oder nach Antritt derselben in einem Zwischen- oder Nothhafen in Folge eines der im Artikel 631 erwähnten Ereignisse liegen bleiben, so werden die Kosten des Aufenthalts, auch wenn die Erfordernisse der großen Haverei nicht vorliegen, über Schiff, Fracht und Ladung nach den Grundsätzen der großen Haverei vertheilt, gleichviel ob demnächst der Vertrag aufgehoben oder vollständig erfüllt wird. Zu den Kosten des Aufenthalts werden alle in dem zweiten Absatz des Artikels 708, Ziffer 4 aufgeführten Kosten gezählt, diejenigen des Ein- und Auslaufens jedoch nur dann, wenn wegen des Hindernisses ein Nothhafen angelaufen ist.

Art. 638. Wird nur ein Theil der Ladung vor Antritt der Reise durch einen Zufall betroffen, welcher, hätte er die ganze Ladung betroffen, nach den Artikeln 630 und 631 den Vertrag aufgelöst oder die Parteien zum Rücktritt berechtigt haben würde, so ist der Befrachter nur befugt, entweder statt der vertragsmäßigen andere Güter abzuladen, sofern durch deren Beförderung die Lage des Verfrachters nicht erschwert wird (Art. 563), oder von dem Vertrage unter der Verpflichtung zurückzutreten, die Hälfte der bedungenen Fracht und die sonstigen Forderungen des Verfrachters zu berichtigen (Art. 581 und 582). Bei Ausübung dieser Rechte ist der Befrachter jedoch nicht an die sonst einzuhaltende Zeit gebunden. Er hat sich aber ohne Verzug zu erklären, von welchem der beiden Rechte er Gebrauch machen wolle und, wenn er die Abladung anderer Güter wählt, dieselbe binnen kürzester Frist zu bewirken, auch die etwaigen Mehrkosten dieser Abladung zu tragen und, insoweit durch sie die Wartezeit überschritten wird, den dem Verfrachter daraus entstehenden Schaden zu ersetzen.

Macht er von keinem der beiden Rechte Gebrauch, so muß er auch für den durch den Zufall betroffenen Theil der Ladung die volle Fracht entrichten. Den durch Krieg, Ein- und Ausfuhrverbot oder eine andere Verfügung von hoher Hand unfrei gewordenen Theil der Ladung ist er jedenfalls aus dem Schiffe herauszunehmen verbunden.

Tritt der Zufall nach Antritt der Reise ein, so muß der Befrachter für den dadurch betroffenen Theil der Ladung die volle Fracht auch dann entrichten, wenn der Schiffer diesen Theil in einem anderen als dem Bestimmungshafen zu löschen sich genöthigt gefunden und hierauf mit oder ohne Aufenthalt die Reise fortgesetzt hat.

Durch diesen Artikel werden die Bestimmungen der Artikel 618 und 619 nicht berührt.

Art. 639. Abgesehen von den Fällen der Artikel 631 bis 638 hat ein Aufenthalt, welchen die Reise vor oder nach ihrem Antritt durch Naturereignisse oder andere Zufälle erleidet, auf die Rechte und Pflichten der Parteien keinen Einfluß, es sei denn, daß der erkennbare Zweck des Vertrages durch einen solchen Aufenthalt vereitelt würde. Der Befrachter ist jedoch befugt, während jedes durch einen Zufall entstandenen, voraussichtlich längeren Aufenthalts die bereits in das Schiff geladenen Güter auf seine Gefahr und Kosten gegen Sicherheitsleistung für die rechtzeitige Wiedereinladung auszuladen. Unterläßt er die Wiedereinladung, so hat er die volle Fracht zu zahlen. In jedem Falle muß er den Schaden ersetzen, welcher aus der von ihm veranlaßten Wiederausladung entsteht.

Gründet sich der Aufenthalt in einer Verfügung von hoher

Hand, so ist für die Dauer derselben keine Fracht zu bezahlen, wenn diese zeitweise bedungen war (Art. 623).

Art. 640. Muß das Schiff während der Reise ausgebessert werden, so hat der Befrachter die Wahl, ob er die ganze Ladung an dem Orte, wo das Schiff sich befindet, gegen Berichtigung der vollen Fracht und der übrigen Forderungen des Verfrachters (Art. 615) und gegen Berichtigung oder Sicherstellung der im Artikel 616 bezeichneten Forderungen zurücknehmen, oder die Wiederherstellung abwarten will. Im letzteren Falle ist für die Dauer der Ausbesserung keine Fracht zu bezahlen, wenn diese zeitweise bedungen war.

Art. 641. Wird der Frachtvertrag in Gemäßheit der Artikel 630 bis 636 aufgelöst, so werden die Kosten der Ausladung aus dem Schiffe von dem Verfrachter, die übrigen Löschungskosten von dem Befrachter getragen. Hat der Zufall jedoch nur die Ladung betroffen, so fallen die sämmtlichen Kosten der Löschung dem Befrachter zur Last. Dasselbe gilt, wenn im Falle des Artikels 638 ein Theil der Ladung gelöscht wird. Mußte in einem solchen Falle Behufs der Löschung ein Hafen angelaufen werden, so hat der Befrachter auch die Hafenkosten zu tragen.

Art. 642. Die Artikel 630 bis 641 kommen auch zur Anwendung, wenn das Schiff zur Einnahme der Ladung eine Zureise in Ballast nach dem Abladungshafen zu machen hat. Die Reise gilt aber in einem solchen Falle erst dann als angetreten, wenn sie aus dem Abladungshafen angetreten ist. Wird der Vertrag, nachdem das Schiff den Abladungshafen erreicht hat, aber vor Antritt der Reise aus dem letzteren aufgelöst, so erhält der Verfrachter für die Zureise eine nach den Grundsätzen der Distanzfracht (Art. 633) zu bemessende Entschädigung.

In anderen Fällen einer zusammengesetzten Reise sind die obigen Artikel insoweit anwendbar, als Natur und Inhalt des Vertrages nicht entgegenstehen.

Art. 643. Wenn der Vertrag nicht auf das Schiff im Ganzen, sondern nur auf einen verhältnißmäßigen Theil oder einen bestimmt bezeichneten Raum des Schiffs oder auf Stückgüter sich bezieht, so gelten die Artikel 630 bis 642 mit folgenden Abweichungen:

1. In den Fällen der Artikel 631 und 636 ist jeder Theil sogleich nach Eintritt des Hindernisses und ohne Rücksicht auf die Dauer desselben von dem Vertrage zurückzutreten befugt.
2. Im Falle des Artikels 638 kann von dem Befrachter das Recht, von dem Vertrage zurückzutreten, nicht ausgeübt werden.
3. Im Falle des Artikels 639 steht dem Befrachter das Recht der

einstweiligen Löschung nur dann zu, wenn die übrigen Befrachter ihre Genehmigung ertheilen.

4. Im Falle des Artikels 640 kann der Befrachter die Güter gegen Entrichtung der vollen Fracht und der übrigen Forderungen nur dann zurücknehmen, wenn während der Ausbesserung die Löschung dieser Güter ohnehin erfolgt ist.

Die Vorschriften der Artikel 588 und 590 werden hierdurch nicht berührt.

Art. 644. Nach Beendigung jeder einzelnen Abladung hat der Schiffer dem Ablader ohne Verzug gegen Rückgabe des etwa bei der Annahme der Güter ertheilten vorläufigen Empfangsscheins ein Konnossement in so vielen Exemplaren auszustellen, als der Ablader verlangt.

Alle Exemplare des Konnossements müssen von gleichem Inhalt sein, dasselbe Datum haben und ausdrücken, wie viele Exemplare ausgestellt sind.

Dem Schiffer ist auf sein Verlangen von dem Ablader eine mit der Unterschrift des letzteren versehene Abschrift des Konnossements zu ertheilen.

Art. 645. Das Konnossement enthält:

1. den Namen des Schiffers;
2. den Namen und die Nationalität des Schiffs;
3. den Namen des Abladers;
4. den Namen des Empfängers;
5. den Abladungshafen;
6. den Löschungshafen oder den Ort, an welchem Ordre über denselben einzuholen ist;
7. die Bezeichnung der abgeladenen Güter, deren Menge und Merkzeichen;
8. die Bestimmung in Ansehung der Fracht;
9. den Ort und den Tag der Ausstellung;
10. die Zahl der ausgestellten Exemplare.

Art. 646. Auf Verlangen des Abladers ist das Konnossement, sofern nicht das Gegentheil vereinbart ist, an die Ordre des Empfängers oder lediglich an Ordre zu stellen. Im letzteren Falle ist unter der Ordre die Ordre des Abladers zu verstehen.

Das Konnossement kann auch auf den Namen des Schiffers als Empfängers lauten.

Art. 647. Der Schiffer ist verpflichtet, im Löschungshafen dem legitimirten Inhaber auch nur eines Exemplars des Konnossements die Güter auszuliefern.

Zur Empfangnahme der Güter legitimirt ist Derjenige, an welchen die Güter nach dem Konnossement abgeliefert werden sollen, oder auf welchen das Konnossement, wenn es an Ordre lautet, durch Indossament übertragen ist.

Art. 648. Melden sich mehrere legitimirte Konnossementsinhaber, so ist der Schiffer verpflichtet, sie sämmtlich zurückzuweisen, die Güter gerichtlich oder in einer anderen sicheren Weise niederzulegen und die Konnossementsinhaber, welche sich gemeldet haben, unter Angabe der Gründe seines Verfahrens hiervon zu benachrichtigen.

Wenn die Niederlegung nicht gerichtlich geschieht, so ist er befugt, über sein Verfahren und dessen Gründe eine öffentliche Urkunde errichten zu lassen und wegen der daraus entstehenden Kosten in gleicher Art wie wegen der Fracht sich an die Güter zu halten (Art. 626).

Art. 649. Die Uebergabe des an Ordre lautenden Konnossements an Denjenigen, welcher durch dasselbe zur Empfangnahme legitimirt wird, hat, sobald die Güter wirklich abgeladen sind, für den Erwerb der von der Uebergabe der Güter abhängigen Rechte dieselben rechtlichen Wirkungen wie die Uebergabe der Güter.

Art. 650. Sind mehrere Exemplare eines an Ordre lautenden Konnossements ausgestellt, so können von dem Inhaber des einen Exemplars die in dem vorstehenden Artikel bezeichneten rechtlichen Wirkungen der Uebergabe des Konnossements zum Nachtheil Desjenigen nicht geltend gemacht werden, welcher auf Grund eines anderen Exemplars in Gemäßheit des Artikels 647 die Auslieferung der Güter von dem Schiffer erlangt hat, bevor der Anspruch auf Auslieferung von dem Inhaber des ersteren Exemplars erhoben worden ist.

Art. 651. Hat der Schiffer die Güter noch nicht ausgeliefert, so geht unter mehreren sich meldenden Konnossementsinhabern, wenn und soweit die von denselben auf Grund der Konnossementsübergabe an den Gütern geltend gemachten Rechte kollidiren, Derjenige vor, dessen Exemplar von dem gemeinschaftlichen Vormann, welcher mehrere Konnossementsexemplare an verschiedene Personen übertragen hat, zuerst der einen dieser Personen dergestalt übergeben ist, daß dieselbe zur Empfangnahme der Güter legitimirt wurde.

Bei dem nach einem anderen Orte übersandten Exemplare wird die Zeit der Uebergabe durch den Zeitpunkt der Absendung bestimmt.

Art. 652. Der Schiffer ist zur Ablieferung der Güter nur gegen Rückgabe eines Exemplars des Konnossements, auf welchem die Ablieferung der Güter zu bescheinigen ist, verpflichtet.

Art. 653. Das Konnossement ist entscheidend für die Rechtsverhältnisse zwischen dem Verfrachter und dem Empfänger der Güter; insbesondere muß die Ablieferung der Güter an den Empfänger nach Inhalt des Konnossements erfolgen.

Die in das Konnossement nicht aufgenommenen Bestimmungen des Frachtvertrages haben gegenüber dem Empfänger keine rechtliche Wirkung, sofern nicht auf dieselben ausdrücklich Bezug genommen ist. Wird in Ansehung der Fracht auf den Frachtvertrag verwiesen (z. B. durch die Worte: „Fracht laut Chartepartie"), so sind hierin die Bestimmungen über Löschzeit, Ueberliegezeit und Liegegeld[1] nicht als einbegriffen anzusehen.

Für die Rechtsverhältnisse zwischen Verfrachter und Befrachter bleiben die Bestimmungen des Frachtvertrages maaßgebend.

Art. 654. Der Verfrachter ist für die Richtigkeit der im Konnossement enthaltenen Bezeichnung der abgeladenen Güter dem Empfänger verantwortlich. Seine Haftung beschränkt sich jedoch auf den Ersatz des Minderwerths, welcher aus der Nichtübereinstimmung der Güter mit der im Konnossement enthaltenen Bezeichnung sich ergiebt.

Art. 655. Die im vorstehenden Artikel erwähnte Haftung des Verfrachters tritt auch dann ein, wenn die Güter dem Schiffer in Verpackung oder in geschlossenen Gefäßen übergeben sind.

Ist dieses zugleich aus dem Konnossement ersichtlich, so ist der Verfrachter für die Richtigkeit der Bezeichnung der Güter dem Empfänger nicht verantwortlich, sofern er beweist, daß ungeachtet der Sorgfalt eines ordentlichen Schiffers die Unrichtigkeit der in dem Konnossement enthaltenen Bezeichnung nicht wahrgenommen werden konnte.

Die Haftung des Verfrachters wird dadurch nicht ausgeschlossen, daß die Identität der abgelieferten und der übernommenen Güter nicht bestritten oder daß dieselbe von dem Verfrachter nachgewiesen ist.

Art. 656. Werden dem Schiffer Güter in Verpackung oder in geschlossenen Gefäßen übergeben, so kann er das Konnossement mit dem Zusatze: „Inhalt unbekannt" versehen. Enthält das Konnossement diesen oder einen gleichbedeutenden Zusatz, so ist der Verfrachter im Falle der Nichtübereinstimmung des abgelieferten Inhalts mit dem im Konnossement angegebenen nur insoweit verantwortlich, als ihm bewiesen wird, daß er einen anderen als den abgelieferten Inhalt empfangen habe.

Art. 657. Sind die im Konnossement nach Zahl, Maaß oder

[1] Hier im offiziellen Text Druckfehler: „Liegezeit".

Gewicht bezeichneten Güter dem Schiffer nicht zugezählt, zugemessen oder zugewogen, so kann er das Konnossement mit dem Zusatze: „Zahl, Maaß, Gewicht unbekannt“ versehen. Enthält das Konnossement diesen oder einen gleichbedeutenden Zusatz, so hat der Verfrachter die Richtigkeit der Angaben des Konnossements über Zahl, Maaß oder Gewicht der übernommenen Güter nicht zu vertreten.

Art. 658. Ist die Fracht nach Zahl, Maaß oder Gewicht der Güter bedungen und im Konnossement Zahl, Maaß oder Gewicht angegeben, so ist diese Angabe für die Berechnung der Fracht entscheidend, wenn nicht das Konnossement eine abweichende Bestimmung enthält. Als eine solche ist der Zusatz: „Zahl, Maaß, Gewicht unbekannt“ oder ein gleichbedeutender Zusatz nicht anzusehen.

Art. 659. Ist das Konnossement mit dem Zusatze: „frei von Bruch“ oder: „frei von Leckage“ oder „frei von Beschädigung“, oder mit einem gleichbedeutenden Zusatze versehen, so haftet der Verfrachter bis zum Beweise des Verschuldens des Schiffers oder einer Person, für welche der Verfrachter verantwortlich ist, nicht für Bruch oder Leckage oder Beschädigung.

Art. 660. Sind dem Schiffer Güter übergeben, deren Beschädigung, schlechte Beschaffenheit oder schlechte Verpackung sichtbar ist, so hat er diese Mängel im Konnossement zu bemerken, widrigenfalls er dem Empfänger dafür verantwortlich ist, auch wenn das Konnossement mit einem der im vorhergehenden Artikel erwähnten Zusätze versehen ist.

Art. 661. Nachdem der Schiffer ein an Ordre lautendes Konnossement ausgestellt hat, darf er den Anweisungen des Abladers wegen Zurückgabe oder Auslieferung der Güter nur dann Folge leisten, wenn ihm die sämmtlichen Exemplare des Konnossements zurückgegeben werden.

Dasselbe gilt in Ansehung der Anforderungen eines Konnossementsinhabers auf Auslieferung der Güter, so lange der Schiffer den Bestimmungshafen nicht erreicht hat.

Handelt er diesen Bestimmungen entgegen, so bleibt er dem rechtmäßigen Inhaber des Konnossements verpflichtet.

Lautet das Konnossement nicht an Ordre, so ist der Schiffer zur Zurückgabe oder Auslieferung der Güter, auch ohne Beibringung eines Exemplars des Konnossements, verpflichtet, sofern der Ablader und der im Konnossement bezeichnete Empfänger in die Zurückgabe oder Auslieferung der Güter willigen. Werden jedoch nicht sämmtliche Exemplare des Konnossements zurückgestellt, so kann der Schiffer wegen der deshalb zu besorgenden Nachtheile zuvor Sicherheitsleistung fordern.

Art. 662. Die Bestimmungen des Artikels 661 kommen auch dann zur Anwendung, wenn der Frachtvertrag vor Erreichung des Bestimmungshafens in Folge eines Zufalls nach den Artikeln 630 bis 643 aufgelöst wird.

Art. 663. In Ansehung der Verpflichtungen des Schiffers aus den von ihm geschlossenen Frachtverträgen und ausgestellten Konnossementen hat es bei den Vorschriften der Artikel 478, 479 und 502 sein Bewenden.

Art. 664. Im Falle der Unterverfrachtung haftet für die Erfüllung des Unterfrachtvertrages, insoweit dessen Ausführung zu den Dienstobliegenheiten des Schiffers gehört und von diesem übernommen ist, insbesondere durch Annahme der Güter und Ausstellung des Konnossements, nicht der Unterverfrachter, sondern der Rheder mit Schiff und Fracht (Art. 452).

Ob und inwieweit im Uebrigen der Rheder oder der Unterverfrachter von dem Unterbefrachter in Anspruch genommen werden könne, und ob im letzteren Falle der Unterverfrachter für die Erfüllung unbeschränkt zu haften oder nur die auf Schiff und Fracht beschränkte Haftung des Rheders zu vertreten habe, wird durch vorstehende Bestimmung nicht berührt.

Sechster Titel. Von dem Frachtgeschäft zur Beförderung von Reisenden.[1]

Art. 665. Ist der Reisende in dem Ueberfahrtsvertrage genannt, so ist derselbe nicht befugt, das Recht der Ueberfahrt an einen Anderen abzutreten.

---

[1] Vgl. **RG** 27./11. 72 betr. die Verpflichtung deutscher Kauffahrteischiffe zur Mitnahme hülfsbedürftiger Seeleute (**RGBl** 432).

StGB 144: Wer es sich zum Geschäfte macht, Deutsche unter Vorspiegelung falscher Thatsachen oder wissentlich mit unbegründeten Angaben oder durch andere auf Täuschung berechnete Mittel zur Auswanderung zu verleiten, wird mit Gefängniß von Einem Monat bis zu zwei Jahren bestraft.

RGO 6 (s. unten Anhang X, 1).

CPO 649: Urtheile sind auf Antrag für vorläufig vollstreckbar zu erklären, wenn sie betreffen . . . 3. Streitigkeiten zwischen Reisenden und Wirthen, Fuhrleuten, Schiffern, Flößern oder Auswanderungsexpedienten in den Einschiffungshäfen, welche über Wirthszechen, Fuhrlohn, Ueberfahrtsgelder, Beförderung der Reisenden und ihrer Habe und über Verlust und Beschädigung der letzteren, sowie Streitigkeiten zwischen Reisenden und Handwerkern, welche aus Anlaß der Reise entstanden sind.

Vgl. **GVG** 23 (oben zu Art. 3).

Art. 666. Der Reisende ist verpflichtet, alle die Schiffsordnung betreffenden Anweisungen des Schiffers zu befolgen.

Art. 667. Der Reisende, welcher vor oder nach dem Antritt der Reise sich nicht rechtzeitig an Bord begiebt, muß das volle Ueberfahrtsgeld bezahlen, wenn der Schiffer die Reise antritt oder fortsetzt, ohne auf ihn zu warten.

Art. 668. Wenn der Reisende vor dem Antritt der Reise den Rücktritt von dem Ueberfahrtsvertrage erklärt, oder stirbt, oder durch Krankheit oder einen anderen in seiner Person sich ereignenden Zufall zurückzubleiben genöthigt wird, so ist nur die Hälfte des Ueberfahrtsgeldes zu zahlen.

Wenn nach Antritt der Reise der Rücktritt erklärt wird oder einer der erwähnten Zufälle sich ereignet, so ist das volle Ueberfahrtsgeld zu zahlen.

Art. 669. Der Ueberfahrtsvertrag tritt außer Kraft, wenn durch einen Zufall das Schiff verloren geht (Art. 630 Ziff. 1).

Art. 670. Der Reisende ist befugt, von dem Vertrage zurückzutreten, wenn ein Krieg ausbricht, in Folge dessen das Schiff nicht mehr als frei betrachtet werden kann und der Gefahr der Aufbringung ausgesetzt wäre, oder wenn die Reise durch eine das Schiff betreffende Verfügung von hoher Hand aufgehalten wird.

Das Recht des Rücktritts steht auch dem Verfrachter zu, wenn er in einem der vorstehenden Fälle die Reise aufgiebt, oder wenn das Schiff hauptsächlich zur Beförderung von Gütern bestimmt ist, und die Unternehmung unterbleiben muß, weil die Güter ohne sein Verschulden nicht befördert werden können.

Art. 671. In allen Fällen, in welchen zufolge der Artikel 669 und 670 der Ueberfahrtsvertrag aufgelöst wird, ist kein Theil zur Entschädigung des anderen verpflichtet.

Ist jedoch die Auflösung erst nach Antritt der Reise erfolgt, so hat der Reisende das Ueberfahrtsgeld nach Verhältniß der zurückgelegten zur ganzen Reise zu zahlen.

Bei der Berechnung des zu zahlenden Betrages sind die Vorschriften des Artikels 633 maaßgebend.

Art. 672. Muß das Schiff während der Reise ausgebessert werden, so hat der Reisende, auch wenn er die Ausbesserung nicht abwartet, das volle Ueberfahrtsgeld zu zahlen. Wartet er die Ausbesserung ab, so hat ihm der Verfrachter bis zum Wiederantritt der Reise ohne besondere Vergütung Wohnung zu gewähren, auch die nach dem Ueberfahrtsvertrage in Ansehung der Beköstigung ihm obliegenden Pflichten weiter zu erfüllen.

Erbietet sich jedoch der Verfrachter, den Reisenden mit einer anderen gleich guten Schiffsgelegenheit ohne Beeinträchtigung der übrigen vertragsmäßigen Rechte desselben nach dem Bestimmungshafen zu befördern, und weigert sich der Reisende, von dem Anerbieten Gebrauch zu machen, so hat er auf Gewährung von Wohnung und Kost bis zum Wiederantritt der Reise nicht weiter Anspruch.

Art. 673. Für den Transport der Reise-Effekten, welche der Reisende nach dem Ueberfahrtsvertrage an Bord zu bringen befugt ist, hat derselbe, wenn nicht ein Anderes bedungen ist, neben dem Ueberfahrtsgelde keine besondere Vergütung zu zahlen.

Art. 674. Auf die an Bord gebrachten Reise-Effekten finden die Vorschriften der Artikel 562, 594, 618 Anwendung.

Sind dieselben von dem Schiffer oder einem dazu bestellten Dritten übernommen, so gelten für den Fall ihres Verlustes oder ihrer Beschädigung die Vorschriften der Artikel 607, 608, 609, 610, 611.

Auf sämmtliche von dem Reisenden an Bord gebrachte Sachen finden außerdem die Artikel 564,[1] 565, 566 und 620 Anwendung.

Art. 675. Der Verfrachter hat wegen des Ueberfahrtsgeldes an den von dem Reisenden an Bord gebrachten Sachen ein Pfandrecht.

Das Pfandrecht besteht jedoch nur, so lange die Sachen zurückbehalten oder deponirt sind.

Art. 676. Stirbt ein Reisender, so ist der Schiffer verpflichtet, in Ansehung der an Bord sich befindenden Effekten desselben das Interesse der Erben nach den Umständen des Falles in geeigneter Weise wahrzunehmen.

Art. 677. Wird ein Schiff zur Beförderung von Reisenden einem Dritten verfrachtet, sei es im Ganzen oder zu einem Theil oder dergestalt, daß eine bestimmte Zahl von Reisenden befördert werden soll, so gelten für das Rechtsverhältniß zwischen dem Verfrachter und dem Dritten die Vorschriften des fünften Titels, soweit die Natur der Sache die Anwendung derselben zuläßt.

Art. 678. Wenn in den folgenden Titeln dieses Buchs die Fracht erwähnt wird, so sind unter dieser, sofern nicht das Gegentheil bestimmt ist, auch die Ueberfahrtsgelder zu verstehen.

Art. 679. Die auf das Auswanderungswesen sich beziehenden Landesgesetze, auch insoweit sie privatrechtliche Bestimmungen enthalten, werden durch die Vorschriften dieses Titels nicht berührt.

Siebenter Titel. Von der Bodmerei.[2]

Art. 680. Bodmerei im Sinne dieses Gesetzbuchs ist ein

---

[1] Vgl. Anmerkung dazu.

[2] Vgl. EG z. KO 14 (oben zu Art. 309). GVG 101 Nr. 3 (oben zu Art. 3).

Darlehnsgeschäft, welches von dem Schiffer als solchem kraft der in diesem Gesetzbuch ihm ertheilten Befugnisse unter Zusicherung einer Prämie und unter Verpfändung von Schiff, Fracht und Ladung, oder von einem oder mehreren dieser Gegenstände in der Art eingegangen wird, daß der Gläubiger wegen seiner Ansprüche nur an die verpfändeten (verbodmeten) Gegenstände nach Ankunft des Schiffs an dem Orte sich halten könne, wo die Reise enden soll, für welche das Geschäft eingegangen ist (Bodmereireise).

Art. 681. Bodmerei kann von dem Schiffer nur in folgenden Fällen eingegangen werden:

1. während das Schiff außerhalb des Heimathshafens sich befindet, zum Zweck der Ausführung der Reise, nach Maaßgabe der Artikel 497, 507 bis 509 und 511;
2. während der Reise im alleinigen Interesse der Ladungsbetheiligten zum Zweck der Erhaltung und Weiterbeförderung der Ladung nach Maaßgabe der Artikel 504, 511 und 634.

In dem Falle der Ziffer 2 kann der Schiffer die Ladung allein verbodmen, in allen übrigen Fällen kann er zwar das Schiff oder die Fracht allein, die Ladung aber nur zusammen mit dem Schiff und der Fracht verbodmen.

In der Verbodmung des Schiffs ohne Erwähnung der Fracht ist die Verbodmung der letzteren nicht enthalten. Werden aber Schiff und Ladung verbodmet, so gilt die Fracht als mitverbodmet.

Die Verbodmung der Fracht ist zulässig, so lange diese der Seegefahr noch nicht entzogen ist.

Auch die Fracht desjenigen Theils der Reise, welcher noch nicht angetreten ist, kann verbodmet werden.

Art. 682. Die Höhe der Bodmereiprämie ist ohne Beschränkung dem Uebereinkommen der Parteien überlassen.

Die Prämie umfaßt in Ermangelung einer entgegenstehenden Vereinbarung auch die Zinsen.

Art. 683. Ueber die Verbodmung muß von dem Schiffer ein Bodmereibrief ausgestellt werden. Ist dieses nicht geschehen, so hat der Gläubiger diejenigen Rechte, welche ihm zustehen würden, wenn der Schiffer zur Befriedigung des Bedürfnisses ein einfaches Kreditgeschäft eingegangen wäre.

Art. 684. Der Bodmereigeber kann verlangen, daß der Bodmereibrief enthalte:

1. den Namen des Bodmereigläubigers;
2. den Kapitalbetrag der Bodmereischuld;
3. den Betrag der Bodmereiprämie oder den Gesammtbetrag der dem Gläubiger zu zahlenden Summe;

4. die Bezeichnung der verbodmeten Gegenstände;
5. die Bezeichnung des Schiffs und des Schiffers;
6. die Bodmereireise;
7. die Zeit, zu welcher die Bodmereischuld gezahlt werden soll;
8. den Ort, wo die Zahlung erfolgen soll;
9. die Bezeichnung der Urkunde im Kontext als Bodmereibrief, oder die Erklärung, daß die Schuld als Bodmereischuld eingegangen sei, oder eine andere das Wesen der Bodmerei genügend bezeichnende Erklärung;
10. die Umstände, welche die Eingehung der Bodmerei nothwendig gemacht haben;
11. den Tag und den Ort der Ausstellung;
12. die Unterschrift des Schiffers.

Die Unterschrift des Schiffers muß auf Verlangen in beglaubigter Form ertheilt werden.

Art. 685. Auf Verlangen des Bodmereigebers ist der Bodmereibrief, sofern nicht das Gegentheil vereinbart ist, an die Ordre des Gläubigers oder lediglich an Ordre zu stellen. Im letzteren Falle ist unter der Ordre die Ordre des Bodmereigebers zu verstehen.

Art. 686. Ist vor Ausstellung des Bodmereibriefs die Nothwendigkeit der Eingehung des Geschäfts von dem Landeskonsul oder demjenigen Konsul,[1] welcher dessen Geschäfte zu versehen berufen ist, und in dessen Ermangelung von dem Gerichte oder der sonst zuständigen Behörde des Orts der Ausstellung, sofern es aber auch an einer solchen fehlt, von den Schiffsoffizieren urkundlich bezeugt, so wird angenommen, daß der Schiffer zur Eingehung des Geschäfts in dem vorliegenden Umfange befugt gewesen sei.

Es findet jedoch der Gegenbeweis statt.

Art. 687. Der Bodmereigeber kann die Ausstellung des Bodmereibriefs in mehreren Exemplaren verlangen.

Werden mehrere Exemplare ausgestellt, so ist in jedem Exemplar anzugeben, wie viele ertheilt sind.

Der Bodmereibrief kann durch Indossament übertragen werden, wenn er an Ordre lautet.

---

[1] **BG** 8./11. 67, 37 (BGBl 143): In Betreff der Befugniß der Konsuln zur Mitwirkung bei dem Verkaufe eines Schiffes durch den Schiffer und bei Eingehung von Bodmereigeschäften, sowie in Betreff der einstweiligen Streitigkeiten zwischen Schiffer und Mannschaft sind die Vorschriften der Artikel 499, 537, 547, 686 des Allgemeinen Deutschen Handelsgesetzbuchs maaßgebend. — Gebühren dafür: vgl. Tarif 15./3. 68 (BGBl 23), 1./7. 72 (RGBl 248).

Der Einwand, daß der Schiffer zur Eingehung des Geschäfts überhaupt oder in dem vorliegenden Umfange nicht befugt gewesen sei, ist auch gegen den Indossatar zulässig.

Art. 688. Die Bodmereischuld ist, sofern nicht in dem Bodmereibriefe selbst eine andere Bestimmung getroffen ist, in dem Bestimmungshafen der Bodmereireise und am achten Tage nach der Ankunft des Schiffs in diesem Hafen zu zahlen.

Von dem Zahlungstage an laufen kaufmännische Zinsen von der ganzen Bodmereischuld einschließlich der Prämie.

Die vorstehende Bestimmung kommt nicht zur Anwendung, wenn die Prämie nach Zeit bedungen ist; die Zeitprämie läuft aber bis zur Zahlung des Bodmereikapitals.

Art. 689. Zur Zahlungszeit kann die Zahlung der Bodmereischuld dem legitimirten Inhaber auch nur eines Exemplars des Bodmereibriefs nicht verweigert werden.

Die Zahlung kann nur gegen Rückgabe dieses Exemplars verlangt werden, auf welchem über die Zahlung zu quittiren ist.

Art. 690. Melden sich mehrere gehörig legitimirte Bodmereibriefs-Inhaber, so sind sie sämmtlich zurückzuweisen, die Gelder, wenn die verbodmeten Gegenstände befreit werden sollen, gerichtlich oder in anderer sicherer Weise niederzulegen und die Bodmereibriefs-Inhaber, welche sich gemeldet haben, unter Angabe der Gründe des Verfahrens hiervon zu benachrichtigen.

Wenn die Niederlegung nicht gerichtlich geschieht, so ist der Deponent befugt, über sein Verfahren und dessen Gründe eine öffentliche Urkunde errichten zu lassen und die daraus entstehenden Kosten von der Bodmereischuld abzuziehen.

Art. 691. Dem Bodmereigläubiger fällt weder die große noch die besondere Haverei zur Last.

Insoweit jedoch die verbodmeten Gegenstände durch große oder besondere Haverei zur Befriedigung des Bodmereigläubigers unzureichend werden, hat derselbe den hieraus entstehenden Nachtheil zu tragen.

Art. 692. Die sämmtlichen verbodmeten Gegenstände haften dem Bodmereigläubiger solidarisch.

Auch schon vor Eintritt der Zahlungszeit kann der Gläubiger nach Ankunft des Schiffs im Bestimmungshafen der Bodmereireise die Beschlagnahme der sämmtlichen verbodmeten Gegenstände nachsuchen.

Art. 693. Der Schiffer hat für die Bewahrung und Erhaltung der verbodmeten Gegenstände zu sorgen; er darf ohne dringende Gründe keine Handlung vornehmen, wodurch die Gefahr für den

Bodmereigeber eine größere oder eine andere wird, als derselbe bei dem Abschlusse des Vertrages voraussetzen mußte.

Handelt er diesen Bestimmungen zuwider, so ist er dem Bodmereigläubiger für den daraus entstehenden Schaden verantwortlich (Art. 479).

Art. 694. Hat der Schiffer die Bodmereireise willkürlich verändert, oder ist er von dem derselben entsprechenden Wege willkürlich abgewichen, oder hat er nach ihrer Beendigung die verbodmeten Gegenstände von Neuem einer Seegefahr ausgesetzt, ohne daß das Interesse des Gläubigers es geboten hat, so haftet der Schiffer dem Gläubiger für die Bodmereischuld insoweit persönlich, als derselbe aus den verbodmeten Gegenständen seine Befriedigung nicht erhält, es sei denn, daß er beweist, daß die unterbliebene Befriedigung durch die Veränderung der Reise oder die Abweichung oder die neue Seegefahr nicht verursacht ist.

Art. 695. Der Schiffer darf die verbodmete Ladung vor Befriedigung oder Sicherstellung des Gläubigers weder ganz noch theilweise ausliefern, widrigenfalls er dem Gläubiger für die Bodmereischuld insoweit persönlich verpflichtet wird, als derselbe aus den ausgelieferten Gütern zur Zeit der Auslieferung hätte befriedigt werden können.

Es wird bis zum Beweise des Gegentheils angenommen, daß der Gläubiger seine vollständige Befriedigung hätte erlangen können.

Art. 696. Hat der Rheder in den Fällen der Artikel 693, 694, 695 die Handlungsweise des Schiffers angeordnet, so kommen die Vorschriften des zweiten und dritten Absatzes des Artikels 479 zur Anwendung.

Art. 697. Wird zur Zahlungszeit die Bodmereischuld nicht bezahlt, so kann der Gläubiger den öffentlichen Verkauf des verbodmeten Schiffs und der verbodmeten Ladung, sowie die Ueberweisung der verbodmeten Fracht bei dem zuständigen Gericht beantragen.

Die Klage ist zu richten in Ansehung des Schiffs und der Fracht gegen den Schiffer oder Rheder, in Ansehung der Ladung vor der Auslieferung gegen den Schiffer, nach der Auslieferung gegen den Empfänger, sofern dieselbe sich noch bei ihm oder einem Anderen befindet, welcher sie für ihn besitzt.

Zum Nachtheil eines dritten Erwerbers, welcher den Besitz der verbodmeten Ladung in gutem Glauben erlangt hat, kann der Gläubiger von seinen Rechten keinen Gebrauch machen.

Art. 698. Der Empfänger, welchem bei Annahme der verbodmeten Güter bekannt ist, daß auf ihnen eine Bodmereischuld haftet, wird dem Gläubiger für die Schuld bis zum Werthe, welchen die

Güter zur Zeit ihrer Auslieferung hatten, insoweit persönlich verpflichtet, als der Gläubiger, falls die Auslieferung nicht erfolgt wäre, aus den Gütern hätte befriedigt werden können.

Art. 699. Wird vor dem Antritt der Bodmereireise die Unternehmung aufgegeben, so ist der Gläubiger befugt, die sofortige Bezahlung der Bodmereischuld an dem Orte zu verlangen, an welchem die Bodmerei eingegangen ist; er muß sich jedoch eine verhältnißmäßige Herabsetzung der Prämie gefallen lassen; bei der Herabsetzung ist vorzugsweise das Verhältniß der bestandenen zu der übernommenen Gefahr maaßgebend.

Wird die Bodmereireise in einem anderen als dem Bestimmungshafen derselben beendet, so ist die Bodmereischuld ohne einen Abzug von der Prämie in diesem anderen Hafen nach Ablauf der vertragsmäßigen und in deren Ermangelung der achttägigen (Art. 688) Zahlungsfrist zu zahlen. Die Zahlungsfrist wird vom Tage der definitiven Einstellung der Reise berechnet.

Soweit in diesem Artikel nicht ein Anderes bestimmt ist, kommen die Artikel 689 bis 698 auch in den vorstehenden Fällen zur Anwendung.

Art. 700. Die Anwendung der Vorschriften dieses Titels wird dadurch nicht ausgeschlossen, daß der Schiffer zugleich Miteigenthümer oder Alleineigenthümer des Schiffs oder der Ladung oder beider ist, oder daß er auf Grund besonderer Anweisung der Betheiligten die Bodmerei eingegangen ist.

Art. 701. Die Bestimmungen über die uneigentliche Bodmerei, d. h. diejenige, welche nicht von dem Schiffer als solchem in den im Artikel 681 bezeichneten Fällen eingegangen ist, bleiben den Landesgesetzen vorbehalten.

Achter Titel. Von der Haverei.

Erster Abschnitt.

Große (gemeinschaftliche) Haverei und besondere Haverei.

Art. 702. Alle Schäden,[1] welche dem Schiff oder der Ladung oder beiden zum Zweck der Errettung beider aus einer gemeinsamen Gefahr von dem Schiffer oder auf dessen Geheiß vorsätzlich zugefügt werden, sowie auch die durch solche Maaßregeln ferner verursachten Schäden, ingleichen die Kosten, welche zu demselben Zweck aufgewendet werden, sind große Haverei.

[1] Vgl. RG 27./7. 78 betr. die Untersuchung von Seeunfällen (Anhang Nr. XI).

Die große Haverei wird von Schiff, Fracht und Ladung gemeinschaftlich getragen.

Art. 703. Alle nicht zur großen Haverei gehörigen, durch einen Unfall verursachten Schäden und Kosten, soweit letztere nicht unter den Artikel 622 fallen, sind besondere Haverei.

Die besondere Haverei wird von den Eigenthümern des Schiffs und der Ladung, von jedem für sich allein, getragen.

Art. 704. Die Anwendung der Bestimmungen über große Haverei wird dadurch nicht ausgeschlossen, daß die Gefahr in Folge des Verschuldens eines Dritten oder auch eines Betheiligten herbeigeführt ist.

Der Betheiligte, welchem ein solches Verschulden zur Last fällt, kann jedoch nicht allein wegen der ihm etwa entstandenen Schäden keine Vergütung fordern, sondern er ist auch den Beitragspflichtigen für den Verlust verantwortlich, welchen sie dadurch erleiden, daß der Schaden als große Haverei zur Vertheilung kommt.

Ist die Gefahr durch eine Person der Schiffsbesatzung verschuldet, so trägt die Folgen dieses Verschuldens auch der Rheder nach Maaßgabe der Artikel 451, 452.

Art. 705. Die Havereivertheilung tritt nur ein, wenn sowohl das Schiff als auch die Ladung, und zwar jeder dieser Gegenstände entweder ganz oder theilweise wirklich gerettet worden ist.

Art. 706. Die Verpflichtung, von einem geretteten Gegenstande beizutragen, wird dadurch, daß derselbe später von besonderer Haverei betroffen wird, nur dann vollständig aufgehoben, wenn der Gegenstand ganz verloren geht.

Art. 707. Der Anspruch auf Vergütung einer zur großen Haverei gehörenden Beschädigung wird durch eine besondere Haverei, welche den beschädigten Gegenstand später trifft, sei es, daß er von Neuem beschädigt wird oder ganz verloren geht, nur insoweit aufgehoben, als bewiesen wird, daß der spätere Unfall nicht allein mit dem früheren in keinem Zusammenhange steht, sondern daß er auch den früheren Schaden nach sich gezogen haben würde, wenn dieser nicht bereits entstanden gewesen wäre.

Sind jedoch vor Eintritt des späteren Unfalles zur Wiederherstellung des beschädigten Gegenstandes bereits Aufwendungen gemacht, so bleibt rücksichtlich dieser der Anspruch auf Vergütung bestehen.

Art. 708. Große Haverei liegt namentlich in folgenden Fällen vor, vorausgesetzt, daß in denselben zugleich die Erfordernisse der Artikel 702, 704 und 705 insoweit vorhanden sind, als in diesem Artikel nichts Besonderes bestimmt ist:

1. Wenn Waaren, Schiffstheile oder Schiffsgeräthschaften über Bord geworfen, Masten gekappt, Taue oder Segel weggeschnitten, Anker, Ankertaue oder Ankerketten geschlippt oder gekappt worden sind.

Sowohl diese Schäden selbst als die durch solche Maaßregeln an Schiff oder Ladung ferner verursachten Schäden gehören zur großen Haverei.

2. Wenn zur Erleichterung des Schiffs die Ladung ganz oder theilweise in Leichterfahrzeuge übergeladen worden ist.

Es gehört zur großen Haverei sowohl der Leichterlohn als der Schaden, welcher bei dem Ueberladen in das Leichterfahrzeug oder bei dem Rückladen in das Schiff der Ladung oder dem Schiff zugefügt worden ist, sowie der Schaden, welcher die Ladung auf dem Leichterfahrzeug betroffen hat.

Muß die Erleichterung im regelmäßigen Verlauf der Reise erfolgen, so liegt große Haverei nicht vor.

3. Wenn das Schiff absichtlich auf den Strand gesetzt worden ist, jedoch nur wenn die Abwendung des Unterganges oder der Nehmung damit bezweckt war.

Sowohl die durch die Strandung einschließlich der Abbringung entstandenen Schäden, als auch die Kosten der Abbringung gehören zur großen Haverei.

Wird das Behufs Abwendung des Unterganges auf den Strand gesetzte Schiff nicht abgebracht oder nach der Abbringung reparaturunfähig (Art. 444) befunden, so findet eine Havereivertheilung nicht statt.

Ist das Schiff gestrandet, ohne daß die Strandung zur Rettung von Schiff und Ladung vorsätzlich herbeigeführt war, so gehören zwar nicht die durch die Strandung veranlaßten Schäden, wohl aber die auf die Abbringung verwendeten Kosten und die zu diesem Zweck dem Schiff oder der Ladung absichtlich zugefügten Schäden zur großen Haverei.

4. Wenn das Schiff zur Vermeidung einer dem Schiff und der Ladung im Falle der Fortsetzung der Reise drohenden gemeinsamen Gefahr in einen Nothhafen eingelaufen ist, wohin insbesondere gehört, wenn das Einlaufen zur nothwendigen Ausbesserung eines Schadens erfolgt, welchen das Schiff während der Reise erlitten hat.

Es gehören in diesem Falle zur großen Haverei: die Kosten des Einlaufens und des Auslaufens, die das Schiff selbst treffenden Aufenthaltskosten, die der Schiffsbesatzung während des Aufenthalts gebührende Heuer und Kost, sowie die Aus=

lagen für die Unterbringung der Schiffsbesatzung am Lande, wenn und so lange dieselbe an Bord nicht hat verbleiben können, ferner, falls die Ladung wegen des Grundes, welcher das Einlaufen in den Nothhafen herbeigeführt hat, gelöscht werden muß, die Kosten des Von- und Anbordbringens und die Kosten der Aufbewahrung der Ladung am Lande bis zu dem Zeitpunkte, in welchem dieselbe wieder an Bord hat gebracht werden können.

Die sämmtlichen Aufenthaltskosten kommen nur für die Zeit der Fortdauer des Grundes in Rechnung, welcher das Einlaufen in den Nothhafen herbeigeführt hat. Liegt der Grund in einer nothwendigen Ausbesserung des Schiffs, so kommen außerdem die Aufenthaltskosten nur bis zu dem Zeitpunkte in Rechnung, in welchem die Ausbesserung hätte vollendet sein können.

Die Kosten der Ausbesserung des Schiffs gehören nur insoweit zur großen Haverei, als der auszubessernde Schaden selbst große Haverei ist.

5. Wenn das Schiff gegen Feinde oder Seeräuber vertheidigt worden ist.

Die bei der Vertheidigung dem Schiff oder der Ladung zugefügten Beschädigungen, die dabei verbrauchte Munition und, im Fall eine Person der Schiffsbesatzung bei der Vertheidigung verwundet oder getödtet worden ist, die Heilungs- und Begräbnißkosten, sowie die zu zahlenden Belohnungen (Art. 523, 524, 549, 551) bilden die große Haverei.[1]

6. Wenn im Fall der Anhaltung des Schiffs durch Feinde oder Seeräuber Schiff und Ladung losgekauft worden sind.

Was zum Loskauf gegeben ist, bildet nebst den durch den Unterhalt und die Auslösung der Geißeln entstandenen Kosten die große Haverei.

7. Wenn die Beschaffung der zur Deckung der großen Haverei während der Reise erforderlichen Gelder Verluste und Kosten verursacht hat, oder wenn durch die Auseinandersetzung unter den Betheiligten Kosten entstanden sind.

Diese Verluste und Kosten gehören gleichfalls zur großen Haverei.

Dahin werden insbesondere gezählt der Verlust an den während der Reise verkauften Gütern, die Bodmereiprämie, wenn die erforderlichen Gelder durch Bodmerei aufgenommen

[1] Vgl. Seemannsordnung (Anhang X, 1) 48, 49, 51.

worden sind, und wenn dies nicht der Fall ist, die Prämie für Versicherung der aufgewendeten Gelder, die Kosten für die Ermittelung der Schäden und für die Aufmachung der Rechnung über die große Haverei (Dispache).

Art. 709. Nicht als große Haverei, sondern als besondere Haverei werden angesehen:

1. die Verluste und Kosten, welche, wenn auch während der Reise, aus der in Folge einer besonderen Haverei nöthig gewordenen Beschaffung von Geldern entstehen;
2. die Reklamekosten, auch wenn Schiff und Ladung zusammen und beide mit Erfolg reklamirt werden;
3. die durch Prangen verursachte Beschädigung des Schiffs, seines Zubehörs und der Ladung, selbst wenn, um der Strandung oder Nehmung zu entgehen, geprangt worden ist.

Art. 710. In den Fällen der großen Haverei bleiben bei der Schadensberechnung die Beschädigungen und Verluste außer Ansatz, welche die nachstehenden Gegenstände betreffen:

1. die nicht unter Deck geladenen Güter; diese Vorschrift findet jedoch bei der Küstenschiffahrt insofern keine Anwendung, als in Ansehung derselben Deckladungen durch die Landesgesetze für zulässig erklärt sind (Art. 567);
2. diejenigen Güter, worüber weder ein Konnossement ausgestellt ist, noch das Manifest oder Ladebuch Auskunft giebt;
3. die Kostbarkeiten, Gelder und Werthpapiere, welche dem Schiffer nicht gehörig bezeichnet sind (Art. 608).

Art. 711. Der an dem Schiff und dem Zubehör desselben entstandene, zur großen Haverei gehörige Schaden ist, wenn die Reparatur während der Reise erfolgt, am Ort der Ausbesserung und vor derselben, sonst an dem Ort, wo die Reise endet, durch Sachverständige zu ermitteln und zu schätzen. Die Taxe muß die Veranschlagung der erforderlichen Reparaturkosten enthalten. Sie ist, wenn während der Reise ausgebessert wird, für die Schadensberechnung insoweit maaßgebend, als nicht die Ausführungskosten unter den Anschlagssummen bleiben. War die Aufnahme einer Taxe nicht ausführbar, so entscheidet der Betrag der auf die erforderlichen Reparaturen wirklich verwendeten Kosten.

Insoweit die Ausbesserung während der Reise nicht geschieht, ist die Abschätzung für die Schadensberechnung ausschließlich maaßgebend.

Art. 712. Der nach Maaßgabe des vorstehenden Artikels ermittelte volle Betrag der Reparaturkosten bestimmt die zu leistende Vergütung, wenn das Schiff zur Zeit der Beschädigung noch nicht ein volles Jahr zu Wasser war.

Dasselbe gilt von der Vergütung für einzelne Theile des Schiffs, namentlich für die Metallhaut, sowie für einzelne Theile des Zubehörs, wenn solche Theile noch nicht ein volles Jahr in Gebrauch waren.

In den übrigen Fällen wird von dem vollen Betrage wegen des Unterschiedes zwischen alt und neu ein Drittel, bei den Ankerketten ein Sechstel, bei den Ankern jedoch nichts abgezogen.

Von dem vollen Betrage kommen ferner in Abzug der volle Erlös oder Werth der etwa noch vorhandenen alten Stücke, welche durch neue ersetzt sind oder zu ersetzen sind.

Findet ein solcher Abzug und zugleich der Abzug wegen des Unterschiedes zwischen alt und neu statt, so ist zuerst dieser letztere und sodann erst von dem verbleibenden Betrage der andere Abzug zu machen.

Art. 713. Die Vergütung für aufgeopferte Güter wird durch den Marktpreis bestimmt, welchen Güter derselben Art und Beschaffenheit am Bestimmungsort bei Beginn der Löschung des Schiffs haben.

In Ermangelung eines Marktpreises, oder insofern über denselben oder über dessen Anwendung, insbesondere mit Rücksicht auf die Qualität der Güter, Zweifel bestehen, wird der Preis durch Sachverständige ermittelt.

Von dem Preise kommt in Abzug, was an Fracht, Zöllen und Unkosten in Folge des Verlustes der Güter erspart wird.

Zu den aufgeopferten Gütern gehören auch diejenigen, welche zur Deckung der großen Haverei verkauft worden sind (Art. 708, Ziff. 7).

Art. 714. Die Vergütung für Güter, welche eine zur großen Haverei gehörige Beschädigung erlitten haben, wird bestimmt durch den Unterschied zwischen dem durch Sachverständige zu ermittelnden Verkaufswerth, welchen die Güter im beschädigten Zustande am Bestimmungsorte bei Beginn der Löschung des Schiffs haben, und dem im vorstehenden Artikel bezeichneten Preise nach Abzug der Zölle und Unkosten, soweit sie in Folge der Beschädigung erspart sind.

Art. 715. Die vor, bei oder nach dem Havereifall entstandenen, zur großen Haverei nicht gehörenden Werthsverringerungen und Verluste sind bei Berechnung der Vergütung (Art. 713, 714) in Abzug zu bringen.

Art. 716. Endet die Reise für Schiff und Ladung nicht im Bestimmungshafen, sondern an einem anderen Orte, so tritt dieser letztere, endet sie durch Verlust des Schiffs, so tritt der Ort, wohin die Ladung in Sicherheit gebracht ist, für die Ermittelung der Vergütung an die Stelle des Bestimmungsortes.

Art. 717. Die Vergütung für entgangene Fracht wird bestimmt durch den Frachtbetrag, welcher für die aufgeopferten Güter zu entrichten gewesen sein würde, wenn dieselben mit dem Schiff an dem Orte ihrer Bestimmung, oder wenn dieser von dem Schiff nicht erreicht wird, an dem Orte angelangt wären, wo die Reise endet.

Art. 718. Der gesammte Schaden, welcher die große Haverei bildet, wird über das Schiff, die Ladung und die Fracht nach Verhältniß des Werthes und des Betrages derselben vertheilt.

Art. 719. Das Schiff nebst Zubehör trägt bei:

1. mit dem Werthe, welchen es in dem Zustande am Ende der Reise bei Beginn der Löschung hat;
2. mit dem als große Haverei in Rechnung kommenden Schaden an Schiff und Zubehör.

Von dem unter Ziffer 1 bezeichneten Werth ist der noch vorhandene Werth derjenigen Reparaturen und Anschaffungen abzuziehen, welche erst nach dem Havereifall erfolgt sind.

Art. 720. Die Ladung trägt bei:

1. mit den am Ende der Reise bei Beginn der Löschung noch vorhandenen Gütern, oder, wenn die Reise durch den Verlust des Schiffs endet (Art. 716), mit den in Sicherheit gebrachten Gütern, soweit in beiden Fällen diese Güter sich zur Zeit des Havereifalls am Bord des Schiffs oder eines Leichterfahrzeuges (Art. 708, Ziff. 2) befunden haben.
2. mit den aufgeopferten Gütern (Art. 713);

Art. 721. Bei Ermittelung des Beitrags kommt in Ansatz:

1. für die Güter, welche unversehrt sind, der Marktpreis oder der durch Sachverständige zu ermittelnde Preis (Art. 713), welchen dieselben am Ende der Reise bei Beginn und am Orte der Löschung des Schiffs, oder, wenn die Reise durch Verlust des Schiffes endet (Art. 716), zur Zeit und am Orte der Bergung haben, nach Abzug der Fracht, Zölle und sonstigen Unkosten;
2. für die Güter, welche während der Reise verdorben sind oder eine zur großen Haverei nicht gehörige Beschädigung erlitten haben, der durch Sachverständige zu ermittelnde Verkaufswerth (Art. 714), welchen die Güter im beschädigten Zustande zu der unter Ziffer 1 erwähnten Zeit und an dem dort bezeichneten Orte haben, nach Abzug der Fracht, Zölle und sonstigen Unkosten;
3. für die Güter, welche aufgeopfert worden sind, der Betrag,

welcher nach Artikel 713 für dieselben als große Haverei in Rechnung kommt;

4. für die Güter, welche eine zur großen Haverei gehörige Beschädigung erlitten haben, der nach der Bestimmung unter Ziffer 2 zu ermittelnde Werth, welchen die Güter im beschädigten Zustande haben, und der Werthsunterschied, welcher nach Artikel 714 für die Beschädigung als große Haverei in Rechnung kommt.

Art. 722. Sind Güter geworfen, so haben dieselben zu der gleichzeitigen oder einer späteren großen Haverei im Falle ihrer Bergung nur dann beizutragen, wenn der Eigenthümer eine Vergütung verlangt.

Art. 723. Die Frachtgelder tragen bei mit zwei Drittel:

1. des Bruttobetrages, welcher verdient ist;
2. des Betrages, welcher nach Artikel 717 als große Haverei in Rechnung kommt.

Den Landesgesetzen bleibt vorbehalten, die auf zwei Drittel bestimmte Quote bis auf die Hälfte zu ermäßigen.

Ueberfahrtsgelder tragen bei mit dem Betrage, welcher im Falle des Verlustes des Schiffes eingebüßt wäre (Art. 671), nach Abzug der Unkosten, welche alsdann erspart sein würden.

Art. 724. Haftet auf einem beitragspflichtigen Gegenstand eine, in einem späteren Nothfalle sich gründende Forderung, so trägt der Gegenstand nur mit seinem Werthe nach Abzug dieser Forderung bei.

Art. 725. Zur großen Haverei tragen nicht bei:

1. die Kriegs- und Mundvorräthe des Schiffs;
2. die Heuer und Effekten der Schiffsbesatzung;
3. die Reise-Effekten der Reisenden.

Sind Vorräthe oder Effekten dieser Art aufgeopfert oder haben sie eine zur großen Haverei gehörige Beschädigung erlitten, so wird für dieselben nach Maaßgabe der Artikel 713 bis 717 Vergütung gewährt; für Effekten, welche in Kostbarkeiten, Geldern und Werthpapieren bestehen, wird jedoch nur dann Vergütung gewährt, wenn dieselben dem Schiffer gehörig bezeichnet sind (Art. 608). Vorräthe und Effekten, für welche eine Vergütung gewährt wird, tragen mit dem Werth oder dem Werthsunterschied bei, welcher als große Haverei in Rechnung kommt.

Die im Artikel 710 erwähnten Gegenstände sind beitragspflichtig, soweit sie gerettet sind.

Die Bodmereigelder sind nicht beitragspflichtig.

Art. 726. Wenn nach dem Havereifall und bis zum Beginn

der Löschung am Ende der Reise ein beitragspflichtiger Gegenstand ganz verloren geht (Art. 706), oder zum Theil verloren geht oder im Werthe verringert wird, wohin insbesondere der Fall des Artikels 724 gehört, so tritt eine verhältnißmäßige Erhöhung der von den übrigen Gegenständen zu entrichtenden Beiträge ein.

Ist erst nach Beginn der Löschung der Verlust oder die Werthsverringerung erfolgt, so geht der Beitrag, welcher auf den Gegenstand fällt, soweit dieser zur Berichtigung desselben unzureichend geworden ist, den Vergütungsberechtigten verloren.

Art. 727. Die Vergütungsberechtigten haben wegen der von dem Schiff und der Fracht zu entrichtenden Beiträge die Rechte von Schiffsgläubigern (Tit. 10). Auch in Ansehung der beitragspflichtigen Güter steht ihnen an den einzelnen Gütern wegen des von diesen zu entrichtenden Beitrages ein Pfandrecht zu. Das Pfandrecht kann jedoch nach der Auslieferung der Güter nicht zum Nachtheil des dritten Erwerbers, welcher den Besitz in gutem Glauben erlangt hat, geltend gemacht werden.

Art. 728. Ein persönliche Verpflichtung zur Entrichtung des Beitrages wird durch den Havereifall an sich nicht begründet.

Der Empfänger beitragspflichtiger Güter wird jedoch, wenn ihm bei der Annahme der Güter bekannt ist, daß davon ein Beitrag zu entrichten sei, für den letzteren bis zum Werthe, welchen die Güter zur Zeit ihrer Auslieferung hatten, insoweit persönlich verpflichtet, als der Beitrag, falls die Auslieferung nicht erfolgt wäre, aus den Gütern hätte geleistet werden können.

Art. 729. Die Feststellung und Vertheilung der Schäden erfolgt an dem Bestimmungsort und, wenn dieser nicht erreicht wird, in dem Hafen, wo die Reise endet.

Art. 730. Der Schiffer ist verpflichtet, die Aufmachung der Dispache ohne Verzug zu veranlassen. Handelt er dieser Verpflichtung zuwider, so macht er sich jedem Betheiligten verantwortlich.

Wird die Aufmachung der Dispache nicht rechtzeitig veranlaßt, so kann jeder Betheiligte die Aufmachung in Antrag bringen und betreiben.

Art. 731. Im Gebiete dieses Gesetzbuchs wird die Dispache durch die ein- für allemal bestellten oder in deren Ermangelung durch die vom Gericht besonders ernannten Personen (Dispacheure) aufgemacht.[1]

---

[1] Ueber die Befugniß der Bundeskonsuln vgl. G 8./11. 67, 36 (BGBl 143); Gebühren dafür: Tarif 15./3. 68 Nr. 14 (BGBl 23); 1./7. 72 Nr. 13 (BGBl 249).

Jeder Betheiligte ist verpflichtet, die zur Aufmachung der Dispache erforderlichen Urkunden, soweit er sie zu seiner Verfügung hat, namentlich Chartepartieen, Konnossemente und Fakturen, dem Dispacheur mitzutheilen.

Den Landesgesetzen bleibt vorbehalten, über das Verfahren bei Aufmachung der Dispache und die Ausführung derselben nähere Bestimmungen zu erlassen.

Art. 732. Für die von dem Schiff zu leistenden Beiträge ist den Ladungsbetheiligten Sicherheit zu bestellen, bevor das Schiff den Hafen verlassen darf, in welchem nach Artikel 729 die Feststellung und Vertheilung der Schäden erfolgen muß.

Art. 733. Der Schiffer darf Güter, auf welchem Havereibeiträge haften, vor Berichtigung oder Sicherstellung der letzteren (Art. 616) nicht ausliefern, widrigenfalls er, unbeschadet der Haftung der Güter, für die Beiträge persönlich verantwortlich wird.

Hat der Rheder die Handlungsweise des Schiffers angeordnet, so kommen die Vorschriften des zweiten und dritten Absatzes des Artikels 479 zur Anwendung.

Das an den beitragspflichtigen Gütern den Vergütungsberechtigten zustehende Pfandrecht wird für diese durch den Verfrachter ausgeübt.

Art. 734. Hat der Schiffer zur Fortsetzung der Reise, jedoch zum Zweck einer nicht zur großen Haverei gehörenden Aufwendung, die Ladung verbodmet oder über einen Theil derselben durch Verkauf oder durch Verwendung verfügt, so ist der Verlust, welchen ein Ladungsbetheiligter dadurch erleidet, daß er wegen seiner Ersatzansprüche aus Schiff und Fracht gar nicht oder nicht vollständig befriedigt werden kann (Art. 509, 510, 613), von sämmtlichen Ladungsbetheiligten nach den Grundsätzen der großen Haverei zu tragen.

Bei der Ermittelung des Verlustes ist in dem Verhältniß zu den Ladungsbetheiligten in allen Fällen, namentlich auch im Falle des zweiten Absatzes des Artikels 613, die im Artikel 713 bezeichnete Vergütung maaßgebend. Mit dem Werthe, durch welchen diese Vergütung bestimmt wird, tragen die verkauften Güter auch zu einer etwa eintretenden großen Haverei bei (Art. 720).

Art. 735. Ueber die außerdem nach den Grundsätzen der großen Haverei zu vertheilenden Schäden und Kosten bestimmt der Artikel 637.

Die in den Fällen des Artikels 637 und des Artikels 734 zu entrichtenden Beiträge und eintretenden Vergütungen stehen in allen rechtlichen Beziehungen den Beiträgen und Vergütungen in Fällen der großen Haverei gleich.[1]

---

[1] CPO 761: Das Gericht hat zur Erklärung über den Theilungsplan sowie zur Ausführung der Vertheilung einen Termin zu bestimmen. Der Theilungsplan muß spätestens drei Tage vor dem Termine auf der Gerichtsschreiberei zur Einsicht der Betheiligten niedergelegt werden.

Die Ladung des Schuldners zu dem Termin ist nicht erforderlich, wenn sie durch Zustellung im Ausland oder durch öffentliche Zustellung erfolgen müßte.

762. Wird in dem Termin ein Widerspruch gegen den Plan nicht erhoben, so ist dieser zur Ausführung zu bringen. Erfolgt ein Widerspruch, so hat sich jeder bei demselben betheiligte Gläubiger sofort zu erklären. Wird der Widerspruch von den Betheiligten als begründet anerkannt oder kommt anderweit eine Einigung zu Stande, so ist der Plan demgemäß zu berichtigen. Wenn ein Widerspruch sich nicht erledigt, so erfolgt die Ausführung des Plans insoweit, als der Plan durch den Widerspruch nicht betroffen wird.

763. Gegen einen Gläubiger, welcher in dem Termine weder erschienen ist noch vor dem Termine bei dem Gerichte Widerspruch erhoben hat, wird angenommen, daß er mit der Ausführung des Plans einverstanden sei.

Ist ein in dem Termine nicht erschienener Gläubiger bei dem Widerspruche betheiligt, welchen ein anderer Gläubiger erhoben hat, so wird angenommen, daß er diesen Widerspruch nicht als begründet anerkenne.

764. Der widersprechende Gläubiger muß ohne vorherige Aufforderung binnen einer Frist von einem Monate, welche mit dem Terminstage beginnt, dem Gerichte nachweisen, daß er gegen die betheiligten Gläubiger Klage erhoben habe. Nach fruchtlosem Ablaufe dieser Frist wird die Ausführung des Plans ohne Rücksicht auf den Widerspruch angeordnet.

Die Befugniß des Gläubigers, welcher dem Plane widersprochen hat, ein besseres Recht gegen den Gläubiger, welcher einen Geldbetrag nach dem Plane erhalten hat, im Wege der Klage geltend zu machen, wird durch die Versäumung der Frist und durch die Ausführung des Plans nicht ausgeschlossen.

765. Die Klage ist bei dem Vertheilungsgericht und, wenn der Streitgegenstand zur Zuständigkeit der Amtsgerichte nicht gehört, bei dem Landgerichte zu erheben, in dessen Bezirke das Vertheilungsgericht seinen Sitz hat.

Das Landgericht ist für sämmtliche Klagen zuständig, wenn seine Zuständigkeit nach dem Inhalte der erhobenen und in dem Termine nicht zur Erledigung gelangten Widersprüche auch nur in Betreff einer Klage begründet ist, sofern nicht die sämmtlichen betheiligten Gläubiger vereinbaren, daß das Vertheilungsgericht über alle Widersprüche entscheiden solle.

766. In dem Urtheile, durch welches über einen erhobenen Widerspruch entschieden wird, ist zugleich zu bestimmen, an welche Gläubiger und in welchen Beträgen der streitige Theil der Masse auszuzahlen sei. Wird dies nicht für angemessen erachtet, so ist die Anfertigung eines neuen Plans und ein anderweites Vertheilungsverfahren in dem Urtheile anzuordnen.

Zweiter Abschnitt.

Schaden durch Zusammenstoß von Schiffen.[1]

Art. 736. Wenn zwei Schiffe zusammenstoßen und entweder auf einer oder auf beiden Seiten durch den Stoß Schiff oder Ladung allein, oder Schiff und Ladung beschädigt werden oder ganz verloren gehen, so ist, falls eine Person der Besatzung des einen Schiffs durch ihr Verschulden den Zusammenstoß herbeigeführt hat, der Rheder dieses Schiffs nach Maaßgabe der Artikel 451 und 452 verpflichtet, den durch den Zusammenstoß dem anderen Schiff und dessen Ladung zugefügten Schaden zu ersetzen.

Die Eigenthümer der Ladung beider Schiffe sind zum Ersatze des Schadens beizutragen nicht verpflichtet.

Die persönliche Verpflichtung der zur Schiffsbesatzung gehörigen Personen, für die Folgen ihres Verschuldens aufzukommen, wird durch diesen Artikel nicht berührt.

Art. 737. Fällt keiner Person der Besatzung des einen oder anderen Schiffs ein Verschulden zur Last, oder ist der Zusammenstoß durch beiderseitiges Verschulden herbeigeführt, so findet ein Anspruch auf Ersatz des dem einen oder anderen oder beiden Schiffen zugefügten Schadens nicht statt.

Art. 738. Die beiden vorstehenden Artikel kommen zur Anwendung ohne Unterschied, ob beide Schiffe, oder das eine oder das andere sich in der Fahrt oder im Treiben befinden, oder vor Anker oder am Lande befestigt liegen.

Art. 739. Ist ein durch den Zusammenstoß beschädigtes Schiff

---

767. Das Versäumnißurtheil gegen einen widersprechenden Gläubiger ist dahin zu erlassen, daß der Widerspruch als zurückgenommen anzusehen sei.

768. Auf Grund des erlassenen Urtheils wird die Auszahlung oder das anderweite Vertheilungsverfahren von dem Vertheilungsgericht angeordnet.

[1] **StGB** 145: Wer die vom Kaiser
zur Verhütung des Zusammenstoßens der Schiffe auf See,
über das Verhalten der Schiffer nach einem Zusammenstoße von Schiffen auf See, oder
in Betreff der Noth- und Lootsensignale für Schiffe auf See und auf den Küstengewässern
erlassenen Verordnungen übertritt, wird mit Geldstrafe bis zu eintausendfünfhundert Mark bestraft.

V 7./1. 80 (RGBl 1) zur Verhütung des Zusammenstoßes der Schiffe auf See. V 16./2. 81 (RGBl 25): suspendirt § 8 der V 7./1. 80; V 15./8. 76 (RGBl 189). V 29./7. 89 (RGBl 171). Noth- und Lootsen-Signalordnung 14./8. 76 (RGBl 187). Vgl. **RG** 27./7. 77 (Anhang XI).

gesunken, bevor es einen Hafen erreichen konnte, so wird vermuthet, daß der Untergang des Schiffs eine Folge des Zusammenstoßes war.

Art. 740. Wenn sich das Schiff unter der Führung eines Zwangslootsen befunden hat und die zur Schiffsbesatzung gehörigen Personen die ihnen obliegenden Pflichten erfüllt haben, so ist der Rheder des Schiffs von der Verantwortung für den Schaden frei, welcher durch den von dem Lootsen verschuldeten Zusammenstoß entstanden ist.

Art. 741. Die Vorschriften dieses Abschnitts kommen auch dann zur Anwendung, wenn mehr als zwei Schiffe zusammenstoßen.

Ist in einem solchen Falle der Zusammenstoß durch eine Person der Besatzung des einen Schiffs verschuldet, so haftet der Rheder des letzteren auch für den Schaden, welcher daraus entsteht, daß durch den Zusammenstoß dieses Schiffs mit einem anderen der Zusammenstoß dieses anderen Schiffs mit einem dritten verursacht ist.

Neunter Titel. Von der Bergung und Hülfsleistung in Seenoth.[1]

Art. 742. Wird in einer Seenoth ein Schiff oder dessen Ladung ganz oder theilweise, nachdem sie der Verfügung der Schiffsbesatzung entzogen oder von derselben verlassen waren, von dritten Personen an sich genommen und in Sicherheit gebracht, so haben diese Personen Anspruch auf Bergelohn.

Wird außer dem vorstehenden Fall ein Schiff oder dessen Ladung durch Hülfe dritter Personen aus einer Seenoth gerettet, so haben dieselben nur Anspruch auf Hülfslohn.

Der Schiffsbesatzung des verunglückten oder veräußerten Schiffs steht ein Anspruch auf Berge- und Hülfslohn nicht zu.

Art. 743. Wenn noch während der Gefahr ein Vertrag über die Höhe des Berge- und Hülfslohns geschlossen ist, so kann derselbe wegen erheblichen Uebermaaßes der zugesicherten Vergütung angefochten und die Herabsetzung der letzteren auf das den Umständen entsprechende Maaß verlangt werden.

Art. 744. In Ermangelung einer Vereinbarung wird die Höhe des Berge- oder Hülfslohns von dem Richter unter Berücksichtigung aller Umstände des Falles nach billigem Ermessen in Geld festgesetzt.

Art. 745. Der Berge- oder Hülfslohn umfaßt zugleich die

[1] Vgl. Strandungsordnung 17./5. 74 (Anhang XII).

Vergütung für die Aufwendungen, welche zum Zweck des Bergens und Rettens geschehen sind.

Nicht darin enthalten sind die Kosten und Gebühren der Behörden, die von den geborgenen oder geretteten Gegenständen zu entrichtenden Zölle und sonstigen Abgaben und die Kosten zum Zweck der Aufbewahrung, Erhaltung, Abschätzung und Veräußerung derselben.[1]

Art. 746. Bei der Bestimmung des Betrages des Berge- oder Hülfslohns kommen insbesondere in Anschlag: der bewiesene Eifer, die verwendete Zeit, die geleisteten Dienste, die geschehenen Aufwendungen, die Zahl der thätig gewesenen Personen, die Gefahr, welcher dieselben ihre Person und ihre Fahrzeuge unterzogen haben, sowie die Gefahr, welche den geborgenen oder geretteten Gegenständen gedroht hat, und der nach Abzug der Kosten (Art. 745, Abs. 2) verbliebene Werth derselben.

Art. 747. Der Berge- oder Hülfslohn darf ohne den übereinstimmenden Antrag der Parteien nicht auf eine Quote des Werthes der geborgenen oder geretteten Gegenstände festgesetzt werden.

Art. 748. Der Betrag des Bergelohns soll den dritten Theil des Werthes der geborgenen Gegenstände (Art. 746) nicht übersteigen.

Nur ausnahmsweise, wenn die Bergung mit ungewöhnlichen Anstrengungen und Gefahren verbunden war und jener Werth zugleich ein geringer ist, kann der Betrag bis zur Hälfte des Werthes erhöht werden.

Art. 749. Der Hülfslohn ist stets unter dem Betrage festzusetzen, welchen der Bergelohn unter sonst gleichen Umständen erreicht haben würde. Auf den Werth der geretteten Gegenstände ist bei Bestimmung des Hülfslohns nur eine untergeordnete Rücksicht zu nehmen.

Art. 750. Haben mehrere Personen an der Bergung oder Hülfsleistung sich betheiligt, so wird der Berge- und Hülfslohn unter dieselben nach Maaßgabe der persönlichen und sachlichen Leistungen der Einzelnen und im Zweifel nach der Kopfzahl vertheilt.

Zur gleichmäßigen Theilnahme sind auch diejenigen berechtigt, welche in derselben Gefahr der Rettung von Menschen sich unterzogen haben.

Art. 751. Wird ein Schiff oder dessen Ladung ganz oder theilweise von einem anderen Schiff geborgen oder gerettet, so wird der Berge- oder Hülfslohn zwischen dem Rheder, dem Schiffer und

[1] Vgl. Strandungsordnung 17./5. 74, 10. 34 (Anhang XII).

der übrigen Besatzung des anderen Schiffs, sofern nicht durch Vertrag unter ihnen ein Anderes bestimmt ist, in der Art vertheilt, daß der Rheder die Hälfte, der Schiffer ein Viertel und die übrige Besatzung zusammen gleichfalls ein Viertel erhalten. Die Vertheilung unter die letztere erfolgt nach Verhältniß der Heuer, welche dem Einzelnen gebührt oder seinem Range nach gebühren würde.[1]

Art. 752. Auf Berge- und Hülfslohn hat keinen Anspruch:

1. wer seine Dienste aufgedrungen, insbesondere ohne Erlaubniß des anwesenden Schiffers das Schiff betreten hat;
2. wer von den geborgenen Gegenständen dem Schiffer, dem Eigenthümer oder der zuständigen Behörde nicht sofort Anzeige gemacht hat.

Art. 753. Wegen der Bergungs- und Hülfskosten, wozu auch der Berge- und Hülfslohn gezählt wird, steht dem Gläubiger ein Pfandrecht an den geborgenen oder geretteten Gegenständen, an den geborgenen Gegenständen bis zur Sicherheitsleistung zugleich das Zurückbehaltungsrecht zu.

In Ansehung der Geltendmachung des Pfandrechts finden die Vorschriften des zweiten und dritten Absatzes des Artikels 697 Anwendung.

Art. 754. Der Schiffer darf die Güter vor Befriedigung oder Sicherstellung des Gläubigers weder ganz noch theilweise ausliefern, widrigenfalls er dem Gläubiger insoweit persönlich verpflichtet wird, als derselbe aus den ausgelieferten Gütern zur Zeit der Auslieferung hätte befriedigt werden können.

Hat der Rheder die Handlungsweise des Schiffers angeordnet, so kommen die Vorschriften des zweiten und dritten Absatzes des Artikels 479 zur Anwendung.

Art. 755. Eine persönliche Verpflichtung zur Entrichtung der Bergungs- und Hülfskosten wird durch die Bergung oder Rettung an sich nicht begründet.

Der Empfänger von Gütern wird jedoch, wenn ihm bei Annahme derselben bekannt ist, daß davon Bergungs- oder Hülfskosten zu berichtigen seien, für diese Kosten insoweit persönlich verpflichtet, als dieselben, falls die Auslieferung nicht erfolgt wäre, aus den Gütern hätten berichtigt werden können.

Sind noch andere Gegenstände gemeinschaftlich mit den ausgelieferten Gütern geborgen oder gerettet, so geht die persönliche Haftung des Empfängers über den Betrag nicht hinaus, welcher bei Vertheilung der Kosten über sämmtliche Gegenstände auf die ausgelieferten Güter fällt.

---

[1] Vgl. Strandungsordnung 17./5. 74, 35 Absatz 3 (Anhang XII).

Art. 756. Den Landesgesetzen bleibt vorbehalten, die Vorschriften dieses Titels zu ergänzen.

Dieselben können bestimmen, daß über die Verpflichtung zur Zahlung eines Berge- oder Hülfslohns oder über den Betrag desselben von einer anderen als einer richterlichen Behörde unter Vorbehalt des Rechtsweges (Art. 744) zu entscheiden sei.

Die Bestimmungen der Landesgesetze über die Wiedernehmung eines von dem Feinde genommenen Schiffs werden durch die Vorschriften dieses Titels nicht berührt.

Zehnter Titel. Von den Schiffsgläubigern.[1]

Art. 757. Die nachbenannten Forderungen gewähren die Rechte eines Schiffsgläubigers:

1. die Kosten des Zwangsverkaufs des Schiffs; zu diesen gehören auch die Kosten der Vertheilung des Kaufgeldes, sowie die etwaigen Kosten der Bewachung, Verwahrung und Erhaltung des Schiffs und seines Zubehörs seit der Einleitung des Zwangsverkaufs oder seit der derselben vorausgegangenen Beschlagnahme;
2. die in der Ziffer 1 nicht begriffenen Kosten der Bewachung und Verwahrung des Schiffs und seines Zubehörs seit der Einbringung der Schiffs in den letzten Hafen, falls das Schiff im Wege der Zwangsvollstreckung verkauft ist;
3. die öffentlichen Schiffs-, Schifffahrts- und Hafenabgaben, insbesondere die Tonnen-, Leuchtfeuer-, Quarantäne- und Hafengelder;
4. die aus den Dienst- und Heuerverträgen herrührenden Forderungen der Schiffsbesatzung;
5. die Lootsengelder, sowie die Bergungs-, Hülfs-, Loskaufs- und Reklamekosten;
6. die Beiträge des Schiffs zur großen Haverei;

[1] Vgl. CPO 757: Die Zwangsvollstreckung in das unbewegliche Vermögen einschließlich des mit derselben verbundenen Aufgebots- und Vertheilungsverfahrens bestimmt sich nach den Landesgesetzen.

Nach den Landesgesetzen bestimmt sich insbesondere auch, welche Sachen und Rechte in Ansehung der Zwangsvollstreckung zum unbeweglichen Vermögen gehören, inwiefern der Gläubiger berechtigt ist, seine Forderung in das Hypothekenbuch eintragen zu lassen, und wie die Eintragung zu bewirken ist.

Entstehen in dem die Zwangsvollstreckung betreffenden Verfahren Rechtsstreitigkeiten, welche in einem besonderen Prozesse zu erledigen sind, so erfolgt die Erledigung nach den Bestimmungen dieses Gesetzes. Auf Vertheilungsstreitigkeiten finden die §§ 765—768 (s. oben S. 236) entsprechende Anwendung.

7. die Forderungen der Bodmereigläubiger, welchen das Schiff verbodmet ist, sowie die Forderungen aus sonstigen Kreditgeschäften, welche der Schiffer als solcher während des Aufenthalts des Schiffs außerhalb des Heimathshafen in Nothfällen abgeschlossen hat (Art. 497, 510), auch wenn er Miteigenthümer oder Alleineigenthümer des Schiffs ist; den Forderungen aus solchen Kreditgeschäften stehen die Forderungen wegen Lieferungen oder Leistungen gleich, welche ohne Gewährung eines Kredits dem Schiffer als solchem während des Aufenthalts des Schiffs außerhalb des Heimathshafens in Nothfällen zur Erhaltung des Schiffs oder zur Ausführung der Reise gemacht sind, soweit diese Lieferungen oder Leistungen zur Befriedigung des Bedürfnisses erforderlich waren;
8. die Forderungen wegen Nichtablieferung oder Beschädigung der Ladungsgüter und der im zweiten Absatze des Artikels 674 erwähnten Reise-Effekten;
9. die nicht unter eine der vorigen Ziffern fallenden Forderungen aus Rechtsgeschäften, welche der Schiffer als solcher kraft seiner gesetzlichen Befugnisse und nicht mit Bezug auf eine besondere Vollmacht geschlossen hat (Art. 452, Ziff. 1), sowie die nicht unter eine der vorigen Ziffern fallenden Forderungen wegen Nichterfüllung oder wegen unvollständiger oder mangelhafter Erfüllung eines von dem Rheder abgeschlossenen Vertrages, insofern die Ausführung des letzteren zu den Dienstobliegenheiten des Schiffers gehört hat (Art. 452, Ziff. 2);
10. die Forderungen aus dem Verschulden einer Person der Schiffsbesatzung (Art. 451 und 452, Ziff. 3), auch wenn dieselbe zugleich Miteigenthümer oder Alleineigenthümer des Schiffs ist.

Art. 758. Den Schiffsgläubigern, welchen das Schiff nicht schon durch Verbodmung verpfändet ist, steht ein gesetzliches Pfandrecht an dem Schiff und dem Zubehör desselben zu.

Das Pfandrecht ist gegen dritte Besitzer des Schiffs verfolgbar.

Art. 759. Das gesetzliche Pfandrecht eines jeden dieser Schiffsgläubiger erstreckt sich außerdem auf die Bruttofracht derjenigen Reise, aus welcher seine Forderung entstanden ist.

Art. 760. Als eine Reise im Sinne dieses Titels wird diejenige angesehen, zu welcher das Schiff von neuem ausgerüstet, oder welche entweder auf Grund eines neuen Frachtvertrages oder nach vollständiger Löschung der Ladung angetreten wird.

Art. 761. Den im Artikel 757 unter Ziffer 4 aufgeführten Schiffsgläubigern steht wegen der aus einer späteren Reise entstandenen Forderungen zugleich ein gesetzliches Pfandrecht an der Fracht der früheren Reisen zu, sofern die verschiedenen Reisen unter denselben Dienst- und Heuervertrag fallen (Art. 521, 536, 538, 554).

Art. 762. Auf das dem Bodmereigläubiger in Gemäßheit des Artikels 680 zustehende Pfandrecht finden dieselben Vorschriften Anwendung, welche für das gesetzliche Pfandrecht der übrigen Schiffsgläubiger gelten.

Der Umfang des Pfandrechts des Bodmereigläubigers bestimmt sich jedoch nach dem Inhalt des Bodmereivertrages (Art. 681).

Art. 763. Das einem Schiffsgläubiger zustehende Pfandrecht gilt in gleichem Maaße für Kapital, Zinsen, Bodmereiprämie und Kosten.

Art. 764. Der Schiffsgläubiger, welcher sein Pfandrecht verfolgt, kann sowohl den Rheder als auch den Schiffer belangen, den letzteren auch dann, wenn das Schiff in dem Heimathshafen liegt (Art. 495).

Das gegen den Schiffer ergangene Erkenntniß ist in Ansehung des Pfandrechts gegen den Rheder wirksam.

Art. 765. Auf die Rechte eines Schiffsgläubigers hat es keinen Einfluß, daß der Rheder für die Forderung bei deren Entstehung oder später zugleich persönlich verpflichtet wird.

Diese Vorschrift findet insbesondere auf die Forderungen der Schiffsbesatzung aus den Dienst- und Heuerverträgen Anwendung (Art. 453).

Art. 766. Gehört das Schiff einer Rhederei, so haftet das Schiff und die Fracht den Schiffsgläubigern in gleicher Weise, als wenn das Schiff nur Einem Rheder gehörte.

Art. 767. Das Pfandrecht der Schiffsgläubiger am Schiff erlischt:

1. durch den im Inlande im Wege der Zwangsvollstreckung erfolgten Verkauf des Schiffs; an Stelle des letzteren tritt für die Schiffsgläubiger das Kaufgeld.

   Es müssen die Schiffsgläubiger zur Wahrnehmung ihrer Rechte öffentlich aufgefordert werden; im Uebrigen bleiben die Vorschriften über das den Verkauf betreffende Verfahren den Landesgesetzen vorbehalten;
2. durch den von dem Schiffer im Falle der zwingenden Nothwendigkeit auf Grund seiner gesetzlichen Befugnisse bewirkten Verkauf des Schiffs (Art. 499); an Stelle des letzteren tritt für die Schiffsgläubiger das Kaufgeld, so lange es bei dem Käufer aussteht oder noch in den Händen des Schiffers ist.

Art. 768. Den Landesgesetzen bleibt vorbehalten, zu bestimmen, daß auch in anderen Veräußerungsfällen die Pfandrechte erlöschen, wenn die Schiffsgläubiger zur Anmeldung der Pfandrechte ohne Erfolg öffentlich aufgefordert sind, oder wenn die Schiffsgläubiger ihre Pfandrechte innerhalb einer bestimmten Frist, seitdem das Schiff in dem Heimathshafen oder in einem inländischen Hafen sich befunden hat, bei der zuständigen Behörde nicht angemeldet haben.

Art. 769. Der Artikel 767 findet keine Anwendung, wenn nicht das ganze Schiff, sondern nur eine oder mehrere Schiffsparten veräußert werden.

Art. 770. In Ansehung des Schiffs haben die Kosten des Zwangsverkaufs (Art. 757, Ziff. 1) und die Bewachungs- und Verwahrungskosten seit der Einbringung in den letzten Hafen (Art. 757, Ziff. 2) vor allen anderen Forderungen der Schiffsgläubiger den Vorzug.

Die Kosten des Zwangsverkaufs gehen den Bewachungs- und Verwahrungskosten seit der Einbringung in den letzten Hafen vor.

Art. 771. Von den übrigen Forderungen gehen die die letzte Reise (Art. 760) betreffenden Forderungen, zu welchen auch die nach der Beendigung der letzten Reise entstandenen Forderungen gerechnet werden, den Forderungen vor, welche die früheren Reisen betreffen.

Von den Forderungen, welche nicht die letzte Reise betreffen, gehen die eine spätere Reise betreffenden denjenigen vor, welche eine frühere Reise betreffen.

Den im Artikel 757 unter Ziffer 4 aufgeführten Schiffsgläubigern gebührt jedoch wegen der eine frühere Reise betreffenden Forderungen dasselbe Vorzugsrecht, welches ihnen wegen der eine spätere Reise betreffenden Forderungen zusteht, sofern die verschiedenen Reisen unter denselben Dienst- oder Heuervertrag fallen.

Wenn die Bodmereireise mehrere Reisen im Sinne des Artikels 760 umfaßt, so steht der Bodmereigläubiger denjenigen Schiffsgläubigern nach, deren Forderungen die nach Vollendung der ersten dieser Reisen angetretenen späteren Reisen betreffen.

Art. 772. Die Forderungen, welche dieselbe Reise betreffen, sowie diejenigen, welche als dieselbe Reise betreffend anzusehen sind (Art. 771), werden in nachstehender Ordnung berichtigt:

1. die öffentlichen Schiffs-, Schifffahrts- und Hafenabgaben (Art. 757, Ziff. 3);
2. die aus den Dienst- und Heuerverträgen herrührenden Forderungen der Schiffsbesatzung (Art. 757, Ziff. 4);
3. die Lootsengelder, sowie die Bergungs-, Hülfs-, Loskaufs- und Reklamekosten (Art. 757, Ziff. 5), die Beiträge des Schiffs zur großen Haverei (Art. 757, Ziff. 6), die Forderungen aus den von dem Schiffer in Nothfällen abgeschlossenen Bodmerei-

und sonstigen Kreditgeschäften, sowie die diesen Forderungen gleichzuachtenden Forderungen (Art. 757, Ziff. 7);

4. die Forderungen wegen Nichtablieferung oder Beschädigung von Gütern und Reise-Effekten (Art. 757, Ziff. 8);

5. die im Artikel 757 unter Ziffer 9 und 10 aufgeführten Forderungen.

Art. 773. Von den unter Ziffer 1, 2, 4 und 5 des Artikels 772 aufgeführten Forderungen sind die unter derselben Ziffer dieses Artikels aufgeführten gleichberechtigt.

Von den unter Ziffer 3 des Artikels 772 aufgeführten Forderungen geht dagegen die später entstandene der früher entstandenen vor; die gleichzeitig entstandenen sind gleichberechtigt.

Hat der Schiffer aus Anlaß desselben Nothfalls verschiedene Geschäfte abgeschlossen (Art. 757, Ziff. 7), so gelten die daraus herrührenden Forderungen als gleichzeitig entstanden.

Forderungen aus Kreditgeschäften, namentlich aus Bodmereiverträgen, welche der Schiffer zur Berichtigung früherer, unter die Ziffer 3 des Artikels 772 fallender Forderungen eingegangen ist, sowie Forderungen aus Verträgen, welche derselbe Behufs Verlängerung der Zahlungszeit, Anerkennung oder Erneuerung solcher früherer Forderungen abgeschlossen hat, haben auch dann, wenn das Kreditgeschäft oder der Vertrag zur Fortsetzung der Reise nothwendig war, nur dasjenige Vorzugsrecht, welches der früheren Forderung zustand.

Art. 774. Das Pfandrecht der Schiffsgläubiger an der Fracht (Art. 759) ist nur so lange wirksam, als die Fracht noch aussteht oder die Frachtgelder in den Händen des Schiffers sind.

Auch auf dieses Pfandrecht finden die in den vorstehenden Artikeln über die Rangordnung enthaltenen Bestimmungen Anwendung.

Im Falle der Cession der Fracht kann das Pfandrecht der Schiffsgläubiger, so lange die Fracht noch aussteht oder die Frachtgelder in den Händen des Schiffers sind, auch dem Cessionar gegenüber geltend gemacht werden.

Insoweit der Rheder die Fracht eingezogen hat, haftet er den Schiffsgläubigern, welchen das Pfandrecht dadurch ganz oder zum Theil entgeht, persönlich und zwar einem jeden in Höhe desjenigen Betrages, welcher für denselben bei Vertheilung des eingezogenen Betrages nach der gesetzlichen Rangordnung sich ergiebt.

Dieselbe persönliche Haftung des Rheders tritt ein in Ansehung der am Abladungsort zur Abladungszeit üblichen Fracht für die Güter, welche für seine Rechnung abgeladen sind.

Art. 775. Hat der Rheder die Fracht zur Befriedigung eines oder mehrerer Gläubiger, welchen ein Pfandrecht an derselben zustand, verwendet, so ist er den Gläubigern, welchen der Vorzug gebührt hätte, nur insoweit verantwortlich, als erwiesen wird, daß er dieselben wissentlich verkürzt hat.

Art. 776. Insoweit der Rheder in den im Artikel 767 unter Ziffer 1 und 2 erwähnten Fällen das Kaufgeld eingezogen hat, haftet er in Höhe des eingezogenen Betrages sämmtlichen Schiffsgläubigern in gleicher Weise persönlich, wie den Gläubigern einer Reise im Falle der Einziehung der Fracht (Art. 774, 775).

Art. 777. Wenn der Rheder, nachdem er von der Forderung eines Schiffsgläubigers, für welche er nur mit Schiff und Fracht haftet, Kenntniß erhalten hat, das Schiff zu einer neuen Reise (Art. 760) in See sendet, ohne daß das Interesse des Schiffsgläubigers es geboten hat, so wird er für die Forderung in Höhe desjenigen Betrages zugleich persönlich verpflichtet, welcher für den Gläubiger sich ergeben haben würde, falls der Werth, welchen das Schiff bei Antritt der Reise hatte, unter die Schiffsgläubiger nach der gesetzlichen Rangordnung vertheilt worden wäre.

Es wird bis zum Beweise des Gegentheils angenommen, daß der Gläubiger bei dieser Vertheilung seine vollständige Befriedigung erlangt haben würde.

Die persönliche Verpflichtung des Rheders, welche aus der Einziehung der dem Gläubiger haftenden Fracht entsteht (Art. 774), wird durch diesen Artikel nicht berührt.

Art. 778. Die Vergütung für Aufopferung oder Beschädigung in Fällen der großen Haverei tritt für die Schiffsgläubiger an Stelle desjenigen, wofür die Vergütung bestimmt ist.

Dasselbe gilt von der Entschädigung, welche im Falle des Verlustes oder der Beschädigung des Schiffs, oder wegen entzogener Fracht im Falle des Verlustes oder der Beschädigung von Gütern dem Rheder von demjenigen gezahlt werden muß, welcher den Schaden durch eine rechtswidrige Handlung verursacht hat.

Ist die Vergütung oder Entschädigung von dem Rheder eingezogen, so haftet er in Höhe des eingezogenen Betrages den Schiffsgläubigern in gleicher Art persönlich, wie den Gläubigern einer Reise im Falle der Einziehung der Fracht (Art. 774, 775).

Art. 779. Im Falle der Konkurrenz der Schiffsgläubiger, welche ihr Pfandrecht verfolgen, mit anderen Pfandgläubigern oder sonstigen Gläubigern, haben die Schiffsgläubiger den Vorzug.[1]

Art. 780. Die Bestimmungen der Artikel 767 und 769 über

[1] Vgl. KO 41, 8 (oben zu Art. 309).

das Erlöschen der Pfandrechte der Schiffsgläubiger finden auch Anwendung auf die sonstigen Pfandrechte, welche nach den Landesgesetzen an dem Schiff oder einer Schiffspart durch Willenserklärung oder Gesetz erworben und gegen den dritten Besitzer verfolgbar sind.

Die Vorschrift des Artikels 767 Ziffer 1 tritt auch rücksichtlich der auf einer Schiffspart haftenden Pfandrechte im Falle des Zwangsverkaufs dieser Schiffspart ein.

Im Uebrigen werden die Rechte der im ersten Absatze erwähnten Pfandgläubiger nicht nach den Bestimmungen dieses Titels, sondern nach den Landesgesetzen beurtheilt.[1]

Art. 781. Von den auf den Gütern wegen der Fracht, der Bodmereigelder, der Beiträge zur großen Haverei und der Bergungs- und Hülfskosten (Art. 624, 626, 680, 727, 753) haftenden Pfand-

---

[1] Vgl. Preuß. **EG z. HGB** 24./6. 61 (GS 61, 449 ff.) Art. 59: In den Landestheilen, in welchen das Allgemeine Landrecht gilt, treten in Betreff der Verpfändung von Seeschiffen, mit Ausschluß derjenigen, welche in das Schiffsregister nicht einzutragen sind, an die Stelle der §§ 302—307 und 313 des Allgemeinen Landrechts Theil I, Titel 20 folgende Vorschriften:

1. Die Verpfändung muß in das Schiffsregister eingetragen werden.

Die Eintragung erfolgt von dem Gericht, welches das Schiffsregister führt.

Sie muß enthalten:

1. den Namen des Gläubigers;
2. die Forderung, für welche die Verpfändung geschehen ist;
3. die Bezugnahme auf die Verpfändungsurkunde, unter Bezeichnung des Orts und Datums der Ausstellung;
4. die Zeit der Eintragung.

Die geschehene Eintragung ist von dem Gericht auf der Verpfändungsurkunde und auf dem Certifikat des Pfandbestellers zu vermerken.

2. Durch die Eintragung in das Schiffsregister wird die Verpfändung selbst vollzogen.

Solange die Verpfändung in das Schiffsregister eingetragen ist, kommen dem Gläubiger die Rechte eines wirklichen Pfandinhabers zu.

Die Eintragung der Verpfändung wird nach der Aufhebung des Pfandrechts im Schiffsregister gelöscht.

3. Unter den in das Schiffsregister eingetragenen Pfandrechten bestimmt sich das Vorrecht nach der Zeitfolge der Eintragung.

Diese Bestimmungen wurden in Neuvorpommern und Rügen eingeführt durch die G 21./3. 68, 33 und 26./5. 73, 48 ff., in Schleswig-Holstein durch G 27./5. 73, 48 ff., in Hannover durch G 27./1. 79. Im Wesentlichen übereinstimmend das Oldenburgische G betr. die Verpfändung von Schiffen u. s. w. 3./4. 76 und das Mecklenburg-Schwerinsche G betr. die Verpfändung von Seeschiffen und Schiffspapieren 28./3. 81. Vgl. **EG z. KO** 14 (oben S. 142).

rechten[1] steht das wegen der Fracht allen übrigen nach; unter diesen übrigen hat das später entstandene vor dem früher entstandenen den Vorzug; die gleichzeitig entstandenen sind gleichberechtigt. Die Forderungen aus den von dem Schiffer aus Anlaß desselben Nothfalls abgeschlossenen Geschäften gelten als gleichzeitig entstanden.

In den Fällen der großen Haverei und des Verlustes oder der Beschädigung durch rechtswidrige Handlungen kommen die Vorschriften des Artikels 778, und in dem Falle des von dem Schiffer zur Abwendung oder Verringerung eines Verlustes nach Maaßgabe des dritten Absatzes des Artikels 504 bewirkten Verkaufs die Vorschriften des Artikels 767 Ziffer 2, und wenn derjenige, für dessen Rechnung der Verkauf geschehen ist, das Kaufgeld einzieht, der Artikel 776 zur Anwendung.

Elfter Titel. Von der Versicherung gegen die Gefahren der Seeschifffahrt.[2]

Erster Abschnitt.

Allgemeine Grundsätze.

Art. 782. Jedes in Geld schätzbare Interesse, welches Jemand daran hat, daß Schiff oder Ladung die Gefahren der Seeschifffahrt bestehe, kann Gegenstand der Seeversicherung sein.

Art. 783. Es können insbesondere versichert werden:

das Schiff;
die Fracht;
die Ueberfahrtsgelder;
die Güter;
die Bodmereigelder;
die Havereigelder;
andere Forderungen, zu deren Deckung Schiff, Fracht, Ueberfahrtsgelder oder Güter dienen;
der von der Ankunft der Güter am Bestimmungsort erwartete Gewinn (imaginäre Gewinn);
die zu verdienende Provision;
die von dem Versicherer übernommene Gefahr (Rückversicherung).

In der einen dieser Versicherungen ist die andere nicht enthalten.

Art. 784. Die Heuerforderung des Schiffers und der Schiffsmannschaft kann nicht versichert werden.

---

[1] Vgl. KO 41 (oben zu Art. 309).

[2] Hamburgische Allgemeine Seeversicherungsbedingungen 67. Bremische Seeversicherungsbedingungen, rev. 75.

Art. 785. Der Versicherungsnehmer kann entweder sein eigenes Interesse (Versicherung für eigene Rechnung), oder das Interesse eines Dritten (Versicherung für fremde Rechnung), und in dem letzteren Falle mit oder ohne Bezeichnung der Person des Versicherten unter Versicherung bringen.

Es kann im Vertrage auch unbestimmt gelassen werden, ob die Versicherung für eigene oder für fremde Rechnung genommen wird (für Rechnung „wen es angeht"). Ergiebt sich bei einer Versicherung für Rechnung „wen es angeht", daß dieselbe für fremde Rechnung genommen ist, so kommen die Vorschriften über die Versicherung für fremde Rechnung in Anwendung.

Die Versicherung gilt als für eigene Rechnung des Versicherungsnehmers geschlossen, wenn der Vertrag nicht ergiebt, daß sie für fremde Rechnung oder für Rechnung „wen es angeht" genommen ist.

Art. 786. Die Versicherung für fremde Rechnung ist für den Versicherer nur dann verbindlich, wenn entweder der Versicherungsnehmer zur Eingehung derselben von dem Versicherten beauftragt war, oder wenn der Mangel eines solchen Auftrages von dem Versicherungsnehmer bei dem Abschlusse des Vertrages dem Versicherer angezeigt wird.

Ist die Anzeige unterlassen, so kann der Mangel des Auftrages dadurch nicht ersetzt werden, daß der Versicherte die Versicherung nachträglich genehmigt.

Ist die Anzeige erfolgt, so ist die Verbindlichkeit der Versicherung für den Versicherer von der nachträglichen Genehmigung des Versicherten nicht abhängig.

Der Versicherer, für welchen nach den Bestimmungen dieses Artikels der Versicherungsvertrag unverbindlich ist, hat, selbst wenn er die Unverbindlichkeit des Vertrages geltend macht, gleichwohl auf die volle Prämie Anspruch.

Art. 787. Ist die Versicherung von einem Bevollmächtigten, von einem Geschäftsführer ohne Auftrag, oder von einem sonstigen Vertreter des Versicherten in dessen Namen geschlossen, so ist im Sinne dieses Gesetzbuchs weder der Vertreter Versicherungsnehmer, noch die Versicherung selbst eine Versicherung für fremde Rechnung.

Im Zweifel wird angenommen, daß selbst die auf das Interesse eines benannten Dritten sich beziehende Versicherung eine Versicherung für fremde Rechnung ist.

Art. 788. Der Versicherer ist verpflichtet, eine von ihm unterzeichnete schriftliche Urkunde (Polize) über den Versicherungsvertrag dem Versicherungsnehmer auf dessen Verlangen auszuhändigen.

Art. 789. Auf die Gültigkeit des Versicherungsvertrages hat es keinen Einfluß, daß zur Zeit des Abschlusses desselben die Möglichkeit des Eintritts eines zu ersetzenden Schadens schon ausgeschlossen, oder daß der zu ersetzende Schaden bereits eingetreten ist.

Waren jedoch beide Theile von dem Sachverhältnisse unterrichtet, so ist der Vertrag als Versicherungsvertrag ungültig.

Wußte nur der Versicherer, daß die Möglichkeit des Eintritts eines zu ersetzenden Schadens schon ausgeschlossen sei, oder wußte nur der Versicherungsnehmer, daß der zu ersetzende Schaden schon eingetreten sei, so ist der Vertrag für den anderen, von dem Sachverhältnisse nicht unterrichteten Theil unverbindlich. Im zweiten Falle hat der Versicherer, selbst wenn er die Unverbindlichkeit des Vertrages geltend macht, gleichwohl auf die volle Prämie Anspruch.

Im Falle der Vertrag für den Versicherungsnehmer durch einen Vertreter abgeschlossen wird, kommt die Vorschrift des zweiten Absatzes des Artikels 810, im Falle der Versicherung für fremde Rechnung die Vorschrift des Artikels 811 und im Falle der Versicherung mehrerer Gegenstände oder einer Gesammtheit von Gegenständen die Vorschrift des Artikels 814 zur Anwendung.

Art. 790. Der volle Werth des versicherten Gegenstandes ist der Versicherungswerth.

Die Versicherungssumme kann den Versicherungswerth nicht übersteigen.

Soweit die Versicherungssumme den Versicherungswerth übersteigt (Ueberversicherung), hat die Versicherung keine rechtliche Geltung.

Art. 791. Uebersteigt im Falle einer gleichzeitigen Abschließung verschiedener Versicherungsverträge der Gesammtbetrag der Versicherungssummen den Versicherungswerth, so haften alle Versicherer zusammen nur in Höhe des Versicherungswerthes, und zwar jeder einzelne für so viele Prozente des Versicherungswerthes, als seine Versicherungssumme Prozente des Gesammtbetrages der Versicherungssummen bildet. Hierbei wird im Zweifel vermuthet, daß die Verträge gleichzeitig abgeschlossen sind.

Mehrere Versicherungsverträge, worüber eine gemeinschaftliche Polize ertheilt ist, ingleichen mehrere Versicherungsverträge, welche an demselben Tage abgeschlossen sind, gelten als gleichzeitig abgeschlossen.

Art. 792. Wird ein Gegenstand, welcher bereits zum vollen Werthe versichert ist, nochmals versichert, so hat die spätere Versicherung insoweit keine rechtliche Geltung, als der Gegenstand auf dieselbe Zeit und gegen dieselbe Gefahr bereits versichert ist (Doppelversicherung).

Ist durch die frühere Versicherung nicht der volle Werth versichert, so gilt die spätere Versicherung, insoweit sie auf dieselbe Zeit und gegen dieselbe Gefahr genommen ist, nur für den noch nicht versicherten Theil des Werthes.

Art. 793. Die spätere Versicherung hat jedoch ungeachtet der Eingehung der früheren Versicherung rechtliche Geltung:

1. wenn bei dem Abschlusse des späteren Vertrages mit dem Versicherer vereinbart wird, daß demselben die Rechte aus der früheren Versicherung abzutreten seien;
2. wenn die spätere Versicherung unter der Bedingung geschlossen wird, daß der Versicherer nur insoweit hafte, als der Versicherte sich an dem früheren Versicherer wegen Zahlungsunfähigkeit desselben nicht zu erholen vermöge oder die frühere Versicherung nicht zu Recht bestehe:
3. wenn der frühere Versicherer mittelst Verzichtanzeige seiner Verpflichtung insoweit entlassen wird, als zur Vermeidung einer Doppelversicherung nöthig ist, und der spätere Versicherer bei Eingehung der späteren Versicherung hiervon benachrichtigt wird. Dem früheren Versicherer gebührt in diesem Falle, obschon er von seiner Verpflichtung befreit wird, gleichwohl die volle Prämie.

Art. 794. Im Falle der Doppelversicherung hat nicht die zuerst genommene, sondern die später genommene Versicherung rechtliche Geltung, wenn die frühere Versicherung für fremde Rechnung ohne Auftrag genommen ist, die spätere dagegen von dem Versicherten selbst genommen wird, sofern in einem solchen Falle der Versicherte entweder bei Eingehung der späteren Versicherung von der früheren noch nicht unterrichtet war, oder bei Eingehung der späteren Versicherung dem Versicherer anzeigt, daß er die frühere Versicherung zurückweise.

Die Rechte des früheren Versicherers in Ansehung der Prämie bestimmen sich in diesen Fällen nach den Vorschriften der Artikel 900 und 901.

Art. 795. Sind mehrere Versicherungen gleichzeitig oder nach einander geschlossen worden, so hat ein späterer Verzicht auf die gegen den einen Versicherer begründeten Rechte keinen Einfluß auf die Rechte und Verpflichtungen der übrigen Versicherer.

Art. 796. Wenn die Versicherungssumme den Versicherungswerth nicht erreicht, so haftet der Versicherer im Falle eines theilweisen Schadens für den Betrag desselben nur nach Verhältniß der Versicherungssumme zum Versicherungswerth.

Art. 797. Wird durch Vereinbarung der Parteien der Ver=

sicherungswerth auf eine bestimmte Summe (Taxe) festgestellt (taxirte (Polize), so ist die Taxe unter den Parteien für den Versicherungswerth maaßgebend.

Der Versicherer ist jedoch befugt, eine Herabsetzung der Taxe zu fordern, wenn er beweist, daß dieselbe wesentlich übersetzt sei; ist imaginärer Gewinn taxirt, so hat er im Falle der Anfechtung der Taxe zu beweisen, daß dieselbe den zur Zeit des Abschlusses des Vertrages nach kaufmännischer Berechnung möglicher Weise zu erwartenden Gewinn überstiegen habe.

Eine Polize mit der Bestimmung: „vorläufig taxirt" wird, so lange die Taxe nicht in eine feste verwandelt ist, einer nicht taxirten Polize (offenen Polize) gleichgeachtet.

Bei der Versicherung von Fracht ist die Taxe in Bezug auf einen von dem Versicherer zu ersetzenden Schaden nur dann maaßgebend, wenn dieses besonders bedungen ist.

Art. 798. Wenn in einem Vertrage mehrere Gegenstände oder eine Gesammtheit von Gegenständen unter einer Versicherungssumme begriffen, aber für einzelne derselben besondere Taxen vereinbart sind, so gelten die Gegenstände, welche besonders taxirt sind, auch als abgesondert versichert.

Art. 799. Als Versicherungswerth des Schiffs gilt, wenn die Parteien nicht eine andere Grundlage für die Schätzung vereinbart haben, der Werth, welchen das Schiff in dem Zeitpunkt hat, in welchem die Gefahr für den Versicherer zu laufen beginnt.

Diese Bestimmung kommt auch dann zur Anwendung, wenn der Versicherungswerth des Schiffs taxirt ist.

Art. 800. Die Ausrüstungskosten, die Heuer und die Versicherungskosten können zugleich mit dem Schiff oder besonders versichert werden, insoweit sie nicht bereits durch die Versicherung der Bruttofracht versichert sind. Dieselben gelten nur dann als mit dem Schiff versichert, wenn es vereinbart ist.

Art. 801. Die Fracht kann bis zu ihrem Bruttobetrage versichert werden, insoweit sie nicht bereits durch die Versicherung der Ausrüstungskosten, der Heuer und der Versicherungskosten versichert ist.

Als Versicherungswerth der Fracht gilt der Betrag der in den Frachtverträgen bedungenen Fracht, und wenn eine bestimmte Fracht nicht bedungen ist, oder insoweit Güter für Rechnung des Rheders verschifft sind, der Betrag der üblichen Fracht (Art. 620).

Art. 802. Ist bei der Versicherung der Fracht nicht bestimmt, ob dieselbe ganz oder nur ein Theil derselben versichert sei, so gilt die ganze Fracht als versichert.

Ist nicht bestimmt, ob die Brutto- oder Nettofracht versichert sei, so gilt die Bruttofracht als versichert.

Wenn die Fracht der Hinreise und die Fracht der Zurückreise unter einer Versicherungssumme versichert sind und nicht bestimmt ist, welcher Theil der Versicherungssumme auf die Fracht der Hinreise und welcher Theil auf die Fracht der Zurückreise falle, so wird die Hälfte derselben auf die Fracht der Hinreise, die Hälfte auf die Fracht der Zurückreise gerechnet.

Art. 803. Als Versicherungswerth der Güter gilt, wenn die Parteien nicht eine andere Grundlage für die Schätzung vereinbart haben, derjenige Werth, welchen die Güter am Ort und zur Zeit der Abladnng haben, unter Hinzurechnung aller Kosten bis an Bord einschließlich der Versicherungskosten.

Die Fracht, sowie die Kosten während der Reise und am Bestimmungsort werden nur hinzugerechnet, sofern es vereinbart ist.

Die Bestimmungen dieses Artikels kommen auch dann zur Anwendung, wenn der Versicherungswerth der Güter taxirt ist.

Art. 804. Sind die Ausrüstungskosten oder die Heuer, sei es selbstständig, sei es durch Versicherung der Bruttofracht, versichert, oder sind bei der Versicherung von Gütern die Fracht oder die Kosten während der Reise und am Bestimmungsort versichert, so leistet der Versicherer für denjenigen Theil derselben keinen Ersatz, welcher in Folge eines Unfalls erspart wird.

Art. 805. Bei der Versicherung von Gütern ist der imaginäre Gewinn oder die Provision, selbst wenn der Versicherungswerth der Güter taxirt ist, als mitversichert nur anzusehen, sofern es im Vertrage bestimmt ist.

Ist im Falle der Mitversicherung des imaginären Gewinnes der Versicherungswerth taxirt, aber nicht bestimmt, welcher Theil der Taxe auf den imaginären Gewinn sich beziehe, so wird angenommen, daß zehn Procent der Taxe auf den imaginären Gewinn fallen. Wenn im Falle der Mitversicherung des imaginären Gewinnes der Versicherungswerth nicht taxirt ist, so werden als imaginärer Gewinn zehn Procent des Versicherungswerthes der Güter (Art. 803) als versichert betrachtet.

Die Bestimmungen des zweiten Absatzes kommen auch im Falle der Mitversicherung der Provision mit der Maaßgabe zur Anwendung, daß an Stelle der zehn Procent zwei Procent treten.

Art. 806. Ist der imaginäre Gewinn oder die Provision selbstständig versichert, der Versicherungswerth jedoch nicht taxirt, so wird im Zweifel angenommen, daß die Versicherungssumme zugleich als Taxe des Versicherungswerthes gelten soll.

Art. 807. Die Bodmereigelder können einschließlich der Bodmereiprämie für den Bodmereigläubiger versichert werden.

Ist bei der Versicherung von Bodmereigeldern nicht angegeben, welche Gegenstände verbodmet sind, so wird angenommen, daß Bodmereigelder auf Schiff, Fracht und Ladung versichert seien. Wenn in Wirklichkeit nicht alle diese Gegenstände verbodmet sind, so kann nur der Versicherer auf die vorstehende Bestimmung sich berufen.

Art. 808. Hat der Versicherer seine Verpflichtungen erfüllt, so tritt er, insoweit er einen Schaden vergütet hat, dessen Erstattung der Versicherte von einem Dritten zu fordern befugt ist, jedoch unbeschadet der Bestimmungen im zweiten Absatze des Artikels 778 und im zweiten Absatze des Artikels 781, in die Rechte des Versicherten gegen den Dritten.

Der Versicherte ist verpflichtet, dem Versicherer, wenn er es verlangt, auf dessen Kosten eine beglaubigte Anerkennungsurkunde über den Eintritt in die Rechte gegen den Dritten zu ertheilen.

Der Versicherte ist verantwortlich für jede Handlung, durch welche er jene Rechte beeinträchtigt.

Art. 809. Ist eine Forderung versichert, zu deren Deckung eine den Gefahren der See ausgesetzte Sache dient, so ist der Versicherte im Falle eines Schadens verpflichtet, dem Versicherer, nachdem dieser seine Verpflichtungen erfüllt hat, seine Rechte gegen den Schuldner in so weit abzutreten, als der Versicherer Ersatz geleistet hat.

Der Versicherte ist nicht verpflichtet, die ihm gegen den Schuldner zustehenden Rechte geltend zu machen, bevor er den Versicherer in Anspruch nimmt.

Zweiter Abschnitt.

Anzeigen bei dem Abschlusse des Vertrages.

Art. 810. Der Versicherungsnehmer ist sowohl im Falle der Versicherung für eigene Rechnung als im Falle der Versicherung für fremde Rechnung verpflichtet, bei dem Abschlusse des Vertrages dem Versicherer alle ihm bekannten Umstände anzuzeigen, welche wegen ihrer Erheblichkeit für die Beurtheilung der von dem Versicherer zu tragenden Gefahr geeignet sind, auf den Entschluß des letzteren, sich auf den Vertrag überhaupt oder unter denselben Bestimmungen einzulassen, Einfluß zu üben.

Wenn der Vertrag für den Versicherungsnehmer durch einen Vertreter desselben abgeschlossen wird, so sind auch die dem Vertreter bekannten Umstände anzuzeigen.

Art. 811. Im Falle der Versicherung für fremde Rechnung müssen dem Versicherer bei dem Abschlusse des Vertrages auch diejenigen Umstände angezeigt werden, welche dem Versicherten selbst oder einem Zwischenbeauftragten bekannt sind.

Die Kenntniß des Versicherten oder eines Zwischenbeauftragten kommt jedoch nicht in Betracht, wenn der Umstand denselben so spät bekannt wird, daß sie den Versicherungsnehmer ohne Anwendung außergewöhnlicher Maaßregeln vor Abschluß des Vertrages nicht mehr davon benachrichtigen können.

Die Kenntniß des Versicherten kommt auch dann nicht in Betracht, wenn die Versicherung ohne Auftrag und ohne Wissen desselben genommen ist.

Art. 812. Wenn die in den beiden vorstehenden Artikeln bezeichnete Verpflichtung nicht erfüllt wird, so ist der Vertrag für den Versicherer unverbindlich.

Diese Vorschrift findet jedoch keine Anwendung, wenn der nicht angezeigte Umstand dem Versicherer bekannt war, oder als ihm bekannt vorausgesetzt werden durfte.

Art. 813. Wird von dem Versicherungsnehmer bei dem Abschlusse des Vertrages in Bezug auf einen erheblichen Umstand (Art. 810) eine unrichtige Anzeige gemacht, so ist der Vertrag für den Versicherer unverbindlich, es sei denn, daß diesem die Unrichtigkeit der Anzeige bekannt war.

Diese Bestimmung kommt zur Anwendung ohne Unterschied, ob die Anzeige wissentlich oder aus Irrthum, ob sie mit oder ohne Verschulden unrichtig gemacht ist.

Art. 814. Wird bei einer Versicherung mehrerer Gegenstände oder einer Gesammtheit von Gegenständen den Vorschriften der Artikel 810 bis 813 in Ansehung eines Umstandes zuwidergehandelt, welcher nur einen Theil der versicherten Gegenstände betrifft, so bleibt der Vertrag für den Versicherer in Ansehung des übrigen Theils verbindlich. Der Vertrag ist jedoch auch in Ansehung dieses Theils für den Versicherer unverbindlich, wenn erhellet, daß der letztere denselben allein unter denselben Bestimmungen nicht versichert haben würde.

Art. 815. Dem Versicherer gebührt in den Fällen der Artikel 810 bis 814, selbst wenn er die gänzliche oder theilweise Unverbindlichkeit des Vertrages geltend macht, gleichwohl die volle Prämie.

Dritter Abschnitt.

Verpflichtungen des Versicherten aus dem Versicherungsvertrage.

Art. 816. Die Prämie ist, sofern nicht ein Anderes vereinbart ist, sofort nach dem Abschlusse des Vertrages und, wenn eine Polize verlangt wird, gegen Auslieferung der Polize zu zahlen.

Zur Zahlung der Prämie ist der Versicherungsnehmer verpflichtet.

Wenn bei der Versicherung für fremde Rechnung der Versicherungsnehmer zahlungsunfähig geworden ist und die Prämie von dem Versicherten noch nicht erhalten hat, so kann der Versicherer auch den Versicherten auf Zahlung der Prämie in Anspruch nehmen.

Art. 817. Wird statt der versicherten Reise, bevor die Gefahr für den Versicherer zu laufen begonnen hat, eine andere Reise angetreten, so ist der Versicherer bei der Versicherung von Schiff und Fracht von jeder Haftung frei, bei anderen Versicherungen trägt der Versicherer die Gefahr für die andere Reise nur dann, wenn die Veränderung der Reise weder von dem Versicherten, noch im Auftrage oder mit Genehmigung desselben bewirkt ist.

Wird die versicherte Reise verändert, nachdem die Gefahr für den Versicherer zu laufen begonnen hat, so haftet der Versicherer nicht für die nach der Veränderung der Reise eintretenden Unfälle. Er haftet jedoch für diese Unfälle, wenn die Veränderung weder von dem Versicherten, noch im Auftrage oder mit Genehmigung desselben bewirkt, oder wenn sie durch einen Nothfall verursacht ist, es sei denn, daß der letztere in einer Gefahr sich gründet, welche der Versicherer nicht zu tragen hat.

Die Reise ist verändert, sobald der Entschluß, dieselbe nach einem anderen Bestimmungshafen zu richten, zur Ausführung gebracht wird, sollten auch die Wege nach beiden Bestimmungshäfen sich noch nicht geschieden haben. Diese Vorschrift gilt sowohl für die Fälle des ersten, als für die Fälle des zweiten Absatzes dieses Artikels.

Art. 818. Wenn von dem Versicherten oder im Auftrage oder mit Genehmigung desselben der Antritt oder die Vollendung der Reise ungebührlich verzögert, von dem der versicherten Reise entsprechenden Wege abgewichen oder ein Hafen angelaufen wird, dessen Angehung als in der versicherten Reise begriffen nicht erachtet werden kann, oder wenn der Versicherte in anderer Weise eine Vergrößerung oder Veränderung der Gefahr veranlaßt, namentlich eine in dieser Beziehung ertheilte besondere Zusage nicht erfüllt, so haftet der Versicherer nicht für die später sich ereignenden Unfälle.

Diese Wirkung tritt jedoch nicht ein:

1. wenn erhellet, daß die Vergrößerung oder Veränderung der Gefahr keinen Einfluß auf den späteren Unfall hat üben können;
2. wenn die Vergrößerung oder Veränderung der Gefahr, nachdem die Gefahr für den Versicherer bereits zu laufen begonnen hat, durch einen Nothfall verursacht ist, es sei denn,

daß der letztere in einer Gefahr sich gründet, welche der Versicherer nicht zu tragen hat;

3. wenn der Schiffer zu der Abweichung von dem Wege durch das Gebot der Menschlichkeit genöthigt ist.

Art. 819. Wird bei dem Abschlusse des Vertrages der Schiffer bezeichnet, so ist in dieser Bezeichnung allein noch nicht die Zusage enthalten, daß der benannte Schiffer auch die Führung des Schiffs behalten werde.

Art. 820. Bei der Versicherung von Gütern haftet der Versicherer für keinen Unfall, wenn und insoweit die Beförderung derselben nicht mit dem zum Transport bestimmten Schiff geschieht. Er haftet jedoch nach Maaßgabe des Vertrages, wenn die Güter, nachdem die Gefahr für ihn bereits zu laufen begonnen hat, ohne Auftrag und ohne Genehmigung des Versicherten in anderer Art als mit dem zum Transport bestimmten Schiff weiter befördert werden, oder wenn dies in Folge eines Unfalls geschieht, es sei denn, daß der letztere in einer Gefahr sich gründet, welche der Versicherer nicht zu tragen hat.

Art. 821. Bei der Versicherung von Gütern ohne Bezeichnung des Schiffs oder der Schiffe (in unbestimmten oder unbenannten Schiffen) muß der Versicherte, sobald er Nachricht erhält, in welches Schiff versicherte Güter abgeladen sind, diese Nachricht dem Versicherer mittheilen.

Im Falle der Nichterfüllung dieser Verpflichtung haftet der Versicherer für keinen Unfall, welcher den abgeladenen Gütern zustößt.

Art. 822. Jeder Unfall muß, sobald der Versicherungsnehmer oder der Versicherte, wenn dieser von der Versicherung Kenntniß hat, Nachricht von dem Unfall erhält, dem Versicherer angezeigt werden, widrigenfalls der Versicherer befugt ist, von der Entschädigungssumme den Betrag abzuziehen, um welchen dieselbe bei rechtzeitiger Anzeige sich gemindert hätte.

Art. 823. Der Versicherte ist verpflichtet, wenn ein Unfall sich zuträgt, sowohl für die Rettung der versicherten Sachen, als für die Abwendung größerer Nachtheile thunlichst zu sorgen.

Er hat jedoch, wenn thunlich, über die erforderlichen Maaßregeln vorher mit dem Versicherer Rücksprache zu nehmen.

Vierter Abschnitt.
Umfang der Gefahr.

Art. 824. Der Versicherer trägt alle Gefahren, welchen Schiff oder Ladung während der Dauer der Versicherung ausgesetzt sind, soweit nicht durch die nachfolgenden Bestimmungen oder durch Vertrag ein Anderes bestimmt ist.

Er trägt insbesondere:

1. die Gefahr der Elementarereignisse und der sonstigen Seeunfälle, selbst wenn diese durch das Verschulden eines Dritten veranlaßt sind, als: Eindringen des Seewassers, Strandung, Schiffbruch, Sinken, Feuer, Explosion, Blitz, Erdbeben, Beschädigung durch Eis u. s. w.;
2. die Gefahr des Krieges und der Verfügungen von hoher Hand;
3. die Gefahr des auf Antrag eines Dritten verhängten, von dem Versicherten nicht verschuldeten Arrestes;
4. die Gefahr des Diebstahls, sowie die Gefahr des Seeraubes, der Plünderung und sonstiger Gewaltthätigkeiten;
5. die Gefahr der Verbodmung der versicherten Güter zur Fortsetzung der Reise oder der Verfügung über dieselben durch Verkauf oder durch Verwendung zu gleichem Zweck (Art. 507 bis 510, 734);
6. die Gefahr der Unredlichkeit oder des Verschuldens einer Person der Schiffsbesatzung, sofern daraus für den versicherten Gegenstand ein Schaden entsteht;
7. die Gefahr des Zusammenstoßes von Schiffen und zwar ohne Unterschied, ob der Versicherte in Folge des Zusammenstoßes unmittelbar oder ob er mittelbar dadurch einen Schaden erleidet, daß er den einem Dritten zugefügten Schaden zu ersetzen hat.

Art. 825. Dem Versicherer fallen die nachstehend bezeichneten Schäden nicht zur Last:

1. bei der Versicherung von Schiff oder Fracht:
   der Schaden, welcher daraus entsteht, daß das Schiff in einem nicht seetüchtigen Zustande oder nicht gehörig ausgerüstet oder bemannt oder ohne die erforderlichen Papiere (Art. 480) in See gesandt ist;
   der Schaden, welcher außer dem Falle des Zusammenstoßes von Schiffen daraus entsteht, daß der Rheder für den durch eine Person der Schiffsbesatzung einem Dritten zugefügten Schaden haften muß (Art. 451 und 452);
2. bei einer auf das Schiff sich beziehenden Versicherung:
   der Schaden an Schiff und Zubehör, welcher nur eine Folge der Abnutzung des Schiffs im gewöhnlichen Gebrauch ist;
   der Schaden an Schiff und Zubehör, welcher nur durch Alter, Fäulniß oder Wurmfraß verursacht wird;
3. bei einer auf Güter oder Fracht sich beziehenden Versicherung

der Schaden, welcher durch die natürliche Beschaffenheit der Güter, namentlich durch inneren Verderb, Schwinden, gewöhnliche Leckage u. dgl., oder durch mangelhafte Verpackung der Güter entsteht oder an diesen durch Ratten oder Mäuse verursacht wird; wenn jedoch die Reise durch einen Unfall, für welchen der Versicherer haftet, ungewöhnlich verzögert wird, so hat der Versicherer den unter dieser Ziffer bezeichneten Schaden in dem Maaße zu ersetzen, in welchem die Verzögerung dessen Ursache ist;

4. der Schaden, welcher in einem Verschulden des Versicherten sich gründet,[1] und bei der Versicherung von Gütern oder imaginärem Gewinn auch der Schaden, welcher durch ein dem Ablader, Empfänger oder Kargadeur in dieser ihrer Eigenschaft zur Last fallendes Verschulden entsteht.

Art. 826. Die Verpflichtung des Versicherers zum Ersatze eines Schadens tritt auch dann ein, wenn dem Versicherten ein Anspruch auf dessen Vergütung gegen den Schiffer oder eine andere Person zusteht. Der Versicherte kann sich wegen Ersatzes des Schadens zunächst an den Versicherer halten. Er hat jedoch dem Versicherer die zur wirksamen Verfolgung eines solchen Anspruchs etwa erforderliche Hülfe zu gewähren, auch für die Sicherstellung des Anspruchs durch Einbehaltung der Fracht, Auswirkung der Beschlagnahme des Schiffs oder in sonst geeigneter Weise auf Kosten des Versicherers die nach den Umständen angemessene Sorge zu tragen (Art. 823).

Art. 827. Bei der Versicherung des Schiffs für eine Reise beginnt die Gefahr für den Versicherer mit dem Zeitpunkt, in welchem mit der Einnahme der Ladung oder des Ballastes angefangen wird, oder, wenn weder Ladung noch Ballast einzunehmen ist, mit dem Zeitpunkt der Abfahrt des Schiffs. Sie endet mit dem Zeitpunkt, in welchem die Löschung der Ladung oder des Ballastes im Bestimmungshafen beendigt ist.

Wird die Löschung von dem Versicherten ungebührlich verzögert, so endet die Gefahr mit dem Zeitpunkt, in welchem die Löschung beendigt sein würde, falls ein solcher Verzug nicht stattgefunden hätte.

---

[1] StGB 265: Wer in betrügerischer Absicht eine gegen Feuersgefahr versicherte Sache in Brand setzt oder ein Schiff, welches als solches oder in seiner Ladung oder in seinem Frachtlohn versichert ist, sinken oder stranden macht, wird mit Zuchthaus bis zu zehn Jahren und zugleich mit Geldstrafe von einhundertfunfzig bis zu sechstausend Mark bestraft. Sind mildernde Umstände vorhanden, so tritt Gefängnißstrafe nicht unter sechs Monaten ein, neben welcher auf Geldstrafe bis zu dreitausend Mark erkannt werden kann.

Wird vor Beendigung der Löschung für eine neue Reise Ladung oder Ballast eingenommen, so endet die Gefahr mit dem Zeitpunkt, in welchem mit der Einnahme der Ladung oder des Ballastes begonnen wird.

Art. 828. Sind Güter, imaginärer Gewinn oder die von verschifften Gütern zu verdienende Provision versichert, so beginnt die Gefahr mit dem Zeitpunkt, in welchem die Güter zum Zweck der Einladung in das Schiff oder in die Leichterfahrzeuge vom Lande scheiden; sie endet mit dem Zeitpunkt, in welchem die Güter im Bestimmungshafen wieder an das Land gelangen.

Wird die Löschung von dem Versicherten oder bei der Versicherung von Gütern oder imaginärem Gewinn von dem Versicherten oder von einer der im Artikel 825 unter Ziffer 4 bezeichneten Personen ungebührlich verzögert, so endet die Gefahr mit dem Zeitpunkt, in welchem die Löschung beendigt sein würde, falls ein solcher Verzug nicht stattgefunden hätte.

Bei der Einladung und Ausladung trägt der Versicherer die Gefahr der ortsgebräuchlichen Benutzung von Leichterfahrzeugen.

Art. 829. Bei der Versicherung der Fracht beginnt und endet die Gefahr in Ansehung der Unfälle, welchen das Schiff und dadurch die Fracht ausgesetzt ist, mit demselben Zeitpunkt, in dem die Gefahr bei der Versicherung des Schiffs für dieselbe Reise beginnen und enden würde, in Ansehung der Unfälle, welchen die Güter ausgesetzt sind und dadurch die Fracht ausgesetzt ist, mit demselben Zeitpunkt, in welchem die Gefahr bei der Versicherung der Güter für dieselbe Reise beginnen und enden würde.

Bei der Versicherung von Ueberfahrtsgeldern beginnt und endet die Gefahr mit demselben Zeitpunkt, in welchem die Gefahr bei der Versicherung des Schiffs beginnen und enden würde.

Der Versicherer von Fracht= und Ueberfahrtsgeldern haftet für einen Unfall, von welchem das Schiff betroffen wird, nur insoweit, als Fracht= oder Ueberfahrtsverträge bereits abgeschlossen sind, und wenn der Rheder Güter für seine Rechnung verschifft, nur insoweit, als dieselben zum Zweck der Einladung in das Schiff oder in die Leichterfahrzeuge bereits vom Lande geschieden sind.

Art. 830. Bei der Versicherung von Bodmerei= und Havereigeldern beginnt die Gefahr mit dem Zeitpunkt, in welchem die Gelder vorgeschossen sind, oder, wenn der Versicherte selbst die Havereigelder verausgabt hat, mit dem Zeitpunkt, in welchem dieselben verwendet sind; sie endet mit dem Zeitpunkt, in welchem sie bei einer Versicherung der Gegenstände, welche verbodmet oder worauf die Havereigelder verwendet sind, enden würde.

Art. 831. Die begonnene Gefahr läuft für den Versicherer während der bedungenen Zeit oder der versicherten Reise ununterbrochen fort. Der Versicherer trägt insbesondere die Gefahr auch während des Aufenthalts in einem Noth- oder Zwischenhafen und im Falle der Versicherung für die Hin- und Rückreise während des Aufenthalts des Schiffs in dem Bestimmungshafen der Hinreise.

Müssen die Güter einstweilen gelöscht werden oder wird das Schiff zur Reparatur an das Land gebracht, so trägt der Versicherer die Gefahr auch, während die Güter oder das Schiff sich am Lande befinden.

Art. 832. Wenn nach dem Beginn der Gefahr die versicherte Reise freiwillig oder gezwungen aufgegeben wird, so tritt in Ansehung der Beendigung der Gefahr der Hafen, in welchem die Reise beendigt wird, an die Stelle des Bestimmungshafens.

Werden die Güter, nachdem die Reise des Schiffs aufgegeben ist, in anderer Art als mit dem zum Transport bestimmten Schiff nach dem Bestimmungshafen weiter befördert, so läuft in Betreff derselben die begonnene Gefahr fort, auch wenn die Weiterbeförderung ganz oder zum Theil zu Lande geschieht. Der Versicherer trägt in solchen Fällen zugleich die Kosten der früheren Löschung, die Kosten der einstweiligen Lagerung und die Mehrkosten der Weiterbeförderung, auch wenn diese zu Lande erfolgt.

Art. 833. Die Artikel 831 und 832 gelten nur unbeschadet der in den Artikeln 818 und 820 enthaltenen Vorschriften.

Art. 834. Ist die Dauer der Versicherung nach Tagen, Wochen, Monaten oder Jahren bestimmt, so wird die Zeit nach dem Kalender und der Tag von Mitternacht zu Mitternacht gerechnet. Der Versicherer trägt die Gefahr während des Anfangstages und Schlußtages.

Bei der Berechnung der Zeit ist der Ort, wo das Schiff sich befindet, maaßgebend.

Art. 835. Wenn im Falle der Versicherung des Schiffs auf Zeit dasselbe bei dem Ablauf der im Vertrage festgesetzten Versicherungszeit unterwegs ist, so gilt die Versicherung in Ermangelung einer entgegenstehenden Vereinbarung als verlängert bis zur Ankunft des Schiffs im nächsten Bestimmungshafen und, falls in diesem gelöscht wird, bis zur Beendigung der Löschung (Art. 827). Der Versicherte ist jedoch befugt, die Verlängerung durch eine dem Versicherer, so lange das Schiff noch nicht unterwegs ist, kundzugebende Erklärung auszuschließen.

Im Falle der Verlängerung hat der Versicherte für die Dauer derselben, und, wenn die Verschollenheit des Schiffs eintritt, bis zum Ablauf der Verschollenheitsfrist die vereinbarte Zeitprämie fort zu entrichten.

Ist die Verlängerung ausgeschlossen, so kann der Versicherer, wenn die Verschollenheitsfrist über die Versicherungszeit hinausläuft, auf Grund der Verschollenheit nicht in Anspruch genommen werden.

Art. 836. Bei einer Versicherung nach einem oder dem anderen unter mehreren Häfen ist dem Versicherten gestattet, einen dieser Häfen zu wählen; bei einer Versicherung nach einem und einem anderen oder nach einem und mehreren anderen Häfen ist der Versicherte zum Besuch eines jeden der bezeichneten Häfen befugt.

Art. 837. Wenn die Versicherung nach mehreren Häfen geschlossen oder dem Versicherten das Recht vorbehalten ist, mehrere Häfen anzulaufen, so ist dem Versicherten nur gestattet, die Häfen nach der vereinbarten oder in Ermangelung einer Vereinbarung nach der den Schifffahrtsverhältnissen entsprechenden Reihenfolge zu besuchen; er ist jedoch zum Besuch aller einzelnen Häfen nicht verpflichtet.

Die in der Polize enthaltene Reihenfolge wird, insoweit nicht ein Anderes erhellt, als die vereinbarte angesehen.

Art. 838. Dem Versicherer fallen zur Last:

1. die Beiträge zur großen Haverei mit Einschluß derjenigen, welche der Versicherte selbst wegen eines von ihm erlittenen Schadens zu tragen hat; die in Gemäßheit der Artikel 637 und 734 nach den Grundsätzen der großen Haverei zu beurtheilenden Beiträge werden den Beiträgen zur großen Haverei gleich geachtet;
2. die Aufopferungen, welche zur großen Haverei gehören würden, wenn das Schiff Güter und zwar andere als Güter des Rheders an Bord gehabt hätte;
3. die sonstigen zur Rettung sowie zur Abwendung größerer Nachtheile nothwendig oder zweckmäßig aufgewendeten Kosten (Art. 823), selbst wenn die ergriffenen Maaßregeln erfolglos geblieben sind;
4. die zur Ermittelung und Feststellung des dem Versicherer zur Last fallenden Schadens erforderlichen Kosten, insbesondere die Kosten der Besichtigung, der Abschätzung, des Verkaufs und der Anfertigung der Dispache.

Art. 839. In Ansehung der Beiträge zur großen Haverei und der nach den Grundsätzen der großen Haverei zu beurtheilenden Beiträge bestimmen sich die Verpflichtungen des Versicherers nach der am gehörigen Ort im Inlande oder im Auslande, im Einklange mit dem am Ort der Aufmachung geltenden Rechte aufgemachten Dispache. Insbesondere ist der Versicherte, welcher einen zur großen Haverei gehörenden Schaden erlitten hat, nicht berechtigt, von dem Versicherer mehr als den Betrag zu fordern, zu welchem der Schaden in der Dispache berechnet ist; andererseits haftet der Versicherer für diesen ganzen Betrag, ohne daß namentlich der Versicherungswerth maaßgebend ist.

Auch kann der Versicherte, wenn der Schaden nach dem am Ort der Aufmachung geltenden Recht als große Haverei nicht anzusehen ist, den Ersatz des Schadens von dem Versicherer nicht aus dem Grunde fordern, weil der Schaden nach einem anderen Rechte, insbesondere nach dem Rechte des Versicherungsorts, große Haverei sei.

Art. 840. Der Versicherer haftet jedoch nicht für die im vorstehenden Artikel erwähnten Beiträge, insoweit dieselben in einem Unfall sich gründen, für welchen der Versicherer nach dem Versicherungsvertrage nicht haftet.

Art. 841. Ist die Dispache von einer durch Gesetz oder Gebrauch dazu berufenen Person aufgemacht, so kann der Versicherer dieselbe wegen Nichtübereinstimmung mit dem am Ort der Aufmachung geltenden Recht und der dadurch bewirkten Benachtheiligung des Versicherten nicht anfechten, es sei denn, daß der Versicherte durch mangelhafte Wahrnehmung seiner Rechte die Benachtheiligung verschuldet hat.

Dem Versicherten liegt jedoch ob, die Ansprüche gegen die zu seinem Nachtheil Begünstigten dem Versicherer abzutreten.

Dagegen ist der Versicherer befugt, in allen Fällen die Dispache dem Versicherten gegenüber insoweit anzufechten, als ein von dem Versicherten selbst erlittener Schaden, für welchen ihm nach dem am Ort der Aufmachung der Dispache geltenden Rechte eine Vergütung nicht gebührt hätte, gleichwohl als große Haverei behandelt worden ist.

Art. 842. Wegen eines von dem Versicherten erlittenen, zur großen Haverei gehörenden oder nach den Grundsätzen der letzteren zu beurtheilenden Schadens haftet der Versicherer, wenn die Einleitung des die Feststellung und Vertheilung des Schadens bezweckenden ordnungsmäßigen Verfahrens stattgefunden hat, in Ansehung der Beiträge, welche dem Versicherten zu entrichten sind, nur insoweit, als der Versicherte die ihm gebührende Vergütung auch im Rechtswege, sofern er diesen füglich betreten konnte, nicht erhalten hat.

Art. 843. Ist die Einleitung des Verfahrens ohne Verschulden des Versicherten unterblieben, so kann derselbe den Versicherer wegen des ganzen Schadens nach Maaßgabe des Versicherungsvertrages unmittelbar in Anspruch nehmen.

Art. 844. Der Versicherer haftet für den Schaden nur bis auf Höhe der Versicherungssumme.

Er hat jedoch die im Artikel 838 unter Ziffer 3 und 4 erwähnten Kosten vollständig zu erstatten, wenngleich die hiernach im Ganzen zu zahlende Vergütung die Versicherungssumme übersteigt.

Sind in Folge eines Unfalls solche Kosten bereits aufgewendet, z. B. Loskaufs- oder Reklamekosten verausgabt, oder sind zur Wiederherstellung oder Ausbesserung der durch den Unfall beschädigten Sache bereits Verwendungen geschehen, z. B. zu einem solchen Zwecke Havereigelder verausgabt, oder sind von dem Versicherten Beiträge zur großen Haverei bereits entrichtet, oder ist eine persönliche Verpflichtung des Versicherten zur Entrichtung solcher Beiträge bereits entstanden, und ereignet sich später ein neuer Unfall, so haftet der Versicherer für den durch den späteren Unfall entstehenden Schaden bis auf Höhe der ganzen Versicherungssumme ohne Rücksicht auf die ihm zur Last fallenden früheren Aufwendungen und Beiträge.

Art. 845. Der Versicherer ist nach Eintritt eines Unfalls berechtigt, durch Zahlung der vollen Versicherungssumme von allen weiteren Verbindlichkeiten aus dem Versicherungsvertrage sich zu befreien, insbesondere von der Verpflichtung, die Kosten zu erstatten, welche zur Rettung, Erhaltung und Wiederherstellung der versicherten Sachen erforderlich sind.

War zur Zeit des Eintritts des Unfalls ein Theil der versicherten Sachen der vom Versicherer zu tragenden Gefahr bereits entzogen, so hat der Versicherer, welcher von dem Rechte dieses Artikels Gebrauch macht, den auf jenen Theil fallenden Theil der Versicherungssumme nicht zu entrichten.

Der Versicherer erlangt durch Zahlung der Versicherungssumme keinen Anspruch auf die versicherten Sachen.

Ungeachtet der Zahlung der Versicherungssumme bleibt der Versicherer zum Ersatze derjenigen Kosten verpflichtet, welche auf die Rettung, Erhaltung oder Wiederherstellung der versicherten Sachen verwendet sind, bevor seine Erklärung, von dem Rechte Gebrauch zu machen, dem Versicherten zugegangen ist.

Art. 846. Der Versicherer muß seinen Entschluß, daß er von dem im Artikel 845 bezeichneten Rechte Gebrauch machen wolle, bei Verlust dieses Rechts dem Versicherten spätestens am dritten Tage nach Ablauf desjenigen Tages erklären, an welchem ihm der Versicherte nicht allein den Unfall unter Bezeichnung der Beschaffenheit und unmittelbaren Folgen desselben angezeigt, sondern auch alle sonstigen auf den Unfall sich beziehenden Umstände mitgetheilt hat, soweit die letzteren dem Versicherten bekannt sind.

Art. 847. Im Falle nicht zum vollen Werthe versichert ist, haftet der Versicherer für die im Artikel 838 unter Ziffer 1 bis 4 erwähnten Beiträge, Aufopferungen und Kosten nur nach Verhältniß der Versicherungssumme zum Versicherungswerth.

Art. 848. Die Verpflichtung des Versicherers, einen Schaden zu ersetzen, wird dadurch nicht wieder aufgehoben oder geändert, daß später in Folge einer Gefahr, welche der Versicherer nicht zu tragen hat, ein neuer Schaden und selbst ein Totalverlust eintritt.

Art. 849. Besondere Havereien, wenn sie ohne die Kosten der Ermittelung und Feststellung des Schadens (Art. 838, Ziff. 4) drei Prozent des Versicherungswerths nicht übersteigen, hat der Versicherer nicht zu ersetzen, wenn sie aber mehr als drei Prozent betragen, ohne Abzug der drei Prozent zu vergüten.

Ist das Schiff auf Zeit oder auf mehrere Reisen versichert, so sind die drei Prozent für jede einzelne Reise zu berechnen. Der Begriff der Reise bestimmt sich nach der Vorschrift des Artikels 760.

Art. 850. Die im Artikel 838 unter Ziffer 1 bis 3 erwähnten Beiträge, Aufopferungen und Kosten muß der Versicherer ersetzen, auch wenn sie drei Prozent des Versicherungswerths nicht erreichen. Dieselben kommen jedoch bei der Ermittelung der im Artikel 849 bezeichneten drei Prozent nicht in Berechnung.

Art. 851. Ist vereinbart, daß der Versicherer von bestimmten Prozenten frei sein soll, so kommen die in den Artikeln 849 und 850 enthaltenen Vorschriften mit der Maaßgabe zur Anwendung, daß an Stelle der dort erwähnten drei Prozent die im Vertrage angegebene Anzahl von Prozenten tritt.

Art. 852. Ist vereinbart, daß der Versicherer die Kriegsgefahr nicht übernehme, auch die Versicherung rücksichtlich der übrigen Gefahren nur bis zum Eintritt einer Kriegsbelästigung dauern solle — welche Vereinbarung namentlich angenommen wird, wenn der Vertrag mit der Klausel: „frei vom Kriegsmolest“ abgeschlossen ist — so endet die Gefahr für den Versicherer mit dem Zeitpunkt, in welchem die Kriegsgefahr auf die Reise Einfluß zu üben beginnt, insbesondere also, wenn der Antritt oder die Fortsetzung der Reise durch Kriegsschiffe, Kaper oder Blokade behindert oder zur Vermeidung der Kriegsgefahr aufgeschoben wird, wenn das Schiff aus einem solchen Grunde von seinem Wege abweicht, oder wenn der Schiffer durch Kriegsbelästigung die freie Führung des Schiffs verliert.

Art. 853. Ist vereinbart, daß der Versicherer zwar nicht die

Kriegsgefahr übernehme, alle übrigen Gefahren aber auch nach Eintritt einer Kriegsbelästigung tragen solle — welche Vereinbarung namentlich angenommen wird, wenn der Vertrag mit der Klausel: „nur für Seegefahr" abgeschlossen ist — so endet die Gefahr für den Versicherer erst mit der Kondemnation der versicherten Sache, oder sobald sie geendet hätte, wenn die Kriegsgefahr nicht ausgenommen worden wäre; der Versicherer haftet aber nicht für die zunächst durch Kriegsgefahr verursachten Schäden, also insbesondere nicht:

für Konfiskation durch kriegführende Mächte;

für Nehmung, Beschädigung, Vernichtung und Plünderung durch Kriegsschiffe und Kaper;

für die Kosten, welche entstehen aus der Anhaltung und Reklamirung, aus der Blokade des Aufenthaltshafens oder der Zurückweisung von einem blokirten Hafen, oder aus dem freiwilligen Aufenthalt wegen Kriegsgefahr;

für die nachstehenden Folgen eines solchen Aufenthalts: Verderb und Verminderung der Güter, Kosten und Gefahr ihrer Entlöschung und Lagerung, Kosten ihrer Weiterbeförderung.

Im Zweifel wird angenommen, daß ein eingetretener Schaden durch Kriegsgefahr nicht verursacht sei.

Art. 854. Wenn der Vertrag mit der Klausel: „für behaltene Ankunft" abgeschlossen ist, so endet die Gefahr für den Versicherer schon mit dem Zeitpunkt, in welchem das Schiff im Bestimmungshafen am gebräuchlichen oder gehörigen Platze den Anker hat fallen lassen oder befestigt ist.

Auch haftet der Versicherer nur:

1. bei der auf das Schiff sich beziehenden Versicherung, wenn entweder ein Totalverlust eintritt, oder wenn das Schiff abandonnirt (Art. 865) oder in Folge eines Unfalles vor Erreichung des Bestimmungshafens wegen Reparaturunfähigkeit oder wegen Reparaturunwürdigkeit verkauft wird (Art. 877);
2. bei der auf Güter sich beziehenden Versicherung, wenn die Güter oder ein Theil derselben in Folge eines Unfalles den Bestimmungshafen nicht erreichen, insbesondere wenn sie vor Erreichung desselben in Folge eines Unfalles verkauft werden. Erreichen die Güter den Bestimmungshafen, so haftet der Versicherer weder für eine Beschädigung noch für einen Verlust, welcher Folge einer Beschädigung ist.

Ueberdies hat der Versicherer in keinem Falle die in dem Artikel 838 unter Ziffer 1 bis 4 erwähnten Beiträge, Aufopferungen und Kosten zu tragen.

Art. 855.[1] Wenn der Vertrag mit der Klausel: „frei von Beschädigung außer im Strandungsfall" abgeschlossen ist, so haftet der Versicherer nicht für einen Schaden, welcher aus einer Beschädigung entstanden ist, ohne Unterschied, ob derselbe in einer Werthsverringerung oder in einem gänzlichen oder theilweisen Verluste und insbesondere darin besteht, daß die versicherten Güter gänzlich verdorben und in ihrer ursprünglichen Beschaffenheit zerstört den Bestimmungshafen erreichen oder während der Reise wegen Beschädigung und drohenden Verderbs verkauft worden sind, es sei denn, daß das Schiff oder das Leichterfahrzeug, worin die versicherten Güter sich befinden, gestrandet ist. Der Strandung werden folgende Seeunfälle gleich geachtet: Kentern, Sinken, Zerbrechen des Rumpfes, Scheitern und jeder Seeunfall, wodurch das Schiff oder Leichterfahrzeug reparaturunfähig geworden ist.

Hat eine Strandung oder ein dieser gleich zu achtender anderer Seeunfall sich ereignet, so haftet der Versicherer für jede drei Prozent übersteigende (Art. 849) Beschädigung, welche in Folge eines solchen Seeunfalls entstanden ist, nicht aber für eine sonstige Beschädigung. Es wird bis zum Nachweise des Gegentheils vermuthet, daß eine Beschädigung, welche möglicherweise Folge des eingetretenen Seeunfalls sein kann, in Folge desselben entstanden ist.

Für jeden Schaden, welcher nicht aus einer Beschädigung entstanden ist, haftet der Versicherer, ohne Unterschied, ob eine Strandung oder ein anderer der erwähnten Unfälle sich zugetragen hat oder nicht, in derselben Weise, als wenn der Vertrag ohne die Klausel abgeschlossen wäre. Jedenfalls haftet er für die im Artikel 838 unter Ziffer 1, 2 und 4 erwähnten Beiträge, Aufopferungen und Kosten, für die darin unter Ziffer 3 erwähnten Kosten aber nur dann, wenn sie zur Abwendung eines ihm zur Last fallenden Verlustes verausgabt sind.

Eine Beschädigung, welche erweislich ohne Selbstentzündung durch Feuer oder durch Löschung eines solchen Feuers, oder durch Beschießen entstanden ist, wird als eine solche Beschädigung, von welcher der Versicherer durch die Klausel befreit wird, nicht angesehen.

Art. 856. Wenn der Vertrag mit der Klausel: „frei von Bruch außer im Strandungsfall" abgeschlossen ist, so finden die Bestimmungen des vorstehenden Artikels mit der Maaßgabe Anwendung, daß der Versicherer für Bruch insoweit haftet, als er nach dem vorstehenden Artikel für Beschädigung aufkommt.

[1] Zu Art. 885—857 vgl. Strandungsordnung 17./5. 74. (Anh. XI.)

Art. 857. Eine Strandung im Sinne der Artikel 855 und 856 ist vorhanden, wenn das Schiff unter nicht gewöhnlichen Verhältnissen der Schifffahrt auf den Grund festgeräth und entweder

nicht wieder flott wird, oder

zwar wieder flott wird, jedoch entweder

1. nur unter Anwendung ungewöhnlicher Maaßregeln, als: Kappen der Masten, Werfen oder Löschung eines Theiles der Ladung und dergleichen, oder durch den Eintritt einer ungewöhnlich hohen Fluth, nicht aber ausschließlich durch Anwendung gewöhnlicher Maaßregeln, als: Winden auf den Anker, Backstellen der Segel und dergleichen, oder
2. erst nachdem das Schiff durch das Festgerathen einen erheblichen Schaden am Schiffskörper erlitten hat.

Fünfter Abschnitt.
Umfang des Schadens.

Art. 858. Ein Totalverlust des Schiffs oder der Güter liegt vor, wenn das Schiff oder die Güter zu Grunde gegangen oder dem Versicherten ohne Aussicht auf Wiedererlangung entzogen sind, namentlich wenn sie unrettbar gesunken oder in ihrer ursprünglichen Beschaffenheit zerstört oder für gute Prise erklärt sind. Ein Totalverlust des Schiffs wird dadurch nicht ausgeschlossen, daß einzelne Theile des Wracks oder des Inventars gerettet sind.

Art. 859. Ein Totalverlust in Ansehung der Fracht liegt vor, wenn die ganze Fracht verloren gegangen ist.

Art. 860. Ein Totalverlust in Ansehung des imaginären Gewinnes oder in Ansehung der Provision, welche von der Ankunft der Güter am Bestimmungsorte erwartet werden, liegt vor, wenn die Güter den Bestimmungsort nicht erreicht haben.

Art. 861. Ein Totalverlust in Ansehung der Bodmerei- oder Havereigelder liegt vor, wenn die Gegenstände, welche verbodmet oder für welche die Havereigelder vorgeschossen oder verausgabt sind, entweder von einem Totalverluste oder dergestalt von anderen Unfällen betroffen sind, daß in Folge der dadurch herbeigeführten Beschädigungen, Verbodmungen oder sonstigen Belastungen zur Deckung jener Gelder nichts übrig geblieben ist.

Art. 862. Im Falle des Totalverlustes hat der Versicherer die Versicherungssumme zum vollen Betrage zu zahlen, jedoch unbeschadet der nach Vorschrift des Artikels 804 etwa zu machenden Abzüge.

Art. 863. Ist im Falle des Totalverlustes vor der Zahlung der Versicherungssumme etwas gerettet, so kommt der Erlös des Geretteten von der Versicherungssumme in Abzug. War nicht zum vollen Werthe versichert, so wird nur ein verhältnißmäßiger Theil des Geretteten von der Versicherungssumme abgezogen.

Mit der Zahlung der Versicherungssumme gehen die Rechte des Versicherten an der versicherten Sache auf den Versicherer über.

Erfolgt erst nach der Zahlung der Versicherungssumme eine vollständige oder theilweise Rettung, so hat auf das nachträglich Gerettete nur der Versicherer Anspruch. War nicht zum vollen Werthe versichert, so gebührt dem Versicherer nur ein verhältnißmäßiger Theil des Geretteten.

Art. 864. Sind bei einem Totalverluste in Ansehung des imaginären Gewinnes (Art. 860) die Güter während der Reise so günstig verkauft, daß der Reinerlös mehr beträgt, als der Versicherungswerth der Güter, oder ist für dieselben, wenn sie in Fällen der großen Haverei aufgeopfert sind, oder wenn dafür nach Maaßgabe der Artikel 612 und 613 Ersatz geleistet werden muß, mehr als jener Werth vergütet, so kommt von der Versicherungssumme des imaginären Gewinnes der Ueberschuß in Abzug.

Art. 865. Der Versicherte ist befugt, die Zahlung der Versicherungssumme zum vollen Betrage gegen Abtretung der in Betreff des versicherten Gegenstandes ihm zustehenden Rechte in folgenden Fällen zu verlangen (Abandon):

1. wenn das Schiff verschollen ist;
2. wenn der Gegenstand der Versicherung dadurch bedroht ist, daß das Schiff oder die Güter unter Embargo gelegt, von einer kriegführenden Macht aufgebracht, auf andere Weise durch Verfügung von hoher Hand angehalten oder durch Seeräuber genommen und während einer Frist von sechs, neun oder zwölf Monaten nicht freigegeben sind, je nachdem die Aufbringung, Anhaltung oder Nehmung geschehen ist:
   a) in einem Europäischen Hafen oder in einem Europäischen Meere oder in einem, wenn auch nicht zu Europa gehörenden Theile des Mittelländischen, Schwarzen oder Azow'schen Meeres, oder
   b) in einem anderen Gewässer, jedoch diesseits des Vorgebirges der guten Hoffnung und des Kap Horn, oder
   c) in einem Gewässer jenseits des einen jener Vorgebirge.

Die Fristen werden von dem Tage an berechnet, an welchem dem Versicherer der Unfall durch den Versicherten angezeigt ist (Art. 822).

Art. 866. Ein Schiff, welches eine Reise angetreten hat, ist als verschollen anzusehen, wenn es innerhalb der Verschollenheitsfrist den Bestimmungshafen nicht erreicht hat, auch innerhalb dieser Frist den Betheiligten keine Nachrichten über dasselbe zugegangen sind.

Die Verschollenheitsfrist beträgt:

1. wenn sowohl der Abgangshafen als der Bestimmungshafen ein Europäischer Hafen ist, bei Segelschiffen sechs, bei Dampfschiffen vier Monate;
2. wenn entweder nur der Abgangshafen oder nur der Bestimmungshafen ein nichteuropäischer Hafen ist, falls derselbe diesseits des Vorgebirges der guten Hoffnung und des Kap Horn belegen ist, bei Segel- und Dampfschiffen neun Monate, falls derselbe jenseits des einen jener Vorgebirge belegen ist, bei Segel- und Dampfschiffen zwölf Monate;
3. wenn sowohl der Abgangs- als der Bestimmungshafen ein nichteuropäischer Hafen ist, bei Segel- und Dampfschiffen sechs, neun oder zwölf Monate, je nachdem die Durchschnittsdauer der Reise nicht über zwei oder nicht über drei oder mehr als drei Monate beträgt.

Im Zweifel ist die längere Frist abzuwarten.

Art. 867. Die Verschollenheitsfrist wird von dem Tage an berechnet, an welchem das Schiff die Reise angetreten hat. Sind jedoch seit dessen Abgange Nachrichten von demselben angelangt, so wird von dem Tage an, bis zu welchem die letzte Nachricht reicht, diejenige Frist berechnet, welche maaßgebend sein würde, wenn das Schiff von dem Punkt, an welchem es nach sicherer Nachricht zuletzt sich befunden hat, abgegangen wäre.

Art. 868. Die Abandonerklärung muß dem Versicherer innerhalb der Abandonfrist zugegangen sein.

Die Abandonfrist beträgt sechs Monate, wenn im Falle der Verschollenheit (Art. 865 Ziff. 1) der Bestimmungshafen ein Europäischer Hafen ist und wenn im Falle der Aufbringung, Anhaltung oder Nehmung (Art. 865 Ziff. 2) der Unfall in einem Europäischen Hafen oder in einem Europäischen Meere oder in einem, wenn auch nicht zu Europa gehörenden Theile des Mittelländischen, Schwarzen oder Azowschen Meeres sich zugetragen hat. In den übrigen Fällen beträgt die Abandonfrist neun Monate. Die Abandonfrist beginnt mit dem Ablaufe der in den Artikeln 865 und 866 bezeichneten Fristen.

Bei der Rückversicherung beginnt die Abandonfrist mit dem Ablaufe des Tages, an welchem dem Rückversicherten von dem Versicherten der Abandon erklärt worden ist.

Art. 869. Nach Ablauf der Abandonfrist ist der Abandon

unstatthaft, unbeschadet des Rechts des Versicherten, nach Maaßgabe der sonstigen Grundsätze Vergütung eines Schadens in Anspruch zu nehmen.

Ist im Falle der Verschollenheit des Schiffs, die Abandonfrist versäumt, so kann der Versicherte zwar den Ersatz eines Totalschadens fordern; er muß jedoch, wenn die versicherte Sache wieder zum Vorschein kommt, und sich dabei ergiebt, daß ein Totalverlust nicht vorliegt, auf Verlangen des Versicherers gegen Verzicht des letzteren auf die in Folge Zahlung der Versicherungssumme nach Artikel 863 ihm zustehenden Rechte die Versicherungssumme erstatten und mit dem Ersatze eines etwa erlittenen Partialschadens sich begnügen.

Art. 870. Die Abandonerklärung muß, um gültig zu sein, ohne Vorbehalt oder Bedingung erfolgen und auf den ganzen versicherten Gegenstand sich erstrecken, soweit dieser zur Zeit des Unfalls den Gefahren der See ausgesetzt war,

Wenn jedoch nicht zum vollen Werthe versichert war, so ist der Versicherte nur den verhältnißmäßigen Theil des versicherten Gegenstandes zu abandonniren verpflichtet.

Die Abandonerklärung ist unwiderruflich.

Art. 871. Die Abandonerklärung ist ohne rechtliche Wirkung, wenn die Thatsachen, auf welche sie gestützt wird, sich nicht bestätigen oder zur Zeit der Mittheilung der Erklärung nicht mehr bestehen. Dagegen bleibt sie für beide Theile verbindlich, wenn auch später Umstände sich ereignen, deren früherer Eintritt das Recht zum Abandon ausgeschlossen haben würde.

Art. 872. Durch die Abandonerklärung gehen auf den Versicherer alle Rechte über, welche dem Versicherten in Ansehung des abandonnirten Gegenstandes zustanden.

Der Versicherte hat dem Versicherer Gewähr zu leisten wegen der auf dem abandonnirten Gegenstande zur Zeit der Abandonerklärung haftenden dinglichen Rechte, es sei denn, daß diese in Gefahren sich gründen, wofür der Versicherer nach dem Versicherungsvertrage aufzukommen hatte.

Wird das Schiff abandonnirt, so gebührt dem Versicherer desselben die Nettofracht der Reise, auf welcher der Unfall sich zugetragen hat, soweit die Fracht erst nach der Abandonerklärung verdient ist. Dieser Theil der Fracht wird nach den für die Ermittelung der Distanzfracht geltenden Grundsätzen berechnet.

Den hiernach für den Versicherten entstehenden Verlust hat, wenn die Fracht selbstständig versichert ist, der Versicherer der letzteren zu tragen.

Art. 873. Die Zahlung der Versicherungssumme kann erst

verlangt werden, nachdem die zur Rechtfertigung des Abandons dienenden Urkunden dem Versicherer mitgetheilt sind und eine angemessene Frist zur Prüfung derselben abgelaufen ist. Wird wegen Verschollenheit des Schiffs abandonnirt, so gehören zu den mitzutheilenden Urkunden glaubhafte Bescheinigungen über die Zeit, in welcher das Schiff den Abgangshafen verlassen hat, und über die Nichtankunft desselben im Bestimmungshafen während der Verschollenheitsfrist.

Der Versicherte ist verpflichtet, bei der Abandonerklärung, soweit er dazu im Stande ist, dem Versicherer anzuzeigen, ob und welche andere, den abandonirten Gegenstand betreffende Versicherungen genommen sind, und ob und welche Bodmereischulden oder sonstige Belastungen darauf haften. Ist die Anzeige unterblieben, so kann der Versicherer die Zahlung der Versicherungssumme so lange verweigern, bis die Anzeige nachträglich geschehen ist; wenn eine Zahlungsfrist bedungen ist, so beginnt dieselbe erst mit dem Zeitpunkt, in welchem die Anzeige nachgeholt ist.

Art. 874. Der Versicherte ist verpflichtet, auch nach der Abandonerklärung für die Rettung der versicherten Sachen und für die Abwendung größerer Nachtheile nach Vorschrift des Artikels 823 und zwar so lange zu sorgen, bis der Versicherer selbst dazu im Stande ist.

Erfährt der Versicherte, daß ein für verloren erachteter Gegenstand wieder zum Vorschein gekommen ist, so muß er dies dem Versicherer sofort anzeigen und ihm auf Verlangen die zur Erlangung oder Verwerthung des Gegenstandes erforderliche Hülfe leisten.

Die Kosten hat der Versicherer zu ersetzen; auch hat derselbe den Versicherten auf Verlangen mit einem angemessenen Vorschusse zu versehen.

Art. 875. Der Versicherte muß dem Versicherer, wenn dieser die Rechtmäßigkeit des Abandons anerkennt, auf Verlangen und auf Kosten desselben über den nach Artikel 872 durch die Abandonerklärung eingetretenen Uebergang der Rechte eine beglaubigte Anerkennungsurkunde (Abandonrevers) ertheilen und die auf die abandonnirten Gegenstände sich beziehenden Urkunden ausliefern.

Art. 876. Bei einem partiellen Schaden am Schiff besteht der Schaden in dem nach Vorschrift der Artikel 711 und 712 zu ermittelnden Betrage der Reparaturkosten, soweit diese die Beschädigungen betreffen, welche dem Versicherer zur Last fallen.

Art. 877. Ist die Reparaturunfähigkeit oder Reparaturunwürdigkeit des Schiffs (Art. 444) auf dem im Artikel 499 vorgeschriebenen Wege festgestellt, so ist der Versicherte dem Versicherer gegenüber befugt, das Schiff oder das Wrack zum öffentlichen Verkaufe zu bringen, und besteht im Falle des Verkaufs der Schaden in dem Unterschiede zwischen dem Reinerlöse und dem Versicherungswerthe.

Die übernommene Gefahr endet für den Versicherer erst mit dem Verkaufe des Schiffs oder des Wracks; auch haftet der Versicherer für den Eingang des Kaufpreises.

Bei der zur Ermittelung der Reparaturunwürdigkeit des Schiffs erforderlichen Feststellung des Werthes desselben im unbeschädigten Zustande bleibt dessen Versicherungswerth, gleichviel ob dieser taxirt ist oder nicht, außer Betracht.

Art. 878. Der Beginn der Reparatur schließt die Ausübung des in dem vorhergehenden Artikel dem Versicherten eingeräumten Rechts nicht aus, wenn erst später erhebliche Schäden entdeckt werden, welche dem Versicherten ohne sein Verschulden unbekannt geblieben waren.

Macht der Versicherte von dem Rechte nachträglich Gebrauch, so muß der Versicherer die bereits aufgewendeten Reparaturkosten insoweit besonders vergüten, als durch die Reparatur bei dem Verkaufe des Schiffs ein höherer Erlös erzielt worden ist.

Art. 879. Bei Gütern, welche beschädigt in dem Bestimmungshafen ankommen, ist durch Vergleichung des Bruttowerthes, den sie daselbst im beschädigten Zustande wirklich haben, mit dem Bruttowerthe, welchen sie dort im unbeschädigten Zustande haben würden, zu ermitteln, wie viele Prozente des Werthes der Güter verloren sind. Eben so viele Prozente des Versicherungswerthes sind als der Betrag des Schadens anzusehen.

Die Ermittelung des Werthes, welchen die Güter im beschädigten Zustande haben, erfolgt durch öffentlichen Verkauf oder, wenn der Versicherer einwilligt, durch Abschätzung. Die Ermittelung des Werthes, welchen die Güter im unbeschädigten Zustande haben würden, geschieht nach Maaßgabe der Bestimmungen des ersten und zweiten Absatzes des Artikels 612.

Der Versicherer hat außerdem die Besichtigungs-, Abschätzungs- und Verkaufskosten zu tragen.

Art. 880. Ist ein Theil der Güter auf der Reise verloren gegangen, so besteht der Schaden in eben so vielen Prozenten des Versicherungswerthes, als Prozente des Werthes der Güter verloren gegangen sind.

Art. 881. Wenn Güter auf der Reise in Folge eines Unfalls verkauft worden sind, so besteht der Schaden in dem Unterschiede zwischen dem nach Abzug der Fracht, Zölle und Verkaufskosten sich ergebenden Reinerlöse der Güter und deren Versicherungswerthe.

Die übernommene Gefahr endet für den Versicherer erst mit dem Verkauf der Güter; auch haftet der Versicherer für den Eingang des Kaufpreises.

Die Bestimmungen der Artikel 838 bis 842 werden durch die Vorschriften dieses Artikels nicht berührt.

Art. 882. Bei partiellem Verluste der Fracht besteht der Schaden in demjenigen Theile der bedungenen oder in deren Ermangelung der üblichen Fracht, welcher verloren gegangen ist.

Ist die Fracht taxirt und die Taxe nach Vorschrift des vierten Absatzes des Artikels 797 in Bezug auf einen von dem Versicherer zu ersetzenden Schaden maaßgebend, so besteht der Schaden in eben so vielen Prozenten der Taxe, als Prozente der bedungenen oder üblichen Fracht verloren sind.

Art. 883. Bei imaginärem Gewinne oder Provision, welche von der Ankunft der Güter erwartet werden, besteht der Schaden, wenn die Güter im beschädigten Zustande ankommen, in eben so vielen Prozenten des als Gewinn oder Provision versicherten Betrages, als der nach Artikel 879 zu ermittelnde Schaden an den Gütern Prozente des Versicherungswerthes der letzteren beträgt.

Hat ein Theil der Güter den Bestimmungshafen nicht erreicht, so besteht der Schaden in eben so vielen Prozenten des als Gewinn oder Provision versicherten Betrages, als der Werth des in dem Bestimmungshafen nicht angelangten Theiles der Güter Prozente des Werthes aller Güter beträgt.

Wenn bei der Versicherung des imaginären Gewinnes in Ansehung des nicht angelangten Theiles der Güter die Voraussetzungen des Artikels 864 vorhanden sind, so kommt von dem Schaden der im Artikel 864 bezeichnete Ueberschuß in Abzug.

Art. 884. Bei Bodmerei- oder Havereigeldern besteht im Falle eines partiellen Verlustes der Schaden in dem Ausfalle, welcher darin sich gründet, daß der Gegenstand, welcher verbodmet oder für welchen die Havereigelder vorgeschossen oder verausgabt sind, zur Deckung der Bodmerei- oder Havereigelder in Folge späterer Unfälle nicht mehr genügt.

Art. 885. Der Versicherer hat den nach den Artikeln 876 bis 884 zu berechnenden Schaden vollständig zu vergüten, wenn zum vollen Werthe versichert war, jedoch unbeschadet der Vorschrift des Artikels 804; war nicht zum vollen Werthe versichert, so hat er nach Maaßgabe des Artikels 796 nur einen verhältnißmäßigen Theil dieses Schadens zu vergüten.

Sechster Abschnitt.

Bezahlung des Schadens.

Art. 886. Der Versicherte hat, um den Ersatz eines Schadens fordern zu können, eine Schadensberechnung dem Versicherer mitzutheilen.

Er muß zugleich durch genügende Beläge dem Versicherer darthun:

1. sein Interesse;
2. daß der versicherte Gegenstand den Gefahren der See ausgesetzt worden ist;
3. den Unfall, worauf der Anspruch gestützt wird;
4. den Schaden und dessen Umfang.

Art. 887. Bei der Versicherung für fremde Rechnung hat außerdem der Versicherte sich darüber auszuweisen, daß er dem Versicherungsnehmer zum Abschlusse des Vertrages Auftrag ertheilt hat. Ist die Versicherung ohne Auftrag geschlossen (Art. 786), so muß der Versicherte die Umstände darthun, aus welchen hervorgeht, daß die Versicherung in seinem Interesse genommen ist.

Art. 888. Als genügende Belege sind anzusehen im Allgemeinen solche Belege, welche im Handelsverkehr namentlich wegen der Schwierigkeit der Beschaffung anderer Beweise nicht beanstandet zu werden pflegen, insbesondere

1. zum Nachweise des Interesse:
   bei der Versicherung des Schiffs die üblichen Eigenthumsurkunden;
   bei der Versicherung von Gütern die Fakturen und Konnossemente, insofern nach Inhalt derselben der Versicherte zur Verfügung über die Güter befugt erscheint;
   bei der Versicherung der Fracht die Chartepartien und Konnossemente;
2. zum Nachweise der Verladung der Güter die Konnossemente;
3. zum Nachweise des Unfalls die Verklarung und das Schiffsjournal (Art. 488 und 494), in Kondemnationsfällen das Erkenntniß des Prisengerichts, in Verschollenheitsfällen glaubhafte Bescheinigungen über die Zeit, in welcher das Schiff den Abgangshafen verlassen hat und über die Nichtankunft desselben im Bestimmungshafen während der Verschollenheitsfrist;
4. zum Nachweise des Schadens und dessen Umfanges die den Gesetzen oder Gebräuchen des Orts der Schadensermittelung entsprechenden Besichtigungs-, Abschätzungs- und Versteigerungs-

urkunden, sowie die Kostenanschläge der Sachverständigen, ferner die quittirten Rechnungen über die ausgeführten Reparaturen und andere Quittungen über geleistete Zahlungen; in Ansehung eines partiellen Schadens am Schiff (Art. 876, 877) genügen jedoch die Besichtigungs- und Abschätzungsurkunden, sowie die Kostenanschläge nur dann, wenn die etwaigen Schäden, welche in Abnutzung, Alter, Fäulniß oder Wurmfraß sich gründen, gehörig ausgeschieden sind, und wenn zugleich, soweit es ausführbar war, solche Sachverständige zugezogen worden sind, welche entweder ein für allemal obrigkeitlich bestellt oder von dem Ortsgericht oder dem Landeskonsul und in deren Ermangelung oder, sofern deren Mitwirkung sich nicht erlangen ließe, von einer anderen Behörde besonders ernannt waren.

Art. 889.[1]

Art. 890. Eine Vereinbarung, wodurch der Versicherte von dem Nachweise der im Artikel 886 erwähnten Umstände oder eines Theiles derselben befreit wird, ist gültig, jedoch unbeschadet des Rechts des Versicherers, das Gegentheil zu beweisen.

Die bei der Versicherung von Gütern getroffene Vereinbarung, daß das Konnossement nicht zu produciren sei, befreit nur von dem Nachweise der Verladung.

Art. 891. Bei der Versicherung für fremde Rechnung ist der Versicherungsnehmer ohne Beibringung einer Vollmacht des Versicherten legitimirt, über die Rechte, welche in dem Versicherungsvertrage für den Versicherten ausbedungen sind, zu verfügen, sowie die Versicherungsgelder zu erheben und einzuklagen. Diese Bestimmung gilt jedoch im Falle der Ertheilung einer Polize nur dann, wenn der Versicherungsnehmer die Polize beibringt.

Ist die Versicherung ohne Auftrag genommen, so bedarf der Versicherungsnehmer zur Erhebung oder Einklagung der Versicherungsgelder der Zustimmung des Versicherten.

Art. 892. Im Falle der Ertheilung einer Polize hat der Versicherer die Versicherungsgelder dem Versicherten zu zahlen, wenn dieser die Polize beibringt.

Art. 893. Der Versicherungsnehmer ist nicht verpflichtet, die Polize dem Versicherten oder den Gläubigern oder der Konkursmasse desselben auszuliefern, bevor er wegen der gegen den Versicherten in Bezug auf den versicherten Gegenstand ihm zustehenden Ansprüche befriedigt ist. Im Falle eines Schadens kann der Ver-

---

[1] Ueber die Beweiskraft der Artikel 888 angeführten Urkunden aufgehoben durch EG z. CPO 13, 2 (oben zu Art. 3).

sicherungsnehmer wegen dieser Ansprüche aus der Forderung, welche gegen den Versicherer begründet ist, und nach Einziehung der Versicherungsgelder aus den letzteren vorzugsweise vor dem Versicherten und vor dessen Gläubigern sich befriedigen.

Art. 894. Der Versicherer macht sich dem Versicherungsnehmer verantwortlich, wenn er, während dieser noch im Besitze der Polize sich befindet, durch Zahlungen, welche er dem Versicherten oder den Gläubigern oder der Konkursmasse desselben leistet, oder durch Verträge, welche er mit denselben schließt, das in dem Artikel 893 bezeichnete Recht des Versicherungsnehmers beeinträchtigt.

Inwiefern der Versicherer einem Dritten, welchem Rechte aus der Polize eingeräumt sind, sich dadurch verantwortlich macht, daß er über diese Rechte Verträge schließt oder Versicherungsgelder zahlt, ohne die Polize sich zurückgeben zu lassen oder dieselbe mit der erforderlichen Bemerkung zu versehen, bestimmt sich nach den Vorschriften des bürgerlichen Rechts.

Art. 895. Wird der Versicherer auf Zahlung der Versicherungsgelder in Anspruch genommen, so kann er bei der Versicherung für fremde Rechnung Forderungen, welche ihm gegen den Versicherungsnehmer zustehen, nicht zur Kompensation bringen.

Art. 896. Der Versicherte ist befugt, nicht allein die aus einem bereits eingetretenen Unfall ihm zustehenden, sondern auch die künftigen Entschädigungsansprüche einem Dritten abzutreten. Ist eine Polize ertheilt, welche an Ordre lautet, so kann dieselbe durch Indossament übertragen werden; in Ansehung eines solchen Indossamentes kommen die Vorschriften der Artikel 301, 303, 305 zur Anwendung. Bei der Versicherung für fremde Rechnung ist zur Gültigkeit der ersten Uebertragung das Indossament des Versicherungsnehmers genügend.

Art. 897. Wenn nach Ablauf zweier Monate seit der Anzeige des Unfalls die Schadensberechnung (Art. 886) ohne Verschulden der Versicherten noch nicht vorgelegt, wohl aber durch ungefähre Ermittelung die Summe festgestellt ist, welche dem Versicherer mindestens zur Last fällt, so hat der letztere diese Summe in Anrechnung auf seine Schuld vorläufig zu zahlen, jedoch nicht vor Ablauf der etwa für die Zahlung der Versicherungsgelder bedungenen Frist. Soll die Zahlungsfrist mit dem Zeitpunkte beginnen, in welchem dem Versicherer die Schadensberechnung mitgetheilt ist, so wird dieselbe im Falle dieses Artikels von der Zeit an berechnet, in welcher dem Versicherer die vorläufige Ermittelung mitgetheilt ist.

Art. 898. Der Versicherer hat

1. in Havereifällen zu den für die Rettung, Erhaltung oder

Wiederherstellung der versicherten Sache nöthigen Ausgaben in Anrechnung auf seine später festzustellende Schuld zwei Drittel des ihm zur Last fallenden Betrages;

2. bei Aufbringung des Schiffs oder der Güter den vollen Betrag der ihm zur Last fallenden Kosten des Reklameprozesses, sowie sie erforderlich werden, vorzuschießen.

Siebenter Abschnitt.

Aufhebung der Versicherung und Rückzahlung der Prämie.

Art. 899. Wird die Unternehmung, auf welche die Versicherung sich bezieht, ganz oder zum Theil von dem Versicherten aufgegeben, oder wird ohne sein Zuthun die versicherte Sache ganz oder ein Theil derselben der von dem Versicherer übernommenen Gefahr nicht ausgesetzt, so kann die Prämie ganz oder zu dem verhältnißmäßigen Theil bis auf eine dem Versicherer gebührende Vergütung zurückgefordert oder einbehalten werden (Ristorno).

Die Vergütung (Ristornogebühr) besteht, sofern nicht ein anderer Betrag vereinbart oder am Ort der Versicherung üblich ist, in einem halben Prozent der ganzen oder des entsprechenden Theiles der Versicherungssumme, wenn aber die Prämie nicht ein Prozent der Versicherungssumme erreicht, in der Hälfte der ganzen oder des verhältnißmäßigen Theiles der Prämie.

Art. 900. Ist die Versicherung wegen Mangels des versicherten Interesse (Art. 782) oder wegen Ueberversicherung (Art. 790) oder wegen Doppelversicherung (792) unwirksam, und hat sich der Versicherungsnehmer bei dem Abschlusse des Vertrages und im Falle der Versicherung für fremde Rechnung auch der Versicherte bei der Ertheilung des Auftrages in gutem Glauben befunden, so kann die Prämie gleichfalls bis auf die im Artikel 899 bezeichnete Ristornogebühr zurückgefordert oder einbehalten werden.

Art. 901. Die Anwendung der Artikel 899 und 900 ist dadurch nicht ausgeschlossen, daß der Versicherungsvertrag für den Versicherer wegen Verletzung der Anzeigepflicht oder aus anderen Gründen unverbindlich ist, selbst wenn der Versicherer ungeachtet dieser Unverbindlichkeit auf die volle Prämie Anspruch hätte.

Art. 902. Ein Ristorno findet nicht statt, wenn die Gefahr für den Versicherer bereits zu laufen begonnen hat.

Art. 903. Wenn der Versicherer zahlungsunfähig geworden ist, so ist der Versicherte befugt, nach seiner Wahl entweder von dem Vertrage zurückzutreten und die ganze Prämie zurückzufordern oder einzubehalten, oder auf Kosten des Versicherers nach Maaßgabe des Artikels 793 eine neue Versicherung zu nehmen. Dieses Recht steht ihm jedoch nicht zu, wenn ihm wegen Erfüllung der Verpflichtungen des Versicherers genügende Sicherheit bestellt wird, bevor er von dem Vertrage zurückgetreten ist oder die neue Versicherung genommen hat.

Art. 904. Wird der versicherte Gegenstand veräußert, so können dem Erwerber die dem Versicherten nach dem Versicherungsvertrage auch in Bezug auf künftige Unfälle zustehenden Rechte mit der Wirkung übertragen werden, daß der Erwerber den Versicherer ebenso in Anspruch zu nehmen befugt ist, als wenn die Veräußerung nicht stattgefunden hätte und der Versicherte selbst den Anspruch erhöbe.

Der Versicherer bleibt von der Haftung für die Gefahren befreit, welche nicht eingetreten sein würden, wenn die Veräußerung unterblieben wäre.

Er kann sich nicht nur der Einreden und Gegenforderungen bedienen, welche ihm unmittelbar gegen den Erwerber zustehen, sondern auch derjenigen, welche er dem Versicherten hätte entgegenstellen können, der aus dem Versicherungsvertrage nicht hergeleiteten jedoch nur insofern, als sie bereits vor der Anzeige der Uebertragung entstanden sind.

Durch die vorstehende Bestimmung werden die rechtlichen Wirkungen der mittelst Indossamentes erfolgten Uebertragung einer Polize, welche an Ordre lautet, nicht berührt.

Art. 905. Die Vorschriften des Artikels 904 gelten auch im Falle der Versicherung einer Schiffspart.

Ist das Schiff selbst versichert, so kommen dieselben nur dann zur Anwendung, wenn das Schiff während einer Reise veräußert wird. Anfang und Ende der Reise bestimmen sich nach Artikel 827. Ist das Schiff auf Zeit oder für mehrere Reisen (Art. 760) versichert, so dauert die Versicherung im Falle der Veräußerung während einer Reise nur bis zur Entlöschung des Schiffs im nächsten Bestimmungshafen (Art. 827).

Zwölfter Titel. Von der Verjährung.

Art. 906. Die im Artikel 757 aufgeführten Forderungen verjähren in einem Jahre. Es beträgt jedoch die Verjährungsfrist zwei Jahre:

1. für die aus den Dienst- und Heuerverträgen herrührenden Forderungen der Schiffsbesatzung, wenn die Entlassung jenseits des Vorgebirges der guten Hoffnung oder des Kap Horn erfolgt ist;

2. für die aus dem Zusammenstoße von Schiffen hergeleiteten Entschädigungsforderungen.

Art. 907. Die nach dem vorstehenden Artikel eintretende Verjährung bezieht sich zugleich auf die persönlichen Ansprüche, welche dem Gläubiger etwa gegen den Rheder oder eine Person der Schiffsbesatzung zustehen.

Art. 908. Die Verjährung beginnt:

1. in Ansehung der Forderungen der Schiffsbesatzung (Art. 757, Ziff. 4) mit dem Ablaufe des Tages, an welchem das Dienst- oder Heuerverhältniß endet, und falls die Anstellung der Klage früher möglich und zulässig ist, mit dem Ablaufe des Tages, an welchem diese Voraussetzung zutrifft; jedoch kommt das Recht, Vorschuß- und Abschlagszahlungen zu verlangen, für den Beginn der Verjährung nicht in Betracht;
2. in Ansehung der Forderungen wegen Beschädigung oder verspäteter Ablieferung von Gütern und Reise-Effekten (Art. 757, Ziff. 8 und 10) und wegen der Beiträge zur großen Haverei (Art. 757, Ziff. 6) mit dem Ablaufe des Tages, an welchem die Ablieferung erfolgt ist, in Ansehung der Forderungen wegen Nichtablieferung von Gütern mit dem Ablaufe des Tages, an welchem das Schiff den Hafen erreicht, wo die Ablieferung erfolgen sollte, und wenn dieser Hafen nicht erreicht wird, mit dem Ablaufe des Tages, an welchem der Betheiligte sowohl hiervon als auch von dem Schaden zuerst Kenntniß gehabt hat;
3. in Ansehung der nicht unter die Ziffer 2 fallenden Forderungen aus dem Verschulden einer Person der Schiffsbesatzung (Art. 757, Ziff. 10) mit dem Ablaufe des Tages, an welchem der Betheiligte von dem Schaden Kenntniß erlangt hat, in Ansehung der Entschädigungsforderungen wegen des Zusammenstoßes von Schiffen jedoch mit dem Ablaufe des Tages, an welchem der Zusammenstoß stattgefunden hat;
4. in Ansehung aller anderen Forderungen mit dem Ablaufe des Tages, an welchem die Forderung fällig geworden ist.

Art. 909. Ferner verjähren in einem Jahre die auf den Gütern wegen der Fracht nebst allen Nebengebühren, wegen des Liegegeldes, der ausgelegten Zölle und sonstigen Auslagen, wegen der Bodmereigelder, der Beiträge zur großen Haverei und der Bergungs- und Hülfskosten haftenden Forderungen, sowie alle persönlichen Ansprüche gegen die Ladungsbetheiligten und die Forderungen wegen der Ueberfahrtsgelder.

Die Verjährung beginnt in Ansehung der Beiträge zur großen

Haverei mit dem Ablauf des Tages, an welchem die beitragspflichtigen Güter abgeliefert sind, in Ansehung der übrigen Forderungen mit dem Ablaufe des Tages, an welchem die Fälligkeit eingetreten ist.

Art. 910. Es verjähren in fünf Jahren die Forderungen des Versicherers und des Versicherten aus dem Versicherungsvertrage.

Die Verjährung beginnt mit dem Ablaufe des letzten Tages des Jahres, in welchem die versicherte Reise beendigt ist, und bei der Versicherung auf Zeit mit dem Ablaufe des Tages, an welchem die Versicherungszeit endet. Sie beginnt, wenn das Schiff verschollen ist, mit dem Ablaufe des Tages, an welchem die Verschollenheitsfrist endet.

Art. 911. Eine Forderung, welche nach den Artikeln 906 und 910 verjährt ist, kann auch im Wege der Kompensation oder sonst als Gegenforderung nicht geltend gemacht werden, wenn sie zur Zeit der Entstehung der anderen Forderung bereits verjährt war.

Allgemeine
Deutsche Wechsel-Ordnung
unter Berücksichtigung der Nürnberger Novellen.

Allgemeine Deutsche Wechsel-Ordnung[1]

unter Berücksichtigung der Nürnberger Novellen.[2]

Erster Abschnitt.

Von der Wechselfähigkeit.

Art. 1. Wechselfähig ist Jeder, welcher sich durch Verträge verpflichten kann.[3]

---

[1] Die Wechsel-Ordnung ist zuerst durch G 26./11. 48 der provisorischen Centralgewalt publicirt worden. Danach durch folgende Landeseinführungsgesetze bez. Verordnungen: Alt-Preußen V 6./1. 49, G 15./2. 50; Hohenzollern 7./1. 49; Hannover 7./4. 49; Kurhessen 26./10. 59; Holstein 23./2. 54; Lauenburg 15./2. 58; Nassau 25./11. 48; Frankfurt a/M. 10./3. 49; 13./2. 50; Hessen-Homburg 28./4. 49; Bayern 25./7. 50; Sachsen 25./4. 49; Württemberg 6./5. 49; Baden 19./2. 49; Hessen 4./6. 49; Mecklenburg-Schwerin 28./4. 49; Weimar 23./7. 49: Mecklenburg-Strelitz 28./4. 49; Oldenburg 31./3. 49; Braunschweig 11./1. 49; S.-Meiningen 22./4. 49; S.-Altenburg 8./12. 48; S.-Gotha 25./4. 49; S.-Koburg 27./6. 49; Anhalt (Dessau-Köthen 14./2., 14./3. 49; Bernburg 26./11. 48; 30./1. 51); Schwarzburg-Rudolstadt 2./1. 49; Schwarzburg-Sondershausen 21./3. 54; Waldeck 30./5. 49; Reuß ä. L. 5./3. 56; Reuß j. L. 15./1. 49; Schaumburg-Lippe Erklär. des Bundestagsgesandten 29./1. 63; Lippe 5./7. 49; Lübeck 28./4. 49; Bremen 25./4. 49; Hamburg 21./2., 5./3. 49; Liechtenstein 20./11. 58. Vgl. oben S. 1 ff.

[2] Dieselben sind in den Text aufgenommen und durch Druck mit lateinischen Buchstaben ausgezeichnet. — Vgl. Deutsches RG 10./6. 69, betr. die Wechselstempelsteuer (Anhang XIII).

[3] **StGB 301:** Wer in gewinnsüchtiger Absicht und unter Benutzung des Leichtsinns oder der Unerfahrenheit eines Minderjährigen sich von demselben Schuldscheine, Wechsel, Empfangsbekenntnisse, Bürgschaftsinstrumente oder eine andere, eine Verpflichtung enthaltende Urkunde ausstellen oder auch nur mündlich ein Zahlungsversprechen ertheilen läßt, wird mit Gefängniß bis zu sechs Monaten oder mit Geldstrafe bis zu eintausendfünfhundert Mark bestraft.

Die Verfolgung tritt nur auf Antrag ein.

Oesterr. V 3./7. 52 erklärt die aktiven und pensionirten Offiziere sowie die Mannschaften des streitbaren Standes für wechselunfähig.

Art. 2.[1]

Art. 3. Finden sich auf einem Wechsel Unterschriften von Personen, welche eine Wechselverbindlichkeit überhaupt nicht, oder nicht mit vollem Erfolge eingehen können, so hat dies auf die Verbindlichkeit der übrigen Wechselverpflichteten keinen Einfluß.

Zweiter Abschnitt.
Von gezogenen Wechseln.

I. Erfordernisse eines gezogenen Wechsels.

Art. 4. Die wesentlichen Erfordernisse eines gezogenen Wechsels sind:

1. die in den Wechsel selbst aufzunehmende Bezeichnung als Wechsel, oder, wenn der Wechsel in einer fremden Sprache ausgestellt ist, ein jener Bezeichnung entsprechender Ausdruck in der fremden Sprache;
2. die Angabe der zu zahlenden Geldsumme;
3. der Name der Person oder die Firma, an welche oder an deren Ordre gezahlt werden soll (des Remittenten);
4. die Angabe der Zeit, zu welcher gezahlt werden soll; die Zahlungszeit kann für die gesammte Geldsumme nur eine und dieselbe sein und[2] nur festgesetzt werden
   auf einen bestimmten Tag,
   auf Sicht (Vorzeigung, a vista[3] ꝛc.) oder auf eine bestimmte Zeit nach Sicht,
   auf eine bestimmte Zeit nach dem Tage der Ausstellung (nach dato),
   auf eine Messe oder einen Markt (Meß- oder Marktwechsel);
5. die Unterschrift des Ausstellers (Trassanten) mit seinem Namen oder seiner Firma;
6. die Angabe des Ortes, Monatstages und Jahres der Ausstellung;

---

[1] Artikel 2 mit Nov. 1 und 2 aufgehoben durch BG 29./5. 68: 1. Der Personalarrest ist als Exekutionsmittel in bürgerlichen Rechtssachen insoweit nicht mehr statthaft, als dadurch die Zahlung einer Geldsumme oder die Leistung einer Quantität vertretbarer Sachen oder Werthpapiere erzwungen werden soll. (Gilt für die süddeutschen Staaten nach Verf. des Deutschen Bundes 31./12. 70 Art. 80, 8; RG 22./3. 71); für Elsaß-Lothringen gilt franz. G 22./7. 67, 3; für Oesterreich gilt G 4./5. 68.

[2] Nov. 3. — Oesterreich: Nov. 1.

[3] Oesterreich schiebt ein: a piacere.

7. der Name der Person oder die Firma, welche die Zahlung leisten soll (des Bezogenen oder Trassaten);
8. die Angabe des Ortes, wo die Zahlung geschehen soll; der bei dem Namen oder der Firma des Bezogenen angegebene Ort gilt für den Wechsel, insofern nicht ein eigener Zahlungsort angegeben ist, als Zahlungsort und zugleich als Wohnort des Bezogenen.

Art. 5. Ist die zu zahlende Geldsumme (Art. 4, Nr. 2) in Buchstaben und in Ziffern ausgedrückt, so gilt bei Abweichungen die in Buchstaben ausgedrückte Summe.

Ist die Summe mehrmals mit Buchstaben oder mehrmals mit Ziffern geschrieben, so gilt bei Abweichungen die geringere Summe.

Art. 6. Der Aussteller kann sich selbst als Remittenten (Art. 4, Nr. 3) bezeichnen (Wechsel an eigene Ordre).

Desgleichen kann der Aussteller sich selbst als Bezogenen (Art. 4, Nr. 7) bezeichnen, sofern die Zahlung an einem anderen Orte als dem der Ausstellung geschehen soll (trassirt-eigene Wechsel).

Art. 7. Aus einer Schrift, welcher eines der wesentlichen Erfordernisse eines Wechsels (Art. 4) fehlt, entsteht keine wechselmäßige Verbindlichkeit. Auch haben die auf eine solche Schrift gesetzten Erklärungen (Indossament, Accept, Aval) keine Wechselkraft. Das in einem Wechsel enthaltene Zinsversprechen gilt als nicht geschrieben.[1]

II. Verpflichtungen des Ausstellers.

Art. 8. Der Aussteller eines Wechsels haftet für dessen Annahme und Zahlung wechselmäßig.

Art. 9. Der Remittent kann den Wechsel an einen anderen durch Indossament (Giro) übertragen.

Hat jedoch der Aussteller die Uebertragung im Wechsel durch die Worte „nicht an Ordre" oder durch einen gleichbedeutenden Ausdruck untersagt, so hat das Indossament keine wechselrechtliche Wirkung.

III. Indossament.

Art. 10. Durch das Indossament gehen alle Rechte aus dem Wechsel auf den Indossatar über, insbesondere auch die Befugniß, den Wechsel weiter zu indossiren. Auch an den Aussteller, Bezogenen, Acceptanten oder einen früheren Indossanten kann der Wechsel gültig indossirt und von denselben weiter indossirt werden.

---

[1] Nov. 4; Oesterr. Nov. 2 schreibt statt dessen vor: Aus einer Schrift ... fehlt, oder in welcher ein Zinsversprechen enthalten ist, entsteht 2c.

Art. 11. Das Indossament muß auf den Wechsel, eine Kopie desselben oder ein mit dem Wechsel oder der Kopie verbundenes Blatt (Alonge) geschrieben werden.

Art. 12. Ein Indossament ist gültig, wenn der Indossant auch nur seinen Namen oder seine Firma auf die Rückseite des Wechsels oder der Kopie, oder auf die Alonge schreibt (Blanko-Indossament).

Art. 13. Jeder Inhaber eines Wechsels ist befugt, die auf demselben befindlichen Blanko-Indossamente auszufüllen; er kann den Wechsel aber auch ohne diese Ausfüllung weiter indossiren.

Art. 14. Der Indossant haftet jedem späteren Inhaber des Wechsels für dessen Annahme und Zahlung wechselmäßig. Hat er aber dem Indossamente die Bemerkung „ohne Gewährleistung", „ohne Obligo" oder einen gleichbedeutenden Vorbehalt hinzugefügt, so ist er von der Verbindlichkeit aus seinem Indossamente befreit.

Art. 15. Ist in dem Indossamente die Weiterbegebung durch die Worte „nicht an Ordre" oder durch einen gleichbedeutenden Ausdruck verboten, so haben diejenigen, an welche der Wechsel aus der Hand des Indossatars gelangt, gegen den Indossanten keinen Regreß.

Art. 16. Wenn ein Wechsel indossirt wird, nachdem die für die Protesterhebung Mangels Zahlung bestimmte Frist abgelaufen ist, so erlangt der Indossatar die Rechte aus dem etwa vorhandenen Accepte gegen den Bezogenen und Regreßrechte gegen Diejenigen, welche den Wechsel nach Ablauf dieser Frist indossirt haben.

Ist aber der Wechsel vor dem Indossamente bereits Mangels Zahlung protestirt worden, so hat der Indossatar nur die Rechte seines Indossanten gegen den Acceptanten, den Aussteller und Diejenigen, welche den Wechsel bis zur Protesterhebung indossirt haben. Auch ist in einem solchen Falle der Indossant nicht wechselmäßig verpflichtet.

Art. 17. Ist dem Indossamente die Bemerkung „zur Einkassirung", „in Prokura" oder eine andere, die Bevollmächtigung ausdrückende Formel beigefügt worden, so überträgt das Indossament das Eigenthum an dem Wechsel nicht, ermächtigt aber den Indossatar zur Einziehung der Wechselforderung, Protesterhebung und Benachrichtigung des Vormannes seines Indossanten von der unterbliebenen Zahlung (Art. 45), sowie zur Einklagung der nicht bezahlten und zur Erhebung der deponirten Wechselschuld. Ein solcher Indossatar ist auch berechtigt, diese Befugniß durch ein weiteres Prokura-Indossament einem Anderen zu übertragen. Dagegen ist derselbe zur weiteren Begebung durch eigentliches Indossament selbst dann nicht befugt, wenn dem Prokura-Indossamente der Zusatz „oder Ordre" hinzugefügt ist.

IV. Präsentation zur Annahme.

Art. 18. Der Inhaber eines Wechsels ist berechtigt, den Wechsel dem Bezogenen sofort zur Annahme zu präsentiren und in Ermangelung der Annahme Protest erheben zu lassen. Eine entgegenstehende Uebereinkunft hat keine wechselrechtliche Wirkung.[1] Nur bei Meß- oder Marktwechseln findet eine Ausnahme dahin statt, daß solche Wechsel erst in der an dem Meß- oder Marktorte gesetzlich bestimmten Präsentationszeit zur Annahme präsentirt und in Ermangelung derselben protestirt werden können. Der bloße Besitz des Wechsels ermächtigt zur Präsentation des Wechsels und zur Erhebung des Protestes Mangels Annahme.

Art. 19. Eine Verpflichtung des Inhabers, den Wechsel zur Annahme zu präsentiren, findet nur bei Wechseln statt, welche auf eine bestimmte Zeit nach Sicht lauten. Solche Wechsel müssen, bei Verlust des wechselmäßigen Anspruchs gegen die Indossanten und den Aussteller, nach Maaßgabe der besonderen im Wechsel enthaltenen Bestimmung und in Ermangelung derselben binnen zwei Jahren nach der Ausstellung zur Annahme präsentirt werden. Hat ein Indossant auf einem Wechsel dieser Art seinem Indossamente eine besondere Präsentationsfrist hinzugefügt, so erlischt seine wechselmäßige Verpflichtung, wenn der Wechsel nicht innerhalb dieser Frist zur Annahme präsentirt worden ist.

Art. 20. Wenn die Annahme eines auf bestimmte Zeit nach Sicht gestellten Wechsels nicht zu erhalten ist, oder der Bezogene die Datirung seines Acceptes verweigert, so muß der Inhaber bei Verlust des wechselmäßigen Anspruchs gegen die Indossanten und den Aussteller die rechtzeitige Präsentation des Wechsels durch einen innerhalb der Präsentationsfrist (Art. 19) erhobenen Protest feststellen lassen.

Der Protesttag gilt in diesem Falle für den Tag der Präsentation.

Ist die Protesterhebung unterblieben, so wird gegen den Acceptanten, welcher die Datirung seines Acceptes unterlassen hat, die Verfallzeit des Wechsels vom letzten Tage der Präsentationsfrist an gerechnet.

V. Annahme (Acceptation).

Art. 21. Die Annahme des Wechsels muß auf dem Wechsel schriftlich geschehen.

Jede auf den Wechsel geschriebene und von dem Bezogenen

[1] Nov. 5. Oesterr.: Nov. 3.

unterschriebene Erklärung gilt für eine unbeschränkte Annahme, sofern nicht in derselben ausdrücklich ausgesprochen ist, daß der Bezogene entweder überhaupt nicht oder nur unter gewissen Einschränkungen annehmen wolle.

Gleichergestalt gilt es für eine unbeschränkte Annahme, wenn der Bezogene ohne weiteren Beisatz seinen Namen oder seine Firma auf die Vorderseite des Wechsels schreibt.

Die einmal erfolgte Annahme kann nicht wieder zurückgenommen werden.

Art. 22. Der Bezogene kann die Annahme auf einen Theil der im Wechsel verschriebenen Summe beschränken.

Werden dem Accepte andere Einschränkungen beigefügt, so wird der Wechsel einem solchen gleichgeachtet, dessen Annahme gänzlich verweigert worden ist, der Acceptant haftet aber nach dem Inhalte seines Acceptes wechselmäßig.

Art. 23. Der Bezogene wird durch die Annahme wechselmäßig verpflichtet, die von ihm acceptirte Summe zur Verfallzeit zu zahlen.

Auch dem Aussteller haftet der Bezogene aus dem Accepte wechselmäßig.

Dagegen steht dem Bezogenen kein Wechselrecht gegen den Aussteller zu.

Art. 24. Ist in dem Wechsel ein vom Wohnorte des Bezogenen verschiedener Zahlungsort (Art. 4, Nr. 8) angegeben (Domizilwechsel), so ist, insofern der Wechsel nicht schon ergiebt, durch wen die Zahlung am Zahlungsorte erfolgen soll, dies vom Bezogenen bei der Annahme auf den Wechsel zu bemerken. Ist dies nicht geschehen, so wird angenommen, daß der Bezogene selbst die Zahlung am Zahlungsorte leisten wolle.

Der Aussteller eines Domizilwechsels kann in demselben die Präsentation zur Annahme vorschreiben. Die Nichtbeobachtung dieser Vorschrift hat den Verlust des Regresses gegen den Aussteller und die Indossanten zur Folge.

VI. Regreß auf Sicherstellung.

1. Wegen nicht erhaltener Annahme.

Art. 25. Wenn die Annahme eines Wechsels überhaupt nicht, oder unter Einschränkungen, oder nur auf eine geringere Summe erfolgt ist, so sind die Indossanten und der Aussteller wechselmäßig verpflichtet, gegen Aushändigung des, Mangels Annahme aufgenommenen Protestes genügende Sicherheit dahin zu leisten, daß die Bezahlung der im Wechsel verschriebenen Summe oder des nicht angenommenen Betrages, sowie die Erstattung der durch die Nichtannahme veranlaßten Kosten am Verfalltage erfolgen werde.

Jedoch sind diese Personen auch befugt, auf ihre Kosten die schuldige Summe bei Gericht oder bei einer anderen, zur Annahme von Depositen ermächtigten Behörde oder Anstalt niederzulegen.[1]

Art. 26. Der Remittent, sowie jeder Indossatar wird durch den Besitz des Mangels Annahme aufgenommenen Protestes ermächtigt, von dem Aussteller und den übrigen Vormännern Sicherheit zu fordern und im Wege des Wechselprozesses darauf zu klagen.

Der Regreßnehmer ist hierbei an die Folgeordnung der Indossamente und die einmal getroffene Wahl nicht gebunden.

Der Beibringung des Wechsels und des Nachweises, daß der Regreßnehmer seinen Nachmännern selbst Sicherheit bestellt habe, bedarf es nicht.

Art. 27. Die bestellte Sicherheit haftet nicht blos dem Regreßnehmer, sondern auch allen übrigen Nachmännern des Bestellers, insofern sie gegen ihn den Regreß auf Sicherstellung nehmen. Dieselben sind weitere Sicherheit zu verlangen nur in dem Falle berechtigt, wenn sie gegen die Art oder Größe der bestellten Sicherheit Einwendungen zu begründen vermögen.

Art. 28. Die bestellte Sicherheit muß zurückgegeben werden:

1. sobald die vollständige Annahme des Wechsels nachträglich erfolgt ist;
2. wenn gegen den Regreßpflichtigen, welcher sie bestellt hat, binnen Jahresfrist, vom Verfalltage des Wechsels an gerechnet, auf Zahlung aus dem Wechsel nicht geklagt worden ist;
3. wenn die Zahlung des Wechsels erfolgt oder die Wechselkraft desselben erloschen ist.

2. Wegen Unsicherheit des Acceptanten.

Art. 29. Ist ein Wechsel ganz oder theilweise angenommen worden, so kann in Betreff der acceptirten Summe Sicherheit nur gefordert werden:

1. wenn über das Vermögen des Acceptanten der Konkurs (Debitverfahren, Falliment) eröffnet worden ist oder der Acceptant auch nur seine Zahlungen eingestellt hat;

[1] Statt dieses Absatzes bestimmt die Oesterr. WO: Die Art der Sicherstellung und der Ort, wo die zur Sicherheit gegebene Sache verwahrt werden soll, hängt von der Uebereinkunft der Parteien ab. Sind sie darüber nicht einig, so muß der sicherzustellende Betrag bei Gericht baar erlegt werden. Dem Wechselgläubiger gebührt auf die zur Sicherstellung erlegte Sache das Pfandrecht, wenn es ihm auch nicht ausdrücklich eingeräumt worden ist.

2. wenn nach Ausstellung des Wechsels eine Exekution in das Vermögen des Acceptanten fruchtlos ausgefallen oder wider denselben wegen Erfüllung einer Zahlungsverbindlichkeit die Vollstreckung des Personalarrestes verfügt worden ist.

Wenn in diesen Fällen die Sicherheit von dem Acceptanten nicht geleistet und dieserhalb Protest gegen denselben erhoben wird, auch von den auf dem Wechsel etwa benannten Nothadressen die Annahme nach Ausweis des Protestes nicht zu erhalten ist, so kann der Inhaber des Wechsels und jeder Indossatar gegen Auslieferung des Protestes von seinen Vormännern Sicherstellung fordern. (Art. 25—28.) Der bloße Besitz des Wechsels vertritt die Stelle einer Vollmacht, in den Nummer 1 und 2 genannten Fällen von dem Acceptanten Sicherheitsbestellung zu fordern und, wenn solche nicht zu erhalten ist, Protest erheben zu lassen.

Der Wechselinhaber ist berechtigt, in den Nummer 1 und 2 genannten Fällen auch von dem Acceptanten im Wege des Wechselprozesses Sicherheitsbestellung zu fordern.[1]

VII. Erfüllung der Wechselverbindlichkeit.

1. Zahlungstag.

Art. 30. Ist in dem Wechsel ein bestimmter Tag als Zahlungstag bezeichnet, so tritt die Verfallzeit an diesem Tage ein. Ist die Zahlungszeit auf die Mitte eines Monats gesetzt worden, so ist der Wechsel am 15. dieses Monats fällig. Ist die Zahlungszeit auf Anfang oder ist sie auf Ende eines Monats gesetzt worden, so ist darunter der erste oder letzte Tag des Monats zu verstehen.[2]

Art. 31. Ein auf Sicht gestellter Wechsel ist bei der Vorzeigung fällig. Ein solcher Wechsel muß bei Verlust des wechselmäßigen Anspruchs gegen die Indossanten und den Aussteller nach Maaßgabe der besonderen im Wechsel enthaltenen Bestimmung, und in Ermangelung derselben binnen zwei Jahren nach der Ausstellung zur Zahlung präsentirt werden. Hat ein Indossant auf einem Wechsel dieser Art seinem Indossamente eine besondere Präsentationsfrist hinzugefügt, so erlischt seine wechselmäßige Verpflichtung, wenn der Wechsel nicht innerhalb dieser Frist präsentirt worden ist.

Art. 32. Bei Wechseln, welche mit dem Ablaufe einer bestimmten Frist nach Sicht oder nach Dato zahlbar sind, tritt die Verfallzeit ein:

---

[1] Nov. 6; in Oesterreich eingeführt durch Justizministerial=V 2./11. 58 (RGB Nr. 198).

[2] Nov. 7. Oesterr. Nov. 4.

1. wenn die Frist nach Tagen bestimmt ist, an dem letzten Tage der Frist; bei Berechnung der Frist wird der Tag, an welchem der nach Dato zahlbare Wechsel ausgestellt oder der nach Sicht zahlbare zur Annahme präsentirt ist, nicht mitgerechnet;
2. wenn die Frist nach Wochen, Monaten, oder einem mehrere Monate umfassenden Zeitraume (Jahr, halbes Jahr, Vierteljahr) bestimmt ist, an demjenigen Tage der Zahlungswoche oder des Zahlungsmonats, der durch seine Benennung oder Zahl dem Tage der Ausstellung oder der Präsentation entspricht; fehlt dieser Tag in dem Zahlungsmonate, so tritt die Verfallzeit am letzten Tage des Zahlungsmonats ein.

Der Ausdruck „halber Monat" wird einem Zeitraume von 15 Tagen gleichgeachtet. Ist der Wechsel auf einen oder mehrere ganze Monate und einen halben Monat gestellt, so sind die 15 Tage zuletzt zu zählen.

Art. 33. Respekttage finden nicht statt.

Art. 34. Ist in einem Lande, in welchem nach altem Style gerechnet wird, ein im Inlande zahlbarer Wechsel nach Dato ausgestellt, und dabei nicht bemerkt, daß der Wechsel nach neuem Style datirt sei, oder ist derselbe nach beiden Stylen datirt, so wird der Verfalltag nach demjenigen Kalendertage des neuen Styls berechnet, welcher dem nach altem Style sich ergebenden Tage der Ausstellung entspricht.

Art. 35. Meß- oder Marktwechsel werden zu der durch die Gesetze des Meß- oder Marktortes bestimmten Zahlungszeit, und in Ermangelung einer solchen Festsetzung an dem Tage vor dem gesetzlichen Schlusse der Messe oder des Marktes fällig. Dauert die Messe oder der Markt nur einen Tag, so tritt die Verfallzeit des Wechsels an diesem Tage ein.

2. Zahlung.

Art. 36. Der Inhaber eines indossirten Wechsels wird durch eine zusammenhängende, bis auf ihn hinuntergehende Reihe von Indossamenten als Eigenthümer des Wechsels legitimirt. Das erste Indossament muß demnach mit dem Namen des Remittenten, jedes folgende Indossament mit dem Namen desjenigen unterzeichnet sein, welchen das unmittelbar vorhergehende Indossament als Indossatar benennt. Wenn auf ein Blanko-Indossament ein weiteres Indossament folgt, so wird angenommen, daß der Aussteller des letzteren den Wechsel durch das Blanko-Indossament erworben hat. Ausgestrichene Indossamente werden bei der Prüfung der Legitimation als nicht geschrieben angesehen. Die Echtheit der Indossamente zu prüfen, ist der Zahlende nicht verpflichtet.

Art. 37. Lautet ein Wechsel auf eine Münzsorte, welche am

Zahlungsorte keinen Umlauf hat, oder auf eine Rechnungswährung, so kann die Wechselsumme nach ihrem Werthe zur Verfallzeit in der Landesmünze gezahlt werden, sofern nicht der Aussteller durch den Gebrauch des Wortes „effektiv" oder eines ähnlichen Zusatzes die Zahlung in der im Wechsel benannten Münzsorte ausdrücklich bestimmt hat.

Art. 38. Der Inhaber des Wechsels darf eine ihm angebotene Theilzahlung selbst dann nicht zurückweisen, wenn die Annahme auf den ganzen Betrag der verschriebenen Summe erfolgt ist.

Art. 39. Der Wechselschuldner ist nur gegen Aushändigung des quittirten Wechsels zu zahlen verpflichtet. Hat der Wechselschuldner eine Theilzahlung geleistet, so kann derselbe nur verlangen, daß die Zahlung auf den Wechsel abgeschrieben und ihm Quittung auf einer Abschrift des Wechsels ertheilt werde.

Art. 40. Wird die Zahlung des Wechsels zur Verfallzeit nicht gefordert, so ist der Acceptant nach Ablauf der für die Protesterhebung Mangels Zahlung bestimmten Frist befugt, die Wechselsumme auf Gefahr und Kosten des Inhabers bei Gericht oder[1] bei einer anderen zur Annahme von Depositen ermächtigten Behörde oder Anstalt niederzulegen. Der Vorladung des Inhabers bedarf es nicht.

VIII. Regreß Mangels Zahlung.

Art. 41. Zur Ausübung des bei nicht erlangter Zahlung statthaften Regresses gegen den Aussteller und die Indossanten ist erforderlich:

1. daß der Wechsel zur Zahlung präsentirt worden ist, und
2. daß sowohl diese Präsentation, als die Nichterlangung der Zahlung durch einen rechtzeitig darüber aufgenommenen Protest[2] dargethan wird.

Die Erhebung des Protestes ist am Zahlungstage zulässig, sie muß aber spätestens am zweiten Werktage nach dem Zahlungstage geschehen.

Art. 42. Die Aufforderung, keinen Protest erheben zu lassen („ohne Protest", „ohne Kosten" 2c.), gilt als Erlaß des Protestes, nicht aber als Erlaß der Pflicht zur rechtzeitigen Präsentation. Der

[1] oder . . . Anstalt: fehlt Oesterr. WO.

[2] Ueber die Gebühren der Reichskonsuln für die Aufnahme eines Protestes vgl. Tarif 15./3. 68 Nr. 16 (BGBl 24); 1./7. 72 Nr. 28 (RGBl 251); über die Protestirung von Handelspapieren des Postauftragsverkehrs im Weltpostverein Uebereink. 21./3. 85, 2 (RGBl 86, 115). Ueber die Beglaubigung des Wechselprotestes im Verkehr zwischen Deutschland und Oesterreich-Ungarn Vertr. 25./2. 80, 2 (RGBl 81, 5).

Wechselverpflichtete, von welchem jene Aufforderung ausgeht, muß die Beweislast übernehmen, wenn er die rechtzeitig geschehene Präsentation in Abrede stellt. Gegen die Pflicht zum Ersatze der Protestkosten schützt jene Aufforderung nicht.

Art. 43. Domizilirte Wechsel sind dem Domiziliaten, oder wenn ein solcher nicht benannt ist, dem Bezogenen selbst an demjenigen Orte, wohin der Wechsel domizilirt ist, zur Zahlung zu präsentiren, und wenn die Zahlung unterbleibt, dort zu protestiren. Wird die rechtzeitige Protesterhebung beim Domiziliaten verabsäumt, so geht dadurch der wechselmäßige Anspruch nicht nur gegen den Aussteller und die Indossanten, sondern auch gegen den Acceptanten verloren.

Art. 44. Zur Erhaltung des Wechselrechts gegen den Acceptanten bedarf es, mit Ausnahme des im Artikel 43 erwähnten Falles, weder der Präsentation am Zahlungstage, noch der Erhebung eines Protestes.

Art. 45. Der Inhaber eines Mangels Zahlung protestirten Wechsels ist verpflichtet, seinen unmittelbaren Vormann innerhalb zweier Tage nach dem Tage der Protesterhebung von der Nichtzahlung des Wechsels schriftlich zu benachrichtigen, zu welchem Ende es genügt, wenn das Benachrichtigungsschreiben innerhalb dieser Frist zur Post gegeben ist. Jeder benachrichtigte Vormann muß binnen derselben, vom Tage des empfangenen Berichtes zu berechnenden Frist seinen nächsten Vormann in gleicher Weise benachrichtigen. Der Inhaber oder Indossatar, welcher die Benachrichtigung unterläßt oder dieselbe nicht an den unmittelbaren Vormann ergehen läßt, wird hierdurch den sämmtlichen oder den übersprungenen Vormännern zum Ersatze des aus der unterlassenen Benachrichtigung entstandenen Schadens verpflichtet. Auch verliert derselbe gegen diese Personen den Anspruch auf Zinsen und Kosten, so daß er nur die Wechselsumme zu fordern berechtigt ist.

Art. 46. Kommt es auf den Nachweis der dem Vormanne rechtzeitig gegebenen schriftlichen Benachrichtigung an, so genügt zu diesem Zwecke der durch ein Postattest geführte Beweis, daß ein Brief von dem Betheiligten an den Adressaten an dem angegebenen Tage abgesandt ist, sofern nicht dargethan wird, daß der angekommene Brief einen andern Inhalt gehabt hat. Auch der Tag des Empfanges der erhaltenen schriftlichen Benachrichtigung kann durch ein Postattest nachgewiesen werden.

Art. 47. Hat ein Indossant den Wechsel ohne Hinzufügung einer Ortsbezeichnung weiter begeben, so ist der Vormann desselben von der unterbliebenen Zahlung zu benachrichtigen.

Art. 48. Jeder Wechselschuldner hat das Recht, gegen Erstattung der Wechselsumme nebst Zinsen und Kosten die Auslieferung des quittirten Wechsels und des wegen Nichtzahlung erhobenen Protestes von dem Inhaber zu fordern.

Art. 49. Der Inhaber eines Mangels Zahlung protestirten Wechsels kann die Wechselklage gegen alle Wechselverpflichtete oder auch nur gegen Einige oder Einen derselben anstellen, ohne dadurch seinen Anspruch gegen die nicht in Anspruch genommenen Verpflichteten zu verlieren. Derselbe ist an die Reihenfolge der Indossamente nicht gebunden.

Art. 50. Die Regreßansprüche des Inhabers, welcher den Wechsel Mangels Zahlung hat protestiren lassen, beschränken sich auf

1. die nicht bezahlte Wechselsumme nebst sechs Prozent jährlicher Zinsen vom Verfalltage ab,
2. die Protestkosten und anderen Auslagen,
3. eine Provision von ein Drittel Prozent.

Die vorstehenden Beträge müssen, wenn der Regreßpflichtige an einem anderen Orte als dem Zahlungsorte wohnt, zu demjenigen Kurse gezahlt werden, welchen ein vom Zahlungsorte auf den Wohnort des Regreßpflichtigen gezogener Wechsel auf Sicht hat. Besteht am Zahlungsorte kein Kurs auf jenen Wohnort, so wird der Kurs nach demjenigen Platze genommen, welcher dem Wohnorte des Regreßpflichtigen am nächsten liegt. Der Kurs ist auf Verlangen des Regreßpflichtigen durch einen unter öffentlicher Autorität ausgestellten Kurszettel oder durch das Attest eines vereideten Mäklers oder, in Ermangelung derselben, durch ein Attest zweier Kaufleute zu bescheinigen.

Art. 51. Der Indossant, welcher den Wechsel eingelöst oder als Rimesse erhalten hat, ist von einem früheren Indossanten oder von dem Aussteller zu fordern berechtigt:

1. die von ihm gezahlte oder durch Rimesse berichtigte Summe nebst sechs Prozent jährlicher Zinsen vom Tage der Zahlung,
2. die ihm erstandenen Kosten,
3. eine Provision von ein Drittel Prozent.

Die vorstehenden Beträge müssen, wenn der Regreßpflichtige an einem anderen Orte als der Regreßnehmer wohnt, zu demjenigen Kurse gezahlt werden, welchen ein vom Wohnorte des Regreßnehmers auf den Wohnort des Regreßpflichtigen gezogener Wechsel auf Sicht hat. Besteht im Wohnorte des Regreßnehmers kein Kurs auf den Wohnort des Regreßpflichtigen, so wird der Kurs nach demjenigen Platze genommen, welcher dem Wohnorte des Regreßpflichtigen am nächsten liegt. Wegen der Bescheinigung des Kurses kommt die Bestimmung des Artikels 50 zur Anwendung.

Art. 52. Durch die Bestimmungen der Artikel 50 und 51 Nummer 1 und 3 wird bei einem Regresse auf einen ausländischen Ort die Berechnung höherer, dort zulässiger Sätze nicht ausgeschlossen.

Art. 53. Der Regreßnehmer kann über den Betrag seiner Forderung einen Rückwechsel auf den Regreßpflichtigen ziehen. Der Forderung treten in diesem Falle noch die Mäklergebühren für Negozirung des Rückwechsels, sowie die etwaigen Stempelgebühren, hinzu. Der Rückwechsel muß auf Sicht zahlbar und unmittelbar (a drittura) gestellt werden.

Art. 54. Der Regreßpflichtige ist nur gegen Auslieferung des Wechsels, des Protestes und einer quittirten Retourrechnung Zahlung zu leisten verbunden.

Art. 55. Jeder Indossant, der einen seiner Nachmänner befriedigt hat, kann sein eigenes und seiner Nachmänner Indossament ausstreichen.

IX. Intervention.

1. Ehrenannahme.

Art. 56. Befindet sich auf einem Mangels Annahme protestirten Wechsel eine auf den Zahlungsort lautende Nothadresse, so muß, ehe Sicherstellung verlangt werden kann, die Annahme von der Nothadresse gefordert werden. Unter mehreren Nothadressen gebührt derjenigen der Vorzug, durch deren Zahlung die meisten Verpflichteten befreit werden.

Art. 57. Die Ehrenannahme von Seiten einer nicht auf dem Wechsel als Nothadresse benannten Person braucht der Inhaber nicht zuzulassen.

Art. 58. Der Ehrenacceptant muß sich den Protest Mangels Annahme gegen Erstattung der Kosten aushändigen und in einem Anhange zu demselben die Ehrenannahme bemerken lassen. Er muß den Honoraten unter Uebersendung des Protestes von der geschehenen Intervention benachrichtigen und diese Benachrichtigung mit dem Proteste innerhalb zweier Tage nach dem Tage der Protesterhebung zur Post geben Unterläßt er dies, so haftet er für den durch die Unterlassung entstehenden Schaden.

Art. 59. Wenn der Ehrenacceptant unterlassen hat, in seinem Accepte zu bemerken, zu wessen Ehren die Annahme geschieht, so wird der Aussteller als Honorat angesehen.

Art. 60. Der Ehrenacceptant wird den sämmtlichen Nachmännern des Honoraten durch die Annahme wechselmäßig verpflichtet. Diese Verpflichtung erlischt, wenn dem Ehrenacceptanten der Wechsel nicht spätestens am zweiten Werktage nach dem Zahlungstage zur Zahlung vorgelegt wird.

Art. 61. Wenn der Wechsel von einer Nothadresse oder einem anderen Intervenienten zu Ehren angenommen wird, so haben der Inhaber und die Nachmänner des Honoraten keinen Regreß auf Sicherstellung. Derselbe kann aber von dem Honoraten und dessen Vormännern geltend gemacht werden.

2. Ehrenzahlung.

Art. 62. Befinden sich auf dem von dem Bezogenen nicht eingelösten Wechsel oder der Kopie Nothadressen oder ein Ehrenaccept, welche auf den Zahlungsort lauten, so muß der Inhaber den Wechsel spätestens am zweiten Werktage nach dem Zahlungstage den sämmtlichen Nothadressen und dem Ehrenacceptanten zur Zahlung vorlegen, und den Erfolg im Proteste Mangels Zahlung oder in einem Anhange zu demselben bemerken lassen. Unterläßt er dies, so verliert er den Regreß gegen den Adressanten oder Honoraten und deren Nachmänner. Weist der Inhaber die von einem anderen Intervenienten angebotene Ehrenzahlung zurück, so verliert er den Regreß gegen die Nachmänner des Honoraten.

Art. 63. Dem Ehrenzahler muß der Wechsel und der Protest Mangels Zahlung gegen Erstattung der Kosten ausgehändigt werden. Er tritt durch die Ehrenzahlung in die Rechte des Inhabers (Art. 50 und 52) gegen den Honoraten, dessen Vormänner und den Acceptanten.

Art. 64. Unter Mehreren, welche sich zur Ehrenzahlung erbieten, gebührt Demjenigen der Vorzug, durch dessen Zahlung die meisten Wechselverpflichteten befreit werden. Ein Intervenient, welcher zahlt, obgleich aus dem Wechsel oder Proteste ersichtlich ist, daß ein Anderer, dem er hiernach nachstehen müßte, den Wechsel einzulösen bereit war, hat keinen Regreß gegen diejenigen Indossanten, welche durch Leistung der von dem Anderen angebotenen Zahlung befreit worden wären.

Art. 65. Der Ehrenacceptant, welcher nicht zur Zahlungsleistung gelangt, weil der Bezogene oder ein anderer Intervenient bezahlt hat, ist berechtigt, von dem Zahlenden eine Provision von $^1/_3$ Procent zu verlangen.

X. Vervielfältigung eines Wechsels.

1. Wechselduplikate.

Art. 66. Der Aussteller eines gezogenen Wechsels ist verpflichtet, dem Remittenten auf Verlangen mehrere gleichlautende Exemplare des Wechsels zu überliefern. Dieselben müssen im Kontexte als Prima, Sekunda, Tertia 2c. bezeichnet sein, widrigenfalls jedes Exemplar als ein für sich bestehender Wechsel (Sola-Wechsel) erachtet wird. Auch ein Indossatar kann ein Duplikat des Wechsels verlangen. Er muß sich dieserhalb an seinen unmittelbaren Vormann wenden, welcher wieder an seinen Vormann zurückgehen muß, bis die Anforderung an den Aussteller gelangt. Jeder Indossatar kann von seinem Vormanne verlangen, daß die früheren Indossamente auf dem Duplikate wiederholt werden.

Art. 67. Ist von mehreren ausgefertigten Exemplaren das eine bezahlt, so verlieren dadurch die anderen ihre Kraft. Jedoch bleiben aus den übrigen Exemplaren verhaftet:

1. der Indossant, welcher mehrere Exemplare desselben Wechsels an verschiedene Personen indossirt hat, und alle späteren Indossanten, deren Unterschriften sich auf den, bei der Zahlung nicht zurückgegebenen Exemplaren befinden, aus ihren Indossamenten;
2. der Acceptant, welcher mehrere Exemplare desselben Wechsels acceptirt hat, aus den Accepten auf den bei der Zahlung nicht zurückgegebenen Exemplaren.

Art. 68. Wer eines von mehreren Exemplaren eines Wechsels zur Annahme versandt hat, muß auf den übrigen Exemplaren bemerken, bei wem das von ihm zur Annahme versandte Exemplar anzutreffen ist. Das Unterlassen dieser Bemerkung entzieht jedoch dem Wechsel nicht die Wechselkraft. Der Verwahrer des zum Accepte versandten Exemplars ist verpflichtet, dasselbe Demjenigen auszuliefern, der sich als Indossatar (Art. 36) oder auf andere Weise zur Empfangnahme legitimirt.

Art. 69. Der Inhaber eines Duplikats, auf welchem angegeben ist, bei wem das zum Accepte versandte Exemplar sich befindet, kann Mangels Annahme desselben den Regreß auf Sicherstellung und Mangels Zahlung den Regreß auf Zahlung nicht eher nehmen, als bis er durch Protest hat feststellen lassen:

1. daß das zum Accepte versandte Exemplar ihm vom Verwahrer nicht verabfolgt worden ist, und
2. daß auch auf das Duplikat die Annahme oder die Zahlung nicht zu erlangen gewesen.

2. Wechselkopien.

Art. 70. Wechselkopien müssen eine Abschrift des Wechsels und der darauf befindlichen Indossamente und Vermerke enthalten und mit der Erklärung: „bis hierher Abschrift (Kopie)“ oder mit einer ähnlichen Bezeichnung versehen sein. In der Kopie ist zu bemerken, bei wem das zur Annahme versandte Original des Wechsels anzutreffen ist. Das Unterlassen dieses Vermerkes entzieht jedoch der indossirten Kopie nicht ihre wechselmäßige Kraft.

Art. 71. Jedes auf einer Kopie befindliche Original-Indossament verpflichtet den Indossanten eben so, als wenn es auf einem Originalwechsel stünde.

Art. 72. Der Verwahrer des Originalwechsels ist verpflichtet, denselben dem Besitzer einer mit einem oder mehreren Original-Indossamenten versehenen Kopie auszuliefern, sofern sich derselbe als Indossatar oder auf andere Weise zur Empfangnahme legitimirt. Wird der Originalwechsel vom Verwahrer nicht ausgeliefert, so ist der Inhaber der Wechselkopie nur nach Aufnahme des im Artikel 69 Nummer 1 erwähnten Protestes Regreß auf Sicherstellung und nach Eintritt des in der Kopie angegebenen Verfalltages Regreß auf Zahlung gegen diejenigen Indossanten zu nehmen berechtigt, deren Original-Indossamente auf der Kopie befindlich sind.

XI. Abhanden gekommene Wechsel.

Art. 73. Der Eigenthümer eines abhanden gekommenen Wechsels kann die Amortisation des Wechsels bei dem Gerichte des Zahlungsortes beantragen.[1] Nach Einleitung des Amortisationsverfahrens kann derselbe[2] vom Acceptanten Zahlung fordern, wenn er bis zur Amortisation des Wechsels Sicherheit bestellt. Ohne eine solche Sicherheitsstellung ist er nur die Deposition der aus dem Accepte schuldigen Summe bei Gericht oder[3] bei einer anderen zur Annahme von Depositen ermächtigten Behörde oder Anstalt zu fordern berechtigt.

Art. 74. Der nach den Bestimmungen des Artikels 36 legitimirte Besitzer eines Wechsels kann nur dann zur Herausgabe desselben angehalten werden, wenn er den Wechsel in bösem Glauben erworben hat oder ihm bei der Erwerbung des Wechsels eine grobe Fahrlässigkeit zur Last fällt.[4]

[1] Oesterr. WO schiebt hier ein: Das Gericht, bei welchem ein Gesuch um Amortisation eines Wechsels überreicht worden ist, hat hierüber ein Edikt mit der Aufforderung an den Inhaber des Wechsels denselben dem Gerichte vorzulegen, zu erlassen, darin die Frist auf fünfundvierzig Tage zu bestimmen und den Anfang derselben, wenn der Wechsel noch nicht fällig ist, auf den ersten Tag nach der Verfallzeit des Wechsels festzusetzen.

[2] Oesterr. WO: kann der Eigenthümer.

[3] Oesterr. WO: oder ... Anstalt: fehlt.

[4] Vgl. jetzt CPO 837 ff. (oben zu HGB Art. 305).

XII. Falsche Wechsel.[1]

Art. 75. Auch wenn die Unterschrift des Ausstellers eines Wechsels falsch oder verfälscht ist, behalten dennoch das ächte Accept und die ächten Indossamente die wechselmäßige Wirkung.

Art. 76. Aus einem, mit einem falschen oder verfälschten Accepte oder Indossamente versehenen Wechsel bleiben sämmtliche Indossanten und der Aussteller, deren Unterschriften ächt sind, wechselmäßig verpflichtet.

XIII. Wechselverjährung.

Art. 77. Der wechselmäßige Anspruch gegen den Acceptanten verjährt in drei Jahren vom Verfalltage des Wechsels an gerechnet.

Art. 78. Die Regreßansprüche des Inhabers (Art. 50) gegen den Aussteller und die übrigen Vormänner verjähren:

1. in 3 Monaten, wenn der Wechsel in Europa, mit Ausnahme von Island und den Faröern, zahlbar war;
2. in 6 Monaten, wenn der Wechsel in den Küstenländern von Asien und Afrika längs des Mittelländischen und Schwarzen Meeres, oder in den dazu gehörigen Inseln dieser Meere zahlbar war;
3. in 18 Monaten, wenn der Wechsel in einem anderen außereuropäischen Lande oder in Island oder den Faröern zahlbar war.

Die Verjährung beginnt gegen den Inhaber mit dem Tage des erhobenen Protestes.

---

[1] **StGB** 268: Eine Urkundenfälschung, welche in der Absicht begangen wird, sich oder einem Anderen einen Vermögensvortheil zu verschaffen oder einem Anderen Schaden zuzufügen, wird bestraft, wenn

1. die Urkunde eine Privaturkunde ist, mit Zuchthaus bis zu fünf Jahren, neben welchem auf Geldstrafe bis zu dreitausend Mark erkannt werden kann.

Sind mildernde Umstände vorhanden, so tritt Gefängnißstrafe ein, welche bei der Fälschung einer Privaturkunde nicht unter Einer Woche, bei der Fälschung einer öffentlichen Urkunde nicht unter drei Monaten betragen soll. Neben der Gefängnißstrafe kann zugleich auf Geldstrafe bis zu dreitausend Mark erkannt werden.

269. Der fälschlichen Anfertigung einer Urkunde wird es gleich geachtet, wenn Jemand einem mit der Unterschrift eines Anderen versehenen Papiere ohne dessen Willen oder dessen Anordnungen zuwider durch Ausfüllung einen urkundlichen Inhalt giebt.

270. Der Urkundenfälschung wird es gleich geachtet, wenn Jemand von einer falschen oder verfälschten Urkunde, wissend, daß sie falsch oder verfälscht ist, zum Zwecke einer Täuschung Gebrauch macht.

Art. 79. Die Regreßansprüche des Indossanten (Art. 51) gegen den Aussteller und die übrigen Vormänner verjähren:

1. in 3 Monaten, wenn der Regreßnehmer in Europa, mit Ausnahme von Island und den Faröern, wohnt;
2. in 6 Monaten, wenn der Regreßnehmer in den Küstenländern von Asien und Afrika längs des Mittelländischen und Schwarzen Meeres, oder in den dazu gehörigen Inseln dieser Meere wohnt;
3. in 18 Monaten, wenn der Regreßnehmer in einem anderen außereuropäischen Lande oder in Island oder den Faröern wohnt.

Gegen den Indossanten läuft die Frist, wenn er, ehe eine Wechselklage gegen ihn angestellt worden, gezahlt hat, vom Tage der Zahlung, in allen übrigen Fällen aber vom Tage der ihm geschehenen Behändigung der Klage oder Ladung.

Art. 80. Die Verjährung (Art. 77—79) wird nur durch Behändigung der Klage unterbrochen, und nur in Beziehung auf Denjenigen, gegen welchen die Klage gerichtet ist. Jedoch vertritt in dieser Hinsicht die von dem Verklagten geschehene Streitverkündigung die Stelle der Klage.[1]

XIV. Klagerecht des Wechselgläubigers.[2]

Art. 81. Die wechselmäßige Verpflichtung trifft den Aussteller, Acceptanten und Indossanten des Wechsels, sowie einen Jeden, wel-

---

[1] **KO** 13: Die Eröffnung des Konkursverfahrens hemmt nicht den Lauf der Verjährung. Durch die Anmeldung einer Konkursforderung wird deren Verjährung unterbrochen.

EG z. KO 3: Der Artikel 80 der Wechselordnung wird dahin abgeändert, daß die Verjährung auch nach Maaßgabe des § 13 der Konkursordnung unterbrochen wird.

EG z. CPO 13 (s. oben z. **HGB** Art. 3), **CPO** 239: Die Vorschriften des bürgerlichen Rechts über die sonstigen Wirkungen der Rechtshängigkeit bleiben unberührt. Diese Wirkungen, sowie alle Wirkungen, welche durch die Vorschriften des bürgerlichen Rechts an die Anstellung, Mittheilung oder gerichtliche Anmeldung der Klage, an die Ladung oder Einlassung des Beklagten geknüpft werden, treten unbeschadet der Vorschrift des § 190 mit der Erhebung der Klage ein.

[2] **GVG** 101 (s. oben zu **HGB** Art. 3).

CPO 555: Ein Anspruch, welcher die Zahlung einer bestimmten Geldsumme oder die Leistung einer bestimmten Quantität anderer vertretbarer Sachen oder Werthpapiere zum Gegenstande hat, kann im Urkundenprozesse geltend gemacht werden, wenn die sämmtlichen zur Begründung des Anspruchs erforderlichen Thatsachen durch Urkunden bewiesen werden können.

cher den Wechsel, die Wechselkopie, das Accept oder das Indossament mitunterzeichnet hat, selbst dann, wenn er sich dabei nur als Bürge

---

556. Die Klage muß die Erklärung enthalten, daß im Urkundenprozesse geklagt werde. Die Urkunden müssen in Urschrift oder in Abschrift der Klage beigefügt werden.

557. Auf Grund prozeßhindernder Einreden darf die Verhandlung zur Hauptsache nicht verweigert werden; das Gericht kann jedoch die abgesonderte Verhandlung über diese Einreden auch von Amtswegen anordnen.

558. Widerklagen sind nicht statthaft.

Als Beweismittel sind bezüglich der Aechtheit oder Unächtheit einer Urkunde, sowie bezüglich anderer als der im § 555 erwähnten Thatsachen nur Urkunden und Eideszuschiebung zulässig.

Die Antretung des Urkundenbeweises kann nur durch Vorlegung der Urkunden erfolgen.

Die Leistung eines Eides ist durch Beweisschluß anzuordnen.

559. Der Kläger kann, ohne daß es der Einwilligung des Beklagten bedarf, bis zum Schlusse der mündlichen Verhandlung von dem Urkundenprozesse in der Weise abstehen, daß der Rechtsstreit im ordentlichen Verfahren anhängig bleibt.

560. Insoweit der in der Klage geltend gemachte Anspruch an sich oder in Folge einer Einrede des Beklagten als unbegründet sich darstellt, ist der Kläger mit dem Anspruche abzuweisen.

Ist der Urkundenprozeß unstatthaft, ist insbesondere ein dem Kläger obliegender Beweis nicht mit den im Urkundenprozesse zulässigen Beweismitteln angetreten oder mit solchen Beweismitteln nicht vollständig geführt, so wird die Klage als in der gewählten Prozeßart unstatthaft abgewiesen, selbst wenn in dem Termine zur mündlichen Verhandlung der Beklagte nicht erschienen ist oder der Klage nur auf Grund von Einwendungen widersprochen hat, welche rechtlich unbegründet oder im Urkundenprozesse unstatthaft sind.

561. Einwendungen des Beklagten sind, wenn der dem Beklagten obliegende Beweis derselben nicht mit den im Urkundenprozesse zulässigen Beweismitteln angetreten oder mit solchen Beweismitteln nicht vollständig geführt ist, als im Urkundenprozesse unstatthaft zurückzuweisen.

562. Dem Beklagten, welcher dem geltend gemachten Anspruche widersprochen hat, ist in allen Fällen, in denen er verurtheilt wird, die Ausführung seiner Rechte vorzubehalten.

Enthält das Urtheil keinen Vorbehalt, so kann die Ergänzung des Urtheils nach Vorschrift des § 292 beantragt werden.

Das Urtheil, welches unter Vorbehalt der Rechte ergeht, ist in Betreff der Rechtsmittel und der Zwangsvollstreckung als Endurtheil anzusehen.

563. Wird dem Beklagten die Ausführung seiner Rechte vorbehalten, so bleibt der Rechtsstreit im ordentlichen Verfahren anhängig.

Insoweit sich in diesem Verfahren ergiebt, daß der klagend geltend gemachte Anspruch unbegründet war, ist das frühere Urtheil aufzuheben, der Kläger mit dem Anspruche abzuweisen und zur vollen oder theilweisen Er-

(per aval) benannt hat. Die Verpflichtung dieser Personen erstreckt sich auf Alles, was der Wechselinhaber wegen Nichterfüllung der

---

stattung der verursachten Kosten, sowie auf Antrag zur Erstattung des von dem Beklagten auf Grund des Urtheils Gezahlten oder Geleisteten zu verurtheilen.

Erscheint in diesem Verfahren eine Partei nicht, so finden die Vorschriften über das Versäumnißurtheil Anwendung.

564. Die Vorschriften der §§ 502, 503 finden im Urkundenprozesse keine Anwendung.

565. Werden im Urkundenprozesse Ansprüche aus Wechseln im Sinne der Wechselordnung geltend gemacht (Wechselprozeß), so kommen die nachfolgenden besonderen Vorschriften zur Anwendung.

566. Wechselklagen können sowohl bei dem Gerichte des Zahlungsorts als bei dem Gericht angestellt werden, bei welchem der Beklagte seinen allgemeinen Gerichtsstand hat.

Wenn mehrere Wechselverpflichtete gemeinschaftlich verklagt werden, so ist außer dem Gerichte des Zahlungsorts jedes Gericht zuständig, bei welchem einer der Beklagten seinen allgemeinen Gerichtsstand hat.

567. Die Klage muß die Erklärung enthalten, daß im Wechselprozesse geklagt werde.

Die Einlassungsfrist beträgt, wenn die Klage am Sitze des Gerichts zugestellt wird, mindestens vierundzwanzig Stunden; wenn sie an einem anderen Orte im Bezirke des Gerichts zugestellt wird, mindestens drei Tage; wenn sie an einem anderen deutschen Orte zugestellt wird, mindestens eine Woche.

648. Auch ohne Antrag sind für vorläufig vollstreckbar zu erklären: 4. Urtheile, welche im Urkunden= oder Wechselprozesse erlassen werden.

GVG 202: Während der Ferien werden nur in Feriensachen Termine abgehalten und Entscheidungen erlassen. Feriensachen sind: 5. Wechselsachen.

KO 27: Wechselzahlungen des Gemeinschuldners können auf Grund des § 23 Nr. 1 von dem Empfänger nicht zurückgefordert werden, wenn nach Wechselrecht der Empfänger bei Verlust des Wechselanspruchs gegen andere Wechselverpflichtete zur Annahme der Zahlung verbunden war.

Die gezahlte Wechselsumme muß von dem letzten Wechselregreßschuldner oder, falls derselbe den Wechsel für Rechnung eines Dritten begeben hatte, von diesem erstattet werden, wenn dem letzten Wechselregreßschuldner oder dem Dritten zu der Zeit, als er den Wechsel begab oder begeben ließ, einer der im § 23 Nr. 1 erwähnten Umstände bekannt war.

23. Anfechtbar sind:

1. die nach der Zahlungseinstellung oder dem Antrage auf Eröffnung des Verfahrens von dem Gemeinschuldner eingegangenen Rechtsgeschäfte, durch deren Eingehung die Konkursgläubiger benachtheiligt werden, wenn dem anderen Theile zu der Zeit, als er das Geschäft einging, die Zahlungseinstellung oder der Eröffnungsantrag bekannt war; sowie die nach der Zahlungseinstellung oder dem Eröffnungstage erfolgten Rechtshandlungen, welche einem Konkursgläubiger Sicherung oder Be=

Wechselverbindlichkeit zu fordern hat. Der Wechselinhaber kann sich wegen seiner ganzen Forderung an den Einzelnen halten; es steht in seiner Wahl, welchen Wechselverpflichteten er zuerst in Anspruch nehmen will.

Art. 82. Der Wechselschuldner kann sich nur solcher Einreden bedienen, welche aus dem Wechselrechte selbst hervorgehen oder ihm unmittelbar gegen den jedesmaligen Kläger zustehen.

Art. 83.[1] Ist die wechselmäßige Verbindlichkeit des Ausstellers oder des Acceptanten durch Verjährung oder dadurch, daß die zur Erhaltung des Wechselrechts gesetzlich vorgeschriebenen Handlungen verabsäumt sind, erloschen, so bleiben dieselben dem Inhaber des Wechsels nur so weit, als sie sich mit dessen Schaden bereichern würden, verpflichtet. Gegen die Indossanten, deren wechselmäßige Verbindlichkeit erloschen ist, findet ein solcher Anspruch nicht statt.

XV. Ausländische Gesetzgebung.

Art. 84. Die Fähigkeit eines Ausländers, wechselmäßige Verpflichtungen zu übernehmen, wird nach den Gesetzen des Staates beurtheilt, welchem derselbe angehört. Jedoch wird ein nach den Gesetzen seines Vaterlandes nicht wechselfähiger Ausländer durch Uebernahme von Wechselverbindlichkeiten im Inlande verpflichtet, insofern er nach den Gesetzen des Inlandes wechselfähig ist.

---

friedigung gewähren, wenn dem Gläubiger zu der Zeit, als die Handlung erfolgte, die Zahlungseinstellung oder der Eröffnungsantrag bekannt war.

133. Das Gericht hat nach der Erörterung einer jeden Forderung das Ergebniß in die Tabelle einzutragen. Auf Wechseln und sonstigen Schuldurkunden ist von dem Gerichtsschreiber die Feststellung zu vermerken.

Die Eintragung in die Tabelle gilt rücksichtlich der festgestellten Forderungen ihrem Betrage und ihrem Vorrechte nach wie ein rechtskräftiges Urtheil gegenüber allen Konkursgläubigern.

[1] Vgl. Oesterr. Minist.=V v. 6./10. 53 (RGBl Nr. 200): Die Einwendung, daß zur Zeit, als die Acceptation oder eine andere verbindliche Erklärung (Indossament, Aval) auf den Wechsel gesetzt wurde, die Unterschrift des Ausstellers, oder eines der übrigen im Art. 4 aufgezählten wesentlichen Erfordernisse eines Wechsels noch gemangelt hat und erst später ausgefüllt worden sei, findet gegen einen dritten redlichen Inhaber des Wechsels in keinem Falle; gegen diejenigen aber, welche an der nachträglichen Ausfüllung Theil genommen haben, nur dann statt, wenn erwiesen wird, daß mit der noch unausgefüllten Urkunde durch eine unbefugte oder der getroffenen Verabredung zuwider laufende Ausfüllung ein rechtswidriger Gebrauch gemacht worden ist.

Art. 85. Die wesentlichen Erfordernisse eines im Auslande ausgestellten Wechsels, sowie jeder anderen im Auslande ausgestellten Wechselerklärung, werden nach den Gesetzen des Ortes beurtheilt, an welchem die Erklärung erfolgt ist. Entsprechen jedoch die im Auslande geschehenen Wechselerklärungen den Anforderungen des inländischen Gesetzes, so kann daraus, daß sie nach ausländischen Gesetzen mangelhaft sind, kein Einwand gegen die Rechtsverbindlichkeit der später im Inlande auf den Wechsel gesetzten Erklärungen entnommen werden. Ebenso haben Wechselerklärungen, wodurch sich ein Inländer einem anderen Inländer im Auslande verpflichtet, Wechselkraft, wenn sie auch nur den Anforderungen der inländischen Gesetzgebung entsprechen.

Art. 86. Ueber die Form der mit einem Wechsel an einem ausländischen Platze zur Ausübung oder Erhaltung des Wechselrechts vorzunehmenden Handlungen entscheidet das dort geltende Recht.

XVI. Protest.

Art. 87. Jeder Protest muß durch einen Notar oder einen Gerichtsbeamten aufgenommen werden. Der Zuziehung von Zeugen oder eines Protokollführers bedarf es dabei nicht.

Art. 88. Der Protest muß enthalten:

1. eine wörtliche Abschrift des Wechsels oder der Kopie und aller darauf befindlichen Indossamente und Bemerkungen;
2. den Namen oder die Firma der Personen, für welche und gegen welche der Protest erhoben wird;
3. das an die Person, gegen welche protestirt wird, gestellte Begehren, ihre Antwort oder die Bemerkung, daß sie keine gegeben habe oder nicht anzutreffen gewesen sei;
4. die Angabe des Ortes, sowie des Kalendertages, Monats und Jahres, an welchem die Aufforderung (Nr. 3) geschehen, oder ohne Erfolg versucht worden ist;
5. im Falle einer Ehrenannahme oder einer Ehrenzahlung die Erwähnung, von wem, für wen und wie sie angeboten und geleistet wird;
6. die Unterschrift des Notars oder des Gerichtsbeamten, welcher den Protest aufgenommen hat, mit Beifügung des Amtssiegels.

Art. 89. Muß eine wechselrechtliche Leistung von mehreren Personen verlangt werden, so ist über die mehrfache Aufforderung nur eine Protesturkunde erforderlich.

Art. 90. Die Notare und Gerichtsbeamten sind schuldig, die von ihnen aufgenommenen Proteste nach deren ganzem Inhalte Tag für Tag und nach Ordnung des Datums in ein besonderes Register einzutragen, das von Blatt zu Blatt mit fortlaufenden Zahlen versehen ist.

XVII. Ort und Zeit für die Präsentation und andere im Wechselverkehre vorkommende Handlungen.

Art. 91. Die Präsentation zur Annahme oder Zahlung, die Protesterhebung, die Abforderung eines Wechselduplikats, sowie alle sonstigen, bei einer bestimmten Person vorzunehmenden Akte müssen in deren Geschäftslokal, und in Ermangelung eines solchen, in deren Wohnung vorgenommen werden. An einem anderen Orte, z. B. an der Börse, kann dies nur mit beiderseitigem Einverständnisse geschehen. Daß das Geschäftslokal oder die Wohnung nicht zu ermitteln sei, ist erst dann als festgestellt anzunehmen, wenn auch eine dieserhalb bei der Polizeibehörde des Orts geschehene Nachfrage des Notars oder des Gerichtsbeamten fruchtlos geblieben ist, welches im Proteste bemerkt werden muß.

Art. 92. Verfällt der Wechsel an einem Sonntage oder allgemeinen Feiertage, so ist der nächste Werktag der Zahlungstag. Auch die Herausgabe eines Wechselduplikats, die Erklärung über die Annahme, sowie jede andere Handlung, können nur an einem Werktage gefordert werden. Fällt der Zeitpunkt, in welchem die Vornahme einer der vorstehenden Handlungen spätestens gefordert werden mußte, auf einen Sonntag oder allgemeinen Feiertag, so muß diese Handlung am nächsten Werktage gefordert werden. Dieselbe Bestimmung findet auch auf die Protesterhebung Anwendung.

Art. 93. Bestehen an einem Wechselplatze allgemeine Zahltage (Kassirtage), so braucht die Zahlung eines zwischen den Zahltagen fällig gewordenen Wechsels erst am nächsten Zahltage geleistet zu werden, sofern nicht der Wechsel auf Sicht lautet. Die im Artikel 41 für die Aufnahme des Protestes Mangels Zahlung bestimmte Frist darf jedoch nicht überschritten werden.

XVIII. Mangelhafte Unterschriften.

Art. 94. Wechselerklärungen, welche statt des Namens mit Kreuzen oder anderen Zeichen vollzogen sind, haben nur dann, wenn diese Zeichen gerichtlich oder notariell beglaubigt worden, Wechselkraft.

Art. 95.[1] Wer eine Wechselerklärung als Bevollmächtigter

[1] Vgl. Oesterr. G 19./6. 72 (RGBl Nr. 88): Ansprüche aus Wechselerklärungen, welche nicht von ihrem Aussteller selbst unterzeichnet, sondern

eines Anderen unterzeichnet, ohne dazu Vollmacht zu haben, haftet persönlich in gleicher Weise, wie der angebliche Machtgeber gehaftet haben würde, wenn die Vollmacht ertheilt gewesen wäre. Dasselbe gilt von Vormündern und anderen Vertretern, welche mit Ueberschreitung ihrer Befugnisse Wechselerklärungen ausstellen.

Dritter Abschnitt.

Von eigenen Wechseln.

Art. 96. Die wesentlichen Erfordernisse eines eigenen (trockenen) Wechsels sind:

1. die in den Wechsel selbst aufzunehmende Bezeichnung als Wechsel, oder, wenn der Wechsel in einer fremden Sprache ausgestellt ist, ein jener Bezeichnung entsprechender Ausdruck in der fremden Sprache;
2. die Angabe der zu zahlenden Geldsumme;
3. der Name der Person oder die Firma, an welche oder an deren Ordre der Aussteller Zahlung leisten will;
4. die Bestimmung der Zeit, zu welcher gezahlt werden soll (Art. 4, Nr. 4);
5. die Unterschrift des Ausstellers mit seinem Namen oder seiner Firma;
6. die Angabe des Ortes, Monatstages und Jahres der Ausstellung.

Art. 97. Der Ort der Ausstellung gilt für den eigenen Wechsel, in so fern nicht ein besonderer Zahlungsort angegeben ist, als Zahlungsort und zugleich als Wohnort des Ausstellers.

Art. 98. Nachstehende, in diesem Gesetze für gezogene Wechsel gegebene Vorschriften gelten auch für eigene Wechsel:

1. die Artikel 5 und 7 über die Form des Wechsels;
2. die Artikel 9—17 über das Indossament;
3. die Artikel 19 und 20 über die Präsentation der Wechsel auf eine Zeit nach Sicht mit der Maaßgabe, daß die Präsentation dem Aussteller geschehen muß;

---

mit dessen Namen von einem anderen unterschrieben sind, eignen sich zur Geltendmachung im Wechselverfahren nur dann, wenn der letztere auch seine eigene Unterschrift mit einem auf Bevollmächtigung hinweisenden Zusatze beigefügt hat, und wenn außerdem die von dem Machtgeber unterschriebene, oder mit dessen gerichtlich oder notariell beglaubigten Handzeichen versehene Vollmacht beigebracht wird. Die gesetzlichen Bestimmungen über die Zeichnung der Firma eines Kaufmanns werden durch diese Anordnung nicht berührt.

4. der Artikel 29 über den Sicherheitsregreß mit der Maaßgabe, daß derselbe im Falle der Unsicherheit des Ausstellers stattfindet;
5. die Artikel 30—40 über die Zahlung und die Befugniß zur Deposition des fälligen Wechselbetrages mit der Maaßgabe, daß letztere durch den Aussteller geschehen kann;
6. die Artikel 41 und 42, sowie die Artikel 45—55 über den Regreß Mangels Zahlung gegen die Indossanten;
7. die Artikel 62—65 über die Ehrenzahlung;
8. die Artikel 70—72 über die Kopien;
9. die Artikel 73—76 über abhanden gekommene und falsche Wechsel mit der Maaßgabe, daß im Falle des Artikels 73 die Zahlung durch den Aussteller erfolgen muß;
10. die Artikel 78—96 über die allgemeinen Grundsätze der Wechselverjährung, die Verjährung der Regreßansprüche gegen die Indossanten, das Klagerecht des Wechselgläubigers, die ausländischen Wechselgesetze, den Protest, den Ort und die Zeit für die Präsentation und andere im Wechselverkehre vorkommende Handlungen, sowie über mangelhafte Unterschriften.

Art. 99. Eigene domizilirte Wechsel sind dem Domiziliaten oder, wenn ein solcher nicht benannt ist, dem Aussteller selbst an demjenigen Orte, wohin der Wechsel domizilirt ist, zur Zahlung zu präsentiren und, wenn die Zahlung unterbleibt, dort zu protestiren. Wird die rechtzeitige Protesterhebung beim Domiziliaten verabsäumt, so geht dadurch der wechselmäßige Anspruch gegen den Aussteller und die Indossanten verloren. Bei nicht domizilirten eigenen Wechseln bedarf es zur Erhaltung des Wechselrechtes gegen den Aussteller weder der Präsentation am Zahlungstage, noch der Erhebung eines Protestes.[1]

Art. 100. Der wechselmäßige Anspruch gegen den Aussteller eines eigenen Wechsels verjährt in drei Jahren, vom Verfalltage des Wechsels an gerechnet.

[1] Nov. 8; Oesterr. Nov. 5.

Anhang.

I

Gesetz, betr. die Einführung der Allgemeinen Deutschen Wechsel-Ordnung und des Allgemeinen Deutschen Handelsgesetzbuches in Elsaß-Lothringen.

Vom 19. Juni 1872. (GBl f. E.-L. 213.)

§ 1. Die Allgemeine Deutsche Wechsel-Ordnung und das Allgemeine Deutsche Handelsgesetzbuch erlangen in der Fassung, in welcher sie in den Anlagen A und B enthalten sind, nebst den gegenwärtigen Einführungsbestimmungen mit dem 1. Oktober 1872 in Elsaß-Lothringen Gesetzeskraft.

Mit dem bezeichneten Zeitpunkte treten die bestehenden Gesetze und anderen Vorschriften über Handelsrecht, in so weit sie Materien betreffen, welche Gegenstand der zur Geltung gelangenden Gesetze sind, außer Kraft. Es bleiben jedoch, so weit nicht Bestimmungen der letzteren Gesetze entgegen stehen, in Wirksamkeit;

1. der fünfte Titel des Gesetzes über die Gesellschaften vom 24. Juli 1867 (Bull. off. 1513, Nr. 15,328);
2. der zweite Titel des Kaiserlichen Dekrets vom 22. Januar 1868, betreffend die Versicherungsgesellschaften (Bull. off. 1558, Nr. 15,787), mit der Maaßgabe, daß unter den Staats- resp. den vom Staate garantirten Werthpapieren, in denen die Anlage der Fonds der Versicherungsgesellschaften nach Vorschrift des Artikels 33 dieses Dekrets erfolgen soll, deutsche Staats-, bezw. von einem deutschen Staate garantirte Werthpapiere zu verstehen sind, und daß die Anlage in französischen Staatsrenten, bei der französischen Bank und dem crédit foncier nicht mehr gestattet ist;
3. die Bestimmungen über das Börsen- und Mäklerwesen[1] und über öffentliche Waarenverkäufe.[2]

---

[1] Vgl. französ. HGB Art. 71—90.

[2] Vgl. G 28./5. 58 D. 30./5. 63.

§ 2. Die in den Handelsgesetzen der Staatsregierung oder den Fachministern eingeräumten Befugnisse gehen auf den Reichskanzler (jetzt: Statthalter) über. Der Reichskanzler kann diese Befugnisse auf ihm untergeordnete Behörden übertragen.

Die Anstellung der Wechselagenten und Mäkler unterliegt in den Fällen, in welchen sie bisher der landesherrlichen Bestätigung unterworfen war, an Stelle der letzteren der Bestätigung durch den Ober-Präsidenten (jetzt: das Ministerium).

§ 3. Ein Minderjähriger, ohne Unterschied des Geschlechts, kann nur dann Kaufmann sein und auf Grund des Artikels 487 des Civilgesetzbuchs und in Ansehung der in seinem Handelsbetrieb eingegangenen Verbindlichkeiten für volljährig erachtet werden, wenn er 18 Jahre alt, emanzipirt und ausdrücklich ermächtigt ist, das Handelsgewerbe zu betreiben.

Die Ermächtigung wird von dem Vater, wenn dieser gestorben, interdicirt oder abwesend ist, von der Mutter, in Ermangelung beider durch einen von dem Landgericht bestätigten Beschluß des Familienraths ertheilt.

Sind diese Erfordernisse vorhanden, so kann der Minderjährige auch seine Immobilien in Bezug auf den Handelsbetrieb mit Schulden beschweren, zur Hypothek stellen und veräußern, das Letztere jedoch nur unter Beobachtung der Formen der Artikel 457 flg. des Civilgesetzbuchs.

§ 4. Ein emanzipirter Minderjähriger, welcher nicht Kaufmann ist, kann einzelne Handelsgeschäfte selbstständig und mit derselben Wirkung wie ein Volljähriger schließen, wenn er 18 Jahre alt und zu den einzelnen Geschäften in der durch den vorhergehenden Paragraphen bezeichneten Weise ausdrücklich ermächtigt ist.

§ 5. Eine Ehefrau, welche Handelsfrau ist, kann ohne Autorisation ihres Ehemannes ihre Immobilien in Bezug auf den Handelsbetrieb mit Schulden beschweren, zur Hypothek stellen und veräußern.

Wenn jedoch für die Ehe Dotalrecht gilt, so kann die Verpfändung oder Veräußerung der Immobilien, welche Dotalgut sind, nur in den durch das Civilgesetzbuch bezeichneten Fällen und unter Beobachtung der dort vorgeschriebenen Formen erfolgen.

In Betreff der Haftung des Ehemanns für die Verpflichtungen der Ehefrau aus ihrem Handelsgewerbe behält es bei der Bestimmung des Artikels 220 des Civilgesetzbuchs sein Bewenden.

§ 6. Jeder Ehevertrag zwischen Ehegatten, von welchen einer zu den Kaufleuten gehört, muß binnen einem Monat nach dem Abschluß des Vertrages im Auszuge dem Gerichtsschreiber des Landgerichts, in dessen Bezirk der Ehemann seinen Wohnsitz hat, zum Zweck der Veröffentlichung übersendet werden. Die Veröffentlichung des Auszuges geschieht durch Anheftung an die Gerichtstafel und durch Einrückung in eines der öffentlichen Blätter, welche nach Vorschrift des Artikels 13 des Handelsgesetzbuches zur Veröffentlichung der in dem Handelsregister erfolgenden Eintragungen bestimmt sind (AG z. CPO 10).

In dem Auszuge muß angegeben sein, ob für die Ehegatten Gütergemeinschaft besteht, ob Trennung der Güter oder ob Dotalrecht vereinbart ist.

Der Notar, welcher den Ehevertrag aufgenommen hat, ist verpflichtet, die in diesem Paragraphen vorgeschriebene Uebersendung zu bewirken; unterläßt er dies, so hat er eine Geldbuße von fünfundzwanzig Thalern verwirkt; er ist den Gläubigern verantwortlich und wird mit Amtsentsetzung bestraft, falls bewiesen wird, daß die Unterlassung in Folge einer Kollusion stattgefunden hat.

§ 7. Jeder Ehegatte, für dessen Ehe Gütertrennung oder Dotalrecht vereinbart ist, muß, wenn er nach Schließung der Ehe das Gewerbe eines Kaufmanns ergreift, binnen einem Monat, von dem Tage an gerechnet, an welchem er den Geschäftsbetrieb begonnen hat, die in dem vorhergehenden Paragraphen erwähnte Uebersendung bewirken; unterläßt er dies, so kann er, im Falle er seine Zahlungen einstellt, mit Gefängniß bis zu zwei Jahren bestraft werden.

§ 8 (aufgehoben durch AG z. CPO 10, Abs. 2).

§ 9. Bei jeder Klage auf Gütertrennung und dem darauf folgenden Verfahren kommen die Artikel 1441 bis 1452 des Civilgesetzbuchs[1] und die Artikel 865 bis 874[2] der Civilprozeßordnung zur Anwendung.

Bei jedem Urtheil, welches zwischen Ehegatten, von denen einer zu den Kaufleuten gehört, die Ehescheidung[3] ausspricht, müssen die vorgeschriebenen Förmlichkeiten[4] beobachtet werden, widrigenfalls die Gläubiger zu jeder Zeit befugt sind, gegen das Urtheil, soweit es ihr Interesse betrifft, Einspruch zu erheben und jede in Folge desselben geschehene Auseinandersetzung anzufechten.

§ 10. Handelssachen sind diejenigen bürgerlichen Rechtsstreitigkeiten, in welchen durch die Klage ein Anspruch

[1] Artikel 1445, Absatz 1 ist aufgehoben durch AG z. CPO 94; Artikel 1443—1451 sind theilweise abgeändert; das Verfahren in Gütertrennungsklagen ist geregelt durch AG z. CPO 3—8.

[2] Artikel 865—873 der franz. CPO aufgehoben durch AG z. CPO 9.

[3] Fassung nach G 6./2. 75, 77.

[4] Fassung nach AG z. CPO 13.

1. gegen einen Kaufmann (Art. 4 des Deutschen Handelsgesetzbuchs) aus dessen Handelsgeschäften (Art. 271—276 des Deutschen Handelsgesetzbuchs);
2. aus einem Wechsel im Sinne der Allgemeinen Deutschen Wechsel-Ordnung;
3. aus einem der nachstehend bezeichneten Rechtsverhältnisse geltend gemacht wird:
   a. aus dem Rechtsverhältnisse zwischen den Mitgliedern einer Handelsgesellschaft, zwischen dem stillen Gesellschafter und dem Inhaber des Handelsgewerbes, sowie zwischen den Theilnehmern einer Vereinigung zu einzelnen Handelsgeschäften oder einer Vereinigung zum Handelsbetriebe (Art. 10 des Deutschen Handelsgesetzbuchs), sowohl während des Bestehens als nach Auflösung des gesellschaftlichen Verhältnisses, ingleichen aus dem Rechtsverhältnisse zwischen den Liquidatoren oder den Vorstehern einer Handelsgesellschaft und der Gesellschaft oder den Mitgliedern derselben;
   b. aus dem Rechtsverhältnisse, welches das Recht zum Gebrauch der Handelsfirma betrifft;
   c. aus dem Rechtsverhältnisse, welches durch die Veräußerung eines bestehenden Handelsgeschäfts zwischen den Kontrahenten entsteht;
   d. aus dem Rechtsverhältnisse zwischen dem Prokuristen, dem Handlungsbevollmächtigten oder dem Handlungsgehülfen und dem Eigenthümer der Handelsniederlassung, sowie aus dem Rechtsverhältnisse zwischen einer dritten Person und demjenigen, welcher ihr als Prokurist oder Handlungsbevollmächtigter aus einem Handelsgeschäfte haftet (Art. 55 des Deutschen Handelsgesetzbuchs);
   e. aus dem Rechtsverhältnisse, welches aus den Berufsgeschäften des Handelsmäklers im Sinne des Deutschen Handelsgesetzbuchs zwischen diesem und den Parteien entsteht;
   f. aus den Rechtsverhältnissen des Seerechts, insbesondere aus denjenigen, welche auf die Rhederei, die Rechte und Pflichten des Rheders, des Korrespondent-Rheders und der Schiffsbesatzung, auf die Bodmerei und die Haverei, auf den Schadensersatz im Falle des Zusammenstoßens von Schiffen, auf die Bergung und Hülfeleistung in Seenoth und auf die Ansprüche der Schiffsgläubiger sich beziehen.

§ 11.[1]

§ 12—15.[2]

§ 16. Zu den Gerichtsbeamten, welche Protest aufnehmen können, gehören auch die Gerichtsvollzieher. Ueber das von den Letzteren hierbei zu führende Amtssiegel (Art. 88, Nr. 6 der Wechsel-Ordnung) wird der Generalprokurator Bestimmung treffen.

Die Register, in welche die Proteste nach Vorschrift des Artikels 90 der Wechsel-Ordnung eingetragen werden sollen, sind in der für die Repertorien vorgeschriebenen Form anzulegen und zu paraphiren.

Proteste dürfen nur von 9 Uhr Vormittags bis 6 Uhr Abends, zu einer früheren oder späteren Tageszeit aber nur mit Zustimmung des Protestaten erhoben werden.

Die Beamten sind nicht gehalten, eine Abschrift der Protest-Urkunde zurückzulassen.

§ 17.[3]

§ 18. Jede zur Eintragung in das Handelsregister bestimmte Anmeldung muß auch in denjenigen Fällen, für welche das Handelsgesetzbuch dies nicht besonders vorschreibt, entweder persönlich vor dem Sekretariate des Handelsgerichts[4] erklärt oder in beglaubigter Form bei demselben eingereicht werden. Geschieht die Anmeldung durch einen Bevollmächtigten, so hat dieser eine gerichtliche oder notarielle Vollmacht beizubringen.

Dieselben Formvorschriften gelten in Bezug auf die Zeichnung oder Einreichung der Zeichnung einer Firma oder Unterschrift, welche nach Vorschrift des Handelsgesetzbuchs bei dem Handelsgericht bewirkt werden soll.

Die näheren geschäftlichen Anordnungen über die Führung des Handelsregisters bleiben einer von dem Reichskanzler zu ertheilenden Instruktion (v. 28./9. 72) vorbehalten.

§ 19. In den Fällen, in welchen nach dem Deutschen Handelsgesetzbuche das Handelsgericht die Betheiligten zur Befolgung der gesetzlichen Anordnungen über die Anmeldung zur Eintragung in das Handelsregister und über die Zeichnung oder Einreichung der Zeichnung der Firmen oder Unterschriften anzuhalten hat, besteht die gesetzliche Ordnungsstrafe in Geldstrafe von fünf bis zu zweihundert Thalern.

---

[1] Ersetzt durch GVG.

[2] § 12—14 ersetzt durch CPO; § 15 durch CPO 837 ff.

[3] Nach Fortfall der Handelsgerichte bedeutungslos.

[4] Dafür jetzt die Kammern für Handelssachen an den Landgerichten Colmar, Mülhausen und Straßburg.

Eine Beitreibung der Geldstrafe mittelst Körperhaft oder eine Umwandlung derselben in Freiheitsstrafe findet nicht statt.

Neben der Geldstrafe hat der Betheiligte auch die Kosten des Verfahrens zu tragen.

§ 20. Der Präsident des Handelsgerichts[1] oder der von ihm dazu beauftragte Richter hat die Befolgung der in den vorhergehenden Paragraphen erwähnten gesetzlichen Anordnungen zu überwachen und die Strafverfügungen zu erlassen. Letztere enthalten die Aufforderung, innerhalb einer bestimmten Frist die gesetzliche Anordnung zu befolgen oder bei dem Sekretariate des Handelsgerichts mündlich oder schriftlich Einspruch zu erheben mit dem Eröffnen, daß andernfalls die angedrohte Strafe verwirkt ist.

§ 21. Wird binnen der durch die Verfügung bestimmten Frist weder die gesetzliche Anordnung befolgt noch Einspruch erhoben, so hat der Präsident des Handelsgerichts[2] oder der von ihm beauftragte Richter die Strafverfügung für vollstreckbar zu erklären und der Sekretär dieselbe zum Zwecke des Vollzugs auszufertigen. Gleichzeitig ist die Verfügung unter Androhung einer anderweiten Ordnungsstrafe zu wiederholen. Mit den Strafverfügungen wird fortgefahren, bis die gesetzliche Anordnung befolgt oder ihre Voraussetzung weggefallen ist.

§ 22. Wird gegen die Verfügung binnen der bestimmten Frist Einspruch erhoben, so kann das Handelsgericht[3] zur Aufklärung des Sachverhalts Erhebungen anordnen; wird die Strafverfügung nicht aufgehoben, so ist der Betheiligte in eine bestimmte Sitzung zur öffentlichen Verhandlung vorzuladen.

§ 23. Binnen zehn Tagen, vom Tage der Verkündigung des Urtheils, kann der Betheiligte Berufung an das Appellationsgericht einlegen. Dieselbe ist bei dem Sekretariate des Handelsgerichts[4] schriftlich oder mündlich anzumelden. Das Handelsgericht sendet die Verhandlungen an den General-Prokurator, welcher die Vorladung des Betheiligten veranlaßt. Die Entscheidung kann auf Grund der Akten erfolgen.

Gegen die Entscheidung des Appellationsgerichts findet ein Rechtsmittel nicht statt.

§ 24. Verspätete Einsprüche heben die vorausgegangenen vollstreckbaren Strafverfügungen nicht auf, jedoch kann das Handels-

[1] Siehe zu § 18.
[2] Siehe zu § 18.
[3] Siehe zu § 18.
[4] Siehe zu § 18.

gericht oder in höherer Instanz das Appellationsgericht die Einstellung des Vollzugs aus besonderen Gründen anordnen. Bei verspäteten Einsprüchen werden die aus der Vollziehung der früheren Strafverfügungen entstandenen Kosten stets von dem Betheiligten getragen.

§ 25. Die vorhergehenden §§ 19 bis 24 finden entsprechende Anwendung bei dem Einschreiten gegen diejenigen, welche sich einer nach den Vorschriften des dritten Titels des ersten Buchs des Deutschen Handelsgesetzbuchs ihnen nicht zustehenden Firma bedienen.

§ 26. Die Verfügungen und Entscheidungen in dem die Festsetzung der Ordnungsstrafen betreffenden Verfahren werden durch einen von dem Handelsgerichts-Präsidenten beauftragten Gerichtsvollzieher zugestellt.

Die Festsetzung und Anweisung der Gebühren der Beamten und Zeugen und die Einziehung der Geldstrafen und Kosten geschieht in derselben Art, wie bei den landgerichtlichen Strafsachen.

§ 27. Die Höhe der gesetzlichen Zinsen ist in Handels- und Wechselsachen sechs vom Hundert jährlich.

Die Höhe der vertragsmäßigen Zinsen unterliegt in Handelssachen der freien Vereinbarung.

Derjenige, welcher für eine Schuld dem Gläubiger einen höheren Zinssatz als jährlich sechs vom Hundert gewährt oder zusagt, ist zu einer halbjährigen Kündigung des Vertrages befugt. Jedoch kann er von dieser Befugniß nicht unmittelbar bei Eingehung des Vertrages, sondern erst nach Ablauf eines halben Jahres Gebrauch machen. Vertragsbestimmungen, durch welche diese Vorschrift zum Nachtheil des Schuldners beschränkt oder aufgehoben wird, sind ungültig. Auf Schuldverschreibungen, welche unter den gesetzlichen Voraussetzungen auf jeden Inhaber gestellt werden, sowie auf Darlehne, welche ein Kaufmann empfängt und auf Schulden eines Kaufmanns aus seinen Handelsgeschäften, findet dieselbe keine Anwendung.

§ 28. Die Einregistrirung der Urkunde über Pfandbestellung ist zur Herstellung des sicheren Datums nicht erforderlich (**CPO**).

Im Uebrigen kommen die Bestimmungen des Civilgesetzbuchs über das Faustpfand auch in Handelssachen zur Anwendung, so weit die Artikel 309 bis 316 des Deutschen Handelsgesetzbuchs nicht ein Anderes bestimmen.

§ 29.[1]

§ 30—32 (Uebergangsbestimmungen).

---

[1] Ersetzt durch **KO**.

§ 33. Die bestehenden Aktiengesellschaften sind als solche staatlicher Beaufsichtigung nicht mehr unterworfen.

§ 34. Soweit in Folge der Einführung des Deutschen Handelsrechts Bestimmungen über Gebühren und Kosten erforderlich sind, werden dieselben durch Kaiserliche Verordnung (12./7. 72) getroffen.

II

Bankgesetz.

Vom 14. März 1875. (RGBl 177.) G 18./12. 89. (RGBl 201.)

Titel I. Allgemeine Bestimmungen.

§ 1. Die Befugniß zur Ausgabe von Banknoten kann nur durch Reichsgesetz erworben, oder über den bei Erlaß des gegenwärtigen Gesetzes zulässigen Betrag der Notenausgabe hinaus erweitert werden.

Den Banknoten im Sinne dieses Gesetzes wird dasjenige Staatspapiergeld gleich geachtet, dessen Ausgabe einem Bankinstitute zur Verstärkung seiner Betriebsmittel übertragen ist.

§ 2. Eine Verpflichtung zur Annahme von Banknoten bei Zahlungen, welche gesetzlich in Geld zu leisten sind, findet nicht statt und kann auch für Staatskassen durch Landesgesetz nicht begründet werden.

§ 3. Banknoten dürfen nur auf Beträge von 100, 200, 500 und 1000 Mark oder von einem Vielfachen von 1000 Mark ausgefertigt werden.

§ 4. Jede Bank ist verpflichtet, ihre Noten sofort auf Präsentation zum vollen Nennwerthe einzulösen, auch solche nicht nur an ihrem Hauptsitz, sondern auch bei ihren Zweiganstalten jederzeit zum vollen Nennwerthe in Zahlung anzunehmen.

Für beschädigte Noten hat sie Ersatz zu leisten, sofern der Inhaber entweder einen Theil der Note präsentirt, welcher größer ist, als die Hälfte, oder den Nachweis führt, daß der Rest der Note, von welcher er nur die Hälfte oder einen geringeren Theil als die Hälfte präsentirt, vernichtet sei.

Für vernichtete oder verlorene Noten Ersatz zu leisten ist sie nicht verpflichtet.

§ 5. Banknoten, welche in die Kasse der Bank oder einer

ihrer Zweiganstalten oder in eine von ihr bestellte Einlösungskasse in beschädigtem oder beschmutztem Zustande zurückkehren, dürfen nicht wieder ausgegeben werden.

§ 6. Der Aufruf und die Einziehung der Noten einer Bank oder einer Gattung von Banknoten darf nur auf Anordnung oder mit Genehmigung des Bundesraths erfolgen.

Die Anordnung erfolgt, wenn ein größerer Theil des Umlaufs sich in beschädigtem oder beschmutztem Zustande befindet, oder wenn die Bank die Befugniß zur Notenausgabe verloren hat.

Die Genehmigung darf nur ertheilt werden, wenn nachgewiesen wird, daß Nachahmungen der aufzurufenden Noten in den Verkehr gebracht sind.

In allen Fällen schreibt der Bundesrath die Art, die Zahl und die Fristen der über den Aufruf zu erlassenden Bekanntmachungen, den Zeitraum, innerhalb dessen, und die Stellen, an welchen die Noten eingelöst werden sollen, die Maaßgaben, unter denen nach Ablauf der Fristen eine Einlösung der aufgerufenen Noten noch stattzufinden hat, und die zur Sicherung der Noteninhaber sonst erforderlichen Maaßregeln vor.

Die nach dem Vorstehenden von dem Bundesrathe zu erlassenden Vorschriften sind durch das Reichsgesetzblatt zu veröffentlichen.[1]

§ 7. Den Banken, welche Noten ausgeben, ist nicht gestattet:

1. Wechsel zu acceptiren,
2. Waaren oder kurshabende Papiere für eigene oder für fremde Rechnung auf Zeit zu kaufen oder auf Zeit zu verkaufen, oder für die Erfüllung solcher Kaufs- oder Verkaufsgeschäfte Bürgschaft zu übernehmen.

§ 8. Banken, welche Noten ausgeben, haben

---

[1] Vgl. Bekanntm. 7./6. 77 betr. den Aufruf und die Einziehung der Einhundertmarknoten der bayr. Hypotheken- und Wechselbank (RGBl 527); Bekanntm. betr. den Aufruf und die Einziehung der Einhundertmarknoten der Rostocker Bank 19./12. 77 (RGBl 575), 9./4. 78 (RGBl 11), 19./10. 78 (RGBl 350); Bekanntm. betr. den Aufruf und die Einziehung der von der vormaligen preußischen Bank ausgegebenen Hundertmarknoten 15./3. 78 (RGBl 6), 10./4. 78 (RGBl 12); Bekanntm. betr. den Aufruf und die Einziehung der Einhundertmarknoten der Commerzbank in Lübeck 8./8. 86 (RGBl 259); Bekanntm. betr. den Aufruf und die Einziehung der Einhundertmarknoten der Kölnischen Privatbank in Köln 7./7. 87 (RGBl 286); Bekanntm. betr. den Aufruf und die Einziehung der Einhundertmarknoten der Hannoverschen Bank in Hannover 16./7. 89 (RGBl 169); Bekanntm. betr. den Aufruf und die Einziehung der Einhundertmarknoten der Bremer Bank in Bremen 25./10. 89 (RGBl 199).

1. den Stand ihrer Aktiva und Passiva vom 7., 15., 23. und Letzten jedes Monats, spätestens am fünften Tage nach diesen Terminen und
2. spätestens drei Monate nach dem Schlusse jedes Geschäftsjahres eine genaue Bilanz ihrer Aktiva und Passiva, sowie den Jahresabschluß des Gewinn- und Verlustkontos

durch den Reichsanzeiger auf ihre Kosten zu veröffentlichen.

Die wöchentliche Veröffentlichung muß angeben

1. auf Seiten der Passiva:
   das Grundkapital,
   den Reservefonds,
   den Betrag der umlaufenden Noten,
   die sonstigen täglich fälligen Verbindlichkeiten,
   die an eine Kündigungsfrist gebundenen Verbindlichkeiten,
   die sonstigen Passiva;
2. auf Seiten der Aktiva:
   den Metallbestand (den Bestand an kursfähigem deutschem Gelde und an Gold in Barren oder ausländischen Münzen, das Pfund fein zu 1392 Mark berechnet),
   den Bestand:
   an Reichs-Kassenscheinen,
   an Noten anderer Banken,
   an Wechseln,
   an Lombardforderungen,
   an Effekten,
   an sonstigen Aktiven.

Welche Kategorieen der Aktiva und Passiva in der Jahresbilanz gesondert nachzuweisen sind, bestimmt der Bundesrath.

Außerdem sind in beiden Veröffentlichungen die aus weiter begebenen im Inlande zahlbaren Wechseln entsprungenen eventuellen Verbindlichkeiten ersichtlich zu machen.

§ 9. Banken, deren Notenumlauf ihren Baarvorrath und den ihnen nach Maaßgabe der Anlage zugewiesenen Betrag übersteigt, haben vom 1. Januar 1876 ab von dem Ueberschusse eine Steuer von jährlich fünf vom Hundert an die Reichskasse zu entrichten. Als Baarvorrath gilt bei Feststellung der Steuer der in den Kassen der Bank befindliche Betrag an kursfähigem deutschem Gelde, an Reichs-Kassenscheinen, an Noten anderer deutscher Banken und an Gold in Barren oder ausländischen Münzen, das Pfund fein zu 1392 Mark berechnet.

Erlischt die Befugniß einer Bank zur Notenausgabe (§ 49), so wächst der derselben zustehende Antheil an dem Gesammtbetrage des der Steuer nicht unterliegenden ungedeckten Notenumlaufs dem Antheile der Reichsbank zu.[1]

§ 10. Zum Zweck der Feststellung der Steuer hat die Verwaltung der Bank am 7., 15., 23. und Letzten jedes Monats den Betrag des Baarvorraths und der umlaufenden Noten der Bank festzustellen und diese Feststellung an die Aufsichtsbehörde einzureichen. Am Schluß jedes Jahres wird von der Aufsichtsbehörde auf Grund dieser Nachweisungen die von der Bank zu zahlende Steuer in der Weise festgestellt, daß von dem aus jeder dieser Nachweisungen sich ergebenden steuerpflichtigen Ueberschusse des Notenumlaufs $^{5}/_{48}$ Prozent als Steuersoll berechnet werden. Die Summe dieser für jede einzelne Nachweisung als Steuersoll berechneten Beträge ergiebt die von der Bank spätestens am 31. Januar des folgenden Jahres zur Reichskasse abzuführende Steuer.

§ 11. Ausländische Banknoten oder sonstige auf den Inhaber lautende unverzinsliche Schuldverschreibungen ausländischer Korporationen, Gesellschaften oder Privaten dürfen, wenn sie ausschließlich oder neben anderen Werthbestimmungen in Reichswährung oder einer deutschen Landeswährung ausgestellt sind, innerhalb des Reichsgebietes zu Zahlungen nicht gebraucht werden.

Titel II. Reichsbank.

§ 12. Unter dem Namen

„Reichsbank“

wird eine unter Aufsicht und Leitung des Reichs stehende Bank errichtet, welche die Eigenschaft einer juristischen Person besitzt und die Aufgabe hat, den Geldumlauf im gesammten Reichsgebiet zu regeln, die Zahlungsausgleichungen zu erleichtern und für die Nutzbarmachung verfügbaren Kapitals zu sorgen.

Die Reichsbank hat ihren Hauptsitz in Berlin. Sie ist berechtigt, aller Orten im Reichsgebiete Zweiganstalten zu errichten.

Der Bundesrath kann die Errichtung solcher Zweiganstalten an bestimmten Plätzen anordnen.

§ 13. Die Reichsbank ist befugt, folgende Geschäfte zu betreiben:

1. Gold und Silber in Barren und Münzen zu kaufen und zu verkaufen;
2. Wechsel, welche eine Verfallzeit von höchstens drei Monaten haben, und aus welchen in der Regel drei, mindestens aber

[1] Vgl. Bekanntmachungen 1./4. 76 (RGBl 124); 23./7. 76 (RGBl 170); 13./10. 77 (RGBl 567); 25./7. 86 (RGBl 236); 15./3. 87 (RGBl 123).

zwei als zahlungsfähig bekannte Verpflichtete haften, ferner Schuldverschreibungen des Reichs, eines deutschen Staats oder inländischer kommunaler Korporationen, welche nach spätestens drei Monaten mit ihrem Nennwerthe fällig sind, zu diskontiren, zu kaufen und zu verkaufen;

3. zinsbare Darlehne auf nicht länger als drei Monate gegen bewegliche Pfänder zu ertheilen (Lombardverkehr), und zwar:
   a) gegen Gold und Silber, gemünzt und ungemünzt,
   b) gegen zinstragende oder spätestens nach einem Jahre fällige und auf den Inhaber lautende Schuldverschreibungen des Reichs, eines deutschen Staats oder inländischer kommunaler Korporationen, oder gegen zinstragende, auf den Inhaber lautende Schuldverschreibungen, deren Zinsen vom Reiche oder von einem Bundesstaate garantirt sind, gegen voll eingezahlte Stamm- und Stammprioritätsaktien und Prioritätsobligationen deutscher Eisenbahngesellschaften, deren Bahnen in Betrieb befindlich sind, sowie gegen Pfandbriefe landschaftlicher, kommunaler oder anderer unter staatlicher Aufsicht stehender Bodenkreditinstitute Deutschlands und deutscher Hypothekenbanken auf Aktien, zu höchstens drei Viertel des Kurswerthes,
   c) gegen zinstragende, auf den Inhaber lautende Schuldverschreibungen nicht deutscher Staaten, sowie gegen staatlich garantirte ausländische Eisenbahn-Prioritätsobligationen, zu höchstens 50 Prozent des Kurswerthes,
   d) gegen Wechsel, welche anerkannt solide Verpflichtete aufweisen, mit einem Abschlage von mindestens 5 Prozent ihres Kurswerthes,
   e) gegen Verpfändung im Inlande lagernder Kaufmannswaaren, höchstens bis zu zwei Dritttheilen ihres Werthes;
4. Schuldverschreibungen der vorstehend unter 3. b. bezeichneten Art zu kaufen und zu verkaufen; die Geschäftsanweisung für das Reichsbank-Direktorium (§ 26) wird feststellen, bis zu welcher Höhe die Betriebsmittel der Bank in solchen Schuldverschreibungen angelegt werden dürfen;
5. für Rechnung von Privatpersonen, Anstalten und Behörden Inkassos zu besorgen und nach vorheriger Deckung Zahlungen zu leisten und Anweisungen oder Ueberweisungen an ihre Zweiganstalten oder Korrespondenten auszustellen;
6. für fremde Rechnung Effekten aller Art, sowie Edelmetalle nach vorheriger Deckung zu kaufen und nach vorheriger Ueberlieferung zu verkaufen;

7. verzinsliche und unverzinsliche Gelder im Depositengeschäft und im Giroverkehr anzunehmen; die Summe der verzinslichen Depositen darf diejenige des Grundkapitals und des Reservefonds der Bank nicht übersteigen;
8. Werthgegenstände in Verwahrung und Verwaltung zu nehmen.

§ 14. Die Reichsbank ist verpflichtet, Barrengold zum festen Satze von 1392 Mark für das Pfund fein gegen ihre Noten umzutauschen.

Die Bank ist berechtigt, auf Kosten des Abgebers solches Gold durch die von ihr zu bezeichnenden Techniker prüfen und scheiden zu lassen.

§ 15. Die Reichsbank hat jeweilig den Prozentsatz öffentlich bekannt zu machen, zu welchem sie diskontirt (§ 13, 2) oder zinsbare Darlehne ertheilt (§ 13, 3). Die Aufstellung ihrer Wochen-Uebersichten erfolgt auf Grundlage der Bücher des Reichsbank-Direktoriums und der demselben unmittelbar untergeordneten Zweiganstalten,

§ 16. Die Reichsbank hat das Recht, nach Bedürfniß ihres Verkehrs Banknoten auszugeben.

Die An- und Ausfertigung, Einziehung und Vernichtung derselben erfolgt unter Kontrole der Reichsschulden-Kommission, welcher zu diesem Zwecke ein vom Kaiser ernanntes Mitglied hinzutritt.

§ 17. Die Reichsbank ist verpflichtet, für den Betrag ihrer im Umlauf befindlichen Banknoten jederzeit mindestens ein Dritttheil in kursfähigem deutschem Gelde, Reichs-Kassenscheinen oder in Gold in Barren oder ausländischen Münzen, das Pfund fein zu 1392 Mark gerechnet, und den Rest in diskontirten Wechseln, welche eine Verfallzeit von höchstens drei Monaten haben, und aus welchen in der Regel drei, mindestens aber zwei als zahlungsfähig bekannte Verpflichtete haften, in ihren Kassen als Deckung bereit zu halten.

§ 18. Die Reichsbank ist verpflichtet, ihre Noten:

a) bei ihrer Hauptkasse in Berlin sofort auf Präsentation,
b) bei ihren Zweiganstalten, soweit es deren Baarbestände und Geldbedürfnisse gestatten,

dem Inhaber gegen kursfähiges deutsches Geld einzulösen.

§ 19. Die Reichsbank ist verpflichtet, die Noten der, vom Reichskanzler nach der Bestimmung im § 45 dieses Gesetzes bekannt gemachten Banken sowohl in Berlin, als auch bei ihren Zweiganstalten in Städten von mehr als 80000 Einwohnern oder am Sitze der Bank, welche die Noten auszugeben hat, zum vollen Nennwerthe in Zahlung zu nehmen, so lange die ausgebende Bank ihrer Noteneinlösungspflicht pünktlich nachkommt. Die auf diesem Wege angenommenen Banknoten dürfen nur entweder zur Einlösung präsentirt oder zu Zahlungen an diejenige Bank, welche dieselben ausgegeben hat, oder zu Zahlungen an dem Orte, wo letztere ihren Hauptsitz hat, verwendet werden.

Die Reichsbank ist ermächtigt, mit anderen deutschen Banken Vereinbarungen über Verzichtleistung der letzteren auf das Recht zur Notenausgabe abzuschließen.

§ 20. Wenn der Schuldner eines im Lombardverkehr (§ 13, Ziffer 3) gewährten Darlehns im Verzuge ist, ist die Reichsbank berechtigt, ohne gerichtliche Ermächtigung oder Mitwirkung das bestellte Faustpfand durch einen ihrer Beamten oder durch einen zu Versteigerungen befugten Beamten öffentlich verkaufen, oder, wenn der verpfändete Gegenstand einen Börsenpreis oder Marktpreis hat, den Verkauf auch nicht öffentlich durch einen ihrer Beamten, oder durch einen Handelsmakler, oder, in Ermangelung eines solchen, durch einen zu Versteigerungen befugten Beamten zum laufenden Preise bewirken zu lassen, und sich aus dem Erlöse wegen Kapital, Zinsen und Kosten bezahlt zu machen. Dieses Recht behält die Bank auch gegenüber anderen Gläubigern und gegenüber der Konkursmasse des Schuldners.

§ 21. Die Reichsbank und ihre Zweiganstalten sind im gesammten Reichsgebiete frei von staatlichen Einkommen- und Gewerbesteuern.

§ 22. Die Reichsbank ist verpflichtet, ohne Entgelt für Rechnung des Reichs Zahlungen anzunehmen und bis auf Höhe des Reichsguthabens zu leisten.

Sie ist berechtigt, die nämlichen Geschäfte für die Bundesstaaten zu übernehmen.[1]

§ 23. Das Grundkapital der Reichsbank besteht aus einhundertundzwanzig Millionen Mark, getheilt in vierzigtausend auf Namen lautende Antheile von je dreitausend Mark.

Die Antheilseigner haften persönlich für die Verbindlichkeiten der Reichsbank nicht.

§ 24.[2] Aus dem beim Jahresabschlusse sich ergebenden Reingewinn der Reichsbank wird:

1. zunächst den Antheilseignern eine ordentliche Dividende von drei und einhalb Prozent des Grundkapitals berechnet, sodann
2. von dem Mehrbetrage eine Quote von zwanzig Prozent dem

[1] Vgl. die Bekanntmachung betr. die Reichshauptkasse 29./12. 75 (CBl 821).

[2] In der Fassung des RG 18./12. 89.

Reservefonds zugeschrieben so lange derselbe nicht ein Viertel des Grundkapitals beträgt,

3. der alsdann verbleibende Ueberrest zur Hälfte an die Antheilseigner und zur Hälfte an die Reichskasse gezahlt, so weit die Gesammtdividende der Antheilseigner nicht sechs Prozent über= übersteigt. Von dem weiter verbleibenden Reste erhalten die Antheilseigner ein Viertel, die Reichskasse drei Viertel.

Erreicht der Reingewinn nicht volle drei und einhalb Prozent des Grundkapitals, so ist das Fehlende aus dem Reservefonds zu ergänzen.

Das bei Begebung von Antheilsscheinen der Reichsbank etwa zu gewinnende Aufgeld fließt dem Reservefonds zu.

Dividendenrückstände verjähren binnen vier Jahren, von dem Tage ihrer Fälligkeit an gerechnet, zum Vortheil der Bank.

§ 25. Die dem Reiche zustehende Aufsicht über die Reichsbank wird von einem Bank-Kuratorium ausgeübt, welches aus dem Reichskanzler als Vorsitzendem und vier Mitgliedern besteht. Eines dieser Mitglieder ernennt der Kaiser, die drei anderen der Bundesrath.

Das Kuratorium versammelt sich vierteljährlich einmal. In diesen Versammlungen wird ihm über den Zustand der Bank und alle darauf Bezug habenden Gegenstände Bericht erstattet und eine allgemeine Rechenschaft von allen Operationen und Geschäftseinrichtungen der Bank ertheilt.

§ 26. Die dem Reiche zustehende Leitung der Bank wird vom Reichskanzler, und unter diesem von dem Reichsbank-Direktorium ausgeübt; in Behinderungsfällen des Reichskanzlers wird die Leitung durch einen vom Kaiser hierfür ernannten Stellvertreter wahrgenommen.

Der Reichskanzler leitet die gesammte Bankverwaltung innerhalb der Bestimmungen dieses Gesetzes und des zu erlassenden Statutes (§ 40). Er erläßt die Geschäftsanweisungen für das Reichsbank-Direktorium und für die Zweiganstalten, sowie die Dienstinstruktionen für die Beamten der Bank, und verfügt die erforderlichen Abänderungen der bestehenden Geschäftsanweisungen (Reglements) und Dienstinstruktionen.

§ 27. Das Reichsbank-Direktorium ist die verwaltende und ausführende, sowie die, die Reichsbank nach außen vertretende Behörde.

Es besteht aus einem Präsidenten und der erforderlichen Anzahl von Mitgliedern, und faßt seine Beschlüsse nach Stimmenmehrheit, hat jedoch bei seiner Verwaltung überall den Vorschriften und Weisungen des Reichskanzlers Folge zu leisten.

Präsident und Mitglieder des Reichsbank-Direktoriums werden

auf den Vorschlag des Bundesraths vom Kaiser auf Lebenszeit ernannt.

§ 28. Die Beamten der Reichsbank haben die Rechte und Pflichten der Reichsbeamten.

Ihre Besoldung, Pensionen und sonstigen Dienstbezüge, sowie die Pensionen und Unterstützungen für ihre Hinterbliebenen, trägt die Reichsbank.[1] Der Besoldungs- und Pensionsetat des Reichsbank-Direktoriums wird jährlich durch den Reichshaushalts-Etat, der der übrigen Beamten jährlich vom Kaiser im Einvernehmen mit dem Bundesrathe auf den Antrag des Reichskanzlers festgesetzt.

Kein Beamter der Reichsbank darf Antheilscheine derselben besitzen.

§ 29. Die Rechnungen der Reichsbank unterliegen der Revision durch den Rechnungshof des Deutschen Reichs.

Die Form, in welcher die jährliche Rechnungslegung zu erfolgen hat, wird durch den Reichskanzler bestimmt. Die hierüber ergehenden Bestimmungen sind dem Rechnungshof mitzutheilen.

§ 30. Die Antheilseigner üben die ihnen zustehende Betheiligung an der Verwaltung der Reichsbank durch die Generalversammlung, außerdem durch einen aus ihrer Mitte gewählten ständigen Centralausschuß nach Maaßgabe der nachfolgenden Bestimmungen aus.

§ 31. Der Centralausschuß ist die ständige Vertretung der Antheilseigner gegenüber der Verwaltung. Er besteht aus funfzehn Mitgliedern, neben welchen funfzehn Stellvertreter zu wählen sind. Die Mitglieder und die Stellvertreter werden von der Generalversammlung aus der Zahl der im Besitze von mindestens je drei auf ihren Namen lautenden Antheilscheinen befindlichen Antheilseigner gewählt. Sämmtliche Mitglieder und Stellvertreter müssen im Reichsgebiete und wenigstens neun Mitglieder und neun Stellvertreter in Berlin ihren Wohnsitz haben. Ein Drittel der Mitglieder scheidet jährlich aus. Die Ausscheidenden sind wieder wählbar.

Der Centralausschuß versammelt sich unter Vorsitz des Präsidenten des Reichsbank-Direktoriums wenigstens einmal monatlich, kann von demselben aber auch außerordentlich berufen werden. Er ist beschlußfähig bei Anwesenheit von wenigstens sieben Mitgliedern; die Geschäftsanweisung wird festsetzen, in welchen Fällen und in welcher Reihenfolge die Einberufung von Stellvertretern zu bewirken ist.

---

[1] Vgl. V. betr. die Fürsorge für die Wittwen und Waisen der Reichsbankbeamten 8./6. 81 (RGBl 117); V. betr. die Pensionen und Kautionen der Reichsbankbeamten 23./12. 75 (RGBl 380); dazu V. 31./3. 80 (RGBl 97).

§ 32. Dem Centralausschuß werden in jedem Monat die wöchentlichen Nachweisungen über die Diskonto=, Wechsel= und Lombardbestände, den Notenumlauf, die Baarfonds, die Depositen, über den An= und Verkauf von Gold, Wechseln und Effekten, über die Vertheilung der Fonds auf die Zweiganstalten zur Einsicht vorgelegt, und zugleich die Ergebnisse der ordentlichen und der außerordentlichen Kassenrevisionen, sowie die Ansichten und Vorschläge des Reichsbank=Direktoriums über den Gang der Geschäfte im Allgemeinen und über die etwa erforderlichen Maaßregeln mitgetheilt.

Insbesondere ist der Centralausschuß gutachtlich zu hören:

a) über die Bilanz und die Gewinnberechnung, welche nach Ablauf des Geschäftsjahres vom Reichsbank=Direktorium aufgestellt, mit dessen Gutachten dem Reichskanzler zur definitiven Festsetzung überreicht, und demnächst den Antheilseignern in deren außerordentlicher Generalversammlung mitgetheilt wird;

b) über Abänderungen des Besoldungs= und Pensionsetats (§ 28);

c) über die Besetzung erledigter Stellen im Reichsbank=Direktorium, mit Ausnahme der Stelle des Präsidenten, vor der Beschlußfassung des Bundesraths (§ 27);

d) über den Höchstbetrag, bis zu welchem die Fonds der Bank zu Lombarddarlehnen verwendet werden können.

Der Ankauf von Effekten für Rechnung der Bank kann nur erfolgen, nachdem die Höhe des Betrages, bis zu welcher die Fonds der Bank zu diesem Zwecke verwendet werden können, zuvor mit Zustimmung des Centralausschusses festgesetzt ist;

e) über die Höhe des Diskontosatzes und des Lombard=Zinsfußes, sowie über Veränderungen in den Grundsätzen und Fristen der Kreditertheilung;

f) über Vereinbarungen mit anderen deutschen Banken (§ 19), sowie über die in den Geschäftsbeziehungen zu denselben zu beobachtenden Grundsätze.

Allgemeine Geschäftsanweisungen und Dienstinstruktionen sind dem Centralausschusse alsbald nach ihrem Erlasse (§ 26) zur Kenntnißnahme mitzutheilen.

§ 33. Die Mitglieder des Centralausschusses beziehen keine Besoldung.

Wenn ein Ausschußmitglied das Bankgeheimniß (§ 39) verletzt, die durch sein Amt erlangten Aufschlüsse gemißbraucht oder sonst das öffentliche Vertrauen verloren hat, oder wenn durch dasselbe überhaupt das Interesse des Instituts gefährdet erscheint, so ist die Generalversammlung berechtigt, seine Ausschließung zu beschließen.

Ein Ausschußmitglied, welches in Konkurs geräth, während eines halben Jahres den Versammlungen nicht beigewohnt, oder eine der Voraussetzungen seiner Wählbarkeit (§ 31) verloren hat, wird für ausgeschieden erachtet.

§ 34. Die fortlaufende spezielle Kontrole über die Verwaltung der Reichsbank üben drei, von dem Centralausschusse aus der Zahl seiner Mitglieder auf ein Jahr gewählte Deputirte des Centralausschusses beziehungsweise deren gleichzeitig zu wählende Stellvertreter. Die Geschäftsanweisung wird festsetzen, in welchen Fällen und in welcher Reihenfolge die Einberufung von Stellvertretern zu bewirken ist.

Die Deputirten sind insbesondere berechtigt, allen Sitzungen des Reichsbank-Direktoriums mit berathender Stimme beizuwohnen.

Sie sind ferner berechtigt und verpflichtet, in den gewöhnlichen Geschäftsstunden und im Beisein eines Mitgliedes des Reichsbank-Direktoriums von dem Gange der Geschäfte Kenntniß zu nehmen, die Bücher und die Portefeuilles der Bank einzusehen und den ordentlichen, wie außerordentlichen Kassenrevisionen beizuwohnen. Ueber ihre Wirksamkeit erstatten sie in den monatlichen Versammlungen des Centralausschusses Bericht.

Im Fall des § 33, Absatz 2 kann ein Deputirter bereits vor der Entscheidung der Generalversammlung durch den Centralausschuß suspendirt werden.

§ 35. Geschäfte mit den Finanzverwaltungen des Reichs oder deutscher Bundesstaaten dürfen nur innerhalb der Bestimmungen dieses Gesetzes und des Bankstatuts gemacht und müssen, wenn andere als die allgemein geltenden Bedingungen des Bankverkehrs in Anwendung kommen sollen, zuvor zur Kenntniß der Deputirten gebracht, und, wenn auch nur Einer derselben darauf anträgt, dem Centralausschuß vorgelegt werden. Sie müssen unterbleiben, wenn der letztere nicht in einer beschlußfähigen Versammlung mit Stimmenmehrheit für die Zulässigkeit sich ausspricht.

§ 36. Außerhalb des Hauptsitzes der Bank sind an, vom Bundesrathe zu bestimmenden, größeren Plätzen Reichsbankhauptstellen zu errichten, welche unter Leitung eines aus wenigstens zwei Mitgliedern bestehenden Vorstandes, und unter Aufsicht eines vom Kaiser ernannten Bank-Kommissarius stehen.

Bei jeder Reichsbankhauptstelle soll, wenn sich daselbst eine hinreichende Zahl geeigneter Antheilseigner vorfindet, ein Bezirksausschuß bestehen, dessen Mitglieder vom Reichskanzler aus den vom Bank-Kommissar und vom Central-Ausschuß aufgestellten Vorschlagslisten der am Sitz der Bankhauptstelle oder in dessen unmittelbarer

Nähe wohnhaften Antheilseigner ausgewählt werden. Dem Ausschuß werden in seinen monatlich abzuhaltenden Sitzungen die Uebersichten über die Geschäfte der Bankhauptstelle und die von der Centralverwaltung ergangenen allgemeinen Anordnungen mitgetheilt. Anträge und Vorschläge des Bezirksausschusses, welchen vom Vorstande der Bankhauptstelle nicht in eigener Zuständigkeit entsprochen wird, werden von letzterem dem Reichskanzler mittelst Berichts eingereicht.

Eine fortlaufende specielle Kontrole über den Geschäftsgang bei den Bankhauptstellen nach Maaßgabe der Bestimmungen in § 34 üben, so weit es ohne Störung der täglichen laufenden Geschäfte geschehen kann, 2 bis 3 Beigeordnete, welche vom Bezirksausschuß aus seiner Mitte gewählt, oder, wo ein Bezirksausschuß nicht besteht, vom Reichskanzler nach Absatz 2 ernannt werden.

§ 37. Die Errichtung sonstiger Zweiganstalten erfolgt, sofern dieselben dem Reichsbank-Direktorium unmittelbar untergeordnet werden (Reichsbankstellen), durch den Reichskanzler, sofern sie einer anderen Zweiganstalt untergeordnet werden, durch das Reichsbank-Direktorium.

§ 38. Die Reichsbank wird in allen Fällen, und zwar auch wo die Gesetze eine Spezialvollmacht fordern, durch die Unterschrift des Reichsbank-Direktoriums oder einer Reichsbankhauptstelle verpflichtet, sofern diese Unterschriften von zwei Mitgliedern des Reichsbank-Direktoriums beziehungsweise von zwei Mitgliedern des Vorstandes der Reichsbankhauptstelle oder den als Stellvertretern der letzteren bezeichneten Beamten vollzogen sind.

Unter welchen Voraussetzungen und in welcher Form die Unterschriften der Bankstellen eine Verpflichtung für die Reichsbank begründen, wird vom Reichskanzler bestimmt und besonders bekannt gemacht.

Gegen die Reichsbankhauptstellen und Bankstellen können alle Klagen, welche auf den Geschäftsbetrieb derselben Bezug haben, bei dem Gerichte des Orts erhoben werden, wo die Zweiganstalt errichtet ist.

§ 39. Sämmtliche bei der Verwaltung der Bank als Beamte, Ausschußmitglieder, Beigeordnete betheiligte Personen sind verpflichtet, über alle einzelne Geschäfte der Bank, besonders über die mit Privatpersonen und über den Umfang des den letzteren gewährten Kredits, Schweigen zu beobachten. Die Deputirten des Centralausschusses und deren Stellvertreter, sowie die Beigeordneten bei den Reichsbankhauptstellen sind hierzu vor Antritt ihrer Funktionen mittelst Handschlags an Eidesstatt besonders zu verpflichten.

§ 40. Das Statut der Reichsbank wird nach Maaßgabe der

vorstehend in den §§ 12 bis 39 enthaltenen Vorschriften vom Kaiser im Einvernehmen mit dem Bundesrath erlassen.[1]

Dasselbe muß insbesondere Bestimmungen enthalten:

1. über die Form der Antheilscheine der Reichsbank und der dazu gehörigen Dividendenscheine und Talons;
2. über die bei Uebertragung oder Verpfändung von Antheilscheinen zu beachtenden Formen;
3. über die Mortifikation verlorener oder vernichteter Antheilscheine, sowie über das Verfahren in Betreff abhanden gekommener Dividendenscheine und Talons;
4. über die Grundsätze, nach denen die Jahresbilanz der Reichsbank aufzunehmen ist;
5. über Termine und Modalitäten der Erhebung der Dividende;
6. über die Form, in welcher die Zusammenberufung der Generalversammlung geschieht, sowie über die Bedingungen und die Art der Ausübung des Stimmrechts der Antheilseigner; die Ausübung des Stimmrechts darf jedoch nicht durch den Besitz von mehr als einem Antheilsscheine bedingt, noch dürfen mehr als hundert Stimmen in einer Hand vereinigt werden;
7. über die Modalitäten der Wahl des Centralausschusses und der Deputirten desselben, der Bezirksausschüsse und der Beigeordneten bei den Reichsbankhauptstellen;
8. über die Form, in welcher die von der Gesellschaft ausgehenden Bekanntmachungen erfolgen, sowie über die öffentlichen Blätter, in welche dieselben aufzunehmen sind;
9. über die im Fall der Aufhebung der Reichsbank (§ 41) eintretende Liquidation;
10. über die Form, in welcher die Mitwirkung der Antheilseigner oder deren Vertreter zu einer durch Reichsgesetz festzustellenden Erhöhung des Grundkapitals herbeigeführt werden soll;
11. über die Voraussetzungen der Sicherstellung, unter denen Effekten für fremde Rechnung gekauft oder verkauft werden dürfen.

§ 41. Das Reich behält sich das Recht vor, zuerst zum 1. Januar 1891, alsdann aber von zehn zu zehn Jahren nach vorausgegangener einjähriger Ankündigung, welche auf Kaiserliche Anordnung, im Einvernehmen mit dem Bundesrath, vom Reichskanzler an das Reichsbank-Direktorium zu erlassen und von letzterem zu veröffentlichen ist, entweder

a) die auf Grund dieses Gesetzes errichtete Reichsbank aufzuheben

[1] Vgl. Statut 21./5. 75 (RGBl 203).

und die Grundstücke derselben gegen Erstattung des Buchwerthes zu erwerben, oder

b) die sämmtlichen Antheile der Reichsbank zum Nennwerthe zu erwerben.

In beiden Fällen geht der bilanzmäßige Reservefonds, so weit derselbe nicht zur Deckung von Verlusten in Anspruch zu nehmen ist, zur einen Hälfte an die Antheilseigner, zur anderen Hälfte an das Reich über.

Zur Verlängerung der Frist nach Inhalt des ersten Absatzes ist die Zustimmung des Reichtags erforderlich.

Titel III. Privat-Notenbanken.

§ 42. Banken, welche sich bei Erlaß dieses Gesetzes im Besitze der Befugniß zur Notenausgabe befinden, dürfen außerhalb desjenigen Staates, welcher ihnen diese Befugniß ertheilt hat, Bankgeschäfte durch Zweiganstalten weder betreiben, noch durch Agenten für ihre Rechnung betreiben lassen, noch als Gesellschafter an Bankhäusern sich betheiligen.

§ 43. Die Noten einer Bank, welche sich bei Erlaß dieses Gesetzes im Besitze der Befugniß zur Notenausgabe befindet, dürfen außerhalb desjenigen Staates, welcher derselben diese Befugniß ertheilt hat, zu Zahlungen nicht gebraucht werden.

Der Umtausch solcher Noten gegen andere Banknoten, Papiergeld oder Münzen unterliegt diesem Verbote nicht.

§ 44. Die beschränkenden Bestimmungen des § 43 finden auf diejenigen Banken keine Anwendung, welche bis zum 1. Januar 1876 folgende Voraussetzungen erfüllen:

1. Die Bank darf ihre Betriebsmittel nur in den im § 13 unter 1 bis 4 bezeichneten Geschäften, und zwar zu 4 höchstens bis zur Höhe der Hälfte des Grundkapitals der Bank und der Reserven, anlegen.

   Bezüglich des Darlehnsgeschäfts ist der Bank eine Frist bis zum 1. Januar 1877 eingeräumt, innerhalb welcher sie ihre Darlehne den Bestimmungen des § 13 Nummer, 3 zu konformiren hat.

   Sie hat jeweilig den Prozentsatz öffentlich bekannt zu machen, zu welchem sie diskontirt oder zinsbare Darlehne gewährt.

2. Die Bank legt von dem sich jährlich über das Maaß von $4^1/_2$ Prozent des Grundkapitals hinaus ergebenden Reingewinn jährlich mindestens 20 Prozent so lange zur Ansammlung

eines Reservefonds zurück, als der letztere nicht ein Viertheil des Grundkapitals beträgt.

3. Die Bank verpflichtet sich, für den Betrag ihrer im Umlauf befindlichen Banknoten jederzeit mindestens ein Dritttheil in kursfähigem deutschem Gelde, Reichs-Kassenscheinen oder in Gold in Barren oder ausländischen Münzen, das Pfund fein zu 1392 Mark gerechnet, und den Rest in diskontirten Wechseln, welche eine Verfallzeit von höchstens drei Monaten haben und aus welchen in der Regel drei, mindestens aber zwei als zahlungsfähig bekannte Verpflichtete haften, in ihren Kassen als Deckung bereit zu halten.

4. Die Bank verpflichtet sich, ihre Noten bei einer von ihr zu bezeichnenden Stelle in Berlin oder Frankfurt, deren Wahl der Genehmigung des Bundesraths unterliegt, dem Inhaber gegen kursfähiges deutsches Geld einzulösen.

Die Einlösung hat spätestens vor Ablauf des auf den Tag der Präsentation folgenden Tages zu erfolgen.

5. Die Bank verpflichtet sich, alle deutschen Banknoten, deren Umlauf im gesammten Reichsgebiete gestattet ist, an ihrem Sitze, sowie bei denjenigen ihrer Zweiganstalten, welche in Städten von mehr als 80,000 Einwohnern ihren Sitz haben, zu ihrem vollen Nennwerthe in Zahlung zu nehmen, so lange die Bank, welche solche Noten ausgegeben hat, ihrer Noteneinlösungspflicht pünktlich nachkommt. Alle bei einer Bank eingegangenen Noten einer anderen Bank dürfen, so weit es nicht Noten der Reichsbank sind, nur entweder zur Einlösung präsentirt, oder zu Zahlungen an diejenige Bank, welche dieselben ausgegeben hat, oder zu Zahlungen an dem Orte, wo letztere ihren Hauptsitz hat, verwendet werden.

6. Die Bank verzichtet auf jedes Widerspruchsrecht, welches ihr entweder gegen die Ertheilung der Befugniß zur Ausgabe von Banknoten an andere Banken, oder gegen die Aufhebung einer etwa bestehenden Verpflichtung der Landesregierung, ihre Noten in den öffentlichen Kassen statt baaren Geldes in Zahlung nehmen zu lassen, zustehen möchte.

7. Die Bank willigt ein, daß ihre Befugniß zur Ausgabe von Banknoten zu den in § 41 bezeichneten Terminen durch Beschluß der Landesregierung oder des Bundesraths mit einjähriger Kündigungsfrist aufgehoben werden könne, ohne daß ihr ein Anspruch auf irgend welche Entschädigung zustände.

Von Seiten des Bundesraths wird eine Kündigung nur eintreten zum Zwecke weiterer einheitlicher Regelung des Notenbankwesens oder wenn eine Notenbank den Anordnungen gegenwärtigen Gesetzes zuwidergehandelt hat. Ob diese Voraussetzungen vorliegen, entscheidet der Bundesrath.

Einer Bank, welche die vorstehend unter 1 bis 7 bezeichneten Voraussetzungen erfüllt hat, kann der Betrieb von Bankgeschäften durch Zweiganstalten oder Agenturen außerhalb des im § 42 bezeichneten Gebiets auf Antrag der für den Ort, wo dies geschehen soll, zuständigen Landesregierung durch den Bundesrath gestattet werden.

Banken, welche bis zum 1. Januar 1876 nachweisen, daß der Betrag der nach ihrem Statut oder Privileg ihnen gestatteten Notenausgabe auf den Betrag des Grundkapitals eingeschränkt ist, welcher am 1. Januar 1874 eingezahlt war, sind von der Erfüllung der unter 2 bezeichneten Voraussetzung entbunden und erlangen mit der Gestattung des Umlaufs ihrer Noten im gesammten Reichsgebiete zugleich die Befugniß, im gesammten Reichsgebiete durch Zweiganstalten oder Agenturen Bankgeschäfte zu betreiben. Dem Bundesrath bleibt vorbehalten, diesen Banken einzelne oder durch die Bestimmungen unter 1 ausgeschlossenen Formen der Kreditertheilung, in deren Ausübung dieselben sich bisher befunden haben, auf Grund des nachgewiesenen besonderen Bedürfnisses zeitweilig oder widerruflich auch ferner zu gestatten und die hierfür etwa nothwendigen Bedingungen festzusetzen.

§ 45.[1] Banken, welche von den Bestimmungen im § 44 zu ihren Gunsten Gebrauch machen wollen, haben dem Reichskanzler nachzuweisen:

1. daß ihre Statuten den durch den § 44 aufgestellten Voraussetzungen entsprechen;
2. daß die erforderliche Einlösungsstelle eingerichtet ist.

Sobald dieser Nachweis geführt ist, erläßt der Reichskanzler eine durch das Reichsgesetzblatt zu veröffentlichende Bekanntmachung, in welcher:

1. die beschränkenden Bestimmungen der §§ 42 und 43 oder des § 43 dieses Gesetzes zu Gunsten der zu bezeichnenden Bank als nicht anwendbar erklärt,
2. die Stelle, an welcher die Noten der Bank eingelöst werden, bezeichnet wird.

§ 46. Kann die Dauer einer bereits erworbenen Befugniß zur Ausgabe von Banknoten durch eine vom Staate oder einer öffentlichen Behörde ausgehende, an einen bestimmten Termin gebundene

[1] Vgl. Bekanntmachungen 29./12. 75 (RGBl 390); 7./1. 76 (RGBl 2); 3./9. 79 (RGBl 286); 18./5. 85 (RGBl 108).

Kündigung auf eine bestimmte Zeit beschränkt werden, so tritt diese Kündigung zu dem frühesten zulässigen Termine kraft gegenwärtigen Gesetzes ein, es sei denn, daß die Bank den zulässigen Betrag ihrer Notenausgabe auf den am 1. Januar 1874 eingezahlten Betrag ihres Grundkapitals beschränkt und sich den Bestimmungen im § 44 unter 1 und 3 bis 7 unterworfen hat.

Statutarische Bestimmungen, durch welche die Dauer einer Bank oder der derselben ertheilten Befugniß zur Notenausgabe von der unveränderten Fortdauer des Notenprivilegiums der Preußischen Bank abhängig gemacht ist, treten außer Kraft.

§ 47. Jede Abänderung der Bestimmungen des Grundgesetzes, Statuts oder Privilegiums einer Bank, welche die Befugniß zur Ausgabe von Banknoten bereits erworben hat, bedarf, so lange der Bank diese Befugniß zusteht, zu ihrer Gültigkeit der Genehmigung des Bundesraths, sofern sie das Grundkapital, den Reservefonds, den Geschäftskreis oder die Deckung der auszugebenden Noten, oder die Dauer der Befugniß zur Notenausgabe zum Gegenstande hat. Landesgesetzliche Vorschriften und Konzessionsbedingungen, durch welche eine Bank bezüglich des Betriebs des Diskonto-, des Lombard-, des Effekten- und des Depositengeschäfts Beschränkungen unterworfen ist, welche das gegenwärtige Gesetz nicht enthält, stehen einer solchen Aenderung nicht entgegen.

Die Genehmigung wird, nach Erfüllung der sonstigen gesetzlichen Erfordernisse, durch die betheiligte Landesregierung beantragt und muß versagt werden, wenn die Bank nicht von den Bestimmungen des § 44 Gebrauch macht.

Die bayerische Regierung ist berechtigt, bis zum Höchstbetrage von 70 Millionen Mark die Befugniß zur Ausgabe von Banknoten für die in Bayern bestehende Notenbank zu erweitern, oder diese Befugniß einer anderen Bank zu ertheilen, sofern die Bank sich den Bestimmungen des § 44 unterwirft.

§ 48. Der Reichskanzler ist jederzeit befugt, sich nöthigenfalls durch kommissarische Einsichtnahme von den Büchern, Geschäftslokalen und Kassenbeständen der Noten ausgebenden Banken die Ueberzeugung zu verschaffen, daß dieselben die durch Gesetz oder Statut festgestellten Bedingungen und Beschränkungen der Notenausgabe innehalten, oder die Voraussetzungen der zu ihren Gunsten etwa ausgesprochenen Nichtanwendbarkeit der §§ 42 und 43 oder des § 43 dieses Gesetzes erfüllen und daß die von ihnen veröffentlichten Wochen- und Jahresübersichten (§ 8), sowie die Behufs der Steuerberechnung abgegebenen Nachweise (§ 10) der wirklichen Sachlage entsprechen.

Das Aufsichtsrecht der Landesregierungen wird durch diese Bestimmung nicht berührt.

§ 49. Die Befugniß zur Ausgabe von Banknoten geht verloren:

1. durch Ablauf der Zeitdauer, für welche sie ertheilt ist,
2. durch Verzicht,
3. im Falle des Konkurses durch Eröffnung des Verfahrens gegen die Bank,
4. durch Entziehung kraft richterlichen Urtheils,
5. durch Verfügung der Landesregierung nach Maaßgabe der Statuten oder Privilegien.

§ 50. Die Entziehung der Befugniß zur Notenausgabe wird auf Klage des Reichskanzlers oder der Regierung des Bundesstaates, in welchem die Bank ihren Sitz hat, durch gerichtliches Urtheil ausgesprochen:

1. wenn die Vorschriften der Statuten, des Privilegiums oder des gegenwärtigen Gesetzes über die Deckung für die umlaufenden Noten verletzt worden sind oder der Notenumlauf die durch Statut, Privilegium oder Gesetz bestimmte Grenze überschritten hat;
2. wenn die Bank vor Erlaß der in § 45 erwähnten Bekanntmachung des Reichskanzlers außerhalb des durch § 42 ihr angewiesenen Gebiets die in § 42 ihr untersagten Geschäfte betreibt, oder außerhalb des durch § 43 ihr angewiesenen Gebiets ihre Noten vertreibt oder vertreiben läßt;
3. wenn die Bank die Einlösung präsentirter Noten nicht bewirkt
   a) an ihrem Sitze am Tage der Präsentation,
   b) an ihrer Einlösungsstelle (§ 44, Nr. 4) bis zum Ablaufe des auf den Tag der Präsentation folgenden Tages,
   c) an sonstigen durch die Statuten bestimmten Einlösungsstellen bis zum Ablaufe des dritten Tages nach dem Tage der Präsentation;
4. sobald das Grundkapital sich durch Verluste um ein Drittel vermindert hat.

Die Klage ist im ordentlichen Verfahren zu verhandeln. Der Rechtsstreit gilt im Sinne der Reichs- und Landesgesetze als Handelssache.

In dem Urtheile ist zugleich die Verpflichtung zur Einziehung der Noten auszusprechen.

§ 51. Das Urtheil ist erst nach Eintritt der Rechtskraft vollstreckbar. Die Vollstreckung wird auf Antrag durch das Prozeßgericht verfügt. Das Gericht bestimmt zu diesem Zwecke die Frist, innerhalb welcher von der Bankverwaltung die Bekanntmachung über die Einziehung der Noten zu erlassen ist.

Sofern nicht der Konkurs über die Bank ausgebrochen ist, setzt das Gericht einen Kurator ein, welcher die Einziehung der Noten zu überwachen und, wenn die Bank den für diesen Fall vorgesehenen Verpflichtungen nicht nachkommt, die Liquidation der Bank beim Gerichte zu beantragen verpflichtet ist.

Eingehende Noten sind von der Bank an eine vom Reichskanzler zu bezeichnende, am Sitze der Bank gelegene Kasse abzuliefern.

§ 52. Sechs Monate, nachdem das Urtheil (§ 50) die Rechtskraft erlangt hat, zahlt die Bank an die vom Reichskanzler bezeichnete Kasse einen Betrag in baarem Gelde ein, welcher dem bis dahin nicht abgelieferten Betrage ihrer Noten gleichkommt. Dieser Baarbetrag wird ihr nach Maaßgabe der weiter von ihr abgelieferten Noten und der verbleibende Rest nach Ablauf der letzten vom Bundesrathe für die Einlösung festgesetzten Frist zurückgezahlt.

§ 53. Die an die Kasse abgelieferten Noten (§§ 51 und 52) werden in Gegenwart des Kurators der Kasse und des für die Einziehung der Noten bestellten Kurators vernichtet. Ueber die Vernichtung wird ein gerichtliches oder notarielles Protokoll aufgenommen. Die Verwaltung der Bank ist befugt, an der Vernichtung durch zwei Abgeordnete Theil zu nehmen. Der für die Vernichtung bestimmte Termin ist ihr jedesmal spätestens acht Tage vorher von der der Kasse vorgesetzten Behörde anzuzeigen. Die Vernichtung kann in einem oder in mehreren Terminen erfolgen.

§ 54. Für diejenigen Korporationen, welche, ohne Zettelbanken zu sein, sich beim Erlaß dieses Gesetzes im Besitz der Befugniß zur Ausgabe von Noten, Kassenscheinen oder sonstigen auf den Inhaber ausgestellten unverzinslichen Schuldverschreibungen befinden, und für das von ihnen ausgegebene Papiergeld gelten in so lange, als sie von der Befugniß, Papiergeld in Umlauf zu erhalten, Gebrauch machen, die Bestimmungen der §§ 2 bis einschließlich 6, dann des § 43 und des § 47, Absatz 1 dieses Gesetzes, so weit sich derselbe auf die Befugniß zur Ausgabe von Papiergeld, auf deren Dauer, oder auf die Deckung des Papiergeldes bezieht.

Titel IV. Strafbestimmungen.

§ 55. Wer unbefugt Banknoten oder sonstige auf den Inhaber lautende unverzinsliche Schuldverschreibungen ausgiebt, wird mit einer Geldstrafe bestraft, welche dem Zehnfachen des Betrages der von ihm ausgegebenen Werthzeichen gleichkommt, mindestens aber fünftausend Mark beträgt.

§ 56. Mit Geldstrafe bis zu einhundertfünfzig Mark wird bestraft, wer der Verbotsbestimmung des § 43 zuwider, Noten inländischer Banken, oder Noten oder sonstige Geldzeichen inländischer Korporationen außerhalb desjenigen Landesgebiets, für welches dieselben zugelassen sind, zur Leistung von Zahlungen verwendet.

§ 57. Mit Geldstrafe von fünfzig Mark bis zu fünftausend Mark wird bestraft, wer der Verbotsbestimmung im § 11 zuwider, ausländische Banknoten oder sonstige auf den Inhaber lautende unverzinsliche Schuldverschreibungen ausländischer Korporationen, Gesellschaften oder Privaten, welche ausschließlich oder neben anderen Werthbestimmungen in Reichswährung oder einer deutschen Landeswährung ausgestellt sind, zur Leistung von Zahlungen verwendet.

Geschieht diese Verwendung gewerbsmäßig, so tritt neben der Geldstrafe Gefängniß bis zu einem Jahre ein. Der Versuch ist strafbar.

§ 58. Mit Geldstrafe bis zu fünftausend Mark wird bestraft, wer den Bestimmungen im § 42 zuwider, für Rechnung von Banken als Vorsteher von Zweiganstalten oder als Agent Bankgeschäfte betreibt oder mit Banken als Gesellschafter in Verbindung tritt.

Die gleiche Strafe trifft die Mitglieder des Vorstandes einer Bank, welche den Bestimmungen des § 7 entgegenhandeln, oder welche dem Verbote des § 42 zuwider

a) Zweiganstalten oder Agenturen bestellen, oder
b) die von ihnen vertretene Bank als Gesellschafter an Bankhäusern betheiligen.

§ 59. Die Mitglieder des Vorstandes einer Bank werden:

1. wenn sie in den durch die Bestimmungen des § 8 vorgeschriebenen Veröffentlichungen wissentlich den Stand der Verhältnisse der Bank unwahr darstellen oder verschleiern, mit Gefängniß bis zu drei Monaten bestraft;
2. wenn sie durch unrichtige Aufstellung der im § 10 vorgeschriebenen Nachweisungen den steuerpflichtigen Notenumlauf zu gering angeben, mit einer Geldstrafe bestraft, welche dem Zehnfachen der hinterzogenen Steuer gleichsteht, mindestens aber fünfhundert Mark beträgt;
3. wenn die Bank mehr Noten ausgiebt, als sie auszugeben befugt ist, mit einer Geldstrafe bestraft, welche dem Zehnfachen des zuviel ausgegebenen Betrages gleichkommt, mindestens aber fünftausend Mark beträgt.

Die Strafe zu 3 trifft auch die Mitglieder des Vorstandes

solcher Korporationen, welche zur Ausgabe von auf den Inhaber lautenden unverzinslichen Schuldverschreibungen befugt sind, wenn sie mehr solche Geldzeichen ausgeben, als die Korporation auszugeben befugt ist.

Titel V. Schlußbestimmungen.

§ 60. Die §§ 6, 42 und 43, sowie die auf die letzteren bezüglichen Strafbestimmungen in den §§ 56 und 58 gegenwärtigen Gesetzes treten am 1. Januar 1876 in Kraft.

§ 61. Der Reichskanzler wird ermächtigt, mit der Königlich preußischen Regierung wegen Abtretung der Preußischen Bank an das Reich auf folgenden Grundlagen einen Vertrag abzuschließen:[1]

1. Preußen tritt nach Zurückziehung seines Einschußkapitals von 1,906,800 Thalern, sowie der ihm zustehenden Hälfte des Reservefonds die Preußische Bank mit allen ihren Rechten und Verpflichtungen mit dem 1. Januar 1876 unter den nachstehend Ziffer 2—6 bezeichneten Bedingungen an das Reich ab. Das Reich wird diese Bank an die nach Maaßgabe der Bestimmungen dieses Gesetzes zu errichtende Reichsbank übertragen.
2. Preußen empfängt für Abtretung der Bank eine Entschädigung von fünfzehn Millionen Mark, welche aus den Mitteln der Reichsbank zu decken ist.
3. Den bisherigen Antheilseignern der Preußischen Bank wird die Befugniß vorbehalten, gegen Verzicht auf alle ihnen durch ihre Bankantheilsscheine verbrieften Rechte zu Gunsten der Reichsbank den Umtausch dieser Urkunden gegen Antheilsscheine der Reichsbank von gleichem Nominalbetrag zu verlangen.
4. Die Reichsbank hat denjenigen Antheilseignern, welche nach den Bestimmungen der §§ 16 und 19 der Bankordnung vom 5. Oktober 1846 (Preuß. Gesetz-Samml. S. 435) die Herauszahlung des eingeschossenen Kapitals und ihres Antheils an dem Reservefonds der Preußischen Bank verlangen, diese Zahlung zu leisten.
5. Die Reichsbank wird zur Erfüllung der von der Preußischen Bank durch Vertrag vom 28./31. Januar 1856 hinsichtlich der Staatsanleihe von sechzehn Millionen fünfhundertachtundneunzigtausend Thalern übernommenen Verbindlichkeiten an Preußen für die Jahre 1876 bis einschließlich 1925 jährlich 621,910 Thaler in halbjährlichen Raten zahlen. Wird die Konzession der Reichsbank nicht verlängert, so wird das Reich

[1] Vgl. den Vertrag 17.—18./5. 75 (RGBl 215 ff.).

dafür sorgen, daß, so lange keine andere Bank in diese Verpflichtung eintritt, die Rente bis zu dem ebengedachten Zeitpunkte der preußischen Staatskasse unverkürzt zufließe.

6. Eine Auseinandersetzung zwischen Preußen und der Reichsbank wegen der Grundstücke der Preußischen Bank bleibt vorbehalten.

§ 62. Der Reichskanzler wird ermächtigt:

1. diejenigen Antheilscheine der Reichsbank zu begeben, welche nicht nach § 61, Nr. 3 gegen Antheilscheine der Preußischen Bank umzutauschen sind,
2. auf Höhe der nicht begebenen Antheilsscheine zur Beschaffung des nach § 23 erforderlichen Grundkapitals der Reichsbank verzinsliche, spätestens am 1. Mai 1876 fällig werdende Schatzanweisungen auszugeben.

§ 63. Die Ausfertigung der Schatzanweisungen (§ 62, Nr. 2) wird der Preußischen Hauptverwaltung der Staatsschulden übertragen. Den Zinssatz bestimmt der Reichskanzler. Bis zum 1. Mai 1876 kann, nach Anordnung des Reichskanzlers, der Betrag der Schatzanweisungen wiederholt, jedoch nur zur Deckung der in Verkehr gesetzten Schatzanweisungen ausgegeben werden.

§ 64. Die zur Verzinsung und Einlösung der Schatzanweisungen erforderlichen Beträge müssen der Reichsschulden-Verwaltung aus den bereitesten Einkünften des Reichs zur Verfallzeit zur Verfügung gestellt werden.

§ 65. Die Ausgabe der Schatzanweisungen ist durch die Reichskasse zu bewirken.

Die Zinsen der Schatzanweisungen verjähren binnen vier Jahren, die verschriebenen Kapitalbeträge binnen 30 Jahren nach Eintritt des in jeder Schatzanweisung auszudrückenden Fälligkeitstermins.

§ 66. Die Bestimmungen des Handelsgesetzbuchs über die Eintragung in das Handelsregister und die rechtlichen Folgen derselben finden auf die Reichsbank keine Anwendung.

III 1

Gesetz über Markenschutz.

Vom 30. November 1874. (RGBl 143.)[1]

Wir Wilhelm, von Gottes Gnaden Deutscher Kaiser, König von Preußen ꝛc. verordnen im Namen des Deutschen Reichs, nach

---

[1] Dazu Bekanntmachung der Bestimmungen zur Ausführung 8./2. 75 (Centr.Bl. 123).

erfolgter Zustimmung des Bundesraths und des Reichstags, was folgt:

§ 1. Gewerbetreibende, deren Firma im Handelsregister eingetragen ist, können Zeichen, welche zur Unterscheidung ihrer Waaren von den Waaren anderer Gewerbetreibenden auf den Waaren selbst oder auf deren Verpackung angebracht werden sollen, zur Eintragung in das Handelsregister des Ortes ihrer Hauptniederlassung bei dem zuständigen Gerichte anmelden.

§ 2. Der Anmeldung muß eine deutliche Darstellung des Waarenzeichens (§ 1) nebst einem Verzeichniß der Waarengattungen, für welche das Zeichen bestimmt ist, mit der Unterschrift der Firma versehen, beigefügt sein.

§ 3. Die Eintragung von Waarenzeichen, deren Benutzung für den Anmeldenden landesgesetzlich geschützt ist, ferner von solchen Zeichen, welche bis zum Beginn des Jahres 1875 im Verkehr allgemein als Kennzeichen der Waaren eines bestimmten Gewerbetreibenden gegolten haben, darf nicht versagt werden.

Im Uebrigen ist die Eintragung zu versagen, wenn die Zeichen ausschießlich in Zahlen, Buchstaben oder Worten bestehen, oder wenn sie öffentliche Wappen oder Aergerniß erregende Darstellungen enthalten.

§ 4. Die Eintragung erfolgt unter der Firma des Anmeldenden. Die Zeit der Anmeldung ist dabei zu vermerken. Gelangt ein bereits eingetragenes Waarenzeichen aus Anlaß der Verlegung der Hauptniederlassung wiederholt zur Eintragung, so ist dabei die Zeit der ersten Anmeldung zu vermerken.

§ 5. Auf Antrag der Inhabers der Firma wird das eingetragene Waarenzeichen gelöscht.

Von Amtswegen erfolgt die Löschung:

1. wenn die Firma im Handelsregister gelöscht wird;
2. wenn eine Aenderung der Firma und nicht zugleich die Beibehaltung des Zeichens angemeldet wird;
3. wenn seit der Eintragung des Zeichens, ohne daß dessen weitere Beibehaltung angemeldet worden, oder seit einer solchen Anmeldung, ohne daß dieselbe wiederholt worden, zehn Jahre verflossen sind;
4. wenn das Zeichen nach § 3 nicht hätte eingetragen werden dürfen.

§ 6. Die erste Eintragung und die Löschung eines Zeichens wird im „Deutschen Reichs-Anzeiger" bekannt gemacht.

Die Kosten der Bekanntmachung der Eintragung hat der Inhaber der Firma zu tragen.

§ 7. Für die erste Eintragung eines Zeichens, welches landesgesetzlich nicht geschützt ist, wird eine Gebühr von fünfzig Mark entrichtet.

Von der Entrichtung einer Gebühr für die Eintragung solcher Zeichen, welche bis zum Beginn des Jahres 1875 im Verkehr allgemein als Kennzeichen der Waaren eines bestimmten Gewerbetreibenden gegolten haben, können die Landesregierungen entbinden.

Andere Eintragungen und Löschungen geschehen unentgeltlich.

§ 8. Das Recht, Waaren oder deren Verpackung mit einem für diese Waaren zum Handelsregister angemeldeten Zeichen zu versehen oder auf solche Art bezeichnete Waaren in Verkehr zu bringen, steht dem Inhaber derjenigen Firma, für welche zuerst die Anmeldung bewirkt ist, ausschließlich zu.

§ 9. Auf Waarenzeichen, welche landesgesetzlich geschützt sind, ferner auf solche Zeichen, welche bis zum Beginn des Jahres 1875 im Verkehr allgemein als Kennzeichen der Waaren eines bestimmten Gewerbetreibenden gegolten haben, kann durch die Anmeldung außer den gesetzlich geschützten oder im Verkehr allgemein anerkannten Inhabern niemand ein Recht erwerben, sofern diese vor dem 1. Oktober 1875 die Anmeldung bewirken.

§ 10. Durch die Anmeldung eines Waarenzeichens, welches Buchstaben oder Worte enthält, wird Niemand gehindert, seinen Namen oder seine Firma, sei es auch in abgekürzter Gestalt, zur Kennzeichnung seiner Waaren zu gebrauchen.

Auf Waarenzeichen, welche bisher im freien Gebrauche aller oder gewisser Klassen von Gewerbetreibenden sich befunden haben, oder deren Eintragung nicht zulässig ist, kann durch Anmeldung Niemand ein Recht erwerben.

§ 11. Der Inhaber einer Firma, für welche ein Waarenzeichen eingetragen ist, hat dasselbe auf Verlangen Desjenigen, welcher ihn von der Benutzung des Zeichens auszuschließen berechtigt ist, oder sofern das Waarenzeichen zu den im § 10, Absatz 2 erwähnten gehört, auf Verlangen eines Betheiligten löschen zu lassen.

§ 12. Das durch die Anmeldung eines Waarenzeichens erlangte Recht erlischt:

1. mit der Zurücknahme der Anmeldung, oder mit dem Antrage auf Löschung Seitens des Inhabers der berechtigten Firma;
2. mit dem Eintritte eines der im § 5, Nr. 1 bis 3 bezeichneten Fälle.

§ 13. Jeder inländische Produzent oder Handeltreibende kann gegen Denjenigen, welcher Waaren oder deren Verpackung mit einem für den Ersteren nach Maaßgabe dieses Gesetzes zu schützenden

Waarenzeichen oder mit dem Namen oder der Firma des Ersteren widerrechtlich bezeichnet, im Wege der Klage beantragen, daß Derselbe für nicht berechtigt erklärt werde, diese Bezeichnung zu gebrauchen.

Desgleichen kann der Produzent oder Handeltreibende gegen Denjenigen, welcher dergleichen widerrechtlich bezeichnete Waaren in Verkehr bringt oder feilhält, im Wege der Klage beantragen, daß Derselbe für nicht berechtigt erklärt werde, so bezeichnete Waaren in Verkehr zu bringen oder feil zu halten.

§ 14. Wer Waaren oder deren Verpackung wissentlich mit einem nach Maaßgabe dieses Gesetzes zu schützenden Waarenzeichen, oder mit dem Namen oder der Firma eines inländischen Produzenten oder Handeltreibenden widerrechlich bezeichnet, oder wissentlich dergleichen widerrechtlich bezeichnete Waaren in Verkehr bringt oder feilhält, wird mit Geldstrafe von einhundertfünfzig bis dreitausend Mark oder mit Gefängniß bis zu sechs Monaten bestraft und ist dem Verletzten zur Entschädigung verpflichtet.

Die Strafverfolgung tritt nur auf Antrag ein.

§ 15. Statt jeder aus diesem Gesetze entspringenden Entschädigung kann auf Verlangen des Beschädigten neben der Strafe auf eine an ihn zu erlegende Buße bis zum Betrage von fünftausend Mark erkannt werden. Für diese Buße haften die zu derselben Verurtheilten als Gesammtschuldner.

Eine erkannte Buße schließt die Geltendmachung eines weiteren Entschädigungsanspruchs aus.

§ 16. Darüber, ob ein Schaden entstanden ist, und wie hoch sich derselbe beläuft, entscheidet das Gericht unter Würdigung aller Umstände nach freier Ueberzeugung.

§ 17. Erfolgt eine Verurtheilung auf Grund des § 14, so ist auf Antrag des Verletzten bezüglich der im Besitze des Verurtheilten befindlichen Waaren auf Vernichtung der Zeichen auf der Verpackung oder den Waaren, oder, wenn die Beseitigung der Zeichen in anderer Weise nicht möglich ist, auf Vernichtung der Verpackung oder der Waaren selbst zu erkennen.

Erfolgt die Verurtheilung im Strafverfahren, so ist dem Verletzten die Befugniß zuzusprechen, die Verurtheilung auf Kosten des Verurtheilten öffentlich bekannt zu machen. Die Art der Bekanntmachung, sowie die Frist zu derselben ist in dem Urtheil zu bestimmen.

§ 18. Der dem Inhaber eines Waarenzeichens, eines Namens oder einer Firma nach Inhalt dieses Gesetzes gewährte Schutz wird dadurch nicht ausgeschlossen, daß das Waarenzeichen, der Name oder die Firma mit Abänderungen wiedergegeben sind, welche nur durch Anwendung besonderer Aufmerksamkeit wahrgenommen werden können.

§ 19. Bürgerliche Rechtsstreitigkeiten, in welchen durch die Klage ein Anspruch auf Grund dieses Gesetzes erhoben wird, gelten im Sinne der Reichs- und Landesgesetze als Handelssachen.

§ 20. Auf Waarenzeichen von Gewerbetreibenden, welche im Inlande eine Handelsniederlassung nicht besitzen, sowie auf die Namen oder die Firmen ausländischer Produzenten oder Handeltreibenden finden, wenn in dem Staate, wo ihre Niederlassung sich befindet, nach einer in dem Reichs-Gesetzblatt enthaltenen Bekanntmachung deutsche Waarenzeichen, Namen und Firmen einen Schutz genießen, die Bestimmungen dieses Gesetzes Anwendung, jedoch in Ansehung der Waarenzeichen (§ 1) mit folgenden Maaßgaben:

1. die Anmeldung eines Waarenzeichens hat bei dem Handelsgerichte in Leipzig mit der Erklärung zu erfolgen, daß sich der Anmeldende für Klagen auf Grund dieses Gesetzes der Gerichtsbarkeit des genannten Gerichts unterwirft;
2. mit der Anmeldung ist der Nachweis zu verbinden, daß in dem fremden Staate die Voraussetzungen erfüllt sind, unter welchen der Anmeldende dort einen Schutz für das Zeichen beanspruchen kann;
3. die Anmeldung begründet ein Recht auf das Zeichen nur insofern und auf so lange, als in dem fremden Staate der Anmeldende in der Benutzung des Zeichens geschützt ist.[1]

---

[1] Vgl. die verschiedenen Konventionen: Mit Schweden-Norwegen 11./7. 72 (RGBl 293); Vereinigten Staaten von Nordamerika (Konsularkonv. 11./12. 71 [RGBl 72, 106]); Portugal (Handelsvertrag 2./3. 72, Art. 10 [RGBl 258]); Rußland 18./8. 73 (RGBl 337); Frankreich 8./10. 73 (RGBl 365); Großbritannien (Deklaration 14./4. 75 [RGBl 199]); Belgien 13./9. 75 (RGBl 301); Luxemburg 14./7. 76 (RGBl 169); vgl. dazu Bekanntm. 2./8. 83 (RGBl 268); Brasilien 28./2. 77 (RGBl 406); Dänemark 4./4. 79 (RGBl 123); Oesterreich (Handelsvertrag 23./5. 81, Art. 20 [RGBl 129]; vgl. dazu Schlußprotokoll zu Art. 20 [RGBl 150]); Schweiz (Handelsvertrag 23./5. 81, Art. 11 [RGBl 158]); den Niederlanden 19./1. 82 (RGBl 5); Rumänien 27./1. 82 (RGBl 7); Italien (Handels- und Schifffahrtsvertrag 4./5. 83, Art. 5 [RGBl 111]); Spanien (Handels- und Schifffahrtsvertrag 12./7. 83, Art. 7 [RGBl 312]; vgl. dazu Protokoll 12./7. 83 [RGBl 326]; der Vertrag gilt bis 1./8. 92); Venezuela 8./12. 83 (RGBl 339); Serbien 7./7. 86 (RGBl 231).

In Aussicht genommen sind derartige Vereinbarungen mit Griechenland (vgl. Handels- und Schifffahrtsvertrag 9./7. 84, Art. 7 [RGBl 85, 28]), der südafrikanischen Republik (Freundschafts- und Handelsvertrag 22./1. 85, Art. 6

§ 21. Dieses Gesetz tritt mit dem 1. Mai 1875 in Kraft.

Auf Waarenzeichen, welche bis zu diesem Tage landesgesetzlich geschützt waren, finden jedoch die landesgesetzlichen Bestimmungen noch bis dahin, daß die Anmeldung nach Maaßgabe gegenwärtigen Gesetzes erfolgt ist, längstens bis zum 1. Oktober 1875 Anwendung.

III 2

Gesetz, betr. das Urheberrecht an Mustern und Modellen.

Vom 11. Januar 1876. (RGBl 11.)

Wir Wilhelm, von Gottes Gnaden Deutscher Kaiser, König von Preußen rc. verordnen im Namen des Deutschen Reichs, nach erfolgter Zustimmung des Bundesraths und des Reichstags, was folgt:

§ 1. Das Recht, ein gewerbliches Muster oder Modell ganz oder theilweise nachzubilden, steht dem Urheber desselben ausschließlich zu.

Als Muster oder Modelle im Sinne dieses Gesetzes werden nur neue und eigenthümliche Erzeugnisse angesehen.

§ 2. Bei solchen Mustern und Modellen, welche von den in einer inländischen gewerblichen Anstalt beschäftigten Zeichnern, Malern, Bildhauern rc. im Auftrage oder für Rechnung des Eigenthümers der gewerblichen Anstalt angefertigt werden, gilt der Letztere, wenn durch Vertrag nichts anderes bestimmt ist, als der Urheber der Muster und Modelle.

§ 3. Das Recht des Urhebers geht auf dessen Erben über. Dieses Recht kann beschränkt oder unbeschränkt durch Vertrag oder durch Verfügung von Todeswegen auf Andere übertragen werden.

§ 4. Die freie Benutzung einzelner Motive eines Musters oder Modells zur Herstellung eines neuen Musters oder Modells ist als Nachbildung nicht anzusehen.

§ 5. Jede Nachbildung eines Musters oder Modells, welche in der Absicht, dieselbe zu verbreiten, ohne Genehmigung des Berechtigten (§§ 1—3) hergestellt wird, ist verboten. Als verbotene Nachbildung ist es auch anzusehen:

1. wenn bei Hervorbringung derselben ein anderes Verfahren angewendet worden ist, als bei dem Originalwerke, oder wenn

---

[RGBl 86, 212]) und der Dominikanischen Republik (Handelsvertrag 30./1. 85, Art. 5 [RGBl 86, 6]).

die Nachbildung für einen anderen Gewerbszweig bestimmt ist, als das Original;

2. wenn die Nachbildung in anderen räumlichen Abmessungen oder Farben hergestellt wird, als das Original, oder wenn sie sich vom Original nur durch solche Abänderungen unterscheidet, welche nur bei Anwendung besonderer Aufmerksamkeit wahrgenommen werden können;

3. wenn die Nachbildung nicht unmittelbar nach dem Originalwerke, sondern mittelbar nach einer Nachbildung desselben geschaffen ist.

§ 6. Als verbotene Nachbildung ist **nicht** anzusehen:

1. die Einzelkopie eines Musters oder Modells, sofern dieselbe ohne die Absicht der gewerbsmäßigen Verbreitung und Verwerthung angefertigt wird;

2. die Nachbildung von Mustern, welche für Flächenerzeugnisse bestimmt sind, durch plastische Erzeugnisse, und umgekehrt;

3. die Aufnahme von Nachbildungen einzelner Muster oder Modelle in ein Schriftwerk.

§ 7. Der Urheber eines Musters oder Modells genießt den Schutz gegen Nachbildung nur dann, wenn er dasselbe zur Eintragung in das Musterregister angemeldet und ein Exemplar oder eine Abbildung des Musters 2c. bei der mit Führung des Musterregisters beauftragten Behörde niedergelegt hat.

Die Anmeldung und Niederlegung muß erfolgen, bevor ein nach dem Muster oder Modelle gefertigtes Erzeugniß verbreitet wird.

§ 8. Der Schutz des gegenwärtigen Gesetzes gegen Nachbildung wird dem Urheber des Musters oder Modells nach seiner Wahl ein bis drei Jahre lang, vom Tage der Anmeldung (§ 7) ab, gewährt.

Der Urheber ist berechtigt, gegen Zahlung der im § 12, Absatz 3 bestimmten Gebühr, eine Ausdehnung der Schutzfrist bis auf höchstens fünfzehn Jahre zu verlangen. Die Verlängerung der Schutzfrist wird in dem Musterregister eingetragen.

Der Urheber kann das ihm nach Absatz 2 zustehende Recht außer bei der Anmeldung auch bei Ablauf der dreijährigen und der zehnjährigen Schutzfrist ausüben.

§ 9. Das Musterregister wird von den mit der Führung der Handelsregister beauftragten Gerichtsbehörden geführt.

Der Urheber hat die Anmeldung und Niederlegung des Musters oder Modells bei der Gerichtsbehörde seiner Hauptniederlassung, und falls er eine eingetragene Firma nicht besitzt, bei der betreffenden Gerichtsbehörde seines Wohnortes zu bewirken.

Urheber, welche im Inlande weder eine Niederlassung, noch

einen Wohnsitz haben, müssen die Anmeldung und Niederlegung bei dem Handelsgericht in Leipzig bewirken.

Die Muster oder Modelle können offen oder versiegelt, einzeln oder in Packeten niedergelegt werden. Die Packete dürfen jedoch nicht mehr als 50 Muster oder Modelle enthalten und nicht mehr 10 Kilogramm wiegen. Die näheren Vorschriften über die Führung des Musterregisters erläßt das Reichskanzler=Amt.

Die Eröffnung der versiegelt niedergelegten Muster erfolgt drei Jahre nach der Anmeldung (§ 7) beziehentlich, wenn die Schutzfrist eine kürzere ist, nach dem Ablauf derselben.

Die Eintragung und die Verlängerung der Schutzfrist (§ 8, Alinea 2) wird monatlich im Deutschen Reichsanzeiger bekannt gemacht. Die Kosten der Bekanntmachung hat der Anmeldende zu tragen.

§ 10. Die Eintragungen in das Musterregister werden bewirkt, ohne daß eine zuvorige Prüfung über die Berechtigung des Antragstellers oder über die Richtigkeit der zur Eintragung angemeldeten Thatsachen stattfindet.

§ 11. Es ist Jedermann gestattet, von dem Musterregister und den nicht versiegelten Mustern und Modellen Einsicht zu nehmen und sich beglaubigte Auszüge aus dem Musterregister ertheilen zu lassen. In Streitfällen darüber, ob ein Muster oder Modell gegen Nachbildung geschützt ist, können zur Herbeiführung der Entscheidung auch die versiegelten Packete von der mit der Führung des Musterregisters beauftragten Behörde geöffnet werden.

§ 12. Alle Eingaben, Verhandlungen, Atteste, Beglaubigungen, Zeugnisse, Auszüge ꝛc., welche die Eintragung in das Musterregister betreffen, sind stempelfrei.

Für jede Eintragung und Niederlegung eines einzelnen Musters oder eines Packets mit Mustern ꝛc. (§ 9) wird, in so fern die Schutzfrist auf nicht länger als drei Jahre beansprucht wird (§ 8, Absatz 1), eine Gebühr von 1 Mark pro Jahr erhoben.

Nimmt der Urheber in Gemäßheit des § 8, Absatz 2 eine längere Schutzfrist in Anspruch, so hat er für jedes weitere Jahr bis zum zehnten Jahre einschließlich eine Gebühr von 2 Mark, von elf bis fünfzehn Jahren eine Gebühr von 3 Mark für jedes einzelne Muster oder Modell zu entrichten. Für jeden Eintragungsschein, sowie für jeden sonstigen Auszug aus dem Musterregister wird eine Gebühr von je 1 Mark erhoben.

§ 13. Derjenige, welcher nach Maaßgabe des § 7 das Muster oder Modell zur Eintragung in das Musterregister angemeldet und niedergelegt hat, gilt bis zum Gegenbeweise als Urheber.

§ 14. Die Bestimmungen in den §§ 18—36, 38 des Gesetzes vom 11. Juni 1870, betreffend das Urheberrecht an Schriftwerken rc. (Bundes-Gesetzblatt 1870 S. 339), finden auch auf das Urheberrecht an Mustern und Modellen mit der Maaßgabe entsprechende Anwendung, daß die vorräthigen Nachbildungen und die zur widerrechtlichen Vervielfältigung bestimmten Vorrichtungen nicht vernichtet, sondern auf Kosten des Eigenthümers und nach Wahl desselben entweder ihrer gefährdenden Form entkleidet, oder bis zum Ablauf der Schutzfrist amtlich aufbewahrt werden.

Die Sachverständigen-Vereine, welche nach § 31 des genannten Gesetzes Gutachten über die Nachbildung von Mustern oder Modellen abzugeben haben, sollen aus Künstlern, aus Gewerbetreibenden verschiedener Gewerbzweige und aus sonstigen Personen, welche mit dem Muster- und Modellwesen vertraut sind, zusammengesetzt werden.

§ 15. Bürgerliche Rechtsstreitigkeiten, in welchen auf Grund der Bestimmungen dieses Gesetzes eine Klage wegen Entschädigung, Bereicherung oder Einziehung angestellt wird, gelten im Sinne der Reichs- und Landesgesetze als Handelssachen.

§ 16. Das gegenwärtige Gesetz findet Anwendung auf alle Muster und Modelle inländischer Urheber, sofern die nach den Mustern oder Modellen hergestellten Erzeugnisse im Inlande verfertigt sind, gleichviel ob dieselben im Inlande oder Auslande verbreitet werden.

Wenn ausländische Urheber im Gebiete des Deutschen Reichs ihre gewerbliche Niederlassung haben, so genießen sie für die im Inlande gefertigten Erzeugnisse den Schutz des gegenwärtigen Gesetzes.

Im Uebrigen richtet sich der Schutz der ausländischen Urheber nach den bestehenden Staatsverträgen.

§ 17. Das gegenwärtige Gesetz tritt mit dem 1. April 1876 in Kraft. Es findet Anwendung auf alle Muster und Modelle, welche nach dem Inkrafttreten desselben angefertigt worden sind.

Muster und Modelle, welche vor diesem Tage angefertigt worden sind, genießen den Schutz des Gesetzes nur dann, wenn das erste nach dem Muster rc. gefertigte Erzeugniß erst nach dem Inkrafttreten des Gesetzes verbreitet worden ist.

Muster und Modelle, welche schon bisher landesgesetzlich gegen Nachbildung geschützt waren, behalten diesen Schutz; jedoch kann derselbe nur für denjenigen räumlichen Umfang geltend gemacht werden, für welchen er durch die Landesgesetzgebung ertheilt war.

III 3

Patentgesetz.

Vom 25. Mai 1877. (RGBl 501.)

Wir Wilhelm, von Gottes Gnaden Deutscher Kaiser, König von Preußen rc. verordnen im Namen des Deutschen Reichs, nach erfolgter Zustimmung des Bundesraths und des Reichstags, was folgt:

Erster Abschnitt.

Patentrecht.

§ 1. Patente werden ertheilt für neue Erfindungen, welche eine gewerbliche Verwerthung gestatten.

Ausgenommen sind:

1. Erfindungen, deren Verwerthung den Gesetzen oder guten Sitten zuwiderlaufen würde;
2. Erfindungen von Nahrungs-, Genuß- und Arzneimitteln, sowie von Stoffen, welche auf chemischem Wege hergestellt werden, so weit die Erfindungen nicht ein bestimmtes Verfahren zur Herstellung der Gegenstände betreffen.

§ 2. Eine Erfindung gilt nicht als neu, wenn sie zur Zeit der auf Grund dieses Gesetzes erfolgten Anmeldung in öffentlichen Druckschriften bereits derart beschrieben oder im Inlande bereits so offenkundig benutzt ist, daß danach die Benutzung durch andere Sachverständige möglich erscheint.

§ 3. Auf die Ertheilung des Patentes hat Derjenige Anspruch, welcher die Erfindung zuerst nach Maaßgabe dieses Gesetzes angemeldet hat.

Ein Anspruch des Patentsuchers auf Ertheilung des Patentes findet nicht statt, wenn der wesentliche Inhalt seiner Anmeldung den Beschreibungen, Zeichnungen, Modellen, Geräthschaften oder Einrichtungen eines Anderen oder einem von diesem angewendeten Verfahren ohne Einwilligung desselben entnommen, und von dem letzteren aus diesem Grunde Einspruch erhoben ist.

§ 4. Das Patent hat die Wirkung, daß Niemand befugt ist, ohne Erlaubniß des Patentinhabers den Gegenstand der Erfindung gewerbsmäßig herzustellen, in Verkehr zu bringen oder feilzuhalten.

Bildet ein Verfahren, eine Maschine oder eine sonstige Betriebsvorrichtung, ein Werkzeug oder ein sonstiges Arbeitsgeräth den Gegenstand der Erfindung, so hat das Patent außerdem die Wirkung, daß Niemand befugt ist, ohne Erlaubniß des Patentinhabers das Verfahren anzuwenden oder den Gegenstand der Erfindung zu gebrauchen.

§ 5. Die Wirkung des Patentes tritt gegen Denjenigen nicht ein, welcher bereits zur Zeit der Anmeldung des Patentinhabers im Inlande die Erfindung in Benutzung genommen oder die zur Benutzung erforderlichen Veranstaltungen getroffen hatte.

Die Wirkung des Patentes tritt ferner in so weit nicht ein, als die Erfindung nach Bestimmung des Reichskanzlers für das Heer oder für die Flotte oder sonst im Interesse der öffentlichen Wohlfahrt benutzt werden soll. Doch hat der Patentinhaber in diesem Falle gegenüber dem Reich oder dem Staat, welcher in seinem besonderen Interesse die Beschränkung des Patentes beantragt hat, Anspruch auf angemessene Vergütung, welche in Ermangelung einer Verständigung im Rechtswege festgesetzt wird.

Auf Einrichtungen an Fahrzeugen, welche nur vorübergehend in das Inland gelangen, erstreckt sich die Wirkung des Patentes nicht.

§ 6. Der Anspruch auf Ertheilung des Patentes und das Recht aus dem Patente gehen auf die Erben über. Der Anspruch und das Recht können beschränkt oder unbeschränkt durch Vertrag oder durch Verfügung von Todeswegen auf Andere übertragen werden.

§ 7. Die Dauer des Patentes ist fünfzehn Jahre; der Lauf dieser Zeit beginnt mit dem auf die Anmeldung der Erfindung folgenden Tage. Bezweckt eine Erfindung die Verbesserung einer anderen, zu Gunsten des Patentsuchers durch ein Patent geschützten Erfindung, so kann dieser die Ertheilung eines Zusatzpatentes nachsuchen, welches mit dem Patente für die ältere Erfindung sein Ende erreicht.

§ 8. Für jedes Patent ist bei der Ertheilung eine Gebühr von 30 Mark zu entrichten.

Mit Ausnahme der Zusatzpatente (§ 7) ist außerdem für jedes Patent mit Beginn des zweiten und jeden folgenden Jahres der Dauer eine Gebühr zu entrichten, welche das erste Mal 50 Mark beträgt und weiterhin jedes Jahr um 50 Mark steigt.

Einem Patentinhaber, welcher seine Bedürftigkeit nachweist, können die Gebühren für das erste und zweite Jahr der Dauer des Patentes bis zum dritten Jahre gestundet und, wenn das Patent im dritten Jahre erlischt, erlassen werden.

§ 9. Das Patent erlischt, wenn der Patentinhaber auf dasselbe verzichtet, oder wenn die Gebühren nicht spätestens drei Monate nach der Fälligkeit gezahlt werden.

§ 10. Das Patent wird für nichtig erklärt, wenn sich ergiebt:

1. daß die Erfindung nach §§ 1 und 2 nicht patentfähig war,
2. daß der wesentliche Inhalt der Anmeldung den Beschreibungen, Zeichnungen, Modellen, Geräthschaften oder Einrichtungen eines

Anderen oder einem von diesem angewendeten Verfahren ohne Einwilligung Desselben entnommen war.

§ 11. Das Patent kann nach Ablauf von drei Jahren zurückgenommen werden:

1. wenn der Patentinhaber es unterläßt, im Inlande die Erfindung in angemessenem Umfange zur Ausführung zu bringen, oder doch Alles zu thun, was erforderlich ist, um diese Ausführung zu sichern;
2. wenn im öffentlichen Interesse die Ertheilung der Erlaubniß zur Benutzung der Erfindung an Andere geboten erscheint, der Patentinhaber aber gleichwohl sich weigert, diese Erlaubniß gegen angemessene Vergütung und genügende Sicherstellung zu ertheilen.

§ 12. Wer nicht im Inlande wohnt, kann den Anspruch auf die Ertheilung eines Patentes und die Rechte aus dem letzteren nur geltend machen, wenn er im Inlande einen Vertreter bestellt hat. Der Letztere ist zur Vertretung in dem nach Maaßgabe dieses Gesetzes stattfindenden Verfahren, sowie in den das Patent betreffenden bürgerlichen Rechtsstreitigkeiten befugt. Für die in solchen Rechtsstreitigkeiten gegen den Patentinhaber anzustellenden Klagen ist das Gericht zuständig, in dessen Bezirk der Vertreter seinen Wohnsitz hat, in Ermangelung eines solchen das Gericht, in dessen Bezirk das Patentamt seinen Sitz hat.

Zweiter Abschnitt.

Patentamt.

§ 13. Die Ertheilung, die Erklärung der Nichtigkeit und die Zurücknahme der Patente erfolgt durch das Patentamt.

Das Patentamt hat seinen Sitz in Berlin. Es besteht aus mindestens drei ständigen Mitgliedern, einschließlich des Vorsitzenden, und aus nicht ständigen Mitgliedern. Die Mitglieder werden vom Kaiser, die übrigen Beamten vom Reichskanzler ernannt. Die Ernennung der ständigen Mitglieder erfolgt auf Vorschlag des Bundesraths, und zwar, wenn sie im Reichs- oder Staatsdienste ein Amt bekleiden, auf die Dauer dieses Amtes, anderen Falls auf Lebenszeit; die Ernennung der nicht ständigen Mitglieder erfolgt auf fünf Jahre. Von den ständigen Mitgliedern müssen mindestens drei die Befähigung zum Richteramte oder zum höheren Verwaltungsdienste besitzen, die nicht ständigen Mitglieder müssen in einem Zweige der Technik sachverständig sein. Auf die nicht ständigen Mitglieder finden die Bestimmungen in § 16 des Gesetzes, betreffend die Rechtsverhältnisse der Reichsbeamten, vom 31. März 1873 keine Anwendung.

§ 14. Das Patentamt besteht aus mehreren Abtheilungen. Dieselben werden im Voraus auf mindestens ein Jahr gebildet. Ein Mitglied kann mehreren Abtheilungen angehören.

Die Beschlußfähigkeit der Abtheilungen ist, wenn es sich um die Ertheilung eines Patentes handelt, durch die Anwesenheit von mindestens drei Mitgliedern bedingt, unter welchen sich zwei nicht ständige Mitglieder befinden müssen.

Für die Entscheidungen über die Erklärung der Nichtigkeit und über die Zurücknahme von Patenten wird eine besondere Abtheilung gebildet. Die Entscheidungen derselben erfolgen in der Besetzung von zwei Mitgliedern, einschließlich des Vorsitzenden, welche die Befähigung zum Richteramte oder zum höheren Verwaltungsdienste besitzen, und drei sonstigen Mitgliedern. Zu anderen Beschlüssen genügt die Anwesenheit von drei Mitgliedern.

Die Bestimmungen der Civilprozeßordnung über Ausschließung und Ablehnung der Gerichtspersonen finden entsprechende Anwendung.

Zu den Berathungen können Sachverständige, welche nicht Mitglieder sind, zugezogen werden; dieselben dürfen an den Abstimmungen nicht Theil nehmen.

§ 15. Die Beschlüsse und die Entscheidungen der Abtheilungen erfolgen im Namen des Patentamtes; sie sind mit Gründen zu versehen, schriftlich auszufertigen und allen Betheiligten von Amtswegen zuzustellen.

Zustellungen, welche den Lauf von Fristen bedingen, erfolgen durch die Post mittels eingeschriebenen Briefes gegen Empfangschein. Kann eine Zustellung im Inlande nicht erfolgen, so wird sie von den damit beauftragten Beamten des Patentamtes durch Aufgabe zur Post nach Maaßgabe der §§ 161, 175 der Civilprozeßordnung bewirkt.

Gegen die Beschlüsse des Patentamtes findet die Beschwerde statt.

§ 16. Wird der Beschluß einer Abtheilung des Patentamtes im Wege der Beschwerde angefochten, so erfolgt die Beschlußfassung über diese Beschwerde durch eine andere Abtheilung oder durch mehrere Abtheilungen gemeinsam.

An der Beschlußfassung darf kein Mitglied Theil nehmen, welches bei dem angefochtenen Beschlusse mitgewirkt hat.

§ 17. Die Bildung der Abtheilungen, die Bestimmung ihres Geschäftskreises, die Formen des Verfahrens und der Geschäftsgang des Patentamtes werden, in so weit dieses Gesetz nicht Bestimmungen darüber trifft, durch Kaiserliche Verordnung unter Zustimmung des Bundesraths geregelt.[1]

[1] V 18./6. 77 betr. die Einrichtung, das Verfahren und den Geschäftsgang der Patentämter (RGBl 77, 533).

§ 18. Das Patentamt ist verpflichtet, auf Ersuchen der Gerichte über Fragen, welche Patente betreffen, Gutachten abzugeben. Im Uebrigen ist dasselbe nicht befugt, ohne Genehmigung des Reichskanzlers außerhalb seines gesetzlichen Geschäftskreises Beschlüsse zu fassen oder Gutachten abzugeben.

§ 19. Bei dem Patentamte wird eine Rolle geführt, welche den Gegenstand und die Dauer der ertheilten Patente, sowie den Namen und Wohnort der Patentinhaber und ihrer bei Anmeldung der Erfindung etwa bestellten Vertreter angiebt. Der Anfang, der Ablauf, das Erlöschen, die Erklärung der Nichtigkeit und die Zurücknahme der Patente sind, unter gleichzeitiger Bekanntmachung durch den Reichs-Anzeiger, in der Rolle zu vermerken.

Tritt in der Person des Patentinhabers oder seines Vertreters eine Aenderung ein, so wird dieselbe, wenn sie in beweisender Form zur Kenntniß des Patentamtes gebracht ist, ebenfalls in der Rolle vermerkt und durch den Reichs-Anzeiger veröffentlicht. So lange dieses nicht geschehen ist, bleiben der frühere Patentinhaber und sein früherer Vertreter nach Maaßgabe dieses Gesetzes berechtigt und verpflichtet.

Die Einsicht der Rolle, der Beschreibungen, Zeichnungen, Modelle und Probestücke, auf Grund deren die Ertheilung der Patente erfolgt ist, steht, so weit es sich nicht um ein im Namen der Reichsverwaltung für die Zwecke des Heeres oder der Flotte genommenes Patent handelt, Jedermann frei.

Das Patentamt veröffentlicht die Beschreibungen und Zeichnungen, so weit deren Einsicht Jedermann freisteht, in ihren wesentlichen Theilen durch ein amtliches Blatt. In dasselbe sind auch die Bekanntmachungen aufzunehmen, welche durch den Reichs-Anzeiger nach Maaßgabe dieses Gesetzes erfolgen müssen.

Dritter Abschnitt.

Verfahren in Patentsachen.

§ 20. Die Anmeldung einer Erfindung Behufs Ertheilung eines Patentes geschieht schriftlich bei dem Patentamte. Für jede Erfindung ist eine besondere Anmeldung erforderlich. Die Anmeldung muß den Antrag auf Ertheilung des Patentes enthalten und in dem Antrage den Gegenstand, welcher durch das Patent geschützt werden soll, genau bezeichnen. In einer Anlage ist die Erfindung dergestalt zu beschreiben, daß danach die Benutzung derselben durch andere Sachverständige möglich erscheint. Auch sind die erforderlichen Zeichnungen, bildlichen Darstellungen, Modelle und Probestücke beizufügen.

Das Patentamt erläßt Bestimmungen über die sonstigen Erfordernisse der Anmeldung.[1]

Bis zu der Bekanntmachung der Anmeldung sind Abänderungen der darin enthaltenen Angaben zulässig. Gleichzeitig mit der Anmeldung sind für die Kosten des Verfahrens 20 Mark zu zahlen.

§ 21. Ist durch die Anmeldung den vorgeschriebenen Anforderungen nicht genügt, so verlangt das Patentamt von dem Patentsucher unter Bezeichnung der Mängel deren Beseitigung innerhalb einer bestimmten Frist. Wird dieser Aufforderung innerhalb der Frist nicht genügt, so ist die Anmeldung zurückzuweisen.

§ 22. Erachtet das Patentamt die Anmeldung für gehörig erfolgt und die Ertheilung eines Patentes nicht für ausgeschlossen, so verfügt es die Bekanntmachung der Anmeldung. Mit der Bekanntmachung treten für den Gegenstand der Anmeldung zu Gunsten des Patentsuchers einstweilen die gesetzlichen Wirkungen des Patentes ein (§§ 4, 5).

Ist das Patentamt der Ansicht, daß eine nach §§ 1 und 2 patentfähige Erfindung nicht vorliegt, so weist es die Anmeldung zurück.

§ 23. Die Bekanntmachung der Anmeldung geschieht in der Weise, daß der Name des Patentsuchers und der wesentliche Inhalt des in seiner Anmeldung enthaltenen Antrages durch den Reichs-Anzeiger einmal veröffentlicht wird. Gleichzeitig ist die Anmeldung mit sämmtlichen Beilagen bei dem Patentamte zur Einsicht für Jedermann auszulegen. Mit der Veröffentlichung ist die Anzeige zu verbinden, daß der Gegenstand der Anmeldung einstweilen gegen unbefugte Benutzung geschützt sei.

Handelt es sich um ein im Namen der Reichsverwaltung für die Zwecke des Heeres oder der Flotte nachgesuchtes Patent, so unterbleibt die Auslegung der Anmeldung und ihrer Beilagen.

§ 24. Nach Ablauf von acht Wochen, seit dem Tage der Veröffentlichung (§ 23), hat das Patentamt über die Ertheilung des Patentes Beschluß zu fassen. Bis dahin kann gegen die Ertheilung bei dem Patentamte Einspruch erhoben werden. Der Einspruch muß schriftlich erfolgen und mit Gründen versehen sein. Er kann nur auf die Behauptung, daß die Erfindung nicht neu sei oder daß die Voraussetzung des § 3, Absatz 2 vorliege, gestützt werden.

Vor der Beschlußfassung kann das Patentamt die Ladung und Anhörung der Betheiligten, sowie die Begutachtung des Antrages durch geeignete, in einem Zweige der Technik sachverständige Per-

[1] Siehe die Bekanntmachung 11./6. 77 (Reichs-Anzeiger Nr. 161).

sonen und sonstige zur Aufklärung der Sache erforderliche Ermittelungen anordnen.

§ 25. Gegen den Beschluß, durch welchen die Anmeldung zurückgewiesen wird, kann der Patentsucher, und gegen den Beschluß, durch welchen über die Ertheilung des Patentes entschieden wird, der Patentsucher oder der Einsprechende binnen vier Wochen nach der Zustellung Beschwerde einlegen. Mit der Einlegung der Beschwerde sind für die Kosten des Beschwerdeverfahrens 20 Mark zu zahlen; erfolgt die Zahlung nicht, so gilt die Beschwerde als nicht erhoben.

Auf das Verfahren findet § 24, Absatz 2 Anwendung.

§ 26. Ist die Ertheilung des Patentes endgültig beschlossen, so erläßt das Patentamt darüber durch den Reichs-Anzeiger eine Bekanntmachung und fertigt demnächst für den Patentinhaber eine Urkunde aus.

Wird das Patent versagt, so ist dies ebenfalls bekannt zu machen. Mit der Versagung gelten die Wirkungen des einstweiligen Schutzes als nicht eingetreten.

§ 27. Die Einleitung des Verfahrens wegen Erklärung der Nichtigkeit oder wegen Zurücknahme des Patentes erfolgt nur auf Antrag. Im Falle des § 10, Nr. 2 ist nur der Verletzte zu dem Antrage berechtigt. Der Antrag ist schriftlich an das Patentamt zu richten und hat die Thatsachen anzugeben, auf welche er gestützt wird.

§ 28. Nachdem die Einleitung des Verfahrens verfügt ist, fordert das Patentamt den Patentinhaber unter Mittheilung des Antrages auf, sich über denselben binnen vier Wochen zu erklären.

Erklärt der Patentinhaber binnen der Frist sich nicht, so kann ohne Ladung und Anhörung der Betheiligten sofort nach dem Antrage entschieden und bei dieser Entscheidung jede von dem Antragsteller behauptete Thatsache für erwiesen angenommen werden.

§ 29. Widerspricht der Patentinhaber rechtzeitig, oder wird im Falle des § 28, Absatz 2 nicht sofort nach dem Antrage entschieden, so trifft das Patentamt, und zwar im ersteren Falle unter Mittheilung des Widerspruchs an den Antragsteller, die zur Aufklärung der Sache erforderlichen Verfügungen. Es kann die Vernehmung von Zeugen und Sachverständigen anordnen. Auf dieselben finden die Vorschriften der Civilprozeßordnung entsprechende Anwendung. Die Beweisverhandlungen sind unter Zuziehung eines beeidigten Protokollführers aufzunehmen.

Die Entscheidung erfolgt nach Ladung und Anhörung der Betheiligten.

Wird die Zurücknahme des Patentes auf Grund des § 11,

Nr. 2 beantragt, so muß der diesem Antrage entsprechenden Entscheidung eine Androhung der Zurücknahme unter Angabe von Gründen und unter Festsetzung einer angemessenen Frist vorausgehen.

§ 30. In der Entscheidung (§§ 28, 29) hat das Patentamt nach freiem Ermessen zu bestimmen, zu welchem Antheile die Kosten des Verfahrens den Betheiligten zur Last fallen.

§ 31. Die Gerichte sind verpflichtet, dem Patentamte Rechtshülfe zu leisten. Die Festsetzung einer Strafe gegen Zeugen und Sachverständige, welche nicht erscheinen oder ihre Aussage oder deren Beeidigung verweigern, sowie die Vorführung eines nicht erschienenen Zeugen, erfolgt auf Ersuchen durch die Gerichte.

§ 32. Gegen die Entscheidungen des Patentamtes (§§ 28, 29) ist die Berufung zulässig. Die Berufung geht an das Reichs-Oberhandelsgericht.[1] Sie ist binnen sechs Wochen nach der Zustellung bei dem Patentamte schriftlich anzumelden und zu begründen.

Durch das Urtheil des Gerichtshofes ist nach Maaßgabe des § 30 auch über die Kosten des Verfahrens zu bestimmen.

---

[1] Vgl. V 1./5. 78 (RGBl 90): 1. Die in Gemäßheit des § 32, Absatz 1 des Patentgesetzes vom 25. Mai 1877 bei dem Patentamt einzureichende Berufungsschrift muß die Berufungsanträge, sowie die Angabe der neuen Thatsachen und Beweismittel enthalten, welche der Berufungskläger geltend machen will.

2. Ist die Berufungsschrift nicht rechtzeitig eingegangen oder nicht in deutscher Sprache abgefaßt oder enthält sie nicht die Berufungsanträge, so hat das Patentamt die Berufung als unzulässig zu verwerfen.

Der Berufungskläger kann binnen einer Woche nach Zustellung dieses Beschlusses auf die Entscheidung des Reichs-Oberhandelsgerichts antragen.

3. Ist die Berufung zulässig, so wird die Berufungsschrift von dem Patentamt dem Berufungsbeklagten mit der Auflage mitgetheilt, seine schriftliche Erklärung binnen vier Wochen nach der Zustellung bei dem Patentamt einzureichen.

Die Erklärung muß die Gegenanträge sowie die Angabe der neuen Thatsachen und Beweismittel enthalten, welche der Berufungsbeklagte geltend machen will.

4. Das Patentamt legt die Verhandlungen nebst den Akten erster Instanz dem Reichs-Oberhandelsgericht vor und benachrichtigt hiervon die Parteien, unter Mittheilung der Gegenerklärung an die Berufungskläger.

5. Das Reichs-Oberhandelsgericht trifft nach freiem Ermessen die zur Aufklärung der Sache erforderlichen Verfügungen.

Beweiserhebungen finden, so weit die Umstände nicht ein Anderes erfordern, durch Vermittelung des Patentamts statt.

6. Das Urtheil des Reichs-Oberhandelsgerichts ergeht nach Ladung und Anhörung der Parteien.

Die Ladungsfrist beträgt mindestens zwei Wochen.

Im Uebrigen wird das Verfahren vor dem Gerichtshofe durch ein Regulativ bestimmt, welches von dem Gerichtshofe zu entwerfen ist und durch Kaiserliche Verordnung unter Zustimmung des Bundesraths festgestellt wird.

---

7. Die Geltendmachung neuer Thatsachen und Beweismittel im Termin ist nur in so weit zulässig, als sie durch das Vorbringen des Berufungsbeklagten in der Erklärungsschrift veranlaßt wird.

Das Gericht kann auch Thatsachen und Beweise berücksichtigen, mit welchen die Parteien ausgeschlossen sind.

Eine noch erforderliche Beweisaufnahme erfolgt nach der Bestimmung im § 5.

8. Von einer Partei behauptete Thatsachen, über welche die Gegenpartei sich nicht erklärt hat, können für erwiesen angenommen werden.

Erscheint in dem Termin keine der Parteien, so ergeht das Urtheil auf Grund der Akten.

9. Das Reichs-Oberhandelsgericht kann zu der Berathung Sachverständige zuziehen; dieselben dürfen an der Abstimmung nicht Theil nehmen.

10. Zu den Kosten des Verfahrens, über welche das Reichs-Oberhandelsgericht nach § 32, Absatz 2 des Patentgesetzes zu bestimmen hat, gehören außer den aus der Kasse des Patentamts zu bestreitenden Auslagen diejenigen den Parteien erwachsenen Auslagen, welche nach freiem Ermessen des Gerichtshofes zur zweckentsprechenden Wahrung der Ansprüche und Rechte nothwendig waren.

11. In dem Termin ist ein Protokoll aufzunehmen, welches den Gang der Verhandlung im Allgemeinen angiebt.

Das Protokoll ist von dem Vorsitzenden und dem Gerichtsschreiber zu unterschreiben.

12. Die Verkündung des Urtheils erfolgt in dem Termin, in welchem die Verhandlung geschlossen ist, oder in einem sofort anzuberaumenden Termin.

Wird die Verkündung der Entscheidungsgründe für angemessen erachtet, so erfolgt sie durch Vorlesung der Gründe oder durch mündliche Mittheilung des wesentlichen Inhalts.

Die Ausfertigungen des mit Gründen zu versehenden Urtheils werden durch Vermittelung des Patentamts zugestellt.

13. Wird beantragt, daß in Abänderung der Entscheidung des Patentamts die Zurücknahme des Patents auf Grund des § 11, Nummer 2 des Patentgesetzes ausgesprochen werde, so findet die Vorschrift des § 29, Absatz 3 dieses Gesetzes entsprechende Anwendung.

14. Die zur Praxis bei dem Reichs-Oberhandelsgericht berechtigten Rechtsanwälte und Advokaten sind befugt, im Berufungsverfahren in Patentsachen die Vertretung zu übernehmen.

15. Im Uebrigen ist für das Berufungsverfahren in Patentsachen das den Geschäftsgang beim Reichs-Oberhandelsgericht normirende Regulativ maaßgebend.

RG 16./6. 79, 1: In den Vorschriften ... des § 32 des Patentgesetzes tritt an Stelle des Reichs-Oberhandelsgerichtes das Reichsgericht.

§ 33. In Betreff der Geschäftssprache vor dem Patentamte finden die Bestimmungen des Gerichtsverfassungsgesetzes über die Gerichtssprache entsprechende Anwendung. Eingaben, welche nicht in deutscher Sprache abgefaßt sind, werden nicht berücksichtigt.

Vierter Abschnitt.
Strafen und Entschädigung.

§ 34. Wer wissentlich den Bestimmungen der §§ 4 und 5 zuwider eine Erfindung in Benutzung nimmt, wird mit Geldstrafe bis zu fünftausend Mark oder mit Gefängniß bis zu Einem Jahre bestraft und ist dem Verletzten zur Entschädigung verpflichtet.

Die Strafverfolgung tritt nur auf Antrag ein.

§ 35. Erfolgt die Verurtheilung im Strafverfahren, so ist dem Verletzten die Befugniß zuzusprechen, die Verurtheilung auf Kosten des Verurtheilten öffentlich bekannt zu machen. Die Art der Bekanntmachung, sowie die Frist zu derselben ist im Urtheil zu bestimmen.

§ 36. Statt jeder aus diesem Gesetze entspringenden Entschädigung kann auf Verlangen des Beschädigten neben der Strafe auf eine an ihn zu erlegende Buße bis zum Betrage von zehntausend Mark erkannt werden. Für diese Buße haften die zu derselben Verurtheilten als Gesammtschuldner.

Eine erkannte Buße schließt die Geltendmachung eines weiteren Entschädigungsanspruchs aus.

§ 37. Die im § 12 des Gesetzes, betreffend die Errichtung eines obersten Gerichtshofes für Handelssachen, vom 12. Juni 1869 geregelte Zuständigkeit des Reichs-Oberhandelsgerichts wird auf diejenigen bürgerlichen Rechtsstreitigkeiten ausgedehnt, in welchen durch die Klage ein Anspruch auf Grund der Bestimmungen dieses Gesetzes geltend gemacht wird.

§ 38. Die Klagen wegen Verletzung des Patentrechts verjähren rücksichtlich jeder einzelnen dieselbe begründenden Handlung in drei Jahren.

§ 39. Darüber, ob ein Schaden entstanden ist und wie hoch sich derselbe beläuft, entscheidet das Gericht unter Würdigung aller Umstände nach freier Ueberzeugung.

§ 40. Mit Geldstrafe bis zu einhundertfünfzig Mark oder mit Haft wird bestraft:

1. wer Gegenstände oder deren Verpackung mit einer Bezeichnung versieht, welche geeignet ist, den Irrthum zu erregen, daß die Gegenstände durch ein Patent nach Maaßgabe dieses Gesetzes geschützt seien;

2. wer in öffentlichen Anzeigen, auf Aushängeschildern, auf Empfehlungskarten oder in ähnlichen Kundgebungen eine Bezeichnung anwendet, welche geeignet ist, den Irrthum zu erregen, daß die darin erwähnten Gegenstände durch ein Patent nach Maaßgabe dieses Gesetzes geschützt seien.

Fünfter Abschnitt.

Uebergangsbestimmungen.

§ 41. Die auf Grund landesgesetzlicher Bestimmungen zur Zeit bestehenden Patente bleiben nach Maaßgabe dieser Bestimmungen bis zu ihrem Ablaufe in Kraft; eine Verlängerung ihrer Dauer ist unzulässig.

§ 42. Der Inhaber eines bestehenden Patentes (§ 41) kann für die dadurch geschützte Erfindung die Ertheilung eines Patentes nach Maßgabe dieses Gesetzes beanspruchen. Die Prüfung der Erfindung unterliegt dann dem durch dieses Gesetz vorgeschriebenen Verfahren. Die Ertheilung des Patentes ist zu versagen, wenn vor der Beschlußfassung über die Ertheilung der Inhaber eines anderen, für dieselbe Erfindung bestehenden Patentes (§ 41) die Ertheilung des Patentes beansprucht oder gegen die Ertheilung Einspruch erhebt. Wegen mangelnder Neuheit ist die Ertheilung des Patentes nur dann zu versagen, wenn die Erfindung zur Zeit, als sie im Inlande zuerst einen Schutz erlangte, im Sinne des § 2 nicht mehr neu war.

Mit der Ertheilung eines Patentes nach Maaßgabe dieses Gesetzes erlöschen die für dieselbe Erfindung bestehenden Patente (§ 41), soweit der Inhaber des neuen Patentes deren Inhaber ist. So weit dieses nicht der Fall ist, treten die gesetzlichen Wirkungen des neuen Patentes in dem Geltungsbereiche der bestehenden Patente erst mit dem Ablaufe der letzteren ein.

§ 43. Auf die gesetzliche Dauer eines nach Maßgabe des § 42 ertheilten Patentes wird die Zeit in Anrechnung gebracht, während deren die Erfindung nach dem ältesten der bestehenden Patente im Inlande bereits geschützt gewesen ist. Der Patentinhaber ist für die noch übrige Dauer des Patentes zur Zahlung der gesetzlichen Gebühren (§ 8) verpflichtet; der Fälligkeitstag und der Jahresbetrag der Gebühren wird nach dem Zeitpunkte bestimmt, mit welchem die Erfindung im Inlande zuerst einen Schutz erlangt hat.

§ 44. Durch die Ertheilung eines Patentes nach Maaßgabe des § 42 werden diejenigen, welche die Erfindung zur Zeit der Anmeldung derselben ohne Verletzung eines Patentrechts bereits in

Benutzung genommen oder die zur Benutzung erforderlichen Veranstaltungen getroffen hatten, in dieser Benutzung nicht beschränkt.

§ 45. Dieses Gesetz tritt mit dem 1. Juli 1877 in Kraft.

IV

Gesetz, betr. die Erwerbs- und Wirthschaftsgenossenschaften.

Vom 1. Mai 1889. (RGBl 55.)[1]

Wir Wilhelm, von Gottes Gnaden Deutscher Kaiser, König von Preußen ꝛc. verordnen im Namen des Reichs, nach erfolgter Zustimmung des Bundesraths und des Reichstags, was folgt:

Erster Abschnitt.

Errichtung der Genossenschaft.

§ 1. Gesellschaften von nicht geschlossener Mitgliederzahl, welche die Förderung des Erwerbes oder der Wirthschaft ihrer Mitglieder

---

[1] Dazu Bekanntm. 11./7. 89 betr. die Führung des Genossenschaftsregisters und die Anmeldungen zu demselben (RGBl 150).

Vgl. **EG z. KO** 3: Die den Konkurs betreffenden Vorschriften der Reichsgesetze werden durch die Konkursordnung nicht berührt.

Aufgehoben werden:

1. die **Vorschriften des** § 51 des **Gesetzes**, betreffend die privatrechtliche **Stellung** der Erwerbs- und Wirthschaftsgenossenschaften, **vom** 4. Juli **1868**, sowie die im § 48 desselben Gesetzes bestimmte Zuständigkeit des **Handelsgerichts**.

6. **Die Bestimmungen der §§ 193, 194, 196, 214 der Konkursordnung finden auf Vereine und registrirte Gesellschaften, welche auf Grund der bayerischen Gesetze vom 29. April 1869**, betreffend die privatrechtliche **Stellung der Vereine sowie der Erwerbs- und Wirthschaftsgesellschaften, bestehen, entsprechende Anwendung.**

KO 193, 195, 214 (siehe oben zu HGB Art. 242).

196. **Die Genossenschaft wird durch den Vorstand oder die Liquidatoren vertreten.**

Ein Zwangsvergleich findet nicht statt.

197. **Nach der Aufhebung des Konkursverfahrens sind die Konkursgläubiger, deren Forderungen festgestellt worden sind, berechtigt, wegen des in dem Verfahren erlittenen Ausfalls, einschließlich der Zinsen und Kosten, die einzelnen ihnen solidarisch haftenden Genossenschafter in Anspruch zu nehmen. Den letzteren stehen Einwendungen nur gegen solche Forderungen zu, welche von dem Vorstande oder den Liquidatoren im Prüfungstermine ausdrücklich bestritten worden sind.**

mittelst gemeinschaftlichen Geschäftsbetriebes bezwecken (Genossenschaften), namentlich:

1. Vorschuß- und Kreditvereine,
2. Rohstoffvereine,
3. Vereine zum gemeinschaftlichen Verkaufe landwirthschaftlicher oder gewerblicher Erzeugnisse (Absatzgenossenschaften, Magazinvereine),
4. Vereine zur Herstellung von Gegenständen und zum Verkaufe derselben auf gemeinschaftliche Rechnung (Produktivgenossenschaften),
5. Vereine zum gemeinschaftlichen Einkaufe von Lebens- oder Wirthschaftsbedürfnissen im Großen und Ablaß im Kleinen (Konsumvereine),
6. Vereine zur Beschaffung von Gegenständen des landwirthschaftlichen oder gewerblichen Betriebes und zur Benutzung derselben auf gemeinschaftliche Rechnung,
7. Vereine zur Herstellung von Wohnungen,

erwerben die Rechte einer „eingetragenen Genossenschaft" nach Maaßgabe dieses Gesetzes.

§ 2. Die Genossenschaften können errichtet werden:

1. dergestalt, daß die einzelnen Mitglieder (Genossen) für die Verbindlichkeiten der Genossenschaft dieser sowie unmittelbar den Gläubigern derselben mit ihrem ganzen Vermögen haften (eingetragene Genossenschaft mit unbeschränkter Haftpflicht);
2. dergestalt, daß die Genossen zwar mit ihrem ganzen Vermögen, aber nicht unmittelbar den Gläubigern der Genossenschaft verhaftet, vielmehr nur verpflichtet sind, der letzteren die zur Befriedigung der Gläubiger erforderlichen Nachschüsse zu leisten (eingetragene Genossenschaft mit unbeschränkter Nachschußpflicht);
3. dergestalt, daß die Haftpflicht der Genossen für die Verbindlichkeiten der Genossenschaft sowohl dieser wie unmittelbar den Gläubigern gegenüber im Voraus auf eine bestimmte Summe beschränkt ist (eingetragene Genossenschaft mit beschränkter Haftpflicht).

§ 3. Die Firma der Genossenschaft muß vom Gegenstande des Unternehmens entlehnt sein und entsprechend der im § 2 vorgesehenen Art der Genossenschaft die daselbst bestimmte zusätzliche Bezeichnung enthalten.

Der Name von Genossen oder anderen Personen darf in die Firma nicht aufgenommen werden. Jede neue Firma muß sich von allen an demselben Orte oder in derselben Gemeinde bereits bestehenden Firmen eingetragener Genossenschaften deutlich unterscheiden.

§ 4. Die Zahl der Genossen muß mindestens sieben betragen.

§ 5. Das Statut der Genossenschaft bedarf der schriftlichen Form.

§ 6. Das Statut muß enthalten:

1. die Firma und den Sitz der Genossenschaft;
2. den Gegenstand des Unternehmens;
3. Bestimmungen über die Form für die Berufung der Generalversammlung der Genossen, sowie für die Beurkundung ihrer Beschlüsse und über den Vorsitz in der Versammlung;
4. Bestimmungen über die Form, in welcher die von der Genossenschaft ausgehenden Bekanntmachungen erfolgen, sowie über die öffentlichen Blätter, in welche dieselben aufzunehmen sind.

§ 7. Das Statut muß ferner bestimmen:

1. ob die Genossen der unbeschränkten Haftpflicht oder nur der unbeschränkten Nachschußpflicht oder der beschränkten Haftpflicht unterliegen sollen;
2. den Betrag, bis zu welchem sich die einzelnen Genossen mit Einlagen betheiligen können (Geschäftsantheil),

   sowie die Einzahlungen auf den Geschäftsantheil, zu welchen jeder Genosse verpflichtet ist; dieselben müssen bis zu einem Gesammtbetrage von mindestens einem Zehntheile des Geschäftsantheils nach Betrag und Zeit bestimmt sein;
3. die Grundsätze für die Aufstellung und die Prüfung der Bilanz;
4. die Bildung eines Reservefonds, welcher zur Deckung eines aus der Bilanz sich ergebenden Verlustes zu dienen hat, sowie die Art dieser Bildung, insbesondere den Theil des jährlichen Reingewinns, welcher in den Reservefonds einzustellen ist, und den Mindestbetrag des letzteren, bis zu dessen Erreichung die Einstellung zu erfolgen hat.

§ 8. Der Aufnahme in das Statut bedürfen Bedingungen, nach welchen:

1. die Genossenschaft auf eine bestimmte Zeit beschränkt wird;
2. Erwerb und Fortdauer der Mitgliedschaft an den Wohnsitz innerhalb eines bestimmten Bezirks geknüpft wird;
3. das Geschäftsjahr, insbesondere das erste, auf ein mit dem Kalenderjahre nicht zusammenfallendes Jahr oder auf eine kürzere Dauer, als auf ein Jahr, bemessen wird;
4. über gewisse Gegenstände die Generalversammlung nicht schon durch einfache Stimmenmehrheit, sondern nur durch eine

größere Stimmenmehrheit oder nach anderen Erfordernissen Beschluß fassen kann;

5. die Ausdehnung des Geschäftsbetriebes auf Personen, welche nicht Mitglieder der Genossenschaft sind, zugelassen wird.

Genossenschaften, bei welchen die Gewährung von Darlehnen Zweck des Unternehmens ist, dürfen ihren Geschäftsbetrieb, so weit er in einer diesen Zweck verfolgenden Dahrlehnsgewährung besteht, nicht auf andere Personen außer den Mitgliedern ausdehnen. Darlehnsgewährungen, welche nur die Anlegung von Geldbeständen bezwecken, fallen nicht unter dieses Verbot.

Als Ausdehnung des Geschäftsbetriebes gilt nicht der Abschluß von Geschäften mit Personen, welche bereits die Erklärung des Beitritts zur Genossenschaft unterzeichnet haben und von derselben zugelassen sind.

Konsumvereine (§ 1, Ziffer 5) dürfen im regelmäßigen Geschäftsverkehr Waaren nur an Personen verkaufen, welche als Mitglieder oder deren Vertreter bekannt sind oder sich als solche in der durch das Statut vorgeschriebenen Weise legitimiren.

§ 9. Die Genossenschaft muß einen Vorstand und einen Aufsichtsrath haben.

Die Mitglieder des Vorstandes und des Aufsichtsraths müssen Genossen sein. Gehören der Genossenschaft einzelne eingetragene Genossenschaften als Mitglieder an, oder besteht die Genossenschaft ausschließlich aus solchen, so können Mitglieder der letzteren in den Vorstand und in den Aufsichtsrath berufen werden.

§ 10. Das Statut sowie die Mitglieder des Vorstandes sind in das Genossenschaftsregister bei dem Gerichte einzutragen, in dessen Bezirke die Genossenschaft ihren Sitz hat.

Das Genossenschaftsregister wird bei dem zur Führung des Handelsregisters zuständigen Gerichte geführt.

§ 11. Die Anmeldung Behufs der Eintragung liegt dem Vorstande ob.

Der Anmeldung sind beizufügen:

1. das Statut, welches von den Genossen unterzeichnet sein muß, und eine Abschrift desselben;
2. eine Liste der Genossen;
3. eine Abschrift der Urkunden über die Bestellung des Vorstandes und des Aufsichtsraths.

Die Mitglieder des Vorstandes haben zugleich ihre Unterschrift vor dem Gerichte zu zeichnen oder die Zeichnung in beglaubigter Form einzureichen.

Die Abschrift des Statuts wird von dem Gerichte beglaubigt

und, mit der Bescheinigung der erfolgten Eintragung versehen, zurückgegeben. Die übrigen Schriftstücke werden bei dem Gerichte aufbewahrt.

§ 12. Das eingetragene Statut ist von dem Gerichte im Auszuge zu veröffentlichen.

Die Veröffentlichung muß enthalten:

1. das Datum des Statuts;
2. die Firma und den Sitz der Genossenschaft;
3. den Gegenstand des Unternehmens;
4. die Form, in welcher die von der Genossenschaft ausgehenden Bekanntmachungen erfolgen, sowie die öffentlichen Blätter, in welche dieselben aufzunehmen sind;
5. die Zeitdauer der Genossenschaft, falls dieselbe auf eine bestimmte Zeit beschränkt ist;
6. das Geschäftsjahr, falls es, abgesehen von dem ersten, auf ein mit dem Kalenderjahre nicht zusammenfallendes Jahr oder auf eine kürzere Dauer, als auf ein Jahr, bemessen ist;
7. die Namen und den Wohnort der Mitglieder des Vorstandes.

Zugleich ist bekannt zu machen, daß die Einsicht der Liste der Genossen während der Dienststunden des Gerichts Jedem gestattet ist.

Ist in dem Statut bestimmt, in welcher Form der Vorstand seine Willenserklärungen kundgiebt und für die Genossenschaft zeichnet, so ist auch diese Bestimmung zu veröffentlichen.

§ 13. Vor erfolgter Eintragung in das Genossenschaftsregister hat die Genossenschaft die Rechte einer eingetragenen Genossenschaft nicht.

§ 14. Jede Zweigniederlassung muß bei dem Gerichte, in dessen Bezirke sie sich befindet, Behufs Eintragung in das Genossenschaftsregister angemeldet werden.

Die Anmeldung hat die im § 12 vorgeschriebenen Angaben zu enthalten. Derselben sind zwei beglaubigte Abschriften des Statuts und eine durch das Gericht der Hauptniederlassung beglaubigte Abschrift der Liste der Genossen beizufügen. Die Bestimmung im § 11, Absatz 3 findet Anwendung.

Das Gericht hat die eine Abschrift des Statuts, mit der Bescheinigung der erfolgten Eintragung versehen, zurückzugeben und von der Eintragung zu dem Genossenschaftsregister bei dem Gerichte der Hauptniederlassung Mittheilung zu machen.

§ 15. Nach der Anmeldung des Statuts zum Genossenschaftsregister bedarf es zum Erwerbe der Mitgliedschaft einer von dem Beitretenden zu unterzeichnenden, unbedingten Erklärung des Beitritts.

Der Vorstand hat die Erklärung im Falle der Zulassung des Beitretenden Behufs Eintragung desselben in die Liste der Genossen dem Gerichte (§ 10) einzureichen. Die Eintragung ist unverzüglich vorzunehmen.

Durch die Eintragung, welche auf Grund der Erklärung und deren Einreichung stattfindet, entsteht die Mitgliedschaft des Beitretenden.

Von der Eintragung hat das Gericht den Genossen und den Vorstand zu benachrichtigen. Die Beitrittserklärung wird in Urschrift bei dem Gerichte aufbewahrt. Wird die Eintragung versagt, so hat das Gericht hiervon den Antragsteller unter Rückgabe der Beitrittserklärung und den Vorstand in Kenntniß zu setzen.

§ 16. Eine Abänderung des Statuts oder die Fortsetzung einer auf bestimmte Zeit beschränkten Genossenschaft kann nur durch die Generalversammlung beschlossen werden.

Zu einer Abänderung des Gegenstandes des Unternehmens sowie zur Erhöhung des Geschäftsantheils bedarf es einer Mehrheit von drei Viertheilen der erschienenen Genossen. Das Statut kann noch andere Erfordernisse aufstellen. Zu sonstigen Aenderungen des Statuts bedarf es einer Mehrheit von drei Viertheilen der erschienenen Genossen, sofern nicht das Statut andere Erfordernisse aufstellt.

Auf die Anmeldung und Eintragung des Beschlusses finden die Vorschriften des § 11 mit der Maaßgabe entsprechende Anwendung, daß der Anmeldung zwei Abschriften des Beschlusses beizufügen sind. Die Veröffentlichung des Beschlusses findet nur in so weit statt, als derselbe eine der im § 12, Absatz 2 und 4 bezeichneten Bestimmungen zum Gegenstande hat.

Der Beschluß hat keine rechtliche Wirkung, bevor er in das Genossenschaftsregister eingetragen worden ist.

Zweiter Abschnitt.

Rechtsverhältnisse der Genossenschaft und der Genossen.

§ 17. Die eingetragene Genossenschaft als solche hat selbstständig ihre Rechte und Pflichten; sie kann Eigenthum und andere dingliche Rechte an Grundstücken erwerben, vor Gericht klagen und verklagt werden.

Genossenschaften gelten als Kaufleute im Sinne des Handelsgesetzbuchs, soweit dieses Gesetz keine abweichenden Vorschriften enthält.

§ 18. Das Rechtsverhältniß der Genossenschaft und der Genossen richtet sich zunächst nach dem Statut. Letzteres darf von den Bestimmungen dieses Gesetzes nur in so weit abweichen, als dies ausdrücklich für zulässig erklärt ist.

§ 19. Der bei Genehmigung der Bilanz für die Genossen

sich ergebende Gewinn oder Verlust des Geschäftsjahres ist auf diese zu vertheilen. Die Vertheilung geschieht für das erste Geschäftsjahr nach dem Verhältniß ihrer auf den Geschäftsantheil geleisteten Einzahlungen, für jedes folgende nach dem Verhältniß ihrer durch die Zuschreibung von Gewinn oder die Abschreibung von Verlust zum Schlusse des vorhergegangenen Geschäftsjahres ermittelten Geschäftsguthaben. Die Zuschreibung des Gewinns erfolgt so lange, als nicht der Geschäftsantheil erreicht ist.

Das Statut kann einen anderen Maaßstab für die Vertheilung von Gewinn und Verlust aufstellen, sowie Bestimmung darüber treffen, in wie weit der Gewinn vor Erreichung des Geschäftsantheils an die Genossen auszuzahlen ist. Bis zur Wiederergänzung eines durch Verlust verminderten Guthabens findet eine Auszahlung des Gewinns nicht statt.

§ 20. Durch das Statut kann für einen bestimmten Zeitraum, welcher zehn Jahre nicht überschreiten darf, festgesetzt werden, daß der Gewinn nicht vertheilt, sondern dem Reservefonds zugeschrieben wird. Bei Ablauf des Zeitraums kann die Festsetzung wiederholt werden; für den Beschluß genügt, sofern das Statut nicht andere Erfordernisse aufstellt, einfache Stimmenmehrheit.

§ 21. Für das Geschäftsguthaben werden Zinsen von bestimmter Höhe nicht vergütet, auch wenn der Genosse Einzahlungen in höheren als den geschuldeten Beträgen geleistet hat.

Auch können Genossen, welche mehr als die geschuldeten Einzahlungen geleistet haben, im Falle eines Verlustes andere Genossen nicht aus dem Grunde in Anspruch nehmen, daß von Letzteren nur diese Einzahlungen geleistet sind.

§ 22. Eine Herabsetzung des Geschäftsantheils oder der auf denselben zu leistenden Einzahlungen oder eine Verlängerung der für die letzteren festgesetzten Fristen kann nur unter Beobachtung der Bestimmungen erfolgen, welche für die Vertheilung des Genossenschaftsvermögens im Falle der Auflösung maaßgebend sind.

Das Geschäftsguthaben eines Genossen darf, so lange er nicht ausgeschieden ist, von der Genossenschaft nicht ausgezahlt oder im geschäftlichen Betriebe zum Pfande genommen, eine geschuldete Einzahlung darf nicht erlassen werden.

Gegen die letztere kann der Genosse eine Aufrechnung nicht geltend machen.

§ 23. Für die Verbindlichkeiten der Genossenschaft haften die Genossen nach Maaßgabe dieses Gesetzes.

Wer in die Genossenschaft eintritt, haftet auch für die vor seinem Eintritt eingegangenen Verbindlichkeiten.

Ein den vorstehenden Bestimmungen zuwiderlaufender Vertrag ist ohne rechtliche Wirkung.

Frauen können in Betreff der durch ihre Mitgliedschaft übernommenen Verpflichtungen sich auf die nach Landesgesetzen für sie geltenden Rechtswohlthaten nicht berufen.

Dritter Abschnitt.

Vertretung und Geschäftsführung.

§ 24. Die Genossenschaft wird durch den Vorstand gerichtlich und außergerichtlich vertreten.[1]

Der Vorstand besteht aus zwei Mitgliedern und wird von der Generalversammlung gewählt. Durch das Statut kann eine höhere Mitgliederzahl sowie eine andere Art der Bestellung festgesetzt werden.

Die Mitglieder des Vorstandes können besoldet und unbesoldet sein. Ihre Bestellung ist zu jeder Zeit widerruflich, unbeschadet der Entschädigungsansprüche aus bestehenden Verträgen.

§ 25. Der Vorstand hat in der durch das Statut bestimmten Form seine Willenserklärung kundzugeben und für die Genossenschaft zu zeichnen. Ist nichts darüber bestimmt, so muß die Erklärung und Zeichnung durch sämmtliche Mitglieder des Vorstandes erfolgen. Weniger als zwei Mitglieder dürfen hierfür nicht bestimmt werden.

Die Zeichnung geschieht in der Weise, daß die Zeichnenden zu der Firma der Genossenschaft oder zu der Benennung des Vorstandes ihre Namensunterschrift beifügen.

§ 26. Die Genossenschaft wird durch die von dem Vorstande in ihrem Namen geschlossenen Rechtsgeschäfte berechtigt und verpflichtet; es ist gleichgültig, ob das Geschäft ausdrücklich im Namen der Genossenschaft geschlossen worden ist, oder ob die Umstände ergeben, daß es nach dem Willen der Vertragschließenden für die Genossenschaft geschlossen werden sollte.

Zur Legitimation des Vorstandes Behörden gegenüber genügt eine Bescheinigung des Gerichts (§ 10), daß die darin zu bezeichnenden Personen als Mitglieder des Vorstandes in das Genossenschaftsregister eingetragen sind.

§ 27. Der Vorstand ist der Genossenschaft gegenüber verpflichtet, die Beschränkungen einzuhalten, welche für den Umfang seiner Befugniß, die Genossenschaft zu vertreten, durch das Statut oder durch Beschlüsse der Generalversammlung festgesetzt sind.

Gegen dritte Personen hat eine Beschränkung der Befugniß des Vorstandes, die Genossenschaft zu vertreten, keine rechtliche

---

[1] Siehe oben zu HGB Art 137.

Wirkung. Dies gilt insbesondere für den Fall, daß die Vertretung sich nur auf gewisse Geschäfte oder Arten von Geschäften erstrecken oder nur unter gewissen Umständen oder für eine gewisse Zeit oder an einzelnen Orten stattfinden soll oder daß die Zustimmung der Generalversammlung, des Aufsichtsraths oder eines anderen Organs der Genossenschaft für einzelne Geschäfte erfordert ist.

§ 28. Jede Aenderung in der Zusammensetzung des Vorstandes sowie eine Wiederwahl oder eine Beendigung der Vollmacht von Mitgliedern desselben muß ohne Verzug zur Eintragung in das Genossenschaftsregister angemeldet werden. Zugleich haben neue Mitglieder ihre Unterschrift vor dem Gerichte zu zeichnen oder die Zeichnung in beglaubigter Form einzureichen. Eine Abschrift der Urkunden über ihre Bestellung oder über die Beendigung ihrer Vollmacht ist der Anmeldung beizufügen und bleibt in der Verwahrung des Gerichts. So weit eine Wiederwahl von Vorstandsmitgliedern erfolgt ist, unterbleibt die Veröffentlichung der Eintragung.

§ 29. Die Aenderung in dem Vorstande oder Beendigung der Vollmacht eines Mitgliedes und eine Aenderung des Statuts rücksichtlich der Form für Willenserklärungen des Vorstandes kann, so lange sie nicht in das Genossenschaftsregister eingetragen und öffentlich bekannt gemacht ist, einem Dritten von der Genossenschaft nur entgegengesetzt werden, wenn letztere beweist, daß derselbe beim Abschlusse des Geschäfts von der Aenderung oder Beendigung Kenntniß hatte.

Nach geschehener Eintragung und Bekanntmachung muß der Dritte, sofern nicht durch die Umstände die Annahme begründet wird, daß er beim Abschlusse des Geschäfts die Aenderung oder Beendigung weder gekannt habe noch habe kennen müssen, dieselbe gegen sich gelten lassen.

§ 30. Der Vorstand hat ein Verzeichniß der Genossen zu führen und dasselbe mit der Liste in Uebereinstimmung zu halten.

§ 31. Der Vorstand ist verpflichtet, Sorge zu tragen, daß die erforderlichen Bücher der Genossenschaft geführt werden.

Er muß binnen sechs Monaten nach Ablauf jedes Geschäftsjahres die Bilanz desselben, die Zahl der im Laufe des Jahres eingetretenen oder ausgeschiedenen, sowie die Zahl der am Jahresschlusse der Genossenschaft angehörigen Genossen veröffentlichen. Die Bekanntmachung ist zu dem Genossenschaftsregister einzureichen.

§ 32. Die Mitglieder des Vorstandes haben die Sorgfalt eines ordentlichen Geschäftsmannes anzuwenden.

Mitglieder, welche ihre Obliegenheiten verletzen, haften der Genossenschaft persönlich und solidarisch für den dadurch entstandenen Schaden.

Insbesondere sind sie zum Ersatze der Zahlung verpflichtet, wenn entgegen den Vorschriften in §§ 19, 22 der Gewinn oder das Geschäftsguthaben ausgezahlt wird.

Die Ansprüche auf Grund der vorstehenden Bestimmungen verjähren in fünf Jahren.

§ 33. Die für Mitglieder des Vorstandes gegebenen Vorschriften gelten auch für Stellvertreter von Mitgliedern.

§ 34. Der Aufsichtsrath besteht, sofern nicht das Statut eine höhere Zahl festsetzt, aus drei von der Generalversammlung zu wählenden Mitgliedern. Die zu einer Beschlußfassung erforderliche Zahl ist durch das Statut zu bestimmen.

Die Mitglieder dürfen keine nach dem Geschäftsergebniß bemessene Vergütung (Tantième) beziehen.

Die Bestellung zum Mitgliede des Aufsichtsraths kann auch vor Ablauf des Zeitraums, für welchen dasselbe gewählt ist, durch die Generalversammlung widerrufen werden. Der Beschluß bedarf einer Mehrheit von drei Viertheilen der erschienenen Genossen.

§ 35. Die Mitglieder des Aufsichtsraths dürfen nicht zugleich Mitglieder des Vorstandes oder dauernd Stellvertreter derselben sein, auch nicht als Beamte die Geschäfte der Genossenschaft führen. Nur für einen im Voraus begrenzten Zeitraum kann der Aufsichtsrath einzelne seiner Mitglieder zu Stellvertretern von behinderten Mitgliedern des Vorstandes bestellen; während dieses Zeitraums und bis zur ertheilten Entlastung des Vertreters darf der letztere eine Thätigkeit als Mitglied des Aufsichtsraths nicht ausüben.

Scheiden aus dem Vorstande Mitglieder aus, so dürfen dieselben nicht vor ertheilter Entlastung in den Aufsichtsrath gewählt werden.

§ 36. Der Aufsichtsrath hat den Vorstand bei seiner Geschäftsführung in allen Zweigen der Verwaltung zu überwachen und zu dem Zweck sich von dem Gange der Angelegenheiten der Genossenschaft zu unterrichten. Er kann jederzeit über dieselben Berichterstattung von dem Vorstande verlangen und selbst oder durch einzelne von ihm zu bestimmende Mitglieder die Bücher und Schriften der Genossenschaft einsehen, sowie den Bestand der Genossenschaftskasse und die Bestände an Effekten, Handelspapieren und Waaren untersuchen. Er hat die Jahresrechnung, die Bilanzen und die Vorschläge zur Vertheilung von Gewinn und Verlust zu prüfen und darüber der Generalversammlung vor Genehmigung der Bilanz Bericht zu erstatten.

Er hat eine Generalversammlung zu berufen, wenn dies im Interesse der Genossenschaft erforderlich ist.

Weitere Obliegenheiten des Aufsichtsraths werden durch das Statut bestimmt.

Die Mitglieder des Aufsichtsraths können die Ausübung ihrer Obliegenheiten nicht anderen Personen übertragen.

§ 37. Der Aufsichtsrath ist ermächtigt, die Genossenschaft bei Abschließung von Verträgen mit dem Vorstande zu vertreten und gegen die Mitglieder desselben die Prozesse zu führen, welche die Generalversammlung beschließt.

Der Genehmigung des Aufsichtsraths bedarf jede Gewährung von Kredit an ein Mitglied des Vorstandes, so weit letztere nicht durch das Statut an noch andere Erfordernisse geknüpft oder ausgeschlossen ist. Das Gleiche gilt von der Annahme eines Vorstandsmitgliedes als Bürgen für eine Kreditgewährung.

In Prozessen gegen die Mitglieder des Aufsichtsraths wird die Genossenschaft durch Bevollmächtigte vertreten, welche in der Generalversammlung gewählt werden.

§ 38. Der Aufsichtsrath ist befugt, nach seinem Ermessen Mitglieder des Vorstandes vorläufig, bis zur Entscheidung der ohne Verzug zu berufenden Generalversammlung, von ihren Geschäften zu entheben und wegen einstweiliger Fortführung derselben das Erforderliche zu veranlassen.

§ 39. Die Mitglieder des Aufsichtsraths haben die Sorgfalt eines ordentlichen Geschäftsmannes anzuwenden.

Mitglieder, welche ihre Obliegenheiten verletzen, haften der Genossenschaft persönlich und solidarisch für den dadurch entstandenen Schaden.

Insbesondere sind sie in den Fällen des § 32 Absatz 3 zum Ersatze der Zahlung verpflichtet, wenn diese mit ihrem Wissen und ohne ihr Einschreiten erfolgt ist.

Die Ansprüche auf Grund der vorstehenden Bestimmungen verjähren in fünf Jahren.

§ 40. Der Betrieb von Geschäften der Genossenschaft, sowie die Vertretung der letzteren in Bezug auf diese Geschäftsführung kann auch sonstigen Bevollmächtigten oder Beamten der Genossenschaft zugewiesen werden. In diesem Falle bestimmt sich die Befugniß derselben nach der ihnen ertheilten Vollmacht; sie erstreckt sich im Zweifel auf alle Rechtshandlungen, welche die Ausführung derartiger Geschäfte gewöhnlich mit sich bringt.

Die Bestellung von Prokuristen oder von Handlungsbevollmächtigten zum gesammten Geschäftsbetriebe findet nicht statt.

§ 41. Die Rechte, welche den Genossen in den Angelegenheiten der Genossenschaft, insbesondere in Bezug auf die Führung der Geschäfte, die Prüfung der Bilanz und die Vertheilung von Gewinn und Verlust zustehen, werden in der Generalversammlung durch Beschlußfassung der erschienenen Genossen ausgeübt.

Jeder Genosse hat eine Stimme.

Ein Genosse, welcher durch die Beschlußfassung entlastet oder von einer Verpflichtung befreit werden soll, hat hierbei kein Stimmrecht. Dasselbe gilt von einer Beschlußfassung, welche den Abschluß eines Rechtsgeschäfts mit einem Genossen betrifft.

Die Genossen können das Stimmrecht nicht durch Bevollmächtigte ausüben. Diese Bestimmung findet auf handlungsunfähige Personen, Korporationen, Handelsgesellschaften, Genossenschaften oder andere Personenvereine und, wenn das Statut die Theilnahme von Frauen an der Generalversammlung ausschließt, auf Frauen keine Anwendung. Ein Bevollmächtigter kann nicht mehr als einen Genossen vertreten.

§ 42. Die Generalversammlung wird durch den Vorstand berufen, soweit nicht nach dem Statut oder diesem Gesetze auch andere Personen dazu befugt sind.

Eine Generalversammlung ist außer den im Statut oder in diesem Gesetze ausdrücklich bestimmten Fällen zu berufen, wenn dies im Interesse der Genossenschaft erforderlich erscheint.

§ 43. Die Generalversammlung muß ohne Verzug berufen werden, wenn der zehnte Theil oder der im Statut hierfür bezeichnete geringere Theil der Genossen in einer von ihnen unterschriebenen Eingabe unter Anführung des Zwecks und der Gründe die Berufung verlangt.

In gleicher Weise sind die Genossen berechtigt, zu verlangen, daß Gegenstände zur Beschlußfassung einer Generalversammlung angekündigt werden.

Wird dem Verlangen nicht entsprochen, so kann das Gericht (§ 10) die Genossen, welche das Verlangen gestellt haben, zur Berufung der Generalversammlung oder zur Ankündigung des Gegenstandes ermächtigen. Mit der Berufung oder Ankündigung ist die gerichtliche Ermächtigung bekannt zu machen.

§ 44. Die Berufung der Generalversammlung muß in der durch das Statut bestimmten Weise mit einer Frist von mindestens einer Woche erfolgen.

Der Zweck der Generalversammlung soll jederzeit bei der Berufung bekannt gemacht werden. Ueber Gegenstände, deren Verhandlung nicht in der durch das Statut oder durch § 43, Absatz 3 vorgesehenen Weise mindestens drei Tage vor der Generalversammlung angekündigt ist, können Beschlüsse nicht gefaßt werden; hiervon sind jedoch Beschlüsse über die Leitung der Versammlung, sowie über Anträge auf Berufung einer außerordentlichen Generalversammlung ausgenommen.

Zur Stellung von Anträgen und zu Verhandlungen bedarf es der Ankündigung nicht.

§ 45. Die Beschlüsse der Generalversammlung sind in ein Protokollbuch einzutragen, dessen Einsicht jedem Genossen und der Staatsbehörde gestattet werden muß.

§ 46. Die Generalversammlung hat über die Genehmigung der Bilanz zu beschließen und von dem Gewinn oder Verlust den auf die Genossen fallenden Betrag festzusetzen.

Die Bilanz, sowie eine den Gewinn und Verlust des Jahres zusammenstellende Berechnung (Jahresrechnung) sollen mindestens eine Woche vor der Versammlung in dem Geschäftslokale der Genossenschaft oder an einer anderen, durch den Vorstand bekannt zu machenden, geeigneten Stelle zur Einsicht der Genossen ausgelegt oder sonst denselben zur Kenntniß gebracht werden. Jeder Genosse ist berechtigt, auf seine Kosten eine Abschrift der Bilanz, sowie der Jahresrechnung zu verlangen.

§ 47. Die Generalversammlung hat festzusetzen:

1. den Gesammtbetrag, welchen Anleihen der Genossenschaft und Spareinlagen bei derselben nicht überschreiten sollen;
2. die Grenzen, welche bei Kreditgewährungen an Genossen eingehalten werden sollen.

§ 48. So weit das Statut die Genossen zu Einzahlungen auf den Geschäftsantheil verpflichtet, ohne dieselben nach Betrag und Zeit festzusetzen, unterliegt ihre Festsetzung der Beschlußfassung durch die Generalversammlung.

§ 49. Ein Beschluß der Generalversammlung kann wegen Verletzung des Gesetzes oder des Statuts als ungültig im Wege der Klage angefochten werden. Dieselbe findet nur binnen der Frist von einem Monate statt. Zur Anfechtung befugt ist außer dem Vorstande jeder in der Generalversammlung erschienene Genosse, sofern er gegen den Beschluß Widerspruch zu Protokoll erklärt hat, und jeder nicht erschienene Genosse, sofern er die Anfechtung darauf gründet, daß die Berufung der Generalversammlung oder die Ankündigung des Gegenstandes der Beschlußfassung nicht gehörig erfolgt war.

Die Klage ist gegen die Genossenschaft zu richten. Die Genossenschaft wird durch den Vorstand, sofern dieser nicht selbst klagt, und durch den Aufsichtsrath vertreten. Zuständig für die Klage ist ausschließlich das Landgericht, in dessen Bezirke die Genossenschaft ihren Sitz hat. Die mündliche Verhandlung erfolgt nicht vor Ablauf der im ersten Absatz bezeichneten Frist. Mehrere Anfechtungsprozesse sind zur gleichzeitigen Verhandlung und Entscheidung zu verbinden.

Die Erhebung der Klage sowie der Termin zur mündlichen Verhandlung sind ohne Verzug von dem Vorstande in den für die Bekanntmachungen der Genossenschaft bestimmten Blättern zu veröffentlichen.

So weit durch ein Urtheil rechtskräftig der Beschluß für ungültig erklärt ist, wirkt es auch gegenüber den Genossen, welche nicht Partei sind. War der Beschluß in das Genossenschaftsregister eingetragen, so hat der Vorstand dem Gerichte (§ 10) das Urtheil Behufs der Eintragung einzureichen. Die öffentliche Bekanntmachung der letzteren erfolgt, so weit der eingetragene Beschluß veröffentlicht war.

§ 50. Für einen durch unbegründete Anfechtung des Beschlusses der Genossenschaft entstandenen Schaden haften ihr solidarisch die Kläger, welchen bei Erhebung der Klage eine bösliche Handlungsweise zur Last fällt.

Vierter Abschnitt.

Revision.

§ 51. Die Einrichtungen der Genossenschaft und die Geschäftsführung derselben in allen Zweigen der Verwaltung sind mindestens in jedem zweiten Jahre der Prüfung durch einen der Genossenschaft nicht angehörigen, sachverständigen Revisor zu unterwerfen.

§ 52. Für Genossenschaften, welche einem den nachfolgenden Anforderungen genügenden Verbande angehören, ist diesem das Recht zu verleihen, den Revisor zu bestellen.

§ 53. Der Verband muß die Revision der ihm angehörigen Genossenschaften und kann auch sonst die gemeinsame Wahrnehmung ihrer im § 1 bezeichneten Interessen, insbesondere die Unterhaltung gegenseitiger Geschäftsbeziehungen zum Zweck haben. Andere Zwecke darf er nicht verfolgen.

§ 54. Die Zwecke des Verbandes müssen in dem Statut desselben angegeben sein. Der Inhalt des Statuts muß erkennen lassen, daß der Verband im Stande ist, der Revisionspflicht zu genügen. Das Statut hat insbesondere den Verbandsbezirk sowie die höchste und die geringste Zahl von Genossenschaften, welche der Verband umfassen kann, festzusetzen und die Bestimmungen über Auswahl und Bestellung der Revisoren, Art und Umfang der Revisionen, sowie über Bildung, Sitz und Befugnisse des Vorstandes und über die sonstigen Organe des Verbandes zu enthalten.

§ 55. Die Verleihung des Rechts zur Bestellung des Revisors erfolgt, wenn der Bezirk des Verbandes sich über mehrere Bundesstaaten erstreckt, durch den Bundesrath, anderenfalls durch die Centralbehörde des Bundesstaates.

Aenderungen des Verbandsstatuts sind der nach Absatz 1 zuständigen Stelle einzureichen.

§ 56. Der Verbandsvorstand hat das Statut mit einer beglaubigten Abschrift der Verleihungsurkunde, sowie alljährlich im Monat Januar ein Verzeichniß der dem Verbande angehörigen Genossenschaften den Gerichten (§ 10), in deren Bezirke diese ihren Sitz haben, sowie der höheren Verwaltungsbehörde, in deren Bezirke der Vorstand seinen Sitz hat, einzureichen.

§ 57. Generalversammlungen des Verbandes dürfen nur innerhalb des Verbandsbezirks abgehalten werden.

Sie sind der höheren Verwaltungsbehörde, in deren Bezirke der Vorstand seinen Sitz hat, sowie der höheren Verwaltungsbehörde, in deren Bezirke die Versammlung abgehalten werden soll, unter Einreichung der Tagesordnung mindestens eine Woche vorher anzuzeigen.

Der letzteren Behörde steht das Recht zu, in die Versammlung einen Vertreter zu entsenden.

§ 58. Das Recht zur Bestellung des Revisors kann dem Verbande entzogen werden,

1. wenn er sich gesetzwidriger Handlungen schuldig macht, durch welche das Gemeinwohl gefährdet wird, oder wenn er andere als die im § 53 bezeichneten Zwecke verfolgt;
2. wenn der Verband der ihm obliegenden Pflicht der Revision nicht genügt.

Die Entziehung wird nach Anhörung des Verbandsvorstandes durch die für die Verleihung zuständige Stelle ausgesprochen.

Von der Entziehung ist den im § 56 bezeichneten Gerichten Mittheilung zu machen.

§ 59. Für Genossenschaften, welche einem Revisionsverbande (§§ 53 bis 55) nicht angehören, wird der Revisor durch das Gericht (§ 10) bestellt.

Der Vorstand der Genossenschaft hat die Bestellung zu beantragen.

Die Bestellung erfolgt, nachdem die höhere Verwaltungsbehörde über die Person des Revisors gehört ist. Erklärt die Behörde sich mit einer von der Genossenschaft vorgeschlagenen Person einverstanden, so ist diese zum Revisor zu bestellen.

§ 60. Der Revisor hat gegen die Genossenschaft Anspruch auf Erstattung angemessener baarer Auslagen und auf Vergütung für seine Leistung nach Maaßgabe der erforderlichen Zeitversäumniß.

Dem vom Gerichte bestellten Revisor werden in Ermangelung einer Einigung die Auslagen und die Vergütung durch das Gericht festgesetzt. Die Vorschriften im § 98 Absatz 2, § 99, § 702 Nummer 3 der Civilprozeßordnung finden Anwendung.

§ 61. Der Vorstand der Genossenschaft hat dem Revisor die Einsicht der Bücher und Schriften der Genossenschaft und die Untersuchung des Bestandes der Genossenschaftskasse, sowie der Bestände an Effekten, Handelspapieren und Waaren zu gestatten. Zu der Revision ist der Aufsichtsrath zuzuziehen.

Der Vorstand hat eine Bescheinigung des Revisors, daß die Revision stattgefunden hat, zum Genossenschaftsregister einzureichen und den Bericht über die Revision bei der Berufung der nächsten Generalversammlung als Gegenstand der Beschlußfassung anzukündigen. In der Generalversammlung hat der Aufsichtsrath sich über das Ergebniß der Revision zu erklären.

Der von einem Verbande bestellte Revisor hat eine Abschrift des Revisionsberichts dem Verbandsvorstande einzureichen.

§ 62. Der Reichskanzler ist ermächtigt, allgemeine Anweisungen zu erlassen, nach welchen die Revisionsberichte anzufertigen sind.

Fünfter Abschnitt.

Ausscheiden einzelner Genossen.

§ 63. Jeder Genosse hat das Recht, mittelst Aufkündigung seinen Austritt aus der Genossenschaft zu erklären.

Die Aufkündigung findet nur zum Schlusse eines Geschäftsjahres statt. Sie muß mindestens drei Monate vorher schriftlich erfolgen. Durch das Statut kann eine längere, jedoch höchstens zweijährige Kündigungsfrist festgesetzt werden.

Ein den vorstehenden Bestimmungen zuwiderlaufendes Abkommen ist ohne rechtliche Wirkung.

§ 64. Der Gläubiger eines Genossen, welcher, nachdem innerhalb der letzten sechs Monate eine Zwangsvollstreckung in das Vermögen des Genossen fruchtlos versucht ist, die Pfändung und Ueberweisung des demselben bei der Auseinandersetzung mit der Genossenschaft zukommenden Guthabens erwirkt hat, kann Behufs seiner Befriedigung das Kündigungsrecht des Genossen an dessen Stelle ausüben, sofern der Schuldtitel nicht blos vorläufig vollstreckbar ist.

Der Aufkündigung muß eine beglaubigte Abschrift des Schuldtitels und der Urkunden über die fruchtlose Zwangsvollstreckung beigefügt sein.

§ 65. Ist durch das Statut die Mitgliedschaft an den Wohnsitz innerhalb eines bestimmten Bezirks geknüpft (§ 8 Nr. 2), so kann ein Genosse, welcher den Wohnsitz in dem Bezirke aufgiebt, zum Schlusse des Geschäftsjahres seinen Austritt schriftlich erklären.

Imgleichen kann die Genossenschaft dem Genossen schriftlich erklären, daß er zum Schlusse des Geschäftsjahres auszuscheiden habe.

Ueber die Aufgabe des Wohnsitzes ist die Bescheinigung einer öffentlichen Behörde beizubringen.

§ 66. Ein Genosse kann wegen des Verlustes der bürgerlichen Ehrenrechte, sowie wegen der Mitgliedschaft in einer anderen Genossenschaft, welche an demselben Orte ein gleichartiges Geschäft betreibt, zum Schlusse des Geschäftsjahres aus der Genossenschaft ausgeschlossen werden. Aus Vorschuß- und Kreditvereinen kann die Ausschließung wegen der Mitgliedschaft in einer anderen solchen Genossenschaft auch dann erfolgen, wenn die letztere ihr Geschäft nicht an demselben Orte betreibt.

Durch das Statut können sonstige Gründe der Ausschließung festgesetzt werden.

Der Beschluß, durch welchen der Genosse ausgeschlossen wird, ist diesem von dem Vorstande ohne Verzug mittelst eingeschriebenen Briefes mitzutheilen.

Von dem Zeitpunkte der Absendung desselben kann der Genosse nicht mehr an der Generalversammlung Theil nehmen, auch nicht Mitglied des Vorstandes oder des Aufsichtsraths sein.

§ 67. Der Vorstand ist verpflichtet, die Aufkündigung des Genossen oder des Gläubigers mindestens sechs Wochen vor dem Ende des Geschäftsjahres, zu dessen Schlusse sie stattgefunden hat, dem Gerichte (§ 10) zur Liste der Genossen einzureichen. Er hat zugleich die schriftliche Versicherung abzugeben, daß die Aufkündigung rechtzeitig erfolgt ist. Der Aufkündigung des Gläubigers sind die im § 64 Absatz 2 bezeichneten Urkunden, sowie eine beglaubigte Abschrift des Pfändungs- und Ueberweisungsbeschlusses beizufügen.

Imgleichen hat der Vorstand im Falle des § 65 mit der Bescheinigung die Erklärung des Genossen oder Abschrift der Erklärung der Genossenschaft, sowie im Falle der Ausschließung Abschrift des Beschlusses dem Gerichte einzureichen. Die Einreichung ist bis zu dem im ersten Absatz bezeichneten Zeitpunkte und, wenn die Erklärung oder der Beschluß später erfolgt, ohne Verzug zu bewirken.

§ 68. In die Liste ist die das Ausscheiden des Genossen begründende Thatsache und der aus den Urkunden hervorgehende Jahresschluß unverzüglich einzutragen.

In Folge der Eintragung scheidet der Genosse mit dem in der Liste vermerkten Jahresschlusse, wenn jedoch die Eintragung erst im Laufe eines späteren Geschäftsjahres bewirkt wird, mit dem Schlusse des letzteren aus der Genossenschaft aus.

§ 69. Auf Antrag des Genossen, im Falle des § 64 auf Antrag des Gläubigers, hat das Gericht die Thatsache, auf Grund deren das Ausscheiden, und den Jahresschluß, zu welchem dasselbe beansprucht wird, ohne Verzug in der Liste vorzumerken.

Erkennt der Vorstand den Anspruch in beglaubigter Form an oder wird er zur Anerkennung rechtskräftig verurtheilt, so ist dies bei Einreichung des Anerkenntnisses oder Urtheils der Vormerkung hinzuzufügen. In Folge dessen gilt der Austritt oder die Ausschließung als am Tage der Vormerkung eingetragen.

§ 70. Von der Eintragung sowie der Vormerkung oder von deren Versagung hat das Gericht den Vorstand und den Genossen, im Falle des § 64 auch den Gläubiger, zu benachrichtigen.

Die Behufs der Eintragung oder der Vormerkung eingereichten Urkunden bleiben in der Verwahrung des Gerichts.

§ 71. Die Auseinandersetzung des Ausgeschiedenen mit der Genossenschaft bestimmt sich nach der Vermögenslage derselben und dem Bestande der Mitglieder zur Zeit seines Ausscheidens.

Die Auseinandersetzung erfolgt auf Grund der Bilanz. Das Geschäftsguthaben des Genossen ist binnen sechs Monaten nach dem Ausscheiden auszuzahlen; an den Reservefonds und das sonstige Vermögen der Genossenschaft hat er keinen Anspruch. Reicht das Vermögen einschließlich des Reservefonds und aller Geschäftsguthaben zur Deckung der Schulden nicht aus, so hat der Ausgeschiedene von dem Fehlbetrage den ihn treffenden Antheil an die Genossenschaft zu zahlen; der Antheil wird in Ermangelung einer anderen Bestimmung des Statuts nach der Kopfzahl der Mitglieder berechnet.

§ 72. Die Klage des ausgeschiedenen Genossen auf Auszahlung des Geschäftsguthabens verjährt in zwei Jahren.

§ 73. Wird die Genossenschaft binnen sechs Monaten nach dem Ausscheiden des Genossen aufgelöst, so gilt dasselbe als nicht erfolgt.

§ 74. Ein Genosse kann zu jeder Zeit, auch im Laufe des Geschäftsjahres, sein Geschäftsguthaben mittelst schriftlicher Uebereinkunft einem Anderen übertragen und hierdurch aus der Genossenschaft ohne Auseinandersetzung mit ihr austreten, sofern der Erwerber an seiner Stelle Genosse wird oder sofern derselbe schon Genosse ist und dessen bisheriges Guthaben mit dem zuzuschreibenden Betrage den Geschäftsantheil nicht übersteigt. Das Statut kann eine solche Uebertragung ausschließen oder an weitere Voraussetzungen knüpfen.

Der Vorstand hat die Uebereinkunft dem Gerichte (§ 10) ohne Verzug einzureichen und, falls der Erwerber schon Genosse ist, zugleich die schriftliche Versicherung abzugeben, daß dessen bisheriges Guthaben mit dem zuzuschreibenden Betrage den Geschäftsantheil nicht übersteigt.

Die Uebertragung ist in die Liste bei dem veräußernden Genossen unverzüglich einzutragen. Als Zeitpunkt des Ausscheidens gilt der Tag der Eintragung. Dieselbe darf, falls der Erwerber noch nicht Genosse ist, nur zugleich mit der Eintragung des letzteren erfolgen. Die Vorschriften der §§ 15, 69 und 70 finden entsprechende Anwendung.

Wird die Genossenschaft binnen sechs Monaten nach dem Ausscheiden des Genossen aufgelöst, so hat dieser im Falle der Eröffnung des Konkursverfahrens die Nachschüsse, zu deren Zahlung er verpflichtet gewesen sein würde, in so weit zu leisten, als zu derselben der Erwerber unvermögend ist.

§ 75. Im Falle des Todes eines Genossen gilt dieser mit dem Schlusse des Geschäftsjahres, in welchem der Tod erfolgt ist, als ausgeschieden. Bis zu diesem Zeitpunkte wird die Mitgliedschaft des Verstorbenen durch den Erben desselben fortgesetzt. Für mehrere Erben kann das Stimmrecht durch einen Bevollmächtigten ausgeübt werden.

Der Vorstand hat eine Anzeige von dem Tode des Genossen ohne Verzug dem Gerichte (§ 10) zur Liste der Genossen einzureichen.

Die Vorschriften in § 68 Absatz 1, §§ 69—73 finden entsprechende Anwendung.

Sechster Abschnitt.

Auflösung und Liquidation.

§ 76. Die Genossenschaft kann durch Beschluß der Generalversammlung jederzeit aufgelöst werden; der Beschluß bedarf einer Mehrheit von drei Viertheilen der erschienenen Genossen. Das Statut kann außer dieser Mehrheit noch andere Erfordernisse aufstellen.

Die Auflösung ist durch den Vorstand ohne Verzug zur Eintragung in das Genossenschaftsregister anzumelden.

§ 77. In dem Falle, daß durch das Statut die Zeitdauer der Genossenschaft beschränkt ist, tritt die Auflösung derselben durch Ablauf der bestimmten Zeit ein.

Die Vorschrift im § 76, Absatz 2 findet Anwendung.

§ 78. Beträgt die Zahl der Genossen weniger als sieben, so hat das Gericht (§ 10) auf Antrag des Vorstandes und, wenn der Antrag nicht binnen sechs Monaten erfolgt, von Amtswegen nach Anhörung des Vorstandes die Auflösung der Genossenschaft auszusprechen.

Der Beschluß ist der Genossenschaft zuzustellen. Gegen denselben steht ihr die sofortige Beschwerde nach Maaßgabe der Civilprozeßordnung zu. Die Auflösung tritt mit der Rechtskraft des Beschlusses in Wirksamkeit.

§ 79. Wenn eine Genossenschaft sich gesetzwidriger Handlungen oder Unterlassungen schuldig macht, durch welche das Gemeinwohl gefährdet wird, oder wenn sie andere als die in diesem Gesetze (§ 1) bezeichneten geschäftlichen Zwecke verfolgt, so kann sie aufgelöst werden, ohne daß deshalb ein Anspruch auf Entschädigung stattfindet.

Das Verfahren und die Zuständigkeit der Behörden richtet sich nach den für streitige Verwaltungssachen landesgesetzlich geltenden Vorschriften. Wo ein Verwaltungsstreitverfahren nicht besteht, finden die Vorschriften in §§ 20, 21 der Gewerbeordnung mit der Maaßgabe Anwendung, daß die Entscheidung in erster Instanz durch die höhere Verwaltungsbehörde erfolgt, in deren Bezirke die Genossenschaft ihren Sitz hat.

Von der Auflösung hat die in erster Instanz entscheidende Behörde dem Gerichte (§ 10) Mittheilung zu machen.

§ 80. Die Auflösung der Genossenschaft ist von dem Gerichte ohne Verzug in das Genossenschaftsregister einzutragen.

Sie muß vom Vorstande zu drei verschiedenen Malen durch die für die Bekanntmachungen der Genossenschaft bestimmten Blätter bekannt gemacht werden. Durch die Bekanntmachung sind zugleich die Gläubiger aufzufordern, sich bei der Genossenschaft zu melden.

§ 81. Die Liquidation erfolgt durch den Vorstand, wenn nicht dieselbe durch das Statut oder durch Beschluß der Generalversammlung anderen Personen übertragen wird.

Es sind wenigstens zwei Liquidatoren zu ernennen.

Auf Antrag des Aufsichtsraths oder mindestens des zehnten Theils der Genossen kann die Ernennung von Liquidatoren durch das Gericht (§ 10) erfolgen.

Die Abberufung der Liquidatoren kann durch das Gericht unter denselben Voraussetzungen wie die Bestellung erfolgen. Liquidatoren, welche nicht vom Gerichte ernannt sind, können auch durch die Generalversammlung vor Ablauf des Zeitraums, für welchen sie bestellt sind, abberufen werden.

§ 82. Die Bestellung der ersten Liquidatoren ist durch den Vorstand, jede Aenderung der Liquidatoren oder Beendigung ihrer Vollmacht ist durch diese zur Eintragung in das Genossenschaftsregister ohne Verzug anzumelden.

Zugleich haben die Liquidatoren ihre Unterschrift persönlich vor dem Gerichte zu zeichnen oder die Zeichnung in beglaubigter Form einzureichen.

Eine Abschrift der Urkunden über ihre Bestellung ist der Anmeldung beizufügen und wird bei dem Gerichte aufbewahrt.

§ 83. Die Liquidatoren haben in der bei ihrer Bestellung bestimmten Form ihre Willenserklärungen kundzugeben und für die Genossenschaft zu zeichnen. Ist nichts darüber bestimmt, so muß die Erklärung und Zeichnung durch sämmtliche Liquidatoren erfolgen. Weniger als zwei dürfen hierfür nicht bestimmt werden.

Die Bestimmung ist mit der Bestellung der Liquidatoren zur Eintragung in das Genossenschaftsregister anzumelden.

Die Zeichnungen geschehen derartig, daß die Liquidatoren der bisherigen, nunmehr als Liquidationsfirma zu bezeichnenden Firma ihre Namensunterschrift beifügen.

§ 84. Die Vorschriften im § 29 über das Verhältniß zu dritten Personen finden bezüglich der Liquidatoren Anwendung.

§ 85. Bis zur Beendigung der Liquidation kommen ungeachtet der Auflösung der Genossenschaft in Bezug auf die Rechtsverhältnisse derselben und der Genossen die Vorschriften des zweiten und dritten Abschnitts dieses Gesetzes zur Anwendung, so weit sich aus den Bestimmungen des gegenwärtigen Abschnitts und aus dem Wesen der Liquidation nicht ein Anderes ergiebt.

Der Gerichtsstand, welchen die Genossenschaft zur Zeit ihrer Auflösung hatte, bleibt bis zur vollzogenen Vertheilung des Vermögens bestehen.

§ 86. Die Liquidatoren haben die laufenden Geschäfte zu beendigen, die Verpflichtungen der aufgelösten Genossenschaft zu erfüllen, die Forderungen derselben einzuziehen und das Vermögen der Genossenschaft in Geld umzusetzen; sie haben die Genossenschaft gerichtlich und außergerichtlich zu vertreten. Zur Beendigung schwebender Geschäfte können die Liquidatoren auch neue Geschäfte eingehen.

§ 87. Die Liquidatoren haben die aus den §§ 26, 27, § 31 Absatz 1, § 32, §§ 42 bis 45, § 46 Absatz 2 sich ergebenden Rechte und Pflichten des Vorstandes und unterliegen gleich diesem der Ueberwachung des Aufsichtsraths. Sie haben sofort bei Beginn der Liquidation und demnächst in jedem Jahre eine Bilanz aufzustellen. Die erste Bilanz ist zu veröffentlichen; die Bekanntmachung ist zu dem Genossenschaftsregister einzureichen.

Die Veräußerung unbeweglicher Sachen kann von den Liquidatoren, sofern nicht das Statut oder ein Beschluß der Generalversammlung anders bestimmt, nur durch öffentliche Versteigerung bewirkt werden.

§ 88. Eine Vertheilung des Vermögens unter die Genossen darf nicht vor Tilgung oder Deckung der Schulden und nicht vor Ablauf eines Jahres seit dem Tage vollzogen werden, an welchem die Aufforderung der Gläubiger in den hierzu bestimmten Blättern (§ 80 Absatz 2) zum dritten Male erfolgt ist.

Nicht erhobene Schuldbeträge, sowie die Beträge für betagte oder streitige Forderungen sind zurückzubehalten. Dasselbe gilt von schwebenden Verbindlichkeiten.

Liquidatoren welche diesen Vorschriften zuwiderhandeln, sind außer der Genossenschaft den Gläubigern zum Ersatze des ihnen daraus erwachsenen Schadens persönlich und solidarisch verpflichtet. Die gleiche Verpflichtung trifft die Mitglieder des Aufsichtsraths, wenn die Zuwiderhandlung mit ihrem Wissen und ohne ihr Einschreiten geschieht. Die Verpflichtung wird den Gläubigern gegenüber dadurch nicht aufgehoben, daß die Zuwiderhandlung auf einem Beschlusse der Generalversammlung beruht.

§ 89. Die Vertheilung des Vermögens unter die einzelnen Genossen erfolgt bis zum Gesammtbetrage ihrer auf Grund der ersten Liquidationsbilanz (§ 87) ermittelten Geschäftsguthaben nach dem Verhältniß der letzteren. Bei Ermittelung der einzelnen Geschäftsguthaben bleiben für die Vertheilung des Gewinnes oder Verlustes, welcher sich für den Zeitraum zwischen der letzten Jahresbilanz (§ 31) und der ersten Liquidationsbilanz ergeben hat, die seit der letzten Jahresbilanz geleisteten Einzahlungen außer Betracht. Der Gewinn aus diesem Zeitraum ist dem Guthaben auch in so weit zuzuschreiben, als dadurch der Geschäftsantheil überschritten wird.

Ueberschüsse, welche sich über den Gesammtbetrag dieser Guthaben hinaus ergeben, sind nach Köpfen zu vertheilen.

Durch das Statut kann ein anderes Verhältniß für die Vertheilung bestimmt werden.

§ 90. Nach Beendigung der Liquidation sind die Bücher und Schriften der aufgelösten Genossenschaft für die Dauer von zehn Jahren einem der gewesenen Genossen oder einem Dritten in Verwahrung zu geben. Der Genosse oder der Dritte wird in Ermangelung einer Bestimmung des Statuts oder eines Beschlusses der Generalversammlung durch das Gericht (§ 10) bestimmt. Dasselbe kann die Genossen und deren Rechtsnachfolger, sowie die Gläubiger der Genossenschaft zur Einsicht der Bücher und Schriften ermächtigen.

Siebenter Abschnitt.

Konkursverfahren und Haftpflicht der Genossen.

§ 91. Das Konkursverfahren findet im Falle der Zahlungsunfähigkeit, nach Auflösung der Genossenschaft auch im Falle der Ueberschuldung statt.

Nach Auflösung der Genossenschaft ist die Eröffnung des Verfahrens so lange zulässig, als die Vertheilung des Vermögens nicht vollzogen ist.

§ 92. Sobald die Zahlungsunfähigkeit der Genossenschaft eintritt, hat der Vorstand die Eröffnung des Konkursverfahrens zu beantragen; dasselbe gilt, wenn bei oder nach Auflösung der Genossenschaft aus der Jahresbilanz oder aus einer im Laufe des Jahres aufgestellten Bilanz Ueberschuldung sich ergiebt.

Die Mitglieder des Vorstandes sind der Genossenschaft zum Ersatz einer nach diesem Zeitpunkte geleisteten Zahlung nach Maaßgabe des § 32 verpflichtet.

Die Ansprüche auf Grund der vorstehenden Bestimmungen verjähren in fünf Jahren.

§ 93. Zu dem Antrage auf Eröffnung des Verfahrens ist außer den Konkursgläubigern jedes Mitglied des Vorstandes berechtigt.

Wird der Antrag nicht von allen Mitgliedern gestellt, so ist derselbe zuzulassen, wenn die ihn begründenden Thatsachen (§ 91) glaubhaft gemacht werden. Das Gericht hat die übrigen Mitglieder nach Maaßgabe der Konkursordnung § 97 Absatz 2, 3 zu hören.

Der Eröffnungsantrag kann nicht aus dem Grunde abgewiesen werden, daß eine den Kosten des Verfahrens entsprechende Konkursmasse nicht vorhanden sei.

§ 94. Durch die Eröffnung des Konkursverfahrens wird die Genossenschaft aufgelöst.

§ 95. Die Eröffnung des Konkursverfahrens ist unverzüglich in das Genossenschaftsregister einzutragen. Die Eintragung wird nicht bekannt gemacht.

§ 96. Bei der Eröffnung des Verfahrens ist von dem Gerichte ein Gläubigerausschuß zu bestellen. Die Gläubigerversammlung hat über die Beibehaltung der bestellten oder die Wahl anderer Mitglieder zu beschließen. Im Uebrigen kommen die Vorschriften im § 79 der Konkursordnung zur Anwendung.

§ 97. Die Generalversammlung ist ohne Verzug zur Beschlußfassung darüber zu berufen (§§ 42 bis 44), ob die bisherigen Mitglieder des Vorstandes und des Aufsichtsraths beizubehalten oder andere zu bestellen sind.

§ 98. So weit die Konkursgläubiger wegen ihrer bei der Schlußvertheilung (Konkursordnung § 149) berücksichtigten Forderungen aus dem zur Zeit der Eröffnung des Konkursverfahrens vorhandenen Vermögen der Genossenschaft nicht befriedigt werden, sind die Genossen verpflichtet, Nachschüsse zur Konkursmasse zu leisten.

Die Nachschüsse sind von den Genossen, wenn nicht das Statut ein anderes Beitragsverhältniß festsetzt, nach Köpfen zu leisten.

Beiträge, zu deren Leistung einzelne Genossen unvermögend sind, werden auf die Uebrigen vertheilt.

Zahlungen, welche Genossen über die von ihnen nach den vorstehenden Bestimmungen geschuldeten Beiträge hinaus leisten, sind ihnen, nachdem die Befriedigung der Gläubiger erfolgt ist, aus den Nachschüssen zu erstatten.

Gegen die Nachschüsse kann der Genosse eine Forderung an die Genossenschaft aufrechnen, sofern die Voraussetzungen vorliegen, unter welchen er als Konkursgläubiger Befriedigung wegen der Forderung aus den Nachschüssen zu beanspruchen hat.

§ 99. Der Konkursverwalter hat sofort, nachdem die Bilanz auf der Gerichtsschreiberei niedergelegt ist (Konkursordnung § 144), zu berechnen, wieviel zur Deckung des in der Bilanz bezeichneten Fehlbetrages die Genossen vorschußweise beizutragen haben.

In der Berechnung (Vorschußberechnung) sind die sämmtlichen Genossen namentlich zu bezeichnen und auf sie die Beiträge zu vertheilen. Die Höhe der Beiträge ist jedoch der Art zu bemessen, daß durch ein vorauszusehendes Unvermögen einzelner Genossen zur Leistung von Beiträgen ein Ausfall an dem zu deckenden Gesammtbetrage nicht entsteht.

Die Berechnung ist dem Konkursgerichte mit dem Antrage einzureichen, dieselbe für vollstreckbar zu erklären. Wird das Genossenschaftsregister nicht bei dem Konkursgerichte geführt, so ist dem Antrage eine beglaubigte Abschrift des Statuts und der Liste der Genossen beizufügen.

§ 100. Zur Erklärung über die Berechnung bestimmt das Gericht einen Termin, welcher nicht über zwei Wochen hinaus anberaumt werden darf. Derselbe ist öffentlich bekannt zu machen; die in der Berechnung aufgeführten Genossen sind besonders zu laden.

Die Berechnung ist spätestens drei Tage vor dem Termine auf

der Gerichtsschreiberei zur Einsicht der Betheiligten niederzulegen. Hierauf ist in der Bekanntmachung und den Ladungen hinzuweisen.

§ 101. In dem Termine sind Vorstand und Aufsichtsrath der Genossenschaft, sowie der Konkursverwalter und der Gläubigerausschuß und, so weit Einwendungen erhoben werden, die sonst Betheiligten zu hören.

Das Gericht entscheidet über die erhobenen Einwendungen, berichtigt, so weit erforderlich, die Berechnung oder ordnet die Berichtigung und erklärt die Berechnung für vollstreckbar. Die Entscheidung ist in dem Termine oder in einem sofort anzuberaumenden Termine, welcher nicht über eine Woche hinaus angesetzt werden soll, zu verkünden. Die Berechnung mit der sie für vollstreckbar erklärenden Entscheidung ist zur Einsicht der Betheiligten auf der Gerichtsschreiberei niederzulegen.

Gegen die Entscheidung findet ein Rechtsmittel nicht statt.

§ 102. Nachdem die Berechnung für vollstreckbar erklärt ist, hat der Konkursverwalter ohne Verzug die Beiträge von den Genossen einzuziehen.

Die Zwangsvollstreckung gegen einen Genossen findet in Gemäßheit der Civilprozeßordnung auf Grund einer vollstreckbaren Ausfertigung der Entscheidung und eines Auszuges aus der Berechnung statt.

Für die in den Fällen der §§ 667, 686, 687 der Civilprozeßordnung zu erhebenden Klagen ist das Amtsgericht, bei welchem das Konkursverfahren anhängig ist, und, wenn der Streitgegenstand zur Zuständigkeit der Amtsgerichte nicht gehört, das Landgericht ausschließlich zuständig, zu dessen Bezirke der Bezirk des Konkursgerichts gehört.

§ 103. Die eingezogenen Beiträge sind bei der von der Gläubigerversammlung bestimmten Stelle (Konkursordnung § 120) zu hinterlegen oder anzulegen.

§ 104. Jeder Genosse ist befugt, die für vollstreckbar erklärte Berechnung im Wege der Klage anzufechten. Die Klage ist gegen den Konkursverwalter zu richten. Sie findet nur binnen der Nothfrist eines Monats seit Verkündigung der Entscheidung und nur in so weit statt, als der Kläger den Anfechtungsgrund in dem Termine (§ 100) geltend gemacht hat oder ohne sein Verschulden geltend zu machen außer Stande war.

Das rechtskräftige Urtheil wirkt für und gegen alle beitragspflichtigen Genossen.

§ 105. Die Klage ist ausschließlich bei dem Amtsgerichte zu erheben, welches die Berechnung für vollstreckbar erklärt hat. Die mündliche Verhandlung erfolgt nicht vor Ablauf der bezeichneten Nothfrist. Mehrere Anfechtungsprozesse sind zur gleichzeitigen Verhandlung und Entscheidung zu verbinden.

Uebersteigt der Streitgegenstand eines Prozesses die sonst für die sachliche Zuständigkeit der Amtsgerichte geltende Summe, so hat das Gericht, sofern eine Partei in einem solchen Prozesse vor der Verhandlung zur Hauptsache darauf anträgt, durch Beschluß die sämmtlichen Streitigkeiten an das Landgericht, in dessen Bezirke es seinen Sitz hat, zu verweisen. Gegen diesen Beschluß findet die sofortige Beschwerde statt. Die Nothfrist beginnt mit der Verkündigung des Beschlusses.

Ist der Beschluß rechtskräftig, so gelten die Streitsachen als bei dem Landgerichte anhängig. Die im Verfahren vor dem Amtsgerichte erwachsenen Kosten werden als Theil der bei dem Landgerichte erwachsenen Kosten behandelt und gelten als Kosten einer Instanz.

Die Vorschriften der Civilprozeßordnung §§ 688, 689 über die Einstellung der Zwangsvollstreckung und die Aufhebung der Vollstreckungsmaaßregeln finden entsprechende Anwendung.

§ 106. So weit in Folge des Unvermögens einzelner Genossen zur Leistung von Beiträgen der zu deckende Gesammtbetrag nicht erreicht wird, oder in Gemäßheit des auf eine Anfechtungsklage ergehenden Urtheils oder aus anderen Gründen die Berechnung abzuändern ist, hat der Konkursverwalter eine Zusatzberechnung aufzustellen. Rücksichtlich derselben kommen die Vorschriften in §§ 99 bis 105 zur Anwendung.

Die Aufstellung einer Zusatzberechnung ist erforderlichenfalls zu wiederholen.

§ 107. Sobald mit dem Vollzuge der Schlußvertheilung (Konkursordnung § 149) begonnen wird, hat der Konkursverwalter in Ergänzung oder Berichtigung der Vorschußberechnung und der zu derselben etwa ergangenen Zusätze zu berechnen, wie viel die Genossen in Gemäßheit des § 98 an Nachschüssen zu leisten haben.

Die Berechnung (Nachschußberechnung) unterliegt den Vorschriften in §§ 99 bis 102, 104 bis 106, der Vorschrift im § 99, Absatz 2 mit der Maaßgabe, daß auf Genossen, deren Unvermögen zur Leistung von Beiträgen sich herausgestellt hat, Beiträge nicht vertheilt werden.

§ 108. Der Verwalter hat, nachdem die Nachschußberechnung für vollstreckbar erklärt ist, unverzüglich den gemäß § 103 vorhandenen Bestand und, so oft von den noch einzuziehenden Beiträgen hinreichender Bestand eingegangen ist, diesen im Wege der Nachtragsvertheilung (Konkursordnung § 153) unter die Gläubiger zu vertheilen.

Außer den Antheilen auf die im § 155 der Konkursordnung bezeichneten Forderungen sind zurückzubehalten die Antheile auf Forderungen, welche im Prüfungstermine von dem Vorstande ausdrücklich bestritten worden sind. Dem Gläubiger bleibt überlassen, den Widerspruch des Vorstandes durch Klage zu beseitigen. So weit der Widerspruch rechtskräftig für begründet erklärt wird, werden die Antheile zur Vertheilung unter die übrigen Gläubiger frei.

Die zur Befriedigung der Gläubiger nicht erforderlichen Ueberschüsse hat der Konkursverwalter an die Genossen zurückzuzahlen.

§ 109. Eine Aufhebung des Konkursverfahrens durch Zwangsvergleich findet nicht statt.

Eine Einstellung des Verfahrens ist erst zulässig, nachdem mit dem Vollzuge der Schlußvertheilung begonnen ist. Die Zustimmung aller bei der letzteren berücksichtigten Konkursgläubiger ist beizubringen. In wie weit es der Zustimmung oder Sicherstellung von Gläubigern bedarf, deren Forderungen nicht festgestellt sind, entscheidet das Konkursgericht nach freiem Ermessen.

§ 110. Der Vorstand ist verpflichtet, den Konkursverwalter bei den diesem in § 99, Absatz 1, § 102, Absatz 1, §§ 106, 107 zugewiesenen Obliegenheiten zu unterstützen.

§ 111. Die in diesem Abschnitte hinsichtlich des Vorstandes getroffenen Bestimmungen gelten auch hinsichtlich der Liquidatoren.

Achter Abschnitt.

Besondere Bestimmungen.

I. Für Genossenschaften mit unbeschränkter Haftpflicht.

§ 112. Bei Genossenschaften mit unbeschränkter Haftpflicht darf ein Genosse nicht auf mehr als einen Geschäftsantheil betheiligt sein.

§ 113. Die Beitrittserklärungen (§ 15) müssen die ausdrückliche Bemerkung enthalten, daß die einzelnen Genossen für die Verbindlichkeiten der Genossenschaft dieser, sowie unmittelbar den Gläubigern derselben nach Maaßgabe des Gesetzes mit ihrem ganzen Vermögen haften.

§ 114. Ist durch das Statut die Gewinnvertheilung ausgeschlossen (§ 20), so finden während des hierfür bestimmten Zeitraums auf das Ausscheiden der Genossen die Bestimmungen in den §§ 63 bis 75 mit der Maaßgabe Anwendung, daß an Stelle des

Geschäftsjahres das Quartal tritt, und daß die Aufkündigung (§ 63, Absatz 2) mindestens sechs Wochen, sowie die Einreichung der Urkunden durch den Vorstand (§ 67) mindestens drei Wochen vor dem Quartalsschluß erfolgen muß.

Im Falle des Ausscheidens ist eine Bilanz aufzustellen; die Zahl der mit dem Quartalsschluß ausgeschiedenen Genossen ist zu veröffentlichen.

§ 115. Sobald sich bei der Geschäftsführung ergiebt, daß das Vermögen der Genossenschaft einschließlich des Reservefonds und der Geschäftsguthaben zur Deckung der Schulden nicht ausreicht, hat der Vorstand die Generalversammlung zur Beschlußfassung, ob die Genossenschaft aufgelöst werden soll, zu berufen.

Für den Fall, daß die Auflösung beschlossen wird, ist zugleich die im § 97 vorgesehene Beschlußfassung herbeizuführen.

§ 116. Im Falle des Konkursverfahrens sind neben der Genossenschaft die einzelnen Genossen solidarisch und mit ihrem ganzen Vermögen den Konkursgläubigern für den Ausfall verhaftet, welchen diese an ihren bei der Schlußvertheilung (Konkursordnung § 149) berücksichtigten Forderungen bei derselben erleiden.

Nach Ablauf von drei Monaten seit dem Termine, in welchem die Nachschußberechnung für vollstreckbar erklärt ist, können die Gläubiger, so weit sie bisher nicht befriedigt sind, die einzelnen Genossen in Anspruch nehmen, ohne daß den letzteren die Einrede der Theilung zusteht.

Festgestellte Forderungen, welche im Prüfungstermine von dem Vorstande oder den Liquidatoren nicht ausdrücklich bestritten sind, können auch von den in Anspruch genommenen Genossen nicht bestritten werden.

Das rechtskräftige Urtheil, welches in dem Prozeß über eine im Prüfungstermine von dem Vorstande oder den Liquidatoren bestrittene Forderung für oder gegen dieselben ergeht, wirkt gegenüber allen Genossen.

In Ansehung einer im Konkursverfahren streitig gebliebenen Forderung kann, so lange dieselbe nicht festgestellt ist, eine Verurtheilung der Genossen nicht erfolgen.

§ 117. Die Klage der Gläubiger gegen die einzelnen Genossen verjährt, sofern nicht nach Beschaffenheit der Forderung eine kürzere Verjährungsfrist gesetzlich eintritt, in zwei Jahren seit Ablauf der im § 116, Absatz 2 bestimmten Frist.

Die Verjährung zu Gunsten eines Genossen wird durch Rechtshandlungen unterbrochen, welche gegen die Genossenschaft oder von derselben vorgenommen werden; sie wird nicht unterbrochen durch

Rechtshandlungen, welche gegen einen anderen Genossen oder von demselben vorgenommen werden.

Die Verjährung läuft auch gegen Minderjährige und bevormundete Personen, sowie gegen juristische Personen, denen gesetzlich die Rechte der Minderjährigen zustehen, ohne Zulassung der Wiedereinsetzung in den vorigen Stand, jedoch mit Vorbehalt des Rückgriffs gegen die Vormünder und Verwalter.

§ 118. So weit Genossen in Gemäßheit des § 116 Konkursgläubiger befriedigen, treten sie in die Rechte der letzteren gegen die Genossenschaft ein.

§ 119. Die Bestimmungen der §§ 116 bis 118 finden auf die in den letzten zwei Jahren vor der Eröffnung des Konkursverfahrens aus der Genossenschaft ausgeschiedenen Genossen (§§ 68, 74), welche nicht schon in Gemäßheit des § 73 der Haftpflicht unterliegen, wegen der bis zu dem Zeitpunkte ihres Ausscheidens von der Genossenschaft eingegangenen Verbindlichkeiten mit der Maaßgabe Anwendung, daß der Anspruch der Gläubiger erst nach Ablauf von sechs Monaten seit dem Termine, in welchem die Nachschußberechnung (§ 107) für vollstreckbar erklärt ist, erhoben werden kann.

Dieser Anspruch erstreckt sich, wenn im Falle des Todes eines Genossen dessen Ausscheiden nach dem im § 75, Absatz 1 bezeichneten Zeitpunkte eingetragen ist, auf die bis zum Tage der Eintragung von der Genossenschaft eingegangenen Verbindlichkeiten, sofern nicht der Erbe beweist, daß bei ihrer Eingehung dem Gläubiger der Tod des Genossen bekannt war.

II. Für Genossenschaften mit unbeschränkter Nachschußpflicht.

§ 120. Die Bestimmung des § 112 über die Beschränkung der Betheiligung auf einen Geschäftsantheil und des § 115 über die Berufung der Generalversammlung im Falle der Ueberschuldung finden auf die Genossenschaften mit unbeschränkter Nachschußpflicht Anwendung.

§ 121. Die Beitrittserklärungen (§ 15) müssen die ausdrückliche Bemerkung enthalten, daß die einzelnen Genossen mit ihrem ganzen Vermögen verpflichtet sind, der Genossenschaft die zur Befriedigung der Gläubiger derselben erforderlichen Nachschüsse nach Maaßgabe des Gesetzes zu leisten.

§ 122. Ist im Falle der Eröffnung des Konkursverfahrens nach Ablauf von drei Monaten seit dem Termine, in welchem die Nachschußberechnung (§ 107) für vollstreckbar erklärt ist, die Befriedigung oder Sicherstellung der im § 98, Absatz 1 bezeichneten Konkursgläubiger noch nicht bewirkt, so sind die hierzu erforderlichen

Beiträge von den innerhalb der letzten achtzehn Monate vor der Eröffnung des Konkursverfahrens ausgeschiedenen Genossen, welche nicht schon in Gemäßheit des § 73 oder des § 74, Absatz 4 der Nachschußpflicht unterliegen, nach Maaßgabe des § 98 zur Konkursmasse zu leisten.

§ 123. Der Konkursverwalter hat ohne Verzug eine Berechnung über die Beitragspflicht der Ausgeschiedenen aufzustellen.

In der Berechnung sind dieselben namentlich zu bezeichnen und auf sie die Beiträge zu vertheilen, so weit nicht das Unvermögen Einzelner zur Leistung von Beiträgen vorauszusehen ist.

Im Uebrigen finden die Vorschriften in § 99 Absatz 3, §§ 100 bis 102, 104 bis 106 und 108 entsprechende Anwendung.

§ 124. Durch die Bestimmungen der §§ 122, 123 wird die Einziehung der Nachschüsse von den in der Genossenschaft verbliebenen Genossen nicht berührt.

Aus den Nachschüssen der letzteren sind den Ausgeschiedenen die von diesen geleisteten Beiträge zu erstatten, sobald die Befriedigung oder Sicherstellung der sämmtlichen im § 98 Absatz 1 bezeichneten Konkursgläubiger bewirkt ist.

III. Für Genossenschaften mit beschränkter Haftpflicht.

§ 125. Bei Genossenschaften mit beschränkter Haftpflicht darf die Haftsumme der einzelnen Genossen (§ 2) nicht niedriger als der Geschäftsantheil sein.

Die Haftsumme muß bei Errichtung der Genossenschaft durch das Statut bestimmt werden. Die Bestimmung oder eine Abänderung derselben ist zu veröffentlichen (§§ 12, 16).

§ 126. Zu einer Erhöhung der Haftsumme bedarf es einer Mehrheit von drei Viertheilen der in der Generalversammlung erschienenen Genossen. Das Statut kann noch andere Erfordernisse aufstellen.

§ 127. Eine Herabsetzung der Haftsumme kann nur unter Beobachtung der Bestimmungen erfolgen, welche für die Vertheilung des Genossenschaftsvermögens im Falle der Auflösung maaßgebend sind (§ 80 Absatz 2, § 88 Absatz 1 bis 3).

Die Anmeldung des Herabsetzungsbeschlusses zum Genossenschaftsregister erfolgt nicht vor Ablauf des im § 88 Absatz 1 bezeichneten Jahres. Mit der Anmeldung sind die Bekanntmachungen des Beschlusses einzureichen. Zugleich hat der Vorstand die schriftliche Versicherung abzugeben, daß die Gläubiger, welche sich bei der Genossenschaft gemeldet und der Herabsetzung nicht zugestimmt haben, befriedigt oder sichergestellt sind.

§ 128. Durch das Statut kann die Betheiligung des Genossen auf mehrere Geschäftsantheile, unter Festsetzung der höchsten Zahl derselben, gestattet werden.

Die Bestimmung oder eine Abänderung derselben ist zu veröffentlichen (§§ 12, 16).

§ 129. Die Haftung eines Genossen, welcher auf mehr als einen Geschäftsantheil betheiligt ist, erhöht sich auf das der Zahl der Geschäftsantheile entsprechende Vielfache der Haftsumme.

§ 130. Bevor der erste Geschäftsantheil erreicht ist, darf die Betheiligung des Genossen auf einen zweiten Geschäftsantheil seitens der Genossenschaft nicht zugelassen werden. Das Gleiche gilt von der Zulassung zu jedem weiteren Geschäftsantheile.

§ 131. Ein Genosse, welcher auf einen weiteren Geschäftsantheil betheiligt sein will, hat darüber eine von ihm zu unterzeichnende, unbedingte Erklärung abzugeben.

Die Erklärung ist von dem Vorstande nach der Zulassung des Genossen zu dem weiteren Geschäftsantheile Behufs Eintragung des letzteren in die Liste der Genossen dem Gerichte (§ 10) einzureichen. Zugleich hat der Vorstand schriftlich zu versichern, daß die übrigen Geschäftsantheile der Genossen erreicht seien.

Die Betheiligung auf den weiteren Geschäftsantheil tritt mit der in Gemäßheit der vorstehenden Absätze erfolgten Eintragung in Kraft.

Im Uebrigen kommen die Vorschriften des § 15 zur entsprechenden Anwendung.

§ 132. Eine Uebertragung des Geschäftsguthabens findet in dem Falle des § 128 an einen anderen Genossen nur statt, sofern dessen bisheriges Guthaben mit dem ihm zuzuschreibenden Betrage die der höchsten Zahl der Geschäftsantheile entsprechende Gesammtsumme nicht übersteigt. Hierauf ist die im § 74 vorgesehene Versicherung des Vorstandes zu richten. Im Uebrigen verbleibt es bei den Bestimmungen im § 131.

§ 133. Mit der Bilanz eines jeden Geschäftsjahres ist außer den im § 31 vorgesehenen Angaben über die Zahl der Genossen der Gesammtbetrag, um welchen in diesem Jahre die Geschäftsguthaben, sowie die Haftsummen der Genossen sich vermehrt oder vermindert haben, und der Betrag der Haftsummen zu veröffentlichen, für welche am Jahresschluß alle Genossen zusammen aufzukommen haben.

§ 134. Das Konkursverfahren findet bei bestehender Genossenschaft außer dem Falle der Zahlungsunfähigkeit in dem Falle der Ueberschuldung statt, sofern diese ein Viertheil des Betrages der

Haftsummen aller Genossen übersteigt. Der Vorstand hat, wenn eine solche Ueberschuldung sich aus der Jahresbilanz oder aus einer im Laufe des Jahres aufgestellten Bilanz ergiebt, die Eröffnung des Konkursverfahrens zu beantragen. Die Vorschriften des § 92, Absatz 2, 3, § 93 finden entsprechende Anwendung.

§ 135. Die einzelnen Genossen können über ihre Haftsumme hinaus weder auf Leistung von Nachschüssen, noch von den Konkursgläubigern in Anspruch genommen werden. Im Uebrigen finden auf den Anspruch der Gläubiger die Bestimmungen in §§ 116 bis 119 Anwendung.

§ 136. Außer dem Falle des § 88 kann in dem Falle, daß entgegen den Vorschriften in §§ 19, 22 der Gewinn oder das Geschäftsguthaben ausgezahlt wird, der Ersatzanspruch gegen die Mitglieder des Vorstandes oder des Aufsichtsraths oder gegen die Liquidatoren von den Gläubigern der Genossenschaft, so weit sie von dieser ihre Befriedigung nicht erlangen können, selbstständig geltend gemacht werden. Dasselbe findet gegen die Mitglieder des Vorstandes oder die Liquidatoren statt, wenn nach dem Zeitpunkte, mit welchem die Verpflichtung zum Antrage auf Eröffnung des Konkursverfahrens eingetreten ist, eine Zahlung geleistet wird, rücksichtlich des Ersatzes derselben.

Die Ersatzpflicht wird den Gläubigern gegenüber dadurch nicht aufgehoben, daß die Handlung auf einem Beschlusse der Generalversammlung beruht.

IV. Für die Umwandlung von Genossenschaften.

§ 137. Eine Genossenschaft mit unbeschränkter Haftpflicht kann sich in eine solche mit unbeschränkter Nachschußpflicht nur unter Beobachtung der Bestimmungen umwandeln, welche für die Vertheilung des Genossenschaftsvermögens im Falle der Auflösung maaßgebend sind (§ 80, Absatz 2, § 88, Absatz 1 bis 3).

Dasselbe gilt von der Umwandlung einer Genossenschaft mit unbeschränkter Haftpflicht oder mit unbeschränkter Nachschußpflicht in eine solche mit beschränkter Haftpflicht.

Die Vorschriften im § 127, Absatz 2 finden entsprechende Anwendung.

§ 138. Zu dem Beschluß auf Umwandlung einer Genossenschaft mit unbeschränkter Nachschußpflicht in eine solche mit unbeschränkter Haftpflicht oder einer Genossenschaft mit beschränkter Haftpflicht in eine solche mit unbeschränkter Haftpflicht oder mit unbeschränkter Nachschußpflicht bedarf es einer Mehrheit von drei Viertheilen der in der Generalversammlung erschienenen Genossen. Das Statut kann noch andere Erfordernisse aufstellen.

§ 139. Die Umwandlung (§§ 137, 138) ist auch gegenüber den vor der Eintragung des Beschlusses in das Genossenschaftsregister aus der Genossenschaft Ausgeschiedenen wirksam.

Im Falle der Umwandlung einer Genossenschaft mit unbeschränkter Nachschußpflicht können dieselben für die Verbindlichkeiten der Genossenschaft nicht in Anspruch genommen werden, sofern ihr Ausscheiden früher als achtzehn Monate vor der Eintragung erfolgt ist. Im Falle der Umwandlung einer Genossenschaft mit beschränkter Haftpflicht bleibt der Anspruch gegen sie auf ihre bisherige Haftsumme beschränkt.

Neunter Abschnitt.

Strafbestimmungen.

§ 140. Mitglieder des Vorstandes und des Aufsichtsraths und Liquidatoren werden, wenn sie absichtlich zum Nachtheile der Genossenschaft handeln, mit Gefängniß und zugleich mit Geldstrafe bis zu dreitausend Mark bestraft.

Zugleich kann auf Verlust der bürgerlichen Ehrenrechte erkannt werden.

§ 141. Mitglieder des Vorstandes und des Aufsichtsraths und Liquidatoren werden mit Gefängniß bis zu einem Jahre und zugleich mit Geldstrafe bis zu dreitausend Mark bestraft, wenn sie in den von ihnen dem Gerichte (§ 10) zu machenden Anmeldungen, Anzeigen und Versicherungen wissentlich falsche Angaben machen, oder in ihren Darstellungen, ihren Uebersichten über den Vermögensstand der Genossenschaft, über die Mitglieder und die Haftsummen, oder den in der Generalversammlung gehaltenen Vorträgen den Stand der Verhältnisse der Genossenschaft wissentlich unwahr darstellen.

Zugleich kann auf Verlust der bürgerlichen Ehrenrechte erkannt werden.

Sind mildernde Umstände vorhanden, so tritt ausschließlich die Geldstrafe ein.

§ 142. Mit Geldstrafe bis zu sechshundert Mark oder mit Gefängniß bis zu drei Monaten oder mit beiden Strafen zugleich werden bestraft:

1. die Mitglieder des Vorstandes und des Aufsichtsraths und die Liquidatoren, wenn länger als drei Monate die Genossenschaft ohne Aufsichtsrath geblieben ist, oder in dem letzteren die zur Beschlußfähigkeit erforderliche Zahl von Mitgliedern gefehlt hat;

2. die Mitglieder des Vorstandes oder die Liquidatoren, wenn entgegen den Vorschriften in §§ 92, 111, 134 der Antrag auf Eröffnung des Konkursverfahrens unterlassen ist.

Die Strafe tritt nicht gegen Denjenigen ein, welcher nachweist, daß die Unterlassung ohne sein Verschulden geschehen ist.

§ 143. Mitglieder des Vorstandes werden mit Geldstrafe bis zu sechshundert Mark bestraft, wenn ihre Handlungen auf andere als die im § 1 erwähnten geschäftlichen Zwecke gerichtet sind, oder wenn sie in der Generalversammlung die Erörterung von Anträgen gestatten oder nicht hindern, welche auf öffentliche Angelegenheiten gerichtet sind, deren Erörterung unter die Gesetze über das Versammlungs- und Vereinsrecht fällt.

§ 144. Die Mitglieder des Vorstandes eines Revisionsverbandes werden, wenn unterlassen ist, die Versammlung in Gemäßheit des § 57 Absatz 2 anzuzeigen, mit Geldstrafe bis zu sechshundert Mark bestraft.

Die Strafe tritt nicht gegen Denjenigen ein, welcher nachweist, daß die Unterlassung ohne sein Verschulden geschehen ist.

§ 145. Wer sich besondere Vortheile dafür hat gewähren oder versprechen lassen, daß er bei einer Abstimmung in der Generalversammlung in einem gewissen Sinne stimme, wird mit Geldstrafe bis zu dreitausend Mark, oder mit Gefängniß bis zu einem Jahre bestraft.

Zehnter Abschnitt.

Schluß- und Uebergangsbestimmungen.

§ 146. In bürgerlichen Rechtsstreitigkeiten, in welchen durch Klage oder Widerklage ein Anspruch auf Grund der Bestimmungen dieses Gesetzes geltend gemacht ist, wird die Verhandlung und Entscheidung letzter Instanz im Sinne des § 8 des Einführungsgesetzes zum Gerichtsverfassungsgesetze dem Reichsgerichte zugewiesen.

§ 147. Die Vorschriften in Artikel 12 bis 14 des Handelsgesetzbuchs finden auf das Genossenschaftsregister Anwendung. Die Eintragungen sind durch den Deutschen Reichsanzeiger bekannt zu machen. Die anderen Blätter hat das Gericht zu bestimmen, für kleinere Genossenschaften nur ein anderes Blatt.

§ 148. Die Anmeldungen zum Genossenschaftsregister sind durch sämmtliche Mitglieder des Vorstandes oder sämmtliche Liquidatoren persönlich zu bewirken oder in beglaubigter Form einzureichen.

Die in §§ 16, 28, § 31 Absatz 2, § 49 Absatz 4, § 61 Absatz 2, § 82, § 83 Absatz 2 vorgeschriebenen Anmeldungen und

Einreichungen müssen auch zu dem Genossenschaftsregister einer jeden Zweigniederlassung erfolgen.

Für den Eintritt der in § 13, § 16 Absatz 4, §§ 29, 84, 139 vorgesehenen Wirkungen entscheidet die Eintragung in das Genossenschaftsregister der Hauptniederlassung.

§ 149. Von der Eintragung eines beitretenden Genossen, der Eintragung oder Vormerkung des Austritts, der Ausschließung oder des Todes von Genossen, sowie von der Eintragung weiterer Geschäftsantheile in die Liste der Genossen hat das Gericht (§ 10) dem Gerichte einer jeden Zweigniederlassung zur Berichtigung der dort geführten Liste Mittheilung zu machen.

Imgleichen ist die Eintragung der Auflösung einer Genossenschaft, sowie der Eröffnung des Konkursverfahrens zu dem Genossenschaftsregister einer jeden Zweigniederlassung mitzutheilen.

§ 150. Gegen die Entscheidung über Anträge auf Eintragung in das Genossenschaftsregister oder die Liste der Genossen oder auf Vormerkung in der letzteren finden die Rechtsmittel statt, welche gegen die Entscheidung über Eintragungen in das Handelsregister zulässig sind.

§ 151. Gebühren für die Verhandlung und Entscheidung erster Instanz über die in vorstehendem Paragraphen bezeichneten Anträge, sowie für die Eintragungen und Vormerkungen werden nicht erhoben. Die Erhebung von Auslagen findet nach §§ 79, 80 und 80 b des Gerichtskostengesetzes statt.

§ 152. Die Mitglieder des Vorstandes sind von dem Gerichte (§ 10) zur Befolgung der in § 8 Absatz 2, § 14, § 16 Absatz 3, §§ 28, 30, § 59 Absatz 2, § 61, § 76 Absatz 2, § 77 Absatz 2, § 127 Absatz 2, § 137 Absatz 3 enthaltenen Vorschriften durch Ordnungsstrafe im Betrage von zwanzig bis sechshundert Mark anzuhalten. In gleicher Weise sind die Mitglieder des Vorstandes und die Liquidatoren zur Befolgung der im § 31 Absatz 2, § 45, § 46 Absatz 2, § 49 Absatz 3 und 4, § 82, § 83 Absatz 2, § 87 Absatz 1, § 148 Absatz 2 enthaltenen Vorschriften anzuhalten.

Rücksichtlich des Verfahrens sind die Vorschriften maaßgebend, welche zur Erzwingung der im Handelsgesetzbuch angeordneten Anmeldungen zum Handelsregister gelten.

§ 153. Das Gesetz, betreffend die privatrechtliche Stellung der Erwerbs- und Wirthschaftsgenossenschaften, vom 4. Juli 1868 (Bundes-Gesetzblatt S. 415) mit der Deklaration vom 19. Mai 1871 (Reichs-Gesetzblatt S. 101), sowie die Vorschriften in §§ 195 bis 197 der Konkursordnung und im § 3, Absatz 4 des Einführungsgesetzes zu derselben werden aufgehoben. Unberührt bleibt die Vorschrift in § 6 des letzteren Gesetzes. (Vgl. oben S. 361.)

Wo in anderen Gesetzen auf die Bestimmungen des Gesetzes vom 4. Juli 1868 Bezug genommen ist, treten an deren Stelle die entsprechenden Bestimmungen des gegenwärtigen Gesetzes.

§ 154. Auf die in Gemäßheit des Gesetzes vom 4. Juli 1868 eingetragenen Genossenschaften findet das gegenwärtige Gesetz mit den in den nachfolgenden Paragraphen enthaltenen Maaßgaben Anwendung.

§ 155. Die Genossenschaften haben in die Firma die zusätzliche Bezeichnung: „eingetragene Genossenschaft mit unbeschränkter Haftpflicht" aufzunehmen. Zur Anmeldung dieses Zusatzes ist der Vorstand von dem Gerichte (§§ 10, 14) durch Ordnungsstrafen in Gemäßheit des § 152 anzuhalten.

§ 156. So lange in dem Statut einer Genossenschaft die im § 7, Nr. 4 vorgesehene Bestimmung über die Bildung eines Reservefonds nicht getroffen ist, hat die Genossenschaft von dem nach Inkrafttreten des Gesetzes beginnenden Geschäftsjahre an zur Bildung des Reservefonds mindestens den zehnten Theil des jährlichen Reingewinns zu verwenden.

§ 157. Die Vorschriften der Nr. 3 im § 8 Absatz 1 über das Geschäftsjahr findet nach Ablauf von drei Monaten seit dem Inkrafttreten des Gesetzes Anwendung.

Eine Genossenschaft, deren Statut die Ausdehnung des Geschäftsbetriebes durch Gewährung von Darlehen an Personen gestattet, welche nicht Mitglieder der Genossenschaft sind, unterliegt dem Verbote des § 8 Absatz 2 nach Ablauf von zwei Jahren seit dem Inkrafttreten des Gesetzes.

§ 158. Auf den Vorstand findet die Bestimmung im § 24 Absatz 2 über die Mindestzahl der Mitglieder, auf den Aufsichtsrath finden die Bestimmungen im § 9, § 34 Absatz 1 nach Ablauf von sechs Monaten seit dem Inkrafttreten des Gesetzes Anwendung. Das Gleiche gilt von der Bestimmung im § 81 Absatz 2 über die Zahl der Liquidatoren.

§ 159. Die Bestimmung des § 66 über die Ausschließung von Genossen wegen der Mitgliedschaft in einer gleichartigen Genossenschaft findet, so weit der Beitritt zu dieser vor dem Inkrafttreten des Gesetzes erfolgt ist, keine Anwendung.

§ 160. Auf eine Genossenschaft, welche bei dem Inkrafttreten des Gesetzes weniger als sieben Mitglieder hat, findet der § 78 so lange keine Anwendung, als nicht diese Mitgliederzahl erreicht wird.

§ 161. Die Haftpflicht der Genossen bestimmt sich nach den

Vorschriften in §§ 52 bis 65 des Gesetzes vom 4. Juli 1868 und im § 197 der Konkursordnung, sofern vor dem Inkrafttreten des gegenwärtigen Gesetzes der Vertheilungsplan zur Erklärung der Vollstreckbarkeit eingereicht oder ohne Einreichung eines solchen das Konkursverfahren aufgehoben war.

§ 162. Außer den Fällen des vorhergehenden Paragraphen kommen rücksichtlich der Haftpflicht der Genossen, welche vor dem Tage des Inkrafttretens des Gesetzes aus der Genossenschaft ausgeschieden und noch nicht durch Verjährung der Klage befreit sind, die Vorschriften des gegenwärtigen Gesetzes mit der Maaßgabe zur Anwendung, daß mit dem bezeichneten Tage die zweijährige Frist des § 119 Absatz 1 beginnt, und daß die im zweiten Absatz desselben Paragraphen bestimmte Ausdehnung der Haftpflicht nicht eintritt.

§ 163. Die Bestimmung im § 112 findet nicht Anwendung, in so weit beim Inkrafttreten des Gesetzes ein Genosse auf mehr als einen Gewinnantheil betheiligt ist.

§ 164. Der Vorstand hat dem Gerichte (§ 10) binnen einem Monate nach dem Tage des Inkrafttretens des Gesetzes anzuzeigen, welche Personen außer den in der gerichtlichen Mitgliederliste (§§ 4, 25 Absatz 2 des Gesetzes vom 4. Juli 1868) aufgeführten bis zu dem bezeichneten Tage Mitglieder der Genossenschaft geworden sind, und welche von den in der Liste aufgeführten Personen an diesem Tage der Genossenschaft nicht angehört haben.

Zugleich sind die Mitglieder, welche nach dem Inkrafttreten des Gesetzes in Folge vorher geschehener Aufkündigung oder Ausschließung ausscheiden, und der Tag ihres Ausscheidens zu bezeichnen.

Zur Befolgung dieser Vorschriften ist der Vorstand durch Ordnungsstrafen in Gemäßheit des § 152 anzuhalten.

§ 165. Das Gericht hat die Liste nach den in vorstehendem Paragraphen bezeichneten Angaben zu berichtigen.

Es hat mittelst öffentlicher Bekanntmachung eine allgemeine Aufforderung zu erlassen, Inhalts deren die in der Liste aufgeführten Personen, welche behaupten, daß sie am Tage des Inkrafttretens des Gesetzes nicht Mitglieder der Genossenschaft gewesen sind, oder daß ihr Ausscheiden nicht richtig in der Liste eingetragen ist, sowie die in derselben nicht aufgeführten Personen, welche behaupten, daß sie an dem bezeichneten Tage Mitglieder der Genossenschaft gewesen sind, ihren Widerspruch gegen die Liste bis zum Ablauf einer Ausschlußfrist von einem Monate schriftlich oder zum Protokoll des Gerichtsschreibers zu erklären haben.

§ 166. Die Bekanntmachung erfolgt durch einmalige Einrückung in die für die Bekanntmachungen der Genossenschaft bestimmten Blätter.

Die Kosten der Bekanntmachungen werden von der Genossenschaft getragen.

§ 167. Die Ausschlußfrist beginnt mit dem Tage, an welchem das letzte der die Bekanntmachung enthaltenen Blätter erschienen ist.

§ 168. Nach Ablauf der Ausschlußfrist ist für die Mitgliedschaft am Tage des Inkrafttretens des Gesetzes und für das Ausscheiden in Folge geschehener Aufkündigung oder Ausschließung (§ 164 Absatz 2) der Inhalt der Liste maaßgebend.

Einwendungen gegen die Liste bleiben den im § 165 Absatz 2 bezeichneten Personen vorbehalten, sofern sie in Gemäßheit desselben den Widerspruch erklärt haben oder hieran ohne ihr Verschulden verhindert waren und binnen einem Monate nach Beseitigung des Hindernisses den Widerspruch schriftlich oder zum Protokoll des Gerichtsschreibers erklärt haben.

Auf diese Rechtsfolgen ist in der im § 165 vorgeschriebenen Bekanntmachung hinzuweisen.

§ 169. Das Gericht hat die in Gemäßheit des § 165 Absatz 2 und § 168 Absatz 2 erklärten Widersprüche in der Liste zu vermerken und dem Vorstande der Genossenschaft zur Erklärung mitzutheilen.

Soweit der Vorstand die Widersprüche in beglaubigter Form als begründet anerkennt oder zur Anerkennung rechtskräftig verurtheilt wird, ist die Liste zu berichtigen. Wird das Anerkenntniß oder Urtheil oder eine die vorläufige Aufrechterhaltung des Widerspruchs anordnende einstweilige Verfügung des Prozeßgerichts nicht binnen zwei Jahren seit Eintragung des Widerspruchs dem Gerichte (§ 10) eingereicht, so ist derselbe als nicht erfolgt anzusehen und von Amtswegen zu löschen.

§ 170. Das Gericht hat von den zufolge § 165 Absatz 1, § 169 vorgenommenen Eintragungen dem Gerichte einer jeden Zweigniederlassung zur Berichtigung der dort geführten Liste Mittheilung zu machen.

Auf die Eintragungen finden die Vorschriften in §§ 150, 151 entsprechende Anwendung.

§ 171. Die zur Ausführung der Vorschriften über das Genossenschaftsregister und die Anmeldungen zu demselben erforderlichen Bestimmungen werden von dem Bundesrath erlassen.

Welche Behörden in jedem Bundesstaate unter der Bezeichnung Staatsbehörde (§ 45) und höhere Verwaltungsbehörde (§§ 56, 57,

59, 79) zu verstehen sind, wird von der Centralbehörde des Bundesstaates bekannt gemacht.

§ 172. Dieses Gesetz tritt am 1. Oktober 1889 in Kraft.

V

Gesetz, betr. die Inhaberpapiere mit Prämien.

Vom 8. Juni 1871. (GGBl 210.)

§ 1. Auf den Inhaber lautende Schuldverschreibungen, in welchen allen Gläubigern oder einem Theile derselben außer der Zahlung der verschriebenen Geldsumme eine Prämie dergestalt zugesichert wird, daß durch Ausloosung oder durch eine andere auf den Zufall gestellte Art der Ermittelung die zu prämiirenden Schuldverschreibungen und die Höhe der ihnen zufallenden Prämie bestimmt werden sollen (Inhaberpapiere mit Prämien), dürfen innerhalb des Deutschen Reichs nur auf Grund eines Reichsgesetzes und nur zum Zwecke der Anleihe eines Bundesstaates oder des Reichs ausgegeben werden.

§ 2. Inhaberpapiere mit Prämien, welche nach Verkündigung des gegenwärtigen Gesetzes der Bestimmung im § 1 zuwider, im Inlande ausgegeben sein möchten, imgleichen Inhaberpapiere mit Prämien, welche nach dem 30. April 1871 im Auslande ausgegeben sind, dürfen weder weiter begeben, noch an den Börsen, noch an anderen zum Verkehr mit Werthpapieren bestimmten Versammlungsorten zum Gegenstand eines Geschäfts oder einer Geschäftsvermittelung gemacht werden.

§ 3. Dasselbe gilt vom 15. Juli 1871 ab von ausländischen Inhaberpapieren mit Prämien, deren Ausgabe vor dem 1. Mai 1871 erfolgt ist, sofern dieselben nicht abgestempelt sind (§§ 4, 5).

§ 4. Die Schuldverschreibungen, deren Abstempelung erfolgen soll, müssen spätestens am 15. Juli 1871 zu diesem Zwecke eingereicht werden.

Für die Abstempelung ist eine Gebühr zu entrichten, welche für eine Schuldverschreibung, deren Nominalbetrag den Werth von Einhundert Thalern nicht übersteigt 5 Sgr. oder $17^1/_2$ Kr. S. W., für eine Schuldverschreibung, deren Nominalbetrag den Werth von Einhundert Thalern übersteigt . . . 10 „ „ 35 „ „ „ beträgt.

Der Ertrag dieser Abstempelungsgebühr fließt zur Reichskasse.

§ 5.[1] Der Bundesrath wird die zur Ausführung dieses Gesetzes erforderliche Instruktion erlassen und in derselben festsetzen, unter welchen Umständen ein gutgläubiger Inhaber, der aus entschuldbaren Gründen die Einreichungsfrist versäumt hat, noch nachträglich Abstempelung seiner Schuldverschreibungen erlangen kann. Der Bundesrath wird ferner zur Berechnung der Stempel-Abgabe den Thalerwerth der fremden Valuten feststellen, auch die Behörden bestimmen, bei welchen die Einreichung zur Abstempelung (§ 4) zu erfolgen hat.

§ 6. Wer den Bestimmungen der §§ 1, 2 oder 3 zuwiderhandelt, verfällt in eine Geldstrafe, welche dem fünften Theile des Nennwerthes der den Gegenstand der Zuwiderhandlung bildenden Papiere gleichkommt, mindestens aber Einhundert Thaler betragen soll.

Mit Geldstrafe bis zu Einhundert Thalern oder Gefängniß bis zu drei Monaten wird bestraft, wer ein im § 2 oder § 3 bezeichnetes Inhaberpapier mit Prämie öffentlich ankündigt, ausbietet oder empfiehlt, oder zur Feststellung eines Kurswerthes notirt.

VI

Gesetz, betr. die Erhebung von Reichsstempelabgaben.

G. 1./7. 81,[2] 29./5. 85, Bek. 3./6. 85. (RGBl 1885, 179.)

§ 1. Die in dem anliegenden Tarif unter 1, 2, 3 und 5 bezeichneten Urkunden und die daselbst unter 4 bezeichneten Geschäfte unterliegen den daselbst bezeichneten Abgaben nach Maaßgabe der nachstehenden Bestimmungen:

1. Aktien, Renten- und Schuldverschreibungen.

(Tarifnummer 1 bis 3.)

§ 2. Die Verpflichtung zur Entrichtung der unter Tarifnummer 1 bis 3 bezeichneten Stempelabgabe wird erfüllt durch Zahlung des Abgabebetrages an eine zuständige Steuerstelle, welche auf dem vorzulegenden Werthpapiere Reichsstempelmarken zum entsprechenden Betrage zu verwenden oder die Aufdrückung des Stempels zu veranlassen hat.

In welchen Fällen und unter welchen Bedingungen der Ver-

---

[1] Vgl. hierzu: Bekanntm. vom 19./6. 71 (RGBl 255); vom 1./7. 71 (RGBl 304); vom 10./7. 71 (RGBl 314); vom 4./12. 71 (RGBl 408).

[2] Dazu Ausführungsvorschriften und Bestimmungen über die Erhebung und Berechnung (Centr.-Bl. 81, 283).

pflichtung zur Versteuerung durch rechtzeitige Verwendung von Stempelmarken ohne amtliche Mitwirkung einer Steuerstelle genügt werden kann, bestimmt der Bundesrath.

§ 3. Wer Werthpapiere der unter den Tarifnummern 1 bis 3 bezeichneten Art innerhalb des Bundesgebiets ausgiebt, veräußert, verpfändet, oder ein anderes Geschäft unter Lebenden damit macht oder Zahlung darauf leistet, bevor die Verpflichtung zur Versteuerung erfüllt oder in den in der Befreiung zu Tarifnummer 1 und und den unter Tarifnummer 1 lit. cc und 3 lit. b bezeichneten Fällen den Kontrolvorschriften des Bundesraths genügt ist, verfällt in eine Geldstrafe, welche dem fünfundzwanzigfachen Betrage der hinterzogenen Abgabe gleichkommt, mindestens aber zwanzig Mark für jedes Werthpapier beträgt.

Diese Strafen betreffen besonders und zum vollen Betrage Jeden, der als Kontrahent oder in anderer Eigenschaft an der Ausgabe, Veräußerung, Verpfändung oder an dem sonstigen Geschäft theilgenommen hat.

Dieselben Personen sind für die Entrichtung der Steuer solidarisch verhaftet.

§ 4. Bevor stempelpflichtige inländische Werthpapiere zur Zeichnung aufgelegt werden, oder zu weiteren Einzahlungen auf solche aufgefordert wird, hat der Emittent hiervon der zuständigen Steuerstelle unter Angabe der Zahl, der Gattung und des Nennwerthes der Stücke oder des Betrages der zu leistenden Einzahlungen nach Maaßgabe eines von dem Bundesrath zu bestimmenden Formulars Anzeige zu erstatten.

Wer stempelpflichtige inländische Werthpapiere, welche von einem früheren als dem Zeitpunkte des Inkrafttretens dieses Gesetzes datirt sind, nach dem letzterwähnten Zeitpunkte ausgiebt, hat jedes Stück mit einem Vermerke zu versehen, aus welchem ersichtlich ist, daß die Ausgabe nach dem Inkrafttreten dieses Gesetzes erfolgt ist.

Die Zuwiderhandlung gegen diese Vorschriften zieht Geldstrafe im Betrage von fünfzig bis fünfhundert Mark nach sich.

§ 5. Die der Reichsstempelsteuer unterworfenen Werthpapiere unterliegen in den einzelnen Bundesstaaten keiner weiteren Stempelabgabe (Taxe, Sportel u. s. w.).

Auch ist von der Umschreibung solcher Werthpapiere in den Büchern und Registern der Gesellschaft rc, sowie von den auf die Werthpapiere selbst gesetzten Uebertragungsvermerken (Indossamenten, Cessionen u. s. w.) eine Abgabe nicht zu entrichten.

Im Uebrigen, insbesondere hinsichtlich der Urkunden über Ein=

tragungen in dem Hypothekenbuche (Grundbuche), bleiben die landesgesetzlichen Vorschriften unberührt.

II. Kauf- und sonstige Anschaffungsgeschäfte.

(Tarifnummer 4.)

§ 6. Die unter Tarifnummer 4 angeordnete Abgabe ist von allen im Inlande abgeschlossenen Geschäften der bezeichneten Art zu erheben.

Im Auslande abgeschlossene Geschäfte unterliegen der Abgabe, wenn beide Kontrahenten im Inlande wohnhaft sind; ist nur der eine Kontrahent im Inlande wohnhaft, so ist die Abgabe nur im halben Betrage zu entrichten. Bei kaufmännischen Firmen entscheidet für die Frage des Wohnortes der Sitz der Handelsniederlassung, welche das Geschäft abgeschlossen hat.

Als im Auslande abgeschlossen gelten auch solche Geschäfte, welche durch briefliche oder telegraphische Korrespondenz zwischen einem Orte des Inlandes und einem Orte des Auslandes zu Stande gekommen sind.

§ 7. Bedingte Geschäfte gelten in Betreff der Abgabepflicht als unbedingte. Ist einem Kontrahenten ein Wahlrecht eingeräumt, oder die Befugniß, innerhalb bestimmter Grenzen den Umfang der Lieferung zu bestimmen, so wird die Abgabe nach dem höchstmöglichen Werth des Gegenstands des Geschäfts berechnet.

Jede Verabredung, durch welche die Erfüllung des Geschäfts unter veränderten Vertragsbestimmungen oder gegen Entgelt unter denselben Vertragsbestimmungen auf einen späteren Termin verschoben wird, gilt als neues abgabepflichtiges Geschäft.

Ist das Geschäft von einem Kommissionär (Artikel 360 des Handelsgesetzbuchs) abgeschlossen, so ist die Abgabe sowohl für das Geschäft zwischen dem Kommissionär und dem Dritten, als auch für das Abwickelungsgeschäft zwischen dem Kommissionär und dem Kommittenten zu entrichten, sofern nicht die Bestimmung des § 12 Absatz 2 eintritt.

Geschäfte, welche vorbehaltlich der Aufgabe („an Aufgabe") abgeschlossen werden, sind abgabepflichtig. Die Bezeichnung des definitiven Gegenkontrahenten (die Aufgabe) ist steuerfrei, wenn dieselbe spätestens am folgenden Werktage gemacht wird; wird dieselbe später gemacht, so gilt sie als ein neues abgabepflichtiges Geschäft.

§ 8. Werden zwischen denselben Kontrahenten an einem Tage zu gleichen Vertragsbestimmungen mehrere Geschäfte über Gegenstände derselben Art ohne Vermittler oder durch denselben Vermittler abgeschlossen, so gelten diese Geschäfte in Betreff der Besteuerung als ein Geschäft.

§ 9. Zur Entrichtung der Abgabe ist zunächst verpflichtet:

1. wenn das Geschäft durch einen im Inlande wohnhaften Vermittler abgeschlossen ist, dieser,

anderenfalls:

2. wenn nur einer der Kontrahenten im Inlande wohnhaft ist, dieser,
3. wenn von den Kontrahenten nur der eine ein im Inlande wohnhafter, nach Artikel 28 des Handelsgesetzbuchs zur Führung von Handelsbüchern verpflichteter Kaufmann ist, der Letztere,
4. wenn es sich um das Abwickelungsgeschäft zwischen dem Kommissionär und dem Kommittenten handelt (§ 7 Absatz 3), der Kommissionär,
5. in allen übrigen Fällen der Veräußerer.

Die im Inlande wohnhaften Vermittler und die Kontrahenten haften für die Abgabe als Gesammtschuldner, indessen ist bei Geschäften, für welche die Abgabe nur im halben Betrage zu entrichten ist (§ 6 Absatz 2), der nicht im Inlande wohnhafte Kontrahent für die Entrichtung der Abgabe nicht verhaftet.

Der Vermittler ist berechtigt, den Ersatz der entrichteten Abgabe von jedem für die Abgabe verhafteten Kontrahenten zu fordern.

§ 10. Der zur Entrichtung der Abgabe zunächst Verpflichtete hat über das abgabepflichtige Geschäft eine Schlußnote auszustellen, welche den Namen und den Wohnort des Vermittlers und der Kontrahenten, den Gegenstand und die Bedingungen des Geschäfts, insbesondere den Preis, sowie die Zeit der Lieferung ergeben muß. Die Unterschrift des Ausstellers ist nicht erforderlich.

Die Schlußnote ist doppelt auf einem vorher gestempelten oder mit den erforderlichen Stempelmarken zu versehenden Formular auszustellen, von dem je eine Hälfte für jeden der beiden Kontrahenten bestimmt ist. Spätestens am dritten Tage nach dem Tage des Geschäftsabschlusses hat der Aussteller der Schlußnote die nicht für ihn bestimmte Hälfte der letzteren, wenn derselbe die Schlußnote aber als Vermittler ausgestellt hat (§ 9, Ziffer 1), deren beide Hälften abzusenden.

Vermittler haben diese Absendung und den verwendeten Stempelbetrag in ihren Geschäftsbüchern zu vermerken.

Der zur Entrichtung der Abgabe zunächst Verpflichtete darf unversteuerte Schlußnoten über das abgabepflichtige Geschäft nicht ausstellen und aus der Hand geben.

§ 11. Ist einem für die Entrichtung der Abgabe verhafteten

Kontrahenten (§ 9, Absatz 2) eine zu niedrig versteuerte Schlußnote zugestellt worden, so hat derselbe binnen vierzehn Tagen nach dem Tage des Geschäftsabschlusses den fehlenden Stempelbetrag auf der Schlußnote nachträglich zu verwenden; ist einem solchen Kontrahenten eine versteuerte Schlußnote überhaupt nicht zugegangen, so hat derselbe seinerseits binnen der bezeichneten Frist nach Maaßgabe der im § 10 Absatz 1 und 2 gegebenen Bestimmungen zu verfahren.

Sind bei einem durch einen Vermittler abgeschlossenen Geschäfte (§ 9 Ziffer 1) zwei derartige Kontrahenten betheiligt, so hat Jeder von ihnen nur die Hälfte des auf der zugestellten Schlußnote fehlenden Betrages nachträglich zu verwenden, im Falle des Nichteinganges der Schlußnote aber zu der von ihm auszustellenden Schlußnote nur die Hälfte des tarifmäßigen Stempels zu verwenden.

Die nach den vorstehenden Bestimmungen Mangels des Empfanges der Schlußnote entrichtete Abgabe ist zurückzuerstatten, wenn nachgewiesen wird, daß der zunächst Verpflichtete die ihm nach § 10 obliegenden Verpflichtungen rechtzeitig erfüllt hat. Die Entscheidung erfolgt im Verwaltungswege.

§ 12. Eine Schlußnote kann mehrere abgabepflichtige Geschäfte umfassen, insofern letztere demselben Steuersatze unterliegen und an demselben Tage und unter denselben Kontrahenten, welche in gleicher Eigenschaft gehandelt haben, abgeschlossen worden sind. Die Abgabe ist in diesem Falle von dem Gesammtwerth der Geschäfte zu berechnen.

Wird bei Kommissionsgeschäften für einen auswärtigen Kommittenten, welcher seinerseits als Kommissionär eines Dritten handelt, die Schlußnote mit dem Zusatze „in Kommission" ausgestellt, so bleibt das Abwickelungsgeschäft zwischen ihm und seinem Kommittenten von der Abgabe befreit, wenn er die Schlußnote spätestens am ersten Werktage nach dem Empfang unter Beifügung des Namens seines Kommittenten an den letzteren absendet.

§ 13. Die Schlußnoten sind nach der Zeitfolge numerirt fünf Jahre lang aufzubewahren.

§ 14. Ist bei dem Abschluß eines abgabepflichtigen Geschäfts zwischen zwei Kontrahenten, welche nicht nach Artikel 28 des Handelsgesetzbuchs zur Führung von Handelsbüchern verpflichtet sind, eine beiderseits unterschriebene Vertragsurkunde aufgestellt worden, so bleiben die §§ 9, 10, 11, 12, 13 außer Anwendung. Die Kontrahenten sind verpflichtet, die Vertragsurkunde binnen vierzehn Tagen nach dem Geschäftsabschluß der Steuerbehörde zur Abstempelung vorzulegen; diese Verpflichtung erstreckt sich bei Geschäften, für welche die Abgabe nur im halben Betrage zu erheben ist (§ 6 Absatz 2), nicht auf den nicht im Inlande wohnhaften Kontrahenten.

§ 15. Bei Geschäften, für welche eine rechtzeitige Berechnung der Steuer nicht möglich ist, bleibt die Besteuerung unter den vom Bundesrath festzusetzenden Maaßgaben so lange ausgesetzt, bis die Berechnung möglich wird. Der Bundesrath bestimmt ferner, unter welchen Umständen außerhalb dieses Falles, insbesondere bei im Auslande abgeschlossenen Geschäften, eine andere Frist zur Ausstellung der Schlußnoten eintreten kann.

§ 16. Nach der näheren Bestimmung des Bundesraths dürfen Stempelzeichen zur Entrichtung der in der Tarifnummer 4 angeordneten Abgabe auf Kredit verabfolgt werden.

§ 17. Geschäfte, welche nach Tarifnummer 4 abgabepflichtig sind, oder auf welche die Vorschrift unter „Befreiungen" zu dieser Tarifnummer Anwendung findet, sowie Schriftstücke über solche Geschäfte sind in den einzelnen Bundesstaaten keinen Stempelabgaben (Taxen, Sporteln u. s. w.) unterworfen. Werden diese Schriftstücke indessen gerichtlich oder notariell aufgenommen oder beglaubigt, so unterliegen sie, neben der in Tarifnummer 4 für das Geschäft vorgeschriebenen Abgabe, den in den Landesgesetzen für gerichtliche oder notarielle Aufnahmen und Beglaubigungen etwa vorgeschriebenen Stempeln (Taxen, Sporteln u. s. w.).

§ 18. Wer den Vorschriften im § 10 Absatz 1 und 2, § 11 Absatz 1 und 2 und § 14 zuwiderhandelt, hat eine Geldstrafe verwirkt, welche dem fünfzigfachen Betrage der hinterzogenen Abgabe gleichkommt, mindestens aber zwanzig Mark beträgt.

Kann der Betrag der hinterzogenen Abgabe nicht festgestellt werden, so tritt statt der vorstehend bestimmten Strafe eine Geldstrafe von zwanzig bis fünftausend Mark ein.

§ 19. Wer, nachdem er auf Grund des § 18 bestraft worden, von Neuem den dortselbst bezeichneten Vorschriften zuwiderhandelt, hat neben der im § 18 vorgesehenen Strafe eine Geldstrafe von einhundertfünfzig bis fünftausend Mark verwirkt.

Diese Rückfallsstrafe tritt ein ohne Rücksicht darauf, ob die frühere Bestrafung in demselben oder in einem anderen Bundesstaate erfolgt ist. Sie ist verwirkt, auch wenn die frühere Strafe nur theilweise entrichtet oder ganz oder theilweise erlassen ist.

Dieselbe ist ausgeschlossen, wenn seit der Entrichtung oder dem Erlaß der letzten Strafe bis zur Begehung der neuen Zuwiderhandlung fünf Jahre verflossen sind.

§ 20. Wer gegen die Vorschriften im § 10 Absatz 3 und § 13 verstößt, ist mit Geldstrafe von drei Mark bis fünftausend Mark zu bestrafen.

III. Lotterieloose.

(Tarifnummer 5.)

§ 21. Wer im Bundesgebiete Lotterien und Ausspielungen veranstalten will, hat die Stempelabgabe für die gesammte planmäßige Anzahl der Loose oder Ausweise über Spieleinlagen im Voraus zu entrichten.

§ 22. Vor der Entrichtung der Abgabe darf ohne Genehmigung der zuständigen Steuerstelle mit dem Loosabsatze nicht begonnen werden. Die Genehmigung kann von vorgängiger Sicherstellung der Abgabe abhängig gemacht werden.

§ 23. Wer ausländische Loose oder Ausweise über Spieleinlagen in das Bundesgebiet einführt oder daselbst empfängt, hat dieselben, bevor mit dem Vertriebe begonnen wird, spätestens binnen drei Tagen nach dem Tage der Einführung oder des Empfanges der zuständigen Behörde anzumelden und davon die Stempelabgabe zu entrichten.

§ 24. Die Verpflichtung zur Errichtung der Stempelabgabe wird erfüllt durch Zahlung des Abgabebetrages bei der zuständigen Behörde.

Ob und in welcher Weise eine Verwendung von Stempelzeichen stattzufinden hat, bestimmt der Bundesrath.

§ 25. Die Nichterfüllung der in den §§ 21 bis 23 bezeichneten Verpflichtungen wird mit einer dem fünffachen Betrage der hinterzogenen Abgabe gleichkommenden Geldstrafe geahndet. Dieselbe ist jedoch gegen den Unternehmer inländischer Lotterien oder Ausspielungen, sowie gegen Jeden, welcher den Vertrieb ausländischer Loose oder Ausweise über Ausspielungen im Bundesgebiete besorgt, nicht unter dem Betrage von zweihundertfünfzig Mark festzusetzen.

Ist die Zahl der abgesetzten Loose nicht zu ermitteln, so tritt Geldstrafe von zweihundertfünfzig bis fünftausend Mark ein.

§ 26. Ein Anspruch auf Rückerstattung des eingezahlten Abgabebetrages ist ausgeschlossen; eine solche kann von der obersten Landesfinanzbehörde nur dann zugestanden werden, wenn eine beabsichtigte Ausspielung erweislich nicht zu Stande gekommen ist.

§ 27. Die §§ 21 bis 26 leiden auf Staatslotterien deutscher Bundesstaaten keine Anwendung.

Die Stempelsteuer für die Loose der letzteren wird durch die Lotterieverwaltung eingezogen und in einer Summe für die Gesammtzahl der von ihr abgesetzten Loose zur Reichskasse abgeführt.

Eine Abstempelung der Loose findet nicht statt.

§ 28. Loose rc. inländischer Unternehmungen, für welche bei dem Inkrafttreten dieses Gesetzes die obrigkeitliche Erlaubniß bereits ertheilt ist, sowie ausländische Loose, welche vor diesem Zeitpunkte in das Bundesgebiet eingeführt, auch binnen drei Tagen nach dem Inkrafttreten dieses Gesetzes bei der zuständigen Behörde angemeldet sind, und die Loose der Staatslotterien, deren Ausgabe auch nur für eine Klasse bereits vor diesem Zeitpunkte begonen hat, unterliegen der Reichsstempelabgabe nicht.

§ 29. Oeffentliche Ausspielungen, Verloosungen und Lotterien, für welche die Reichsstempelabgabe zu entrichten ist, unterliegen in den einzelnen Bundesstaaten keiner weiteren Stempelabgabe (Taxe, Sporteln u. s. w.).

IV. Allgemeine Bestimmungen.

§ 30. Der Bundesrath erläßt die Anordnungen wegen der Anfertigung und des Vertriebes der nach Maaßgabe dieses Gesetzes zu verwendenden Stempelmarken und gestempelten Formulare, sowie die Vorschriften über die Form der Schlußnoten und über die Art der Verwendung der Marken. Er stellt die Bedingungen fest, unter welchen für verdorbene Marken und Formulare, sowie für Stempel auf verdorbenen Werthpapieren Erstattung zulässig ist.

§ 31. Stempelmarken, welche nicht in der vorgeschriebenen Weise verwendet worden sind, werden als nicht verwendet angesehen.

§ 32. In Beziehung auf die Verpflichtung zur Entrichtung der in diesem Gesetze festgestellten Abgaben ist der Rechtsweg zulässig. Die Klage ist bei Verlust des Klagerechts binnen sechs Monaten nach erfolgter Beitreibung oder mit Vorbehalt geleisteter Zahlung zu erheben. Für die Berechnung dieser Frist sind die Bestimmungen der Civilprozeßordnung maaßgebend. Zuständig sind ohne Rücksicht auf den Werth des Streitgegenstandes die Landgerichte. So weit bei denselben Kammern für Handelssachen bestehen, gehört der Rechtsstreit vor diese. Die Revision, sowie die Beschwerde gegen Entscheidungen der Oberlandesgerichte geht an das Reichsgericht.

§ 33. Zuwiderhandlungen gegen die Vorschriften dieses Gesetzes oder gegen die zu dessen Ausführung erlassenen Vorschriften, welche in demselben mit keiner besonderen Strafe belegt sind, ziehen eine Ordnungsstrafe von drei bis dreißig Mark nach sich.

Dieselbe Strafe tritt ein, wenn in den Fällen der §§ 3, 18 und 25 aus den Umständen sich ergiebt, daß eine Steuerhinterziehung nicht hat verübt werden können oder nicht beabsichtigt worden ist.

§ 34. Die auf Grund dieses Gesetzes zu verhängenden Strafen sind bei Genossenschaften und Aktiengesellschaften gegen die Vorstandsmitglieder, bei Kommanditgesellschaften gegen die persönlich haftenden

Gesellschafter, bei offenen Handelsgesellschaften gegen die Gesellschafter nur im einmaligen Betrage, jedoch unter Haftbarkeit jedes einzelnen als Gesammtschuldner festzusetzen. Ebenso ist in anderen Fällen zu verfahren, in denen bei einem Geschäfte mehrere Personen als Vertreter desselben Kontrahenten oder als gemeinschaftliche Kontrahenten betheiligt sind.

Auf die Verhängung der im § 19 vorgeschriebenen Rückfallsstrafe finden diese Bestimmungen keine Anwendung.

§ 35. Hinsichtlich des administrativen Strafverfahrens wegen der Zuwiderhandlungen gegen dieses Gesetz, die Strafmilderung und des Erlasses der Strafe im Gnadenwege, der Vollstreckung der Strafe, sowie der Verjährung der Strafverfolgung finden die Vorschriften in den § 17 Satz 1, §§ 18 und 19 des Gesetzes vom 10. Juni 1869, betreffend die Wechselstempelsteuer, sinngemäße Anwendung. Die auf Grund des gegenwärtigen Gesetzes erkannten Geldstrafen fallen dem Fiskus desjenigen Staates zu, von dessen Behörden die Strafentscheidung erlassen ist.

§ 36. Die Verwandlung einer Geldstrafe, zu deren Zahlung der Verpflichtete unvermögend ist, in eine Freiheitsstrafe findet nicht statt. Auch darf zur Beitreibung von Geldstrafen ohne Zustimmung des Verurtheilten, wenn dieser ein Deutscher ist, kein Grundstück subhastirt werden.

§ 37. Unter den in diesem Gesetze erwähnten Behörden und Beamten sind, so weit das Gesetz nichts Anderes bestimmt, die betreffenden Landesbehörden und Landesbeamten verstanden.

Welche dieser Behörden und Beamten die in dem Gesetze als zuständig bezeichneten sind, bestimmen, sofern das Gesetz nichts Anderes verfügt, die Landesregierungen.

Den letzteren liegt auch die Kontrole über die betreffenden Behörden und Beamten ob.

§ 38. Die in den einzelnen Bundesstaaten mit der Beaufsichtigung des Stempelwesens beauftragten Behörden und Beamten haben die ihnen obliegenden Verpflichtungen mit den gleichen Befugnissen, wie sie ihnen hinsichtlich der nach den Landesgesetzen zu entrichtenden Stempelabgaben zustehen, auch hinsichtlich der in diesem Gesetze bestimmten Abgaben wahrzunehmen.

Die Landesregierungen bestimmen höhere Beamte, welche nach näherer Vorschrift des Bundesraths die Schriftstücke der öffentlichen und der von Aktiengesellschaften oder Kommanditgesellschaften auf Aktien betriebenen Bank-, Kredit- oder Versicherungsanstalten, sowie der zur Erleichterung der Liquidation von Zeitgeschäften bestimmten

Anstalten (Liquidationsbüreaus u. s. w.) periodisch bezüglich der Abgabenentrichtung zu prüfen haben.

Den revidirenden Beamten sind alle bezüglichen Schriftstücke und erforderlichenfalls auch die Geschäftsbücher zur Einsicht vorzulegen.

Von anderen als den im Absatz 2 bezeichneten Personen kann die Steuerdirektivbehörde die Einreichung der auf bestimmt zu bezeichnende abgabepflichtige Geschäfte bezüglichen Schriftstücke verlangen.

§ 39. Außerdem haben die Reichsbehörden, die Behörden und Beamten der Bundesstaaten und Kommunen, die von Handelsvorständen eingesetzten Sachverständigenkommissionen und Schiedsgerichte, sowie die Notare die Verpflichtung, die Besteuerung der ihnen vorkommenden Urkunden zu prüfen und die zu ihrer Kenntniß gelangenden Zuwiderhandlungen gegen dieses Gesetz bei der zuständigen Behörde zur Anzeige zu bringen.

§ 40. Der Bundesrath ordnet an, in welchen Fällen bei administrativen Straffestsetzungen Sachverständige zu hören sind; solche sind, wo Handelsvorstände bestehen, von diesen zu bezeichnen.

Die Handelsvorstände können unter Berücksichtigung der besonderen Verhältnisse und Gewohnheiten ihres Bezirks, zum Zweck der Durchführung des Gesetzes und Sicherung der Entrichtung der Abgaben reglementarische Anordnungen erlassen; letztere bedürfen der Zustimmung der Landesregierungen.

§ 41. Bezüglich der Vollstreckbarkeit und des Vollstreckungsverfahrens werden die Reichsstempelabgaben den Landesabgaben gleichgeachtet.

§ 42. Die Kassen des Reichs sind von der Entrichtung der durch dieses Gesetz unter Tarifnummer 1, 2, 3 angeordneten Abgaben befreit.

Andere subjektive Befreiungen finden, so weit nicht ausdrücklich Ausnahmen angeordnet sind, nicht statt.

Wegen der Entschädigung für die Aufhebung solcher Befreiungen, welche etwa auf lästigen Privatrechtstiteln beruhen, sowie wegen der Erstattung der von solchen Berechtigten entrichteten Stempelbeträge, kommen die entsprechenden Bestimmungen des Gesetzes, betreffend die Wechselstempelsteuer (§ 26, Absatz 2 bis 4), zur Anwendung.

§ 43. Jedem Bundesstaate wird von der jährlichen Einnahme, welche in seinem Gebiete aus dem Verkauf von Stempelmarken oder gestempelten Blankets oder durch baare Einzahlung von Reichsstempelabgaben erzielt wird, mit Ausnahme der Steuer von Loosen der Staatslotterien, der Betrag von zwei Prozent aus der Reichskasse gewährt.

§ 44. Der Ertrag der Abgaben fließt nach Abzug
1. der auf dem Gesetze oder auf allgemeinen Verwaltungsvorschriften beruhenden Steuererlasse und Steuererstattungen,
2. der nach Vorschrift des § 43 zu berechnenden Erhebungs- und Verwaltungskosten

in die Reichskasse und ist den einzelnen Bundesstaaten nach dem Maaßstabe der Bevölkerung, mit welcher sie zu den Matrikularbeiträgen herangezogen werden, zu überweisen.

Tarif.

Lauf. Nr.	Gegenstand der Besteuerung.	Steuersatz vom Hundert.	Steuersatz vom Tausend.	Berechnung der Stempelabgabe.
	I. Aktien, Renten- und Schuldverschreibungen.			
1.	a) Inländische Aktien und Aktienantheilscheine, sowie Interimsscheine über Einzahlungen auf diese Werthpapiere, b) Ausländische Aktien und Aktienantheilsscheine, wenn sie innerhalb des Bundesgebiets ausgehändigt, veräußert, verpfändet, oder wenn daselbst andere Geschäfte unter Lebenden damit gemacht oder Zahlungen darauf geleistet werden, — unter der gleichen Voraussetzung auch Interimsscheine über Einzahlungen auf diese Werthpapiere . . . . Die Abgabe ist von jedem Stück nur einmal zu entrichten. Befreit sind: alle vor dem Inkrafttreten dieses Gesetzes ausgegebenen inländischen Aktien und Aktienantheilsscheine, sowie die in-	—	5	vom Nennwerthe, bei Interimsscheinen vom Betrage der bescheinigten Einzahlungen, und zwar in Abstufungen von 50 Pfennig für je 100 Mark oder einen Bruchtheil dieses Betrages.

Lauf. Nr.	Gegenstand der Besteuerung.	Steuersatz vom Hundert.	Steuersatz vom Tausend.	Berechnung der Stempelabgabe.
	ländischen Interimsscheine und nach dem Inkrafttreten dieses Gesetzes ausgegebenen Aktien in Ansehung der vor diesem Zeitpunkte geleisteten Einzahlungen, sofern wegen dieser Aktien den vom Bundesrath zu erlassenden Kontrolvorschriften genügt wird.			Die für Interimsscheine nachweislich gezahlten Steuerbeträge werden auf die demnächst etwa fällig werdende Steuer für die Aktien ꝛc. angerechnet.
	Ausnahme. Werden ausländische Werthpapiere der vorbezeichneten Art, welche vor dem Inkrafttreten dieses Gesetzes ausgegeben sind, innerhalb 90 Tagen nach diesem Zeitpunkte zur Stempelung vorgelegt, so beträgt die Stempelabgabe für jedes Stück 50 Pfennig.			Ausländische Werthe werden nach den Vorschriften wegen Erhebung des Wechselstempels umgerechnet.
2.	a) Inländische für den Handelsverkehr bestimmte Renten- und Schuldverschreibungen (auch Partialobligationen), sofern sie nicht unter Nr. 3 fallen, sowie Interimsscheine über Einzahlungen auf diese Werthpapiere,			
	b) Renten- und Schuldverschreibungen ausländischer Staaten, Korporationen, Aktiengesellschaften oder industrieller Unternehmungen und sonstige für den Handelsverkehr bestimmte ausländische Renten- und Schuldverschreibungen, wenn sie innerhalb des Bundesgebiets			

Lauf. Nr.	Gegenstand der Besteuerung.	Steuersatz vom Hundert.	Steuersatz vom Tausend.	Berechnung der Stempelabgabe.
	ausgehändigt, veräußert, verpfändet, oder wenn daselbst andere Geschäfte unter Lebenden damit gemacht oder Zahlungen darauf geleistet werden sollen, — unter der gleichen Voraussetzung auch Interimsscheine über Einzahlungen auf diese Werthpapiere . . . . . . Die Abgabe ist von jedem Stück nur einmal zu entrichten.	—	2	vom Nennwerthe, bei Interimsscheinen vom Betrage der bescheinigten Einzahlungen, und zwar in Abstufungen von 20 Pfennig für je 100 Mark oder oder einen Bruchtheil dieses Betrages.
	Befreit sind: aa) alle vor dem Inkrafttreten dieses Gesetzes ausgegebenen inländischen Renten- und Schuldverschreibungen der oben bezeichneten Art, sowie die Interimsscheine in Ansehung der vor diesem Zeitpunkte geleisteten Einzahlungen; bb) Renten- und Schuldverschreibungen des Reichs und der Bundesstaaten, sowie Interimsscheine über Einzahlungen auf diese Werthpapiere; cc) inländische Renten- und Schuldverschreibungen, welche nur zu dem Zweck des Umtausches ausgestellt werden, sofern den desfalls von dem Bundesrath zu erlassenden Kontrolvorschriften genügt wird;			Erfolgt die Ausgabe eines vor dem Inkrafttreten dieses Gesetzes bereits landesgesetzlich gestempelten inländischen Werthpapiers erst nach diesem Zeitpunkte, so ist dasselbe auch mit dem Reichsstempel zu versehen. Auf letzteren ist jedoch der bezahlte Landesstempel in Anrechnung zu bringen. Die für Interimsscheine nachweislich gezahlten Steuerbeträge werden auf die demnächst etwa fällig wer-

Lauf. Nr.	Gegenstand der Besteuerung.	Steuersatz vom Hundert.	Steuersatz vom Tausend.	Berechnung der Stempelabgabe.
	dd) die auf Grund des Reichsgesetzes vom 8. Juli 1871 abgestempelten ausländischen Inhaberpapiere mit Prämien. Ausnahme: Werden ausländische Werthpapiere der vorbezeichneten Art, welche vor dem Inkrafttreten dieses Gesetzes ausgegeben sind, innerhalb 90 Tagen nach diesem Zeitpunkte zur Stempelung vorgelegt, so beträgt die Stempelabgabe für jedes Stück 10 Pfennig.			dende Steuer für die Rentenverschreibungen ꝛc. angerechnet. Ist der Kapitalwerth von Rentenverschreibungen aus diesen selbst nicht ersichtlich, so gilt als solcher der 25fache Betrag der einfachen Rente. Ausländische Werthe werden nach den Vorschriften wegen Erhebung des Wechselstempels umgerechnet.
3.	Inländische auf den Inhaber lautende und auf Grund staatlicher Genehmigung ausgegebene Renten- und Schuldverschreibungen der Kommunalverbände und Kommunen, der Korporationen ländlicher oder städtischer Grundbesitzer, der Grundkredit- und Hypothekenbanken oder der Transportgesellschaften, sowie Interimsscheine über Einzahlungen auf diese Werthpapiere . . . . . . Befreit sind: a) alle vor dem Inkrafttreten dieses Gesetzes ausgegebenen Renten- und Schuldverschreibungen der oben bezeichneten Art, sowie die Interimsscheine in Ansehung der vor diesem Zeitpunkte geleisteten Zahlungen;	—	1	vom Nennwerthe, bezw. vom Betrage der bescheinigten Einzahlungen nach Maaßgabe der Vorschriften für die Abgabenberechnung bei inländischen Werthpapieren der unter Nr. 2 bezeichneten Art,

Lauf. Nr.	Gegenstand der Besteuerung.	Steuersatz vom Hundert.	Steuersatz vom Tausend.	Berechnung der Stempelabgabe.
	b) Renten- und Schuldverschreibungen der oben bezeichneten Art, welche nur zu dem Zweck des Umtausches ausgestellt werden, sofern den desfalls von dem Bundesrath zu erlassenden Kontrolvorschriften genügt wird.			und zwar in Abstufungen von 10 Pfennig für je 100 Mark oder einen Bruchtheil dieses Betrages.
	II. Kauf- und sonstige Anschaffungsgeschäfte.			
4.	A. Kauf- und sonstige Anschaffungsgeschäfte über 1. ausländische Banknoten, ausländisches Papiergeld, ausländische Geldsorten; 2. Werthpapiere der unter 1, 2 und 3 dieses Tarifs bezeichneten Art	—	1/10	vom Werth des Gegenstandes des Geschäfts, und zwar in Abstufungen von je vollen 2000 Mark, bei Geschäften im Werthe von 10 000 Mark und mehr in Abstufungen von je vollen 10 000 Mark. Bei Geschäften unter 2000 Mark wird die Steuer von einem Werthe von 2000 Mark berechnet.
	B. Kauf- und sonstige Anschaffungsgeschäfte, welche unter Zugrundelegung von Usancen einer Börse geschlossen werden (Loco-, Zeit-, Fix-, Termin-, Prämien- ꝛc. Geschäfte), über Mengen von Waaren, die börsenmäßig gehandelt werden . . . . Als börsenmäßig gehandelt gelten diejenigen Waaren, für welche an der Börse, deren Usancen für das Geschäft maaßgebend sind, Terminpreise notirt werden. Anmerkung. Kauf- und sonstige Anschaffungsgeschäfte über im Inlande von einem der Kontrahenten er-	—	1/10	Der Werth des Gegenstandes wird nach dem vereinbarten Kauf- oder Lieferungspreis, sonst durch den mittleren Börsen- oder Marktpreis am Tage des Abschlusses bestimmt. Die zu den Werthpapieren gehörigen Zins- und Dividendencoupons bleiben

Lauf. Nr.	Gegenstand der Besteuerung.	Steuersatz vom Hundert.	Steuersatz vom Tausend.	Berechnung der Stempelabgabe.
	zeugte oder hergestellte Mengen von Sachen oder Waaren sind steuerfrei. **Befreiungen.** Die vorbestimmte Abgabe wird nicht erhoben: 1. falls der Werth des Gegenstandes des Geschäfts nicht mehr als 600 Mark beträgt; 2. für sogenannte Kontantgeschäfte über die unter A 1 bezeichneten Gegenstände, sowie über ungemünztes Gold oder Silber. Als Kontantgeschäfte gelten solche Geschäfte, welche vertragsmäßig durch Lieferung des Gegenstandes seitens des Verpflichteten an dem Tage des Geschäftsabschlusses zu erfüllen sind.			bei Berechnung der Abgabe außer Betracht. Ausländische Werthe sind nach den Vorschriften wegen Erhebung des Wechselstempels umzurechnen.
	III. Lotterieloose.			
5.	Loose öffentlicher Lotterien, sowie Ausweise über Spieleinlagen bei öffentlich veranstalteten Ausspielungen von Geld- oder anderen Gewinnen . . . **Befreit sind:** Loose der von den zuständigen Behörden genehmigten Ausspielungen und Lotterien zu mildthätigen Zwecken. **Anmerkung.** Die Versteuerung der Loose der Staatslotterien erfolgt nach § 27 des Gesetzes.	5	—	a) bei inländischen Loosen vom planmäßigen Preise (Nennwerth) sämmtlicher Loose oder Ausweise; b) bei ausländischen Loosen von dem Preise der einzelnen Loose in Abstufungen von 5 Pfennig für jede Mark oder einen Bruchtheil dieses Betrages.

VII 1

Münzgesetz vom 9./7. 73[1] (RGBl 233). Gesetz betr. die Abänderung des Art. 15 des Münzgesetzes vom 9./7. 73 vom 20./4. 74 (RGBl 35). Gesetz betr. Abänderung des Art. 15 des Münzgesetzes vom 9./7. 73 vom 6./1. 76 (RGBl 3). — Gesetz betr. die Ausprägung von Reichsgoldmünzen vom 4./12. 71 (RGBl 404).

Art. 1. An die Stelle der in Deutschland geltenden Landeswährungen tritt die Reichsgoldwährung. Ihre Rechnungseinheit bildet die Mark, wie solche durch § 2 des Gesetzes vom 4. Dezember 1871, betreffend die Ausprägung von Reichsgoldmünzen (Reichs-Gesetzbl. S. 404), festgestellt worden ist.[2]

---

[1] Eingeführt in Elsaß-Lothringen, G. v. 15./11. 74 (RGBl 131).

[2] Das angeführte Ges. bestimmt: § 1. Es wird eine Reichsgoldmünze ausgeprägt, von welcher aus Einem Pfunde feinen Goldes $139^1/_2$ Stück ausgebracht werden. § 2. Der zehnte Theil dieser Goldmünze wird Mark genannt und in 100 Pfennige eingetheilt. § 4. Das Mischungsverhältniß der Reichsgoldmünzen wird auf 900 Tausendtheile Gold und 100 Tausendtheile Kupfer festgestellt. Es werden demnach $125_{,55}$ Zehn-Mark-Stücke, $62_{,775}$ Zwanzig-Mark-Stücke, je Ein Pfund wiegen. § 9. Reichsgoldmünzen, deren Gewicht um nicht mehr als fünf Tausendtheile hinter dem Normalgewicht (§ 4) zurückbleibt (Passirgewicht), und welche nicht durch gewaltsame oder gesetzwidrige Beschädigung am Gewicht verringert sind, sollen bei allen Zahlungen als vollwichtig gelten. — — — Die Reichsgoldmünzen werden, wenn dieselben in Folge längerer Cirkulation und Abnutzung am Gewicht so viel eingebüßt haben, daß sie das Passirgewicht nicht mehr erreichen, für Rechnung des Reichs zum Einschmelzen eingezogen. Auch werden dergleichen abgenutzte Goldmünzen bei allen Kassen des Reichs und der Bundesstaaten stets voll zu demjenigen Werthe, zu welchem sie ausgegeben sind, angenommen werden. Nach § 7 soll bei dem einzelnen Stücke „die Abweichung in Mehr oder Weniger im Gewicht nicht mehr als zwei und ein halb Tausendtheile seines Gewichts, im Feingehalt nicht mehr als zwei Tausendtheile betragen."

StGB 146. Wer inländisches oder ausländisches Metallgeld oder Papiergeld nachmacht, um das nachgemachte Geld als echtes zu gebrauchen oder sonst in Verkehr zu bringen, oder wer in gleicher Weise echtem Gelde durch Veränderung an demselben den Schein eines höheren Werthes oder verrufenem Gelde durch Veränderung an demselben das Ansehen eines noch geltenden giebt, wird mit Zuchthaus nicht unter zwei Jahren bestraft; auch ist Polizeiaufsicht zulässig.

Sind mildernde Umstände vorhanden, so tritt Gefängnißstrafe ein.

147. Dieselben Strafbestimmungen finden auf denjenigen Anwendung,

Der Zeitpunkt, an welchem die Reichswährung im gesammten Reichsgebiete in Kraft treten soll, wird durch eine mit Zustimmung des Bundesrathes zu erlassende, mindestens drei Monate vor dem Eintritt dieses Zeitpunktes zu verkündende Verordnung des Kaisers bestimmt.[1] Die Landesregierungen sind ermächtigt, auch vor diesem Zeitpunkte für ihr Gebiet die Reichsmarkwährung im Verordnungswege einzuführen.

Art. 2. Außer den in dem Gesetze vom 4. Dezember 1871 bezeichneten Reichsgoldmünzen sollen ferner ausgeprägt werden Reichsgoldmünzen zu fünf Mark, von welchen aus einem Pfunde feinen Goldes 279 Stück ausgebracht werden. Die Bestimmungen der §§ 4, 5, 7, 8 und 9 jenes Gesetzes finden auf diese Münzen ent-

welcher das von ihm auch ohne die vorbezeichnete Absicht nachgemachte oder verfälschte Geld als echtes in Verkehr bringt, sowie auf Denjenigen, welcher nachgemachtes oder verfälschtes Geld sich verschafft und solches entweder in Verkehr bringt oder zum Zwecke der Verbreitung aus dem Auslande einführt.

148. Wer nachgemachtes oder verfälschtes Geld als echtes empfängt und nach erkannter Unechtheit als echtes in Verkehr bringt, wird mit Gefängniß bis zu drei Monaten oder mit Geldstrafe bis zu dreihundert Mark bestraft.

149. Dem Papiergelde werden gleich geachtet die auf den Inhaber lautenden Schuldverschreibungen, Banknoten, Aktien oder deren Stelle vertretende Interimsscheine oder Quittungen, sowie die zu diesen Papieren gehörenden Zins-, Gewinnantheils- oder Erneuerungsscheine, welche von dem Reich, dem Norddeutschen Bunde, einem Bundesstaate oder fremden Staate oder von einer zur Ausgabe solcher Papiere berechtigten Gemeinde, Korporation, Gesellschaft oder Privatperson ausgestellt sind.

150. Wer echte, zum Umlauf bestimmte Metallgeldstücke durch Beschneiden, Abfeilen oder auf andere Art verringert und als vollgültig in Verkehr bringt, oder wer solche verringerte Münzen gewohnheitsmäßig oder im Einverständnisse mit dem, welcher sie verringert hat, als vollgültig in Verkehr bringt, wird mit Gefängniß bestraft, neben welchem auf Geldstrafe bis zu dreitausend Mark, sowie auf Verlust der bürgerlichen Ehrenrechte erkannt werden kann.

Der Versuch ist strafbar.

151. Wer Stempel, Siegel, Stiche, Platten oder andere zur Anfertigung von Metallgeld, Papiergeld oder dem letzteren gleich geachteten Papieren dienliche Formen zum Zwecke eines Münzverbrechens angeschafft oder angefertigt hat, wird mit Gefängniß bis zu zwei Jahren bestraft.

152. Auf die Einziehung des nachgemachten oder verfälschten Geldes, sowie der im § 151 bezeichneten Gegenstände ist zu erkennen, auch wenn die Verfolgung oder Verurtheilung einer bestimmten Person nicht stattfindet.

[1] Vgl. Verordnung vom 22./9. 75 (RGBl 303).

sprechende Anwendung, jedoch mit der Maaßgabe, daß bei denselben die Abweichung in Mehr oder Weniger im Gewicht (§ 7) vier Tausendtheile, und der Unterschied zwischen dem Normalgewicht und dem Passirgewicht (§ 9) acht Tausendtheile betragen darf.

Art. 3. Außer den Reichsgoldmünzen sollen als Reichsmünzen, und zwar

1. als Silbermünzen:
   Fünfmarkstücke,
   Zweimarkstücke,
   Einmarkstücke,
   Fünfzigpfennigstücke und
   Zwanzigpfennigstücke;
2. als Nickelmünzen:
   Zwanzigpfennigstücke[1]
   Zehnpfennigstücke und
   Fünfpfennigstücke:
3. als Kupfermünzen:
   Zweipfennigstücke und
   Einpfennigstücke

nach Maaßgabe folgender Bestimmungen ausgeprägt werden.

§ 1. Bei Ausprägung der Silbermünzen wird das Pfund feinen Silbers in

20 Fünfmarkstücke,
50 Zweimarkstücke,
100 Einmarkstücke,
200 Fünfzigpfennigstücke und in
500 Zwanzigpfennigstücke

ausgebracht.

Das Mischungsverhältniß beträgt 900 Theile Silber und 100 Theile Kupfer, so daß 90 Mark in Silbermünzen 1 Pfund wiegen.

Das Verfahren bei Ausprägung dieser Münzen wird vom Bundesrath festgestellt. Bei den einzelnen Stücken darf die Abweichung im Mehr oder Weniger im Feingehalt nicht mehr als drei Tausendtheile, im Gewicht, mit Ausnahme der Zwanzigpfennigstücke, nicht mehr als zehn Tausendtheile betragen. In der Masse aber müssen das Normalgewicht und der Normalgehalt bei allen Silbermünzen innegehalten werden.

§ 2. Die Silbermünzen über eine Mark tragen auf der einen Seite den Reichsadler mit der Inschrift: „Deutsches Reich" und mit

---

[1] Gesetz, betr. die Ausprägung einer Nickelmünze zu 20 Pfennig, vom 1./4. 86 (RGBl 67).

der Angabe des Werthes in Mark, sowie mit der Jahreszahl der Ausprägung, auf der anderen Seite das Bildniß des Landesherrn beziehungsweise das Hoheitszeichen der freien Städte mit einer entsprechenden Umschrift und dem Münzzeichen. Durchmesser der Münzen, Beschaffenheit und Verzierung der Ränder derselben werden vom Bundesrathe festgestellt.

§ 3. Die übrigen Silbermünzen, die Nickel- und Kupfermünzen tragen auf der einen Seite die Werthangabe, die Jahreszahl und die Inschrift „Deutsches Reich", auf der anderen Seite den Reichsadler und das Münzzeichen. Die näheren Bestimmungen über Zusammensetzung, Gewicht und Durchmesser dieser Münzen, sowie über die Verzierung der Schriftseite und die Beschaffenheit der Ränder werden vom Bundesrathe festgestellt.

§ 4. Die Silber-, Nickel- und Kupfermünzen werden auf den Münzstätten derjenigen Bundesstaaten, welche sich dazu bereit erklären, ausgeprägt. Die Ausprägung und Ausgabe dieser Münzen unterliegt der Beaufsichtigung von Seiten des Reichs. Der Reichskanzler bestimmt unter Zustimmung des Bundesrathes die auszuprägenden Beträge, die Vertheilung dieser Beträge auf die einzelnen Münzstätten und die den letzteren für die Prägung jeder einzelnen Münzgattung gleichmäßig zu gewährende Vergütung. Die Beschaffung der Münzmetalle für die Münzstätten erfolgt auf Anordnung des Reichskanzlers.

Art. 8. Die Anordnung der Außerkurssetzung von Landesmünzen und Feststellung der für dieselbe erforderlichen Vorschriften erfolgt durch den Bundesrath.[1]

[1] Vgl. hierzu: Bekanntm., betr. die Außerkurssetzung der Landesgoldmünzen und der landesgesetzlich den inländischen Münzen gleichgestellten ausländischen Goldmünzen. Vom 6./12. 73 (RGBl 375); Bekanntm., betr. die Außerkurssetzung der Kronenthaler, sowie von Münzen des Konventionsfußes. Vom 7./3. 74 (RGBl 21); Bekanntm., betr. die Außerkurssetzung der Zweiguldenstücke süddeutscher Währung. Vom 2./7. 74 (RGBl 111); Bekanntm., betr. die Außerkurssetzung verschiedener Landes-Silber- und Kupfermünzen. Vom 19./12. 74 (RGBl 149); Bekanntm., betr. die Außerkurssetzung der Halbguldenstücke süddeutscher Währung, sowie der vor dem Jahre 1753 geprägten Dreißigkreuzerstücke und Fünfzehnkreuzerstücke deutschen Gepräges. Vom 7./6. 75 (RGBl 247); Bekanntm. betr. die Außerkurssetzung der Münzen der lübisch-hamburgischen Kurantwährung, sowie verschiedener anderer Landesmünzen. Vom 21./9. 75 (RGBl 304); Bekanntm., betr. die Außerkurssetzung der Silber- und Bronzemünzen der Frankenwährung. Vom 21./9. 75 (RGBl 307); Bekanntm., betr. die Außerkurssetznng der Dreipfennigstücke deutschen Gepräges. Vom 17./10. 75 (RGBl 311); Bekanntm., betr. die

Die Bekanntmachungen über Außerkurssetzung von Landesmünzen sind außer in den zu der Veröffentlichung von Landesverordnungen bestimmten Blättern auch durch das Reichs-Gesetzblatt zu veröffentlichen.

Eine Außerkurssetzung darf erst eintreten, wenn eine Einlösungsfrist von mindestens vier Wochen festgesetzt und mindestens drei Monate vor ihrem Ablaufe durch die vorbezeichneten Blätter bekannt gemacht worden ist.

Art. 9. Niemand ist verpflichtet, Reichssilbermünzen im Betrage von mehr als zwanzig Mark und Nickel- und Kupfermünzen im Betrage von mehr als einer Mark in Zahlung zu nehmen.

Von den Reichs- und Landeskassen werden Reichssilbermünzen in jedem Betrage in Zahlung genommen. Der Bundesrath wird diejenigen Kassen bezeichnen, welche Reichsgoldmünzen gegen Einzahlung von Reichssilbermünzen in Beträgen von mindestens 200 Mark oder von Nickel- und Kupfermünzen in Beträgen von mindestens 50 Mark auf Verlangen verabfolgen. Derselbe wird zugleich die näheren Bedingungen des Umtausches festsetzen.[1]

Art. 10. Die Verpflichtung zur Annahme und zum Umtausch (Art. 9) findet auf durchlöcherte und anders, als durch den gewöhnlichen Umlauf im Gewicht verringerte, ingleichen auf verfälschte Münzstücke keine Anwendung.

Reichs-Silber-, Nickel- und Kupfermünzen, welche in Folge längerer Cirkulation und Abnutzung an Gewicht oder Erkennbarkeit erheblich eingebüßt haben, werden zwar noch in allen Reichs- und Landeskassen angenommen, sind aber auf Rechnung des Reichs einzuziehen.

Art. 12. Die Ausprägung von Reichsgoldmünzen geschieht auch ferner nach Maaßgabe der Bestimmung im § 6 des Gesetzes, betreffend die Ausprägung von Reichsgoldmünzen, vom 4. Dezember 1871 (Reichs-Gesetzbl. S. 404), auf Rechnung des Reichs.

Privatpersonen haben das Recht, auf denjenigen Münzstätten, welche sich zur Ausprägung auf Reichsrechnung bereit erklärt haben,

Außerkurssetzung der Guldenstücke süddeutscher Währung, sowie die Einlösung der vom 1./1. 76 ab außer Kurs tretenden Scheidemünzen süddeutscher Währung. Vom 10./12. 75 (RGBl 315); Bekanntm., betr. die Außerkurssetzung von Scheidemünzen der Thalerwährung. Vom 12./4. 76 (RGBl 162); Bekanntm., betr. die Außerkurssetzung der Zweithalerstücke und Eindrittelthalerstücke deutschen Gepräges. Vom 2./11. 76 (RGBl 221); Bekanntm., betr. die Außerkurssetzung verschiedener Landes-Silber- und Kupfermünzen. Vom 22./2. 78 (RGBl 3).

[1] Vgl. Bekanntm. v. 19./12. 75 (Centr.-Bl. 802).

Zwanzigmarkstücke für ihre Rechnung ausprägen zu lassen, so weit diese Münzstätten nicht für das Reich beschäftigt sind.

Die für solche Ausprägungen zu erhebende Gebühr wird vom Reichskanzler mit Zustimmung des Bundesrathes festgestellt, darf aber das Maximum von 7 Mark auf das Pfund fein Gold nicht übersteigen.[1]

Die Differenz zwischen dieser Gebühr und der Vergütung, welche die Münzstätte für die Ausprägung in Anspruch nimmt, fließt in die Reichskasse. Diese Differenz muß für alle deutschen Münzstätten dieselbe sein.

Die Münzstätten dürfen für die Ausprägung keine höhere Vergütung in Anspruch nehmen, als die Reichskasse für die Ausprägung von Zwanzigmarkstücken gewährt.

Art. 13. Der Bundesrath ist befugt:

1. den Werth zu bestimmen, über welchen hinaus fremde Gold- und Silbermünzen nicht in Zahlung angeboten und gegeben werden dürfen, sowie den Umlauf fremder Münzen gänzlich zu untersagen;[2]
2. zu bestimmen, ob ausländische Münzen von Reichs- oder Landeskassen zu einem öffentlich bekannt zu machenden Kurse

[1] Vgl. Bekanntm. v. 8./6. 75 (Centr.-Bl. 348).

[2] Vgl. hierzu: Bekanntm., das Verbot des Umlaufs der österreichischen und ungarischen Ein- und Zweiguldenstücke und der niederländischen Ein- und Zweieinhalbguldenstücke betreffend. Vom 22./1. 74 (RGBl 12); Bekanntm., betr. das Verbot des Umlaufs der niederländischen Halbguldenstücke, sowie der österreichischen und ungarischen Viertelguldenstücke. Vom 29./6. 74 (RGBl 111); Bekanntm., das Verbot des Umlaufs der finnischen Silbermünzen betreffend. Vom 16./10. 74 (RGBl 126); Bekanntm., das Verbot des Umlaufs fremder Silber- und Kupfermünzen betreffend. Vom 19./12. 74 (RGBl. 152); Bekanntm., betr. das Verbot des Umlaufs polnischer eindrittel und einsechstel Talarastücke. Vom 26./2. 75 (RGBl 134); Bekanntm., betr. das Verbot des Umlaufs fremder Scheidemünzen. Vom 16./4. 88 (RGBl 149); Bekanntm., betr. die Gestattung des Umlaufs der Scheidemünzen der Frankenwährung innerhalb der badischen Grenzbezirke. Vom 16./4. 88 (ebendas.); Bekanntm., betr. die Gestattung des Umlaufs der Scheidemünzen österr. Währung innerhalb sächsischer Grenzbezirke. Vom 30./4. 88 (171); Bekanntm., betr. die Gestattung des Umlaufs der Scheidemünzen der österr. und der Frankenwährung innerhalb bayerischer Grenzbezirke. Vom 7./7. 88 (218); Bekanntm. betr. die Gestattung des Umlaufs der Scheidemünzen der österr. Währung, innerhalb preuß. Grenzbezirke. Vom 20./2. 89 (37); Bekanntm., betr. die Gestattung des Umlaufs der Scheidemünzen der Frankenwährung innerhalb des württemberg. Grenzbezirkes. Vom 20./2. 89 (38).

im inländischen Verkehr in Zahlung genommen werden dürfen, auch in solchem Falle den Kurs festzusetzen.

Gewohnheitsmäßige oder gewerbsmäßige Zuwiderhandlungen gegen die vom Bundesrathe in Gemäßheit der Bestimmungen unter 1 getroffenen Anordnungen werden bestraft mit Geldstrafe bis zu 150 Mark oder mit Haft bis zu sechs Wochen.

Art. 14. Von dem Eintritt der Reichswährung an gelten folgende Vorschriften:

§ 1. Alle Zahlungen, welche bis dahin in Münzen einer inländischen Währung oder in landesgesetzlich den inländischen Münzen gleichgestellten ausländischen Münzen zu leisten waren, sind vorbehaltlich der Vorschriften Artikel 9, 15 und 16 in Reichsmünzen zu leisten.

§ 2. Die Umrechnung solcher Goldmünzen, für welche ein bestimmtes Verhältniß zu Silbermünzen gesetzlich nicht feststeht, erfolgt nach Maaßgabe des Verhältnisses des gesetzlichen Feingehaltes derjenigen Münzen, auf welche die Zahlungsverpflichtung lautet, zu dem gesetzlichen Feingehalte der Reichsgoldmünzen.

Bei der Umrechnung anderer Goldmünzen werden
der Thaler zum Werthe von 3 Mark,
der Gulden süddeutscher Währung zum Werthe von $1^{5}/_{7}$ Mark,
die Mark lübischer oder hamburgischer Kurantwährung zum Werthe von $1^{1}/_{5}$ Mark,
die übrigen Münzen derselben Währungen zu entsprechenden Werthen nach ihrem Verhältniß zu den genannten berechnet.

Bei der Umrechnung werden Bruchtheile von Pfennigen der Reichswährung zu einem Pfennig berechnet, wenn sie einen halben Pfennig oder mehr betragen, Bruchtheile unter einem halben Pfennig werden nicht gerechnet.

§ 3. Werden Zahlungsverpflichtungen nach Eintritt der Reichswährung unter Zugrundelegung vormaliger inländischer Geld- oder Rechnungswährungen begründet, so ist die Zahlung vorbehaltlich der Vorschriften Artikel 9, 15 und 16 in Reichsmünzen unter Anwendung der Vorschriften des § 2 zu leisten.

§ 4. In allen gerichtlich oder notariell aufgenommenen Urkunden, welche auf einen Geldbetrag lauten, desgleichen in allen zu einem Geldbetrag verurtheilenden gerichtlichen Entscheidungen ist dieser Geldbetrag, wenn für denselben ein bestimmtes Verhältniß zur Reichswährung gesetzlich feststeht, in Reichswährung auszudrücken; woneben jedoch dessen gleichzeitige Bezeichnung nach derjenigen Währung, in welcher ursprünglich die Verbindlichkeit begründet war, gestattet bleibt.

Art. 15. An Stelle der Reichsmünzen sind bei allen Zahlungen bis zur Außerkurssetzung[1] anzunehmen:

1. im gesammten Bundesgebiete an Stelle aller Reichsmünzen die Ein- [und Zwei]thalerstücke deutschen Gepräges unter Berechnung des Thalers zu drei Mark;[2]

[2. im gesammten Bundesgebiete an Stelle der Reichssilbermünzen, Silberkurantmünzen deutschen Gepräges zu $^1/_3$ und $^1/_6$ Thaler unter Berechnung des $^1/_3$ Thalerstücks zu einer Mark und des $^1/_6$ Thalerstücks zu einer halben Mark;

3. in denjenigen Ländern, in welchen gegenwärtig die Thalerwährung gilt, an Stelle der Reichs-, Nickel- und Kupfermünzen die nachbezeichneten Münzen der Thalerwährung zu den daneben bezeichneten Werthen:

$^1/_{12}$ Thalerstücke	zum	Werthe	von	25	Pfennig,
$^1/_{15}$ "	"	"	"	20	"
$^1/_{30}$ "	"	"	"	10	"
$^1/_2$ Groschenstücke	"	"	"	5	"
$^1/_5$ "	"	"	"	2	"
$^1/_{10}$ und $^1/_{12}$ "	"	"	"	1	"

4. in denjenigen Ländern, in welchen die Zwölftheilung des Groschens besteht, an Stelle der Reichs-, Nickel- und Kupfermünzen die auf der Zwölftheilung des Groschens beruhenden Dreipfennigstücke zum Werthe von $2^1/_2$ Pfennig;]

5. in Bayern an Stelle der Reichskupfermünzen die Hellerstücke zum Werthe von $^1/_2$ Pfennig;

[6. in Mecklenburg an Stelle der Reichskupfermünzen die nach dem Marksystem ausgeprägten Fünfpfennigstücke, Zweipfennigstücke und Einpfennigstücke zum Werthe von 5, 2 und 1 Pfennig.

Die sämmtlichen sub 3 und 4 verzeichneten Münzen sind an allen öffentlichen Kassen des gesammten Bundesgebietes zu den angegebenen Werthen bis zur Außerkurssetzung in Zahlung anzunehmen.]

Der Bundesrath ist befugt zu bestimmen,[3] daß die Einthalerstücke deutschen Gepräges, sowie die in Oesterreich bis zum Schlusse des Jahres 1867 geprägten Vereinsthaler bis zu ihrer Außerkurssetzung nur noch an Stelle der Reichssilbermünzen, unter Berechnung

---

[1] Durch die erfolgte Außerkurssetzung (vgl. Anm. zu Art. 8) ist der größte Theil des Art. 15 geltungslos geworden.

[2] Vgl. hierzu G v. 20./4. 74 (RGBl 35). Einziger Artikel: Die Bestimmung im Art. 15, Ziffer 1 des Münzgesetzes v. 9. Juli 1873 (RGBl. S. 233) findet auf die in Oesterreich bis zum Schlusse des Jahres 1867 geprägten Vereinsthaler und Vereinsdoppelthaler Anwendung.

[3] Zusatzbestimmung durch das Gesetz, betr. die Abänderung des Art. 15 des Münzgesetzes, v. 9./7. 73. Vom 6./1. 76 (RGBl 3). — Die gedachte Bestimmung des Bundesraths ist bisher noch nicht erlassen worden.

des Thalers zu 3 Pfennigen in Zahlung anzunehmen sind. Eine solche Bestimmung ist durch das Reichs-Gesetzblatt zu veröffentlichen und tritt frühestens einen Monat nach ihrer Veröffentlichung in Kraft.

Art. 18.[1] Bis zum 1. Januar 1876 sind sämmtliche nicht auf Reichswährung lautenden Noten der Banken einzuziehen.[2] Von diesem Termine an dürfen nur solche Banknoten, welche auf Reichswährung in Beträgen von nicht weniger als 100 Mark lauten, in Umlauf bleiben oder ausgegeben werden.

---

[1] Art. 16 ist unanwendbar geworden. Art. 17 enthält eine Uebergangsbestimmung.

[2] Vgl. **Bankgesetz** (oben Nr. II) und **Gesetz, betr. die Ausgabe von Banknoten.** Vom 21./12. 74 (RGBl 193).

Artikel II. Zur Ausführung der Anordnungen, welche im Artikel 18 des Münzgesetzes vom 9./7. 73 (Reichs-Gesetzbl. 239) über die Einziehung der nicht auf Reichswährung lautenden Noten getroffen sind, wird Folgendes bestimmt:

§ 1. Eine Bank, welche zur Ausgabe von Banknoten befugt ist, darf vom 1. Juli 1875 ab Banknoten, welche auf Beträge von fünfzig Mark oder darunter lauten, wenn dieselben von ihr ausgestellt sind, nicht ausgeben und, wenn sie von einer anderen Bank ausgestellt sind, nur an die letztere in Zahlung geben oder bei derselben zur Einlösung präsentiren.

§ 2. Die Mitglieder des Vorstandes einer Bank werden, wenn die Bank den Vorschriften des § 1 zuwider Noten ausgiebt, mit einer Geldstrafe bestraft, welche dem Vierfachen des gesetzwidrig ausgegebenen Betrages gleichkommt, mindestens aber eintausend Mark beträgt.

§ 3. Die Banken sind verpflichtet, bis spätestens den 30. Juni 1875 dem Reichskanzler nachzuweisen, daß sie alle diejenigen Anordnungen getroffen haben, welche in Gemäßheit der für sie maaßgebenden landesgesetzlichen und statutarischen Bestimmungen erforderlich sind, um die Einziehung ihrer sämmtlichen nicht auf Reichswährung, sowie ihrer auf Reichswährung in Beträgen von weniger als einhundert Mark lautenden Noten längstens bis zum 31. December 1875 herbeizuführen.

§ 4. Die Banken sind ferner verpflichtet, dem Reichskanzler Behufs der Veröffentlichung spätestens am siebenten Tage eines jeden Monats den am letzten Tage des vorausgegangenen Monats vorhanden gewesenen Betrag

der umlaufenden —

der in den Bankkassen (einschließlich der Filiale, Agenturen und sonstigen Zweiganstalten) befindlichen —

eintretendenfalls auch der nach erfolgter Einlösung vernichteten —

Noten, nach den einzelnen Abschnitten (Appoints) gesondert, anzuzeigen.

Artikel III. **Das gegenwärtige Gesetz tritt mit dem 1. Januar 1875 in Wirksamkeit.**

Dieselben Bestimmungen gelten für die bis jetzt von Korporationen ausgegebenen Scheine.

Das von den einzelnen Bundesstaaten ausgegebene Papiergeld ist spätestens bis zum 1. Januar 1876 einzuziehen und spätestens sechs Monate vor diesem Termine öffentlich aufzurufen. Dagegen wird nach Maaßgabe eines zu erlassenden Reichsgesetzes eine Ausgabe von Reichspapiergeld stattfinden.[1] Das Reichsgesetz wird über die Ausgabe und den Umlauf des Reichspapiergeldes, sowie über die den einzelnen Bundesstaaten zum Zweck der Einziehung ihres Papiergeldes zu gewährenden Erleichterungen die näheren Bestimmungen treffen.

VII 2

Gesetz, betr. die Ausgabe von Reichskassenscheinen.

Vom 30. April 1874. (RGBl 40.)

§ 1. Der Reichskanzler wird ermächtigt, Reichskassenscheine zum Gesammtbetrage von 120 Millionen Mark in Abschnitten zu 5, 20 und 50 Mark ausfertigen zu lassen und unter den Bundesstaaten nach dem Maaßstabe ihrer durch die Zählung vom 1. Dezember 1871 festgestellten Bevölkerung zu vertheilen.

Ueber die Vertheilung des Gesammtbetrages auf die einzelnen Abschnitte beschließt der Bundesrath.

§ 2. Jeder Bundesstaat hat das von ihm seither ausgegebene Staatspapiergeld spätestens bis zum 1. Juli 1875 zur Einlösung öffentlich aufzurufen und thunlichst schnell einzuziehen.

Zur Annahme von Staatspapiergeld sind von 1. Januar 1876 an nur die Kassen desjenigen Staats verpflichtet, welcher das Papiergeld ausgegeben hat.

§ 3. Denjenigen Staaten, deren Papiergeld den ihnen nach § 1 zu überweisenden Betrag von Reichskassenscheinen übersteigt, werden zwei Dritttheile des überschießenden Betrages aus der Reichskasse als ein Vorschuß überwiesen, und zwar, so weit die Bestände der letzteren es gestatten, in baarem Gelde, so weit sie es nicht gestatten, in Reichskassenscheinen.

Der Reichskanzler wird zu diesem Zwecke ermächtigt, Reichskassenscheine über den im § 1 festgesetzten Betrag hinaus bis auf Höhe des zu leistenden Vorschusses anfertigen zu lassen, und so weit als nöthig in Umlauf zu setzen.

---

[1] Vgl. Gesetz vom 30./4. 74. (Anhang VII 2.)

Ueber die Art der Tilgung dieses Vorschusses wird gleichzeitig mit der Ordnung des Zettelbankwesens Bestimmung getroffen. In Ermangelung einer solchen Bestimmung hat die Rückzahlung des Vorschusses innerhalb 15 Jahren, vom 1. Januar 1876 an gerechnet, in gleichen Jahresraten zu erfolgen.

Die auf den Vorschuß eingehenden Rückzahlungen sind zunächst zur Einziehung der nach vorstehenden Bestimmungen ausgefertigten Reichskassenscheine zu verwenden.

§ 4. Diejenigen Bundesstaaten, welche Papiergeld ausgegeben haben, werden die ihnen ausgefolgten Reichskassenscheine (§§ 1 und 3), so weit der Betrag der letzteren den Betrag des ausgegebenen Staatspapiergeldes nicht übersteigt, nur in dem Maaße in Umlauf setzen, als Staatspapiergeld zur Einziehung gelangt.

§ 5. Die Reichskassenscheine werden bei allen Kassen des Reichs und sämmtlicher Bundesstaaten nach ihrem Nennwerthe in Zahlung angenommen und von der Reichshauptkasse für Rechnung des Reichs jederzeit auf Erfordern gegen baares Geld eingelöst.[1]

Im Privatverkehr findet ein Zwang zu ihrer Annahme nicht statt.

§ 6. Die Ausfertigung der Reichskassenscheine wird der Preußischen Hauptverwaltung der Staatsschulden unter der Benennung „Reichsschulden-Verwaltung" übertragen.

Die Reichsschulden-Verwaltung hat für beschädigte oder unbrauchbar gewordene Exemplare für Rechnung des Reichs Ersatz zu leisten, wenn das vorgelegte Stück zu einem echten Reichskassenscheine gehört und mehr als die Hälfte eines solchen beträgt. Ob in anderen Fällen ausnahmsweise ein Ersatz geleistet werden kann, bleibt ihrem pflichtmäßigen Ermessen überlassen.[2]

§ 7. Vor der Ausgabe der Reichskassenscheine ist eine genaue Beschreibung derselben öffentlich bekannt zu machen.[3]

Die Kontrole über die Ausfertigung und Ausgabe der Reichskassenscheine übt die Reichsschulden-Kommission.

§ 8. Von den Bundesstaaten darf auch ferner nur auf Grund eines Reichsgesetzes Papiergeld ausgegeben oder dessen Ausgabe gestattet werden.

---

[1] Vgl. G, betr. die Einführung der mit dem Datum vom 11. Juli 1874 ausgefertigten Reichskassenscheine. Vom 21./7. 84 (RGBl 172).

[2] Vgl. Bek. der Reichs-Schuldenverwaltung v. 18./5. 76 (Centr.Bl 286).

[3] Vgl. G, betr. den Schutz des zur Anfertigung von Reichskassenscheinen verwendeten Papiers gegen unbefugte Nachahmung. Vom 26./5. 85 (RGBl 165), § 1.

VIII

Gesetz, betr. die Nationalität der Kauffahrteischiffe und ihre Befugniß zur Führung der Bundesflagge.[1]

Vom 25./10. 67 (RGBl 35). G. 23./12. 88. (RGBl 300.)

§ 1. Die zum Erwerb durch die Seefahrt bestimmten Schiffe (Kauffahrteischiffe) der Bundesstaaten haben fortan als Nationalflagge ausschließlich die Bundesflagge zu führen (Art. 54 und 55 der Bundesverfassung).

§ 2. Zur Führung der Bundesflagge sind die Kauffahrteischiffe nur dann berechtigt, wenn sie in dem ausschließlichen Eigenthum solcher Personen sich befinden, welchen das Bundesindigenat (Art. 3 der Bundesverfassung) zusteht.

Diesen[2] Personen sind gleich zu achten solche juristische Personen, eingetragene Genossenschaften und Aktiengesellschaften, welche im Reichsgebiet ihren Sitz haben, sowie diejenigen Kommanditgesellschaften auf Aktien, welche im Reichsgebiet ihren Sitz haben und deren persönlich haftende Gesellschafter sich sämmtlich im Besitz der Reichsangehörigkeit befinden.

§ 3. Für die zur Führung der Bundesflagge befugten Kauffahrteischiffe sind in den an der See belegenen Bundesstaaten Schiffsregister zu führen. Die Landesgesetze bestimmen die Behörden, welche das Schiffsregister zu führen haben.

§ 4. Das Schiffsregister ist öffentlich; die Einsicht desselben ist während der gewöhnlichen Dienststunden einem Jeden gestattet.

§ 5. Ein Schiff kann nur in das Schiffsregister desjenigen Hafens eingetragen werden, von welchem aus die Seefahrt mit ihm betrieben werden soll (Heimathshafen, Registerhafen).

§ 6. Die Eintragung des Schiffes in das Schiffsregister muß enthalten:

1. den Namen und die Gattung des Schiffes (ob Barke, Brigg u. s. w.);

---

[1] Durch die Verfassung des deutschen Bundes v. 31./12. 70 Art. 80 auch in Württemberg, Baden und Hessen, durch RG v. 22./4. 71 (RGBl 87) in Bayern eingeführt. Vgl. BO, betr. die Bundesflagge für Kauffahrteischiffe v. 25./10. 67 (RGBl. 39); Flaggen- u. Salut-Reglement 24./12. 67, 21/5. 78; RVerf. Art. 55: Die Flagge der Kriegs- und Handelsmarine ist schwarz-weiß-roth. G v. 15./4. 85, betr. die Befugniß der Seefahrzeuge, welche der Gattung der Kauffahrteischiffe nicht angehören, zur Führung der Reichsflagge (RGBl 89).

[2] Fassung nach G 23./12. 88 (RGBl 300).

2. seine Größe und die nach der Größe berechnete Tragfähigkeit;
3. die Zeit und den Ort seiner Erbauung, oder, wenn es die Flagge eines nicht zum Norddeutschen Bunde gehörenden Landes geführt hat, den Thatumstand, wodurch es das Recht, die Bundesflagge zu führen, erlangt hat, und außerdem, wenn thunlich, die Zeit und den Ort der Erbauung;
4. den Heimathshafen;
5.[1] den Namen und die nähere Bezeichnung des Rheders, oder, wenn eine Rhederei besteht, den Namen und die nähere Bezeichnung aller Mitrheder und die Größe der Schiffspart eines Jeden. Ist eine juristische Person Rheder oder Mitrheder, so ist der Ort, in welchem dieselbe ihren Sitz hat, einzutragen. Ist eine eingetragene Genossenschaft oder eine Handelsgesellschaft Rheder oder Mitrheder, so ist außer dem Orte, an welchem die Genossenschaft oder Gesellschaft ihren Sitz hat, auch die Firma und, wenn die Gesellschaft nicht eine Aktiengesellschaft ist, der Name und die nähere Bezeichnung aller die Handelsgesellschaft bildenden Gesellschafter einzutragen; bei der Kommanditgesellschaft auf Aktien genügt statt der Eintragung aller Gesellschafter die Eintragung aller persönlich haftenden Gesellschafter;
6. den Rechtsgrund, auf welchem die Erwerbung des Eigenthums des Schiffes oder der einzelnen Schiffsparten beruht;
7. die Nationalität des Rheders oder der Mitrheder;
8. den Tag der Eintragung des Schiffes.

Ein jedes Schiff wird in das Schiffsregister unter einer besonderen Ordnungsnummer eingetragen.

§ 7. Die Eintragung des Schiffes in das Schiffsregister darf erst geschehen, nachdem das Recht desselben, die Bundesflagge zu führen, und alle in dem § 6 bezeichneten Thatsachen glaubhaft nachgewiesen sind.

§ 8. Ueber die Eintragung des Schiffes in das Schiffsregister wird von der Registerbehörde eine mit dem Inhalt der Eintragung übereinstimmende Urkunde (Certifikat) ausgefertigt.

Das Certifikat muß außerdem bezeugen, daß die nach § 7 erforderlichen Nachweisungen geführt sind, sowie, daß das Schiff zur Führung der Bundesflagge befugt sei.

§ 9. Durch das Certifikat wird das Recht des Schiffes, die Bundesflagge zu führen, nachgewiesen.

[1] Fassung des G 23./12. 88.

Zum Nachweis dieses Rechts ist insbesondere ein Seepaß nicht erforderlich.

§ 10. Das Recht, die Bundesflagge zu führen, darf weder vor der Eintragung des Schiffes in das Schiffsregister, noch vor der Ausfertigung des Certifikats ausgeübt werden.

§ 11. Treten in den Thatsachen, welche in dem § 6 bezeichnet sind, nach der Eintragung Veränderungen ein, so müssen dieselben in das Schiffsregister eingetragen und auf dem Certifikat vermerkt werden.

Im Fall das Schiff untergeht oder das Recht, die Bundesflagge zu führen, verliert, ist das Schiff in dem Schiffsregister zu löschen und das ertheilte Certifikat zurückzuliefern, sofern nicht glaubhaft bescheinigt wird, daß es nicht zurückgeliefert werden könne.

§ 12. Die Thatsachen, welche gemäß § 11 eine Eintragung oder die Löschung im Schiffsregister erforderlich machen, sind von dem Rheder binnen sechs Wochen nach Ablauf des Tages, an welchem er von ihnen Kenntniß erlangt hat, der Registerbehörde zum Zweck der Verfolgung der Vorschriften des § 11 anzuzeigen und glaubhaft nachzuweisen, betreffenden Falles unter Zurücklieferung des Certifikats.

Die Verpflichtung zu der Anzeige und Nachweisung liegt ob:

1. wenn eine Rhederei besteht, allen Mitrhedern;
2. [1] wenn eine juristische Person, eine eingetragene Genossenschaft, eine Aktiengesellschaft Rheder oder Mitrheder ist, für dieselbe allen Mitgliedern des Vorstandes;
3. wenn eine andere Handelsgesellschaft Rheder oder Mitrheder ist, für dieselbe allen persönlich haftenden Gesellschaftern;
4. wenn die Veränderung in einem Eigenthumswechsel besteht, wodurch das Recht des Schiffes, die Bundesflagge zu führen, nicht berührt wird, dem neuen Erwerber des Schiffes oder der Schiffspart.

§ 13. Wenn ein Schiff, welches gemäß der Bestimmung des § 2 zur Führung der Bundesflagge nicht berechtigt ist, unter der Bundesflagge fährt, so hat der Führer des Schiffes Geldbuße bis zu fünfhundert Thalern oder Gefängnißstrafe bis zu sechs Monaten verwirkt; auch kann auf Konfiskation des Schiffes erkannt werden.

§ 14. Wenn ein Schiff, welches gemäß § 10 sich der Führung der Bundesflagge enthalten muß, weil die Eintragung in das Schiffsregister oder die Ausfertigung des Schiffscertifikats noch nicht erfolgt ist, unter der Bundesflagge fährt, so hat der Führer des Schiffes

[1] Fassung des G v. 23./12. 88.

Geldbuße bis zu Einhundert Thalern oder verhältnißmäßige Gefängnißstrafe verwirkt, sofern er nicht nachweist, daß der unbefugte Gebrauch der Bundesflagge ohne sein Verschulden geschehen sei.

§ 15. Die im § 14 angedrohte Strafe hat auch Derjenige verwirkt, welcher eine nach den Bestimmungen des § 12 ihm obliegende Verpflichtung binnen der sechswöchentlichen Frist nicht erfüllt, sofern er nicht beweist, daß er ohne sein Verschulden außer Stande gewesen sei, dieselbe zu erfüllen. Die Strafe tritt nicht ein, wenn vor Ablauf der Frist die Verpflichtung von einem Mitverpflichteten erfüllt ist. Die Strafe wird gegen Denjenigen verdoppelt, welcher die Verpflichtung auch binnen sechs Wochen nach Ablauf des Tages, an welchem das ihn verurtheilende Erkenntniß rechtskräftig geworden ist, zu erfüllen versäumt.

§ 16. Wenn ein außerhalb des Bundesgebietes befindliches fremdes Schiff durch den Uebergang in das Eigenthum einer Person, welcher das Bundesindigenat zusteht, das Recht, die Bundesflagge zu führen, erlangt, so können die Eintragung in das Schiffsregister und das Certifikat durch ein von dem Bundeskonsul,[1] in dessen Bezirk das Schiff zur Zeit des Eigenthumsüberganges sich befindet, über den Erwerb des Rechts, die Bundesflagge zu führen, ertheiltes Attest, jedoch nur für die Dauer eines Jahres seit dem Tage der Ausstellung des Attestes und über dieses Jahr hinaus nur für die Dauer einer durch höhere Gewalt verlängerten Reise, ersetzt werden. So lange Landeskonsulate noch bestehen, ist zur Ausstellung des Attestes auch der Konsul des Bundesstaates befugt, welchem der Erwerber angehört, und in Ermangelung eines solchen Konsuls, sowie in Ermangelung eines Bundeskonsuls, der Konsul eines anderen Bundesstaates (Art. 56 der Bundesverfassung).

§ 17.[2]

§ 18. Die in Gemäßheit des § 2 zur Führung der Bundesflagge berechtigten Schiffe, welche in Folge der Vorschrift Artikel 432 ff. des Allgemeinen Deutschen Handelsgesetzbuchs in das Schiffsregister eines Bundesstaats bereits eingetragen und mit Certifikaten Behufs Führung der Landesflagge versehen sind, brauchen zur Ausübung des Rechts, die Bundesflagge zu führen, von Neuem in das Schiffsregister nicht eingetragen und mit neuen Certifikaten nicht versehen zu werden.

---

[1] Vgl. G 8./11. 67, § 37 (RGBl 143). Gebühren dafür: Tarif 15./3. 68 Nr. 3, 8 (RGBl 68, 22); 1./7. 72 Nr. 2, 30 (RGBl 247); über die Vorlegung der Schiffscertifikate bei den Schiffsmeldungen an die Konsulate des Deutschen Reichs vgl. V 28./7. 80, 1 (RGBl 183).

[2] Aufgehoben durch G 28./6. 73, 1 (unten Nr. IX).

§ 19. Die landesgesetzlichen Bestimmungen über die Führung der bisherigen Schiffsregister finden auch auf die nach diesem Gesetze zu führenden Schiffsregister Anwendung, so weit sie mit den Vorschriften desselben sich vertragen, und unbeschadet ihrer späteren Aenderung auf landesgesetzlichem Wege.

IX

Gesetz,[1] betr. die Registrirung und die Bezeichnung der Kauffahrteischiffe.

Vom 28. Juni 1873. (RGBl 184.)

Wir Wilhelm, von Gottes Gnaden Deutscher Kaiser, König von Preußen rc. verordnen im Namen des Deutschen Reichs, nach erfolgter Zustimmung des Bundesraths und des Reichstages, was folgt:

§ 1. An Stelle des § 17 des Gesetzes, betreffend die Nationalität der Kauffahrteischiffe und ihre Befugniß zur Führung der Bundesflagge, vom 25. Oktober 1867[2] tritt die folgende Bestimmung:

> Schiffe von nicht mehr als 50 Kubikmeter Brutto-Raumgehalt sind zur Ausübung des Rechts, die Reichsflagge zu führen, auch ohne Eintragung in das Schiffsregister und Ertheilung des Certifikats befugt.

§ 2. Die Aenderung des Namens eines in das Schiffsregister eingetragenen Schiffes soll nur aus ganz besonders dringenden Gründen gestattet werden. Sie bedarf der Genehmigung des Reichskanzler-Amts.

§ 3. Jedes in das Schiffsregister eingetragene Schiff muß

1. seinen Namen auf jeder Seite des Bugs

und

2. seinen Namen und den Namen des Heimathshafens am Heck an den festen Theilen in gut sichtbaren und fest angebrachten Schriftzeichen führen.

---

[1] Vgl. Vorschriften über die Registrirung und die Bezeichnung der Kauffahrteischiffe v. 13./11. 73 (RGBl 367); Anweisung f. d. deutschen Schiffsregister-Behörden, betr. die Eintragung der nach Schiffsvermessungsordnung vom 5. Juli 1872 ermittelten Vermessungsergebnisse in die Schiffscertifikat-Formulare, v. 5./1. 73 (Centr.-Bl. 156); Anweisung f. d. deutschen Schiffsregister-Behörden wegen Bezeichnung der Ladungsfähigkeit der im Auslande erworbenen, im Inlande noch nicht vermessenen deutschen Schiffe in den Schiffsregistern und Schiffscertifikaten. V. 13./2. 74 (Centr.-Bl. 223).

[2] Siehe oben Nr. VIII.

§ 4. Im Falle einer Zuwiderhandlung gegen die Vorschriften des § 3 hat der Führer des Schiffes Geldstrafe bis zu einhundertfunfzig Mark oder Haft verwirkt.

5. Dieses Gesetz tritt am 1. Januar 1874 in Kraft.

X 1

Seemannsordnung.[1]

Vom 27. Dezember 1872. (RGBl 409.)

Erster Abschnitt.

Einleitende Bestimmungen.

§ 1. Die Vorschriften dieses Gesetzes finden auf alle Kauffahrteischiffe (Gesetz vom 25. Oktober 1867 § 1, Bundes-Gesetzblatt S. 35) Anwendung, welche das Recht, die Reichsflagge zu führen, ausüben dürfen.

§ 2. Schiffer im Sinne dieses Gesetzes ist der Führer des Schiffes (Schiffskapitän), in Ermangelung oder Verhinderung desselben dessen Stellvertreter.

§ 3. Zur „Schiffsmannschaft" („Mannschaft") werden auch die Schiffsoffiziere mit Ausschluß des Schiffers gerechnet, desgleichen ist unter „Schiffsmann" auch jeder Schiffsoffizier mit Ausnahme des Schiffers zu verstehen.

Personen, welche, ohne zur Schiffsmannschaft zu gehören, auf einem Schiffe als Maschinisten, Aufwärter, oder in anderer Eigenschaft angestellt sind, haben dieselben Rechte und Pflichten, welche in diesem Gesetze in Ansehung der Schiffsmannschaft festgesetzt sind. Es macht hierbei keinen Unterschied, ob sie von dem Schiffer oder von dem Rheder angenommen worden sind.

§ 4. Seemannsämter sind innerhalb des Bundesgebiets die Musterungsbehörden der einzelnen Bundesstaaten und im Auslande die Konsulate des Deutschen Reichs.

---

[1] **GewO.** 6. Das gegenwärtige Gesetz findet keine Anwendung auf die Fischerei, die Errichtung und Verlegung von Apotheken, die Erziehung von Kindern gegen Entgelt, das Unterrichtswesen, die advokatorische und Notariats-Praxis, den Gewerbebetrieb der Auswanderungsunternehmer und Auswanderungsagenten, der Versicherungsunternehmer und der Eisenbahnunternehmungen, die Befugniß zum Halten öffentlicher Fähren und die Rechtsverhältnisse der Schiffsmannschaften auf den Seeschiffen.

Die Errichtung der Musterungsbehörde innerhalb des Bundesgebiets steht den Landesregierungen nach Maaßgabe der Landesgesetze zu. Die Geschäftsführung derselben unterliegt der Oberaufsicht des Reichs.

Zweiter Abschnitt.

Seefahrtsbücher und Musterung.

§ 5. Niemand darf im Bundesgebiet als Schiffsmann in Dienst treten, bevor er sich über Namen, Heimath und Alter vor einem Seemannsamte ausgewiesen und von demselben ein Seefahrtsbuch ausgefertigt erhalten hat.

Ist der Schiffsmann ein Deutscher, so darf er vor vollendetem vierzehnten Lebensjahr zur Uebernahme von Schiffsdiensten nicht zugelassen werden; auch hat er sich über seine Militärverhältnisse, sowie, wenn er noch der väterlichen Gewalt unterworfen oder minderjährig ist, über die Genehmigung des Vaters oder Vormundes zur Uebernahme von Schiffsdiensten auszuweisen.

Mit dem Seefahrtsbuch ist dem Schiffsmann zugleich ein Abdruck der Seemannsordnung und des Gesetzes, betreffend die Verpflichtung deutscher Kauffahrteischiffe zur Mitnahme hülfsbedürftiger Seeleute, auszuhändigen.

§ 6. Die väterliche und vormundschaftliche Genehmigung (§ 5) gilt, sofern ihr eine Einschränkung nicht beigefügt ist, als ein- für allemal ertheilt.

Kraft derselben wird der Minderjährige einem Großjährigen gleichgeachtet, in so weit es sich um den Abschluß von Heuerverträgen, die aus ihnen hervorgehenden Rechte und Pflichten und das gerichtliche Verfahren darüber handelt.

§ 7. Wer bereits ein Seefahrtsbuch ausgefertigt erhalten hat, muß Behufs Erlangung eines neuen Seefahrtsbuches das ältere vorlegen oder den Verlust desselben glaubhaft machen. Daß dies geschehen, wird von dem Seemannsamt in dem neuen Seefahrtsbuch vermerkt.

Wird der Verlust glaubhaft gemacht, so ist diesem Vermerke zugleich eine Bescheinigung des Seemannsamtes über die früheren Rang- und Dienstverhältnisse, sowie über die Dauer der Dienstzeit, in so weit der Schiffsmann sich hierüber genügend ausweist, beizufügen.

§ 8. Wer nach Inhalt seines Seefahrtsbuches angemustert ist, darf nicht von Neuem angemustert werden, bevor er sich über die Beendigung des früheren Dienstverhältnisses durch den in das Seefahrtsbuch einzutragenden Vermerk (§§ 20, 22) ausgewiesen hat.

Kann nach dem Ermessen des Seemannsamtes ein solcher Vermerk nicht beigebracht werden, so dient statt desselben, sobald die Beendigung des Dienstverhältnisses auf andere Art glaubhaft gemacht ist, ein vom Seemannsamt hierüber einzutragender Vermerk im Seefahrtsbuche.

§ 9. Einrichtung und Preis des Seefahrtsbuches bestimmt der Bundesrath. Die Ausfertigung selbst erfolgt kosten- und stempelfrei.

Das Seefahrtsbuch muß über die Militärverhältnisse des Inhabers (§ 5) Auskunft geben.

§ 10. Der Schiffer hat die Musterung (Anmusterung, Abmusterung) der Schiffsmannschaft nach Maaßgabe der folgenden Bestimmungen (§§ 11 bis 22) zu veranlassen.

Der Schiffsmann hat sich, wenn nicht ein unabwendbares Hinderniß entgegensteht, zur Musterung zu stellen.

§ 11. Die Ausmusterung besteht in der Verlautbarung des mit dem Schiffsmann geschlossenen Heuervertrages vor einem Seemannsamt. Sie muß für die innerhalb des Bundesgebietes liegenden Schiffe unter Vorlegung der Seefahrtsbücher vor Antritt oder Fortsetzung der Reise, für andere Schiffe, sobald ein Seemannsamt angegangen werden kann, erfolgen.

§ 12.[1] Die Anmusterungsverhandlung wird vom Seemannsamt als Musterrolle ausgefertigt. Wenn die zur Schiffsmannschaft eines Schiffes gehörigen Personen nicht gleichzeitig mittelst Einer Verhandlung angemustert werden, so erfolgt die Ausfertigung auf Grund der ersten Verhandlung.

Die Musterrolle muß enthalten: Namen und Nationalität des Schiffs, Namen und Wohnort des Schiffers, Namen, Wohnort und dienstliche Stellung jedes Schiffsmannes und die Bestimmungen des Heuervertrages, einschließlich etwaiger besonderer Verabredungen. Insbesondere muß aus der Musterrolle erhellen, was dem Schiffsmann für den Tag an Speise und Trank gebührt. Im Uebrigen wird die Einrichtung der Musterrolle vom Bundesrath bestimmt.

§ 13. Wird ein Schiffsmann erst nach Ausfertigung der Musterrolle angemustert, so hat das Seemannsamt eine solche Musterung in die Musterrolle einzutragen.

§ 14. Bei jeder innerhalb des Bundesgebiets erfolgenden Anmusterung wird vom Seemannsamt hierüber und über die Zeit des

---

[1] Zu 12, 13, 20—22, 27 vgl. G. betr. d. Schiffsmeldungen bei den Konsulaten des deutschen Reichs 25./3. 80 (RGBl 181); Verordn. dazu 28./3. (ebendas. 183).

Dienstantritts ein Vermerk in das Seefahrtsbuch jedes Schiffsmannes eingetragen, welcher zugleich als Ausgangs- oder Seepaß dient. Außerhalb des Bundesgebietes erfolgt eine solche Eintragung' nur, wenn das Seefahrtsbuch zu diesem Zweck vorgelegt wird.

Das Seefahrtsbuch ist hiernächst vom Schiffer für die Dauer des Dienstverhältnisses in Verwahrung zu nehmen.

§ 15. Wenn ein angemusterter Schiffsmann durch ein unabwendbares Hinderniß außer Stande gesetzt wird, den Dienst anzutreten, so hat er sich hierüber so bald wie möglich gegen den Schiffer und das Seemannsamt, vor welchem die Musterung erfolgt ist, auszuweisen.

§ 16. Die Abmusterung besteht in der Verlautbarung der Beendigung des Dienstverhältnisses Seitens des Schiffers und der aus diesem Verhältniß ausscheidenden Mannschaft. Sie muß, sobald das Dienstverhältniß beendigt ist, erfolgen, und zwar, wenn nicht ein Anderes vereinbart wird, vor dem Seemannsamt desjenigen Hafens, wo das Schiff liegt, und nach Verlust des Schiffs vor demjenigen Seemannsamt, welches zuerst angegangen werden kann.

§ 17. Vor der Abmusterung hat der Schiffer dem abmusternden Schiffsmann im Seefahrtsbuch die bisherigen Rang- und Dienstverhältnisse und die Dauer der Dienstzeit zu bescheinigen, auf Verlangen auch ein Führungszeugniß zu ertheilen. Das letztere darf in das Seefahrtsbuch nicht eingetragen werden.

§ 18. Die Unterschriften des Schiffers unter die Bescheinigung und dem Zeugnisse (§ 17) werden von dem Seemannsamte, vor welchem die Abmusterung stattfindet, kosten- und stempelfrei beglaubigt.

§ 19. Verweigert der Schiffer die Ausstellung des Zeugnisses (§ 17), oder enthält dasselbe Beschuldigungen, deren Richtigkeit der Schiffsmann bestreitet, so hat auf Antrag des letzteren das Seemannsamt den Sachverhalt zu untersuchen und das Ergebniß der Untersuchung dem Schiffsmann zu bescheinigen.

§ 20. Die erfolgte Abmusterung wird vom Seemannsamt in dem Seefahrtsbuche des abgemusterten Schiffsmannes und in der Musterrolle vermerkt.

§ 21. Die Musterrolle ist nach Beendigung derjenigen Reise oder derjenigen Zeit, auf welche die als Musterrolle ausgefertigte Ausmusterungsverhandlung (§ 12) sich bezieht, dem Seemannsamt, vor welchem abgemustert wird, zu überliefern.

Letzteres übersendet dieselbe dem Seemannsamt des Heimathshafens.

§ 22. Wenn der Bestand der Mannschaft Aenderungen erfährt, bei welchen eine Musterung (§ 10) nach Maaßgabe vorstehender Bestimmungen unausführbar ist, so hat der Schiffer, so bald ein Seemannsamt angegangen werden kann, bei demselben unter Darlegung der Hinderungsgründe die Musterung nachzuholen, oder, sofern auch diese nachträgliche Musterung nicht mehr möglich ist, den Sachverhalt anzuzeigen. Ein Vermerk über die Anzeige ist vom Seemannsamt in die Musterrolle und in die Seefahrtsbücher der betheiligten Schiffsleute einzutragen.

§ 23. Die für die Musterungsverhandlungen, einschließlich der Ausfertigung der Musterrolle, zu erhebenden Kosten fallen dem Rheder zur Last.

Die Bestimmung über die in gleicher Höhe für alle Seemannsämter innerhalb des Bundesgebiets festzustellenden Kosten bleibt dem Bundesrath vorbehalten.

Bis zur Erledigung dieses Vorbehalts steht die Bestimmung über die Höhe der Kosten den Landesregierungen im Verordnungswege zu.

Dritter Abschnitt.

Vertragsverhältniß.

§ 24. Die Gültigkeit des Heuervertrages ist durch schriftliche Abfassung nicht bedingt.

§ 25. Wenn bei dem Abschluß des Heuervertrages die Vereinbarung über den Betrag der Heuer nicht durch ausdrückliche Erklärung getroffen ist, so wird im Zweifel diejenige Heuer als vereinbart angesehen, welche das Seemannsamt des Hafens, in welchem der Schiffsmann angemustert wird, für die daselbst zur Zeit der Anmusterung übliche erklärt.

§ 26. Wenn ein Schiffsmann sich für eine Zeit verheuert, für die er durch einen früher abgeschlossenen Heuervertrag gebunden ist, so hat der Anspruch auf Erfüllung des zuerst geschlossenen Vertrages den Vorzug.

Hat jedoch eine Anmusterung auf Grund des späteren Vertrages stattgefunden, ohne daß auch auf Grund des ersten Vertrages angemustert ist, so geht jener vor.

§ 27. Wird ein Schiffsmann erst nach Anfertigung der Musterrolle geheuert, so gelten für ihn in Ermangelung anderer Vertragsbestimmungen die nach Inhalt der Musterrolle mit der übrigen Schiffsmannschaft getroffenen Abreden; insbesondere kann er nur dieselbe Heuer fordern, welche nach der Musterrolle den übrigen Schiffsleuten seines Ranges gebührt.

§ 28. Die Verpflichtung des Schiffsmannes, mit seinen Effekten sich an Bord einzufinden und Schiffsdienste zu leisten, beginnt, wenn nicht ein Anderes bedungen ist, mit der Anmusterung.

Wenn der Schiffsmann den Dienstantritt länger als vierundzwanzig Stunden verzögert, ist der Schiffer zum Rücktritt von dem Heuervertrage befugt. Die Ansprüche wegen etwaiger Mehrausgaben für einen Ersatzmann und wegen sonstiger aus der Verzögerung erwachsener Schäden werden hierdurch nicht berührt.

§ 29. Den Schiffsmann, welcher nach der Anmusterung dem Antritt oder der Fortsetzung des Dienstes sich entzieht, kann der Schiffer zur Erfüllung seiner Pflicht durch das Seemannsamt zwangsweise anhalten lassen.

Die daraus erwachsenden Kosten hat der Schiffsmann zu ersetzen.[1]

§ 30. Der Schiffsmann ist verpflichtet, in Ansehung des Schiffsdienstes den Anordnungen des Schiffers unweigerlich Gehorsam zu leisten und zu jeder Zeit alle für Schiff und Ladung ihm übertragene Arbeiten zu verrichten.

Er hat diese Verpflichtung zu erfüllen, sowohl an Bord des Schiffs und in dessen Booten, als auch in den Leichterfahrzeugen und auf dem Lande, sowohl unter gewöhnlichen Umständen, als auch unter Havarie.

Ohne Erlaubniß des Schiffers darf er das Schiff bis zur Abmusterung nicht verlassen. Ist ihm eine solche Erlaubniß ertheilt, so muß er zur festgesetzten Zeit, wenn aber keine Zeit festgesetzt ist, noch vor 8 Uhr Abends zurückkehren.

§ 31. Wenn das Schiff in einem Hafen liegt, so ist der Schiffsmann nur in dringenden Fällen schuldig, länger als zehn Stunden täglich zu arbeiten.

§ 32. Bei Seegefahr, besonders bei drohendem Schiffbruch, sowie bei Gewalt und Angriff gegen Schiff oder Ladung hat der Schiffsmann alle befohlene Hülfe zur Erhaltung von Schiff und Ladung unweigerlich zu leisten, und darf ohne Einwilligung des Schiffers, so lange dieser selbst an Bord bleibt, das Schiff nicht verlassen.

Er bleibt verbunden, bei Schiffbruch für Rettung der Personen und ihrer Effekten, sowie für Sicherstellung der Schiffstheile, der

[1] StGB 298: Ein Schiffsmann, welcher mit der Heuer entläuft oder sich verborgen hält, um sich dem übernommenen Dienste zu entziehen, wird, ohne Unterschied, ob das Vergehen im Inlande oder im Auslande begangen worden ist, mit Gefängniß bis zu Einem Jahre bestraft.

Geräthschaften und der Ladung, den Anordnungen des Schiffers gemäß, nach besten Kräften zu sorgen und bei der Bergung gegen Fortbezug der Heuer und der Verpflegung Hülfe zu leisten.

§ 33. Der Schiffsmann ist verpflichtet, auf Verlangen bei der Verklarung mitzuwirken und seine Aussage eidlich zu bestärken.

Dieser Verpflichtung hat er gegen Zahlung der etwa erwachsenden Reise- und Versäumnißkosten nachzukommen, auch wenn der Heuervertrag in Folge eines Verlustes des Schiffs beendigt ist (§ 56).

§ 34. Wird nach Antritt der Reise entdeckt, daß der Schiffsmann zu dem Dienste, zu welchem er sich verheuert hat, untauglich ist, so ist der Schiffer befugt, den Schiffsmann, mit Ausschluß des Steuermanns, im Range herabzusetzen und seine Heuer verhältnißmäßig zu verringern.

Macht der Schiffer von dieser Befugniß Gebrauch, so hat er die getroffene Anordnung, so bald thunlich, dem Betheiligten zu eröffnen, auch in das Schiffsjournal einzutragen, daß und wann dies geschehen. Vor der Eröffnung und Eintragung tritt die Verringerung der Heuer nicht in Wirksamkeit.

§ 35. Die Heuer ist in Ermangelung einer anderweitigen Abrede vom Zeitpunkte der Anmusterung an zu zahlen.

§ 36. Die Heuer ist dem Schiffsmann, sofern keine andere Vereinbarung getroffen ist, erst nach Beendigung der Reise oder bei der sonstigen Beendigung des Dienstverhältnisses zu zahlen, wenn diese früher erfolgt.

Der Schiffsmann kann jedoch bei Zwischenreisen in dem ersten Hafen, in welchem das Schiff ganz oder zum größeren Theil entlöscht wird, die Auszahlung der Hälfte der bis dahin verdienten Heuer (§ 67) verlangen, sofern bereits sechs Monate seit der Anmusterung verflossen sind. In gleicher Weise ist der Schiffsmann bei Ablauf je weiterer sechs Monate nach der früheren Auszahlung wiederum die Auszahlung der Hälfte der seit der letzten Auszahlung verdienten Heuer zu fordern berechtigt.

§ 37. Ob und in wie weit vor dem Antritt der Reise Vorschußzahlungen auf die Heuer zu leisten oder Handgelder zu zahlen sind, bestimmt in Ermangelung einer Vereinbarung der Ortsgebrauch des Hafens, in welchem der Schiffsmann angemustert wird.

§ 38. Alle Zahlungen an Schiffsleute müssen, wenn nicht ein Anderes vereinbart ist, nach Wahl derselben entweder baar oder mittelst einer auf den Rheder ausgestellten, auf Sicht zahlbaren Anweisung geleistet werden.

§ 39. Vor Antritt der Reise hat der Schiffer ein Abrechnungsbuch anzulegen, in welches alle auf die Heuer geleisteten Vorschuß- und Abschlagszahlungen, sowie die etwa gegebenen Handgelder einzutragen sind. In dem Abrechnungsbuche ist von dem Schiffsmann über den Empfang jeder Zahlung zu quittiren. Auch hat der Schiffer jedem Schiffsmann, der es verlangt, noch ein besonderes Heuerbuch zu übergeben und darin ebenfalls jede auf die Heuer des Inhabers geleistete Zahlung einzutragen.

§ 40. Wenn die Zahl der Mannschaft sich während der Reise vermindert und nicht wieder ergänzt wird, so sind, falls nicht ein Anderes bedungen ist, die dadurch ersparten Heuerbeträge unter die verbleibenden Schiffsleute nach Verhältniß ihrer Heuer zu vertheilen. Ein Anspruch auf die Vertheilung findet jedoch nicht statt, wenn die Verminderung der Mannschaft durch Entweichung herbeigeführt ist und die Effekten des entwichenen Schiffsmannes nicht an Bord zurückgeblieben sind.

Wenn die Zahl der Mannschaft sich während der Reise um mehr als ein Sechstel verringert, so muß der Schiffer dieselbe auf Verlangen der verbleibenden Schiffsleute ergänzen, sofern die Umstände eine Ergänzung gestatten.

§ 41. In allen Fällen, in welchen ein Schiff länger als zwei Jahre auswärts verweilt, tritt in Ermangelung einer anderweitigen Abrede für den seit zwei Jahren in Dienst befindlichen Schiffsmann eine Erhöhung der Heuer ein, wenn diese nach Zeit bedungen ist.

Diese Erhöhung wird wie folgt bestimmt:

1. der Schiffsjunge tritt mit Beginn des dritten Jahres in die in der Musterrolle bestimmte oder aus derselben als Durchschnittsbetrag sich ergebende Heuer der Leichtmatrosen, und mit Beginn des vierten Jahres in die in der Musterrolle bestimmte Heuer der Vollmatrosen ein;
2. der Leichtmatrose erhält bei Beginn des dritten Jahres die in der Musterrolle bestimmte Heuer der Vollmatrosen und mit Beginn des vierten Jahres ein Fünftel derselben mehr an Heuer;
3. für die übrige Mannschaft steigt die in der Musterrolle angegebene Heuer mit Beginn des dritten Jahres um ein Fünftel und mit Beginn des vierten Jahres um ein ferneres Fünftel ihres ursprünglichen Betrages.

In dem Fall der Ziffer 2 tritt der Leichtmatrose mit Beginn des dritten Jahres in den Rang eines Vollmatrosen ein.

§ 42. Die aus den Dienst- und Heuerverträgen herrührenden Forderungen des Schiffers und der zur Schiffsmannschaft gehörigen Personen, welche auf einem, nach den Artikeln 866 und 867 des

Allgemeinen Deutschen Handelsgesetzbuches, als verschollen anzusehenden Schiffe sich befunden haben, werden fällig mit Ablauf der Verschollenheitsfrist. Das Dienstverhältniß gilt sodann einen halben Monat nach dem Tage für beendet, bis zu welchem die letzte Nachricht über das Schiff reicht.

Der Betrag der Forderungen ist dem Seemannsamt des Heimathshafens zu übergeben, welches die Aushändigung an die Empfangsberechtigten zu vermitteln hat.

§ 43. Dem Schiffsmann gebührt Beköstigung für Rechnung des Schiffs von dem Zeitpunkt des Dienstantritts an. Er darf die verabreichten Speisen und Getränke nur zu seinem eigenen Bedarf verwenden und nichts davon veräußern, vergeuden oder sonst bei Seite bringen.

§ 44. Die Schiffsmannschaft hat an Bord des Schiffs Anspruch auf einen, ihrer Zahl und der Größe des Schiffs entsprechenden, nur für sie und ihre Effekten bestimmten wohlverwahrten und genügend zu lüftenden Logisraum.

Kann dem Schiffsmann in Folge eines Unfalls oder aus anderen Gründen zeitweilig ein Unterkommen auf dem Schiffe nicht gewährt werden, so ist ihm ein anderweitiges angemessenes Unterkommen zu verschaffen.

§ 45. Die dem Schiffsmann für den Tag mindestens zu verabreichenden Speisen und Getränke (§ 43), die Größe und die Einrichtung des Logisraumes (§ 44) und die mindestens mitzunehmenden Heilmittel bestimmen sich im Zweifel nach dem örtlichen Rechte des Heimathshafens.

Der Erlaß näherer Bestimmungen steht den Landesregierungen im Verordnungswege zu.

§ 46. Der Schiffer ist berechtigt, bei ungewöhnlich langer Dauer der Reise, oder wegen eingetretener Unfälle, eine Kürzung der Rationen oder eine Aenderung hinsichtlich der Wahl der Speisen und Getränke eintreten zu lassen.

Er hat im Schiffsjournal zu bemerken, wann, aus welchem Grunde und in welcher Weise eine Kürzung oder Aenderung eingetreten ist.

Wenn dies versäumt ist, oder wenn die vom Schiffer getroffenen Anordnungen sich als ungerechtfertigt oder durch sein Verschulden herbeigeführt erweisen, so gebührt dem Schiffsmann eine den erlittenen Entbehrungen entsprechende Vergütung. Ueber diesen Anspruch entscheidet unter Vorbehalt des Rechtsweges das Seemannsamt, vor welchem abgemustert wird.

§ 47. Wenn ein Schiffsoffizier oder nicht weniger als drei Schiffsleute bei einem Seemannsamte Beschwerde darüber erheben, daß das Schiff, für welches sie angemustert sind, nicht seetüchtig ist, oder daß die Vorräthe, welche das Schiff für den Bedarf der Mannschaft an Speisen und Getränken mit sich führt, ungenügend oder verdorben sind, so hat das Seemannsamt eine Untersuchung des Schiffs beziehungsweise der Vorräthe zu veranlassen, und deren Ergebniß in das Schiffsjournal einzutragen. Auch hat dasselbe, falls die Beschwerde sich als begründet erweist, für die geeignete Abhülfe Sorge zu tragen.

§ 48. Falls der Schiffsmann nach Antritt des Dienstes erkrankt oder verwundet wird, so trägt der Rheder die Kosten der Verpflegung und Heilung:

1. wenn der Schiffsmann wegen der Krankheit oder Verwundung die Reise nicht antritt, bis zum Ablauf von drei Monaten seit der Erkrankung oder Verwundung;
2. wenn er die Reise antritt und mit dem Schiffe nach einem deutschen Hafen zurückkehrt, bis zum Ablauf von drei Monaten seit der Rückkehr des Schiffs;
3. wenn er die Reise antritt und mit dem Schiffe zurückkehrt, die Rückreise des Schiffs jedoch nicht in einem deutschen Hafen endet, bis zum Ablauf von sechs Monaten seit Rückkehr des Schiffs;
4. wenn er während der Reise am Lande zurückgelassen werden mußte, bis zum Ablauf von sechs Monaten seit der Weiterreise des Schiffs.

Auch gebührt dem Schiffsmann, falls er nicht mit dem Schiffe nach dem Hafen zurückkehrt, von welchem das Schiff seine Ausreise angetreten hat, freie Zurückbeförderung nach diesem Hafen (§§ 65, 66), oder nach Wahl des Schiffers eine entsprechende Vergütung.

§ 49. Die Heuer bezieht der erkrankte oder verwundete Schiffsmann:

wenn er die Reise nicht antritt, bis zur Einstellung des Dienstes;
wenn er die Reise antritt und mit dem Schiffe zurückkehrt, bis zur Beendigung der Rückreise;
wenn er während der Reise am Lande zurückgelassen werden mußte, bis zu dem Tage, an welchem er das Schiff verläßt.

Ist der Schiffsmann bei der Vertheidigung des Schiffs beschädigt, so hat er überdies auf eine angemessene, erforderlichenfalls von dem Richter zu bestimmende Belohnung Anspruch.

§ 50. Auf den Schiffsmann, welcher die Krankheit oder Verwundung durch eine unerlaubte Handlung sich zugezogen hat, oder mit einer syphilitischen Krankheit behaftet ist, finden die §§ 48 und 49 keine Anwendung.

§ 51. Stirbt der Schiffsmann nach Antritt des Dienstes, so hat der Rheder die bis zum Todestage verdiente Heuer (§ 67) zu zahlen und die Bestattungskosten zu tragen.

Wird der Schiffsmann bei Vertheidigung des Schiffs getödtet, so hat der Rheder überdies eine angemessene, erforderlichenfalls von dem Richter zu bestimmende Belohnung zu entrichten.

§ 52. Ueber jeden nach Antritt des Dienstes eintretenden Todesfall eines Schiffsmannes muß vom Schiffer unter Zuziehung von zwei Schiffsoffizieren oder anderen glaubhaften Personen ein urkundlicher Nachweis beschafft werden. Die Urkunde muß Tag und Stunde des Todes, Vor- und Familiennamen, Geburts- oder Wohnort und Alter des Verstorbenen, sowie die muthmaaßliche Ursache des Todes enthalten. Sie ist von dem Schiffer und den zugezogenen Zeugen zu vollziehen.

So weit der Nachlaß des verstorbenen Schiffsmannes sich an Bord befindet, hat der Schiffer für die Aufzeichnung und Aufbewahrung Sorge zu tragen. Die Aufzeichnung ist unter Zuziehung von zwei Schiffsoffizieren oder anderen glaubhaften Personen vorzunehmen.

Die Nachlaßgegenstände selbst, der etwaige Erlös aus denselben, sowie der etwaige Heuerrückstand sind nebst der erwähnten Aufzeichnung und dem Nachweis über den Todesfall demjenigen Seemannsamt, bei dem es zuerst geschehen kann, zu übergeben. Wenn im Auslande das Seemannsamt aus besonderen Gründen die Uebernahme der Nachlaßgegenstände ablehnt, so hat der Schiffer die Uebergabe bei demjenigen Seemannsamt zu bewirken, bei welchem es anderweit zuerst geschehen kann.

Durch die Vorschriften des ersten und dritten Absatzes werden die auf die Führung der Civilstandsregister bezüglichen Bestimmungen der Landesgesetze nicht berührt.[1]

§ 53. Wenn der Schiffer während der Reise stirbt, ist der Steuermann verpflichtet, für die Beschaffung eines Nachweises über den Todesfall und für den Nachlaß nach Maaßgabe der vorstehenden Bestimmungen (§ 52) zu sorgen.

§ 54. Der Schiffsmann ist verpflichtet, während der ganzen Reise, einschließlich etwaiger Zwischenreisen, bis zur Beendigung der Rückreise im Dienste zu verbleiben, wenn in dem Heuervertrage nicht ein Anderes bestimmt ist.

---

[1] Vgl. jetzt das S. 184 Anm. 1 angeführte Reichsgesetz.

Unter Rückreise im Sinne vorstehender Bestimmung ist die Reise nach dem Hafen zu verstehen, von welchem das Schiff seine Ausreise angetreten hat. Wenn jedoch das Schiff von einem nicht europäischen Hafen oder von einem Hafen des Schwarzen oder des Azowschen Meeres kommt und dasselbe seine Ausreise von einem deutschen Hafen angetreten, so gilt auch jede der nachstehend bezeichneten Reisen als Rückreise, falls der Schiffer spätestens alsbald nach der Ankunft die Reise der Schiffsmannschaft gegenüber für beendigt erklärt:

1. die Reise nach jedem anderen deutschen Hafen,
2. die Reise nach einem außerdeutschen Hafen der Nordsee oder nach einem Hafen des Kanals oder Großbritanniens,
3. sofern das Schiff seine Ausreise von einem Hafen der Ostsee angetreten hat, auch die Reise nach einem außerdeutschen Hafen der Ostsee oder nach einem Hafen des Sundes oder des Kattegats.

Endet die Rückreise nicht in dem Hafen, von welchem das Schiff seine Ausreise angetreten hat, so hat der Schiffsmann Anspruch auf freie Zurückbeförderung (§§ 65, 66) nach diesem Hafen und auf Fortsetzung der Heuer während der Reise oder nach seiner Wahl auf eine entsprechende Vergütung.

§ 55. Nach beendigter Reise kann der Schiffsmann seine Entlassung nicht früher verlangen, als bis die Ladung gelöscht, das Schiff gereinigt und im Hafen oder an einem anderen Orte festgemacht, auch die etwa erforderliche Verklarung abgelegt ist.

§ 56. Der Heuervertrag endet, wenn das Schiff durch einen Zufall dem Rheder verloren geht, insbesondere:

wenn es verunglückt;

wenn es als reparaturunfähig oder reparaturunwürdig kondemnirt (Art. 444 des Allg. Deutschen Handelsgesetzbuchs) und in dem letzteren Falle ohne Verzug öffentlich verkauft wird;

wenn es geraubt wird;

wenn es aufgebracht oder angehalten und für gute Prise erklärt wird.

Dem Schiffsmann gebührt alsdann nicht allein die verdiente Heuer (§ 67), sondern auch freie Zurückbeförderung (§§ 65, 66) nach dem Hafen, von welchem das Schiff seine Ausreise angetreten hat, oder nach Wahl des Schiffers eine entsprechende Vergütung.

§ 57. Der Schiffer kann den Schiffsmann, abgesehen von den in dem Heuervertrage bestimmten Fällen, vor Ablauf der Dienstzeit entlassen:

1. so lange die Reise noch nicht angetreten ist, wenn der Schiffsmann zu dem Dienste, zu welchem er sich verheuert hat, untauglich ist;
2. wenn der Schiffsmann eines groben Dienstvergehens, insbesondere des wiederholten Ungehorsams oder der fortgesetzten Widerspenstigkeit, der Schmuggelei sich schuldig macht;
3. wenn der Schiffsmann des Vergehens des Diebstahls, Betrugs, der Untreue, Unterschlagung, Hehlerei oder Fälschung, oder einer nach dem Strafgesetzbuche mit Zuchthaus bedrohten Handlung sich schuldig macht;
4. wenn der Schiffsmann mit einer syphilitischen Krankheit behaftet ist, oder wenn er durch eine unerlaubte Handlung eine Krankheit oder Verwundung sich zuzieht, welche ihn arbeitsunfähig macht;
5. wenn die Reise, für welche der Schiffsmann geheuert war, wegen Krieg, Embargo oder Blokade oder wegen eines Ausfuhr- oder Einfuhrverbots oder wegen eines anderen, Schiff oder Ladung betreffenden Zufalls nicht angetreten oder fortgesetzt werden kann.

Die Entlassung, sowie der Grund derselben muß, sobald es geschehen kann, dem Schiffsmann angezeigt und in den Fällen der Ziffern 2, 3, 4 in das Schiffsjournal eingetragen werden.

§ 58. Dem Schiffsmann gebührt in den Fällen der Ziffern 1 bis 4 des § 57 nicht mehr als die verdiente Heuer (§ 67), in den Fällen der Ziffer 5 hat er, wenn er nach Antritt der Reise entlassen wird, nicht allein auf die verdiente Heuer, sondern auch auf freie Zurückbeförderung (§§ 65, 66) nach dem Hafen, von welchem das Schiff seine Ausreise angetreten hat, oder nach Wahl des Schiffers auf eine entsprechende Vergütung Anspruch.

§ 59. Der für eine Reise geheuerte Schiffsmann, welcher aus anderen als aus den in dem § 57 erwähnten Gründen vor Ablauf des Heuervertrages entlassen wird, behält, wenn die Entlassung vor Antritt der Reise erfolgt, als Entschädigung die etwa empfangenen Hand- und Vorschußgelder, so weit dieselben den üblichen Betrag nicht übersteigen.

Sind Hand- und Vorschußgelder nicht gezahlt, so hat er als Entschädigung die Heuer für einen Monat zu fordern.

Ist die Entlassung erst nach Antritt der Reise erfolgt, so hat er Anspruch auf freie Zurückbeförderung (§§ 65, 66) nach dem Hafen, von welchem das Schiff seine Ausreise angetreten oder nach Wahl des Schiffers auf eine entsprechende Vergütung. Auch erhält er außer der verdienten Heuer (§ 67) noch die Heuer für zwei oder vier Monate, je nachdem er in einem europäischen (§ 70) oder in einem nichteuropäischen Hafen entlassen ist, jedoch nicht mehr, als er erhalten haben würde, wenn er erst nach Beendigung der Reise entlassen worden wäre.

§ 60. Wenn die Vorschrift am Schluß des vorstehenden Paragraphen Anwendung findet, und der Schiffsmann nach Beendigung der Reise in einem deutschen Hafen entlassen worden wäre, so wird, um die ihm außer der verdienten Heuer gebührende Heuer zu bestimmen, die Dauer der Reise eines Segelschiffs gerechnet:

von Häfen:	nach Häfen der Nordsee	nach Häfen der Ostsee
	Monaten	
1. der Nordsee bis zum 61. Grade nördlicher Breite und des Englischen Kanals zu	1	$1^1/_2$
2. der Ostsee und der angrenzenden Gewässer zu .	$1^1/_2$	1
3. in Europa außerhalb des Englischen Kanals und bis zur Straße von Gibraltar mit Einschluß der Azoren, sowie der Nordsee über den 61. Grad nördlicher Breite hinaus und außerhalb der Nordsee bis zum Nordkap einschließlich zu	$1^1/_2$	2
4. des Mittelmeeres, des Schwarzen und Asowschen Meeres zu	2	2
5. in Europa, östlich des Nordkaps zu	2	2
6. der Ostküste Amerikas von Quebeck bis Rio de Janeiro einschließlich zu	2	$2^1/_2$
7. südlich von Rio de Janeiro bis Kap Horn einschließlich zu	$2^1/_2$	3
8. der Westküste Amerikas von Kap Horn bis Panama einschließlich zu	$3^1/_2$	4
9. der Westküste von Afrika nördlich vom Aequator einschließlich der Kanarischen und der Kapverdischen Inseln zu	2	$2^1/_2$
10. südlich vom Aequator bis zum Kap der guten Hoffnung einschließlich zu	$2^1/_4$	$2^3/_4$
11. jenseits des Kap der guten Hoffnung, diesseits des Kap Komorin mit Einschluß des Rothen Meeres und des Persischen Golfs zu	$3^1/_2$	4
12. von den sonstigen, vorstehend nicht mit einbegriffenen Häfen zu	4	4

§ 61. Der Schiffsmann kann seine Entlassung fordern:

1. wenn sich der Schiffer einer schweren Verletzung seiner ihm gegen denselben obliegenden Pflichten, insbesondere durch Mißhandlung oder durch grundlose Vorenthaltung von Speise und Trank schuldig macht;
2. wenn das Schiff die Flagge wechselt;
3. wenn nach Beendigung der Ausreise eine Zwischenreise beschlossen, oder wenn eine Zwischenreise beendigt, sofern seit dem Dienstantritt zwei oder drei Jahre, je nachdem das Schiff in einem europäischen (§ 70) oder in einem nichteuropäischen Hafen sich befindet, verflossen sind.

Der Wechsel des Rheders oder Schiffers giebt dem Schiffsmann kein Recht, die Entlassung zu fordern.

§ 62. In dem Falle des § 61, Ziffer 3 kann die Entlassung nicht gefordert werden:

1. wenn der Schiffsmann für eine längere als die daselbst angegebene Zeit sich verheuert hat. Die Verheuerung auf unbestimmte Zeit oder mit der allgemeinen Bestimmung, daß nach Beendigung der Ausreise der Dienst für alle Reisen, welche noch beschlossen werden möchten, fortzusetzen sei, wird als Verheuerung auf solche Zeit nicht angesehen;
2. sobald die Rückreise angeordnet ist.

§ 63. Der Schiffsmann hat in den Fällen der Ziffern 1 und 2 des § 61 dieselben Ansprüche, welche für den Fall des § 59 bestimmt sind; in dem Falle der Ziffer 3 gebührt ihm nicht mehr, als die verdiente Heuer (§ 67).

§ 64. Im Auslande darf der Schiffsmann, welcher seine Entlassung fordert, außer in dem Falle eines Flaggenwechsels, nicht ohne Genehmigung eines Seemannsamtes (§ 105) den Dienst verlassen.

§ 65. Wenn nach den Bestimmungen dieses Gesetzes ein Anspruch auf freie Zurückbeförderung begründet ist, so umfaßt derselbe auch den Unterhalt während der Reise.

§ 66. Dem Anspruche auf freie Zurückbeförderung wird genügt, wenn dem Schiffsmann, welcher arbeitsfähig ist, mit Genehmigung des Seemannsamtes ein seiner früheren Stellung entsprechender und durch angemessene Heuer zu vergütender Dienst auf einem deutschen Kauffahrteischiffe nachgewiesen wird, welches nach dem Hafen, von welchem das Schiff seine Ausreise angetreten hat, oder einem demselben nahe belegenen Hafen geht; letzteren Falls unter Gewährung der entsprechenden Vergütung für die weitere freie

Zurückbeförderung (§ 65) bis zum Hafen, von welchem das Schiff seine Ausreise angetreten hat.

Ist der Schiffsmann kein Deutscher, so wird ein Schiff seiner Nationalität einem deutschen Schiffe gleichgeachtet.

§ 67. In den Fällen der §§ 36, 51, 56, 58, 59 und 63 wird die verdiente Heuer, sofern die Heuer nicht zeitweise, sondern in Bausch und Bogen für die ganze Reise bedungen ist, mit Rücksicht auf den vollen Heuerbetrag nach Verhältniß der geleisteten Dienste, sowie des etwa zurückgelegten Theils der Reise bestimmt. Zur Ermittelung der in den §§ 59 und 60 erwähnten Heuer für einzelne Monate wird die durchschnittliche Dauer der Reise einschließlich der Ladungs- und Löschungszeit unter Berücksichtigung der Beschaffenheit des Schiffs in Ansatz gebracht und danach die Heuer für die einzelnen Monate berechnet.

§ 68. Der Rheder haftet für die Forderungen des Schiffers und der zur Schiffsmannschaft gehörigen Personen aus den Dienst- und Heuerverträgen nicht nur mit Schiff und Fracht, sondern persönlich.

Diese Bestimmung tritt an die Stelle des Artikels 453 des Allgemeinen Deutschen Handelsgesetzbuchs.

§ 69. Der dem Schiffsmann als Lohn zugestandene Theil an der Fracht oder am Gewinn wird als Heuer im Sinne dieses Gesetzes nicht angesehen.

§ 70. In den Fällen der §§ 59 und 61 sind den europäischen Häfen die nichteuropäischen Häfen des Mittelländischen, Schwarzen und Azowschen Meeres gleichzustellen.

§ 71. Der Schiffer darf einen Schiffsmann im Auslande nicht ohne Genehmigung des Seemannsamtes zurücklassen. Wenn für den Fall der Zurücklassung eine Hülfsbedürftigkeit des Schiffsmannes zu besorgen ist, so kann die Ertheilung der Genehmigung davon abhängig gemacht werden, daß der Schiffer gegen den Eintritt der Hülfsbedürftigkeit für einen Zeitraum bis zu drei Monaten Sicherstellung leistet.

Die Bestimmungen des § 103 werden hierdurch nicht berührt.

Vierter Abschnitt.

Disziplinar-Bestimmungen.

§ 72. Der Schiffmann ist der Disziplinargewalt des Schiffers unterworfen.

Dieselbe beginnt mit dem Antritte des Dienstes und erlischt mit dessen Beendigung.

§ 73. Der Schiffsmann ist verpflichtet, sich stets nüchtern zu halten und gegen Jedermann ein angemessenes und friedfertiges Betragen zu beobachten.

Dem Schiffer und seinen sonstigen Vorgesetzten hat er mit Achtung zu begegnen und ihren dienstlichen Befehlen unweigerlich Folge zu leisten.

§ 74. Der Schiffsmann hat dem Schiffer auf Verlangen wahrheitsgemäß und vollständig mitzutheilen, was ihm über die den Schiffsdienst betreffenden Angelegenheiten bekannt ist.

§ 75. Der Schiffsmann darf ohne Erlaubniß des Schiffers keine Güter an Bord bringen oder bringen lassen. Für die gegen dieses Verbot beförderten eigenen oder fremden Güter muß er die höchste am Abladungsorte zur Abladungszeit für solche Reisen und Güter bedungene Fracht erstatten, unbeschadet der Verpflichtung zum Ersatz eines erweislich höheren Schadens.

Der Schiffer ist auch befugt, die Güter über Bord zu werfen, wenn dieselben Schiff oder Ladung gefährden.

§ 76. Die Bestimmungen des § 75 finden ebenfalls Anwendung, wenn der Schiffsmann ohne Erlaubniß des Schiffers Branntwein oder andere geistige Getränke oder mehr an Taback, als er zu seinem Gebrauche auf der beabsichtigten Reise bedarf, an Bord bringt oder bringen läßt.

Die gegen dieses Verbot mitgenommenen geistigen Getränke und Taback verfallen dem Schiffe.

§ 77. Die auf Grund der Bestimmungen der §§ 75 und 76 getroffenen Anordnungen des Schiffers sind, sobald es geschehen kann, in das Schiffsjournal einzutragen.

§ 78. Wenn das Schiff in einem Hafen liegt, so ist der Schiffer befugt, die Effekten der Schiffsleute zur Verhütung einer Entweichung bis zur Abreise des Schiffs in Verwahrung zu nehmen.

§ 79. Der Schiffer ist befugt, alle zur Aufrechterhaltung der Ordnung und zur Sicherung der Regelmäßigkeit des Dienstes erforderlichen Maaßregeln zu ergreifen. Zu diesem Zwecke darf er namentlich auch herkömmliche Erschwerungen des Dienstes oder mäßige Schmälerung der Kost, letztere jedoch auf höchstens drei Tage, als Strafe eintreten lassen. Geldbuße, körperliche Züchtigung oder Einsperrung darf er als Strafe nicht verhängen.

Bei einer Widersetzlichkeit oder bei beharrlichem Ungehorsam ist der Schiffer zur Anwendung aller Mittel befugt, welche erforderlich sind, um seinen Befehlen Gehorsam zu verschaffen. Er darf gegen die Betheiligten die geeigneten Sicherungsmaaßregeln ergreifen und sie nöthigenfalls während der Reise fesseln.

Jeder Schiffsmann muß dem Schiffer auf Erfordern Beistand zur Aufrechthaltung der Ordnung sowie zur Abwendung oder Unterdrückung einer Widersetzlichkeit leisten.

Im Auslande hat der Schiffer in dringenden Fällen die Kommandanten der ihm zugänglichen Fahrzeuge der Kriegsmarine des Reichs um Beistand zur Aufrechthaltung der Disziplin anzugehen.

§ 80. Jede vom Schiffer in Gemäßheit der Bestimmungen des § 79 getroffene Verfügung ist mit Angabe der Veranlassung, sobald es geschehen kann, in das Schiffsjournal einzutragen.

Fünfter Abschnitt.

Strafbestimmungen.

§ 81. Ein Schiffsmann, welcher nach Abschluß des Heuervertrages sich verborgen hält, um sich dem Antritte des Dienstes zu entziehen, wird mit Geldstrafe bis zu zwanzig Thalern gestraft. Die Verfolgung tritt nur auf Antrag ein.

Wenn ein Schiffsmann, um sich der Fortsetzung des Dienstes zu entziehen, entläuft oder sich verborgen hält, so tritt Geldstrafe bis zu Einhundert Thalern oder Gefängnißstrafe bis zu drei Monaten ein. Die Verfolgung tritt nur auf Antrag ein.

Ein Schiffsmann, welcher mit der Heuer entläuft oder sich verborgen hält, um sich dem übernommenen Dienste zu entziehen, wird mit der im § 298 des Strafgesetzbuchs angedrohten Gefängnißstrafe bis zu Einem Jahre belegt.[1]

§ 82. In den Fällen der beiden letzten Absätze des § 81 verliert der Schiffsmann, wenn er vor Abgang des Schiffes weder zur Fortsetzung des Dienstes freiwillig zurückkehrt, noch zwangsweise zurückgebracht wird, den Anspruch auf die bis dahin verdiente Heuer. Die Heuer und, sofern diese nicht ausreicht, auch die Effekten können zur Deckung der Schadensansprüche des Rheders aus dem Heuer- und Dienstvertrage in Anspruch genommen werden; soweit die Heuer hierzu nicht erforderlich ist, wird mit ihr nach Maaßgabe des § 107 verfahren.

§ 83. Hat der Schiffsmann sich dem Dienste in einem der Fälle des § 61, 1 und 3 ohne Genehmigung des Seemannsamtes (§ 64) entzogen, so tritt Geldstrafe bis zum Betrage einer Monatsheuer ein.

§ 84. Mit Geldstrafe bis zum Betrage einer Monatsheuer wird ein Schiffsmann bestraft, welcher sich einer groblichen Verletzung seiner Dienstpflichten schuldig macht.

[1] Siehe oben zu § 29.

Als Verletzung der Dienstpflicht in diesem Sinne wird insbesondere angesehen:

Nachlässigkeit im Wachdienste;

Ungehorsam gegen den Dienstbefehl eines Vorgesetzten;

ungebührliches Betragen gegen Vorgesetzte, gegen andere Mitglieder der Schiffsmannschaft oder gegen Reisende;

Verlassen des Schiffes ohne Erlaubniß oder Ausbleiben über die festgesetzte Zeit;

Wegbringen eigener oder fremder Sachen von Bord des Schiffes und an Bord bringen oder an Bord bringen lassen von Gütern oder sonstigen Gegenständen ohne Erlaubniß;[1]

eigenmächtige Zulassung fremder Personen an Bord und Gestattung des Anlegens von Fahrzeugen an das Schiff;

Trunkenheit im Schiffsdienste;

Vergeudung, unbefugte Veräußerung oder bei Seite bringen von Proviant.

Gegen Schiffsoffiziere kann die Strafe bis auf den Betrag einer zweimonatlichen Heuer erhöht werden.

Wenn die Heuer nicht zeitweise bedungen ist, so wird die Strafe auf einen nach dem Ermessen des Seemannsamtes der Monatsheuer entsprechenden Geldbetrag bestimmt.

Die Verfolgung tritt nur auf Antrag ein. Der Antrag ist bis zur Abmusterung zulässig.

§ 85. Der Schiffer hat jede Verletzung der Dienstpflicht (§ 84), sobald es geschehen kann, mit genauer Angabe des Sachverhaltes in das Schiffsjournal einzutragen und, wenn thunlich, dem Schiffsmann von dem Inhalt der Eintragung unter ausdrücklicher Hinweisung auf die Strafandrohung des § 84 Mittheilung zu machen.

Unterbleibt die Mittheilung, so sind die Gründe der Unterlassung im Journal anzugeben. Ist die Eintragung versäumt, so tritt keine Verfolgung ein.

§ 86. Ein Schiffsmann, welcher den wiederholten Befehlen des Schiffers oder eines anderen Vorgesetzten den schuldigen Gehorsam verweigert, wird mit Gefängniß bis zu drei Monaten oder mit Geldstrafe bis zu Einhundert Thalern bestraft.

§ 87. Wenn zwei oder mehrere zur Schiffsmannschaft gehörige Personen dem Schiffer oder einem anderen Vorgesetzten den schuldigen Gehorsam auf Verabredung gemeinschaftlich verweigern, so tritt gegen jeden Betheiligten Gefängnißstrafe bis zu Einem Jahre ein. Der Rädelsführer wird mit Gefängniß bis zu drei Jahren bestraft.

[1] Vgl. Anmerkung zu HGB 565.

Sind mildernde Umstände vorhanden, so kann auf Geldstrafe bis zu zweihundert Thalern erkannt werden.

Der Rädelsführer wird mit Gefängniß bis zu zwei Jahren bestraft.

§ 88. Ein Schiffsmann, welcher zwei oder mehrere zur Schiffsmannschaft gehörige Personen zur Begehung einer nach den §§ 87 und 91 strafbaren Handlung auffordert, ist gleich dem Anstifter zu bestrafen, wenn die Aufforderung die strafbare Handlung oder einen strafbaren Versuch derselben zur Folge gehabt hat.

Ist die Aufforderung ohne Erfolg geblieben, so tritt im Falle des § 87 Geldstrafe bis zu Einhundert Thalern, im Falle des § 91 Geldstrafe bis zu zweihundert Thalern oder Gefängnißstrafe bis zu Einem Jahre ein.

§ 89. Ein Schiffsmann, welcher es unternimmt, den Schiffer oder einen anderen Vorgesetzten durch Gewalt oder durch Bedrohung mit Gewalt, oder durch Verweigerung der Dienste zur Vornahme oder zur Unterlassung einer dienstlichen Verrichtung zu nöthigen, wird mit Gefängniß bis zu zwei Jahren bestraft. Sind mildernde Umstände vorhanden, so kann auf Geldstrafe bis zu zweihundert Thalern erkannt werden.

§ 90. Dieselben Strafbestimmungen (§ 89.) finden auf den Schiffsmann Anwendung, welcher es unternimmt, dem Schiffer oder einem anderen Vorgesetzten durch Gewalt oder durch Bedrohung mit Gewalt Widerstand zu leisten oder den Schiffer oder einen anderen Vorgesetzten thätlich anzugreifen.

§ 91. Wenn eine der in den §§ 89, 90 bezeichneten Handlungen von mehreren Schiffsleuten auf Verabredung gemeinschaftlich begangen wird, so kann die Strafe bis auf das Doppelte des angedrohten Höchstbetrages erhöht werden.

Der Rädelsführer, sowie diejenigen, welche gegen den Schiffer oder gegen einen anderen Vorgesetzten Gewaltthätigkeiten verüben, werden mit Zuchthaus bis zu fünf Jahren oder mit Gefängniß von gleicher Dauer bestraft; auch kann auf Zulässigkeit von Polizeiaufsicht erkannt werden. Sind mildernde Umstände vorhanden, so tritt Gefängnißstrafe nicht unter drei Monaten ein.

§ 92. Ein Schiffsmann, welcher solchen Befehlen des Schiffers oder eines anderen Vorgesetzten den Gehorsam verweigert, welche sich auf die Abwehr oder auf die Unterdrückung der in den §§ 89, 90 bezeichneten Handlungen beziehen, ist als Gehülfe zu bestrafen.

§ 93. Mit Geldstrafe bis zu zwanzig Thalern oder mit Haft bis zu vierzehn Tagen wird bestraft ein Schiffsmann, welcher

1. bei Verhandlungen, die sich auf die Ertheilung eines Seefahrtsbuches, auf eine Eintragung in dasselbe oder auf eine Musterung beziehen, wahre Thatsachen entstellt oder unterdrückt oder falsche vorspiegelt, um ein Seemannsamt zu täuschen;
2. es unterläßt, sich gemäß § 10 zur Musterung zu stellen;
3. im Falle eines dem Dienstantritt entgegenstehenden Hindernisses unterläßt, sich hierüber gemäß § 15 gegen das Seemannsamt auszuweisen.

Durch die Bestimmung der Ziffer 1 wird die Vorschrift des § 271 des Strafgesetzbuchs nicht berührt.

§ 94. Wer wider besseres Wissen eine auf unwahre Behauptungen gestützte Beschwerde über Seeuntüchtigkeit des Schiffs oder Mangelhaftigkeit des Proviants bei einem Seemannsamte vorbringt und auf Grund dieser Behauptungen eine Untersuchung veranlaßt, wird mit Gefängniß bis zu drei Monaten bestraft.

Wer leichtfertig eine auf unwahre Behauptungen gestützte Beschwerde über Seeuntüchtigkeit des Schiffs oder Mangelhaftigkeit des Proviants bei einem Seemannsamte vorbringt und auf Grund dieser Behauptung eine Untersuchung veranlaßt, wird mit Geldstrafe bis zu Einhundert Thalern bestraft.

§ 95. Die Verhängung einer in diesem Abschnitte oder durch sonstige strafgesetzliche Bestimmungen angedrohten Strafe wird dadurch nicht ausgeschlossen, daß der Schuldige aus Anlaß der ihm zur Last gelegten That bereits disziplinarisch bestraft worden ist. Jedoch kann eine erlittene Disziplinarstrafe, sowohl in dem Strafbescheide des Seemannsamtes (§ 101), wie in dem gerichtlichen Strafurtheil bei Abmessung der Strafe berücksichtigt werden.

§ 96. Der Schiffer oder sonstige Vorgesetzte, welcher einem Schiffsmann gegenüber seine Disciplinargewalt mißbraucht, wird mit Geldstrafe bis zu dreihundert Thalern oder mit Gefängniß bis zu Einem Jahre bestraft.

§ 97. Der Schiffer, welcher seine Verpflichtung, für die gehörige Verproviantirung des Schiffes zu sorgen, vorsätzlich nicht erfüllt, wird mit Gefängniß bestraft, neben welchem auf Geldstrafe bis zu fünfhundert Thalern, sowie auf Verlust der bürgerlichen Ehrenrechte erkannt werden kann.

Hat der Schiffer die Erfüllung der Verpflichtung fahrlässiger Weise unterlassen, so ist, wenn in Folge dessen der Schiffsmannschaft die gebührende Kost nicht gewährt werden kann, auf Geldstrafe bis zu zweihundert Thalern oder Gefängniß bis zu Einem Jahre zu erkennen.

§ 98. Mit Geldstrafe bis zu Einhundert Thalern, mit Haft oder mit Gefängniß bis zu drei Monaten wird ein Schiffer bestraft, welcher einen Schiffsmann im Auslande ohne Genehmigung des Seemannsamtes zurückläßt (§ 71).

§ 99. Mit Geldstrafe bis zu fünfzig Thalern oder mit Haft wird bestraft ein Schiffer, welcher

1. den ihm in Ansehung der Musterung obliegenden Verpflichtungen nicht genügt (§ 10);
2. bei Verhandlungen, welche sich auf eine Musterung oder eine Eintragung in ein Seefahrtsbuch beziehen, wahre Thatsachen entstellt oder unterdrückt, oder falsche vorspiegelt, um ein Seemannsamt zu täuschen;
3. bei Todesfällen die Beschaffung und Uebergabe des vorgeschriebenen Nachweises unterläßt oder die ihm obliegende Fürsorge für den Nachlaß verabsäumt (§§ 52, 53);
4. eine der in den §§ 77 und 80 vorgeschriebenen Eintragungen in das Schiffsjournal unterläßt;
5. den ihm bei Vergehen und Verbrechen nach §§ 102 und 103 obliegenden Verpflichtungen nicht genügt;
6. dem Schiffsmann ohne dringenden Grund die Gelegenheit versagt, die Entscheidung des Seemannsamtes nachzusuchen (§§ 105, 106);
7. einem Schiffsmann grundlos Speise und Trank vorenthält;
8. es unterläßt, dafür Sorge zu tragen, daß ein Exemplar dieses Gesetzes, sowie der maaßgebenden Vorschriften über Kost und Logis im Volkslogis zugänglich ist (§ 108).

Durch die Bestimmung der Ziffer 2 wird die Vorschrift des § 271 des Strafgesetzbuchs nicht berührt.

§ 100. Die Bestimmungen der §§ 81—99 finden auch dann Anwendung, wenn die strafbaren Handlungen außerhalb des Bundesgebietes begangen sind.

Die Verjährung der Strafverfolgung beginnt in diesem Falle erst mit dem Tage, an welchem das Schiff, dem der Thäter zur Zeit der Begehung angehörte, zuerst ein Seemannsamt erreicht.

§ 101. In den Fällen der § 81 Abs. 1, § 84, 93, 99 erfolgt die Untersuchung und Entscheidung durch das Seemannsamt. Dasselbe hat den Angeschuldigten verantwortlich zu vernehmen und den Thatbestand summarisch festzustellen. Eine Vereidigung von Zeugen findet nicht statt. Nach Abschluß der Untersuchung ist ein mit Gründen versehener Bescheid zu ertheilen, welcher dem Angeschuldigten im Falle seiner Anwesenheit zu verkünden, im Falle seiner Abwesenheit in Ausfertigung zuzustellen ist. Wird eine Strafe festgesetzt, so ist die Dauer der für den Fall des Unvermögens an Stelle der Geldstrafe tretenden Haft zu bestimmen.

Gegen den Bescheid kann der Beschuldigte innerhalb einer zehntägigen Frist von der Verkündigung oder Zustellung ab auf gerichtliche Entscheidung antragen.[1] Der Antrag ist bei dem Seemannsamt zu Protokoll oder schriftlich anzubringen.

Hat das Seemannsamt seinen Sitz im Auslande, so ist für das weitere Verfahren dasjenige Gericht örtlich zuständig, in dessen Bezirk der Heimathshafen und in Ermangelung eines solchen derjenige deutsche Hafen belegen ist, welchen das Schiff nach der Straffestsetzung zuerst erreicht.

Der Bescheid des Seemannsamtes ist in Betreff der Beitreibung der Geldstrafe vorläufig vollstreckbar.

§ 102. Begeht ein Schiffsmann, während das Schiff sich auf der See oder im Auslande befindet, ein Vergehen oder Verbrechen, so hat der Schiffer unter Zuziehung von Schiffsoffizieren und anderen glaubhaften Personen alles Dasjenige genau aufzuzeichnen, was auf den Beweis der That und auf deren Bestrafung Einfluß haben kann. Insbesondere ist in den Fällen der Tödtung oder schweren Körperverletzung die Beschaffenheit der Wunden genau zu beschreiben, auch zu vermerken, wie lange der Verletzte etwa noch gelebt hat, ob und welche Heilmittel angewendet sind und welche Nahrung der Verletzte zu sich genommen hat.

§ 103. Der Schiffer ist ermächtigt, jederzeit die Effekten der Schiffsleute, welche der Betheiligung an einer strafbaren Handlung verdächtig sind, zu durchsuchen.

Der Schiffer ist ferner ermächtigt, denjenigen Schiffsmann, der sich einer mit schwerer Strafe bedrohten Handlung (§ 57, Ziffer 3) schuldig macht, festzunehmen. Er ist hierzu verpflichtet, wenn das Entweichen des Thäters zu besorgen steht.

Der Thäter ist unter Mittheilung der aufgenommenen Verhandlungen an dasjenige Seemannsamt, bei welchem es zuerst geschehen kann, abzuliefern. Wenn im Auslande das Seemannsamt aus besonderen Gründen die Uebernahme ablehnt, so hat der Schiffer die Ablieferung bei demjenigen Seemannsamt zu bewirken, bei welchem es anderweit zuerst geschehen kann.

In dringenden Fällen ist der Schiffer, wenn im Auslande ein

---

[1] **EG z. StPO 5:** die prozeßrechtlichen Vorschriften der Reichsgesetze werden durch die StPO nicht berührt. Wird in den Fällen des § 101 der Seemanns-O. gegen den Bescheid des Seemannsamtes auf gerichtliche Entscheidung angetragen, so finden auf das weitere Verfahren die §§ 455—458 der StPO. entsprechende Anwendung.

Seemannsamt nicht rechtzeitig angegangen werden kann, ermächtigt, den Thäter der fremden Behörde Behufs dessen Uebermittelung an die zuständige Behörde des Heimathshafens zu übergeben. Hiervon hat er bei demjenigen Seemannsamt, bei welchem es zuerst geschehen kann, Anzeige zu machen.

Sechster Abschnitt.

Allgemeine Bestimmungen.

§ 104. Jedes Seemannsamt ist verpflichtet, die gütliche Ausgleichung der zu seiner Kenntniß gebrachten, zwischen dem Schiffer und dem Schiffsmanne bestehenden Streitigkeiten zu versuchen. Insbesondere hat das Seemannsamt, vor welchem die Abmusterung des Schiffsmannes erfolgt, hinsichtlich solcher Streitigkeiten einen Güteversuch zu veranstalten.

§ 105. Der Schiffsmann darf den Schiffer vor einem fremden Gericht nicht belangen. Handelt er dieser Bestimmung zuwider, so ist er nicht allein für den daraus entstehenden Schaden verantwortlich, sondern er wird außerdem der bis dahin verdienten Heuer verlustig.

Er kann in Fällen, die keinen Aufschub leiden, die vorläufige Entscheidung des Seemannsamtes nachsuchen. Die Gelegenheit hierzu darf der Schiffer ohne dringenden Grund nicht versagen.

Jeder Theil hat die Entscheidung des Seemannsamtes einstweilen zu befolgen, vorbehaltlich der Befugniß, nach Beendigung der Reise seine Rechte vor der zuständigen Behörde geltend zu machen.

Im Falle eines Zwangsverkaufs des Schiffes finden die Bestimmungen des ersten Absatzes auf die Geltendmachung der Forderungen des Schiffsmanns aus dem Dienst- oder Heuervertrage keine Anwendung.

§ 106. Im Inlande wird der Streit zwischen dem Schiffer und dem Schiffsmann, welcher nach der Anmusterung über den Antritt oder die Fortsetzung des Dienstes entsteht, von dem Seemannsamt unter Vorbehalt des Rechtsweges entschieden. Die Entscheidung des Seemannsamtes ist vorläufig vollstreckbar.

§ 107. Die nach den Bestimmungen des V. Abschnittes festgesetzten oder erkannten Geldstrafen fließen der Seemannskasse und in Ermangelung einer solchen der Orts-Armenkasse des Heimathshafens des Schiffes, welchem der Thäter zur Zeit der Begehung der strafbaren Handlung angehörte, zu, insofern sie nicht im Wege der Landesgesetzgebung zu anderen ähnlichen Zwecken bestimmt werden.

§ 108. Ein Exemplar dieses Gesetzes, sowie die für das Schiff über Kost und Logis geltenden Vorschriften (§ 45) muß im Volkslogis zur jederzeitigen Einsicht der Schiffsleute vorhanden sein.

§ 109. Die Anwendung der §§ 5 bis 23 und der §§ 48 bis 52 auf kleinere Fahrzeuge (Küstenfahrer u. s. w.) kann durch Bestimmung der Landesregierungen im Verordnungswege ausgeschlossen werden.

§ 110. Dieses Gesetz tritt mit dem 1. März 1873 in Kraft. Mit demselben Tage tritt der vierte Titel des fünften Buchs des Allgemeinen Deutschen Handelsgesetzbuchs außer Kraft.

§ 111. Wenn in anderen Gesetzen auf Bestimmungen verwiesen wird, welche durch dieses Gesetz außer Kraft gesetzt sind, so treten die entsprechenden Bestimmungen des letzteren an die Stelle des ersteren.

X 2

Gesetz, betr. die Unfallversicherung der Seeleute und anderer bei der Seeschifffahrt betheiligter Personen.

Vom 13./7. 87. (RGBl 87, 329.)[1]

Wir Wilhelm, von Gottes Gnaden Deutscher Kaiser, König von Preußen 2c. verordnen im Namen des Reichs, nach erfolgter Zustimmung des Bundesraths und des Reichstags, wie folgt:

I. Allgemeine Bestimmungen.

§ 1. Personen, welche

1. auf deutschen Seefahrzeugen als Schiffer, Personen der Schiffsmannschaft, Maschinisten, Aufwärter oder in anderer Eigenschaft zur Schiffsbesatzung gehören (Seeleute), Schiffer jedoch nur, sofern sie Lohn oder Gehalt beziehen,
2. in inländischen Betrieben schwimmender Docks und ähnlicher Einrichtungen, sowie in inländischen Betrieben für die Ausübung des Lootsendienstes, für die Rettung oder Bergung von Personen oder Sachen bei Schiffbrüchen, für die Bewachung, Beleuchtung oder Instandhaltung der dem Seeverkehr dienenden Gewässer beschäftigt sind,

werden gegen die Folgen der bei dem Betriebe sich ereignenden Unfälle einschließlich derjenigen Unfälle, welche während des Betriebes in Folge von Elementarereignissen eintreten, nach Maaßgabe der Bestimmungen dieses Gesetzes versichert.

[1] Dazu V. 28./12. 87 (RGBl 537).

Seeleute (Absatz 1, Ziffer 1) unterliegen den Bestimmungen dieses Gesetzes nicht, wenn sie zur Besatzung von Fischerfahrzeugen, oder wenn sie zur Besatzung solcher Seefahrzeuge gehören, die nicht mehr als fünfzig Kubikmeter Brutto-Raumgehalt haben und dabei weder Zubehör eines größeren Fahrzeuges, noch auf Fortbewegung durch Dampf oder andere Maschinenkräfte eingerichtet sind.

Auf Personen in Seeschifffahrts- und anderen unter Absatz 1 fallenden Betrieben, welche wesentliche Bestandtheile eines der Unfallversicherung unterliegenden sonstigen Betriebes sind (vgl. § 1 Abs. 6 des Unfallversicherungsgesetzes vom 6. Juli 1884, Reichs-Gesetzbl. S. 69, sowie §§ 1 ff. des Gesetzes vom 28. Mai 1885, Reichs-Gesetzbl. S. 159), findet dieses Gesetz keine Anwendung. Von den Bestimmungen der §§ 2 ff. des gegenwärtigen Gesetzes sind ferner ausgeschlossen die im § 1 des Gesetzes, betreffend die Fürsorge für Beamte und Personen des Soldatenstandes in Folge von Betriebsunfällen, vom 15. März 1886 (Reichs-Gesetzblatt S. 53) bezeichneten Personen, Beamte, welche in Betriebsverwaltungen eines Bundesstaates oder eines Kommunalverbandes mit festem Gehalt und Pensionsberechtigung angestellt sind, sowie andere Beamte eines Bundesstaates oder Kommunalverbandes, für welche die im § 12 a. a. O. vorgesehene Fürsorge in Kraft getreten ist.

Ob ein Betrieb im Sinne dieses Gesetzes versicherungspflichtig ist, entscheidet im Zweifel nach Anhörung des Genossenschaftsvorstandes (§ 28) das Reichs-Versicherungsamt.

Durch Beschluß des Bundesraths können Personen, welche nach den Bestimmungen des Absatzes 2 von den Vorschriften dieses Gesetzes ausgeschlossen sind, für versicherungspflichtig erklärt werden.

§ 2. Als ein deutsches Seefahrzeug im Sinne dieses Gesetzes gilt jedes ausschließlich oder vorzugsweise zur Seefahrt benutzte Fahrzeug, welches unter deutscher Flagge fährt.

Als Seefahrt (Absatz 1) gilt nicht nur der Verkehr auf See außerhalb der durch § 1 der Vorschriften über die Registrirung und die Bezeichnung der Kauffahrteischiffe vom 13. November 1873 (Reichs-Gesetzbl. S. 367) festgesetzten Grenzen, sondern auch die Fahrt auf Buchten, Haffen und Watten der See, nicht aber auf anderen mit der See in Verbindung stehenden Gewässern, auch wenn sie von Seeschiffen befahren werden.

Betriebe, welche nach den vorstehenden Bestimmungen als Seeschifffahrtsbetriebe sich darstellen, scheiden, sofern sie auf Grund anderer Gesetze einer Berufsgenossenschaft bereits zugetheilt sind, aus der letzteren mit den aus § 32 des Unfallversicherungsgesetzes sich ergebenden Rechtswirkungen aus.

Rheder im Sinne dieses Gesetzes sind die Eigenthümer der unter dasselbe fallenden Fahrzeuge; sofern eine Rhederei besteht (Art. 456 des Handelsgesetzbuchs), die Rhederei.

§ 3. Die Versicherung gilt für die Zeit vom Beginn bis zur Beendigung des Dienstverhältnisses, einschließlich der Beförderung vom Lande zum Fahrzeuge und vom Fahrzeuge zum Lande. Die Versicherung erstreckt sich auf Unfälle, welche die nach § 1 versicherten Personen auf einem deutschen Seefahrzeuge, auf welchem sie beschäftigt sind, ohne zur Besatzung desselben zu gehören, bei dem Betriebe erleiden, sowie auf Unfälle, welche deutsche Seeleute bei der auf Grund des Handelsgesetzbuchs, oder der Seemannsordnung vom 27. Dezember 1872 (Reichs=Gesetzbl. S. 409), oder des Gesetzes, betreffend die Verpflichtung deutscher Kauffahrteischiffe zur Mitnahme hülfsbedürftiger Seeleute, vom 27. Dezember 1872 (Reichs=Gesetzbl. S. 432) ihnen gewährten freien Zurückbeförderung oder Mitnahme auf deutschen Seefahrzeugen erleiden. Im Falle des Flaggenwechsels gilt als Beendigung des Dienstverhältnisses der Zeitpunkt, in welchem der Versicherte seine Entlassung beanspruchen durfte.

Ausgeschlossen von der Versicherung sind Unfälle, welche der Versicherte während des Urlaubs oder während einer Zeit erleidet, in welcher er sich pflichtwidrig von Bord entfernt hatte.

§ 4. Rheder, welche nicht schon nach den Bestimmungen des § 1 versichert sind, Lootsen, welche ihr Gewerbe für eigene Rechnung betreiben, sowie die Unternehmer der übrigen nach § 1 versicherten Betriebe sind berechtigt, sich selbst oder andere in dem Betriebe beschäftigte, nach § 1 nicht versicherte Personen gegen die Folgen der bei dem Betriebe sich ereignenden Unfälle nach Maaßgabe der Vorschriften dieses Gesetzes zu versichern.

§ 5. Die Versicherung erstreckt sich auf einen Jahresarbeitsverdienst bis einschließlich zweitausend Mark. Durch das Statut (§ 20) kann die Versicherung auf einen höheren Jahresarbeitsverdienst erstreckt werden.

§ 6. Als Jahresarbeitsverdienst der zur Schiffsbesatzung gehörigen Personen gilt im Sinne dieses Gesetzes das Neunfache desjenigen vom Reichskanzler festzusetzenden Durchschnittsbetrages, welcher bei der Anmusterung oder Anwerbung durchschnittlich für den Monat an Lohn (Heuer) oder Gehalt gewährt wird, unter Hinzurechnung von zwei Fünfteln des für Vollmatrosen geltenden Durchschnittssatzes als Geldwerth der auf Seefahrzeugen gewährten Beköstigung. Für diejenigen Klassen der Schiffsbesatzung, welche neben dem Lohn oder Gehalt regelmäßige Nebeneinnahmen zu beziehen pflegen, wird bei Berechnung des Jahresarbeitsverdienstes auch der durchschnittliche Geldwerth dieser Nebeneinnahmen in Ansatz gebracht.

Der Durchschnittsbetrag wird von dem Reichskanzler nach Anhörung der Landes-Centralbehörden einheitlich für die ganze deutsche Küste festgesetzt. Der Festsetzung sind die an Vollmatrosen auf deutschen Fahrzeugen während der letztvorangegangenen drei Kalenderjahre, in welchen eine Mobilmachung deutscher Streitkräfte nicht stattgefunden hat, gewährten Lohnsätze zu Grunde zu legen. Mindestens alle fünf Jahre erfolgt eine Revision der Festsetzung.

Die Festsetzung findet für Vollmatrosen, Steuerleute, Maschinisten, sonstige Schiffsoffiziere, sowie für Schiffer besonders statt, auch können weitere Abstufungen, sei es nach der Gattung der Schiffe, sei es nach Klassen der zur Schiffsbesatzung gehörigen Personen, gemacht werden.

Bei zur Schiffsbesatzung gehörigen Personen, für welche ein besonderer Durchschnittsbetrag nicht festgesetzt ist, kommen drei Viertel des für Vollmatrosen festgesetzten Durchschnittsbetrages zur Anrechnung.

§ 7. Als Jahresarbeitsverdienst der übrigen auf Grund des § 1 versicherten Personen gilt der Verdienst, welcher von derartigen Personen im Jahre durchschnittlich erzielt wird. Dieser Durchschnittsverdienst wird von der höheren Verwaltungsbehörde des Beschäftigungsortes festgesetzt. Erreicht derselbe nicht den dreihundertfachen Betrag desjenigen Lohnes, welcher von der höheren Verwaltungsbehörde nach § 8 des Krankenversicherungsgesetzes vom 15. Juni 1883 (Reichs-Gesetzbl. S. 73) für den Ort der Beschäftigung als ortsüblicher Tagelohn gewöhnlicher Tagearbeiter festgesetzt ist, so gilt als Jahresarbeitsverdienst der letztere.

Ueber die Ermittelung des Jahresarbeitsverdienstes der nach § 4 versicherten Personen hat das Statut (§ 24) Bestimmung zu treffen.

§ 8. Gegenstand der Versicherung ist der nach Maaßgabe der nachfolgenden Bestimmungen zu bemessende Ersatz des Schadens, welcher durch Körperverletzung oder Tödtung entsteht. Der Anspruch ist ausgeschlossen, wenn der Verletzte den Betriebsunfall vorsätzlich herbeigeführt hat.

§ 9. Im Falle der Verletzung soll der Schadensersatz bestehen:

1. in den Kosten des Heilverfahrens, welche nach Beendigung der gesetzlichen Fürsorgepflicht des Rheders, oder, soweit eine solche nicht besteht, vom Beginn der vierzehnten Woche nach Eintritt des Unfalls an entstehen;

2. in einer dem Verletzten von demselben Zeitpunkte ab für die Dauer der Erwerbsunfähigkeit zu gewährenden Rente.

Die Rente beträgt:

a) im Falle völliger Erwerbsunfähigkeit für die Dauer derselben sechsundsechzigzweidrittel Prozent des nach den Bestimmungen der §§ 6 und 7 festgesetzten Jahresarbeitsverdienstes, wobei der zwölfhundert Mark jährlich übersteigende Betrag nur mit einem Drittel zur Anrechnung zu bringen ist;

b) im Falle theilweiser Erwerbsunfähigkeit für die Dauer derselben einen Bruchtheil der Rente unter a, welcher nach dem Maaße der verbliebenen Erwerbsfähigkeit zu bemessen ist.

Wenn der Verletzte zur Zeit des Unfalls bereits theilweise erwerbsunfähig war und deshalb einen geringeren als den durchschnittlichen Arbeitsverdienst bezog, so wird die Rente nur nach dem Maaße der durch den Unfall eingetretenen weiteren Schmälerung der Erwerbsfähigkeit bemessen. War der Verletzte zur Zeit des Unfalls bereits völlig erwerbsunfähig, so beschränkt sich der zu leistende Schadensersatz auf die im Absatz 1, Ziffer 1 angegebenen Kosten des Heilverfahrens.

An Stelle der vorstehend bezeichneten Leistungen kann bis zur Beendigung des Heilverfahrens freie Kur und Verpflegung in einem Krankenhause gewährt werden, und zwar:

I. für Verunglückte, welche bei einem Mitgliede ihrer Familie wohnen, mit ihrer Zustimmung oder unabhängig von derselben, wenn die Art der Verletzung Anforderungen an die Behandlung und Verpflegung stellt, denen in der Familie nicht genügt werden kann;

II. für sonstige Verunglückte in allen Fällen.

Mit Zustimmung des Verunglückten kann an Stelle der freien Kur und Verpflegung in einem Krankenhause freie Kur und Verpflegung an Bord eines Fahrzeuges gewährt werden.

Für die Zeit der Unterbringung des Verunglückten in einem Krankenhause oder an Bord eines Fahrzeuges steht seinen Angehörigen ein Anspruch auf Rente in so weit zu, als sie dieselbe im Falle des Todes des Verletzten würden beanspruchen können (§ 13).

§ 10. Den unter § 1 fallenden Personen, welche nach den Bestimmungen des Krankenversicherungsgesetzes gegen Krankheit versichert sind, ist im Falle eines Betriebsunfalls vom Beginn der fünften bis zum Ablauf der dreizehnten Woche nach dem Eintritt des Unfalls ein Krankengeld von mindestens zwei Dritteln des bei der Berechnung desselben zu Grunde gelegten Arbeitslohnes zu gewähren. Die Differenz zwischen diesen zwei Dritteln und dem gesetzlich oder statutengemäß zu gewährenden niedrigeren Krankengeld ist der betheiligten Krankenkasse (Gemeindekrankenversicherung) von dem Unternehmer desjenigen Betriebes zu erstatten, in welchem der Unfall sich ereignet hat. Die zur Ausführung dieser Bestimmung erforderlichen Vorschriften erläßt das Reichs-Versicherungsamt.

Den nach § 1 versicherten Personen, welchen in Krankheitsfällen ein gesetzlicher Anspruch auf Krankenfürsorge weder gegen Rheder noch gegen Krankenkassen zusteht, hat in Fällen ihrer durch einen Betriebsunfall herbeigeführten Verletzung der Betriebsunternehmer während der ersten dreizehn Wochen nach Eintritt des Unfalls aus eigenen Mitteln Fürsorge zu gewähren. Das Maaß dieser Fürsorge richtet sich bei Seeleuten nach den Bestimmungen der Artikel 523 ff. des Handelsgesetzbuchs und der §§ 48 ff. der Seemannsordnung, bei den sonstigen nach § 1 versicherten Personen nach den Bestimmungen der §§ 6 und 7 des Krankenversicherungsgesetzes und den Bestimmungen des vorstehenden Absatzes über den bei Unfällen zu gewährenden Mehrbetrag des Krankengeldes.

§ 11. Die Berufsgenossenschaft (§ 16) ist befugt, in einzelnen Fällen die den Krankenkassen und Betriebsunternehmern während der ersten Wochen nach dem Unfalle obliegenden Leistungen ganz oder zum Theil selbst zu übernehmen.

Die Berufsgenossenschaft ist ferner befugt, gegen Erstattung der Kosten demjenigen Betriebsunternehmer, welchem die Fürsorge für die ersten Wochen nach dem Unfalle obliegt, oder derjenigen Krankenkasse, welcher der Verletzte angehört, die Fürsorge für den Verletzten bis zur Beendigung des Heilverfahrens zu übertragen.

In diesen Fällen gilt als Ersatz der freien ärztlichen Behandlung und Arznei für die Dauer eines Jahres der vierte Theil des Jahresarbeitsverdienstes (§§ 6 und 7) mit der im § 9 Absatz 2 lit. a vorgesehenen Kürzung, falls nicht höhere Aufwendungen nachgewiesen werden.

§ 12. Streitigkeiten, welche wegen Gewährung freier Kur und Verpflegung in einem Krankenhause oder an Bord eines Fahrzeuges (§ 9 Absatz 4) im Auslande entstehen, werden bis zu weiterer Entschließung der zuständigen Genossenschaftsorgane durch dasjenige Seemannsamt, welches zuerst angegangen wird, entschieden. Diese Entscheidung ist vorläufig vollstreckbar.

Streitigkeiten, welche aus Anlaß der in den §§ 10 und 11 enthaltenen Bestimmungen entstehen, werden, so weit es sich um Ansprüche von Seeleuten handelt, durch das Seemannsamt, im Uebrigen nach § 58 des Krankenversicherungsgesetzes entschieden. Zuständig ist bezüglich der Seeleute, so weit es sich um die Gewährung von

Fürsorge handelt, dasjenige Seemannsamt, welches zuerst angegangen wird und, so weit es sich um Erstattungen handelt, das Seemannsamt des Heimathshafens. In den nach § 58 a. a. O. zu behandelnden Fällen entscheidet in erster Instanz die für die Ortskrankenkasse des Beschäftigungsortes zuständige Aufsichtsbehörde.

Gegen die Entscheidung eines Seemannsamts findet in den Fällen des Absatzes 2 die Berufung an das Reichs-Versicherungsamt statt. Das Rechtsmittel ist bei demselben binnen vier Wochen nach Zustellung der Entscheidung einzulegen. Die Entscheidung ist vorläufig vollstreckbar, so weit es sich um Streitigkeiten über Fürsorge handelt.

§ 13. Im Falle der Tödtung ist als Schadensersatz außerdem zu leisten:

1. sofern nicht nach Artikel 524 des Handelsgesetzbuchs oder § 51 der Seemannsordnung der Rheder die Bestattungskosten zu tragen hat, und sofern die Bestattung auf dem Lande erfolgt, als Ersatz der Beerdigungskosten für Seeleute zwei Drittel des nach § 6 für den Monat ermittelten Durchschnittsverdienstes, für die übrigen nach § 1 versicherten Personen der fünfzehnte Theil des nach § 7 für das Jahr ermittelten Durchschnittsverdienstes, jedoch mindestens dreißig Mark;
2. eine den Hinterbliebenen des Getödteten vom Todestage ab zu gewährende Rente, bei deren Berechnung der nach den Vorschriften der §§ 6 und 7 zu bemessende Jahresarbeitsverdienst mit der im § 9 Absatz 2 lit. a vorgesehenen Kürzung und mit der Maaßgabe zu Grunde zu legen ist, daß in den Fällen des § 6 die dort vorgesehenen zwei Fünftel für Beköstigung außer Ansatz bleiben.

Die Rente beträgt:

a) für die Wittwe des Getödteten bis zu deren Tode oder Wiederverheirathung zwanzig Prozent, für jedes hinterbliebene vaterlose Kind bis zu dessen zurückgelegtem fünfzehnten Lebensjahre fünfzehn Prozent und, wenn das Kind auch mutterlos ist oder wird, zwanzig Prozent des Jahresarbeitsverdienstes.

Die Renten der Wittwen und der Kinder dürfen zusammen sechzig Prozent des Jahresarbeitsverdienstes nicht übersteigen; ergiebt sich ein höherer Betrag, so werden die einzelnen Renten in gleichem Verhältnisse gekürzt.

Im Falle der Wiederverheirathung erhält die Wittwe den dreifachen Betrag ihrer Jahresrente als Abfindung.

Der Anspruch der Wittwe ist ausgeschlossen, wenn die Ehe erst nach dem Unfalle geschlossen worden ist;

b) für Aszendenten des Verstorbenen, wenn dieser ihr einziger Ernährer war, für die Zeit bis zu ihrem Tode oder bis zum Wegfalle der Bedürftigkeit zwanzig Prozent des Jahresarbeitsverdienstes.

Wenn mehrere der unter b benannten Berechtigten vorhanden sind, so wird die Rente den Eltern vor den Großeltern gewährt.

Wenn die unter b bezeichneten mit den unter a bezeichneten Berechtigten konkurriren, so haben die ersteren einen Anspruch nur, so weit für die letzteren der Höchstbetrag der Rente nicht in Anspruch genommen wird.

Die Hinterbliebenen eines Ausländers haben einen Anspruch auf Rente nur, wenn sie zur Zeit des Unfalls im Inlande wohnen.

Der Anspruch auf Beerdigungskosten steht Demjenigen zu, welcher die Beerdigung besorgt hat.

§ 14. Den im § 13 aufgeführten Angehörigen eines Versicherten, welcher sich auf einem in See gegangenen Fahrzeuge befunden hat, steht der Anspruch auf Rente (§ 13) auch dann zu, wenn dieses Fahrzeug untergegangen oder nach den Bestimmungen der Artikel 866, 867 des Handelsgesetzbuchs als verschollen anzusehen ist, und seit dem Untergange beziehungsweise seit den letzten Nachrichten von dem Fahrzeuge ein Jahr verflossen ist, ohne daß von dem Leben des Vermißten glaubhafte Nachrichten eingegangen sind. Die Genossenschaft kann von dem zum Bezuge von Renten berechtigten Hinterbliebenen verlangen, daß sie vor einer zur Abnahme von Eiden zuständigen Behörde die eidesstattliche Versicherung abgeben, von dem Leben des Vermißten keine anderen als die angezeigten Nachrichten erhalten zu haben.

Die Zahlung der Rente beginnt in den Fällen dieser Art mit dem Tage, an welchem das Fahrzeug untergegangen ist, oder, wenn das Fahrzeug verschollen war, nach Ablauf eines halben Monats von dem Tage ab, bis zu welchem die letzte Nachricht über das Fahrzeug reicht (§ 42 der Seemannsordnung). Der Anspruch auf fernere Rentenbezüge erlischt, wenn das Leben des als verstorben geltenden Ernährers nachgewiesen ist.

§ 15. Die Verpflichtung von Unterstützungskassen, verletzten Seeleuten, sowie deren Angehörigen und Hinterbliebenen Unterstützungen zu gewähren, sowie die Verpflichtung von Gemeinden und Armenverbänden zur Unterstützung hülfsbedürftiger Personen wird durch dieses Gesetz nicht berührt. So weit auf Grund solcher Verpflichtung Unterstützungen in Fällen gewährt worden sind, in welchen dem Unterstützten nach Maaßgabe dieses Gesetzes ein Entschädigungsanspruch zusteht, geht der letztere bis zum Betrage der geleisteten Unterstützung auf die Kassen, die Gemeinden oder Armenverbände über, von welchen die Unterstützung gewährt worden ist.

§ 16. Die Versicherung erfolgt auf Gegenseitigkeit durch die Unternehmer der unter § 1 fallenden Betriebe, welche zu diesem Zweck in eine Berufsgenossenschaft vereinigt werden.

Als Unternehmer gilt Derjenige, für dessen Rechnung der Betrieb erfolgt, bei Schifffahrtsbetrieben der Rheder (§ 2 Absatz 4).

Die Berufsgenossenschaft kann unter ihrem Namen Rechte erwerben und Verbindlichkeiten eingehen, vor Gericht klagen und verklagt werden.

Für die Verbindlichkeiten der Berufsgenossenschaft haftet den Gläubigern derselben nur das Genossenschaftsvermögen.

§ 17. Für jedes Fahrzeug hat der Rheder in dem Heimathshafen einen Bevollmächtigten zu bestellen, falls er nicht selbst an diesem Orte seinen Wohnsitz hat. Mitrheder sind zur Bestellung eines gemeinschaftlichen Bevollmächtigten auch dann verpflichtet, wenn sie sämmtlich in dem Heimathshafen des Fahrzeuges ihren Wohnsitz haben. Der Name des Bevollmächtigten sowie etwaige Veränderungen in der Person desselben sind der Berufsgenossenschaft mitzutheilen.

Der Bevollmächtigte ist befugt und verpflichtet, den Rheder in dessen Eigenschaft als Mitglied der Genossenschaft dieser letzteren gegenüber gerichtlich und außergerichtlich zu vertreten. Diese Befugniß und Verpflichtung erstreckt sich auch auf die Geschäfte und Rechtshandlungen, für welche nach den Gesetzen eine Spezialvollmacht erforderlich ist. Zustellungen in Angelegenheiten der Genossenschaft erfolgen an den Bevollmächtigten mit gleicher Wirkung, wie an den Rheder selbst. Eine Beschränkung der Befugnisse des Bevollmächtigten hat der Genossenschaft gegenüber keine rechtliche Wirkung.

Bis zur Mittheilung des Namens des Bevollmächtigten oder, im Falle eines Wegfalls des letzteren, bis zur Mittheilung des Namens des anderweit bestellten Bevollmächtigten, ruhen das Stimmrecht und die Wählbarkeit des Rheders. Bis dahin wird derselbe zu der Generalversammlung und zu den Genossenschaftsversammlungen nicht geladen; auch können Zustellungen an ihn in Angelegenheiten der Genossenschaft durch öffentlichen Aushang während einer Woche in den Geschäftsräumen der zustellenden Genossenschaftsorgane oder Behörden bewirkt werden. In dem Aushang kann der Name des Rheders, sofern derselbe nicht bekannt sein sollte, durch Bezeichnung des Fahrzeuges ersetzt werden. Durch das Statut können weitere Beschränkungen des Rheders in der Ausübung derjenigen Rechte vorgeschrieben werden, welche ihm als Mitglied der Genossenschaft im Verhältnisse zu dieser zustehen.

Ein von den Mitrhedern bestellter Korrespondentrheder (Art. 459 ff. des Handelsgesetzbuchs) gilt, so lange kein besonderer Bevollmächtigter bestellt ist, der Genossenschaft gegenüber als Bevollmächtigter im Sinne der vorstehenden Bestimmungen, Insbesondere hat derselbe alle dem Bevollmächtigten im Verhältnisse zu der Genossenschaft vorstehend beigelegten Rechte und Pflichten.

§ 18. Die Mittel zur Deckung der von der Berufsgenossenschaft zu leistenden Entschädigungsbeträge und der Verwaltungskosten werden durch Beiträge aufgebracht, welche auf die Mitglieder der Berufsgenossenschaft jährlich umgelegt werden (§ 79).

Zu anderen Zwecken, als zur Deckung der Kosten für die der Genossenschaft obliegende Fürsorge, zur Bestreitung der Verwaltungskosten, zur Gewährung von Prämien für Rettung Verunglückter und für Abwendung von Unglücksfällen, sowie zur Ansammlung des Reservefonds dürfen weder Beiträge von Genossenschaftsmitgliedern erhoben werden, noch Verwendungen aus dem Vermögen der Genossenschaft erfolgen.

Behufs Bestreitung der Verwaltungskosten kann die Berufsgenossenschaft von den Mitgliedern einen Beitrag auf ein Jahr im Voraus erheben. Die Aufbringung der hierzu erforderlichen Mittel erfolgt vorschußweise, und zwar, falls das Statut hierüber nichts Anderes bestimmt, von den Seeschifffahrtsbetrieben nach dem Brutto-Raumgehalt der Fahrzeuge, von den übrigen auf Grund des § 1 versicherten Betrieben nach der Zahl der in denselben regelmäßig beschäftigten versicherten Personen (§ 22) dergestalt, daß für je zwei Personen derjenige Betrag zu entrichten ist, welcher auf Seefahrzeuge des geringsten, fünfzig Kubikmeter übersteigenden Brutto-Raumgehalts entfällt.

§ 19. Die Berufsgenossenschaft hat einen Reservefonds anzusammeln. An Zuschlägen zur Bildung desselben sind bei der erstmaligen Umlegung der Entschädigungsbeträge dreihundert Prozent, bei der zweiten zweihundert, bei der dritten einhundertundfünfzig, bei der vierten einhundert, bei der fünften achtzig, bei der sechsten sechzig und von da an bis zur elften Umlegung jedesmal zehn Prozent weniger als Zuschlag zu den Entschädigungsbeträgen zu erheben. Nach Ablauf der ersten elf Jahre sind die Zinsen des Reservefonds dem letzteren so lange weiter zuzuschlagen, bis dieser den doppelten Jahresbedarf erreicht hat. Ist das letztere der Fall, so können die Zinsen in so weit, als der Bestand des Reservefonds den laufenden doppelten Jahresbedarf übersteigt, zur Deckung der Genossenschaftslasten verwendet werden.

Auf Antrag des Genossenschaftsvorstandes kann die Genossenschaftsversammlung jederzeit weitere Zuschläge zum Reservefonds beschließen, sowie bestimmen, daß derselbe über den doppelten Jahresbedarf erhöht werde. Derartige Beschlüsse bedürfen der Genehmigung des Reichs-Versicherungsamts.

In dringenden Bedarfsfällen kann die Genossenschaft mit Genehmigung des Reichs-Versicherungsamts schon vorher die Zinsen und erforderlichenfalls auch den Kapitalbestand des Reservefonds angreifen. Die Wiederergänzung erfolgt alsdann nach näherer Anordnung des Reichs-Versicherungsamts.

II. Statut der Berufsgenossenschaft. Genossenschaftsvorstand.

§ 20. Die Berufsgenossenschaft (§ 16) regelt ihre innere Verwaltung sowie ihre Geschäftsordnung durch ein von der Generalversammlung ihrer Mitglieder zu beschließendes Statut.

§ 21. Die Eigenthümer der unter § 1 fallenden, in das Schiffsregister nicht eingetragenen Fahrzeuge sind verpflichtet, binnen einer von dem Reichs-Versicherungsamt zu bestimmenden und öffentlich bekannt zu machenden Frist den Meßbrief der Ortspolizeibehörde des Heimathshafens einzureichen. Letztere hat der zur Führung der Schiffsregister zuständigen Behörde ein Verzeichniß der in ihrem Bezirke vorhandenen, in das Schiffsregister nicht eingetragenen Fahrzeuge einzusenden, aus welchem der Name und Wohnort des Rheders und Korrespondentrheders (§ 17), die Gattung, der Heimathshafen, der Brutto-Raumgehalt und die durchschnittliche Bemannung eines jeden Fahrzeuges ersichtlich wird.

Die in das Verzeichniß einzutragenden Angaben hat die Ortspolizeibehörde, wenn der Meßbrief nicht eingereicht ist, und soweit sich dieselben aus dem Meßbrief nicht ergeben, nach ihrer Kenntniß der Verhältnisse zu ergänzen. Sie ist befugt, die Rheder der nicht registrirten Fahrzeuge zu einer Auskunft darüber innerhalb einer zu bestimmenden Frist durch Geldstrafen im Betrage bis zu einhundert Mark anzuhalten.

Die Registerbehörde prüft das Verzeichniß und berichtigt dasselbe, sofern es Fahrzeuge enthält, welche in dem von ihr geführten Register eingetragen sind. Sie sendet das Verzeichniß mit einer

Nachweisung derjenigen Seefahrzeuge, welche seit dem 1. Januar des betreffenden Jahres in das Schiffsregister neu eingetragen sind, an das Reichs-Versicherungsamt ein.

§ 22. Die Unternehmer der unter § 1 fallenden Betriebe, welche nicht Seeschifffahrtsbetriebe sind, haben binnen der im § 21 Absatz 1 bezeichneten Frist die Zahl der in ihrem Betriebe durchschnittlich beschäftigten versicherten Personen bei der unteren Verwaltungsbehörde anzumelden.

Für diejenigen Betriebe, für welche diese Anmeldung nicht rechtzeitig erfolgt, hat die untere Verwaltungsbehörde die Angaben nach ihrer Kenntniß der Verhältnisse zu ergänzen. Sie ist befugt, säumige Unternehmer zu einer Auskunft darüber innerhalb einer zu bestimmenden Frist durch Geldstrafen im Betrage bis zu einhundert Mark anzuhalten.

Die untere Verwaltungsbehörde hat ein Verzeichniß dieser Betriebe, aus welchem die Zahl der darin beschäftigten Personen ersichtlich sein muß, aufzustellen und durch Vermittelung der höheren Verwaltungsbehörde dem Reichs-Versicherungsamt einzureichen.

§ 23. Zur Wahl eines provisorischen Genossenschaftsvorstandes und zur Beschlußfassung über das Statut werden die Betriebsunternehmer von dem Reichs-Versicherungsamt unter Angabe der ihnen zustehenden Stimmenzahl zu einer Generalversammlung (konstituirenden Genossenschaftsversammlung) schriftlich geladen. Für die Ladungen sind die Angaben des neuesten Handbuchs für die deutsche Handelsmarine sowie die Verzeichnisse (§§ 21 und 22) maaßgebend.

Die Schiffseigenthümer führen für je zwei Mann der aus dem neuesten Handbuch für die deutsche Handelsmarine sich ergebenden Besatzung eine Stimme. Für jedes Fahrzeug, welches nicht in dem Handbuch für die deutsche Handelsmarine verzeichnet ist, führt der Eigenthümer je eine Stimme. Andere Betriebsunternehmer führen für je zwei versicherte Personen eine Stimme.

Abwesende können sich durch Berufsgenossen, durch ihren Bevollmächtigten oder Korrespondentrheder (§ 17) vertreten lassen. Mehr als ein Drittel sämmtlicher vertretenen Stimmen und mehr als 500 Stimmen dürfen in einer Person nicht vereinigt werden.

Die Generalversammlung findet in Gegenwart eines Vertreters des Reichs-Versicherungsamts statt, welcher dieselbe zu eröffnen, die Wahl des aus einem Vorsitzenden, zwei Schriftführern und mindestens zwei Beisitzern bestehenden provisorischen Genossenschaftsvorstandes herbeizuführen und, bis dieselbe erfolgt ist, die Verhandlungen zu leiten hat. Der Vertreter des Reichs-Versicherungsamts muß auf sein Verlangen jederzeit gehört werden. Bis zur Uebernahme der Geschäfte durch den auf Grund des Statuts gewählten Vorstand hat demnächst der provisorische Genossenschaftsvorstand die Genossenschaftsversammlungen zu leiten und die Geschäfte der Genossenschaft zu führen.

Ueber die Verhandlungen ist ein Protokoll aufzunehmen, welches die gestellten Anträge und die gestellten Beschlüsse enthalten muß. Das Protokoll ist innerhalb einer Woche nach der Generalversammlung durch den provisorischen Genossenschaftsvorstand dem Reichs-Versicherungsamt einzureichen.

Die Beschlüsse der Generalversammlung werden nach Stimmenmehrheit gefaßt. Bei Stimmengleichheit giebt die Stimme des Vorsitzenden den Ausschlag.

§ 24. Das Genossenschaftsstatut muß Bestimmungen treffen:

1. über Namen und Sitz der Genossenschaft;
2. über die Bildung des Genossenschaftsvorstandes und über den Umfang seiner Befugnisse;
3. über die Berufung der Genossenschaftsversammlung, sowie über die Art ihrer Beschlußfassung;
4. über das Stimmrecht der Mitglieder der Genossenschaft (§ 43 Absatz 3) und die Prüfung ihrer Vollmachten;
5. über das bei der Abschätzung der Seefahrzeuge (§ 34) zu beobachtende Verfahren (§ 37);
6. über das Verfahren bei Aenderungen in den Betrieben oder in der Person der Rheder (§§ 45 bis 47);
7. über die Folgen der Betriebseinstellungen, insbesondere über die Sicherstellung der Beiträge derjenigen Personen, welche den Betrieb einstellen;
8. über die den Vertretern der Versicherten zu gewährenden Vergütungssätze (§§ 54, 91);
9. über die Aufstellung, Prüfung und Abnahme der Jahresrechnung;
10. über die Ausübung der der Genossenschaft zustehenden Befugnisse zum Erlaß von Vorschriften behufs der Unfallverhütung und zur Ueberwachung der Betriebe (§§ 90 ff.);
11. über das bei der Anmeldung und dem Ausscheiden der auf Grund des § 4 versicherten Personen zu beobachtende Verfahren, sowie über die Ermittelung des Jahresarbeitsverdienstes dieser Personen (§ 7);
12. über die Voraussetzungen einer Abänderung des Statuts.

§ 25. Das Statut kann vorschreiben, daß die Genossenschaftsversammlung aus Vertretern zusammengesetzt, daß die Berufsgenossenschaft in örtlich abgegrenzte Sektionen eingetheilt wird und daß Vertrauensmänner als örtliche Genossenschaftsorgane eingesetzt werden. Enthält dasselbe Vorschriften dieser Art, so ist darin zugleich über die Wahl der Vertreter, über Sitz und Bezirk der Sektionen, über die Zusammensetzung und Berufung der Sektionsversammlungen, sowie über die Art ihrer Beschlußfassung, über die Bildung der Sektionsvorstände und über den Umfang ihrer Befugnisse, sowie über die Abgrenzung der Bezirke der Vertrauensmänner, die Wahl der letzteren und ihrer Stellvertreter und den Umfang ihrer Befugnisse Bestimmung zu treffen.

Die Abgrenzung der Bezirke der Vertrauensmänner, sowie die Wahl der letzteren und ihrer Stellvertreter kann von der Genossenschafsversammlung dem Genossenschafts- oder Sektionsvorstande, die Wahl der Sektionsvorstände den Sektionsversammlungen übertragen werden.

§ 26. Das Genossenschaftsstatut bedarf zu seiner Gültigkeit der Genehmigung des Reichs-Versicherungsamts.

Gegen die Entscheidung desselben, durch welche die Genehmigung versagt wird, findet binnen einer Frist von vier Wochen nach der Zustellung an den provisorischen Genossenschaftsvorstand (§ 23) die Beschwerde an den Bundesrath statt.

Wird innerhalb dieser Frist Beschwerde nicht eingelegt oder wird die Versagung der Genehmigung des Statuts vom Bundesrath aufrecht erhalten, so hat das Reichs-Versicherungsamt innerhalb vier Wochen die Mitglieder der Genossenschaft zu einer neuen Genossenschaftsversammlung Behufs anderweiter Beschlußfassung über das Statut in Gemäßheit des § 23 zu laden. Wird auch dem von dieser Versammlung beschlossenen Statut die Genehmigung endgültig versagt, so wird ein solches von dem Reichs-Versicherungsamt erlassen.

Abänderungen des Statuts bedürfen der Genehmigung des Reichs-Versicherungsamts. Gegen deren Versagung findet binnen einer Frist von vier Wochen die Beschwerde an den Bundesrath statt.

§ 27. Nach endgültiger Feststellung des Statuts hat der Genossenschaftsvorstand durch den Reichsanzeiger bekannt zu machen:

1. den Namen und den Sitz der Genossenschaft,
2. die Bezirke der Sektionen und der Vertrauensmänner,
3. die Zusammensetzung des Genossenschaftsvorstandes und der Sektionsvorstände, sowie die Namen der Vertrauensmänner und ihrer Stellvertreter.

Etwaige Aenderungen sind in gleicher Weise zur öffentlichen Kenntniß zu bringen.

§ 28. Dem Genossenschaftsvorstande liegt die gesammte Verwaltung der Genossenschaft ob, soweit nicht einzelne Angelegenheiten durch Gesetz oder Statut der Beschlußnahme der Genossenschaftsversammlung vorbehalten oder anderen Organen der Genossenschaft übertragen sind.

Die Beschlußfassung der Vorstände kann in eiligen Fällen durch schriftliche Abstimmung erfolgen.

Der Beschlußnahme der Genossenschaftsversammlung müssen vorbehalten werden:

1. die Wahl der Mitglieder des Genossenschaftsvorstandes,
2. Abänderungen des Statuts,
3. die Prüfung und Abnahme der Jahresrechnung, falls diese nicht einem Ausschusse der Genossenschaftsversammlung übertragen wird.

§ 29. Die Genossenschaft wird durch ihren Vorstand gerichtlich und außergerichtlich vertreten. Die Vertretung erstreckt sich auch auf diejenigen Geschäfte und Rechtshandlungen, für welche nach den Gesetzen eine Spezialvollmacht erforderlich ist. Durch das Statut kann einem Mitgliede oder mehreren Mitgliedern des Vorstandes die Vertretung nach außen übertragen werden.

Durch die Geschäfte, welche der Vorstand der Genossenschaft und die Vorstände der Sektionen, sowie die Vertrauensmänner innerhalb der Grenzen ihrer gesetzlichen und statutarischen Vollmacht im Namen der Genossenschaft abschließen, wird die letztere berechtigt und verpflichtet.

Zur Legitimation der Vorstände bei Rechtsgeschäften genügt die Bescheinigung der höheren Verwaltungsbehörde, daß die darin bezeichneten Personen den Vorstand bilden.

§ 30. Wählbar zu Mitgliedern der Vorstände und zu Vertrauensmännern sind nur die stimmberechtigten Mitglieder der Genossenschaft beziehungsweise deren gesetzliche Vertreter. Nicht wählbar ist, wer durch gerichtliche Anordnung in der Verfügung über sein Vermögen beschränkt ist.

Die Ablehnung der Wahl ist nur aus denselben Gründen zulässig, aus welchen das Amt eines Vormundes abgelehnt werden kann. Eine Wiederwahl kann abgelehnt werden.

Genossenschaftsmitglieder, welche eine Wahl ohne solchen Grund ablehnen, können auf Beschluß der Genossenschaftsversammlung für die Dauer der Wahlperiode zu erhöhten Beiträgen bis zum doppelten Betrage herangezogen werden.

Das Statut kann bestimmen, daß die Bevollmächtigten der Rheder, sowie die Korrespondentrheder (§ 17) zu Mitgliedern der Vorstände und zu Vertrauensmännern gewählt werden können.

§ 31. Die Mitglieder der Vorstände und die Vertrauensmänner verwalten ihr Amt als unentgeltliches Ehrenamt, sofern nicht durch das Statut eine Entschädigung für den durch Wahrnehmung der Genossenschaftsgeschäfte ihnen erwachsenden Zeitverlust bestimmt wird. Baare Auslagen werden ihnen von der Genossenschaft ersetzt, und zwar, soweit sie in Reisekosten bestehen, nach festen, von der Genossenschaftsversammlung zu bestimmenden Sätzen.

§ 32. Die Mitglieder der Vorstände, sowie die Vertrauensmänner haften der Genossenschaft für getreue Geschäftsverwaltung, wie Vormünder ihren Mündeln.

Mitglieder der Vorstände, sowie Vertrauensmänner, welche absichtlich zum Nachtheil der Genossenschaft handeln, unterliegen der Strafbestimmung des § 366 des Strafgesetzbuchs.

§ 33. So lange die Wahl der gesetzlichen Organe der Genossenschaft nicht zu Stande kommt, so lange ferner diese Organe die Erfüllung ihrer gesetzlichen oder statutarischen Obliegenheiten verweigern, hat das Reichs-Versicherungsamt die letzteren auf Kosten der Genossenschaft wahrzunehmen oder durch Beauftragte wahrnehmen zu lassen.

§ 34. Für jedes Fahrzeug wird die durchschnittliche Zahl derjenigen Seeleute abgeschätzt, welche als Besatzung desselben erforderlich sind. Die Abschätzung erfolgt auf Grund des Handbuchs für die deutsche Handelsmarine und der Verzeichnisse (§§ 21 und 22) nach Klassen (§ 6).

§ 35. Durch das Statut kann bestimmt werden, daß für die zur Genossenschaft gehörigen Betriebe je nach der Größe der mit denselben verbundenen Unfallgefahr entsprechende Gefahrenklassen zu bilden und über die Höhe der in denselben zu leistenden Beiträge Bestimmungen zu treffen sind (Gefahrentarif). Wenn das Statut solche Bestimmungen enthält, so muß dasselbe auch über das bei der Veranlassung zu den Klassen des Gefahrentarifs einzuschlagende Verfahren Vorschriften treffen. Die Aufstellung und Abänderung des Gefahrentarifs liegt der Genossenschaftsversammlung ob. Dieselbe kann jedoch diese Befugnisse einem Ausschusse oder dem Vorstande übertragen.

§ 36. Der Gefahrentarif bedarf der Genehmigung des Reichs-Versicherungsamts.

Derselbe ist nach Ablauf von längstens zwei Rechnungsjahren und sodann mindestens von fünf zu fünf Rechnungsjahren unter Berücksichtigung der vorgekommenen Unfälle durch den Genossenschaftsvorstand einer Revision zu unterziehen. Ist die Abänderung des Tarifs dem Vorstande nicht übertragen, so hat dieser die Ergebnisse der Revision mit dem Verzeichnisse der vorgekommenen, auf Grund dieses Gesetzes zu entschädigenden Unfälle der Genossenschaftsversammlung oder, sofern ein Ausschuß zuständig ist, dem letzteren zur Beschlußfassung über die Beibehaltung oder Aenderung der bisherigen Tarife und Bestimmungen vorzulegen (§ 35). Die über die Abänderung gefaßten Beschlüsse bedürfen zu ihrer Gültigkeit der Genehmigung des Reichs-Versicherungsamts; demselben ist das Verzeichniß der vorgekommenen Unfälle vorzulegen.

§ 37. Die Abschätzung der Fahrzeuge (§ 34) sowie die Veranlagung der Betriebe zu den Gefahrenklassen (§ 35) liegt nach näherer Bestimmung des Statuts den Organen der Genossenschaft ob.

Die Organe der Berufsgenossenschaft sind jederzeit berechtigt, die Abschätzung und Veranlagung einer Revision zu unterziehen.

Regelmäßige Revisionen derselben finden in denjenigen Terminen statt, in welchen der Gefahrentarif zu revidiren ist (§ 36). Hierbei ist in derselben Weise, wie bei der ersten Abschätzung und Veranlagung zu verfahren.

Die Mitglieder der Genossenschaft sind verpflichtet, den Organen derselben auf Erfordern binnen zwei Wochen diejenige Auskunft zu ertheilen, welche für die Durchführung der Abschätzung oder Veranlagung erforderlich ist. Dasselbe gilt von den Korrespondentrhedern und Bevollmächtigten (§ 17) sowie von dem Führer des betreffenden Fahrzeuges.

§ 38. Jedem Mitgliede der Genossenschaft ist, sofern eine Veranlagung zu Gefahrenklassen stattgefunden hat, diese Veranlagung (§ 37), jedem Rheder aber das Ergebniß der Abschätzung seiner Schifffahrtsbetriebe (§ 34) mitzutheilen. Gegen die Veranlagung beziehungsweise Abschätzung steht den Betheiligten binnen einer Frist von zwei Wochen nach der Mittheilung des Ergebnisses die Beschwerde an das Reichs-Versicherungsamt zu.

§ 39. Die Genossenschaftsversammlung kann auf Antrag des Vorstandes einzelnen Unternehmern nach Maaßgabe der auf ihren Fahrzeugen vorgekommenen Unfälle für die nächste Periode (§ 36) oder einen Theil derselben Zuschläge auferlegen oder Nachlässe bewilligen. Gegen die Auferlegung von Zuschlägen steht dem Unternehmer binnen zwei Wochen nach der Zustellung des dieselben festsetzenden Beschlusses die Beschwerde an das Reichs-Versicherungsamt zu.

§ 40. Durch das Statut kann bestimmt werden, daß bei besonders gefährlicher Ladung, oder bei Reisen in besonders gefährlichen Gewässern oder Jahreszeiten für die Dauer dieser Reisen höhere Beiträge zu zahlen sind. Wenn das Statut eine solche Bestimmung enthält, so hat die Genossenschaftsversammlung über die Grundsätze, nach welchen die Beitragserhöhungen erfolgen sollen, sowie über die Anmeldung und Feststellung derjenigen Thatsachen, welche für die Auferlegung der Beitragserhöhung von Erheblichkeit sind, Vorschriften zu erlassen.

Durch Beschluß der Genossenschaftsversammlung kann der Erlaß dieser Vorschriften einem Ausschusse oder dem Vorstande übertragen werden.

Die Vorschriften bedürfen der Genehmigung des Reichs-Versicherungsamts und sind von Zeit zu Zeit zu revidiren. Auf die Revision finden die Bestimmungen des § 36 entsprechende Anwendung.

§ 41. Die Erhöhung der Beiträge für einzelne Reisen erfolgt nach näherer Bestimmung des Statuts durch die Organe der Genossenschaft nach Verhältniß der in jedem Rechnungsjahre zurückgelegten Reisen. Die Mitglieder der Genossenschaft, Korrespondentrheder und Bevollmächtigten, sowie die Schiffsführer sind nach Maaßgabe des § 37 Absatz 4 verpflichtet, den Organen der Genossenschaft die für die Erhöhung der Beiträge erforderliche Auskunft zu ertheilen.

Die Auferlegung höherer Beiträge für einzelne Reisen kann im Wege des Widerspruchs gegen die Festsetzung der Beiträge angefochten werden (§ 83); die vorläufige Zahlung wird aber dadurch nicht aufgehalten.

§ 42. Wenn die Berufsgenossenschaft zur Erfüllung der ihr durch dieses Gesetz auferlegten Verpflichtungen leistungsunfähig wird, so ist sie auf Antrag des Reichs-Versicherungsamts von dem Bundesrath aufzulösen. Mit der Auflösung der Genossenschaft gehen deren bisher erwachsene Rechtsansprüche und Verpflichtungen auf das Reich über; die Abwickelung der Geschäfte erfolgt durch die Organe der aufgelösten Genossenschaft unter Kontrole des Reichs-Versicherungsamts.

III. Mitgliedschaft des einzelnen Betriebes. Veränderungen.

§ 43. Mitglied der Genossenschaft ist vorbehaltlich der Bestimmungen des § 102 jeder Unternehmer eines unter § 1 fallenden Betriebes. Die Mitgliedschaft beginnt für die Eigenthümer derjenigen Fahrzeuge, mit welchen zur Zeit der Genehmigung des Genossenschaftsstatuts die Seeschifffahrt betrieben wird, sowie für die Unternehmer der übrigen unter § 1 fallenden Betriebe, welche zur Zeit der Genehmigung des Genossenschaftsstatuts bestehen, mit diesem Zeitpunkte, im Uebrigen mit der Eröffnung des Betriebes.

Von Vermessungen und Eintragungen neuer Fahrzeuge haben die Schiffsregister- und Vermessungsbehörden dem Genossenschaftsvorstande, von der Eröffnung anderer unter § 1 fallender Betriebe haben deren Unternehmer den unteren Verwaltungsbehörden und diese dem Genossenschaftsvorstande Mittheilung zu machen.

Stimmberechtigt sind alle Mitglieder der Genossenschaft beziehungsweise deren gesetzliche Vertreter, sofern sie sich im Besitze der bürgerlichen Ehrenrechte befinden. Ueber den Umfang und die Ausübung des Stimmrechts hat das Statut Bestimmungen zu treffen; jedoch ist bei Bemessung der Stimmen der Rheder die durch Abschätzung (§ 34) festgestellte Personenzahl zu Grunde zu legen.

§ 44. Der Genossenschaftsvorstand hat auf Grund des Verzeichnisses deutscher Kauffahrteischiffe in der neuesten Ausgabe des Handbuchs für die deutsche Handelsmarine, auf Grund der von dem Reichs-Versicherungsamt ihm mitzutheilenden weiteren Verzeichnisse (§§ 21 und 22) und auf Grund der nach § 43 ihm zugehenden Mittheilungen über die Eröffnung neuer Betriebe ein Genossenschaftskataster zu führen.

Die Aufnahme der einzelnen Genossen in das Kataster erfolgt nach vorgängiger Prüfung ihrer Zugehörigkeit zur Genossenschaft.

Den in das Kataster aufgenommenen Genossen werden vom Genossenschaftsvorstande durch Vermittelung der unteren Verwaltungsbehörde Mitgliedscheine zugestellt. Ist die Genossenschaft in Sektionen eingetheilt, so muß der Mitgliedschein die Sektion, welcher der Betrieb angehört, bezeichnen. Wird die Aufnahme in das Kataster verweigert, so ist hierüber ein mit Gründen versehener Bescheid durch Vermittelung der unteren Verwaltungsbehörde dem Betriebsunternehmer zuzustellen.

Gegen die Aufnahme in das Kataster, sowie gegen die Ablehnung derselben steht dem Unternehmer binnen einer Frist von zwei Wochen nach erfolgter Zustellung des Mitgliedscheins beziehungsweise des ablehnenden Bescheides die Beschwerde an das Reichs-Versicherungsamt zu. Dieselbe ist bei der unteren Verwaltungsbehörde einzulegen.

Wird gegen einen ablehnenden Bescheid innerhalb der angegebenen Frist Beschwerde nicht erhoben, so hat die untere Verwaltungsbehörde die Entscheidung des Reichsversicherungsamts einzuholen.

Den Sektionsvorständen sind Auszüge aus dem Kataster, soweit dasselbe die zu ihren Sektionen gehörenden Genossen betrifft, mitzutheilen.

§ 45. Die Schiffsregisterbehörden sind verpflichtet, alle Veränderungen und Löschungen im Schiffsregister dem Genossenschaftsvorstande mitzutheilen.

Bezüglich solcher unter § 1 fallender Fahrzeuge, welche im Schiffsregister nicht eingetragen sind, haben die Rheder, Korrespondentrheder und Bevollmächtigten (§ 17) binnen einer durch das Statut festzusetzenden Frist den Verlust des Fahrzeuges (§ 81 Absatz 2), Aenderungen in der Person und der Nationalität der Rheder oder Mitrheder, ferner Veränderungen des Heimathshafens, des Namens, der Gattung und der Größe des Fahrzeuges dem Genossenschaftsvorstande anzuzeigen. Ist diese Anzeige oder die nach § 12 des Gesetzes vom 25. Oktober 1867 (Bundes-Gesetzbl. S. 35) vorgeschriebene Anzeige an die Registerbehörde nicht erfolgt, so haftet für die auf die Genossenschaftsmitglieder umzulegenden Beiträge der in das Kataster eingetragene Rheder oder Mitrheder, und zwar bis zu demjenigen Rechnungsjahre einschließlich, in welchem die Anzeige erfolgt. Der neue Rheder wird hierdurch von der auch ihm gesetzlich obliegenden Verhaftung für die Beiträge nicht entbunden.

Binnen der gleichen Frist und zur Vermeidung derselben Rechtsnachtheile haben die Unternehmer der übrigen unter § 1 fallenden Betriebe einen Wechsel in der Person Desjenigen, für dessen Rechnung der Betrieb erfolgt, sowie Aenderungen des Betriebes, welche für die Zugehörigkeit zur Genossenschaft von Bedeutung sind, dem Genossenschaftsvorstande anzuzeigen.

§ 46. Erachtet der Vorstand der Genossenschaft in Folge dieser Mittheilung oder Anzeige (§ 45), oder ohne den Empfang einer solchen von Amtswegen die Zugehörigkeit des Betriebes zur Genossenschaft für erloschen oder die Ueberweisung des Betriebes an eine andere Genossenschaft für geboten, so theilt er dies unter Angabe der Gründe dem Betriebsunternehmer durch Vermittelung der unteren Verwaltungsbehörde, sowie dem Vorstande der betheiligten anderen Genossenschaft mit. Sowohl der letztere, als auch der Betriebsunternehmer können innerhalb vier Wochen gegen die Löschung, beziehungsweise die Ueberweisung bei dem Genossenschaftsvorstande (§ 28) Widerspruch erheben.

Wird innerhalb dieser Frist kein Widerspruch erhoben, so erfolgt die Löschung, beziehungsweise Ueberweisung an die andere Berufsgenossenschaft.

Wird gegen die Löschung oder Ueberweisung Widerspruch erhoben, oder beansprucht der Vorstand einer anderen Genossenschaft unter dem Widerspruch des Unternehmers oder des Vorstandes der Genossenschaft, welcher der Betrieb bisher angehörte, die Ueberweisung des letzteren, so hat der Vorstand der Genossenschaft (§ 28) die Entscheidung des Reichs-Versicherungsamts zu beantragen.

Dasselbe entscheidet nach Anhörung des betheiligten Betriebsunternehmers, sowie der Vorstände der betheiligten Genossenschaften.

Wird dem Antrage auf Ueberweisung stattgegeben, so tritt die

Aenderung in der Zugehörigkeit zur Genossenschaft von dem Tage ab in Wirksamkeit, an welchem der Antrag dem betheiligten Genossenschaftsvorstande zugestellt ist.

§ 47. Aenderungen, welche für die Abschätzung des Betriebes (§ 34) von Bedeutung sind, sind nach näherer Bestimmung des Statuts anzumelden (§ 24, Ziffer 6).

Ueber die Anmeldung von Aenderungen, welche für die Veranlagung des Betriebes zu den Gefahrenklassen (§ 35) von Erheblichkeit sind, hat die Genossenschaftsversammlung Bestimmung zu treffen, sofern ein Gefahrentarif aufgestellt wird. Durch Beschluß der Genossenschaftsversammlung kann der Erlaß dieser Bestimmungen dem Vorstande oder dem Ausschusse übertragen werden, welchem die Aufstellung und Aenderung des Gefahrentarifs obliegt.

Gegen den auf die Anmeldung der Aenderung zu ertheilenden Bescheid des zuständigen Genossenschaftsorgans steht dem betheiligten Mitgliede der Genossenschaft binnen einer Frist von zwei Wochen die Beschwerde an das Reichs-Versicherungsamt zu.

IV. Vertretung der Versicherten.

§ 48. Zur Theilnahme an den Verhandlungen der Schiedsgerichte, zur Begutachtung der zur Verhütung von Unfällen zu erlassenden Vorschriften und zur Wahl von zwei nichtständigen Mitgliedern des Reichs-Versicherungsamts werden Vertreter der Versicherten gewählt.

V. Schiedsgerichte.

§ 49. Für den Bezirk der Berufsgenossenschaft oder, sofern dieselbe in Sektionen eingetheilt ist, jeder Sektion wird ein Schiedsgericht errichtet.

Der Bundesrath kann anordnen, daß statt eines Schiedsgerichts deren mehrere nach Bezirken gebildet werden.

Der Sitz des Schiedsgerichts wird von der Centralbehörde des Bundesstaates, zu welchem der Bezirk des Schiedsgerichts gehört, oder sofern der Bezirk über die Grenzen eines Bundesstaates hinausgeht, im Einvernehmen mit den betheiligten Centralbehörden von dem Reichs-Versicherungsamt bestimmt.

§ 50. Das Schiedsgericht besteht aus einem ständigen Vorsitzenden und aus vier Beisitzern.

Der Vorsitzende wird aus der Zahl der öffentlichen Beamten, mit Ausschluß der Beamten derjenigen Betriebe, welche unter dieses Gesetz fallen, von der Centralbehörde des Bundesstaates, in welchem der Sitz des Schiedsgerichts belegen ist, ernannt. Für den Vorsitzenden ist in gleicher Weise ein Stellvertreter zu ernennen, welcher ihn in Behinderungsfällen vertritt.

Zwei Beisitzer und je zwei Stellvertreter derselben werden von der Genossenschaft oder, sofern die Genossenschaft in Sektionen eingetheilt ist, von der betheiligten Sektion aus der Zahl der stimmberechtigten Genossenschaftsmitglieder, der Korrespondentrheder oder der Bevollmächtigten (§ 17) gewählt. Sie dürfen weder den Vorständen der Genossenschaft, noch den Vertrauensmännern angehören.

Die beiden anderen Beisitzer und für jeden derselben drei Stellvertreter werden aus der Zahl der im Bezirke des Schiedsgerichts wohnenden Versicherten oder befahrenen Schifffahrtskundigen gewählt. Sie dürfen nicht Rheder, Mitrheder, Korrespondentrheder oder Bevollmächtigte sein.

Wählbar sind im Uebrigen nur männliche großjährige Personen, welche sich im Besitze der bürgerlichen Ehrenrechte befinden und nicht durch richterliche Anordnung in der Verfügung über ihr Vermögen beschränkt sind.

§ 51. Die Wahl der aus den Versicherten oder befahrenen Schifffahrtskundigen zu berufenden Beisitzer und ihrer Stellvertreter (§ 50 Absatz 4) erfolgt durch die Vorstände der Orts- und Betriebskrankenkassen, der obrigkeitlich genehmigten Seemannskassen und anderer zur Wahrung von Interessen der Seeleute bestimmten obrigkeitlich genehmigten Vereinigungen von Seeleuten, welche im Bezirke der Sektion beziehungsweise der Genossenschaft ihren Sitz haben, und welchen mindestens zehn in dem Bezirke des Schiedsgerichts wohnende Versicherte als Mitglieder angehören. Die Centralbehörde des Bundesstaates, zu welchem der Bezirk des Schiedsgerichts gehört, oder, sofern der Bezirk über die Grenzen eines Bundesstaates hinausgeht, das Reichs-Versicherungsamt bestimmt diejenigen Kassen und Vereinigungen, deren Vorstände hiernach wahlberechtigt sind, sowie die Zahl der bei der Wahl auf die einzelnen Kassen und Vereinigungen entfallenden Stimmen, und leitet die Wahl nach näherer Bestimmung eines von derselben Behörde zu erlassenden Regulativs durch einen Beauftragten.

§ 52. Die Wahl erfolgt auf vier Jahre. Alle zwei Jahre scheidet die Hälfte der Beisitzer und Stellvertreter aus.

Die erstmalig Ausscheidenden werden durch das Loos bestimmt, demnächst entscheidet das Dienstalter. Scheidet ein Beisitzer während des Zeitraums, für welchen er gewählt ist, aus, so treten für den Rest desselben die Stellvertreter in der Reihenfolge ihrer Wahl für ihn ein. Ausscheidende können wieder gewählt werden.

Die Ablehnung der Berufung ist nur aus denselben Gründen

zulässig, aus denen das Amt eines Vormundes abgelehnt werden kann. Eine Wiederwahl kann abgelehnt werden.

Die höhere Verwaltungsbehörde, zu deren Bezirk der Sitz des Schiedsgerichts gehört, ist berechtigt, die Uebernahme und die Wahrnehmung der Obliegenheiten des Amts eines Beisitzers oder Stellvertreters durch Geldstrafen bis zu zu fünfhundert Mark gegen die ohne gesetzlichen Grund sich Weigernden zu erzwingen. Die Geldstrafen fließen zur Genossenschaftskasse.

Verweigern die Gewählten gleichwohl ihre Dienstleistung, oder kommt die Wahl nicht zu Stande, oder sind für den Bezirk eines Schiedsgerichts wahlberechtigte Kassen oder Vereinigungen von Seeleuten nicht vorhanden, so hat, so lange und so weit dies der Fall ist, die untere Verwaltungsbehörde, in deren Bezirk der Sitz des Schiedsgerichts belegen ist, die Beisitzer aus der Zahl der wählbaren Personen zu ernennen.

§ 53. Der Name und Wohnort des Vorsitzenden, sowie der Mitglieder des Schiedsgerichts und der Stellvertreter ist von der Landes-Centralbehörde (§ 50, Absatz 2) in dem zu deren amtlichen Veröffentlichungen bestimmten Blatte öffentlich bekannt zu machen.

§ 54. Dem Vorsitzenden und dessen Stellvertreter darf eine Vergütung von der Genossenschaft nicht gewährt werden.

Die von der Genossenschaft berufenen Beisitzer des Schiedsgerichts verwalten ihr Amt als unentgeltliches Ehrenamt, sofern nicht durch das Statut eine Entschädigung für den durch Wahrnehmung der Obliegenheiten als Beisitzer des Schiedsgerichts ihnen erwachsenden Zeitverlust bestimmt wird. Baare Auslagen werden ihnen von der Genossenschaft ersetzt, und zwar, soweit sie in Reisekosten bestehen, nach festen, von der Genossenschaftsversammlung zu bestimmenden Sätzen.

Die aus den Versicherten oder befahrenen Schifffahrtskundigen berufenen Beisitzer erhalten nach den durch das Genossenschaftsstatut zu bestimmenden Sätzen Tagegelder, und sofern sie von ihrem Wohnorte bis zum Verhandlungsorte mehr als zwei Kilometer zurückzulegen haben, auch Reisekosten.

Die Festsetzung des Ersatzes, sowie der Tagegelder und Reisekosten erfolgt durch den Vorsitzenden.

§ 55. Der Vorsitzende, die Beisitzer und die Stellvertreter sind mit Beziehung auf ihr Amt zu beeidigen.

§ 56. Der Vorsitzende beruft das Schiedsgericht und leitet die Verhandlungen desselben. Das Schiedsgericht ist befugt, das Fahrzeug oder denjenigen Theil des Betriebes, in welchem der Unfall vorgekommen ist, in Augenschein zu nehmen, sowie Zeugen und Sachverständige — auch eidlich — zu vernehmen.

Das Schiedsgericht ist nur beschlußfähig, wenn außer dem Vorsitzenden eine gleiche Anzahl von Mitgliedern der Genossenschaft einerseits und Vertretern der Versicherten andererseits, und zwar mindestens je einer, als Beisitzer mitwirken.

Die Entscheidungen des Schiedsgerichts erfolgen nach Stimmenmehrheit.

Im Uebrigen wird das Verfahren vor dem Schiedsgericht durch Kaiserliche Verordnung mit Zustimmung des Bundesraths geregelt.

Die Kosten des Schiedsgerichts, sowie die Kosten des Verfahrens vor demselben trägt die Genossenschaft.

VI. Feststellung und Auszahlung der Entschädigung.

§ 57. Jeder Unfall, durch welchen eine auf dem Fahrzeuge beschäftigte Person auf der Reise getödtet wird oder eine Körperverletzung erleidet, die eine Arbeitsunfähigkeit von mehr als drei Tagen oder den Tod zur Folge hat, ist in das Schiffsjournal (Tagebuch, Loggbuch) einzutragen und in dem letzteren oder einem besonderen Anhange zu demselben kurz zu beschreiben.

Ist ein Journal nicht zu führen, so hat der Schiffsführer eine besondere Nachweisung über die an Bord sich ereignenden Unfälle, welche die im Absatz 1 bezeichneten Folgen haben, zu führen.

Von jeder Eintragung eines Unfalls, welchen eine auf dem Fahrzeuge beschäftigte Person auf der Reise erleidet, hat der Schiffsführer dem Seemannsamt, bei welchem es zuerst geschehen kann, eine von ihm beglaubigte Abschrift zu übergeben. Statt dessen kann das Journal oder die Nachweisung dem Seemannsamt zur Entnahme einer Abschrift der Eintragung vorgelegt werden. Das Seemannsamt hat das Journal oder die Nachweisung binnen vierundzwanzig Stunden zurückzugeben.

Ereignete sich der Unfall im Inlande vor Antritt oder nach Beendigung der Reise, so hat der Schiffsführer binnen zwei Tagen nach dem Tage, an welchem er von dem Unfalle Kenntniß erlangt hat, dem Seemannsamt oder, falls ein solches am Orte des Unfalls nicht vorhanden ist, der Ortspolizeibehörde von dem Unfalle Anzeige zu machen.

Das Seemannsamt, beziehungsweise die Ortspolizeibehörde hat diese Abschriften und Anzeigen dem Seemannsamt des Heimathshafens zu übersenden.

§ 58. Die Unternehmer der übrigen unter § 1 fallenden

Betriebe haben binnen der im § 57 Absatz 4 bezeichneten Frist von den in ihren Betrieben sich ereignenden Unfällen, welche die im § 57 Absatz 1 bezeichneten Folgen haben, bei der Ortspolizeibehörde, in deren Bezirk sich der Unfall ereignet hat, Anzeige zu machen. Für den Betriebsunternehmer kann Derjenige, welcher zur Zeit des Unfalls den Betrieb oder den Betriebstheil, in welchem sich der Unfall ereignete, zu leiten hatte, die Anzeige erstatten; im Falle der Abwesenheit oder Behinderung des Betriebsunternehmers ist er dazu verpflichtet.

Die Vorstände der unter Reichs- oder Staatsverwaltung stehenden Betriebe haben die Anzeige der vorgesetzten Dienstbehörde nach näherer Anweisung derselben zu erstatten.

§ 59. Das Formular für die Beschreibung der Unfälle (§ 57 Absatz 1), für die Nachweisung der Unfälle (§ 57 Absatz 2) und für die Unfallanzeige (§ 57 Absatz 4, § 58 Absatz 1 und 2) wird vom Reichs-Versicherungsamt festgestellt.

§ 60. Ueber die Unfälle (§§ 57 und 58) werden Unfallverzeichnisse geführt. Die Führung derselben erfolgt für die unter Reichs- oder Staatsverwaltung stehenden Betriebe durch die von der vorgesetzten Dienstbehörde zu bestimmende Behörde nach näherer Anweisung der ersteren, im Uebrigen für Schifffahrtsbetriebe durch das Seemannsamt des Heimathshafens, für andere unter § 1 fallende Betriebe durch die Ortspolizeibehörde, in deren Bezirk sich der Unfall ereignet hat, nach näherer Anweisung der Landes-Centralbehörde.

§ 61. Jeder Unfall, durch welchen eine versicherte Person getödtet ist oder eine Körperverletzung erlitten hat, die voraussichtlich den Tod oder eine Erwerbsunfähigkeit von einer über die gesetzliche Fürsorgepflicht des Rheders oder Arbeitgebers oder einer Krankenkasse hinausgehenden Dauer zur Folge haben wird, ist so bald als möglich von einem Seemannsamt oder einer Ortspolizeibehörde des Inlandes nach näherer Bestimmung der §§ 62 bis 66 einer Untersuchung zu unterziehen, durch welche so weit als möglich festzustellen sind:

1. die Veranlassung und die Art des Unfalls;
2. die getödteten oder verletzten Personen;
3. die Art der vorgekommenen Verletzungen;
4. der Verbleib der verletzten Personen;
5. die Hinterbliebenen der durch den Unfall getödteten oder nach dem Unfalle verschollenen Personen, welche nach § 13 einen Entschädigungsanspruch erheben können.

§ 62. Ist die Untersuchung im Auslande zu führen, so hat der Schiffsführer vor demjenigen deutschen Seemannsamt (Konsulat), vor welchem es zuerst geschehen kann, unter Zuziehung von zwei Schiffsoffizieren oder anderen glaubhaften Personen über die nach § 61 festzustellenden Thatsachen eine eidesstattliche Erklärung abzugeben. Das Seemannsamt ist befugt, zur Feststellung des Sachverhalts auch andere als die von dem Schiffsführer zugezogenen Personen eidesstattlich zu vernehmen, sowie sonstige Untersuchungsverhandlungen zu führen.

Ist die Untersuchung im Inlande zu führen, so ist dieselbe von dem Schiffsführer bei einem Seemannsamt oder, wo ein solches nicht vorhanden ist, bei einer Ortspolizeibehörde des Inlandes zu beantragen. Die angerufene Behörde hat die Untersuchung zu führen.

Bei Unfällen in anderen unter § 1 fallenden Betrieben, welche nicht Seeschifffahrtsbetriebe sind, erfolgt die Untersuchung durch diejenige Ortspolizeibehörde, an welche die Unfallanzeige (§ 58 Absatz 1) erstattet war.

Auf Antrag Betheiligter (§ 63) kann die höhere Verwaltungsbehörde die Untersuchung einem anderen Seemannsamt oder einer anderen Ortspolizeibehörde übertragen.

Bei den unter Reichs- oder Staatsverwaltung stehenden Betrieben hat die vorgesetzte Dienstbehörde die Untersuchung zu führen oder einer anderen Behörde zu übertragen.

Auf die Verpflichtung der Schiffsmannschaft zur Mitwirkung bei diesen Erklärungen und Verhandlungen finden die Bestimmungen des § 33 der Seemannsordnung (oben S. 438) entsprechende Anwendung.

§ 63. Zu den Untersuchungsverhandlungen (§ 62) sind, so weit dies ausführbar, der Verletzte, beziehungsweise dessen Hinterbliebene oder ein von ihnen zu bestellender Vertreter, ein Vertreter der Genossenschaft und sonstige Betheiligte zu laden und auf Antrag des Betriebsunternehmers, des Schiffsführers oder des Vertreters der Genossenschaft Sachverständige zuzuziehen. Ist die Genossenschaft in Sektionen getheilt, oder sind von der Genossenschaft Vertrauensmänner bestellt, so kann die Mittheilung von der Einleitung der Untersuchung an den Sektionsvorstand, beziehungsweise an den Vertrauensmann gerichtet werden. Die Kosten für die Zuziehung von Sachverständigen fallen der Genossenschaft zur Last.

§ 64. Durch eine Verklarung (Artikel 490 ff. des Handelsgesetzbuchs) wird die eidesstattliche Erklärung, sowie die Unfalluntersuchung ersetzt, wenn bei der Verklarung den Bestimmungen der §§ 61 und 63 genügt ist.

§ 65. Beglaubigte Abschrift der Unfalluntersuchungsverhandlung (§ 62), beziehungsweise Verklarung (§ 64) ist von der Behörde so bald als möglich dem Vorstande der Berufsgenossenschaft zu übersenden. Der Vorstand hat den Betheiligten auf ihren Antrag die Einsicht der Verhandlung zu gestatten und gegen Erstattung der Schreibgebühren Abschrift zu ertheilen.

§ 66. Die Bestimmungen des Gesetzes, betreffend die Untersuchung von Seeunfällen, vom 27. Juli 1877 (Reichs-Gesetzbl. S. 549) über die Verpflichtung der Gerichte, Hafenbehörden, Strandbehörden, Seemannsämter und Schiffsregisterbehörden, von den zu ihrer Kenntniß gelangenden Seeunfällen ungesäumt Anzeige zu machen (§ 14 a. a. O.) und über die Verpflichtung der deutschen Seemannsämter im Auslande, bei den zu ihrer Kenntniß gelangenden Seeunfällen diejenigen Ermittelungen und Beweiserhebungen vorzunehmen, welche keinen Aufschub dulden (§ 15 a. a. O.), werden auf alle Unfälle erstreckt, welche die im § 61 erwähnten Folgen haben (unten Nr. XI).

Die Anzeigen (§ 14 des Gesetzes vom 27. Juli 1877) sind bei Unfällen der letzteren Art, unbeschadet der bei Seeunfällen bestehenden Verpflichtung, einem zuständigen Seeamt Anzeige zu machen, an den Genossenschaftsvorstand zu richten.

Wenn nach Ablauf von sechs Monaten seit der Kenntniß von dem Unfalle eine Benachrichtigung über die Einleitung einer Unfalluntersuchung nicht eingetroffen ist, so sind die Untersuchungsverhandlungen von dem Seemannsamt des Heimathshafens einzuleiten.

§ 67. Die Feststellung der Entschädigungen für die durch Unfall verletzten Versicherten und für die Hinterbliebenen der aus Anlaß des Unfalls ums Leben gekommenen Versicherten erfolgt sobald als möglich von Amtswegen, und zwar:

1. sofern die Genossenschaft in Sektionen eingetheilt ist, durch den Vorstand der Sektion, wenn es sich handelt
   a) um den Ersatz der Kosten des Heilverfahrens,
   b) um die für die Dauer einer voraussichtlich vorübergehenden Erwerbsunfähigkeit zu gewährende Rente,
   c) um den Ersatz der Beerdigungskosten;
2. in allen übrigen Fällen durch den Vorstand der Genossenschaft.

Zuständig ist die Sektion, in deren Bezirk der Heimathshafen desjenigen Fahrzeuges belegen ist, oder derjenige Betrieb seinen Sitz hat, bei welchem der Unfall sich ereignet hat. Das Genossenschaftsstatut kann bestimmen, daß die Feststellung der Entschädigungen in den Fällen der Ziffer 1 und 2 durch einen Ausschuß des Sektionsvorstandes oder durch eine besondere Kommission oder durch örtliche Beauftragte (Vertrauensmänner) und in Fällen der Ziffer 2 auch durch den Sektionsvorstand oder durch einen Ausschuß des Genossenschaftsvorstandes zu bewirken ist.

Vor der Feststellung der Entschädigung ist dem Entschädigungsberechtigten, sofern derselbe im Inlande anwesend ist, durch Mittheilung der Unterlagen, auf Grund deren dieselbe zu bemessen ist, Gelegenheit zu geben, sich innen einer Frist von einer Woche zu äußern.

Für diejenigen Verletzten, für welche beim Eintritt der genossenschaftlichen Fürsorge noch eine weitere ärztliche Behandlung Behufs Heilung der erlittenen Verletzungen nothwendig ist (§ 9 Absatz 1 Ziffer 1), hat sich die Feststellung zunächst mindestens auf die bis zur Beendigung des Heilverfahrens zu leistenden Entschädigungen zu erstrecken. Die Feststellung der weiteren Entschädigung hat, sofern sie nicht früher möglich war, sofort nach Beendigung des Heilverfahrens zu erfolgen.

In diesem Falle ist noch vor Beendigung des Heilverfahrens, in allen sonstigen Fällen aber, in welchen die endgültige Feststellung der Entschädigung nicht alsbald erfolgen kann, sobald als möglich eine vorläufige Entschädigung zuzubilligen.

§ 68. Entschädigungsberechtigte, für welche die Entschädigung nicht von Amtswegen festgestellt ist, haben ihren Entschädigungsanspruch bei Vermeidung des Ausschlusses vor Ablauf von zwei Jahren nach Eintritt des Unfalls, oder falls der Anspruch von Hinterbliebenen solcher Versicherten erhoben wird, welche auf einem für verschollen zu erachtenden Schiffe gefahren sind, vor Ablauf von zwei Jahren nach Ablauf der Verschollenheitsfristen (Artikel 866, 867 des Handelsgesetzbuchs) bei dem Genossenschaftsvorstande anzumelden.

Nach Ablauf dieser Frist ist der Anmeldung nur dann Folge zu geben, wenn zugleich glaubhaft bescheinigt wird, daß die Folgen des Unfalls erst später bemerkbar geworden sind, oder daß der Entschädigungsberechtigte von der Verfolgung seines Anspruchs durch außerhalb seines Willens liegende Verhältnisse abgehalten worden ist.

Wird der angemeldete Entschädigungsanspruch anerkannt, so ist die Höhe der Entschädigung sofort festzustellen; anderenfalls ist der Entschädigungsanspruch durch schriftlichen Bescheid abzulehnen.

Ereignete sich der Unfall, in Folge dessen der Entschädigungsanspruch erhoben wird, bei einem Betriebe, für welchen ein Mitgliedschein von der Genossenschaft nicht ertheilt war, so hat die Anmeldung des Entschädigungsanspruchs bei der unteren Verwaltungsbehörde im Inlande zu erfolgen, in deren Bezirk der Anmeldende wohnt, oder, wenn hiernach die Zuständigkeit nicht bestimmt werden kann, bei der unteren Verwaltungsbehörde, in deren Bezirk der Heimathshafen des betreffenden Fahrzeuges belegen ist. Die Behörde hat den Entschädigungsanspruch mittelst Bescheides zurückzuweisen, wenn sie den Betrieb, bei welchem der Unfall sich ereignet hat, für nicht unter den § 1 fallend erachtet; anderenfalls hat sie den angemeldeten Entschädigungsanspruch dem zuständigen Vorstande zur weiteren Veranlassung zu überweisen, auch dem Entschädigungsberechtigten hiervon schriftlich Nachricht zu geben.

§ 69. Ueber die Feststellung der Entschädigung hat der Vorstand (Ausschuß, Kommission, Vertrauensmann), welcher dieselbe vorgenommen hat, dem Entschädigungsberechtigten einen schriftlichen Bescheid zu ertheilen, aus welchem die Höhe der Entschädigung und die Art ihrer Berechnung zu ersehen ist. Bei Entschädigung für erwerbsunfähig gewordene Verletzte ist namentlich anzugeben, in welchem Maaße die Erwerbsunfähigkeit angenommen worden ist.

§ 70. Gegen den Bescheid der unteren Verwaltungsbehörde, durch welchen der Entschädigungsanspruch aus dem Grunde abgelehnt wird, weil der Betrieb, in welchem der Unfall sich ereignet hat, für nicht unter den § 1 fallend erachtet wird (§ 68 Absatz 4), steht dem Verletzten und seinen Hinterbliebenen die Beschwerde an das Reichs-Versicherungsamt zu. Dieselbe ist bei der unteren Verwaltungsbehörde einzulegen.

Gegen den Bescheid, durch welchen der Entschädigungsanspruch aus einem anderen als dem vorbezeichneten Grunde abgelehnt wird (§ 68 Absatz 3), sowie gegen den Bescheid, durch welchen die Entschädigung festgestellt wird (§ 69), findet die Berufung auf schiedsrichterliche Entscheidung statt. Die Berufung ist bei dem Vorsitzenden des Schiedsgerichts (§ 49) zu erheben, in dessen Bezirk der Heimathshafen desjenigen Fahrzeuges belegen ist, oder derjenige Betrieb seinen Sitz hat, in welchem der Unfall sich ereignet hat. Die Berufung hat keine aufschiebende Wirkung.

Die Beschwerde und die Berufung ist bei Vermeidung des Ausschlusses binnen vier Wochen, von solchen Personen aber, welche sich außerhalb Europas aufhalten, binnen einer von der unteren Verwaltungsbehörde, beziehungsweise von demjenigen Genossenschaftsorgane, welches den angefochtenen Bescheid erlassen hat, zu bestimmenden, auf mindestens sechs Wochen zu bemessenden Frist nach der Zustellung des angefochtenen Bescheides einzulegen.

Der Bescheid muß die Bezeichnung der für die Berufung zuständigen Stelle, beziehungsweise des Vorsitzenden des Schiedsgerichts, sowie die Belehrung über die einzuhaltenden Fristen enthalten.

Haben die Hinterbliebenen des Getödteten ihren Wohnsitz in verschiedenen Schiedsgerichtsbezirken, so ist auf ihren Antrag die Verhandlung der Sache an dasjenige Schiedsgericht abzugeben, in dessen Bezirk die Mehrzahl der Hinterbliebenen wohnt.

§ 71. Die Entscheidung des Schiedsgerichts ist dem Berufenden und demjenigen Genossenschaftsorgane, welches den angefochtenen Bescheid erlassen hat, zuzustellen. Gegen die Entscheidung steht in den Fällen des § 67 Absatz 1 Ziffer 2 dem Verletzten oder dessen Hinterbliebenen, sowie dem Genossenschaftsvorstande der Rekurs an das Reichs-Versicherungsamt zu. Derselbe hat keine aufschiebende Wirkung. Er ist bei Vermeidung des Ausschlusses binnen vier Wochen, von denjenigen Personen aber, welche sich außerhalb Europas aufhalten, binnen zwölf Wochen nach der Zustellung der angefochtenen Entscheidung einzulegen.

Bildet in dem Falle des § 13 Absatz 1 Ziffer 2 die Anerkennung oder Nichtanerkennung des Rechtsverhältnisses zwischen dem Getödteten und dem die Entschädigung Beanspruchenden die Voraussetzung des Entschädigungsanspruchs, so kann das Schiedsgericht den Betheiligten aufgeben, zuvörderst die Feststellung des betreffenden Rechtsverhältnisses im ordentlichen Rechtswege herbeizuführen. In diesem Falle ist die Klage bei Vermeidung des Ausschlusses des Entschädigungsanspruchs binnen einer vom Schiedsgericht zu bestimmenden, mindestens auf vier Wochen zu bemessenden Frist nach der Zustellung des hierüber ertheilten Bescheides des Schiedsgerichts zu erheben.

Nach erfolgter rechtskräftiger Entscheidung des Gerichts hat das Schiedsgericht auf erneuten Antrag über den Entschädigungsanspruch zu entscheiden.

§ 72. Nach erfolgter Feststellung der Entschädigung (§ 67) ist dem Berechtigten von Seiten des Genossenschaftsvorstandes eine Bescheinigung über die ihm zustehenden Bezüge unter Angabe der mit der Zahlung beauftragten Postanstalt (§ 77) und der Zahlungstermine auszufertigen.

Wird in Folge des schiedsgerichtlichen Verfahrens der Betrag der Entschädigung geändert, so ist dem Entschädigungsberechtigten ein anderweiter Berechtigungsausweis zu ertheilen.

§ 73. Tritt in den Verhältnissen, welche für die Feststellung der Entschädigung maaßgebend gewesen sind, eine wesentliche Veränderung ein, so kann eine anderweitige Feststellung derselben auf Antrag oder von Amtswegen erfolgen.

Ist der Verletzte, für welchen eine Entschädigung auf Grund des § 9 festgestellt war, in Folge der Verletzung gestorben, so muß der Antrag auf Gewährung einer Entschädigung für die Hinterbliebenen, falls deren Feststellung nicht von Amtswegen erfolgt ist, bei Vermeidung des Ausschlusses vor Ablauf von zwei Jahren nach dem Tode des Verletzten bei dem zuständigen Vorstande angemeldet werden. Nach Ablauf dieser Frist ist der Anmeldung nur dann Folge zu geben, wenn zugleich glaubhaft bescheinigt wird, daß der Entschädigungsberechtigte von der Verfolgung seines Anspruchs durch außerhalb seines Willens liegende Verhältnisse abgehalten worden ist. Im Uebrigen finden auf das Verfahren die Vorschriften der §§ 67 bis 72 entsprechende Anwendung.

Eine Erhöhung der im § 9 bestimmten Rente kann nur für die Zeit nach Anmeldung des höheren Anspruchs gefordert werden.

Eine Minderung oder Aufhebung der Rente tritt von dem Tage ab in Wirksamkeit, an welchem der dieselbe aussprechende Bescheid (§ 69) den Entschädigungsberechtigten zugestellt ist.

§ 74. Die Kosten des Heilverfahrens (§ 9 Absatz 1 Ziffer 1) und die Kosten der Beerdigung (§ 13 Absatz 1 Ziffer 1) sind binnen acht Tagen nach ihrer Feststellung (§ 67) zu zahlen.

Die Entschädigungsrenten der Verletzten und der Hinterbliebenen der Getödteten sind in monatlichen Raten im Voraus zu zahlen. Dieselben werden auf volle fünf Pfennig für den Monat nach oben abgerundet.

§ 75. So lange der Berechtigte nicht im Inlande wohnt, ist die Berufsgenossenschaft befugt, die Zahlung der Entschädigungsrenten einzustellen.

Ist der Berechtigte ein Ausländer, so kann ihn die Genossenschaft für seinen Entschädigungsanspruch mit dem dreifachen Betrage der Jahresrente abfinden.

§ 76. Die den Entschädigungsberechtigten auf Grund dieses Gesetzes zustehenden Forderungen können mit rechtlicher Wirkung weder verpfändet, noch auf Dritte übertragen, noch für andere als die im § 749 Absatz 4 der Civilprozeßordnung bezeichneten Forderungen der Ehefrau und ehelichen Kinder und die des ersatzberechtigten Armenverbandes gepfändet werden.

§ 77. Die Auszahlung der auf Grund dieses Gesetzes zu leistenden Entschädigungen wird auf Anweisung des Genossenschaftsvorstandes vorschußweise durch deutsche Postverwaltungen, und zwar in der Regel durch diejenige Postanstalt bewirkt, in deren Bezirk der Heimathshafen des Schiffes, auf welchem der Unfall sich zugetragen hatte, belegen ist.

Der Entschädigungsberechtigte kann jedoch Ueberweisung der Auszahlung an die Postanstalt seines Wohnortes verlangen.

§ 78. Binnen acht Wochen nach Ablauf jedes Rechnungsjahres haben die Central-Postbehörden dem Genossenschaftsvorstande Nachweisungen der auf seine Anweisung geleisteten Zahlungen zuzustellen und gleichzeitig die Postkassen zu bezeichnen, an welche die zu erstattenden Beträge einzuzahlen sind.

§ 79. Die von den Central-Postverwaltungen zur Erstattung liquidirten Beträge sind von dem Genossenschaftsvorstande gleichzeitig mit den Verwaltungskosten und den Rücklagen zum Reservefonds auf die Genossenschaftsmitglieder umzulegen und von denselben einzuziehen.

Zu diesem Zweck haben die der Genossenschaft angehörenden Unternehmer anderer als Seeschifffahrtsbetriebe binnen sechs Wochen nach Ablauf des Rechnungsjahres dem Genossenschaftsvorstande eine Nachweisung einzureichen, aus welcher sich ergiebt, an wieviel Tagen des verflossenen Rechnungsjahres und in welcher Anzahl sie Versicherte beschäftigt haben.

Für Genossenschaftsmitglieder, welche mit der rechtzeitigen Einsendung der Nachweisung im Rückstande sind, werden diese Grundlagen der Umlageberechnung durch den Genossenschaftsvorstand nach Anhörung des etwa bestellten Vertrauensmannes festgestellt.

Die Umlegung erfolgt, sofern ein Gefahrentarif aufgestellt ist, nach Maaßgabe der Veranlagung, im Uebrigen

a) für Seefahrzeuge — unter Berücksichtigung der nach §§ 39 und 40 etwa festgesetzten Zuschläge, Nachlässe oder Beitragserhöhungen — nach Maaßgabe desjenigen Betrages, welcher sich für jedes Fahrzeug aus der Summe der nach § 6 berechneten Durchschnitts-Löhne und -Gehälter für die durch Abschätzung (§ 34) festgestellte Zahl der Besatzung ergiebt;

b) für andere nach Maaßgabe dieses Gesetzes versicherte Betriebe nach der Zahl der Arbeitstage (Absatz 2), indem für je dreihundert Arbeitstage der nach § 7 festgesetzte durchschnittliche Jahresarbeitsverdienst zur Anrechnung gebracht wird.

Der zwölfhundert Mark für Person und Jahr übersteigende Betrag kommt nur mit einem Drittel (§ 9 Absatz 2), der zweitausend Mark übersteigende Betrag nur in so weit in Rechnung, als durch das Statut die Versicherung auf einen höheren Jahresarbeitsverdienst erstreckt ist (§ 5).

§ 80. Für Fahrzeuge, welche erweislich ununterbrochen länger als vierzehn Tage hindurch außer Betrieb gewesen sind, ist der Beitrag in demjenigen Verhältnisse zu kürzen, welches der diesen Zeitraum übersteigenden Dauer der Unthätigkeit entspricht. Die Kürzung erfolgt für dasjenige Rechnungsjahr, in welches die angegebene Zeit der Unthätigkeit gefallen ist. Vertheilt sich die ununterbrochene Dauer der Unthätigkeit auf zwei aufeinanderfolgende Rechnungsjahre, so wird die Kürzung in so weit, als sie wegen noch nicht vollendeten Zeitablaufs für das erste Rechnungsjahr noch nicht hat erfolgen können, für das zweite Rechnungsjahr vorgenommen.

Diese Kürzung tritt nicht ein, wenn der Rheder, Korrespondentrheder oder Bevollmächtigte es unterläßt, binnen sechs Wochen nach Ablauf des Rechnungsjahres die Dauer der Unthätigkeit des Fahrzeuges in glaubhaft bescheinigter Form dem Genossenschaftsvorstande nachzuweisen. Bei Fahrzeugen, welche beim Ende des Rechnungsjahres in den Heimathshafen nicht zurückgekehrt waren, kann der Nachweis noch während der ersten sechs Wochen nach der Rückkehr in den Heimathshafen erfolgen. In diesem Falle ist jedoch der Beitrag vorbehaltlich demnächstiger Rückerstattung einstweilen voll zu entrichten.

§ 81. Eine Kürzung des Beitrags erfolgt auch bei Fahrzeugen, welche im Laufe des Rechnungsjahres verloren oder verschollen (Artikel 866, 867 des Handelsgesetzbuchs) sind. Die Zeit, für welche die Kürzung erfolgt, beginnt mit dem Tage des Verlustes, bei verschollenen Fahrzeugen mit dem Ablauf eines halben Monats von dem Tage ab, bis zu welchem die letzte Nachricht über das Fahrzeug reicht. Diese Kürzung des Beitrags ist von Amtswegen vorzunehmen, sobald die Thatsachen, durch welche die Kürzung bedingt wird, zur Kenntniß des Genossenschaftsvorstandes gelangen. Bereits bezahlte Beiträge sind nach Verhältniß des deren Kürzung begründenden Anspruchs zurückzuerstatten.

Als verloren gilt im Sinne dieses Gesetzes ein Fahrzeug auch dann, wenn dasselbe untergegangen, als reparaturunfähig oder reparaturunwürdig kondemnirt und in dem letzteren Falle unverzüglich öffentlich verkauft wird, wenn es geraubt, aufgebracht oder angehalten und für gute Prise erklärt worden ist.

§ 82. Auf Grund der vorstehenden Vertheilungsgrundsätze wird von dem Genossenschaftsvorstande der Beitrag berechnet, welcher auf jedes Mitglied der Genossenschaft zur Deckung des Jahresbedarfs entfällt.

Jedem Korrespondentrheder oder Bevollmächtigten (§ 17) und, soweit ein solcher nicht bestellt ist, jedem Mitgliede der Genossenschaft ist ein Auszug aus der zu diesem Zweck aufzustellenden Heberolle mit der Aufforderung zuzustellen, den festgesetzten Beitrag bei Vermeidung der zwangsweisen Beitreibung binnen zwei Wochen einzuzahlen. Der Auszug muß diejenigen Angaben enthalten, welche den Zahlungspflichtigen in den Stand setzen, die Richtigkeit der angestellten Beitragsberechnung zu prüfen.

§ 83. Die Korrespondentrheder oder Bevollmächtigten (§ 17) und, so weit solche nicht bestellt sind, die Mitglieder der Genossenschaft können gegen Festsetzung der auf den betreffenden Betrieb entfallenen Beiträge binnen zwei Wochen nach Zustellung des Auszuges aus der Heberolle, unbeschadet der Verpflichtung zur vorläufigen Zahlung,

Widerspruch bei dem Genossenschaftsvorstande erheben. Wird demselben entweder überhaupt nicht, oder nicht in dem beantragten Umfange Folge gegeben, so steht ihnen innerhalb zweier Wochen nach der Zustellung der Entscheidung des Genossenschaftsvorstandes die Beschwerde an das Reichs-Versicherungsamt zu. Mit derselben kann die nach § 37 erfolgte Veranlagung und Abschätzung nicht angefochten werden.

Die Beschwerde ist nur zulässig, wenn dieselbe sich auf Rechenfehler, auf den irrthümlichen Ansatz des abgeschätzten Bedarfs an Besatzung (§ 34), auf den irrthümlichen Ansatz einer anderen Klasse des Gefahrentarifs, als zu welcher der Betrieb veranlagt ist (§ 35), auf ungenügende Berücksichtigung der auf Grund des § 39 beschlossenen Nachlässe, auf unrichtige Feststellung der Beschäftigungsdauer und des Jahresarbeitsverdienstes der in anderen als Seeschifffahrtsbetrieben beschäftigten Personen (§ 79 Absatz 4) oder auf ungenügende Abzüge wegen Unthätigkeit des Fahrzeuges (§§ 80, 81) gründet.

Aus den letzteren beiden Gründen ist die Beschwerde jedoch nicht zulässig, wenn die Feststellung durch den Vorstand wegen Verspätung der Anzeige bewirkt worden war (§ 79 Absatz 3), oder wenn die Abzüge wegen nicht rechtzeitiger Erbringung des bescheinigten Nachweises über die Unthätigkeit des Fahrzeuges unterblieben sind (§ 80).

§ 84. Sofern nach § 40 Beitragserhöhungen auferlegt worden sind, kann die Beschwerde (§ 83) auch darauf gegründet werden, daß die thatsächlichen Voraussetzungen für die Anwendung der betreffenden Bestimmungen nicht vorliegen.

Aus diesen Gründen aber ist die Beschwerde nicht zulässig, wenn die für die Berechnung der Beitragserhöhungen angeordneten Nachweise nicht rechtzeitig erbracht worden sind.

§ 85. Tritt in Folge des Widerspruchs oder der Beschwerde eine Herabminderung des Beitrags ein, so ist der Ausfall bei dem Umlageverfahren des nächsten Rechnungsjahres zu decken. Etwaige Ueberzahlungen sind zu erstatten oder auf den Beitrag für das nächste Rechnungsjahr zu verrechnen.

Diese Vorschriften finden auf den Fall, daß der Verlust eines Fahrzeuges erst nachträglich festgestellt wird, entsprechende Anwendung.

§ 86. Für die Beiträge zur Genossenschaft, für die im Falle einer Betriebseinstellung etwa zu leistenden Kautionsbeträge (§ 24 Ziffer 7) und für die Strafzuschläge im Falle der Ablehnung von Wahlen (§ 30 Absatz 3) haftet der Rheder nicht nur mit Schiff und Fracht, sondern auch persönlich. Mitrheder haften nach dem Verhältnisse ihrer Antheile am Schiffe.

Sämmtliche Forderungen der Genossenschaft gewähren die Rechte eines Schiffsgläubigers (Art. 757 des Handelsgesetzbuchs) mit dem Vorzugsrecht hinter den im Artikel 772 Ziffer 5 a. a. O. bezeichneten Forderungen. Dasselbe gilt für Vorschüsse, welche ein Mitrheder für den anderen, oder der Korrespondentrheder oder Bevollmächtigte für einen Rheder oder Mitrheder Behufs Befriedigung der Forderungen der Genossenschaft gemacht hat.

Rückständige Beiträge, Kautionsbeträge und Strafzuschläge (Absatz 1) werden in derselben Weise beigetrieben wie Gemeindeabgaben. Die Genossenschaft ist befugt, die Beitreibung der einer Rhederei oder einem Mitrheder zur Last fallenden Beträge dem Korrespondentrheder oder Bevollmächtigten zu übertragen.

Uneinziehbare Beiträge fallen der Gesammtheit der Berufsgenossen zur Last. Sie sind vorschußweise aus den Betriebsfonds oder erforderlichenfalls aus dem Reservefonds der Berufsgenossenschaft zu decken und bei dem Umlageverfahren des nächsten Rechnungsjahres zu berücksichtigen.

§ 87. Der Genossenschaftsvorstand hat die von den Central-Postbehörden liquidirten Beträge innerhalb dreier Monate nach Empfang der Liquidationen an die ihm bezeichneten Postkassen abzuführen.

Wenn die Genossenschaft mit der Erstattung der Beträge im Rückstande bleibt, so ist auf Antrag der Central-Postbehörden von dem Reichs-Versicherungsamt das Zwangsbeitreibungsverfahren einzuleiten.

Das Reichs-Versicherungsamt ist befugt, zur Deckung der Ansprüche der Postverwaltungen zunächst über bereite Bestände der Genossenschaftskasse zu verfügen. So weit diese nicht ausreichen, hat dasselbe das Beitreibungsverfahren gegen die Mitglieder der Genossenschaft einzuleiten und bis zur Deckung der Rückstände durchzuführen.

§ 88. Die Einnahmen und Ausgaben der Genossenschaft sind von allen den Zwecken der letzteren fremden Vereinnahmungen und Verausgabungen gesondert festzustellen und zu verrechnen; ebenso sind die Bestände gesondert zu verwahren. Verfügbare Gelder dürfen nur in öffentlichen Sparkassen oder wie Gelder bevormundeter Personen angelegt werden.

Sofern besondere gesetzliche Vorschriften über die Anlegung der Gelder Bevormundeter nicht bestehen, kann die Anlegung der verfügbaren Gelder in Schuldverschreibungen, welche von dem Deutschen Reich, von einem deutschen Bundesstaate oder dem Reichslande Elsaß-Lothringen mit gesetzlicher Ermächtigung ausgestellt sind, oder in

Schuldverschreibungen, deren Verzinsung von dem Deutschen Reich, von einem deutschen Bundesstaate oder dem Reichslande Elsaß-Lothringen gesetzlich garantirt ist, oder in Schuldverschreibungen, welche von deutschen kommunalen Korporationen (Provinzen, Kreisen, Gemeinden ꝛc.) oder von deren Kreditanstalten ausgestellt und entweder seitens der Inhaber kündbar sind, oder einer regelmäßigen Amortisation unterliegen, erfolgen. Auch können die Gelder bei der Reichsbank verzinslich angelegt werden.

§ 89. Ueber die gesammten Rechnungsergebnisse eines Rechnungsjahres ist nach Abschluß desselben alljährlich dem Bundesrath und dem Reichstag eine vom Reichs-Versicherungsamt aufzustellende Nachweisung vorzulegen.

Als Rechnungsjahr gilt das Kalenderjahr.

VII. Unfallverhütung. Ueberwachung durch die Genossenschaft.

§ 90. Die Genossenschaft ist befugt, für den Umfang des Genossenschaftsbezirks oder bestimmt abzugrenzender Bezirke oder für bestimmte Kategorien von Fahrzeugen oder Betrieben Vorschriften über Einrichtungen zur Verhütung von Unfällen, oder über zu beschaffende Ausrüstungsgegenstände der Fahrzeuge zu erlassen, und die Zuwiderhandelnden mit der Einschätzung in eine höhere Klasse des Gefahrentarifs oder, falls sich das Fahrzeug, beziehungsweise der Betrieb bereits in der höchsten Klasse befindet oder ein Gefahrentarif nicht aufgestellt ist, mit Zuschlägen bis zum doppelten Betrage ihrer Beiträge zu bedrohen. Für die Herstellung der vorgeschriebenen Einrichtungen ist den Betriebsunternehmern eine angemessene Frist zu bewilligen.

Die Genossenschaft ist ferner befugt, für die Anbringung und Erhaltung der Einrichtungen sowie für das Vorhandensein der etwa vorgeschriebenen Ausrüstungsgegenstände den Schiffsführer für verantwortlich zu erklären und ihm für jede Nachlässigkeit hierin Ordnungsstrafen bis zu einhundert Mark anzudrohen.

Vorschriften dieser Art bedürfen der Genehmigung des Reichs-Versicherungsamts. Dem Antrage auf Ertheilung der Genehmigung ist die gutachtliche Aeußerung der Vorstände derjenigen Sektionen, für welche die Vorschriften Gültigkeit haben sollen, oder, sofern die Genossenschaft in Sektionen nicht eingetheilt ist, des Genossenschaftsvorstandes beizufügen.

§ 91. Die für die Versicherten berufenen Beisitzer der Schiedsgerichte, beziehungsweise deren Stellvertreter sind zu der Berathung und Beschlußfassung des Genossenschafts-, beziehungsweise Sektionsvorstandes über den Erlaß derartiger Vorschriften zuzuziehen. Dieselben dürfen mehr Stimmen, als die Zahl der stimmenden Mitglieder der Vorstände beträgt, bei der Abstimmung nicht abgeben. Nehmen an der Berathung mehr Beisitzer der Schiedsgerichte als Vorstandsmitglieder Theil, so führt bei der Abstimmung die entsprechende Anzahl der dem Lebensalter nach jüngsten Beisitzer der Schiedsgerichte keine Stimme.

Im Uebrigen haben die Beisitzer der Schiedsgerichte bei der Abstimmung über derartige Vorschriften volles Stimmrecht. Auf die ihnen zu gewährende Vergütung findet § 54 Anwendung. Das über die Verhandlungen aufzunehmende Protokoll, aus welchem die Abstimmung der Vertreter der Versicherten ersichtlich sein muß, ist dem Reichs-Versicherungsamt vorzulegen.

Die genehmigten Vorschriften sind durch den Genossenschaftsvorstand den höheren Verwaltungsbehörden, auf deren Bezirk sich die Vorschriften erstrecken, sowie sämmtlichen Seemannsämtern mitzutheilen und in den Geschäftsräumen der letzteren öffentlich auszuhängen.

§ 92. Die im § 90 Absatz 1 vorgesehene höhere Einschätzung, sowie die Festsetzung von Zuschlägen erfolgt durch den Vorstand der Genossenschaft, die Festsetzung der im § 90 Absatz 2 vorgesehenen Strafen durch dasjenige Seemannsamt, welches von der Nachlässigkeit zuerst Kenntniß erhält. Die Seemannsämter sind befugt, bezüglich der Befolgung der nach § 90 erlassenen Vorschriften Untersuchungen der Fahrzeuge zu veranlassen.

Eine abermalige Straffestsetzung durch dasselbe oder durch ein anderes Seemannsamt ist zulässig, sofern der Schiffsführer nicht nachweist, daß inzwischen die Anordnung nicht hat befolgt werden können. Die Straffestsetzung ist von dem Seemannsamt in das Schiffsjournal einzutragen und sofort vollstreckbar.

Gegen die höhere Einschätzung sowie die Festsetzung von Zuschlägen oder Strafen findet, unbeschadet der sofortigen Vollstreckbarkeit der Strafen, die Beschwerde statt. Die Beschwerde gegen die höhere Einschätzung oder die Festsetzung von Zuschlägen (§ 90 Absatz 1) steht dem Betriebsunternehmer zu und ist binnen zwei Wochen nach der Zustellung der betreffenden Verfügung einzulegen; die Beschwerde gegen die Festsetzung von Strafen (§ 90 Absatz 2) aber steht sowohl dem Schiffsführer wie dem Rheder, Korrespondentrheder oder Bevollmächtigten zu und ist spätestens binnen zwei Wochen nach Beendigung der Reise zu erheben. Die Einlegung der Beschwerde erfolgt in allen Fällen bei dem Reichs-Versicherungsamt, welchem auch die Entscheidung über dieselbe zusteht.

§ 93. Die Genossenschaft ist befugt, durch Beauftragte die Befolgung der zur Verhütung von Unfällen erlassenen Vorschriften zu überwachen und Behufs Prüfung der auf Grund gesetzlicher oder statutarischer Bestimmungen eingereichten Nachweisungen die Schiffsjournale, Musterrollen, Certifikate, Meßbriefe und sonstigen Schiffspapiere, sowie die Listen einzusehen, aus welchen die Zahl der Versicherten, sowie der Umfang und die Dauer der zurückgelegten Reisen ersichtlich werden.

Die Behörden sind verpflichtet, den als solchen legitimirten Beauftragten der Genossenschaft die auf die Verhältnisse des Fahrzeuges und der Besatzung sich beziehenden Verhandlungen und Urkunden im Geschäftslokal zur Einsicht vorzulegen. Die Rheder, Korrespondentrheder und Bevollmächtigten, sowie die Schiffsführer haben den Beauftragten auf Erfordern den Zutritt zu den Fahrzeugen, sowie die Besichtigung derselben zu gestatten und die Schiffspapiere und Listen an Ort und Stelle zur Einsicht vorzulegen. Diese Verpflichtung besteht auch gegenüber dem Seemannsamt (§ 92); demselben ist die Eintragung der von ihm verhängten Strafen in das Schiffsjournal zu gestatten. In gleicher Weise haben die anderen Mitglieder der Berufsgenossenschaft die Besichtigung ihres Betriebes zu gestatten und die im Absatz 1 bezeichneten Listen zur Einsicht vorzulegen.

Die Verpflichteten können hierzu auf Antrag der Beauftragten von dem Seemannsamt oder der unteren Verwaltungsbehörde durch Geldstrafen bis zu dreihundert Mark angehalten werden.

§ 94. Die Mitglieder des Genossenschaftsvorstandes und der Sektionsvorstände, sowie deren Beauftragte (§ 93) haben über die Thatsachen, welche durch die Ueberwachung und Kontrole der Betriebe zu ihrer Kenntniß kommen, Verschwiegenheit zu beobachten. Die Beauftragten sind hierauf von der unteren Verwaltungsbehörde des Wohnortes zu beeidigen.

§ 95. Namen und Wohnsitz der Beaurftagten sind von dem Genossenschaftsvorstande den höheren Verwaltungsbehörden, auf deren Bezirk sich die Thätigkeit derselben erstreckt, anzuzeigen.

Die Beauftragten sind verpflichtet, den höheren Verwaltungsbehörden oder den von diesen bezeichneten öffentlichen Behörden und Beamten auf Erfordern über ihre Ueberwachungsthätigkeit und deren Ergebnisse Mittheilung zu machen. Sie können dazu von dem Reichs-Versicherungsamt durch Geldstrafen bis zu einhundert Mark angehalten werden.

§ 96. Die durch die Ueberwachung und Kontrole der Betriebe entstehenden Kosten gehören zu den Verwaltungskosten der Genossenschaft. So weit dieselben in baaren Auslagen bestehen, können sie durch den Vorstand der Genossenschaft dem Betriebsunternehmer auferlegt werden, wenn dieser oder wenn der Korrespondentrheder, Bevollmächtigte oder Schiffsführer durch Nichterfüllung der ihnen obliegenden Verpflichtungen zu ihrer Aufwendung Anlaß gegeben haben. Gegen die Auferlegung der Kosten findet binnen zwei Wochen nach Zustellung des Beschlusses die Beschwerde an das Reichs-Versicherungsamt statt. Die Beitreibung der Kosten erfolgt in derselben Weise, wie die der Gemeindeabgaben.

VIII. Aufsichtsführung.

§ 97. Die Genossenschaft unterliegt in Bezug auf die Befolgung dieses Gesetzes der Beaufsichtigung des Reichs-Versicherungsamts (§ 87 des Unfallversicherungsgesetzes).

Dem Reichs-Versicherungsamt treten vier nichtständige Mitglieder hinzu, von welchem zwei von dem Genossenschaftsvorstande aus seiner Mitte, die beiden anderen von den aus den Versicherten berufenen Beisitzern der Schiedsgerichte aus der Zahl schifffahrtskundiger befahrener Männer, welche nicht Rheder, Mitrheder, Korrespondentrheder oder Bevollmächtigte sind, gewählt werden. Hinsichtlich der Wählbarkeit findet im Uebrigen die Bestimmung im § 1 Absatz 5 Anwendung.

Diese nichtständigen Mitglieder sind zu denjenigen Verhandlungen des Reichs-Versicherungsamts, bei denen es sich um Angelegenheiten der dem gegenwärtigen Gesetze unterliegenden Genossenschaft handelt, statt der nach § 87 des Unfallversicherungsgesetzes von den Genossenschaftsvorständen und den Vertretern der Arbeiter gewählten nichtständigen Mitglieder, und wenn es sich um allgemeine Angelegenheiten handelt, neben diesen Mitgliedern zuzuziehen.

Die Wahl der für die Versicherten zu wählenden Mitglieder erfolgt mittelst schriftlicher Abstimmung unter Leitung des Reichs-Versicherungsamts nach relativer Stimmenmehrheit; bei Stimmengleichheit entscheidet das Loos.

Die Amtsdauer der nichtständigen Mitglieder währt vier Jahre. Für jedes nichtständige Mitglied sind ein erster und ein zweiter Stellvertreter zu wählen, welche dasselbe in Behinderungsfällen zu vertreten haben. Scheidet ein solches Mitglied während seiner Amtsdauer aus, so haben für den Rest derselben die Stellvertreter nach ihrer Reihenfolge als Mitglieder einzutreten.

§ 98. Die Aufsicht des Reichs-Versicherungsamts über den Geschäftsbetrieb der Genossenschaft hat sich auf die Beobachtung der gesetzlichen und statutarischen Vorschriften zu erstrecken. Alle Entscheidungen desselben sind endgültig, so weit in diesem Gesetze nicht ein Anderes bestimmt ist.

Das Reichs-Versicherungsamt ist befugt, jederzeit eine Prüfung der Geschäftsführung der Genossenschaft vorzunehmen.

Die Vorstandsmitglieder, Vertrauensmänner und Beamten der Genossenschaft sind auf Erfordern des Reichs-Versicherungsamts zur Vorlegung ihrer Bücher, Beläge und ihrer auf den Inhalt der Bücher bezüglichen Korrespondenzen, sowie der auf die Festsetzungen der Entschädigungen und Jahresbeiträge bezüglichen Schriftstücke an die Beauftragten des Reichs-Versicherungsamts oder an das letztere selbst verpflichtet. Dieselben können hierzu durch Geldstrafen bis zu eintausend Mark angehalten werden.

§ 99. Das Reichs-Versicherungsamt entscheidet, unbeschadet der Rechte Dritter, über Streitigkeiten, welche sich auf die Rechte und Pflichten der Inhaber der Genossenschaftsämter, auf die Auslegung der Statuten und die Gültigkeit der vollzogenen Wahlen beziehen. Dasselbe kann die Inhaber der Genossenschaftsämter zur Befolgung der gesetzlichen und statutarischen Vorschriften durch Geldstrafen bis zu eintausend Mark anhalten.

§ 100. Die Beschlußfassung des Reichs-Versicherungsamts ist durch die Anwesenheit von mindestens fünf Mitgliedern (einschließlich des Vorsitzenden), unter denen sich je ein Vertreter des Genossenschaftsvorstandes und des Versicherten befinden müssen, bedingt, wenn es sich handelt

a) um die Vorbereitung der Beschlußfassung des Bundesraths bei der Auflösung der Genossenschaft wegen Leistungsunfähigkeit (§ 42), sowie bei der Bildung von Schiedsgerichten (§ 49);
b) um die Entscheidung auf Rekurse gegen die Entscheidungen der Schiedsgerichte (§ 71);
c) um die Genehmigung von Vorschriften zur Verhütung von Unfällen (§ 90);
d) um die Entscheidung auf Beschwerden gegen Strafverfügungen des Genossenschaftsvorstandes (§ 120).

So lange die Wahl der Vertreter des Genossenschaftsvorstandes und der Versicherten nicht zu Stande gekommen ist, genügt die Anwesenheit von fünf anderen Mitgliedern (einschließlich des Vorsitzenden).

In den Fällen zu b erfolgt die Beschlußfassung unter Zuziehung von zwei richterlichen Beamten.

Im Uebrigen werden die Formen des Verfahrens und der Geschäftsgang des Reichs-Versicherungsamts durch Kaiserliche Verordnung unter Zustimmung des Bundesraths geregelt.

§ 101. Die Kosten des Reichs-Versicherungsamts und seiner Verwaltung trägt das Reich.

Die nichtständigen Mitglieder erhalten für die Theilnahme an den Arbeiten und Sitzungen des Reichs-Versicherungsamts eine nach dem Jahresbetrage festzusetzende Vergütung, und diejenigen, welche außerhalb Berlin wohnen, außerdem Ersatz der Kosten der Hin- und Rückreise nach den für die vortragenden Räthe der obersten Reichsbehörden geltenden Sätzen (Verordnung vom 21. Juni 1875, Reichs-Gesetzbl. S. 249). Die Bestimmungen in § 16 des Gesetzes, betreffend die Rechtsverhältnisse der Reichsbeamten, vom 31. März 1873 (Reichs-Gesetzbl. S. 61) finden auf sie keine Anwendung.

IX. Reichs- und Staatsbetriebe.

§ 102. Für Betriebe des Reichs oder eines Bundesstaates tritt bei Anwendung dieses Gesetzes an die Stelle der Berufsgenossenschaft das Reich, beziehungsweise der Bundesstaat. Die Befugnisse und Obliegenheiten der Genossenschaftsversammlung und des Genossenschaftsvorstandes werden durch Ausführungsbehörden wahrgenommen, welche für das Reich vom Reichskanzler, für den Bundesstaat von der Landes-Centralbehörde zu bezeichnen sind. Dem Reichs-Versicherungsamt ist mitzutheilen, welche Behörden als Ausführungsbehörden bezeichnet worden sind.

Die Bestimmungen des vorhergehenden Absatzes finden keine Anwendung, so weit der Reichskanzler, beziehungsweise die Landesregierung erklärt, daß Betriebe dieser Art der Berufsgenossenschaft angehören sollen.

§ 103. So weit das Reich oder ein Bundesstaat an die Stelle der Berufsgenossenschaft tritt, finden die §§ 16—47, 68 Absatz 4, 70 Absatz 1, 78 bis 86, 87 Absatz 2 und 3, 88, 90 bis 96, 97 Absatz 1, 98 Absatz 1 Satz 1, Absatz 2 und 3, 99, 100 Absatz 1 lit. a, c, d, 117 bis 120 keine Anwendung.

§ 104. Die Wahl der Vertreter der Versicherten (§ 48) erfolgt für den Geschäftsbereich jeder Ausführungsbehörde.

Die für den Erlaß der Ausführungsvorschriften zuständige Behörde (§ 108) bestimmt die wahlberechtigten Klassen und Vereinigungen, sowie die Zahl der auf dieselben entfallenden Stimmen, und erläßt das Wahlregulativ (§ 51). Im demselben sind die den Vertretern der Versicherten zu gewährenden Vergütungssätze (§ 54) festzustellen.

Ueber die Streitigkeiten, welche sich auf die Gültigkeit der vollzogenen Wahlen beziehen, entscheidet das Reichs-Versicherungsamt.

§ 105. Für den Geschäftsbereich jeder Ausführungsbehörde ist mindestens ein Schiedsgericht (§ 49) zu errichten. Die im § 50 Absatz 3 bezeichneten Beisitzer werden von der Ausführungsbehörde ernannt.

§ 106. Die Feststellung der Entschädigungen (§ 67) erfolgt durch die in den Ausführungsvorschriften zu bezeichnende Behörde.

§ 107. Gegen den Bescheid der zuständigen Behörde, durch welchen ein Entschädigungsanspruch aus dem Grunde abgelehnt wird, weil der Betrieb, in welchem der Unfall sich ereignet hat, für nicht unter den § 1 fallend erachtet wird (§ 70), steht dem Verletzten oder seinen Hinterbliebenen die Beschwerde an das Reichs-Versicherungsamt zu. Dieselbe ist bei dem Reichs-Versicherungsamt einzulegen; auf die Beschwerdefrist finden die Bestimmungen des § 70 Absatz 3 und 4 entsprechende Anwendung.

§ 108. Die zur Durchführung der Bestimmungen in §§ 102 bis 107 erforderlichen Ausführungsvorschriften sind für die Reichsverwaltungen vom Reichskanzler, für die Landesverwaltungen von der Landes-Centralbehörde zu erlassen.

X. Schluß- und Strafbestimmungen.

§ 109. Die nach Maaßgabe dieses Gesetzes versicherten Personen und deren Hinterbliebene können einen Anspruch auf Ersatz des in Folge eines Unfalls erlittenen Schadens gegen den Betriebsunternehmer, gegen einen Mitrheder, Lootsen, Bevollmächtigten oder Repräsentanten, Betriebs- oder Arbeiteraufseher, oder eine Person der Schiffsbesatzung desjenigen Fahrzeuges, zu dessen Besatzung der Verletzte gehört hat, sowie desjenigen Fahrzeuges beziehungsweise Betriebes, in welchem der Unfall sich ereignet hat, nur dann geltend machen, wenn durch strafgerichtliches Urtheil festgestellt worden ist, daß der in Anspruch Genommene den Unfall vorsätzlich herbeigeführt hat.

In diesem Falle beschränkt sich der Anspruch auf den Betrag, um welchen die den Berechtigten nach den bestehenden gesetzlichen Vorschriften gebührende Entschädigung diejenige übersteigt, auf welche sie nach diesem Gesetze Anspruch haben.

Auf die durch Artikel 523 ff. des Handelsgesetzbuchs, §§ 48 ff. der Seemannsordnung und § 10 dieses Gesetzes begründete Fürsorgepflicht findet diese Bestimmung keine Anwendung.

§ 110. Diejenigen Betriebsunternehmer, Mitrheder, Lootsen,

Bevollmächtigten oder Repräsentanten, Betriebs- oder Arbeiteraufseher, oder Personen der Schiffsbesatzung, gegen welche durch strafgerichtliches Urtheil festgestellt worden ist, daß sie den Unfall vorsätzlich oder durch Fahrlässigkeit mit Außerachtlassung derjenigen Aufmerksamkeit, zu der sie vermöge ihres Amts, Berufes oder Gewerbes besonders verpflichtet sind, herbeigeführt haben, haften der Genossenschaft und den Krankenkassen für alle Aufwendungen, welche in Folge des Unfalls auf Grund dieses Gesetzes oder des Gesetzes, betreffend die Krankenversicherung der Arbeiter, vom 15. Juni 1883 (Reichs-Gesetzbl. S. 73) von denselben gemacht worden sind.

In gleicher Weise haftet als Betriebsunternehmer eine Aktiengesellschaft, eine Innung oder eingetragene Genossenschaft für die durch ein Mitglied ihres Vorstandes, sowie eine Handelsgesellschaft, eine Innung oder eingetragene Genossenschaft für die durch einen der Liquidatoren herbeigeführten Unfälle.

Als Ersatz für die Rente kann in diesen Fällen deren Kapitalwerth gefordert werden.

Der Anspruch verjährt in achtzehn Monaten von dem Tage, an welchem das strafrechtliche Urtheil rechtskräftig geworden ist.

§ 111. Die in den §§ 109 und 110 bezeichneten Ansprüche können, auch ohne daß die daselbst vorgesehene Feststellung durch strafgerichtliches Urtheil stattgefunden hat, geltend gemacht werden, falls diese Feststellung wegen des Todes oder der Abwesenheit des Betreffenden oder aus einem anderen in der Person desselben liegenden Grunde nicht erfolgen kann.

§ 112. Bei Zusammenstößen mehrerer unter dieses Gesetz fallender Fahrzeuge finden die Bestimmungen der §§ 109 bis 111 auf die Rheder oder Mitrheder, Lootsen, Bevollmächtigten und Repräsentanten, Betriebsaufseher oder Personen der Schiffsbesatzungen sämmtlicher bei dem Zusammenstoße betheiligten Fahrzeuge Anwendung.

Im Uebrigen bestimmt sich die Haftung dritter, in den §§ 109 und 110 nicht bezeichneter Personen, welche den Unfall vorsätzlich herbeigeführt oder durch Verschulden verursacht haben, nach den bestehenden gesetzlichen Vorschriften. Jedoch geht die Forderung der Entschädigungsberechtigten an den Dritten auf die Genossenschaft in so weit über, als die Verpflichtung der letzteren zur Entschädigung durch dieses Gesetz begründet ist.

§ 113. Der Berufsgenossenschaft sowie den Betriebsunternehmern, Mitrhedern und Schiffsführern ist untersagt, die Anwendung der Bestimmungen dieses Gesetzes zum Nachtheil der Versicherten durch Verträge (mittelst Reglements oder besonderer Uebereinkunft) auszuschließen oder zu beschränken. Vertragsbestimmungen, welche diesem Verbote zuwiderlaufen, haben keine rechtliche Wirkung.

§ 114. Versicherungsverträge, welche von Unternehmern der unter § 1 fallenden Betriebe oder von den in solchen beschäftigten Personen gegen die Folgen der in diesem Gesetze bezeichneten Unfälle mit Versicherungsanstalten abgeschlossen sind, können sowohl von den Versicherten als von den Versicherungsanstalten mit der Wirkung gekündigt werden, daß sie nach Ablauf eines Monats von dem Tage der Zustellung der Kündigung ab erlöschen.

Die aus solchen Versicherungsverträgen über den Zeitpunkt des Erlöschens hinaus vorausbezahlten Prämien hat die Versicherungsanstalt antheilig zurückzuerstatten. Dieselbe ist jedoch berechtigt, für bereits aufgewendete Verwaltungskosten den zu erstattenden Betrag um zwanzig Prozent zu kürzen, sofern nicht die Kündigung von ihr ausgegangen war.

So weit derartige Versicherungsverträge nicht gekündigt werden, geht der Anspruch auf die fortan fälligen Versicherungsbeträge sowie die Verbindlichkeit zur Entrichtung der fortan fälligen Prämien und Verwaltungskosten auf die Berufsgenossenschaft über, wenn der Versicherungsnehmer dies bei dem Vorstande der Genossenschaft beantragt. Die der Genossenschaft hieraus erwachsenden Zahlungsverbindlichkeiten werden durch Umlage auf die Mitglieder der Genossenschaft (§§ 18, 79) gedeckt. Das in den Absätzen 1 und 2 vorgesehene Kündigungsrecht steht mit den daselbst bezeichneten Wirkungen auch der Berufsgenossenschaft zu, sofern die vorstehend bezeichneten Rechte und Pflichten auf sie übergegangen sind.

§ 115. Die öffentlichen Behörden sind verpflichtet, den im Vollzuge dieses Gesetzes an sie ergehenden Ersuchen des Reichs-Versicherungsamts, anderer öffentlicher Behörden, sowie des Genossenschaftsvorstandes, der Sektionsvorstände und der Schiedsgerichte zu entsprechen und den bezeichneten Vorständen auch unaufgefordert alle Mittheilungen zukommen zu lassen, welche für den Geschäftsbetrieb der Genossenschaft von Wichtigkeit sind. Die gleiche Verpflichtung liegt den Organen der Genossenschaft unter einander ob.

Die durch die Erfüllung dieser Verpflichtungen entstehenden Kosten sind von der Genossenschaft als eigene Verwaltungskosten (§ 18) insoweit zu erstatten, als sie in Tagegeldern und Reisekosten von Beamten oder Genossenschaftsorganen, sowie in Gebühren für Zeugen und Sachverständige oder in sonstigen baaren Auslagen bestehen.

§ 116. Alle zur Begründung und Abwickelung der Rechtsverhältnisse zwischen der Berufsgenossenschaft einerseits und den Versicherten andererseits erforderlichen schiedsgerichtlichen und außergerichtlichen Verhandlungen und Urkunden einschließlich der Unfalluntersuchungsverhandlungen (§ 62) und der vor inländischen Behörden abgelegten Verklarungen, so weit dieselben an die Stelle der Unfalluntersuchungsverhandlungen treten (§ 64), sind gebühren- und stempelfrei. Dasselbe gilt für die Behufs Vertretung von Berufsgenossen ausgestellten privatschriftlichen Vollmachten und für die im § 12 bezeichneten Streitigkeiten.

§ 117. Die Betriebsunternehmer, Mitrheder, Korrespondentrheder und Bevollmächtigten, sowie die Schiffsführer können von dem Genossenschaftsvorstande mit Ordnungsstrafe bis zu fünfhundert Mark belegt werden, wenn in den von ihnen auf Grund statutarischer oder gesetzlicher Bestimmungen eingereichten Nachweisungen oder in der auf Grund solcher Bestimmungen von ihnen erforderten Auskunft thatsächliche Angaben enthalten sind, deren Unrichtigkeit ihnen bekannt war oder bei Anwendung angemessener Sorgfalt nicht entgehen konnte.

§ 118. Betriebsunternehmer, Mitrheder, Korrespondentrheder und Bevollmächtigte, sowie die Schiffsführer, welche der auf Grund gesetzlicher oder statutarischer Bestimmungen ihnen obliegenden Verpflichtung zur Ernennung von Bevollmächtigten und zur Mittheilung des Namens derselben, sowie etwaiger Veränderungen in der Person derselben an den Genossenschaftsvorstand, zur Anmeldung von Betriebsveränderungen, zur Einreichung von Nachweisungen, zur Ertheilung von Auskunft oder zur Erfüllung der für Betriebseinstellungen gegebenen statutarischen Vorschriften nicht rechtzeitig nachkommen, können von dem Genossenschaftsvorstande mit Ordnungsstrafe bis zu dreihundert Mark belegt werden.

Dasselbe gilt bei Zuwiderhandlungen gegen die Verpflichtungen bezüglich

a) der Eintragungen in das Schiffsjournal (§ 57 Absatz 1),
b) der Führung der Unfallnachweisung (§ 57 Absatz 2),
c) der Mittheilung der Eintragungen (§ 57 Absatz 3),
d) der Unfallanzeigen (§ 57, Absatz 4, § 58 Absatz 1),
e) der Herbeiführung der Unfalluntersuchungen (§ 62 Absatz 1 und 2),
f) der Abgabe eidesstattlicher Erklärungen (§ 62 Absatz 1).

§ 119. Die in den §§ 117 und 118 für Betriebsunternehmer getroffenen Strafbestimmungen finden Anwendung:

a) wenn eine Aktiengesellschaft, eingetragene Genossenschaft, Innung oder andere juristische Person Rheder oder Mitrheder ist, auf alle Mitglieder des Vorstandes,
b) wenn eine andere Handelsgesellschaft oder eine Kommandit-

gesellschaft auf Aktien Rheder oder Mitrheder ist, auf alle persönlich haftenden Gesellschafter.

Im Uebrigen finden die Strafvorschriften der §§ 117 und 118 auch gegen die gesetzlichen Vertreter handlungsunfähiger Berufsgenossen, sowie gegen die Liquidatoren einer Handelsgesellschaft, Innung oder eingetragenen Genossenschaft Anwendung.

§ 120. Gegen die Strafverfügung des Genossenschaftsvorstandes steht den Betheiligten binnen zwei Wochen, von deren Zustellung an, die Beschwerde an das Reichs-Versicherungsamt zu.

Die Rheder haften für die ihnen oder dem Schiffsführer auf Grund der §§ 117 bis 119 auferlegten Strafen nach Maaßgabe der Bestimmungen des § 86 Absatz 1.

§ 121. Die Centralbehörden der Bundesstaaten bestimmen, von welchen Staats- oder Gemeindebehörden die in diesem Gesetze den höheren Verwaltungsbehörden, den unteren Verwaltungsbehörden und den Ortspolizeibehörden zugewiesenen Verrichtungen wahrzunehmen sind.

Die von den Centralbehörden der Bundesstaaten in Gemäßheit vorstehender Vorschrift erlassenen Bestimmungen sind durch den Deutschen Reichsanzeiger bekannt zu machen.

§ 122. Geldstrafen, welche auf Grund dieses Gesetzes verhängt sind, mit Ausnahme derjenigen, auf welche von den Gerichten erkannt ist, werden in derselben Weise beigetrieben, wie Gemeindeabgaben.

Geldstrafen, über deren Abführung das Gesetz keine Bestimmungen enthält, fließen in die Genossenschaftskasse.

§ 123. Zustellungen, welche den Lauf von Fristen bedingen, erfolgen durch die Post mittelst eingeschriebenen Briefes. Der Beweis der Zustellung kann auch durch behördliche Beglaubigung geführt werden.

Ausländer, welche nicht im Inlande wohnen, haben einen Zustellungsbevollmächtigten (§ 160 der Civilprozeßordnung) zu bestellen. Wird ein solcher nicht bestellt, so kann die Zustellung durch öffentlichen Aushang während einer Woche in den Geschäftsräumen der zustellenden Genossenschaftsorgane oder Behörden ersetzt werden.

§ 124. Die Bestimmungen der Abschnitte II, III, IV, V und VIII, die auf diese Abschnitte bezüglichen Strafbestimmungen, sowie diejenigen Vorschriften, welche zur Durchführung der in diesen Abschnitten getroffenen Anordnungen dienen, treten mit dem Tage der Verkündung dieses Gesetzes in Kraft.

Im Uebrigen wird der Zeitpunkt, mit welchem das Gesetz in Kraft tritt, mit Zustimmung des Bundesraths durch Kaiserliche Verordnung bestimmt.[1]

XI

Gesetz, betr. die Untersuchung von Seeunfällen.

Vom 27./7. 77. (RGBl 549.)[2]

Wir Wilhelm, von Gottes Gnaden Deutscher Kaiser, König von Preußen ꝛc. verordnen im Namen des Deutschen Reichs, nach erfolgter Zustimmung des Bundesraths und des Reichstags, was folgt:

§ 1. Zur Untersuchung der Seeunfälle, von welchen Kauffahrteischiffe betroffen werden, sind an den deutschen Küsten Seeämter zu errichten.

§ 2. Gegenstand der Untersuchung (§ 1) sind Seeunfälle:

1. deutscher Kauffahrteischiffe;
2. ausländischer Kauffahrteischiffe, wenn
   a) der Unfall sich innerhalb der deutschen Küstengewässer ereignet hat, oder
   b) die Untersuchung vom Reichkanzler angeordnet ist.

§ 3. Das Seeamt ist verpflichtet, die Untersuchung vorzunehmen:

1. wenn bei dem Unfalle entweder Menschenleben verloren gegangen, oder ein Schiff gesunken oder aufgegeben ist;
2. wenn die Untersuchung vom Reichskanzler angeordnet ist.

§ 4. Bei sonstigen Seeunfällen bleibt die Vornahme der Untersuchung dem Ermessen des Seeamts überlassen.

Durch die Untersuchung sollen die Ursachen des Seeunfalles, sowie alle mit demselben zusammenhängenden Thatumstände ermittelt werden.

Insbesondere in festzustellen:

1. ob der Schiffer oder der Steuermann[3] durch Handlungen oder Unterlassungen den Unfall oder dessen Folgen verschuldet hat;
2. ob Mängel in der Bauart, Beschaffenheit, Ausrüstung, Beladung oder in der Bemannung des Schiffes, oder

[1] V 26./12. 87 (RGBl 537): mit dem 1. Januar 1888.

[2] Vgl. Circ.-Erl. 23./11. 77 (Centr.-Bl. 634).

[3] Diesen stehen gleich die Maschinisten der Seedampfschiffe, RG 11./6. 78 (RGBl 109).

3. ob Mängel des Fahrwassers oder der für die Schifffahrt bestimmten Hülfseinrichtungen (der Seezeichen, des Lootsenwesens, der Rettungsanstalten u. s. w.) oder Handlungen oder Unterlassungen der zur Handhabung dieser Einrichtungen bestellten Personen den Unfall oder dessen Folgen herbeigeführt haben;
4. ob die zur Verhütung des Zusammenstoßens von Schiffen auf See und die über das Verhalten nach einem solchen Zusammenstoßen erlassenen Vorschriften[1] befolgt worden sind.

§ 5. Zuständig für die Untersuchung ist das Seeamt:
1. in dessen Bezirk der Hafen liegt, welchen das Schiff nach dem Unfalle zunächst erreicht;
2. dessen Sitz dem Orte des Unfalles zunächst belegen ist;
3. in dessen Bezirk der Heimathshafen des Schiffes liegt.

Unter mehreren hiernach zuständigen Seeämtern gebührt demjenigen der Vorzug, welches die Untersuchung zuerst eingeleitet hat. Jedoch kann die Untersuchung einem anderen der zuständigen Seeämter durch das Reichskanzler-Amt übertragen werden.

Entstehen Streitigkeiten oder Zweifel über die Zuständigkeit, so entscheidet das Reichskanzler-Amt.[2]

§ 6.[3] Die Errichtung der Seeämter und die Bestimmung der Behörden, welche die Aufsicht über diese Aemter zu führen haben, steht den Landesregierungen nach Maaßgabe der Landesgesetze, die Abgrenzung ihrer Bezirke dem Bundesrath zu.

Die Oberaufsicht über die Seeämter führt das Reich.

§ 7. Das Seeamt bildet eine kollegiale Behörde und besteht aus einem Vorsitzenden und vier Beisitzern.

Der Vorsitzende muß die Fähigkeit zum Richteramt besitzen. Er wird für die Dauer des zur Zeit seiner Ernennung von ihm bekleideten Amts, oder, falls er zur Zeit seiner Ernennung ein Amt nicht bekleidet, auf Lebenszeit ernannt. Die letztere Bestimmung findet auf einen, für den Fall der Verhinderung oder Ablehnung des Vorsitzenden ernannten Stellvertreter keine Anwendung.

Mindestens zwei der Beisitzer müssen die Befähigung als Seeschiffer besitzen und müssen als solche gefahren haben.

§ 8. Die Aufsichtsbehörde hat für jedes Seeamt auf jedes Jahr im Voraus eine Liste für das Amt eines Beisitzers geeigneter Personen aufzustellen und dem Vorsitzenden des Seeamts mitzutheilen.

---

[1] Siehe oben S. 237.
[2] Jetzt Reichsamt des Innern.
[3] Bek. 1./12. 77 (Centr.-Bl. 621).

Die Zahl der in die Liste aufzunehmenden Personen bestimmt die Aufsichtsbehörde nach Maaßgabe des Bedürfnisses. Wo eine Vertretung des Rheder-, Schiffer- und Handelsstandes vorhanden ist, ist dieselbe vor Aufstellung der Liste mit ihren Vorschlägen zu hören.

§ 9. Der Vorsitzende des Seeamts wählt für jeden Untersuchungsfall aus der Liste vier Beisitzer und, wenn erforderlich, einen Stellvertreter aus, beruft dieselben ein und beeidigt sie auf die Erfüllung der Obliegenheiten ihres Amts.

§ 10. Auf die Befähigung zum Amt eines Beisitzers finden die in den §§ 31 bis 34 des Gerichtsverfassungsgesetzes[1] enthaltenen Bestimmungen entsprechende Anwendung, jedoch tritt an die Stelle des § 33, Nr. 2 folgende Bestimmung:

---

[1] **31.** Das Amt eines Schöffen ist ein Ehrenamt. Dasselbe kann nur von einem Deutschen versehen werden.

32. Unfähig zu dem Amte eines Schöffen sind:

1. Personen, welche die Befähigung in Folge strafgerichtlicher Verurtheilung verloren haben;
2. Personen, gegen welche das Hauptverfahren wegen eines Verbrechens oder Vergehens eröffnet ist, das die Aberkennung der bürgerlichen Ehrenrechte oder der Fähigkeit zur Bekleidung öffentlicher Aemter zur Folge haben kann;
3. Personen, welche in Folge gerichtlicher Anordnung in der Verfügung über ihr Vermögen beschränkt sind.

33. Zu dem Amte eines Schöffen sollen nicht berufen werden:

1. Personen, welche zur Zeit der Aufstellung der Urliste das dreißigste Lebensjahr noch nicht vollendet haben;
2. Personen, welche zur Zeit der Aufstellung der Urliste den Wohnsitz in der Gemeinde noch nicht zwei volle Jahre haben;
3. Personen, welche für sich oder ihre Familie Armenunterstützung aus öffentlichen Mitteln empfangen oder in den drei letzten Jahren, von Aufstellung der Urliste zurückgerechnet, empfangen haben;
4. Personen, welche wegen geistiger oder körperlicher Gebrechen zu dem Amte nicht geeignet sind;
5. Dienstboten.

34. Zu dem Amte eines Schöffen sollen ferner nicht berufen werden:

1. Minister;
2. Mitglieder der Senate der freien Hansestädte;
3. Reichsbeamte, welche jederzeit einstweilig in den Ruhestand versetzt werden können;
4. Staatsbeamte, welche auf Grund der Landesgesetze jederzeit einstweilig in den Ruhestand versetzt werden können;
5. richterliche Beamte und Beamte der Staatsanwaltschaft;
6. gerichtliche und polizeiliche Vollstreckungsbeamte;

2. Personen, welche zur Zeit der Aufstellung der Liste den Wohnsitz nicht im Bezirk des Seeamts haben,

und fallen unter § 34 Nr. 9 die der aktiven Marine angehörenden Militärpersonen aus.

Die Berufung zum Amt eines Beisitzers können ablehnen:

1. Mitglieder einer deutschen gesetzgebenden Versammlung;
2. Personen, welche zur Zeit der Aufstellung der Liste (§ 8) das 65. Lebensjahr vollendet haben, oder bis zum Ablauf des Jahres, für welches die Liste gilt, vollenden würden;
3. Personen, welche im letzten Jahre die Verpflichtung eines Beisitzers erfüllt haben.

Die Beisitzer erhalten aus Landesmitteln Vergütung der Reisekosten und Tagegelder, deren Höhe die Landesregierungen bestimmen.

§ 11. Der aktiven Marine angehörende Militärpersonen werden nicht in die Liste aufgenommen. Der Vorsitzende des Seeamts kann jedoch eine der aktiven Marine angehörende Militärperson mit ihrer Zustimmung zum Beisitzer wählen, und zwar ohne Rücksicht auf ihren Wohnsitz im Bezirk des Seeamts. Die Wahl aus der Liste beschränkt sich für diesen Fall auf drei Beisitzer und, wenn erforderlich, einen Stellvertreter.

§ 12. Ueber Entschuldigungsgesuche der Beisitzer und über Ablehnungsanträge entscheidet endgültig der Vorsitzende.

Beisitzer, welche ohne genügende Entschuldigung zu den Sitzungen nicht rechtzeitig sich einfinden, oder ihren Obliegenheiten in anderer Weise sich entziehen, sind zu einer Ordnungsstrafe von 10 bis 300 Mark, sowie in die verursachten Kosten zu verurtheilen.

Die Verurtheilung wird durch den Vorsitzenden ausgesprochen. Erfolgt nachträglich genügende Entschuldigung, so kann die Verurtheilung ganz oder theilweise zurückgenommen werden. Gegen die letztere findet Beschwerde von Seiten des Verurtheilten an die Aufsichtsbehörde statt.

§ 13. Der Reichskanzler bestellt für jedes Seeamt einen Kommissar, welcher Anträge an das Seeamt oder seinen Vorsitzenden zu stellen, den Verhandlungen des Seeamts beizuwohnen, Einsicht

---

7. Religionsdiener;
8. Volksschullehrer;
9. dem aktiven Heere oder der aktiven Marine angehörende Militärpersonen.

Die Landesgesetze können außer den vorbezeichneten Beamten höhere Verwaltungsbeamte bezeichnen, welche zu dem Amte eines Schöffen nicht berufen werden sollen.

von den Akten zu nehmen und für den Fall, daß der Vorsitzende die Einleitung einer Untersuchung verweigert, Anträge auf Anordnung einer Untersuchung bei dem Reichskanzler zu stellen berechtigt ist. Dieselbe Person kann für mehrere Seeämter als Kommissar bestellt werden.

§ 14. Die für die Aufnahme der Verklarungen zuständigen Gerichte, die Hafenbehörden, die Strandbehörden, die Seemannsämter und die Schiffsregisterbehörden sind verpflichtet, von den zu ihrer Kenntniß gelangenden Seeunfällen einem zuständigen Seeamt (§ 5) ungesäumt Anzeige zu machen.

§ 15. Die deutschen Seemannsämter im Auslande (Konsulate[1]) haben, sobald sie von einem Seeunfalle Kenntniß erlangen, zur vorläufigen Feststellung des Thatbestandes diejenigen Ermittelungen und Beweiserhebungen vorzunehmen, welche keinen Aufschub dulden.

§ 16. Ueber die Einleitung der Untersuchung beschließt der Vorsitzende.

Ihm liegen die zur Vorbereitung der Hauptverhandlung erforderlichen Ermittelungen, die Anberaumung der Hauptverhandlung, die für dieselbe erforderlichen Ladungen der betheiligten Zeugen und Sachverständigen, die rechtzeitige Herbeischaffung der Beweismittel und die sonstigen Vorbereitungen zur Hauptverhandlung ob.

Auch andere Verfügungen, wenn sie keinen Aufschub leiden, namentlich auch wegen Vernehmung und Beeidigung der Zeugen bei Gefahr im Verzuge, kann der Vorsitzende erlassen, so lange das Seeamt nicht versammelt ist.

§ 17. Ist wegen eines Seeunfalles eine gerichtliche Untersuchung eröffnet, so ist der Vorsitzende befugt, die Einladung oder Fortsetzung der Untersuchung desselben Seeunfalles bis zur Beendigung des gerichtlichen Verfahrens auszusetzen. Ist jedoch das Seeamt bereits versammelt, so steht diese Befugniß nur dem letzteren zu.

§ 18. Das Seeamt ist befugt, Beweis durch Einnahme des Augenscheins zu erheben, Zeugen und Sachverständige zu laden und dieselben eidlich zu vernehmen.

§ 19. So weit dieses Gesetz nicht abweichende Bestimmungen enthält, finden auf das Verfahren die Bestimmungen des Gerichtsverfassungsgesetzes Titel 15 und 16 und der Strafprozeßordnung Buch 1 Abschnitt 3, 6 und 7 entsprechende Anwendung.

Die Festsetzung und Vollstreckung von Strafen gegen Zeugen und Sachverständige, sowie die Vorführung eines nicht erschienenen

[1] Vgl. Bek. 23./11. 77 (Centr.=Bl. 634).

Zeugen erfolgen auf Ersuchen durch das zuständige Gericht. Anordnung der Haft zur Erzwingung eines Zeugnisses findet nicht statt.

§ 20. Anträgen des Seeamts sind die Gerichte und die in § 14 genannten Behörden innerhalb ihrer Zuständigkeit zu entsprechen verpflichtet.

§ 21. Das Verfahren vor dem Seeamt ist öffentlich und mündlich.

Der Vorsitzende leitet die Verhandlungen, bei deren Eröffnung er eine Darstellung der bisher über den Seeunfall veranlaßten Ermittelungen (§§ 15, 16) zu geben hat. Den Beisitzern, sowie dem Reichskommissar steht das Recht zu, an die zur Vernehmung erschienenen Personen unmittelbar Fragen zu stellen. Das Seeamt faßt seine Beschlüsse nach Stimmenmehrheit.

§ 22. Der Schiffer und der Steuermann des Schiffes, dessen Unfall den Gegenstand der Untersuchung bildet, sind als Zeugen nur auf Beschluß des Seeamts zu beeidigen. Dieselben können Anträge stellen, über welche das Seeamt zu befinden hat, an die zur Vernehmung erschienenen Personen unmittelbar Fragen richten, auch sich eines rechts- oder sachkundigen Beistandes bedienen.

§ 23. Zweifel über die Zulässigkeit einer Frage entscheidet in allen Fällen das Seeamt.

§ 24. Ueber die mündliche Verhandlung wird ein Protokoll aufgenommen, welches die Namen der Anwesenden und die wesentlichen Momente der Verhandlung enthalten muß. Das Protokoll wird von dem Vorsitzenden und dem Protokollführer unterzeichnet.

§ 25. Nach Schluß der Verhandlungen hat das Seeamt über die Ursachen des Seeunfalles (§ 4) seinen Spruch abzugeben. Derselbe muß mit Gründen versehen sein und hat insbesondere das Ergebniß der Beweisverhandlungen festzustellen. Der Spruch ist schriftlich abzufassen und spätestens innerhalb 14 Tagen nach Schluß der Verhandlungen in öffentlicher Sitzung zu verkünden. Dem Reichskommissar, sowie auf Verlangen dem Schiffer und dem Steuermann ist Ausfertigung des Spruches mitzutheilen.

§ 26. Auf Antrag des Reichskommissars kann, wenn sich ergiebt, daß ein deutscher Schiffer oder Steuermann den Unfall oder dessen Folgen in Folge des Mangels solcher Eigenschaften, welche zur Ausübung seines Gewerbes erforderlich sind, verschuldet hat, demselben durch den Spruch (§ 25) zugleich die Befugniß zur Ausübung seines Gewerbes (§ 31 der Gewerbeordnung vom 21. Juni 1869) entzogen werden.

Einem Schiffer, dem die Befugniß entzogen wird, kann nach

Ermessen des Seeamts auch die Ausübung des Steuermannsgewerbes untersagt werden.

§ 27. Hat das Seeamt durch seine Entscheidung einem Schiffer oder Steuermann die Befugniß zur Ausübung des Gewerbes entzogen, oder hat es einem hierauf gerichteten Antrage des Kommissars (§ 13) keine Folge gegeben, so steht im ersteren Falle dem Schiffer oder Steuermann, im letzteren dem Kommissar gegen diese Entscheidung das Rechtsmittel der Beschwerde an das Ober-Seeamt zu. Die Beschwerde muß binnen 14 Tagen nach der Verkündung, oder, wenn diese in Abwesenheit des Beschwerdeführers erfolgt ist, nach der Zustellung des Urtheils bei dem Seeamt zu Protokoll oder schriftlich eingelegt werden. Dem Beschwerdeführer, welchem das Urtheil noch nicht zugestellt war, ist dasselbe nach Einlegung der Beschwerde zuzustellen.

Die Beschwerde muß bei Einlegung des Rechtsmittels oder spätestens binnen weiterer 14 Tage nach Ablauf der Frist zu dessen Einlegung, oder, wenn zu dieser Zeit das Urtheil noch nicht zugestellt war, nach Zustellung desselben bei dem Seeamt zu Protokoll oder schriftlich gerechtfertigt werden.

Die Einlegung der Beschwerde hat keine aufschiebende Wirkung.

§ 28. Eine im Auslande zu bewirkende Zustellung des Urtheils erfolgt mittelst Ersuchens eines deutschen Seemannsamts. Die Einlegung und Rechtfertigung der Beschwerde kann alsdann bei demselben Seemannsamt geschehen. Dasselbe kann dem Schiffer oder Steuermann auf Antrag die Frist für Rechtfertigung der Beschwerde verlängern und der Einlegung der Beschwerde aufschiebende Wirkung bis spätestens zur Ankunft des Beschwerdeführers in einem deutschen Hafen einräumen.

§ 29. Das Ober-Seeamt bildet eine kollegiale Behörde und besteht aus einem Vorsitzenden, auf welchen die Bestimmungen des § 7 Absatz 2 Anwendung finden, und sechs Mitgliedern, von welchen letzteren wenigstens drei der Schifffahrt kundig sein müssen. Der Vorsitzende und ein schifffahrtskundiger Beisitzer werden von dem Kaiser ernannt. Für das Amt der übrigen Beisitzer bringen die Regierungen der Bundes-Seestaaten je drei sachkundige Personen in Vorschlag. Der Vorschlag gilt für je drei Jahre, nach Ablauf deren ein neuer Vorschlag zu machen ist. Aus der Gesammtzahl der Vorgeschlagenen wählt der Vorsitzende für jeden Beschwerdefall fünf Beisitzer aus, beruft dieselben ein und beeidigt sie auf die Erfüllung der Obliegenheiten ihres Amts. Die Beisitzer erhalten aus der Reichskasse Ersatz ihrer Reisekosten und Tagegelder, deren Höhe der

Reichskanzler bestimmt. Die Vorschriften des § 12 finden auf die Mitglieder des Ober-Seeamts entsprechende Anwendung.

Das Ober-Seeamt faßt seine Beschlüsse nach Stimmenmehrheit. Die außerhalb der Hauptverhandlung erforderlichen Verfügungen werden vom Vorsitzenden erlassen.

§ 30. Das Ober-Seeamt kann eine Ergänzung oder Wiederholung der Beweisaufnahme vornehmen oder anordnen. Die in §§ 18—24 enthaltenen Bestimmungen über das Verfahren bei den Seeämtern finden auf das Ober-Seeamt Anwendung.

Der Vorsitzende kann ein Mitglied des Ober-Seeamts mit der Darstellung der bisherigen Verhandlungen und Ermittelungen beauftragen.

§ 31. Das Ober-Seeamt verhandelt und entscheidet in öffentlicher Sitzung nach erfolgter Ladung und Anhörung des Beschwerdeführers und seines Gegners.

Die Entscheidung hat sich auch darüber auszusprechen, ob dem Beschwerdeführer die baaren Auslagen des Beschwerdeverfahrens zur Last zu legen sind.

§ 32. Die Entscheidung des Ober-Seeamts, welche mit Gründen versehen sein muß, ist dem Beschwerdeführer und seinem Gegner in Ausfertigung zuzustellen.

§ 33. Die Geschäftsordnung bei dem Ober-Seeamt wird vom Bundesrath festgestellt.[1]

§ 34. Einem Schiffer oder Steuermann, dem die Befugniß zur Ausübung seines Gewerbes entzogen ist, kann dieselbe nach Ablauf eines Jahres durch das Reichskanzler-Amt wieder eingeräumt werden, wenn anzunehmen ist, daß er fernerhin den Pflichten seines Gewerbes genügen wird.

§ 35. Dieses Gesetz tritt am 1. Januar 1878 in Kraft. Dasselbe findet auch auf solche Seeunfälle Anwendung, welche ein deutsches Schiff vor dem 1. Januar 1878 auf seiner an diesem Tage noch nicht vollendeten Reise (Handelsgesetzbuch Artikel 760) betroffen haben.

---

[1] 3./5. 77 (Centr.-Bl. 1878, 276). Nachtrag dazu ebenda 1879, 371.

XII

Strandungsordnung.[1]

Vom 17./5. 74. (RGBl 73.)

Wir Wilhelm, von Gottes Gnaden Deutscher Kaiser, König von Preußen rc. verordnen im Namen des Deutschen Reichs, nach erfolgter Zustimmung des Bundesraths und des Reichstags, was folgt:

Erster Abschnitt.

Von den Strandbehörden.

§ 1. Die Verwaltung der Strandungsangelegenheiten wird durch Strandämter geführt.

Den Strandämtern werden Strandvögte untergeordnet. Letztere haben insbesondere diejenigen Maaßregeln zu leiten, welche zum Zwecke der Bergung oder Hülfsleistung zu ergreifen sind.[2]

---

[1] Dazu Instr. v. 24./11. 75 (Centr.=Bl. 1875, 751). — Vgl. auch Bek. über die Bergung von Fischerfahrzeugen und deren Geräthschaften in der Nordsee; Bek. 6./5. 82, 22, 25 (RGBl 84, 35).

[2] **StGB** 322. Wer vorsätzlich ein zur Sicherung der Schiffahrt bestimmtes Feuerzeichen oder ein anderes zu diesem Zwecke aufgestelltes Zeichen zerstört, wegschafft oder unbrauchbar macht, oder ein solches Feuerzeichen auslöscht oder seiner Dienstpflicht zuwider nicht aufstellt, oder ein falsches Zeichen, welches geeignet ist, die Schifffahrt unsicher zu machen, aufstellt, insbesondere zur Nachtzeit auf der Strandhöhe Feuer anzündet, welches die Schifffahrt zu gefährden geeignet ist, wird mit Zuchthaus bis zu zehn Jahren bestraft.

Ist durch die Handlung die Strandung eines Schiffes verursacht worden, so tritt Zuchthausstrafe nicht unter fünf Jahren und, wenn der Tod eines Menschen verursacht worden ist, Zuchthausstrafe nicht unter zehn Jahren oder lebenslängliche Zuchthausstrafe ein.

323. Wer vorsätzlich die Strandung oder das Sinken eines Schiffes bewirkt und dadurch Gefahr für das Leben eines Anderen herbeiführt, wird mit Zuchthaus nicht unter fünf Jahren und, wenn durch die Handlung der Tod eines Menschen verursacht worden ist, mit Zuchthaus nicht unter zehn Jahren oder mit lebenslänglichem Zuchthaus bestraft.

325. Neben der nach den Vorschriften der §§ 306 bis 308, 311 bis 313, 315, 321 bis 324 erkannten Zuchthausstrafe kann auf Zulässigkeit von Polizei=Aufsicht erkannt werden.

326. Ist eine der in den §§ 321 bis 324 bezeichneten Handlungen aus Fahrlässigkeit begangen worden, so ist, wenn durch die Handlung ein Schaden verursacht worden ist, auf Gefängniß bis zu Einem Jahre und,

§ 2. Die Organisation der Strandämter, die Abgrenzung ihrer Bezirke, die Anstellung der Strandbeamten, die Regelung des Verhältnisses der Strandvögte zu den Strandämtern, und die Bestimmung der Behörden, welche die Aufsicht über diese Aemter und Beamten zu führen haben, sowie die Feststellung der Dienstbezüge der Strandbeamten steht den Landesregierungen nach Maaßgabe der Landesgesetze zu.

Der Vorsteher eines Strandamts kann für den ihm überwiesenen Bezirk oder einen Theil desselben zugleich zum Strandvogt bestellt werden.

§ 3. Die Oberaufsicht über die Verwaltung der Strandungsangelegenheiten steht dem Reiche zu.

Zweiter Abschnitt.

Von dem Verfahren bei Bergung und Hülfsleistung in Seenoth.

§ 4. Wer ein auf den Strand gerathenes oder sonst unweit desselben in Seenoth befindliches Schiff wahrnimmt, hat hiervon sofort dem zuständigen Strandvogt oder der nächsten Gemeindebehörde Anzeige zu machen. Der Ueberbringer der ersten Anzeige hat Anspruch auf eine angemessene Vergütung.

§ 5. Die Gemeindebehörde hat unverzüglich für die Mittheilung der Nachricht an den Strandvogt zu sorgen. Die Gemeinden sind verpflichtet, hierzu gegen eine den ortsüblichen Sätzen entsprechende Vergütung einen Boten und die nöthigen Beförderungsmittel (Pferd, Gespann, Boot) zu stellen.

§ 6. Der Strandvogt hat unverzüglich nach Empfang der Nachricht (§ 5) sich an Ort und Stelle zu begeben und daselbst die zur Aufrechterhaltung der Ordnung sowie zur Bergung oder Hülfeleistung erforderlichen Anordnungen zu treffen. Auch hat er für schleunigste Benachrichtigung des Strandamts sowie des nächsten Zollbeamten Sorge zu tragen, bis zur Ankunft des letzteren aber das Zollinteresse selbst wahrzunehmen.

Bis zum Erscheinen des Strandvogts sind die Strand-Unterbeamten und in deren Ermangelung die nächste Gemeindebehörde zu den erforderlichen Anordnungen berufen.

---

wenn der Tod eines Menschen verursacht worden ist, auf Gefängniß von Einem Monat bis zu drei Jahren zu erkennen.

Ueber Zerstörung von Schiffen und Ueberlieferung in feindliche Gewalt vgl. StGB 90 Nr. 2; über Brandstiftung auf Schiffen ebendas. 306—310, 325; über Gefährdung durch verbotene Ladung ebendas. 297 (oben zu HGB Art. 564.

§ 7. Wider den Willen des Schiffers dürfen Maaßregeln zum Zweck der Bergung oder Hülfsleistung nicht ergriffen werden. Insbesondere darf wider den Willen des Schiffers weder an das Schiff angelegt, noch dasselbe betreten werden. Ist das Schiff von der Schiffsbesatzung verlassen, so bedarf es zum Anlegen an dasselbe oder zum Betreten desselben, sofern nicht dringende Gefahr im Verzuge liegt, der Erlaubniß des Strandvogts.

Auf die Thätigkeit der Vereine zur Rettung Schiffbrüchiger finden diese Bestimmungen keine Anwendung.

§ 8. Der Schiffer ist befugt, dem Strandvogt die Leitung des Verfahrens jederzeit wieder abzunehmen, sobald er für die etwa bereits entstandenen Bergungs- und Hülfskosten, einschließlich des Berge- und Hülfslohnes (Artikel 753 des Allgemeinen Deutschen Handelsgesetzbuchs), die von dem Vorsteher des Strandamtes oder dem Strandvogt erforderlich befundene Sicherheit bestellt hat.

§ 9. Die Verpflichtung, den polizeilichen Aufforderungen zur Hülfe Folge zu leisten, bestimmt sich nach § 360 Nr. 10 des Strafgesetzbuchs[1] mit der Maaßgabe, daß als „Polizeibehörde" im Sinne dieser Vorschrift auch der Strandvogt gilt.

Während der Seenoth ist der Strandvogt befugt, zur Rettung von Menschenleben die erforderlichen Fahrzeuge und Geräthschaften, sowie jeden außerhalb der öffentlichen Wege zum Strande führenden Zugang auch ohne Einwilligung der Verfügungsberechtigten in Anspruch zu nehmen. Der hieraus entstehende wirkliche Schaden ist zu vergüten. Wer der Anordnung des Strandvogts nicht Folge leistet, wird mit der im § 360 Nr. 10 a. a. O. angedrohten Strafe belegt.

Die Fahrzeuge und Geräthschaften der Vereine zur Rettung Schiffbrüchiger dürfen nur, in so weit die Vereinsmannschaft nicht selbst einschreitet, zur Rettung von Menschenleben in Anspruch genommen werden.

§ 10. Die in den §§ 4, 5 und 9 bezeichneten Vergütungen gehören zu den im Artikel 745 Absatz 2 des Allgemeinen Deutschen Handelsgesetzbuchs bestimmten Bergungs- und Hülfskosten. Dieselben werden nach Maaßgabe der Bestimmungen des fünften Abschnitts festgesetzt und sind, wenn anderweit die Befriedigung nicht zu er-

[1] Mit Geldstrafe bis zu Einhundertfunfzig Mark oder mit Haft wird bestraft:

10. wer bei Unglücksfällen oder gemeiner Gefahr oder Noth von der Polizeibehörde oder deren Stellvertreter zur Hülfe aufgefordert, keine Folge leistet, obgleich er der Aufforderung ohne erhebliche eigene Gefahr genügen konnte.

reichen ist, aus Staatsmitteln zu leisten. Auf Verlangen sind sie aus diesen vorschußweise zu zahlen.

§ 11. Der Strandvogt hat vor Allem für die Rettung der Personen zu sorgen. Im Falle der Bergung hat er zunächst die Schiffs- und Ladungspapiere, insbesondere das Schiffsjournal an sich zu nehmen, das letztere sobald als möglich mit dem Datum und seiner Unterschrift abzuschließen und demnächst sämmtliche Papiere dem Schiffer zurückzugeben.

§ 12. Ohne Genehmigung des Schiffers darf nichts aus dem Schiffe fortgeschafft werden. Auch hat zunächst der Schiffer darüber Bestimmung zu treffen, wohin die fortgeschafften Gegenstände sowie das Schiff selbst zu bringen sind. Sowohl jene Genehmigung als auch diese Bestimmung steht dem Strandvogt zu, wenn derselbe die Leitung des Verfahrens übernommen hatte. In Ermangelung einer Bestimmung des Schiffers oder des Strandvogts muß das Geborgene, sofern keine Hindernisse entgegenstehen, bei Verlust des Anspruchs auf Berge- oder Hülfslohn nach dem zunächst erreichbaren deutschen Hafen oder Landungsplatze gebracht und sofort der nächsten Polizeibehörde oder dem Strandvogt angezeigt werden.

Die aus dem Schiffe fortgeschafften Gegenstände sind, sobald dies thunlich, zu verzeichnen.

§ 13. Werden einzelne Stücke der Ladung oder des Schiffs oder sonstige Gegenstände, welche auf dem Schiffe sich befunden, oder zu demselben gehört haben, an das Land getrieben, so hat Derjenige, welcher dieselben birgt, dies sofort einem der mitwirkenden Beamten anzuzeigen und auf Erfordern die Sachen abzuliefern.

§ 14. Der Strandvogt hat dem nächsten Steuerbeamten von der Bergung sofort Nachricht zu geben und bis zur Ankunft desselben das steuerfiskalische Interesse wahrzunehmen.

Die geborgenen Gegenstände werden von dem Strandamt und dem Zollbeamten gemeinschaftlich in Gewahrsam genommen.

§ 15. Das Strandamt hat mit Zuziehung des Schiffers und des Zollbeamten ein Inventarium der geborgenen Gegenstände unter Angabe der etwa vorhandenen Marken und Nummern und mit Benutzung der vorläufigen Verzeichnisse (§ 12) aufzunehmen, dabei auch überall den Werth und die Menge zu vermerken, so weit dieselben sich aus vorhandenen Schriftstücken ergeben oder anderweit ohne Verletzung der Verpackung festzustellen sind. Das Inventarium ist von dem Zollbeamten und dem Schiffer zu unterschreiben, die Einsicht desselben oder die Fertigung einer Abschrift ist auch anderen Betheiligten zu gestatten.

§ 16. Die geborgenen Gegenstände sind dem Schiffer, in Ermangelung desselben Demjenigen, welcher sonst seine Empfangsberechtigung nachweist, auszuliefern. Die Auslieferung darf jedoch, mit Ausnahme der für das augenblickliche Bedürfniß der Mannschaft und Passagiere erforderlichen Gegenstände, erst nach Bezahlung oder Sicherstellung der Bergungskosten einschließlich des Bergelohns (Art. 753 des Allgemeinen Deutschen Handelsgesetzbuchs) und nach erfolgter zollamtlicher Abfertigung geschehen.

§ 17. Behufs Uebernahme der Vertretung der Betheiligten in Bergungs- und Hülfsleistungsfällen können von den Landesregierungen an geeigneten Orten ein- für allemal Sachverständige bestellt werden. Dieselben sind in den einzelnen Fällen den Betheiligten von dem Strandamt namhaft zu machen. Die Wahl anderer Vertreter ist hierdurch nicht ausgeschlossen.

§ 18. Leicht verderbliche und solche Gegenstände, deren Aufbewahrung mit Gefahr oder unverhältnißmäßigen Kosten verbunden sein würde, können von dem Strandamt öffentlich verkauft werden, jedoch bei Anwesenheit des Empfangsberechtigten nur mit Zustimmung desselben oder nach fruchtlos an ihn ergangener Aufforderung, die Gegenstände gemäß § 16 in Empfang zu nehmen.

§ 19. Entstehen Zweifel oder Streitigkeiten über die Empfangsberechtigung, oder sind die Empfangsberechtigten nicht alsbald zu ermitteln, so hat das Strandamt die betreffenden Gegenstände oder deren Erlös (§ 18) in Verwahrung zu nehmen, und demnächst nach den Bestimmungen des IV. Abschnitts zu verfahren.

Dritter Abschnitt.

Vom Seeauswurf und strandtriftigen Gegenständen, sowie von versunkenen und seetriftigen Gegenständen.

§ 20. Wenn außer dem Falle der Seenoth eines Schiffes besitzlos gewordene Gegenstände von der See auf den Strand geworfen oder gegen denselben getrieben, und vom Strande aus geborgen werden, so haben auch in diesen Fällen die Berger Anspruch auf Bergelohn nach den Vorschriften des Allgemeinen Deutschen Handelsgesetzbuchs, Buch V, Titel 9. Sie sind verpflichtet, bei Verlust des Anspruchs auf Bergelohn von den geborgenen Gegenständen der nächsten Polizeibehörde oder dem Strandvogt sofort Anzeige zu machen und dieselben zur Verfügung zu stellen.

§ 21. Denselben Anspruch und dieselbe Verpflichtung haben die Berger, wenn versunkene Schiffstrümmer oder sonstige Gegenstände vom Meeresgrunde heraufgebracht, oder wenn ein verlassenes Schiff oder sonstige besitzlos gewordene Gegenstände, in offener See treibend, von einem Fahrzeuge geborgen werden.

Die Verpflichtung tritt in diesem Falle ein, sobald das bergende Fahrzeug nach der Bergung an der deutschen Küste anlegt oder vor Anker geht, fällt aber fort, wenn das Fahrzeug inzwischen an einer fremden Küste angelegt hat, oder vor Anker gegangen ist, und die Berger dort die geborgenen Gegenstände dem Eigenthümer oder einer Behörde zur Verfügung gestellt haben.

§ 22. Welche Gewässer bei Anwendung der §§ 20 und 21 der See gleichzustellen sind, bestimmen die Landesregierungen.

§ 23. Das Strandamt hat den Berger über die Zeit, den Ort und die Umstände der Bergung, sowie über den beanspruchten Lohn zu hören und für die angemessene Aufbewahrung der Gegenstände zu sorgen, auch dem nächsten Zollbeamten Nachricht zu geben. Die Bestimmungen der §§ 14, 15 und 18 finden auch hier Anwendung.

Kann der Empfangsberechtigte alsbald ermittelt werden, so ist nach der Vorschrift des § 16, anderenfalls nach den Vorschriften des IV. Abschnitts zu verfahren.

§ 24. Die Landesregierungen sind ermächtigt, Anmeldestellen einzurichten, welchen die Strandämter jede Bergung in den Fällen der §§ 20 und 21 mitzutheilen haben. Auf diesen Anmeldestellen ist ein Fundverzeichniß über die geborgenen Gegenstände und den Ort ihrer Aufbewahrung zu führen und zur Einsicht für Jedermann auszulegen. Ein Auszug aus diesem Verzeichniß wird in angemessenen Fristen bekannt gemacht.

Die Bestimmungen des § 13 finden auch da Anwendung, wo Anmeldestellen bestehen.

§ 25. Wenn auf der Rhede oder im Fahrwasser eines Hafens versunkene Wracks, Anker oder andere Gegenstände die Schifffahrt beeinträchtigen und der Eigenthümer entweder nicht bekannt oder zur Fortschaffung derselben nicht bereit ist, so ist die Behörde befugt, die Beseitigung zu veranlassen und zur Deckung der Kosten die beseitigten Gegenstände öffentlich zu verkaufen. In diesem Falle ist mit dem Rest des Erlöses nach den §§ 16 und 19 zu verfahren. Nach fruchtlosem Aufgebotsverfahren (§ 26) fällt derselbe der Seemannskasse, oder in Ermangelung einer solchen der Armenkasse des Hafenorts zu.

Vierter Abschnitt.

Von dem Aufgebotsverfahren in Bergungssachen und dem Rechte auf herrenlose geborgene Gegenstände.

§ 26. Behufs der Ermittelung des Empfangsberechtigten hat das Strandamt, sofern sich genügender Anlaß dazu bietet, geeignete Vorverhandlungen einzuleiten. Dem dadurch ermittelten Berechtigten sind die geborgenen Gegenstände nach Maaßgabe des § 16 auszuliefern.

Wenn sich kein Anlaß zu Vorverhandlungen bietet, oder durch dieselben der Empfangsberechtigte nicht ermittelt wird, so tritt das Aufgebotsverfahren (§§ 27 ff.) ein.

§ 27. Im Aufgebotsverfahren werden alle unbekannten Berechtigten aufgefordert, bis zu einem bestimmten Termine bei dem Strandamte ihre Ansprüche anzuzeigen, widrigenfalls dieselben bei der Verfügung über die geborgenen Gegenstände unberücksichtigt bleiben würden.

Der Termin ist auf vier Wochen bis neun Monate zu bestimmen. Das Aufgebot wird durch Aushang (Anschlag) an der Amtsstelle, sowie nach dem Ermessen des Strandamtes durch eine oder mehrere Anzeigen in öffentlichen Blättern und Anschlag an Börsen und anderen geeigneten Orten bekannt gemacht. Zur Ersparung von Kosten kann das Aufgebot so lange ausgesetzt werden, bis eine angemessene Zahl von Gegenständen angesammelt ist.

Ein Ausschlußbescheid wird nicht erlassen.

§ 28. Diejenigen Gegenstände, auf welche ein Anspruch nicht angezeigt ist, werden nach Ablauf des Termins den nach § 35 Berechtigten gegen Erlegung der Bergungskosten, zu welchen in den Fällen des ersten Absatzes des § 35 auch der Bergelohn gehört, nach erfolgter zollamtlicher Abfertigung ausgeliefert.

Der Empfänger ist, wenn versäumte Ansprüche später geltend gemacht werden, nur in so weit, als er sich dann im Besitze der Sache noch befindet oder durch den aus derselben gelösten Werth noch bereichert ist, dem Berechtigten zur Entschädigung verpflichtet. In den Fällen des zweiten Absatzes des § 35 erhält der Berger auch den noch in seinem Besitze befindlichen Vortheil, in so weit dieser den Bergelohn nicht übersteigt.

§ 29. Sind dagegen Ansprüche angezeigt, so fordert das Strandamt die nach § 35 Berechtigten auf, sich binnen einer bestimmten Frist zu erklären, ob sie diese Ansprüche anerkennen wollen oder nicht, widrigenfalls dieselben für anerkannt erachtet werden würden.

Wenn innerhalb dieser Frist ein Widerspruch seitens der Aufgeforderten, nicht erfolgt, so ist die Auslieferung der Gegenstände an Denjenigen, welcher den Anspruch angezeigt hat, gemäß § 16 zu bewirken und zwar, falls das Strandamt den Anspruch für nachgewiesen erachtet, sofort, anderenfalls erst nach Ablauf des Aufgebotstermins, sofern auch bis dahin weitere Ansprüche nicht angemeldet werden.

Wenn dagegen ein Widerspruch von einem der Aufgeforderten innerhalb der Erklärungsfrist erfolgt, so sind die angezeigten Ansprüche gegen denselben im Wege der Klage auszuführen.

§ 30. Wenn die Berechtigung zum Empfang streitig, und von keinem der nach § 35 Berechtigten ein Widerspruch erhoben ist, so bestimmt das Strandamt Denjenigen, gegen welchen die sonst angezeigten Ansprüche im Wege der Klage auszuführen sind.

Diesem steht auch die Befugniß zu, gegen Leistung der vom Strandamte zu bestimmenden Sicherheit die Auslieferung der geborgenen Gegenstände zu verlangen.

§ 31. Zur Anstellung der Klage (§ 29 Absatz 3 und § 30), welche bei dem für den Ort des Strandamts zuständigen Gerichte zu erheben ist, bestimmt das Strandamt eine angemessene Ausschlußfrist.

§ 32. Im Falle des § 30 hat das Strandamt auf Antrag dafür zu sorgen, daß die nach Abschnitt V dieses Gesetzes festgestellten Ansprüche aus der bestellten Sicherheit oder durch den Verkauf der geborgenen Gegenstände befriedigt werden.

§ 33. Streitigkeiten über die Empfangsberechtigung werden im Prozeßwege erledigt.

§ 34. Die Kosten der Vorverhandlungen und des Aufgebotsverfahrens gehören zu den im Artikel 745 Absatz 2 des Allgemeinen Deutschen Handelsgesetzbuchs bestimmten Bergungskosten.

§ 35. Wenn der Empfangsberechtigte auch durch das Aufgebotsverfahren nicht ermittelt wird, so werden Gegenstände, welche in Seenoth vom Strande aus geborgen sind (§§ 4—19), desgleichen Seeauswurf und strandtriftige Güter (§ 20) dem Landesfiskus überwiesen.

Unter gleicher Voraussetzung werden versunkene und seetriftige Gegenstände (§ 21) dem Berger überwiesen.

Die Antheile mehrerer Mitberechtigter im Falle des Artikels 751 des Allgemeinen Deutschen Handelsgesetzbuchs bestimmen sich auch in Beziehung auf diesen Anspruch nach den dort vorgeschriebenen Grundsätzen. Wer die ihm nach dem § 21 obliegende Anzeige unterläßt, geht dieses Anspruchs zu Gunsten der Seemannskasse des Orts, wo das Strandamt seinen Sitz hat, und in Ermangelung einer solchen, zu Gunsten der Ortsarmenkasse verlustig.

Ob und in welcher Weise Diejenigen zu entschädigen sind, welchen nach den bisherigen Bestimmungen die in den vorstehenden Absätzen der Staatskasse und dem Berger überwiesenen Ansprüche zugestanden haben, bestimmen die Landesgesetze.

Fünfter Abschnitt.

Von der Festsetzung der Bergungs- und Hülfskosten.

§ 36. Wer Berge- oder Hülfslohn oder die Erstattung sonstiger Bergungs- oder Hülfskosten verlangt, hat in Ermangelung einer gütlichen Einigung seine Ansprüche bei dem Strandamt anzumelden.

§ 37. Das Strandamt hat nach Anhörung der Betheiligten, so weit dieselben anwesend sind, eine Berechnung der aufgestellten Forderungen zu entwerfen und mit seinen gutachtlichen Bemerkungen der Aufsichtsbehörde einzureichen.

§ 38. Die Aufsichtsbehörde hat die angemeldeten Ansprüche nach den Bestimmungen des Allgemeinen Deutschen Handelsgesetzbuchs, Buch V, Titel 9, zu prüfen und durch Bescheid festzusetzen. Jedem Betheiligten ist der Bescheid zu Protokoll bekannt zu machen, oder eine Ausfertigung desselben zuzustellen.

Die Zustellung ist gültig, wenn sie unter Beobachtung der für Zustellungen in bürgerlichen Rechtsstreitigkeiten vorgeschriebenen Formen erfolgt. Die vereideten Verwaltungsbeamten haben dabei die Glaubwürdigkeit der Gerichtsbeamten.

§ 39. Gegen den Bescheid der Aufsichtsbehörde findet nur der Rechtsweg statt.

Die Partei, welche sich durch den Bescheid beschwert fühlt, hat binnen einer Ausschlußfrist von 14 Tagen — vom Tage nach der Bekanntmachung oder Behändigung des Bescheides (§ 38) an gerechnet — die Klage bei dem für den Ort des Strandamts zuständigen Gerichte anzubringen. Das Gericht kann aus Gründen, die in der Sache selbst liegen, diese Frist angemessen verlängern.

Durch rechtzeitige Erhebung der Klage verliert der Bescheid zwischen den Prozeßparteien seine Kraft.

§ 40. Den Landesregierungen steht es zu, die in § 38 der Aufsichtsbehörde zugewiesenen Obliegenheiten dem Strandamt zu übertragen.

§ 41. Die Erhebung der festgesetzten Beträge und die Vertheilung derselben unter die Berechtigten erfolgt in der Regel durch das Strandamt.

Der Vorsteher des Strandamts hat auch in dem Falle keinen Anspruch auf Berge- oder Hülfslohn, wenn er zugleich zum Strandvogt bestellt ist.

Sechster Abschnitt.

Allgemeine Bestimmungen.

§ 42. Schiffer im Sinne dieses Gesetzes ist der Führer des

Schiffs (Schiffskapitän), in Ermangelung oder Verhinderung desselben dessen Stellvertreter.

§ 43. Wer den Vorschriften der §§ 4, 7 Absatz 1, 12 Absatz 1, 13, 20, 21 zuwiderhandelt, wird, sofern nicht nach allgemeinen Strafgesetzen eine höhere Strafe verwirkt ist, mit Geldstrafe bis zu einhundertfünfzig Mark oder mit Haft bestraft.

§ 44.[1]

§ 45. Ob und in wie weit im Falle der Bergung des von den Landesregierungen zur Betonung verwendeten Materials an Tonnen, Ketten und sonstigem Zubehör bestimmte Lohnsätze an Stelle des Bergelohns treten, bestimmt sich, wenn die Bergung im eigenen Gebiete erfolgt, nach dem bezüglichen Landesrecht, anderenfalls nach den etwa abgeschlossenen Staatsverträgen.

§ 46. Die in diesem Gesetz vorgeschriebene Mitwirkung der Zollbehörde findet in den Zollausschüssen nicht statt.

§ 47. Die Bestimmungen der Staatsverträge über die den Konsuln fremder Staaten in Bergungsfällen zustehenden Rechte werden durch dieses Gesetz nicht berührt.

§ 48. Dieses Gesetz tritt am 1. Januar 1875 in Kraft.

XIII

Gesetz, betr. die Wechselstempelsteuer.

Vom 10. Juni 1869. (BGBl 193.) G. 4./6. 79. (RGBl 151.)[2]

Wir Wilhelm, von Gottes Gnaden König von Preußen rc. verordnen im Namen des Norddeutschen Bundes, nach erfolgter Zustimmung des Bundesrathes und des Reichstages, was folgt:

§ 1. Gezogene und eigene Wechsel unterliegen im Gebiete des Norddeutschen Bundes, mit Ausschluß der Hohenzollernschen Lande,[3] einer nach Vorschrift dieses Gesetzes zu erhebenden, zur Bundeskasse fließenden Abgabe.

Von der Stempelabgabe befreit bleiben:

1. die vom Auslande auf das Auslande gezogenen, nur im Inlande zahlbaren Wechsel;
   die vom Inlande auf das Ausland gezogenen, nur im Aus-

---

[1] Aufgehoben durch GVG.

[2] Reichsgesetz gemäß Verf. des deutsch. Bundes Art. 80 Nr. I, 16; G 22./4. 71, 4 (RGBl 1871, 88) für Bayern.

[3] Diese Ausnahme ist fortgefallen gemäß Bek. 30./12. 70 (RGBl 666).

lande, und zwar auf Sicht oder spätestens innerhalb zehn Tagen nach dem Tage der Ausstellung zahlbaren Wechsel, sofern sie vom Aussteller direkt in das Ausland remittirt werden.

§ 2.[1] Die Stempelabgabe beträgt:[2]

von einer Summe von	200 Mk.	und weniger			0,10 Mk.
" " " über	200 "	bis	400 Mk.		0,20 "
" " " "	400 "	"	600 "		0,30 "
" " " "	600 "	"	800 "		0,40 "
" " " "	800 "	"	1000 "		0,50 "

und von jedem ferneren 1000 Mk. der Summe 0,50 Mk. mehr, dergestalt, daß jedes angefangene Tausend für voll gerechnet wird.[3]

§ 3. Die zum Zwecke der Berechnung der Abgabe vorzunehmende Umrechnung der in einer anderen als der Reichswährung ausgedrückten Summen erfolgt, so weit der Bundesrath nicht für gewisse Währungen allgemein zum Grunde zu legende Mittelwerthe festsetzt und bekannt macht, nach Maaßgabe des laufenden Kurses.[4]

§ 4. Für die Entrichtung der Abgabe sind der Bundeskasse sämmtliche Personen, welche an dem Umlaufe des Wechsels im Bundesgebiete Theil genommen haben, solidarisch verhaftet.

§ 5. Als Theilnehmer an dem Umlaufe eines Wechsels wird hinsichtlich der Steuerpflichtigkeit angesehen: der Aussteller, jeder Unterzeichner oder Mitunterzeichner eines Acceptes, eines Indossaments oder einer anderen Wechselerklärung, und Jeder, der für eigene oder fremde Rechnung den Wechsel erwirbt, veräußert, verpfändet oder als

---

[1] §§ 2 und 3 nach der Fassung des Reichsgesetzes vom 4. Juni 1879 (RGBl 1879, 151).

[2] In Oesterreich-Ungarn beträgt der Stempel einschließlich des Zuschlags bei Wechseln bis 75 Gulden — 5 Kr., bis 150 Gulden — 10 Kr., bis 300 Gulden — 20 Kr., bis 450 Gulden — 30 Kr., bis 600 Gulden — 40 Kr., bis 750 Gulden — 50 Kr., bis 900 Gulden — 60 Kr., bis 1050 Gulden — 70 Kr., bis 1200 Gulden — 80 Kr., bis 1350 Gulden — 90 Kr., bis 1500 Gulden 1 Gulden, bis 3000 Gulden 2 Gulden u. s. w.: von je 1500 Gulden 1 Gulden mehr (G 8/3. 76).

[3] Vgl. Bek. des Reichskanzlers 13./6. 79 (RGBl 153); Bek. 2./11. 81 (RGBl. 271) betr. die Ausgabe neuer Stempelmarken zur Entrichtung der Wechselstempelsteuer; Bek. 10./7. 82 (RGBl 122); Bek. 9./6. 84 (RGBl 68); Bek. 15./3. 86 (RGBl 60).

[4] Bek. 1./2. 82 (Centr.-Bl. 26), betr. die Berechnung der Stempelabgabe von ausländischen Werthpapieren und die Wechselstempelabgabe von den in einer anderen als der Reichswährung ausgedrückten Summen; Bek. des Reichskanzlers 6./2. 84 (Centr.-Bl. 28).

Sicherheit annimmt, zur Zahlung präsentirt, Zahlung darauf empfängt oder leistet, oder Mangels Zahlung Protest erheben läßt, ohne Unterschied, ob der Name oder die Firma auf den Wechsel gesetzt wird oder nicht.

§ 6. Die Entrichtung der Stempelabgabe muß erfolgen, ehe ein inländischer Wechsel von dem Aussteller, ein ausländischer Wechsel von dem ersten inländischen Inhaber (§ 5) aus den Händen gegeben wird.

§ 7. Dem Aussteller eines inländischen Wechsels und dem ersten Inhaber eines ausländischen Wechsels ist gestattet, den mit einem inländischen Indossament noch nicht versehenen Wechsel vor Entrichtung der Stempelabgabe lediglich zum Zwecke der Annahme zu versenden und zur Annahme zu präsentiren. Der Acceptant eines unversteuerten Wechsels ist verpflichtet, vor der Rückgabe oder jeder anderweiten Aushändigung des Wechsels die Versteuerung desselben zu bewirken.

Wird jedoch ein nicht zum Umlauf im Bundesgebiet bestimmtes Exemplar eines in mehreren Exemplaren ausgefertigten Wechsels zur Einholung des Acceptes benutzt, so bleibt der Acceptant von der Verpflichtung zur Versteuerung befreit, wenn die Rückseite des acceptirten Exemplars vor der Rückgabe dergestalt durchkreuzt wird, daß dadurch die weitere Benutzung desselben zum Indossiren ausgeschlossen wird.

§ 8. Wird derselbe Wechsel in mehreren, im Kontexte als Prima, Sekunda, Tertia u. s. w. bezeichneten Exemplaren ausgefertigt so ist unter diesen dasjenige zu versteuern, welches zum Umlaufe bestimmt ist.

§ 9. Außerdem unterliegt der Versteuerung jedes Exemplar, auf welches eine Wechselerklärung — mit Ausnahme des Acceptes und der Nothadressen — gesetzt ist, die nicht auf einem nach Vorschrift dieses Gesetzes versteuerten Exemplare sich befindet. Die Versteuerung muß erfolgen, ehe das betreffende Exemplar von dem Aussteller der die Stempelpflichtigkeit begründenden Wechselerklärung, oder, wenn letztere im Auslande abgegeben ist, von dem ersten inländischen Inhaber aus den Händen gegeben wird.

Soll ein unversteuertes Wechselduplikat ohne Auslieferung eines versteuerten Exemplars desselben Wechsels bezahlt oder Mangels Zahlung protestirt werden, so ist die Versteuerung desselben zu bewirken, ehe die Zahlung oder Protestaufnahme stattfindet.

Der Beweis des Vorhandenseins eines versteuerten Wechselduplikates oder des Einwandes, daß die auf ein unversteuertes Exemplar gesetzte Wechselerklärung auf einem versteuerten Duplikate abgegeben sei, oder daß bei Bezahlung eines unversteuerten Duplikates auch ein versteuertes Exemplar ausgeliefert sei, liegt Demjenigen ob, welcher wegen unterlassener Versteuerung eines Wechselexemplars in Anspruch genommen wird.

§ 10. Die Bestimmungen im § 9 finden gleichmäßig auf Wechselabschriften Anwendung, welche mit einem Original=Indossamente, oder mit einer anderen urschriftlichen Wechselerklärung versehen sind. Jede solche Abschrift wird hinsichtlich der Besteuerung einem Duplikate desselben Wechsels gleichgeachtet.

§ 11. Ist die in den §§ 6 bis 10 vorgeschriebene Versteuerung eines Wechsels, eines Wechselduplikates oder einer Wechselabschrift unterlassen, so ist der nächste, und, so lange die Versteuerung nicht bewirkt ist, auch jeder fernere inländische Inhaber verpflichtet, den Wechsel zu versteuern, ehe er denselben auf der Vorder= oder Rückseite unterzeichnet, veräußert, verpfändet, zur Zahlung präsentirt, Zahlung darauf empfängt oder leistet, eine Quittung darauf setzt, Mangels Zahlung Protest erheben läßt oder den Wechsel aus den Händen giebt. Auf die von den Vordermännern verwirkten Strafen hat die Entrichtung der Abgabe durch einen späteren Inhaber keinen Einfluß.

§ 12. Der Verwahrer eines zum Accepte versandten unversteuerten Wechselexemplars wird, wenn er dasselbe gegen Vorlegung eines nicht versteuerten Exemplars (oder einer nicht versteuerten Kopie) desselben Wechsels ausliefert, für die Stempelabgabe verhaftet und verfällt, wenn dieselbe nicht entrichtet wird, in die im § 15 bestimmte Strafe.

§ 13. Die Verpflichtung zur Entrichtung der Stempelabgabe wird erfüllt:

1. durch Ausstellung des Wechsels auf einem mit dem erforderlichen Bundesstempel versehenen Blanket,

   oder

2. durch Verwendung der erforderlichen Bundesstempelmarke auf dem Wechsel, wenn hierbei die von dem Bundesstaate erlassenen und bekannt gemachten Vorschriften über die Art und Weise der Verwendung beobachtet worden sind.[1]

§ 14. Stempelmarken, welche nicht in der vorgeschriebenen Weise verwendet worden sind, werden als nicht verwendet angesehen.

§ 15. Die Nichterfüllung der Verpflichtung zur Entrichtung

[1] Bek. 11./7. 73 (RGBl 295); 16./7. 81 (RGBl 245).

der Stempelabgabe wird mit einer Geldbuße bestraft, welche dem fünfzigfachen Betrage der hinterzogenen Abgabe gleichkommt.

Diese Strafe ist besonders und ganz zu entrichten von Jedem, welcher der nach den §§ 4 bis 12 ihm obliegenden Verpflichtung zur Entrichtung der Stempelabgabe nicht rechtzeitig genügt hat, ingleichen von inländischen Maklern und Unterhändlern, welche wissentlich unversteuerte Wechsel verhandelt haben.

Die Verwandlung einer Geldbuße, zu deren Zahlung der Verpflichtete unvermögend ist, in eine Freiheitsstrafe findet nicht statt. Auch darf zur Beitreibung von Geldbußen ohne Zustimmung des Verurtheilten, in so fern dieser ein Inländer ist, kein Grundstück subhastirt werden.

§ 16. Der Acceptant eines gezogenen und der Aussteller eines trockenen Wechsels können daraus, daß der Wechsel zur Zeit der Annahme-Erklärung, beziehungsweise der Aushändigung, mangelhaft gewesen sei, keinen Einwand gegen die gesetzlichen Folgen der Nichtversteuerung desselben entnehmen.

§ 17. Wechselstempel-Hinterziehungen (§ 15) verjähren in fünf Jahren, von dem Tage der Ausstellung des Wechsels an gerechnet. Die Verjährung wird durch jede auf Verfolgung der Hinterziehung gegen den Angeschuldigten gerichtete amtliche Handlung unterbrochen.

§ 18. In Betreff der Feststellung, Untersuchung und Entscheidung der Wechselstempel-Hinterziehung und der Vollstreckung der Strafe, sowie in Betreff der Strafmilderung und des Erlasses der Strafe im Gnadenwege kommen die Vorschriften zur Anwendung, nach welchen sich das Verfahren wegen Vergehen gegen die Zollgesetze[1] — in den von der gemeinschaftlichen Zollgrenze ausgeschlossenen Bezirken aber das Verfahren wegen Vergehen gegen die Stempelgesetze — bestimmt.

Die im § 15 vorgeschriebenen Geldbußen fallen dem Fiskus desjenigen Staates zu, von dessen Behörden die Strafentscheidung erlassen ist.

§ 19. Jede von einer nach § 18 zuständigen Behörde wegen Wechselstempel-Hinterziehung einzuleitende Untersuchung und zu erlassende Strafentscheidung kann auch auf diejenigen Inhaber des Wechsels, welche anderen Bundesstaaten angehören, ausgedehnt werden. Die Strafvollstreckung ist nöthigenfalls durch Requisition der zuständigen Behörden und Beamten des Staates zu bewirken, in dessen Gebiete die Vollstreckungsmaaßregel zur Ausführung kommen soll.

---

[1] Vereinszollges. 1./7. 69 (BGBl 217), 165.

Die Behörden und Beamten der Bundesstaaten sollen sich gegenseitig thätig und ohne Verzug den verlangten Beistand in allen gesetzlichen Maaßregeln leisten, welche zur Entdeckung oder Bestrafung der Wechselstempel-Hinterziehungen dienlich sind.

§ 20. Die in den einzelnen Staaten des Bundes mit der Beaufsichtigung des Stempelwesens beauftragten Behörden und Beamten haben die ihnen obliegenden Verpflichtungen mit gleichen Befugnissen, wie sie ihnen hinsichtlich der nach den Landesgesetzen zu entrichtenden Stempelabgaben zustehen, auch hinsichtlich der Bundesstempelabgabe wahrzunehmen.

§ 21. Außer den Steuerbehörden haben alle diejenigen Staats- oder Kommunalbehörden und Beamten, denen eine richterliche oder Polizeigewalt anvertraut ist, sowie die Notare und andere Beamte, welche Wechselproteste ausfertigen, die Verpflichtung, die Besteuerung der bei ihnen vorkommenden Wechsel und Anweisungen von Amtswegen zu prüfen und die zu ihrer Kenntniß kommenden Zuwiderhandlungen gegen dieses Gesetz bei der nach § 18 zuständigen Behörde zur Anzeige zu bringen. Notare, Gerichtspersonen und andere Beamte, welche Wechselproteste ausfertigen, sind verbunden, sowohl in dem Proteste, als in dem über die Protestation etwa aufzunehmenden Protokolle ausdrücklich zu bemerken, mit welchem Stempel die protestirte Urkunde versehen, oder daß sie mit einem Bundesstempel nicht versehen ist.

§ 22. Das Bundespräsidium ist ermächtigt, wegen der Anfertigung[1] und des Debits[2] der Bundesstempelmarken und gestempelten Blankets, sowie wegen der Bedingungen, unter welchen für verdorbene Stempelmarken und Blankets Erstattung zulässig ist,[3] die erforderlichen Anordnungen zu erlassen.

§ 23.[4]

---

[1] Bek. 13./12. 69 (BGBl 695); 21./2. 70 (BGBl 36); 11./8. 71 (RGBl 323); 13./6. 79 (RGBl 153); 20./3. 80 (RGBl 94); 22./11. 81 (RGBl 271); 10./7. 82 (RGBl 122); 15./3. 86 (RGBl 60).

[2] Bek. 13./12. 69 (BGBl 695) und die Anmk. 1 Citt; 9./6. 84 (RGBl 68).

[3] Bek. 13./12. 69 B(GBl 695).

[4] Aufgehoben nach EG z. RStGB 2 und ersetzt durch RStGB:
275. Mit Gefängniß nicht unter drei Monaten wird bestraft, wer

1. wissentlich von falschem oder gefälschtem Stempelpapier, von falschen oder gefälschten Stempelmarken, Stempelblanketten, Stempelabdrücken, Post- oder Telegraphen-Freimarken oder gestempelten Briefcouverts Gebrauch macht,

2) unechtes Stempelpapier, unechte Stempelmarken, Stempelblankette oder Stempelabdrücke für Spielkarten, Pässe oder sonstige Drucksachen oder

§ 24. Die Vorschriften dieses Gesetzes kommen gleichmäßig zur Anwendung auf die an Ordre lautenden Zahlungsversprechen (Billets à Ordre) und die von Kaufleuten oder auf Kaufleute ausgestellten Anweisungen (Assignationen) jeder Art auf Geldauszahlungen, Akkreditive und Zahlungsaufträge, gegen deren Vorzeigung oder Auslieferung die Zahlung geleistet werden soll, ohne Unterschied, ob dieselben in Form von Briefen oder in anderer Form ausgestellt werden.

Befreit von der Stempelabgabe sind:

1. die statt der Baarzahlung dienenden, auf Sicht zahlbaren Platzanweisungen und Checks (d. i. Anweisungen auf das Guthaben des Ausstellers bei dem die Zahlungen desselben besorgenden Bankhause oder Geldinstitute), wenn sie ohne Accept bleiben; anderenfalls muß die Versteuerung erfolgen, ehe der Acceptant die Platzanweisung oder den Check aus den Händen giebt.

   In welchen Fällen auch Anweisungen, die an einem Nachbarorte des Ausstellungsortes zahlbar sind, den Platzanweisungen gleichgeachtet werden sollen, bestimmt der Bundesrath nach Maaßgabe der örtlichen Verhältnisse.[1]

2. Akkreditive, durch welche lediglich einer bestimmten Person

---

Schriftstücke, ingleichen wer unechte Post- oder Telegraphen-Freimarken oder gestempelte Briefcouverts in der Absicht anfertigt, sie als echt zu verwenden, oder

3. echtes Stempelpapier, echte Stempelmarken, Stempelblankette, Stempelabdrücke, Post- oder Telegraphen-Freimarken oder gestempelte Briefcouverts in der Absicht verfälscht, sie zu einem höheren Werthe zu verwenden.

276. Wer wissentlich schon einmal zu stempelpflichtigen Urkunden, Schriftstücken oder Formularen verwendetes Stempelpapier oder schon einmal verwendete Stempelmarken oder Stempelblankette, ingleichen Stempelabdrücke, welche zum Zeichen stattgehabter Versteuerung gedient haben, zu stempelpflichtigen Schriftstücken verwendet, wird, außer der Strafe, welche durch die Entziehung der Stempelsteuer begründet ist, mit Geldstrafe bis zu sechshundert Mark bestraft.

364. Mit Geldstrafe bis zu einhundertfünfzig Mark wird bestraft, wer wissentlich schon einmal verwendetes Stempelpapier nach gänzlicher oder theilweiser Entfernung der darauf gesetzten Schriftzeichen, oder schon einmal verwendete Stempelmarken, Stempelblankette oder ausgeschnittene oder sonst abgetrennte Stempelabdrücke der in § 276 bezeichneten Art veräußert oder feilhält.

[1] Vgl. Bek. 23./6. 71 (RGBl 267).

ein nur im Maximalbetrage begrenzter oder unbeschränkter, nach Belieben zu benutzender Kredit zur Verfügung gestellt wird;

3. Banknoten und andere auf den Inhaber lautende, auf Sicht zahlbare Anweisungen, welche der Aussteller auf sich selbst ausstellt.

§ 25. Die in den Staaten des Norddeutschen Bundes bestehenden Stempelabgaben von Wechseln, Anweisungen und diesen gleichgestellten Papieren (§ 24) werden aufgehoben.

Auch von den auf Wechsel oder Anweisungen und diesen gleichgestellte Papiere gesetzten Indossamenten, Giro's und anderen Wechselerklärungen, Quittungen und sonstigen auf die Leistungen aus dem Wechsel bezüglichen Vermerken dürfen landesgesetzliche Stempelabgaben nicht weiter erhoben werden.

§ 26. Subjektive Befreiungen von der Bundesstempelabgabe finden nicht statt.

Für die Aufhebung der in den einzelnen Staaten des Bundes bestehenden subjektiven Befreiungen von der Wechselstempelsteuer, welche auf lästigen Privatrechtstiteln beruhen, wird, in so weit dieselben nach den Landesgesetzen nicht ohne Entschädigung aufgehoben werden können, aus der Bundeskasse Entschädigung geleistet. Sind in den der Befreiung zu Grunde liegenden Verträgen, Spezialprivilegien und sonstigen Rechtstiteln Bestimmungen über die Art und Höhe der Entschädigung enthalten, so behält es dabei sein Bewenden.

Anderenfalls wird bis zum Erlöschen der Befreiung dem Berechtigten der Stempelbetrag, welchen er nach Vorschrift dieses Gesetzes entrichtet hat, auf Grund periodischer Nachweisung aus der Bundeskasse erstattet. Die Aufstellung und Prüfung der periodischen Nachweisungen erfolgt nach den von dem Bundesrathe hierüber zu erlassenden näheren Anordnungen.[1]

Für Stempelbeträge, deren Erstattung der Berechtigte von anderen Theilnehmern am Umlaufe des Wechsels oder von seinen Kommittenten zu fordern hat, wird in keinem Falle aus der Bundeskasse Entschädigung gewährt.

§ 27. Jedem Bundesstaate wird von der jährlichen Einnahme für die in seinem Gebiete debitirten Wechselstempelmarken und gestempelten Blankets bis zum Schlusse des Jahres 1871 der Betrag von 36 Prozent, bis zum Schlusse des Jahres 1873 der Betrag

[1] Vgl. S. 525 Anm. 1.

von 24 Prozent, bis zum Schlusse des Jahres 1875 der Betrag von 12 Prozent und von da ab dauernd der Betrag von 2 Prozent aus der Bundeskasse gewährt.

§ 28. Die zur Ausführung dieses Gesetzes nöthigen Bestimmungen werden vom Bundesrathe getroffen.

§ 29. Dies Gesetz tritt mit dem 1. Januar 1870 in Kraft.

In Betreff aller vor diesem Tage ausgestellten inländischen oder von dem ersten inländischen Inhaber aus den Händen gegebenen ausländischen Wechsel kommen noch die bisherigen landesgesetzlichen Vorschriften zur Anwendung.

Sachregister

(Die Zahlen bezeichnen die Seiten.)

Nachtrag
zu
Allgemeines Deutsches Handelsgesetzbuch.
Allgemeine Deutsche Wechselordnung.
Nebst den ergänzenden Reichsgesetzen.
Herausgegeben von Dr. Emil Friedberg.
Leipzig, Verlag von Veit & Comp. 1890.

I

Internationales Uebereinkommen über den Eisenbahnfrachtverkehr.[1]

Vom 14. Oktober 1890. (Arch. f. Eisenbahnw. 1891, 692.)

S. M. der Deutsche Kaiser, König von Preußen, im Namen des Deutschen Reichs, S. M. der König der Belgier, der Präsident der Französischen Republik, S. M. der König von Italien, S. M. der König der Niederlande, Prinz von Oranien-Nassau, Großherzog von Luxemburg, S. M. der Kaiser von Oesterreich, König von Böhmen u. s. w. und Apostolischer König von Ungarn, zugleich in Vertretung des Fürstenthums Liechtenstein, S. M. der Kaiser aller Reußen und der Schweizerische Bundesrath

haben sich entschlossen, auf Grund des in ihrem Auftrage ausgearbeiteten und in dem Protokoll d. d. Bern, 17. Juli 1886, niedergelegten Entwurfes, ein internationales Uebereinkommen über den Eisenbahnfrachtverkehr abzuschließen und zu diesem Zwecke als ihre Bevollmächtigten ernannt [folgen die Namen], welche nach gegenseitiger Mittheilung ihrer, in guter und gehöriger Form befundenen Vollmachten über nachstehende Artikel übereingekommen sind:

Art. 1. Das gegenwärtige internationale Uebereinkommen findet Anwendung auf alle Sendungen von Gütern, welche auf Grund eines durchgehenden Frachtbriefes aus dem Gebiete eines der vertragschließenden Staaten in das Gebiet eines anderen vertragschließenden Staates auf denjenigen Eisenbahnstrecken befördert werden, welche zu diesem Zwecke in der anliegenden Liste,[2] vorbehaltlich der in Art. 58 vorgesehenen Aenderungen, bezeichnet sind.

Die Bestimmungen, welche zur Ausführung des gegenwärtigen Uebereinkommens von den vertragschließenden Staaten vereinbart

---

[1] Die Ausführungsbestimmungen sind in den Anmerkungen mitgetheilt. Reglement und Protokoll sind am Schluß abgedruckt.

[2] Die Liste (Anlage 1 des Uebereink.) ist hier nicht mit abgedruckt worden.

werden, sollen dieselbe rechtliche Wirkung haben, wie das Uebereinkommen selbst.

Art. 2. Die Bestimmungen des gegenwärtigen Uebereinkommens finden keine Anwendung auf die Beförderung folgender Gegenstände:

1. derjenigen Gegenstände, welche auch nur in einem der am Transport betheiligten Gebiete dem Postzwange unterworfen sind;
2. derjenigen Gegenstände, welche wegen ihres Umfangs, ihres Gewichts oder ihrer sonstigen Beschaffenheit, nach der Anlage und dem Betriebe auch nur einer der Bahnen, welche an der Ausführung des Transportes theilzunehmen haben, sich zur Beförderung nicht eignen;
3. derjenigen Gegenstände, deren Beförderung auch nur auf einem der am Transporte betheiligten Gebiete aus Gründen der öffentlichen Ordnung verboten ist.

Art. 3. Die Ausführungsbestimmungen[1] werden diejenigen Güter bezeichnen, welche, wegen ihres großen Werthes, wegen ihrer besonderen Beschaffenheit oder wegen der Gefahren, welche sie für die Ordnung und Sicherheit des Eisenbahnbetriebes bieten, vom internationalen Transporte nach Maßgabe dieses Uebereinkommens aus-

---

[1] § 1. Von der Beförderung sind ausgeschlossen:

1. Gold- und Silberbarren, Platina, Geld, geldwerthe Münzen und Papiere, Dokumente, Edelsteine, echte Perlen, Pretiosen und andere Kostbarkeiten.
2. Kunstgegenstände, wie Gemälde, Gegenstände aus Erzguß, Antiquitäten.
3. Leichen.
4. Schießpulver, Schießbaumwolle, geladene Gewehre, Knallsilber, Knallquecksilber, Knallgold, Feuerwerkskörper, Pyropapier, Nitroglycerin, pikrinsaure Salze, Natronkokes, Dynamit, sowie alle anderen der Selbstentzündung oder Explosion unterworfenen Gegenstände, ferner die ekelerregenden oder übelriechenden Erzeugnisse, insofern die in dieser Nummer aufgeführten Gegenstände nicht unter den bedingungsweise zugelassenen ausdrücklich aufgezählt sind.

Die in Anlage 1* verzeichneten Gegenstände werden nur unter den daselbst aufgeführten Bedingungen zur Beförderung zugelassen. Denselben sind besondere, andere Gegenstände nicht umfassende Frachtbriefe beizugeben.

Es können jedoch zwei oder mehrere Vertragsstaaten in ihrem gegenseitigen Verkehr für Gegenstände, welche vom internationalen Transporte ausgeschlossen oder nur bedingungsweise zugelassen sind, leichtere Bedingungen vereinbaren.

---

* Die Anlage 1 stimmt betr. der Mehrzahl der Gegenstände mit Anlage D zum § 48 des Betriebsreglements für die Eisenbahnen Deutschlands überein.

geschlossen oder zu diesem Transporte nur bedingungsweise zugelassen sind.

Art. 4. Die Bedingungen der gemeinsamen Tarife der Eisenbahnvereine oder Verbände, sowie die Bedingungen der besonderen Tarife der Eisenbahnen haben, sofern diese Tarife auf den internationalen Transport Anwendung finden sollen, insoweit Geltung, als sie diesem Uebereinkommen nicht widersprechen; anderenfalls sind sie nichtig.

Art. 5. Jede nach Maßgabe des Art. 1 bezeichnete Eisenbahn ist verpflichtet, nach den Festsetzungen und unter den Bedingungen dieses Uebereinkommens, die Beförderung von Gütern im internationalen Verkehr zu übernehmen, sofern

1. der Absender den Anordnungen dieses Uebereinkommens sich unterwirft;
2. die Beförderung mit den regelmäßigen Transportmitteln möglich ist;
3. nicht Umstände, welche als höhere Gewalt zu betrachten sind, die Beförderung verhindern.

Die Eisenbahnen sind nur verpflichtet, die Güter zum Transport anzunehmen, soweit die Beförderung derselben sofort erfolgen kann. Die für die Versandstation geltenden besonderen Vorschriften bestimmen, ob dieselbe verpflichtet ist, die Güter, deren Beförderung nicht sofort erfolgen kann, vorläufig in Verwahrung zu nehmen.

Die Beförderung der Güter findet in der Reihenfolge statt, in welcher sie zum Transport angenommen worden sind, sofern die Eisenbahn nicht zwingende Gründe des Eisenbahnbetriebes oder das öffentliche Interesse für eine Ausnahme geltend machen kann.

Jede Zuwiderhandlung gegen die Bestimmungen dieses Artikels begründet den Anspruch auf Ersatz des dadurch entstandenen Schadens.

Art. 6. Jede internationale Sendung (Art. 1) muß von einem Frachtbrief begleitet sein, welcher folgende Angaben enthält:

a) Ort und Tag der Ausstellung;

b) die Bezeichnung der Versandstation, sowie der Versandbahn;

c) die Bezeichnung der Bestimmungsstation, den Namen und den Wohnort des Empfängers;

d) die Bezeichnung der Sendung nach ihrem Inhalt, die Angabe des Gewichtes oder statt dessen eine den besonderen Vorschriften der Versandbahn entsprechende Angabe; ferner bei Stückgut die Anzahl, Art der Verpackung, Zeichen und Nummer der Frachtstücke;

e) das Verlangen des Absenders, Spezialtarife unter den in den Artikeln 14 und 35 für zulässig erklärten Bedingungen zur Anwendung zu bringen;

f) die Angabe des deklarirten Interesses an der Lieferung (Art. 38 und 40);

g) die Angabe, ob das Gut in Eilfracht oder in gewöhnlicher Fracht zu befördern sei;

h) das genaue Verzeichniß der für die zoll- oder steueramtliche Behandlung oder polizeiliche Prüfung nöthigen Begleitpapiere;

i) den Frankaturvermerk im Falle der Vorausbezahlung der Fracht oder der Hinterlegung eines Frankaturvorschusses (Art. 12 Abs. 3);

k) die auf dem Gute haftenden Nachnahmen, und zwar sowohl die erst nach Eingang auszuzahlenden, als auch die von der Eisenbahn geleisteten Baarvorschüsse (Art. 13);

l) die Angabe des einzuhaltenden Transportweges, unter Bezeichnung der Stationen, wo die Zollabfertigung stattfinden soll.

In Ermangelung dieser Angabe hat die Eisenbahn denjenigen Weg zu wählen, welcher ihr für den Absender am zweckmäßigsten scheint. Für die Folgen dieser Wahl haftet die Eisenbahn nur, wenn ihr hierbei ein grobes Verschulden zur Last fällt.

Wenn der Absender den Transportweg angegeben hat, ist die Eisenbahn nur unter den nachstehenden Bedingungen berechtigt, für die Beförderung der Sendung einen anderen Weg zu benutzen:

1. daß die Zollabfertigung immer in den vom Absender bezeichneten Stationen stattfindet;
2. daß keine höhere Fracht gefordert wird als diejenige, welche hätte bezahlt werden müssen, wenn die Eisenbahn den im Frachtbrief bezeichneten Weg benutzt hätte;
3. daß die Lieferfrist der Waare nicht länger ist, als sie gewesen wäre, wenn die Sendung auf dem im Frachtbrief bezeichneten Wege ausgeführt worden wäre;

m) die Unterschrift des Absenders mit seinem Namen oder seiner Firma, sowie die Angabe seiner Wohnung. Die Unterschrift kann durch eine gedruckte oder gestempelte Zeichnung des Absenders ersetzt werden, wenn die Gesetze oder Reglemente des Versandortes es gestatten.

Die näheren Festsetzungen über die Ausstellung und den Inhalt des Frachtbriefes, insbesondere das zur Anwendung kommende Formular, bleiben den Ausführungsbestimmungen[1] vorbehalten.

Die Aufnahme weiterer Erklärungen in den Frachtbrief, die Ausstellung anderer Urkunden anstatt des Frachtbriefes, sowie die Beifügung anderer Schriftstücke zum Frachtbriefe ist unzulässig, sofern dieselben nicht durch dieses Uebereinkommen für statthaft erklärt sind.

Die Eisenbahn kann indes, wenn es die Gesetze oder Reglemente des Versandortes vorschreiben, vom Absender außer dem Frachtbrief die Ausstellung einer Urkunde verlangen, welche dazu bestimmt ist, in den Händen der Verwaltung zu bleiben, um ihr als Beweis über den Frachtvertrag zu dienen.

Jede Eisenbahnverwaltung ist berechtigt, für den internen Dienst ein Stammheft zu erstellen, welches in der Versandstation bleibt und mit derselben Nummer versehen wird, wie der Frachtbrief und das Duplikat.

Art. 7. Der Absender haftet für die Richtigkeit der in den Frachtbrief aufgenommenen Angaben und Erklärungen und trägt alle Folgen, welche aus unrichtigen, ungenauen oder ungenügenden Erklärungen entspringen.

---

[1] § 2. Zur Ausstellung des internationalen Frachtbriefes sind Formulare nach Maßgabe der Anlage 2 [nicht mit abgedruckt] zu verwenden. Dieselben müssen für gewöhnliche Fracht auf weißes, für Eilfracht auf dunkelrosa Papier gedruckt sein und zur Beurkundung ihrer Uebereinstimmung mit den desfallsigen Vorschriften den Kontrolstempel einer Bahn oder eines Bahnkomplexes des Versandlandes tragen.

Der Frachtbrief — und zwar sowohl der Vordruck als die geschriebene Ausfüllung — soll entweder in deutscher oder in französischer Sprache ausgestellt werden.

Im Falle, daß die amtliche Geschäftssprache des Landes der Versandstation eine andere ist, kann der Frachtbrief in dieser amtlichen Geschäftssprache ausgestellt werden, muß aber alsdann eine genaue Uebersetzung der geschriebenen Worte in deutscher oder französischer Sprache enthalten.

Die stark umrahmten Theile des Formulars sind durch die Eisenbahnen, die übrigen durch den Absender auszufüllen.

Mehrere Gegenstände dürfen nur dann in einen und denselben Frachtbrief aufgenommen werden, wenn das Zusammenladen derselben nach ihrer Beschaffenheit ohne Nachtheil erfolgen kann und Zoll-, Steuer- oder Polizeivorschriften nicht entgegenstehen.

Den nach den Bestimmungen der geltenden Reglemente vom Absender bezw. Empfänger auf- und abzuladenden Gütern sind besondere, andere Gegenstände nicht umfassende Frachtbriefe beizugeben.

Auch kann die Versandstation verlangen, daß für jeden Wagen ein besonderer Frachtbrief beigegeben wird.

Die Eisenbahn ist jederzeit berechtigt, die Uebereinstimmung des Inhalts der Sendungen mit den Angaben des Frachtbriefes zu prüfen. Die Feststellung erfolgt nach Maßgabe der am Orte des Vorganges bestehenden Gesetze oder Reglemente. Der Berechtigte soll gehörig eingeladen werden, bei der Prüfung zugegen zu sein, vorbehaltlich des Falles, wenn die letztere auf Grund polizeilicher Maßregeln, die der Staat im Interesse der öffentlichen Sicherheit oder der öffentlichen Ordnung zu ergreifen berechtigt ist, stattfindet.

Hinsichtlich des Rechts und der Verpflichtung der Bahnen, das Gewicht oder die Stückzahl des Gutes zu ermitteln oder zu kontroliren, sind die Gesetze und Reglemente des betreffenden Staates maßgebend.

Bei unrichtiger Angabe des Inhalts einer Sendung, sowie im Falle der Ueberlastung eines dem Absender zur Selbstverladung gestellten Wagens, sofern er die Verwiegung nicht verlangt hat, ist — abgesehen von der Nachzahlung der etwaigen Frachtdifferenz und dem Ersatze des entstandenen Schadens, sowie den durch strafgesetzliche oder polizeiliche Bestimmungen vorgesehenen Strafen — ein Frachtzuschlag an die am Transporte betheiligten Eisenbahnen zu zahlen, dessen Höhe durch die Ausführungsbestimmungen[1] festgesetzt wird.

Art. 8. Der Frachtvertrag ist abgeschlossen, sobald das Gut mit dem Frachtbriefe von der Versandstation zur Beförderung angenommen ist. Als Zeichen der Annahme wird dem Frachtbriefe der Datumstempel der Versandexpedition aufgedrückt.

Die Abstempelung hat ohne Verzug nach vollständiger Auslieferung des in demselben Frachtbriefe verzeichneten Gutes und auf Verlangen des Absenders in dessen Gegenwart zu erfolgen.

Der mit dem Stempel versehene Frachtbrief dient als Beweis über den Frachtvertrag.

Jedoch machen bezüglich derjenigen Güter, deren Aufladen nach

---

[1] § 3. Wenn die im § 1 Absatz 4 und in der Anlage 1 Nr. I bis XXXIV aufgeführten Gegenstände unter unrichtiger oder ungenauer Deklaration zur Beförderung aufgegebenen oder die Anlage 1 zu Nr. I bis XXXV gegebenen Sicherheitsvorschriften bei der Aufgabe außer Acht gelassen werden, beträgt der Taxzuschlag 15 Francs für jedes Bruttokilogramm.

In allen anderen Fällen beträgt der in Artikel 7 des Vertrages vorgesehene Taxzuschlag für unrichtige Angabe des Inhalts einer Sendung das Doppelte der vom Abgangs- bis zum Bestimmungsorte zu zahlenden Fracht.

Falls die Ueberlastung eines vom Absender beladenen Wagens seine Tragfähigkeit um mehr als fünf Prozent übersteigt, so beträgt die Gesammtgeldbuße das Zehnfache der Frachtdifferenz.

den Tarifen oder nach besonderer Vereinbarung, soweit eine solche in dem Staatsgebiete, wo sie zur Ausführung gelangt, zulässig ist, von dem Absender besorgt wird, die Angaben des Frachtbriefes über das Gewicht und die Anzahl der Stücke gegen die Eisenbahn keinen Beweis, sofern nicht die Nachwiegung bezw. Nachzählung seitens der Eisenbahn erfolgt und dies auf dem Frachtbrief beurkundet ist.

Die Eisenbahn ist verpflichtet, den Empfang des Frachtgutes, unter Angabe des Datums der Annahme zur Beförderung, auf einem ihr mit dem Frachtbriefe vorzulegenden Duplikate desselben zu bescheinigen.

Dieses Duplikat hat nicht die Bedeutung des Originalfrachtbriefes und ebensowenig diejenige eines Konnossements (Ladescheins).

Art. 9. Soweit die Natur des Frachtgutes zum Schutze gegen Verlust oder Beschädigung auf dem Transporte eine Verpackung nöthig macht, liegt die gehörige Besorgung derselben dem Absender ob.

Ist der Absender dieser Verpflichtung nicht nachgekommen, so ist die Eisenbahn, falls sie nicht die Annahme des Gutes verweigert, berechtigt, zu verlangen, daß der Absender auf dem Frachtbriefe das Fehlen oder die Mängel der Verpackung unter spezieller Bezeichnung anerkennt und der Versandstation hierüber außerdem eine besondere Erklärung nach Maßgabe eines durch die Ausführungsbestimmungen festzusetzenden Formulars ausstellt.[1]

Für derartig bescheinigte, sowie für solche Mängel der Verpackung, welche äußerlich nicht erkennbar sind, hat der Absender zu haften und jeden daraus entstehenden Schaden zu tragen, bezw. der Bahnverwaltung zu ersetzen. Ist die Ausstellung der gedachten Erklärung nicht erfolgt, so haftet der Absender für äußerlich erkennbare Mängel der Verpackung nur, wenn ihm ein arglistiges Verfahren zur Last fällt.

Art. 10. Der Absender ist verpflichtet, dem Frachtbriefe diejenigen Begleitpapiere beizugeben, welche zur Erfüllung der etwa bestehenden Zoll-, Steuer- oder Polizeivorschriften vor der Ablieferung an den Empfänger erforderlich sind. Er haftet der Eisenbahn, sofern derselben nicht ein Verschulden zur Last fällt, für alle Folgen, welche aus dem Mangel, der Unzulänglichkeit oder Unrichtigkeit dieser Papiere entstehen.

Der Eisenbahn liegt eine Prüfung der Richtigkeit und Vollständigkeit derselben nicht ob.

Die Zoll-, Steuer- und Polizeivorschriften werden, so lange

[1] § 4 der Ausführungsbestimmungen wiederholt nur die Bestimmung betreffs der Formulare, welche Anlage 3 zu dem Uebereinkommen ausmachen. Das Formular ist hier nicht mit abgedruckt.

das Gut sich auf dem Wege befindet, von der Eisenbahn erfüllt. Sie kann diese Aufgabe unter ihrer eigenen Verantwortlichkeit einem Kommissionär übertragen oder sie selbst übernehmen. In beiden Fällen hat sie die Verpflichtungen eines Kommissionärs.

Der Verfügungsberechtigte kann jedoch der Zollbehandlung entweder selbst, oder durch einen im Frachtbriefe bezeichneten Bevollmächtigten beiwohnen, um die nöthigen Aufklärungen über die Tarifirung des Gutes zu ertheilen und seine Bemerkungen beizufügen. Diese dem Verfügungsberechtigten ertheilte Befugniß begründet nicht das Recht, das Gut in Besitz zu nehmen oder die Zollbehandlung selbst vorzunehmen.

Bei der Ankunft des Gutes am Bestimmungsorte steht dem Empfänger das Recht zu, die zoll- und steueramtliche Behandlung zu besorgen, falls nicht im Frachtbriefe etwas Anderes festgesetzt ist.

Art. 11. Die Berechnung der Fracht erfolgt nach Maßgabe der zu Recht bestehenden gehörig veröffentlichten Tarife. Jedes Privatübereinkommen, wodurch einem oder mehreren Absendern eine Preisermäßigung gegenüber den Tarifen gewährt werden soll, ist verboten und nichtig. Dagegen sind Tarifermäßigungen erlaubt, welche gehörig veröffentlicht sind und unter Erfüllung der gleichen Bedingungen Jedermann in gleicher Weise zu Gute kommen.

Außer den im Tarife angegebenen Frachtsätzen und Vergütungen für besondere im Tarife vorgesehene Leistungen zu Gunsten der Eisenbahnen dürfen nur baare Auslagen erhoben werden — insbesondere Aus-, Ein- und Durchgangsabgaben, nicht in den Tarif aufgenommene Kosten für Ueberführung und Auslagen für Reparaturen an den Gütern, welche in Folge ihrer äußeren oder inneren Beschaffenheit zu ihrer Erhaltung nothwendig werden.

Diese Auslagen sind gehörig festzustellen und in dem Frachtbriefe ersichtlich zu machen, welchem die Beweisstücke beizugeben sind.

Art. 12. Werden die Frachtgelder nicht bei der Aufgabe des Gutes zur Beförderung berichtigt, so gelten sie als auf den Empfänger angewiesen.

Bei Gütern, welche nach dem Ermessen der annehmenden Bahn schnellem Verderben unterliegen oder wegen ihres geringen Werthes die Fracht nicht sicher decken, kann die Vorausbezahlung der Frachtgelder gefordert werden.

Wenn im Falle der Frankirung der Betrag der Gesammtfracht beim Versand nicht genau bestimmt werden kann, so kann die Versandbahn die Hinterlegung des ungefähren Frachtbetrages fordern.

Wurde der Tarif unrichtig angewendet oder sind Rechnungsfehler bei der Festsetzung der Frachtgelder und Gebühren vorgekommen, so ist das zu wenig Geforderte nachzuzahlen, das zu viel Erhobene zu erstatten. Ein derartiger Anspruch kann nur binnen Jahresfrist vom Tage der Zahlung an geltend gemacht werden. Die Bestimmungen des Art. 45 Abs. 3 finden Anwendung auf die im gegenwärtigen Artikel erwähnten Forderungen, mögen diese von der Eisenbahn oder gegen dieselbe erhoben werden. Die Bestimmung des Art. 44 erster Absatz findet keine Anwendung.

Art. 13. Dem Absender ist gestattet, das Gut bis zur Höhe des Werthes desselben mit Nachnahme zu belasten. Diese Nachnahme darf jedoch den in den Ausführungsbestimmungen[1] festgesetzten Höchstbetrag nur insoweit übersteigen, als sämmtliche am Transporte betheiligte Bahnen einverstanden sind. Diejenigen Güter, für welche Vorausbezahlung der Fracht verlangt werden kann (Art. 12 Abs. 2), dürfen nicht mit Nachnahme belastet werden.

Für die aufgegebene Nachnahme wird die tarifmäßige Provision berechnet.

Die Eisenbahn ist nicht verpflichtet, dem Absender die Nachnahme eher auszuzahlen, als bis der Betrag derselben vom Empfänger bezahlt ist. Dies findet auch Anwendung auf Auslagen, welche vor der Aufgabe für das Frachtgut gemacht worden sind.

Ist das Gut ohne Einziehung der Nachnahme abgeliefert worden, so haftet die Eisenbahn für den Schaden bis zum Betrag der Nachnahme und hat denselben dem Absender sofort zu ersetzen, vorbehaltlich ihres Rückgriffs gegen den Empfänger.

Art. 14. Die Ausführungsbestimmungen[2] werden die allgemeinen Vorschriften betreffend die Maximallieferfristen, die Berechnung, den Beginn, die Unterbrechung und das Ende der Lieferfristen feststellen.

---

[1] § 5 der Ausführungsbestimmungen bestimmt den Höchstbetrag der Nachnahme auf 2000 Francs für jeden Frachtbrief.

[2] § 6. Die Lieferfristen dürfen die nachstehenden Maximalfristen nicht überschreiten:

a) für Eilgüter:
   1. Expeditionsfrist . . . . 1 Tag;
   2. Transportfrist für je auch nur angefangene 250 Kilometer . . . . 1 Tag;

b) für Frachtgüter:
   1. Expeditionsfrist . . . . 2 Tage;
   2. Transportfrist für je auch nur angefangene 250 Kilometer . . . . 2 Tage.

Wenn der Transport aus dem Bereiche einer Eisenbahnverwaltung in den Bereich einer anderen anschließenden Verwaltung übergeht, so berechnen

Wenn nach den Gesetzen und Reglementen eines der Vertragsstaaten Spezialtarife zu reduzirten Preisen und mit verlängerten Lieferfristen gestattet sind, so können die Eisenbahnen dieses Staates diese Tarife mit verlängerten Lieferfristen auch im internationalen Verkehr anwenden.

Im Uebrigen richten sich die Lieferfristen nach den Bestimmungen der im einzelnen Falle zur Anwendung kommenden Tarife.

---

sich die Transportfristen aus der Gesammtentfernung zwischen der Aufgabe- und Bestimmungsstation, während die Expeditionsfristen ohne Rücksicht auf die Zahl der durch den Transport berührten Verwaltungsgebiete nur einmal zur Berechnung kommen.

Die Gesetze und Reglemente der vertragschließenden Staaten bestimmen, inwiefern den unter ihrer Aufsicht stehenden Bahnen gestattet ist, Zuschlagsfristen für folgende Fälle festzusetzen:

1. für Messen; 2. für außergewöhnliche Verkehrsverhältnisse; 3. wenn das Gut einen nicht überbrückten Flußübergang oder eine Verbindungsbahn zu passiren hat, welche zwei am Transport theilnehmende Bahnen verbindet; 4. für Bahnen von untergeordneter Bedeutung, sowie für den Uebergang auf Bahnen mit anderer Spurweite.

Wenn eine Eisenbahn in die Nothwendigkeit versetzt ist, von den in diesem Paragraphen Ziffer 1 bis 4 für die einzelnen Staaten als fakultativ zulässig bezeichneten Zuschlagsfristen Gebrauch zu machen, so soll sie auf dem Frachtbriefe den Tag der Uebergabe an die nachfolgende Bahn mittelst Abstempelung vormerken und die Ursache und Dauer der Lieferfristüberschreitung, welche sie in Anspruch genommen hat, auf demselben angeben.

Die Lieferfrist beginnt mit der auf die Annahme des Gutes nebst Frachtbrief folgenden Mitternacht und ist gewahrt, wenn innerhalb derselben das Gut dem Empfänger oder derjenigen Person, an welche die Ablieferung giltig geschehen kann, nach den für die abliefernde Bahn geltenden Bestimmungen zugestellt bezw. avisirt ist.

Dieselben Bestimmungen sind maßgebend für die Art und Weise, wie die Uebergabe des Avisbriefes zu konstatiren ist.

Der Lauf der Lieferfristen ruht für die Dauer der zoll- oder steueramtlichen oder polizeilichen Abfertigung, sowie für die Dauer einer ohne Verschulden der Eisenbahn eingetretenen Betriebsstörung, durch welche der Antritt oder die Fortsetzung des Bahntransports zeitweilig verhindert wird.

Ist der auf die Auflieferung der Waare zum Transport folgende Tag ein Sonntag, so beginnt die Lieferfrist 24 Stunden später.

Falls der letzte Tag der Lieferfrist ein Sonntag ist, so läuft die Lieferfrist erst an dem darauffolgenden Tage ab.

Diese zwei Ausnahmen sind auf Eilgut nicht anwendbar.

Falls ein Staat in die Gesetze oder in die genehmigten Eisenbahnreglemente eine Bestimmung in Betreff der Unterbrechung des Waarentransportes an Sonn- und gewissen Feiertagen aufnimmt, so werden die Transportfristen im Verhältniß verlängert.

Art. 15. Der Absender allein hat das Recht, die Verfügung zu treffen, daß die Waare auf der Versandstation zurückgegeben, unterwegs angehalten oder an einen anderen als den im Frachtbriefe bezeichneten Empfänger am Bestimmungsorte oder einer Zwischenstation abgeliefert werde.

Dieses Recht steht indes dem Absender nur dann zu, wenn er das Duplikat des Frachtbriefes vorweist. Hat die Eisenbahn die Anweisungen des Absenders befolgt, ohne die Vorzeigung des Duplikatfrachtbriefes zu verlangen, so ist sie für den daraus entstandenen Schaden dem Empfänger, welchem der Absender dieses Duplikat übergeben hat, haftbar.

Derartige Verfügungen des Absenders ist die Eisenbahn zu beachten nur verpflichtet, wenn sie ihr durch Vermittlung der Versandstation zugekommen sind.

Das Verfügungsrecht des Absenders erlischt, auch wenn er das Frachtbriefduplikat besitzt, sobald nach Ankunft des Gutes am Bestimmungsorte der Frachtbrief dem Empfänger übergeben oder die von dem letzteren nach Maßgabe des Art. 16 erhobene Klage der Eisenbahn zugestellt worden ist. Ist dies geschehen, so hat die Eisenbahn nur die Anweisungen des bezeichneten Empfängers zu beachten, widrigenfalls sie demselben für das Gut haftbar wird.

Die Eisenbahn darf die Ausführung der im Absatz 1 vorgesehenen Anweisungen nur dann verweigern oder verzögern, oder solche Anweisungen in veränderter Weise ausführen, wenn durch die Befolgung derselben der regelmäßige Transportverkehr gestört würde.

Die im ersten Absatze dieses Artikels vorgesehenen Verfügungen müssen mittelst schriftlicher und vom Absender unterzeichneter Erklärung nach dem in den Ausführungsbestimmungen vorgeschriebenen Formulare erfolgen.[1] Die Erklärung ist auf dem Frachtbriefduplikat zu wiederholen, welches gleichzeitig der Eisenbahn vorzulegen und von dieser dem Absender zurückzugeben ist.

Jede in anderer Form gegebene Verfügung des Absenders ist nichtig.

Die Eisenbahn kann den Ersatz der Kosten verlangen, welche durch die Ausführung der im Absatz 1 vorgesehenen Verfügungen entstanden sind, insoweit diese Verfügungen nicht durch ihr eigenes Verschulden veranlaßt worden sind.

Art. 16. Die Eisenbahn ist verpflichtet, am Bestimmungsorte dem bezeichneten Empfänger gegen Bezahlung der im Frachtbriefe

[1] § 7 der Ausführungsbestimmungen wiederholt die Bestimmung betreffs des Formulars (Anl. 4 des Uebereinkommens). Von dem Abdruck ist abgesehen.

ersichtlich gemachten Beträge und gegen Bescheinigung des Empfangs den Frachtbrief und das Gut auszuhändigen.

Der Empfänger ist nach Ankunft des Gutes am Bestimmungsorte berechtigt, die durch den Frachtvertrag begründeten Rechte gegen Erfüllung der sich daraus ergebenden Verpflichtungen in eigenem Namen gegen die Eisenbahn geltend zu machen, sei es, daß er hierbei in eigenem oder in fremdem Interesse handle. Er ist insbesondere berechtigt, von der Eisenbahn die Uebergabe des Frachtbriefes und die Auslieferung des Gutes zu verlangen. Dieses Recht erlischt, wenn der im Besitz des Duplikats befindliche Absender der Eisenbahn eine nach Maßgabe des Art. 15 entgegenstehende Verfügung ertheilt hat.

Als Ort der Ablieferung gilt die vom Absender bezeichnete Bestimmungsstation.

Art. 17. Durch Annahme des Gutes und des Frachtbriefes wird der Empfänger verpflichtet, der Eisenbahn die im Frachtbrief ersichtlich gemachten Beträge zu bezahlen.

Art. 18. Wird der Antritt oder die Fortsetzung des Eisenbahntransportes durch höhere Gewalt oder Zufall verhindert und kann der Transport auf einem anderen Wege nicht stattfinden, so hat die Eisenbahn den Absender um anderweitige Disposition über das Gut anzugehen.

Der Absender kann vom Vertrage zurücktreten, muß aber die Eisenbahn, sofern derselben kein Verschulden zur Last fällt, für die Kosten zur Vorbereitung des Transportes, die Kosten der Wiederausladung und die Ansprüche in Beziehung auf den etwa bereits zurückgelegten Transportweg entschädigen.

Wenn im Falle einer Betriebsstörung die Fortsetzung des Transportes auf einem anderen Wege stattfinden kann, ist die Entscheidung der Eisenbahn überlassen, ob es dem Interesse des Absenders entspricht, den Transport auf einem anderen Wege dem Bestimmungsorte zuzuführen, oder den Transport anzuhalten und den Absender um anderweitige Anweisung anzugehen.

Befindet sich der Absender nicht im Besitze des Frachtbriefduplikats, so dürfen die in diesem Artikel vorgesehenen Anweisungen weder die Person des Empfängers, noch den Bestimmungsort abändern.

Art. 19. Das Verfahren bei Ablieferung der Güter, sowie die etwaige Verpflichtung der Eisenbahn, das Gut einem nicht an der Bestimmungsstation wohnhaften Empfänger zuzuführen, richtet sich nach den für die abliefernde Bahn geltenden gesetzlichen und reglementarischen Bestimmungen.

Art. 20. Die Empfangsbahn hat bei der Ablieferung alle durch den Frachtvertrag begründeten Forderungen, insbesondere Fracht- und Nebengebühren, Zollgelder und andere zum Zwecke der Ausführung des Transportes gehabte Auslagen, sowie die auf dem Gute haftenden Nachnahmen und sonstigen Beträge einzuziehen, und zwar sowohl für eigene Rechnung, als auch für Rechnung der vorhergehenden Eisenbahnen und sonstiger Berechtigter.

Art. 21. Die Eisenbahn hat für alle im Art. 20 bezeichneten Forderungen die Rechte eines Faustpfandgläubigers an dem Gute. Dieses Pfandrecht besteht, so lange das Gut in der Verwahrung der Eisenbahn oder eines Dritten sich befindet, welcher es für sie inne hat.

Art. 22. Die Wirkungen des Pfandrechts bestimmen sich nach dem Rechte des Landes, wo die Ablieferung erfolgt.

Art. 23. Jede Eisenbahn ist verpflichtet, nachdem sie bei der Aufnahme oder der Ablieferung des Gutes die Fracht und die anderen aus dem Frachtvertrage herrührenden Forderungen eingezogen hat, den betheiligten Bahnen den ihnen gebührenden Antheil an der Fracht und den erwähnten Forderungen zu bezahlen.

Die Ablieferungsbahn ist für die Bezahlung der obigen Beträge verantwortlich, wenn sie das Gut ohne Einziehung der darauf haftenden Forderungen abliefert. Der Anspruch gegen den Empfänger des Gutes bleibt ihr jedoch vorbehalten.

Die Uebergabe des Gutes von einer Eisenbahn an die nächstfolgende begründet für die erstere das Recht, die letztere im Kontokorrent sofort mit dem Betrage der Fracht und der sonstigen Forderungen, soweit dieselben zur Zeit der Uebergabe des Gutes aus dem Frachtbriefe sich ergeben, zu belasten, vorbehaltlich der endgültigen Abrechnung nach Maßgabe des ersten Absatzes dieses Artikels.

Aus dem internationalen Transporte herrührende Forderungen der Eisenbahnen unter einander können, wenn die schuldnerische Eisenbahn einem anderen Staate angehört als die forderungsberechtigte Eisenbahn, nicht mit Arrest belegt oder gepfändet werden, außer in dem Falle, wenn der Arrest oder die Pfändung auf Grund einer Entscheidung der Gerichte des Staates erfolgt, dem die forderungsberechtigte Eisenbahn angehört.

In gleicher Weise kann das rollende Material der Eisenbahnen mit Einschluß sämmtlicher beweglicher, der betreffenden Eisenbahn gehörigen Gegenstände, welche sich in diesem Material vorfinden, in dem Gebiete eines anderen Staates als desjenigen, welchem die betreffende Eisenbahn angehört, weder mit Arrest belegt noch gepfändet werden, außer in dem Falle, wenn der Arrest oder die Pfändung auf Grund einer Entscheidung der Gerichte des Staates erfolgt, dem die betreffende Eisenbahn angehört.

Art. 24. Bei Ablieferungshindernissen hat die Ablieferungsstation den Absender durch Vermittelung der Versandstation von der Ursache des Hindernisses unverzüglich in Kenntniß zu setzen. Sie darf in keinem Falle ohne ausdrückliches Einverständniß des Absenders das Gut zurücksenden.

Im Uebrigen richtet sich — unbeschadet der Bestimmungen des folgenden Artikels — das Verfahren bei Ablieferungshindernissen nach den für die abliefernde Bahn geltenden gesetzlichen und reglementarischen Bestimmungen.

Art. 25. In allen Verlust-, Minderungs- und Beschädigungsfällen haben die Eisenbahnverwaltungen sofort eine eingehende Untersuchung vorzunehmen, das Ergebniß derselben schriftlich festzustellen und dasselbe den Betheiligten auf ihr Verlangen, unter allen Umständen aber der Versandstation mitzutheilen.

Wird insbesondere eine Minderung oder eine Beschädigung des Gutes von der Eisenbahn entdeckt oder vermuthet, oder Seitens des Verfügungsberechtigten behauptet, so hat die Eisenbahn den Zustand des Gutes, den Betrag des Schadens und, soweit dies möglich, die Ursache und den Zeitpunkt der Minderung oder Beschädigung ohne Verzug protokollarisch festzustellen. Eine protokollarische Feststellung hat auch im Falle des Verlustes stattzufinden.

Die Feststellung richtet sich nach den Gesetzen und Reglementen des Landes, wo dieselbe stattfindet.

Außerdem steht jedem der Betheiligten das Recht zu, die gerichtliche Feststellung des Zustandes des Gutes zu beantragen.

Art. 26. Zur gerichtlichen Geltendmachung der aus dem internationalen Eisenbahnfrachtvertrage gegenüber der Eisenbahn entspringenden Rechte ist nur derjenige befugt, welchem das Verfügungsrecht über das Frachtgut zusteht.

Vermag der Absender das Duplikat des Frachtbriefes nicht vorzuzeigen, so kann er seinen Anspruch nur mit Zustimmung des Empfängers geltend machen.

Art. 27. Diejenige Bahn, welche das Gut mit dem Frachtbriefe zur Beförderung angenommen hat, haftet für die Ausführung des Transportes auch auf den folgenden Bahnen der Beförderungsstrecke bis zur Ablieferung.

Jede nachfolgende Bahn tritt dadurch, daß sie das Gut mit dem ursprünglichen Frachtbriefe übernimmt, nach Maßgabe des letzteren in den Frachtverkehr ein und übernimmt die selbstständige Verpflichtung, den Transport nach Inhalt des Frachtbriefes auszuführen.

Die Ansprüche aus dem internationalen Frachtvertrage können jedoch — unbeschadet des Rückgriffs der Bahnen gegen einander — im Wege der Klage nur gegen die erste Bahn oder gegen diejenige, welche das Gut zuletzt mit dem Frachtbriefe übernommen hat, oder gegen diejenige Bahn gerichtet werden, auf deren Betriebsstrecke der Schaden sich ereignet hat. Unter den bezeichneten Bahnen steht dem Kläger die Wahl zu.

Die Klage kann nur von einem Gerichte des Staates anhängig gemacht werden, in welchem die beklagte Bahn ihren Wohnsitz hat und welches nach den Gesetzen dieses Landes zuständig ist.

Das Wahlrecht unter den im dritten Absatze erwähnten Bahnen erlischt mit der Erhebung der Klage.

Art. 28. Im Wege der Widerklage oder der Einrede können Ansprüche aus dem internationalen Frachtvertrage auch gegen eine andere als die im Art. 27 Abs. 3 bezeichneten Bahnen geltend gemacht werden, wenn die Klage sich auf denselben Frachtvertrag gründet.

Art. 29. Die Eisenbahn haftet für ihre Leute und für andere Personen, deren sie sich bei Ausführung des von ihr übernommenen Transportes bedient.

Art. 30. Die Eisenbahn haftet nach Maßgabe der in den folgenden Artikeln enthaltenen näheren Bestimmungen für den Schaden, welcher durch Verlust, Minderung oder Beschädigung des Gutes seit der Annahme zur Beförderung des Gutes bis zur Ablieferung entstanden ist, sofern sie nicht zu beweisen vermag, daß der Schaden durch ein Verschulden des Verfügungsberechtigten oder eine nicht von der Eisenbahn verschuldete Anweisung desselben, durch die natürliche Beschaffenheit des Gutes (namentlich durch inneren Verderb, Schwinden, gewöhnliche Leckage) oder durch höhere Gewalt herbeigeführt worden ist.

Ist auf dem Frachtbrief als Ort der Ablieferung ein nicht an der Eisenbahn liegender Ort bezeichnet, so besteht die Haftpflicht der Eisenbahn auf Grund dieses Uebereinkommens nur für den Transport bis zur Empfangsstation. Für die Weiterbeförderung finden die Bestimmungen des Art. 19 Anwendung.

Art. 31. Die Eisenbahn haftet nicht:

1. in Ansehung der Güter, welche nach der Bestimmung des Tarifes oder nach Vereinbarung mit dem Absender in offen gebauten Wagen transportirt werden,

   für den Schaden, welcher aus der mit dieser Transportart verbundenen Gefahr entstanden ist;

2. in Ansehung der Güter, welche, obgleich ihre Natur eine Verpackung zum Schutze gegen Verlust, Minderung oder Beschädigung auf dem Transport erfordert, nach Erklärung des Absenders auf dem Frachtbriefe (Art. 9) unverpackt oder mit mangelhafter Verpackung aufgegeben sind,

   für den Schaden, welcher aus der mit dem Mangel oder mit der mangelhaften Beschaffenheit der Verpackung verbundenen Gefahr entstanden ist;

3. in Ansehung derjenigen Güter, deren Auf- und Abladen nach Bestimmung des Tarifes oder nach besonderer Vereinbarung mit dem Absender, soweit eine solche in dem Staatsgebiete, wo sie zur Ausführung gelangt, zulässig ist, von dem Absender bezw. dem Empfänger besorgt wird,

   für den Schaden, welcher aus der mit dem Auf- und Abladen oder mit mangelhafter Verladung verbundenen Gefahr entstanden ist;

4. in Ansehung der Güter, welche vermöge ihrer eigenthümlichen natürlichen Beschaffenheit der besonderen Gefahr ausgesetzt sind, Verlust, Minderung oder Beschädigung, namentlich Bruch, Rost, inneren Verderb, außergewöhnliche Leckage, Austrocknung und Verstreuung zu erleiden,

   für den Schaden, welcher aus dieser Gefahr entstanden ist;

5. in Ansehung lebender Thiere:

   für den Schaden, welcher aus der mit der Beförderung dieser Thiere für dieselben verbundenen besonderen Gefahr entstanden ist;

6. in Ansehung derjenigen Güter, einschließlich der Thiere, welchen nach der Bestimmung der Tarifs oder nach besonderer Vereinbarung mit dem Absender ein Begleiter beizugeben ist,

   für den Schaden, welcher aus der Gefahr entstanden ist, deren Abwendung durch die Begleitung bezweckt wird.

Wenn ein eingetretener Schaden nach den Umständen des Falles aus einer der in diesem Artikel bezeichneten Gefahren entstehen konnte, so wird bis zum Nachweise des Gegentheils vermuthet, daß der Schaden aus der betreffenden Gefahr wirklich entstanden ist.

Art. 32. In Ansehung derjenigen Güter, welche nach ihrer natürlichen Beschaffenheit bei dem Transporte einen regelmäßigen Verlust an Gewicht erleiden, ist die Haftpflicht der Eisenbahn für Gewichtsverluste bis zu dem aus den Ausführungsbestimmungen[1] sich ergebenden Normalsatze ausgeschlossen.

[1] § 8. Der Normalsatz für regelmäßigen Gewichtsverlust beträgt zwei Prozent bei flüssigen und feuchten, sowie bei nachstehenden trockenen Gütern:

Dieser Satz wird, im Falle mehrere Stücke auf einem und demselben Frachtbrief befördert worden sind, für jedes Stück besonders berechnet, wenn das Gewicht der einzelnen Stücke im Frachtbriefe verzeichnet oder sonst erweislich ist.

Diese Beschränkung der Haftpflicht tritt nicht ein, insoweit nachgewiesen wird, daß der Verlust nach den Umständen des Falles nicht in Folge der natürlichen Beschaffenheit des Gutes entstanden ist, oder daß der angenommene Prozentsatz dieser Beschaffenheit oder den sonstigen Umständen des Falles nicht entspricht.

Bei gänzlichem Verlust des Gutes findet ein Abzug für Gewichtsverlust nicht statt.

Art. 33. Der zur Klage Berechtigte kann das Gut ohne weiteren Nachweis als in Verlust gerathen betrachten, wenn sich dessen Ablieferung um mehr als 30 Tage nach Ablauf der Lieferfrist (Art. 14) verzögert.

Art. 34. Wenn auf Grund der vorhergehenden Artikel von der Eisenbahn für gänzlichen oder theilweisen Verlust des Gutes Ersatz geleistet werden muß, so ist der gemeine Handelswerth, in dessen Ermangelung der gemeine Werth zu ersetzen, welchen Gut derselben Art und Beschaffenheit am Versandorte zu der Zeit hatte, zu welcher das Gut zur Beförderung angenommen worden ist. Dazu kommt die Erstattung dessen, was an Zöllen und sonstigen Kosten, sowie an Fracht etwa bereits bezahlt worden ist.

Art. 35. Es ist der Eisenbahn gestattet, besondere Bedingungen (Spezialtarife) mit Festsetzung eines im Falle des Verlustes, der Minderung oder Beschädigung zu ersetzenden Maximalbetrages zu veröffentlichen, sofern diese Spezialtarife eine Preisermäßigung für den ganzen Transport gegenüber den gewöhnlichen Tarifen jeder Eisenbahn enthalten und der gleiche Maximalbetrag auf die ganze Transportstrecke Anwendung findet.

Art. 36. Der Entschädigungsberechtigte kann, wenn er die Entschädigung für das in Verlust gerathene Gut in Empfang nimmt, in der Quittung den Vorbehalt machen, daß er für den Fall, als das Gut binnen vier Monaten nach Ablauf der Lieferfrist wieder aufgefunden wird, hiervon seitens der Eisenbahnverwaltung sofort benachrichtigt werde.

geraspelte und gemahlene Farbehölzer, Rinden, Wurzeln, Süßholz, geschnittener Tabak, Fettwaaren, Seifen und harte Oele, frische Früchte, frische Tabaksblätter, Schafwolle, Häute, Felle, Leder, getrocknetes und gebackenes Obst, Thierflechsen, Hörner und Klauen, Knochen (ganz und gemahlen), getrocknete Fische, Hopfen, frische Kitte. Bei allen übrigen trockenen Gütern der in Art. 32 des Uebereinkommens bezeichneten Art beträgt der Normalsatz 1 Prozent.

In diesem Falle kann der Entschädigungsberechtigte innerhalb 30 Tagen nach erhaltener Nachricht verlangen, daß ihm das Gut nach seiner Wahl an den Versand- oder an den im Frachtbriefe angegebenen Bestimmungsort kostenfrei gegen Rückerstattung der ihm bezahlten Entschädigung ausgeliefert werde.

Wenn der im ersten Absatze erwähnte Vorbehalt nicht gemacht worden ist, oder wenn der Entschädigungsberechtigte in der im zweiten Absatze bezeichneten 30tägigen Frist das dort vorgesehene Begehren nicht gestellt hat, oder endlich, wenn das Gut erst nach 4 Monaten nach Ablauf der Lieferfrist wieder aufgefunden wird, so kann die Eisenbahn nach den Gesetzen ihres Landes über das wieder aufgefundene Gut verfügen.

Art. 37. Im Falle der Beschädigung hat die Eisenbahn den ganzen Betrag des Minderwerthes des Gutes zu bezahlen. Im Falle die Beförderung nach einem Spezialtarife im Sinne des Art. 35 stattgefunden hat, wird der zu bezahlende Schadensbetrag verhältnißmäßig reduzirt.

Art. 38. Hat eine Deklaration des Interesses an der Lieferung stattgefunden, so kann dem Berechtigten im Falle des Verlustes, der Minderung oder der Beschädigung, außer der durch den Art. 34 und bezw. durch den Art. 37 festgesetzten Entschädigung noch ein weiterer Schadensersatz bis zur Höhe des in der Deklaration festgesetzten Betrages zugesprochen werden. Das Vorhandensein und die Höhe dieses weiteren Schadens hat der Berechtigte zu erweisen.

Die Ausführungsbestimmungen[1] setzen den Höchstbetrag des Frachtzuschlages fest, welchen der Absender im Falle einer Deklaration des Interesses an der Lieferung zu zahlen hat.

Art. 39. Die Eisenbahn haftet für den Schaden, welcher durch Versäumung der Lieferfrist (Art. 14) entstanden ist, sofern sie nicht beweist, daß die Verspätung von einem Ereignisse herrührt, welches sie weder herbeigeführt hat, noch abzuwenden vermochte.

Art. 40. Im Falle der Versäumung der Lieferfrist können ohne Nachweis eines Schadens folgende Vergütungen beansprucht werden:

---

[1] § 9. Die Summe, zu welcher das Interesse an der Lieferung deklarirt wird, muß im Frachtbrief an der dafür vorgesehenen Stelle mit Buchstaben eingetragen werden.

Der Frachtzuschlag für die Deklaration des Interesses an der Lieferung darf fünf pro Mille der deklarirten Summe für je angefangene 200 Kilometer nicht übersteigen.

Der geringste zur Erhebung kommende Frachtzuschlag beträgt 50 Cts.

Bei einer Verspätung bis einschließlich $^1/_{10}$ der Lieferfrist: $^1/_{10}$ der Fracht,

bei einer Verspätung bis einschließlich $^2/_{10}$ der Lieferfrist: $^2/_{10}$ der Fracht,

bei einer Verspätung bis einschließlich $^3/_{10}$ der Lieferfrist: $^3/_{10}$ der Fracht,

bei einer Verspätung bis einschließlich $^4/_{10}$ der Lieferfrist: $^4/_{10}$ der Fracht,

bei einer Verspätung von längerer Dauer: $^5/_{10}$ der Fracht.

Wird der Nachweis eines Schadens erbracht, so kann der Betrag bis zur Höhe der ganzen Fracht beansprucht werden.

Hat eine Deklaration des Interesses stattgefunden, so können ohne Nachweis eines Schadens folgende Vergütungen beansprucht werden:

Bei einer Verspätung bis einschließlich $^1/_{10}$ der Lieferfrist: $^2/_{10}$ der Fracht,

bei einer Verspätung bis einschließlich $^2/_{10}$ der Lieferfrist: $^4/_{10}$ der Fracht,

bei einer Verspätung bis einschließlich $^3/_{10}$ der Lieferfrist: $^6/_{10}$ der Fracht,

bei einer Verspätung bis einschließlich $^4/_{10}$ der Lieferfrist: $^8/_{10}$ der Fracht,

bei einer Verspätung von längerer Dauer: die ganze Fracht.

Wird der Nachweis eines Schadens erbracht, so kann der Betrag des Schadens beansprucht werden. In beiden Fällen darf die Vergütung den deklarirten Betrag des Interesses nicht übersteigen.

Art. 41. Die Vergütung des vollen Schadens kann in allen Fällen gefordert werden, wenn derselbe in Folge der Arglist oder der groben Fahrlässigkeit der Eisenbahn entstanden ist.

Art. 42. Der Forderungsberechtigte kann 6 % Zinsen der als Entschädigung festgesetzten Summe verlangen. Diese Zinsen laufen von dem Tage, an welchem das Entschädigungsbegehren gestellt wird.

Art. 43. Wenn Gegenstände, welche vom Transport ausgeschlossen oder zu demselben nur bedingungsweise zugelassen sind, unter unrichtiger oder ungenauer Deklaration zur Beförderung aufgegeben, oder wenn die für dieselben vorgesehenen Sicherheitsvorschriften vom Absender außer Acht gelassen werden, so ist jede Haftpflicht der Eisenbahn auf Grund des Frachtvertrages ausgeschlossen.

Art. 44. Ist die Fracht nebst den sonst auf dem Gute haftenden Forderungen bezahlt und das Gut angenommen, so sind alle Ansprüche gegen die Eisenbahn aus dem Frachtvertrage erloschen.

Hiervon sind jedoch ausgenommen:

1. Entschädigungsansprüche, bei welchen der Berechtigte nachweisen kann, daß der Schaden durch Arglist oder grobe Fahrlässigkeit der Eisenbahn herbeigeführt worden ist;
2. Entschädigungsansprüche wegen Verspätung, wenn die Reklamation spätestens am siebenten Tage, den Tag der Annahme nicht mitgerechnet, bei einer der nach Art. 27 Abs. 3 in Anspruch zu nehmenden Eisenbahn angebracht wird;
3. Entschädigungsansprüche wegen solcher Mängel, deren Feststellung gemäß Art. 25 vor der Annahme des Gutes durch den Empfänger erfolgt ist, oder deren Feststellung nach Art. 25 hätte erfolgen sollen und durch Verschulden der Eisenbahn unterblieben ist;
4. Entschädigungsansprüche wegen äußerlich nicht erkennbarer Mängel, deren Feststellung nach der Annahme erfolgt ist, jedoch nur unter nachstehenden Voraussetzungen:
   a) Es muß unmittelbar nach der Entdeckung des Schadens und spätestens sieben Tage nach der Empfangnahme des Gutes der Antrag auf Feststellung gemäß Art. 25 bei der Eisenbahn oder dem zuständigen Gerichte angebracht werden;
   b) der Berechtigte muß beweisen, daß der Mangel während der Zeit zwischen der Annahme zur Beförderung und der Ablieferung entstanden ist.

   War indessen die Feststellung des Zustandes des Gutes durch den Empfänger auf der Empfangsstation möglich und hat die Eisenbahn sich bereit erklärt, dieselbe dort vorzunehmen, so findet die Bestimmung unter Nr. 4 keine Anwendung.

Es steht dem Empfänger frei, die Annahme des Gutes, auch nach Annahme des Frachtbriefes und Bezahlung der Fracht, insolange zu verweigern, als nicht seinem Antrage auf Feststellung der von ihm behaupteten Mängel stattgegeben ist. Vorbehalte bei der Annahme des Gutes sind wirkungslos, sofern sie nicht unter Zustimmung der Eisenbahn erfolgt sind.

Wenn von mehreren auf dem Frachtbriefe verzeichneten Gegenstände einzelne bei der Ablieferung fehlen, so kann der Empfänger in der Empfangsbescheinigung (Art. 16) die nicht abgelieferten Gegenstände unter spezieller Bezeichnung derselben ausschließen.

Alle in diesem Artikel erwähnten Entschädigungsansprüche müssen schriftlich erhoben werden.

Art. 45. Entschädigungsforderungen wegen Verlustes, Minderung, Beschädigung oder Verspätung, insofern sie nicht durch Anerkenntniß der Eisenbahn, Vergleich oder gerichtliches Urtheil festgestellt sind, verjähren in einem Jahre und im Falle des Art. 44 Nr. 1 in drei Jahren.

Die Verjährung beginnt im Falle der Beschädigung oder Minderung an dem Tage, an welchem die Ablieferung stattgefunden hat, im Falle des gänzlichen Verlustes eines Frachtstückes oder der Verspätung an dem Tage, an welchem die Lieferfrist abgelaufen ist.

Bezüglich der Unterbrechung der Verjährung entscheiden die Gesetze des Landes, wo die Klage angestellt ist.

Art. 46. Ansprüche, welche nach den Bestimmungen der Art. 44 und 45 erloschen oder verjährt sind, können auch nicht im Wege einer Widerklage oder einer Einrede geltend gemacht werden.

Art. 47. Derjenigen Eisenbahn, welche auf Grund der Bestimmungen dieses Uebereinkommens Entschädigung geleistet hat, steht der Rückgriff gegen die am Transporte betheiligten Bahnen nach Maßgabe folgender Bestimmungen zu:

1. Diejenige Eisenbahn, welche den Schaden allein verschuldet hat, haftet für denselben ausschließlich.
2. Haben mehrere Bahnen den Schaden verschuldet, so haftet jede Bahn für den von ihr verschuldeten Schaden. Ist eine solche Unterscheidung nach den Umständen des Falles nicht möglich, so werden die Antheile der schuldtragenden Bahnen am Schadensersatze nach den Grundsätzen der folgenden Nr. 3 festgesetzt.
3. Ist ein Verschulden einer oder mehrerer Bahnen als Ursache nicht nachweisbar, so haften die sämmtlichen am Transport betheiligten Bahnen mit Ausnahme derjenigen, welche beweisen, daß der Schaden auf ihrer Strecke nicht entstanden ist, nach Verhältniß der reinen Fracht, welche jede derselben nach dem Tarife im Falle der ordnungsmäßigen Ausführung des Transportes bezogen hätte.

Im Falle der Zahlungsunfähigkeit einer der in diesem Artikel bezeichneten Eisenbahnen wird der Schaden, der hieraus für die Eisenbahn entsteht, welche den Schadenersatz geleistet hat, unter allen Eisenbahnen, welche an dem Transport theilgenommen haben, nach Verhältniß der reinen Fracht vertheilt.

Art. 48. Die Vorschriften des Art. 47 finden auch auf die Fälle der Versäumung der Lieferfrist Anwendung. Für Versäumung der Lieferfrist haften mehrere schuldtragende Verwaltungen nach Verhältniß der Zeitdauer der auf ihren Bahnstrecken vorgekommenen Versäumniß.

Die Vertheilung der Lieferfrist unter den einzelnen an einem Transporte betheiligten Eisenbahnen richtet sich, in Ermangelung anderweitiger Vereinbarungen, nach den durch die Ausführungsbestimmungen[1] festgesetzten Normen.

Art. 49. Eine Solidarhaft mehrerer am Transporte betheiligter Bahnen findet für den Rückgriff nicht statt.

Art. 50. Für den im Wege des Rückgriffs geltend zu machenden Anspruch der Eisenbahnen unter einander ist die im Entschädigungsprozeß gegen die rückgriffnehmende Bahn ergangene endgültige Entscheidung hinsichtlich der Verbindlichkeit zum Schadensersatz und der Höhe der Entschädigung maßgebend, sofern den im Rückgriffswege in Anspruch zu nehmenden Bahnen der Streit in gehöriger Form verkündet ist und dieselben in der Lage sich befanden, in dem Prozesse zu interveniren. Die Frist für diese Intervention wird von dem Richter der Hauptsache nach den Umständen des Falles und so kurz als möglich bestimmt.

Art. 51. Insoweit nicht eine gütliche Einigung erfolgt ist, sind sämmtliche betheiligte Bahnen in einer und derselben Klage zu belangen, widrigenfalls das Recht des Rückgriffs gegen die nicht belangten Bahnen erlischt.

Der Richter hat in einem und demselben Verfahren zu entscheiden. Den Beklagten steht ein weiterer Rückgriff nicht zu.

Art. 52. Die Verbindung des Rückgriffsverfahrens mit dem Entschädigungsverfahren ist unzulässig.

---

[1] § 10. Die nach Art. 14 des Uebereinkommens und § 6 dieser Ausführungsbestimmungen im einzelnen Falle für einen internationalen Transport sich berechnende Lieferfrist vertheilt sich auf die am Transporte theilnehmenden Bahnen, in Ermangelung einer anderweitigen Verständigung, in folgender Weise:

1. Im Nachbahrverkehre zweier Bahnen: a) die Expeditionsfrist zu gleichen Theilen; b) die Transportfrist pro rata der Streckenlänge (Tariflänge), mit der jede Bahn am Transporte betheiligt ist.
2. Im Verkehre dreier oder mehrerer Bahnen: a) die erste und letzte Bahn erhalten ein Präzipuum von je zwölf Stunden bei Frachtgut und sechs Stunden bei Eilgut aus der Expeditionsfrist; b) der Rest der Expeditionsfrist und ein Drittel der Transportfrist werden zu gleichen Theilen unter allen betheiligten Bahnen vertheilt; c) die übrigen zwei Drittel der Transportfrist pro rata der Streckenlänge (Tariflänge), mit der jede Bahn am Transporte betheiligt ist.

Etwaige Zuschlagsfristen kommen derjenigen Bahn zu Gute, nach deren Lokaltarifbestimmungen sie im gegebenen Falle zulässig sind.

Die Zeit von der Auflieferung des Gutes bis zum Beginne der Lieferfrist kommt lediglich der Versandbahn zu Gute.

Wird die Lieferfrist im Ganzen eingehalten, so kommt vorstehende Vertheilung nicht in Betracht.

Art. 53. Für alle Rückgriffsansprüche ist der Richter des Wohnsitzes der Bahn, gegen welche der Rückgriff erhoben wird, ausschließlich zuständig.

Ist die Klage gegen mehrere Bahnen zu erheben, so steht der klagenden Bahn die Wahl unter den nach Maßgabe des ersten Absatzes dieses Artikels zuständigen Richtern zu.

Art. 54. Die Befugniß der Eisenbahnen, über den Rückgriff im Voraus oder im einzelnen Fall andere Vereinbarungen zu treffen, wird durch die vorstehenden Bestimmungen nicht berührt.

Art. 55. Soweit nicht durch das gegenwärtige Uebereinkommen andere Bestimmungen getroffen sind, richtet sich das Verfahren nach den Gesetzen des Prozeßrichters.

Art. 56. Urtheile, welche auf Grund der Bestimmungen dieses Uebereinkommens von dem zuständigen Richter in Folge eines kontradiktorischen oder eines Versäumnißverfahrens erlassen und nach den für den urtheilenden Richter maßgebenden Gesetzen vollstreckbar geworden sind, erlangen im Gebiete sämmtlicher Vertragsstaaten Vollstreckbarkeit, unter Erfüllung der von den Gesetzen des Landes vorgeschriebenen Bedingungen und Formalitäten, aber ohne daß eine materielle Prüfung des Inhalts zulässig wäre. Auf nur vorläufig vollstreckbare Urtheile findet diese Vorschrift keine Anwendung, ebensowenig auf diejenigen Bestimmungen eines Urtheils, durch welche der Kläger, weil derselbe im Prozesse unterliegt, außer den Prozeßkosten zu einer weiteren Entschädigung verurtheilt wird.

Eine Sicherstellung für die Prozeßkosten kann bei Klagen, welche auf Grund des internationalen Frachtvertrages erhoben werden, nicht gefordert werden.[1]

Art. 57. Um die Ausführung des gegenwärtigen Uebereinkommens zu erleichtern und zu sichern, soll ein Centralamt für den internationalen Transport errichtet werden, welches die Aufgabe hat:

1. die Mittheilungen eines jeden der vertragschließenden Staaten und einer jeden der betheiligten Eisenbahnverwaltungen entgegenzunehmen und sie den übrigen Staaten und Verwaltungen zur Kenntniß zu bringen;
2. Nachrichten aller Art, welche für das internationale Transportwesen von Wichtigkeit sind, zu sammeln, zusammenzustellen und zu veröffentlichen;

---

[1] § 11. Die in den vorhergehenden Ausführungsbestimmungen in Franken ausgedrückten Summen sind in den vertragschließenden Staaten, in welchen die Frankenwährung nicht besteht, durch in der Landeswährung ausgedrückte Beträge zu ersetzen.

3. auf Begehren der Parteien Entscheidungen über Streitigkeiten der Eisenbahnen unter einander abzugeben;
4. die geschäftliche Behandlung der behufs Abänderung des gegenwärtigen Uebereinkommens gemachten Vorschläge vorzunehmen, sowie in allen Fällen, wenn hierzu ein Anlaß vorliegt, den vertragschließenden Staaten den Zusammentritt einer neuen Konferenz vorzuschlagen;
5. die durch den internationalen Transportdienst bedingten finanziellen Beziehungen zwischen den betheiligten Verwaltungen, sowie die Einziehung rückständig gebliebener Forderungen zu erleichtern und in dieser Hinsicht die Sicherheit des Verhältnisses der Eisenbahnen unter einander zu fördern.

Ein besonderes Reglement wird den Sitz, die Zusammensetzung und Organisation dieses Amtes, sowie die zur Ausführung nöthigen Mittel feststellen.

Art. 58. Das im Art. 57 bezeichnete Centralamt hat die Mittheilungen der Vertragsstaaten in Betreff der Hinzufügung oder der Streichung von Eisenbahnen in den in Gemäßheit des Art. 1 ausgestellten Listen entgegenzunehmen.

Der wirkliche Eintritt einer neuen Eisenbahn in den internationalen Transportdienst erfolgt erst nach einem Monat vom Datum des an die anderen Staaten gerichteten Benachrichtigungsschreibens des Centralamtes.

Die Streichung einer Eisenbahn wird von dem Centralamte vollzogen, sobald es von einem der Vertragsstaaten davon in Kenntniß gesetzt wird, daß dieser festgestellt hat, daß eine ihm angehörige und in der von ihm aufgestellten Liste verzeichnete Eisenbahn aus finanziellen Gründen oder in Folge einer thatsächlichen Behinderung nicht mehr in der Lage ist, den Verpflichtungen zu entsprechen, welche den Eisenbahnen durch das gegenwärtige Uebereinkommen auferlegt werden.

Jede Eisenbahnverwaltung ist, sobald sie Seitens des Centralamtes die Nachricht von der erfolgten Streichung einer Eisenbahn erhalten hat, berechtigt, mit der betreffenden Eisenbahn alle aus dem internationalen Transporte sich ergebenden Beziehungen abzubrechen. Die bereits in der Ausführung begriffenen Transporte sind jedoch auch in diesem Falle vollständig auszuführen.

Art. 59. Wenigstens alle drei Jahre wird eine aus Delegirten der vertragschließenden Staaten bestehende Konferenz zusammentreten, um zu dem gegenwärtigen Uebereinkommen die für nothwendig erachteten Abänderungen und Verbesserungen in Vorschlag zu bringen.

Auf Begehren von wenigstens einem Viertel der betheiligten

Staaten kann jedoch der Zusammentritt von Konferenzen auch in einem früheren Zeitpunkte erfolgen.

Art. 60. Das gegenwärtige Uebereinkommen ist für jeden betheiligten Staat auf drei Jahre von dem Tage, an welchem dasselbe in Wirksamkeit tritt, verbindlich. Jeder Staat, welcher nach Ablauf dieser Zeit von dem Uebereinkommen zurückzutreten beabsichtigt, ist verpflichtet, hiervon die übrigen Staaten ein Jahr vorher in Kenntniß zu setzen. Wird von diesem Rechte kein Gebrauch gemacht, so ist das gegenwärtige Uebereinkommen als für weitere drei Jahre verlängert zu betrachten.

Das gegenwärtige Uebereinkommen wird von den vertragschließenden Staaten sobald als möglich ratifizirt werden. Seine Wirksamkeit beginnt drei Monate nach erfolgtem Austausch der Ratifikationsurkunden.

Zu Urkund dessen haben die Bevollmächtigten das gegenwärtige Uebereinkommen unterzeichnet und demselben ihre Siegel beigedrückt.

So geschehen in Bern am vierzehnten Oktober eintausendachthundertundneunzig. (Folgen die Unterschriften.)

Reglement, betr. die Errichtung eines Centralamtes.

Art. I. Der Bundesrath der Schweizerischen Eidgenossenschaft wird beauftragt, das durch Art. 57 des Internationalen Uebereinkommens über den Eisenbahnfrachtverkehr errichtete Centralamt zu organisiren und seine Geschäftsführung zu überwachen. Der Sitz dieses Amtes soll in Bern sein.

Zu dieser Organisirung soll sofort nach dem Austausche der Ratifikationsurkunden und in der Art geschritten werden, daß das Amt die ihm übertragenen Funktionen zugleich mit dem Eintritte der Wirksamkeit des Uebereinkommens beginnen kann.

Die Kosten dieses Amtes, welche bis auf Weiteres den jährlichen Betrag von 100,000 Franken nicht übersteigen sollen, werden von jedem Staate im Verhältnisse zu der kilometrischen Länge der von demselben zur Ausführung internationaler Transporte als geeignet bezeichneten Eisenbahnstrecken getragen.

Art. II. Dem Centralamte werden alle Mittheilungen, welche für das internationale Transportwesen von Wichtigkeit sind, von den vertragschließenden Staaten, sowie von den Eisenbahnverwaltungen mitgetheilt werden. Dasselbe kann mit Benutzung dieser Mittheilungen eine Zeitschrift herausgeben, von welcher je ein Exemplar jedem Staate und jeder betheiligten Verwaltung unentgeltlich zu übermitteln ist. Weitere Exemplare dieser Zeitschrift sind zu einem von dem Centralamte festzusetzenden Preise zu beziehen. Diese Zeitschrift soll in deutscher und französischer Sprache erscheinen.

Das Verzeichniß der einzelnen im Art. 2 des Uebereinkommens unter Ziff. 1 und 3 bezeichneten Gegenstände, sowie allfällige Abänderungen dieses Verzeichnisses, welche später von einzelnen der vertragschließenden Staaten vorgenommen werden, sind mit thunlichster Beschleunigung dem Centralamte zur Kenntniß zu bringen, welches dieselben sofort allen vertragschließenden Staaten mittheilen wird.

Was die im Art. 2 des Uebereinkommens unter Ziff. 2 bezeichneten Gegenstände betrifft, so wird das Centralamt von jedem der vertragschließenden Staaten die erforderlichen Angaben begehren und den anderen Staaten mittheilen.

Art. III. Auf Verlangen jeder Eisenbahnverwaltung wird das Centralamt bei Regulirung der aus dem internationalen Transporte herrührenden Forderungen als Vermittler dienen.

Die aus dem internationalen Transporte herrührenden unbezahlt gebliebenen Forderungen können dem Centralamte zur Kenntniß gebracht werden, um die Einziehung derselben zu erleichtern. Zu diesem Zwecke wird das Amt ungesäumt an die schuldnerische Bahn die Aufforderung richten, die Forderung zu reguliren, oder die Gründe der Zahlungsverweigerung anzugeben.

Ist das Amt der Ansicht, daß die Weigerung hinreichend begründet ist, so hat es die Parteien vor den zuständigen Richter zu verweisen.

Im entgegengesetzten, sowie in dem Falle, wenn nur ein Theil der Forderungen bestritten wird, hat der Leiter des Amtes, nachdem er das Gutachten zweier von dem Bundesrath zu diesem Zweck zu bezeichnenden Sachverständigen eingeholt hat, sich darüber auszusprechen, ob die schuldnerische Eisenbahn die ganze oder einen Theil der Forderung zu Händen des Amtes niederzulegen habe. Der auf diese Weise niedergelegte Betrag bleibt bis nach Entscheidung der Sache durch den zuständigen Richter in den Händen des Amtes.

Wenn eine Eisenbahn innerhalb 14 Tagen der Aufforderung des Amtes nicht nachkommt, so ist an dieselbe eine neue Aufforderung unter Androhung der Folgen einer ferneren Verweigerung der Zahlung zu richten.

Wird auch dieser zweiten Aufforderung binnen zehn Tagen nicht entsprochen, so hat der Leiter von Amtswegen an den Staat, welchem die betreffende Eisenbahn angehört, eine motivirte Mittheilung und zugleich das Ersuchen zu richten, die geeigneten Maßregeln in Erwägung zu ziehen und namentlich zu prüfen, ob die schuldnerische Eisenbahn noch ferner in dem von ihm mitgetheilten Verzeichnisse zu belassen sei.

Bleibt die Mittheilung des Amtes an den Staat, welchem die betreffende Eisenbahn angehört, innerhalb einer sechswöchentlichen Frist unbeantwortet, oder erklärt der Staat, daß er, ungeachtet der nicht erfolgten Zahlung, die Eisenbahn nicht aus der Liste zu streichen beabsichtigt, so wird angenommen, daß der betreffende Staat für die Zahlungsfähigkeit der schuldnerischen Eisenbahn, soweit es sich um aus dem internationalen Transporte herrührende Forderungen handelt, ohne weitere Erklärung die Garantie übernehme.

Protokoll.

Im Begriffe, an die Unterzeichnung des am heutigen Tage getroffenen Abkommens zu schreiten, haben die unterzeichneten Bevollmächtigten erklärt und vereinbart, was folgt:

I. In Betreff des Art. 1 besteht darüber allseitiges Einverständniß, daß Sendungen, deren Abgangs- und Endstation in dem Gebiete desselben Staates liegen, nicht als internationale Transporte zu betrachten sind, wenn dieselben auf einer Linie, deren Betrieb einer Verwaltung dieses Staates angehört, das Gebiet eines fremden Staates nur transitiren.

Im weiteren ist man darüber einverstanden, daß die Bestimmungen dieses Uebereinkommens keine Anwendung finden, wenn eine Sendung von irgend einer Station eines Staatsgebietes entweder nach dem Grenzbahnhofe des Nachbarstaates, in welchem die Zollbehandlung erfolgt, oder nach einer Station stattfindet, welche zwischen diesem Bahnhofe und der Grenze liegt; es sei denn, daß der Absender für eine solche Sendung die Anwendung des gegenwärtigen Uebereinkommens verlangt. Die Bestimmung gilt auch für Transporte von dem genannten Grenzbahnhofe oder einer der genannten Zwischenstationen nach Stationen des anderen Staates.

II. In Betreff des Art. 11 erklären die unterzeichneten Bevollmächtigten, daß sie keine Verpflichtung eingehen können, welche die Freiheit ihrer Staaten in der Regelung ihres internen Eisenbahnverkehrs beschränken würde. Sie konstatiren übrigens, jeder für den von ihm vertretenen Staat, daß diese Regelung z. B. mit den im Art. 11 des Uebereinkommens festgestellten Grundsätzen sich im

Einklange befinde und sie betrachten es als wünschenswerth, daß dieser Einklang erhalten bleibe.

III. Es wird ferner anerkannt, daß durch das Uebereinkommen das Verhältniß der Eisenbahnen zu dem Staate, welchem sie angehören, in keiner Weise geändert wird, und daß dieses Verhältniß auch in Zukunft durch die Gesetzgebung jedes einzelnen Staates geregelt werden wird, sowie daß insbesondere durch das Uebereinkommen die in jedem Staate in Geltung stehenden Bestimmungen über die staatliche Genehmigung der Tarife und Transportbedingungen nicht berührt werden.

IV. Es wird anerkannt, daß das Reglement, betreffend die Errichtung eines Centralamtes, sowie die Ausführungsbestimmungen zu dem internationalen Uebereinkommen über den Eisenbahnfrachtverkehr und die Anlagen 1, 2, 3 und 4 dieselbe Kraft und Dauer haben sollen, wie das Uebereinkommen selbst.

Das gegenwärtige Protokoll, welches zugleich mit dem am heutigen Tage abgeschlossenen Uebereinkommen ratifizirt werden soll, ist als ein integrirender Bestandtheil dieses Uebereinkommens zu betrachten und hat dieselbe Kraft und Dauer wie dieses letztere selbst.

II

Telegraphenordnung für das Deutsche Reich.[1]

Vom 15. Juni 1891.

(Amtsbl. des Reichs-Postamts 1891, 213 ff. Nr. 35.)

§ 1. Benutzung der Telegraphen. I. Die Benutzung der für den öffentlichen Verkehr bestimmten Telegraphen steht jedermann zu. Die Verwaltung hat jedoch das Recht, ihre Linien und Telegraphenanstalten zeitweise ganz oder zum Theil für alle oder für gewisse Gattungen von Korrespondenz zu schließen.

II. Der Absender eines Privattelegramms ist verpflichtet, auf desfallsiges Verlangen sich über seine Persönlichkeit auszuweisen. Es

---

[1] In Folge der seit Erlaß der Telegraphenordnung f. d. D. R. vom 13. Aug. 1880 im Laufe der Zeit eingetretenen vielfachen Aenderungen, sowie wegen der im Hinblick auf die Beschlüsse der Pariser internationalen Telegraphen-Conferenz von 1890 auch im inneren deutschen Verkehr einzuführenden abändernden Bestimmungen, ist die neue Ausgabe der am 1. Juli 1891 in Kraft getretenen neuen Telegraphenordnung veranstaltet worden.

steht demselben seinerseits frei, in sein Telegramm die Beglaubigung seiner Unterschrift aufzunehmen.

III. Privattelegramme, deren Inhalt gegen die Gesetze verstößt oder aus Rücksichten des öffentlichen Wohles oder der Sittlichkeit für unzulässig erachtet wird, werden zurückgewiesen. Die Entscheidung über die Zulässigkeit des Inhalts steht dem Vorsteher der Aufgabeanstalt, bezw. der Zwischen- oder Ankunftsanstalt oder dessen Vertreter, in zweiter Instanz der dieser Anstalt vorgesetzten Ober-Postdirektion und in letzter Instanz dem Reichs-Postamt zu, gegen dessen Entscheidung eine Berufung nicht stattfindet. Bei Staatstelegrammen steht den Telegraphenanstalten eine Prüfung der Zulässigkeit des Inhalts nicht zu.

§ 2. Wahrung des Telegraphengeheimnisses. Die Telegraphenverwaltung wird Sorge tragen, daß die Mittheilung von Telegrammen an Unbefugte verhindert, und daß das Telegraphengeheimniß auf das Strengste gewahrt werde.

§ 3. Dienststunden der Telegraphenanstalten. Die Telegraphenanstalten zerfallen rücksichtlich der Zeit, während welcher sie für den Verkehr mit dem Publikum offen zu halten sind, in vier Klassen, nämlich: a) Anstalten mit ununterbrochenem Dienst (Tag und Nacht), b) Anstalten mit verlängertem Tagesdienst (bis Mitternacht), c) Anstalten mit vollem Tagesdienst (bis 9 Uhr Abends), d) mit beschränktem Tagesdienst.

Die Dienststunden der Anstalten unter b und c beginnen in der Zeit vom 1. April bis Ende September um 7 Uhr Morgens, in der Zeit vom 1. Oktober bis Ende März um 8 Uhr Morgens. An Sonn- und Festtagen wird jedoch von der Mehrzahl dieser Anstalten beschränkter Dienst abgehalten. Die Dienststunden der Anstalten unter d werden, den örtlichen Bedürfnissen entsprechend, für jeden Ort besonders festgestellt.

§ 4. Orte, nach welchen Telegramme gerichtet werden können. I. Telegramme können nach allen Orten aufgegeben werden, nach welchen die vorhandenen Telegraphenverbindungen auf dem ganzen Wege oder auf einem Theile desselben die Gelegenheit zur Beförderung darbieten. Ist am Bestimmungsorte eine Telegraphenanstalt nicht vorhanden, so erfolgt die Weiterbeförderung von der äußersten, bezw. der Seitens des Aufgebers bezeichneten Telegraphenanstalt entweder durch die Post oder durch Eilboten, oder durch Post und Eilboten, oder durch Estafette. Der Aufgeber eines Telegramms kann verlangen, das dasselbe bis zu einer von ihm bezeichneten Telegraphenanstalt telegraphisch und von dort bis zum Bestimmungsorte durch die Post befördert werde. Die Verwendung von

Eilboten zur Beförderung von Telegrammen zwischen Orten, in welchen Telegraphenanstalten bestehen, ist dagegen ausgeschlossen. Ist keine Bestimmung über die Art der Weiterbeförderung getroffen, dann wählt die Ankunfts-Telegraphenanstalt die zweckmäßigste Art derselben nach ihrem besten Ermessen. Das Gleiche findet statt, wenn die vom Aufgeber angegebene Art der Weiterbeförderung sich als unausführbar erweist.

II. Die Aufgabe der Telegramme mit der Bezeichnung „telegraphenlagernd", „postlagernd" oder „bahnhoflagernd" ist zulässig.

§ 5. Eintheilung der Telegramme. I. Die Telegramme zerfallen rücksichtlich ihrer Behandlung in folgende Gattungen: 1. Staatstelegramme, 2. Telegraphen-Diensttelegramme, 3. a) dringende, b) gewöhnliche Privattelegramme.

Bei der Beförderung genießen die Staatstelegramme, welche als solche bezeichnet und durch Siegel oder Stempel beglaubigt sein müssen, vor den übrigen Telegrammen, die Telegraphen-Diensttelegramme vor den Privattelegrammen und die dringenden Privattelegramme vor den gewöhnlichen Privattelegrammen den Vorrang.

II. In Bezug auf die Abfassung sind zu unterscheiden: 1. Telegramme in offener Sprache, 2. Telegramme in geheimer Sprache.

Die geheime Sprache scheidet sich in a) verabredete Sprache, b) chiffrirte Sprache, c) eine Sprache, welche aus Buchstaben mit geheimer Bedeutung besteht.

III. Privattelegramme, deren Text entweder ganz oder theilweise aus Buchstaben mit geheimer Bedeutung besteht, werden zum telegraphischen Verkehr nicht zugelassen. Auf Staats- und Diensttelegramme findet diese Bestimmung dagegen keine Anwendung, ebensowenig auf die in Zeichen des allgemeinen Handelskodex abgefaßten Seetelegramme (vergl. § 17).

IV. Unter „Telegrammen in offener Sprache" werden solche Telegramme verstanden, welche in einer der für den telegraphischen Verkehr zugelassenen Sprachen derart abgefaßt sind, daß sie einen verständlichen Sinn geben. Welche Sprachen neben der deutschen für Telegramme in offener Sprache gestattet sind, wird von der Telegraphenverwaltung bekannt gemacht. Für Telegramme, welche streckenweise oder ausschließlich durch Telegraphen der innerhalb des Deutschen Reichs gelegenen Eisenbahnen zu befördern sind, ist jedoch die Fassung in deutscher Sprache Bedingung, soweit nicht für einzelne Bahnen und Stationen der Gebrauch fremder Sprachen ausdrücklich nachgegeben wird.

V. Als „Telegramme in verabredeter Sprache" werden diejenigen Telegramme angesehen, in denen Wörter angewendet sind, welche, obwohl jedes für sich eine sprachliche Bedeutung hat, keine für die betheiligten Dienststellen verständlichen Sätze bilden.

Diese Wörter werden aus Wörterbüchern, welche für die Korrespondenz in verabredeter Sprache zugelassen sind, oder aus dem vom Internationalen Bureau der Telegraphenverwaltungen amtlich aufgestellten Wörterbuch entnommen. Der Gebrauch dieses amtlichen Wörterbuchs ist nach Ablauf einer Frist von drei Jahren, welche auf den Tag der Veröffentlichung desselben folgt, verbindlich. Die Wörter der verabredeten Sprache dürfen höchstens zehn Buchstaben enthalten und müssen einer oder mehreren der nachgenannten Sprachen, nämlich der deutschen, englischen, spanischen, französischen, niederländischen, italienischen, portugiesischen und lateinischen Sprache entnommen sein. Eigennamen dürfen bei der Zusammenstellung der Wörterbücher, mit Ausnahme des vom Internationalen Bureau der Telegraphenverwaltungen amtlich aufgestellten Wörterbuches, nicht verwendet werden. Sie werden in den in verabredeter Sprache abgefaßten Telegrammen, in welchen Wörter aus anderen Wörterbüchern gebraucht sind, nur mit ihrer Bedeutung in offener Sprache zugelassen.

Die Aufgabeanstalt kann die Vorlegung des Wörterbuches fordern, um die Ausführung der vorstehenden Vorschriften einer Prüfung zu unterziehen und die Rechtmäßigkeit der benutzten Wörter zu prüfen.

VI. Unter „Telegrammen in chiffrirter Sprache" versteht man diejenigen Telegramme, deren Text gänzlich oder zum Theil aus Gruppen oder aus Reihen von Ziffern mit geheimer Bedeutung besteht. Der chiffrirte Text der Privattelegramme muß ausschließlich aus arabischen Ziffern zusammengesetzt sein.

In Staatstelegrammen kann der Text durch Ziffern oder durch Buchstaben mit geheimer Bedeutung gebildet werden (vergl. III); dagegen ist eine Mischung von Ziffern und Buchstaben nicht zulässig.

§ 6. Allgemeine Erfordernisse der zu befördernden Telegramme. I. Die Urschrift jedes zu befördernden Telegramms muß in solchen deutschen oder lateinischen Buchstaben, bezw. in solchen Zeichen, welche sich durch den Telegraphen wiedergeben lassen, leserlich geschrieben sein. Einschaltungen, Randzusätze, Streichungen oder Ueberschreibungen müssen vom Aufgeber des Telegramms oder von seinem Beauftragten bescheinigt werden.

II. Die einzelnen Theile, aus welchen ein Telegramm besteht, müssen in folgender Ordnung aufgeführt werden: 1. die besonderen Angaben, 2. die Aufschrift, 3. der Text und 4. die Unterschrift.

III. Die etwaigen besonderen Angaben bezüglich der Bestellung am Bestimmungsorte, der bezahlten Antwort, der Empfangsanzeige, der Dringlichkeit, der Vergleichung, der Nachsendung, der Weiterbeförderung, der offenen oder der eigenhändigen (nur an den Empfänger selbst zu bewirkenden) Bestellung des Telegramms 2c müssen vom Aufgeber in der Urschrift, und zwar unmittelbar vor der Aufschrift niedergeschrieben werden. Für diese Vermerke sind folgende, zwischen Klammern zu setzende Abkürzungen zugelassen: (D) für „dringendes Telegramm", (ST) für „gebührenpflichtige Dienstnotiz", (RP) für „Telegramm mit bezahlter Antwort", (RPD) für „Telegramm mit dringender bezahlter Antwort", (TC) für „Telegramm mit Vergleichung", (CR) für „Telegramm mit Empfangsanzeige" und für „Empfangsanzeige", (FS) für „nachzusendendes Telegramm", (PP) für „Post bezahlt", (PR) für „Post eingeschrieben", (XP) für „Eilbote bezahlt", (RXP) für „Antwort und Bote bezahlt", (EP) für „Estafette bezahlt", (RO) für „offen zu bestellendes Telegramm", (MP) für „eigenhändig zu bestellendes Telegramm".

IV. Die Aufschrift muß alle Angaben enthalten, welche nöthig sind, um die Uebermittelung des Telegramms an dessen Bestimmung zu sichern, und ferner so beschaffen sein, daß die Bestellung an den Empfänger ohne Nachforschungen und Rückfragen erfolgen kann. Sie muß für die großen Städte die Straße und die Hausnummer nachweisen oder in Ermangelung dieser Angaben Näheres über die Berufsart des Empfängers oder andere zweckentsprechende Mittheilungen enthalten. Selbst für kleinere Orte ist es wünschenswerth, daß dem Namen des Empfängers eine solche ergänzende Bezeichnung beigefügt wird, um im Falle einer Entstellung des Eigennamens der Bestimmungsanstalt für die Ermittelung des Empfängers einen Anhalt zu gewähren. Die genaue Bezeichnung der geographischen Lage des Bestimmungsortes ist erforderlich, sofern ein Zweifel über die dem Telegramm zu gebende Richtung bestehen kann, namentlich bei gleichlautenden Ortsbezeichnungen.

V. Die Anwendung einer abgekürzten Aufschrift ist zulässig, wenn dieselbe vorher seitens des Empfängers mit der Telegraphenanstalt seines Wohnortes vereinbart worden ist. Demjenigen Correspondenten, welcher eine mit der Telegraphenanstalt vereinbarte abgekürzte Aufschrift hinterlegt hat, ist gestattet, diese Aufschrift in den für ihn bestimmten Telegrammen an Stelle des vollen Namens und der Wohnungsangabe anwenden zu lassen. Der Name der Bestimmungs-Telegraphenanstalt muß außerdem angegeben werden.

VI. Für die Hinterlegung und Anwendung einer abgekürzten Aufschrift bei einer Telegraphenanstalt ist eine Gebühr von 30 *M.* für das Kalenderjahr im Voraus zu entrichten. Diese Vergünstigung erlischt, falls die Verabredung nicht verlängert wird, mit dem Ablauf des 31. Dezember des Jahres, für welches die Gebühr entrichtet worden ist.

VII. Als eine Abkürzung der Aufschrift wird auch angesehen, wenn der Empfänger verlangt, daß an ihn gerichtete Telegramme, ohne diesbezügliche nähere Angaben in der Aufschrift, zu gewissen Zeiten in bestimmten Lokalen, z. B. an Wochentagen in dem Geschäftslokal, an Sonntagen in der Wohnung, oder zu gewissen Stunden in dem Comptoir, zu anderen in der Wohnung oder der Börse regelmäßig bestellt werden sollen. Die hierfür im Voraus zu entrichtende Gebühr beträgt ebenfalls 30 ℳ für das Kalenderjahr; sie kommt auch dann zur Erhebung, wenn der betreffende Korrespondent für die an ihn gerichteten Telegramme mit der Telegraphenanstalt eine abgekürzte Aufschrift vereinbart hat.

VIII. Telegramme, deren Aufschrift den in vorstehenden Punkten vorgesehenen Anforderungen nicht entspricht, sollen zwar dennoch zur Beförderung angenommen werden, jedoch nur auf Gefahr des Absenders. Der Absender kann eine nachträgliche Vervollständigung des Fehlenden nur gegen Aufgabe und Bezahlung eines neuen Telegramms beanspruchen.

IX. Die Aufgabe von Telegrammen ohne Text ist zulässig. Die Unterschrift kann in abgekürzter Form geschrieben oder weggelassen werden. Die etwaige Beglaubigung der Unterschrift ist hinter dieselbe zu setzen.

§ 7. Aufgabe von Telegrammen. I. Die Aufgabe von Telegrammen kann bei jeder für den Telegraphenverkehr eröffneten Telegraphenanstalt (auch brieflich) erfolgen.

II. Telegramme können auch bei den Bahnposten, und zwar in der Regel mittels der an den Bahnpostwagen befindlichen Briefeinwürfe, zur Beförderung an die nächste Telegraphenanstalt eingeliefert, sowie den Telegraphenboten und den Landbriefträgern bei der Bestellung von Telegrammen oder Postsendungen zur Besorgung der Aufgabe übergeben werden.

III. An größeren Verkehrsorten können sämmtliche Postanstalten, auch wenn mit diesen eine Telegraphenbetriebsstelle nicht verbunden ist, zur Annahme von Telegrammen ermächtigt, auch kann die Benutzung der Briefkasten zur Auflieferung von Telegrammen gestattet werden.

IV. Bei der Mitnahme der Telegramme durch die Telegraphenboten und die Landbriefträger kommt eine Zuschlagsgebühr von 10 ₰ für jedes Telegramm zur Erhebung.

§ 8. Wortzählung. Bei Ermittelung der Wortzahl eines Telegramms gelten die folgenden Regeln:

a) Alles, was der Aufgeber in die Urschrift seines Telegramms zum Zwecke der Beförderung niederschreibt, wird bei der Berechnung der Gebühren mitgezählt, mit Ausnahme der Angabe des Beförderungsweges, der Unterscheidungszeichen, Bindestriche, Apostrophe und Absatzzeichen.

b) Der Name der Abgangsanstalt, der Tag, die Stunde und Minute der Aufgabe werden von Amtswegen in die dem Empfänger zuzustellende Ausfertigung eingeschrieben. Nimmt der Aufgeber diese Angaben ganz oder theilweise in den Text seines Telegramms auf, dann werden sie bei der Wortzählung mitgerechnet.

c) Die größte Länge eines Taxwortes in offener Sprache ist auf 15 Buchstaben nach dem (durch die Ausführungs-Uebereinkunft zu dem jeweilig gültigen internationalen Telegraphenvertrage eingeführten) Morse-Alphabet festgesetzt. Der Ueberschuß, je bis zu weiteren 15 Buchstaben, wird für ein Wort gezählt.

d) Die größte Länge eines Taxwortes in verabredeter Sprache ist auf 10 Buchstaben festgesetzt. Die Wörter in offener Sprache, welche im Text eines gemischten, aus Wörtern der offenen und der verabredeten Sprache zusammengesetzten Telegramms enthalten sind, werden bis zur Höhe von 10 Buchstaben für ein Wort gezählt. Vom etwaigen Ueberschuß wird jede Reihe bis zu 10 Buchstaben für ein weiteres Wort gezählt. Wenn dieses gemischte Telegramm außerdem einen chiffrirten Text enthält, so werden die chiffrirten Stellen nach den Bestimmungen unter h gezählt.

Wenn das gemischte Telegramm nur einen Text in offener und einen solchen in chiffrirter Sprache enthält, so werden die in offener Sprache abgefaßten Stellen den Bestimmungen unter c, und der in chiffrirter Sprache abgefaßte Text den Vorschriften unter h entsprechend gezählt.

e) Als je ein Wort werden gezählt: 1. der Name der Bestimmungsanstalt, des Bestimmungslandes und der Unterabtheilung des Gebiets, aber nur in der Telegrammaufschrift, ohne Rücksicht auf die Zahl der zu ihrem Ausdruck gebrauchten Wörter und Buchstaben, unter der Bedingung, daß diese Wörter so geschrieben sind, wie sie in den amtlichen Verzeichnissen erscheinen, 2. jedes einzeln stehende Schriftzeichen (Buchstabe oder Ziffer), 3. das Unterstreichungszeichen, 4. die Klammer (die beiden Zeichen, welche zu ihrer Bildung dienen), 5. die Anführungszeichen (die besonderen Zeichen am Anfang und Ende einer einzelnen Stelle), 6. die nach § 6 III zugelassenen Abkürzungen für die besonderen Angaben vor der Telegrammaufschrift.

f) Die durch einen Bindestrich verbundenen Ausdrücke werden

für so viele Wörter gezählt, als zu ihrer Bildung dienen. Die durch einen Apostroph getrennten Wörter werden für ebenso viele einzelne Wörter gezählt. Es können jedoch die in der englischen und französischen Sprache vorkommenden zusammengesetzten Wörter, deren Gebräuchlichkeit nöthigen Falles durch Vorzeigung eines Wörterbuches nachgewiesen werden muß, als ein Wort geschrieben und den Bestimmungen unter c entsprechend taxirt werden.

g) Dem Sprachgebrauch zuwiderlaufende Zusammenziehungen oder Veränderungen von Wörtern werden nicht zugelassen. Es werden jedoch die Eigennamen von Städten und Ländern, die Geschlechtsnamen, die Namen von Ortschaften, Plätzen, Boulevards, Straßen u. s. w., die Namen von Schiffen, ebenso wie die ganz in Buchstaben geschriebenen Zahlen nach der Anzahl der zum Ausdruck derselben vom Aufgeber gebrauchten Wörter gezählt.

h) Die in Ziffern geschriebenen Zahlen werden für so viele Wörter gezählt, als sie je fünf Ziffern enthalten, nebst einem Wort mehr für den etwaigen Ueberschuß. Dieselbe Regel findet Anwendung auf die Zählung von Buchstabengruppen in Staatstelegrammen, ebenso auch auf Gruppen von Buchstaben und Ziffern, welche entweder als Handelsmarken oder in den Seetelegrammen angewendet werden (vergl. §§ 5 III und 17 I).

i) Für je eine Ziffer werden gezählt: die zur Bildung der Zahlen benutzten Punkte und Kommata, sowie die Bruchstriche, ferner die Buchstaben, welche den Ziffern angehängt werden, um sie als Ordnungszahlen zu bezeichnen.

k) Sofern ein Privattelegramm, den Bestimmungen im § 5 IV entgegen, zufällig eine Gruppe von nicht anwendbaren Buchstaben oder ein Wort enthält, welches keiner der für den internationalen Verkehr zulässigen Sprachen angehört, so wird diese Buchstabengruppe oder dieses Wort gemäß den Bestimmungen unter h des gegenwärtigen Paragraphen gezählt.

l) Die Wortzählung der Aufgabeanstalt ist für die Gebührenrechnung dem Aufgeber gegenüber entscheidend.

§ 9. Gebühren für gewöhnliche Telegramme. I. Für das gewöhnliche Telegramm wird auf alle Entfernungen eine Gebühr von 5 Pf für jedes Wort, mindestens jedoch der Betrag von 50 Pf erhoben.

II. Für gewöhnliche Stadttelegramme, welche in solchen Städten zugelassen werden, innerhalb deren Weichbild mehrere unter sich durch Telegraphenleitungen verbundene Telegraphenanstalten geöffnet sind, wird eine Gebühr von 3 Pf für jedes Wort, mindestens jedoch der Betrag von 30 Pf erhoben.

III. Für jedes bei einer Eisenbahn-Telegraphenstation aufgegebene Telegramm kann von den Eisenbahnverwaltungen ein Zuschlag von 20 ₰ vom Aufgeber erhoben werden. Außerdem sind die Eisenbahn-Telegraphenstationen berechtigt, für jedes von ihnen bestellte Telegramm vom Empfänger ein Bestellgeld von 20 ₰ zu erheben. Beides zusammen darf aber für die ausschließlich mit dem Bahntelegraphen beförderten Telegramme nicht erhoben werden. Für diese Telegramme ist vielmehr nur die Erhebung der Bestellgebühr von 20 ₰ gestattet.

IV. Die für den telegraphischen Verkehr mit dem Auslande maßgebenden Tarife können bei den Telegraphenanstalten eingesehen werden.

V. Ein bei Berechnung der Gebühren sich ergebender, durch 5 nicht theilbarer Pfennigbetrag ist bis zu einem solchen aufwärts abzurunden.

§ 10. Dringende Telegramme. Der Auftraggeber eines Privattelegramms kann den Vorrang bei der Beförderung und der Bestellung vor den gewöhnlichen Privattelegrammen erlangen, wenn er das Wort „dringend" oder abgekürzt die Bezeichnung „(D)" vor die Aufschrift setzt und die dreifache Gebühr eines gewöhnlichen Telegramms von gleicher Länge erlegt. Für dringende Telegramme wird demnach eine Gebühr von 15 ₰, bei Stadttelegrammen eine Gebühr von 9 ₰ für das Wort, mindestens jedoch der Betrag von 1 ℳ 50 ₰ bezw. von 90 ₰ erhoben (vergl. § 9). Der im § 9 unter III angegebene Zuschlag für die bei einer Eisenbahnstation aufgegebenen Telegramme kommt dagegen nur einfach — wie für gewöhnliche Telegramme — zur Erhebung.

§. 11. Bezahlte Antwort. I. Der Aufgeber kann die Antwort, welche er von dem Empfänger verlangt, vorausbezahlen; die Vorausbezahlung darf indessen die Gebühr eines Telegramms irgend einer Art von 30 Wörtern nicht überschreiten.

II. Will der Aufgeber die Antwort vorausbezahlen, so hat er in die Urschrift, und zwar vor die Aufschrift, den Vermerk „Antwort bezahlt" oder „(RP)", eintretenden Falles unter Beifügung einer Angabe über die vorausbezahlte Wortzahl, niederzuschreiben und den entsprechenden Betrag innerhalb der durch die Bestimmung zu I gezogenen Grenze zu entrichten. Hat der Aufgeber die Wortzahl nicht angegeben, so wird die Gebühr eines gewöhnlichen Telegramms von 10 Wörtern erhoben. Der Aufgeber, welcher eine dringende Antwort vorausbezahlen will, hat den unter Umständen durch die Angabe der Wortzahl zu ergänzenden Vermerk „dringende Antwort bezahlt" oder „(RPD)" vor die Aufschrift niederzuschreiben;

es kommt alsdann die Gebühr eines dringenden Telegramms von entsprechender Wortzahl zur Erhebung.

III. Am Bestimmungsorte übersendet die Ankunftsanstalt dem Empfänger mit der Telegrammausfertigung ein Antwortsformular, welches demselben die Befugniß ertheilt, in den Grenzen der vorausbezahlten Gebühr ein Telegramm an eine beliebige Bestimmung innerhalb 6 Wochen, vom Tage der Ausstellung des Formulars ab gerechnet, unentgeltlich aufzugeben.

IV. Wenn die für ein Antwortstelegramm zu entrichtende Gebühr den Werth des für dasselbe vorausbezahlten Betrages übersteigt, so ist das Mehr der Gebühr baar zu entrichten. Im entgegengesetzten Falle verbleibt das Mehr des vorausbezahlten Betrages gegen die tarifmäßige Gebühr der Telegraphenverwaltung.

V. Eine Rückzahlung der Antwortgebühr findet, abgesehen von dem im § 20 I erwähnten Falle nicht statt.

VI. Kann das Ursprungstelegramm bei der Ankunft nicht bestellt werden, dann wird die im § 22 vorgesehene telegraphische Meldung über die Unbestellbarkeit an die Aufgabeanstalt sogleich erstattet. Wenn keine Berichtigung erfolgt, benachrichtigt die Ankunftsanstalt den Aufgeber von der Unbestellbarkeit durch eine dienstliche Meldung, welche die Stelle der Antwort vertritt, sobald die zur Auffindung des Empfängers unternommenen Nachforschungen sich als fruchtlos erwiesen haben, spätestens nach acht Tagen. Verweigert der Empfänger ausdrücklich die Annahme des für die Antwort bestimmten Formulars, so giebt die Auskunftsanstalt dem Aufgeber ebenfalls Kenntniß durch eine dienstliche Meldung, welche gleichfalls die Stelle der Antwort vertritt.

§. 12. Verglichene Telegramme. I. Der Aufgeber eines jeden Telegramms hat die Befugniß, die Vergleichung desselben zu verlangen. In diesem Falle hat er vor die Aufschrift den Vermerk „Vergleichung" oder „(TC)" niederzuschreiben. Das Telegramm ist dann von den verschiedenen Anstalten, welche bei seiner Beförderung mitwirken, vollständig zu vergleichen.

II. Die Gebühr für die Vergleichung eines Telegramms ist gleich einem Viertel der Gebühr für ein gewöhnliches Telegramm von gleicher Länge.

§ 13. Empfangsanzeigen. I. Der Aufgeber eines jeden Telegramms kann verlangen, daß ihm der Tag und die Stunde, zu welcher das Telegramm dem Empfänger zugestellt worden ist, unmittelbar nach erfolgter Bestellung telegraphisch angezeigt werde. Er hat in diesem Falle vor die Aufschrift den Vermerk „Empfangsanzeige" oder „(CR)" zu schreiben.

II. Für die Empfangsanzeige ist dieselbe Gebühr wie für ein gewöhnliches Telegramm von 10 Wörtern zu entrichten.

III. Kann das Telegramm bei der Ankunft nicht bestellt werden, dann wird die im § 22 vorgesehene Unbestellbarkeitsmeldung sogleich erlassen. Die Empfangsanzeige wird später abgesandt, entweder nach erfolgter Bestellung des Telegramms, wenn sie möglich geworden ist, oder nach 24 Stunden, wenn sie nicht hat stattfinden können; in diesem Falle zeigt sie den Grund der Unbestellbarkeit an.

IV. Der Aufgeber kann verlangen, daß ihm die Empfangsanzeige nach einem anderen Orte als nach dem Aufgabeorte des Ursprungstelegramms übermittelt werde, insofern er die dazu erforderlichen Angaben in das Ursprungstelegramm aufnimmt.

§ 14. Telegraphische Postanweisungen. I. Die Telegraphenanstalt an solchen Orten, an denen eine Postanstalt besteht, sind ermächtigt, in Vertretung der Ortspostanstalt Beträge auf Postanweisungen, welche auf telegraphischem Wege überwiesen werden sollen, von den Absendern entgegenzunehmen. Auf Eisenbahntelegraphenstationen findet diese Bestimmung keine Anwendung.

II. Auch sind die Telegraphenanstalten, mit Ausnahme der Eisenbahntelegraphenstationen ermächtigt, wenn bei ihnen Postanweisungen auf telegraphischem Wege eingehen, die Auszahlung an den Empfänger in Vertretung der Ortspostanstalt vor geschehener Bestellung der telegraphischen Postanweisung an die Ortspostanstalt zu bewirken: a) im Falle nach Inhalt des Telegramms der Absender den Wunsch ausgesprochen hat, daß die Auszahlung durch die Telegraphenanstalt geschehe, was durch den Zusatz auf der Postanweisung: „telegraphenlagernd" auszudrücken ist; b) im Falle der Geldempfänger, indem er die telegraphische Postanweisung erwartet, der Telegraphenanstalt den Wunsch ausgedrückt hat, die Zahlung gleich nach der Ankunft der Anweisung bei der Telegraphenanstalt in Empfang zu nehmen.

In beiden Fällen muß der Auszahlung des Betrages der vollständige Ausweis des Empfängers, falls derselbe nicht persönlich und als verfügungsfähig bekannt ist, vorhergehen. Die telegraphische Postanweisung ist alsdann von der Telegraphenanstalt mit dem (vorzuschreibenden) Quittungsvermerk zu versehen, dieser vom Empfänger zu unterschreiben und die Unterschrift durch die Telegraphenanstalt mit dem Zusatze zu beglaubigen, daß der Empfänger bekannt sei, oder daß und in welcher Weise er den Ausweis geführt habe.

§ 15. Nachsendung von Telegrammen. I. Der Aufgeber eines Telegramms kann, indem er vor die Aufschrift den Vermerk „nachzusenden" oder „(FS)" niederschreibt, verlangen, daß dasselbe sofort nach der vergeblich versuchten Zustellung von der Bestimmungs-anstalt an den neuen, ihr in der Wohnung des Empfängers bekannt gegebenen Bestimmungsort weiterbefördert werde.

II. Der Vermerk „nachzusenden" oder „(FS)" kann auch von mehreren hintereinander stehenden Bestimmungsangaben begleitet sein; das Telegramm wird dann nacheinander an jeden der angegebenen Bestimmungsorte, nöthigenfalls bis zum letzten befördert.

III. Bei der Aufgabe eines nachzusendenden Telegramms ist nur die auf die erste Beförderungsstrecke entfallende Gebühr zu entrichten, wobei die vollständige Aufschrift in die Wortzahl einbegriffen wird. Für jede Nachtelegraphirung an einen neuen Bestimmungsort wird die volle tarifmäßige Gebühr berechnet und vom Empfänger erhoben.

IV. Jedermann kann nach gehörigem Ausweis verlangen, daß die bei einer Telegraphenanstalt ankommenden und in deren Bestell-bezirk ihm zuzustellenden Telegramme an eine von ihm angegebene Adresse bestellt oder weiterbefördert werden. Die bezüglichen Anträge sind schriftlich zu stellen.

V. Wenn der Empfänger seinen Aufenthaltsort verändert hat, so werden demselben die für ihn eingehenden Telegramme an den neuen Aufenthaltsort nachtelegraphirt, auch ohne daß dies ausdrück-lich verlangt worden ist, sofern dieser neue Aufenthaltsort des Em-pfängers unzweifelhaft bekannt ist, innerhalb Deutschlands liegt und sich am ursprünglichen wie am neuen Aufenthaltsorte Anstalten der Reichs-Telegraphenverwaltung, bezw. der Staats-Telegraphenverwal-tung Bayerns oder Württembergs befinden.

§ 16. Vervielfältigung von Telegrammen. I. Die Tele-gramme können gerichtet werden entweder an mehrere Empfänger in einer Ortschaft oder in verschiedenen, aber in den Bestellbezirk einer und derselben Telegraphenanstalt fallenden Oertlichkeiten oder an ein und denselben Empfänger nach verschiedenen Wohnungen in derselben Ortschaft mit oder ohne Weiterbeförderung durch Post, Eilboten oder Estafette.

II. Der Aufgeber eines zu vervielfältigenden Telegramms muß je nach den Umständen vor die Aufschrift eines jeden Empfängers die besonderen Angaben (vergl. § 6 III) niederschreiben; handelt es sich um ein dringendes oder zu vergleichendes Telegramm, welches zu vervielfältigen ist, so genügt es, wenn die Angabe der ersten Auf-schrift voransteht.

III. Wenn ein zu vervielfältigendes Telegramm an mehrere Empfänger gerichtet ist, so darf jede Ausfertigung des Telegramms nur die ihr zukommende Aufschrift tragen, es sei denn, daß der Auf-geber das Gegentheil verlangt hätte; dieses Verlangen muß durch den vor die Aufschrift niederzuschreibenden gebührenpflichtigen Zusatz „sämmtliche Aufschriften mitzutheilen“ ausgedrückt werden.

IV. Das zu vervielfältigende Telegramm wird als ein einziges Telegramm taxirt, wobei alle Aufschriften in die Wortzahl eingerechnet werden. Als Vervielfältigungsgebühr werden daneben bei Telegrammen bis zu 100 Wörtern für die zweite und jede weitere Ausfertigung 40 ₰ erhoben. Bei längeren Telegrammen erhöht sich diese Gebühr für jede weitere Reihe oder den Bruchtheil einer Reihe von 100 Wörtern um je 40 ₰. In der Berechnung der Vervielfältigungsgebühr erscheint die Gesammtzahl der Wörter des Textes, der Unterschrift und der Aufschrift, und zwar wird die Gebühr für jede Abschrift besonders festgestellt.

§ 17. Seetelegramme. I. Telegramme, welche mit den Schiffen in See mittels der an der Küste gelegenen Seetelegraphen gewechselt werden, müssen entweder in deutscher Sprache, oder in Zeichen des allgemeinen Handelskodex abgefaßt sein. In dem letzteren Falle werden sie als chiffrirte Telegramme behandelt.

II. Wenn sie für in See befindliche Schiffe bestimmt sind, muß die Aufschrift außer den gewöhnlichen Angaben den Namen oder die amtliche Nummer und die Nationalität des Bestimmungsschiffes enthalten.

III. Diejenigen Telegramme, welche durch die See-Telegraphenanstalten innerhalb 30 Tagen nach ihrer Aufgabe (den Tag der Aufgabe nicht einbegriffen) den Bestimmungsschiffen nicht haben übermittelt werden können, werden als unbestellbar zurückgelegt.

Ist das Schiff, für welches ein Seetelegramm bestimmt ist, innerhalb 28 Tagen nicht angekommen, so giebt die See-Telegraphenanstalt dem Aufgeber hiervon am Morgen des 29. Tages durch eine dienstliche Meldung Kenntniß. Der Aufgeber kann gegen Bezahlung eines Landtelegrammes von 10 Wörtern verlangen, daß die See-Telegraphenanstalt sein Telegramm während eines weiteren Zeitraums von 30 Tagen für die Zustellungen bereit halte. Geht ein solches Verlangen nicht ein, so wird das Telegramm von der See-Telegraphenanstalt am 30. Tage als unbestellbar zurückgelegt.

IV. Die Gebühr für Telegramme, welche durch Vermittelung einer See-Telegraphenanstalt mit Schiffen in See ausgewechselt werden, beträgt 80 ₰ für das Telegramm. Dieselbe wird den nach den sonstigen Bestimmungen zu erhebenden Gebühren hinzugerechnet. Die Gesammtgebühr für die an die Schiffe in See gerichteten Telegramme wird vom Aufgeber und für die von den Schiffen kommenden Telegramme vom Empfänger erhoben.

§ 18. Weiterbeförderung. I. Die Weiterbeförderung von Telegrammen über die Telegraphenlinien hinaus erfolgt nach Wunsch des Absenders entweder durch die Post oder durch Eilboten, oder durch Post und Eilboten, oder durch Estafette.

II. Der Aufgeber hat die Art der von ihm verlangten Weiterbeförderung in einem taxpflichtigen Zusatz vor der Aufschrift anzugeben (vergl. § 6 III).

III. Die Ankunftstelegraphenanstalt ist berechtigt, sich der Post zu bedienen: a) wenn in dem Telegramm die Art der Weiterbeförderung nicht angegeben ist, b) wenn es sich um eine von dem Empfänger zu bezahlende Weiterbeförderung handelt und dieser sich früher geweigert hat, Kosten derselben Art zu bezahlen.

IV. Die Ankunftsanstalt ist verpflichtet, sich der Post zu bedienen: a) wenn solches ausdrücklich vom Aufgeber (vergl. I) oder vom Enpfänger (vergl. § 15 IV) verlangt worden ist, b) wenn dieser Anstalt kein schnelleres Beförderungsmittel zu Gebote steht.

V. Telegramme jeder Art, welche durch Vermittelung der Post an ihre Bestimmung gelangen, also auch solche, welche postlagernd niedergelegt werden sollen, werden von der Ankunftsanstalt in der Regel ohne Kosten für den Aufgeber und für den Empfänger als gewöhnliche Briefe zur Post gegeben. Ausgenommen sind jedoch folgende Fälle:

1. Telegramme, welche als eingeschriebene Briefe zur Post gegeben werden sollen, sind mit der vor der Aufschrift niederzuschreibenden Angabe „Post eingeschrieben" oder „(PR)" zu versehen und unterliegen einer vom Aufgeber zu entrichtenden Einschreibgebühr von 20 ₰. Diese Einschreibgebühr von 20 ₰ kommt auch bei der Auflieferung aller Telegramme mit Empfangsanzeige, welche mit der Post weiterbefördert, oder postlagernd niedergelegt werden sollen, zur Erhebung, da diese Telegramme stets als eingeschriebene Briefe zur Post gegeben werden.

2. Für Telegramme, welche von der deutschen Bestimmungsanstalt über das Meer weiterbefördert werden sollen, hat der Aufgeber die Postgebühr zu entrichten. Dieselbe beträgt: a) nach dem europäischen Auslande und nach denjenigen überseeischen Ländern, welche dem Weltpostverein angehören, 40 ₰; b) nach den dem Weltpostverein nicht angehörigen überseeischen Ländern 60 ₰.

3. Telegramme, welcher einer an der Grenze gelegenen deutschen Telegraphenanstalt zur Weiterbeförderung mit der Post nach dem Nachbargebiete und darüber hinaus übermittelt werden, ohne daß der Fall einer Unterbrechung der über die Grenze führenden Telegraphenverbindungen vorliegt, sind als unfrankirte Briefe zu behandeln; das Porto fällt dem Empfänger zur Last.

VI. Die Kosten für die Zustellung von Telegrammen mittels

Eilboten an Empfänger außerhalb des Ortsbestellbezirks der Bestimmungs-Telegraphenanstalt können vom Aufgeber durch Entrichtung einer festen Gebühr von 40 ₰ für jedes Telegramm vorausbezahlt werden. Der Aufgeber hat in diesem Falle den Vermerk „Eilbote bezahlt" oder „(XP)" vor die Telegrammaufschrift zu setzen. Im weiteren steht es dem Aufgeber eines Telegramms mit bezahlter Antwort frei, die etwa entstehende Eilbestellgebühr für das Antwortstelegramm nach dem Satze von 40 ₰ im Voraus bei der Aufgabe des Ursprungstelegramms zu entrichten. Das Ursprungstelegramm ist in diesem Falle vor der Aufschrift mit dem taxpflichtigen Vermerk „Antwort und Bote bezahlt" oder „(RXP)" zu versehen.

Findet die Vorausbezahlung des Eilbotenlohnes nicht statt, so werden die wirklich erwachsenden Auslagen vom Empfänger oder vom Aufgeber eingezogen.

Die Kosten für die Weiterbeförderung durch Estafette sind stets vom Aufgeber zu entrichten.

VII. In Fällen der gleichzeitigen Abtragung mehrerer Telegramme durch denselben Boten an denselben Empfänger findet die vorstehende Bestimmung unter VI gleichmäßig Anwendung. Werden im Uebrigen durch denselben Boten an denselben Empfänger gleichzeitig solche Telegramme abgetragen, für welche das Botenlohn im Voraus bezahlt ist, und solche, bei welchen dies nicht der Fall ist, so ist vom Empfänger das erwachsene Botenlohn, abzüglich der im Voraus bezahlten Beträge, zu entrichten. Die auf etwa gleichzeitig zur Abtragung gelangende Eilpostsendungen im Voraus bezahlte Bestellgebühr bleibt hierbei außer Betracht.

VIII. In geeigneten Fällen werden auf besonderes schriftliches Verlangen des Empfängers die für ihn eingehenden Telegramme seitens der Telegraphenanstalt nicht durch Eilboten bestellt, sondern den Boten des Empfängers gelegentlich der jedesmaligen Abholung von Postsendungen mitgegeben. Unzuträglichkeiten, welche etwa aus dieser Einrichtung entstehen, hat die Telegraphenverwaltung nicht zu vertreten.

§ 19. Entrichtung der Gebühren. I. Sämmtliche bekannten Gebühren sind bei Aufgabe des Telegramms im Voraus zu entrichten.

II. Es werden jedoch vom Empfänger am Bestimmungsorte erhoben: a) die Ergänzungsgebühr für nachzusendende Telegramme (vergl. § 15), b) eintretenden Falls die Weiterbeförderungsgebühren (vergl. § 18), c) die Gebühren für die durch die See-Telegraphenanstalten vom Meere her beförderten Telegramme (vergl. § 17).

In allen Fällen, wo eine Gebührenerhebung bei der Bestellung stattzufinden hat, wird das Telegramm dem Empfänger nur gegen Erstattung des schuldigen Betrages ausgehändigt.

III. Die Entrichtung der Gebühren kann bei den Telegraphenanstalten mittels Werthzeichen oder baar — bei den Eisenbahn-Telegraphenstationen nur baar — erfolgen. Eine Bescheinigung über die erhobenen Gebühren wird nur auf Verlangen und gegen Entrichtung eines Zuschlags von 20 ₰ ertheilt. Bei gebührenfreien Staatstelegrammen ist auf Verlangen eine Bescheinigung über die Auflieferung unentgeltlich zu ertheilen.

IV. Personen, welche sich des Telegraphen häufiger bedienen, kann auf ihren Antrag gestattet werden, die Gebühren für die von ihnen bei Telegraphenanstalten aufgegebenen Telegramme monatlich zu entrichten. Sie haben alsdann an die betreffende Verkehrsanstalt, bei welcher sie ihre Telegramme aufgeben wollen, einen entsprechenden Vorschuß einzuzahlen, und als besondere Vergütung für die durch die Buchung der Gebühren entstehende Mühewaltung eine Gebühr von 50 ₰ für den Kalendermonat und außerdem für jedes Telegramm, dessen Gebühren gestundet werden, 2 ₰ zu entrichten. Auf Eisenbahn-Telegraphenstationen findet diese Bestimmung keine Anwendung.

§ 20. Zurückziehung und Unterdrückung von Telegrammen. I. Jedes Telegramm kann von dem Absender, welcher sich als solcher ausweist, zurückgezogen oder in der Beförderung aufgehalten werden, sofern es noch Zeit ist. Wenn in einem solchen Falle die Beförderung des Telegramms noch nicht begonnen hat, so werden dem Absender die Gebühren nach Abzug von 20 ₰ erstattet. Hat die Abtelegraphirung bereits begonnen, so verbleiben die Gebühren der Telegraphenverwaltung; vorausbezahlte Beträge für Weiterbeförderung, bezahlte Antwort, Empfangsanzeigen ꝛc werden jedoch dem Aufgeber zurückgezahlt, wenn die vorausbezahlte Leistung nicht ausgeführt worden ist.

II. Ein Telegramm, welches durch die Ursprungsanstalt bereits befördert worden ist, kann nur auf Grund eines besonderen, von der Aufgabeanstalt nach den Bestimmungen im § 24 zu erlassenden Telegramms angehalten und vernichtet werden; für dieses Telegramm sind die tarifmäßigen Gebühren zu zahlen. Von dem Erfolge wird dem Aufgeber mittels unfrankirten Briefes Kenntniß gegeben. Verlangt der Aufgeber telegraphische Auskunft, so hat er die Gebühr für eine telegraphische Antwort vorauszubezahlen. Die erlegten Gebühren für das Telegramm, dessen Bestellung auf Verlangen unterdrückt wird, werden nicht zurückgezahlt. Bei jedem derartigen Verlangen hat der Antragsteller das Ansuchen schriftlich zu stellen und sich als Absender oder dessen Beauftragter auszuweisen.

§ 21. Zustellung der Telegramme am Bestimmungsorte. I. Die Telegramme werden bei der Aufnahme, bezw. gleich nach der Ankunft bei der Bestimmungsanstalt, wenn die offene Bestellung nicht ausdrücklich verlangt ist, verschlossen.

II. Dieselben werden, ihrer Aufschrift entsprechend, entweder nach der Wohnung, dem Geschäftslokal 2c des Empfängers bestellt, bezw. auf sonstige Weise weiterbefördert oder postlagernd oder telegraphenlagernd niedergelegt. Im Weiteren können die angekommenen Telegramme den Empfängern mittels Fernsprechers nach den hierüber erlassenen besonderen Bestimmungen übermittelt werden.

III. Die Bestellung oder Weiterbeförderung der Telegramme geschieht mit thunlichster Beschleunigung nach der Reihenfolge ihrer Aufnahme und ihres Vorranges. (Wegen Uebergabe der Telegramme an die Boten des Empfängers, vergl. § 18 VIII.)

IV. Staats-, sowie Dienst- und dringende Privattelegramme werden mit Vorrang vor anderen Telegrammen bestellt. Die Aushändigung der Staatstelegramme und der Telegramme mit bezahlter Empfangsanzeige erfolgt gegen Vollziehung eines demselben beizugebenden Empfangsscheines.

V. Zur Vollziehung des Empfangsscheines über ein an eine Behörde oder deren Vorstand gerichtetes Staatstelegramm kann, wenn nicht eine besondere schriftliche Verfügung darüber getroffen ist, nur der Vorstand der betreffenden Behörde, oder, in dessen Abwesenheit, sein Stellvertreter als berechtigt angesehen werden.

VI. Privattelegramme, sowie die nicht an eine Behörde oder deren Vorstand gerichteten dienstlichen Telegramme sind dagegen im Falle der Abwesenheit des Empfängers an ein erwachsenes Familienmitglied oder, wenn auch ein solches nicht zur Stelle ist, an die Geschäftsgehilfen, an die Dienerschaft, Haus- oder Wirthsleute oder an den Thürhüter des Gasthofes bezw. des Hauses zu bestellen, insofern der Empfänger für derartige Fälle nicht einen besonderen Bevollmächtigten der Anstalt schriftlich namhaft gemacht, oder der Aufgeber durch den vor die Aufschrift gesetzten Vermerk „eigenhändig zu bestellen“ oder „(MP)“ verlangt hat, daß die Zustellung nur zu Händen des Empfängers selbst stattfinden soll.

VII. Sofern Privatbriefkasten oder Einwürfe sich an der Thür 2c. der Wohnung des Empfängers befinden, können die Telegramme, für welche Empfangsscheine nicht abzugeben sind, in jene Briefkasten 2c gesteckt werden. Telegramme, welche den Vermerk „eigenhändig zu bestellen“ oder „(MP)“ tragen, sind jedoch stets an den Empfänger zu bestellen; ebenso werden postlagernde oder telegraphenlagernde Telegramme nur dem Empfänger oder seinem Bevollmächtigten nach gehörigem Ausweis ausgehändigt. Telegramme, welche die Bezeichnung „bahnhoflagernd" tragen, werden an den Bahnhofsvorsteher oder dessen Stellvertreter abgegeben.

VIII. Die an Reisende nach einem Gasthof gerichteten Telegramme werden, wenn der Empfänger noch nicht eingetroffen ist, an den Wirth rc. des Gasthofes mit dem Ersuchen abgegeben, das Telegramm vorläufig in Verwahrung zu nehmen, und dem Empfänger bei seinem Eintreffen auszuhändigen. Am Tage nach der erfolgten Uebergabe eines solchen Telegramms wird dasselbe, wenn die Uebergabe an den Empfänger inzwischen nicht hat bewirkt werden können, durch einen Boten gegen Hinterlassung eines Benachrichtigungszettels wieder abgeholt und zur Verkehrsanstalt zurückgebracht. Diese erläßt nunmehr die Unbestellbarkeitsmeldung an die Aufgabeanstalt; im Uebrigen wird das Telegramm wie alle sonstigen unbestellbaren Telegramme behandelt.

IX. Ist weder der Empfänger noch sonst jemand aufzufinden, der das Telegramm annimmt, so hat der Bote, wenn es sich um ein Telegramm handelt, für welches ein Empfangsschein ausgefertigt ist, oder wenn sich für die Bestellung eines Telegramms ohne Empfangsschein ein Privatbriefkasten oder ein anderer Weg der Bestellung nicht darbietet, einen Benachrichtigungszettel in der Wohnung rc. des Empfängers zurückzulassen oder an die Eingangsthür anzuheften, das Telegramm selbst aber zur Anstalt zurückzubringen. Mit den Telegrammen, welche mit dem Vermerk „eigenhändig zu bestellen" oder „(MP)" versehen sind, ist in gleicher Weise zu verfahren, wenn der bezeichnete Empfänger selbst nicht angetroffen wird.

X. Wenn der Bote bei der Bestellung von Telegrammen mit Empfangsscheinen den Empfänger nicht selbst antrifft und das Telegramm einem Anderen aushändigt, hat der Letztere in dem Empfangsschein seiner eigenen Unterschrift das Wort „für" und den Namen des Empfängers beizufügen.

XI. Dem Boten ist die Annahme von Geschenken untersagt.

§ 22. Unbestellbare Telegramme. I. Von der Unbestellbarkeit eines Telegramms und den Gründen der Unbestellbarkeit wird der Aufgabeanstalt telegraphisch Meldung gemacht. Liegt für die Unbestellbarkeit eines Telegramms ein Grund vor, welcher nicht ohne Weiteres aus dienstlicher Veranlassung beseitigt werden kann und muß, und ist der Absender des unbestellbaren Telegramms aus der Unterschrift oder auf andere Weise mit genügender Sicherheit bekannt, dann wird die Unbestellbarkeitsmeldung diesem sobald als möglich übermittelt. Der Aufgeber kann die Aufschrift des unbestell=

bar gemeldeten Telegramms nur durch ein bezahltes Telegramm vervollständigen, berichtigen oder bestätigen.

II. Ein Telegramm, welches von dem abtragenden Boten als unbestellbar zur Anstalt zurückgebracht wird, ist bei der letzteren aufzubewahren. Hat sich innerhalb sechs Wochen der Empfänger zur Empfangnahme des Telegramms nicht gemeldet, so wird solches vernichtet. In gleicher Weise wird mit Telegrammen verfahren, welche die Bezeichnung „telegraphen=", „post=" oder „bahnhoflagernd" tragen.

§ 23. Gewährleistung. I. Die Telegraphenverwaltung leistet für die richtige Ueberkunft der Telegramme oder deren Ueberkunft und Zustellung innerhalb bestimmter Frist keinerlei Gewähr und hat Nachtheile, welche durch Verlust, Entstellung oder Verspätung der Telegramme entstehen, nicht zu vertreten.

II. Die entrichtete Gebühr wird jedoch erstattet: a) für ein Telegramm, welches durch Schuld des Telegraphenbetriebes gar nicht oder mit bedeutender Verzögerung in die Hände des Empfängers gelangt ist, b) für ein verglichenes Telegramm, welches in Folge Entstellung erweislich seinen Zweck nicht hat erfüllen können.

Die Beschwerden oder Rückforderungen sind bei der Aufgabeanstalt einzureichen. Als Beweisstück ist beizufügen: eine schriftliche Erklärung der Bestimmungsanstalt oder des Empfängers, wenn das Telegramm nicht angekommen ist, die dem Empfänger zugestellte Ausfertigung, wenn es sich um Entstellung oder Verzögerung handelt.

III. Bei Rückforderungen wegen Entstellungen muß nachgewiesen werden, daß und durch welche Fehler das Telegramm derart entstellt ist, daß es seinen Zweck nicht hat erfüllen können.

IV. Jeder Anspruch auf Erstattung der Gebühr muß bei Verlust des Anrechtes innerhalb zweier Monate, vom Tage der Erhebung an gerechnet, anhängig gemacht werden.

V. Die Erstattung bezieht sich lediglich auf die Gebühr einschließlich der Nebengebühren der Telegramme selbst, welche verzögert, entstellt oder nicht angekommen sind, und auf die Gebühren der im § 24 vorgesehenen Telegramme, nicht aber auf die Gebühren solcher Telegramme, welche etwa durch die Verzögerung, Entstellung oder Nichtankunft jener Telegramme veranlaßt oder nutzlos gemacht worden sind.

§ 24. Berichtigungstelegramme. I. Der Aufgeber und der Empfänger eines jeden Telegramms können innerhalb einer Frist von 72 Stunden, welche je nach dem Fall der Auflieferung oder der Ankunft dieses Telegramms folgt, auf telegraphischem Wege Auskunft verlangen oder Erläuterungen geben, welche sich auf das in der Uebermittelung befindliche oder bereits beförderte Telegramm beziehen. Sie können auch zum Zweck einer Berichtigung ein Telegramm, welches sie aufgegeben oder erhalten haben, entweder durch die Bestimmungs- oder Ursprungsanstalt oder durch eine Durchgangsanstalt vollständig oder theilweise wiederholen lassen. Sie haben folgende Beträge zu hinterlegen: 1. die Gebühr für das Telegramm, welches das Verlangen enthält, 2. die Gebühr für ein Antwortstelegramm, wenn eine telegraphische Antwort gewünscht wird.

II. Jedes berichtigende, ergänzende oder die Beförderung aufhebende Telegramm (vergl. § 20) und jede aus Anlaß eines bereits beförderten oder in der Beförderung begriffenen Telegramms auf Antrag des Aufgebers oder des Empfängers von Anstalt zu Anstalt ausgetauschte Mittheilung ist ein Diensttelegramm, welches nach dem gewöhnlichen Tarif taxirt wird.

III. Die für die Berichtigungstelegramme erhobenen Gebühren werden auf desfallsigen Antrag zurückgezahlt, wenn die Wiederholung erweist, daß das oder die wiederholten Wörter im Ursprungstelegramm unrichtig wiedergegeben worden sind. Wenn im Ursprungstelegramm einige Wörter richtig und einige andere Wörter unrichtig wiedergegeben worden sind, so wird die Gebühr für diejenigen Wörter nicht erstattet, welche in dem Auskunft verlangenden, wie in dem Antworts-Diensttelegramm die im Ursprungstelegramm richtig wiedergegebenen Wörter bezeichnen.

IV. Die Gebühr für das Ursprungstelegramm, welches zu dem Antrage auf Berichtigung Anlaß gegeben hat, wird nicht zurückgezahlt.

V. Dem Antrage auf Berichtigung eines beförderten oder in der Beförderung begriffenen Telegramms darf von den Telegraphenanstalten nur dann Folge gegeben werden, wenn der Antragsteller sich als Aufgeber oder Empfänger des betreffenden Ursprungstelegramms oder als Bevollmächtigter eines derselben ausgewiesen hat.

§. 25. Nachzahlung und Erstattung von Gebühren. I. Gebühren, welche für beförderte Telegramme zu wenig erhoben sind, oder deren Einziehung vom Empfänger nicht erfolgen konnte, — sei es, daß derselbe die Bezahlung verweigert hatte, sei es, daß er nicht aufgefunden worden war, — hat der Absender auf Verlangen nachzuzahlen. Irrthümlich zu viel erhobene Gebühren werden dem Aufgeber zurückgezahlt.

II. Der Betrag der vom Aufgeber zu viel verwendeten Werthzeichen wird jedoch nur auf seinen Antrag erstattet.

§ 26. Telegrammabschriften. I. Der Aufgeber und der Empfänger, falls sie sich als solche gehörig ausweisen, sind berechtigt, sich beglaubigte Abschriften der von ihnen aufgegebenen und der an sie gerichteten Telegramme ausfertigen zu lassen, wenn sie Ort und Tag der Aufgabe genau angeben können und die Urschriften noch vorhanden sind. Diese Urschriften werden in der Regel sechs Monate lang aufbewahrt.

II. Für jede Abschrift eines unter Angabe der Aufgabezeit und des Aufgabeortes genau bezeichneten Telegramms sind bei Telegrammen bis zu 100 Wörtern 40 ₰, bei längeren Telegrammen 40 ₰ mehr für jede Reihe von 100 Wörtern oder einen Theil derselben zu entrichten. Bei ungenau bezeichneten Telegrammen sind außer der Schreibgebühr die durch die Aufsuchung des Telegramms entstehenden Kosten zu zahlen.

§ 27. Nebentelegraphen und besondere Telegraphenanlagen. Fernsprecheinrichtungen. Die Bedingungen für Nebentelegraphen und besondere Telegraphenanlagen, sowie für die Fernsprecheinrichtungen werden vom Reichspostamt festgesetzt.

§ 28. Geltungsbereich. I. Die vorstehenden Bestimmungen gelten, soweit nicht Abweichungen ausdrücklich vorgeschrieben sind, auch für Telegramme, welche unter Benutzung von Eisenbahntelegraphen befördert werden.

II. In Bezug auf den telegraphischen Verkehr mit dem Auslande kommen die Bestimmungen der bezüglichen Telegraphenverträge zur Anwendung.

Berlin, den 15. Juni 1891.

Der Reichskanzler.

In Vertretung: von Stephan.

III

Patentgesetz.

Vom 7. April 1891. (RGBl 79.)

Wir Wilhelm, von Gottes Gnaden Deutscher Kaiser, König von Preußen ꝛc verordnen im Namen des Reichs, nach erfolgter Zustimmung des Bundesraths und des Reichstags, was folgt:

Artikel I.

An Stelle der §§ 1 bis 40 des Patentgesetzes vom 25. Mai 1877 (Reichs-Gesetzbl. S. 501)[1] treten folgende Bestimmungen.

---

[1] Siehe oben S. 350.

Erster Abschnitt.
Patentrecht.

§ 1. Patente werden ertheilt für neue Erfindungen, welche eine gewerbliche Verwerthung gestatten.

Ausgenommen sind:

1. Erfindungen, deren Verwerthung den Gesetzen oder guten Sitten zuwiderlaufen würde;
2. Erfindungen von Nahrungs-, Genuß- und Arzneimitteln, sowie von Stoffen, welche auf chemischem Wege hergestellt werden, soweit die Erfindungen nicht ein bestimmtes Verfahren zur Herstellung der Gegenstände betreffen.

§ 2. Eine Erfindung gilt nicht als neu, wenn sie zur Zeit der auf Grund dieses Gesetzes erfolgten Anmeldung in öffentlichen Druckschriften aus den letzten hundert Jahren bereits derart beschrieben oder im Inlande bereits so offenkundig benutzt ist, daß danach die Benutzung durch andere Sachverständige möglich erscheint.

Die im Auslande amtlich herausgegebenen Patentbeschreibungen stehen den öffentlichen Druckschriften erst nach Ablauf von drei Monaten seit dem Tage der Herausgabe gleich, sofern das Patent von demjenigen, welcher die Erfindung im Auslande angemeldet hat, oder von seinem Rechtsnachfolger nachgesucht wird. Diese Begünstigung erstreckt sich jedoch nur auf die amtlichen Patentbeschreibungen derjenigen Staaten, in welchen nach einer im Reichs-Gesetzblatt enthaltenen Bekanntmachung die Gegenseitigkeit verbürgt ist.

§ 3. Auf die Ertheilung des Patents hat derjenige Anspruch, welcher die Erfindung zuerst nach Maßgabe dieses Gesetzes angemeldet hat. Eine spätere Anmeldung kann den Anspruch auf ein Patent nicht begründen, wenn die Erfindung Gegenstand des Patents des früheren Anmelders ist. Trifft diese Voraussetzung theilweise zu, so hat der spätere Anmelder nur Anspruch auf Ertheilung eines Patents in entsprechender Beschränkung.

Ein Anspruch des Patentsuchers auf Ertheilung des Patents findet nicht statt, wenn der wesentliche Inhalt seiner Anmeldung den Beschreibungen, Zeichnungen, Modellen, Geräthschaften oder Einrichtungen eines Anderen oder einem von diesem angewendeten Verfahren ohne Einwilligung desselben entnommen und von dem letzteren aus diesem Grunde Einspruch erhoben ist. Hat der Einspruch die Zurücknahme oder Zurückweisung der Anmeldung zur Folge, so kann der Einsprechende, falls er innerhalb eines Monats seit Mittheilung des hierauf bezüglichen Bescheides des Patentamts die Erfindung seinerseits anmeldet, verlangen, daß als Tag seiner Anmeldung der Tag vor Bekanntmachung der früheren Anmeldung festgesetzt werde.

§ 4. Das Patent hat die Wirkung, daß der Patentinhaber ausschließlich befugt ist, gewerbsmäßig den Gegenstand der Erfindung herzustellen, in Verkehr zu bringen, feilzuhalten oder zu gebrauchen. Ist das Patent für ein Verfahren ertheilt, so erstreckt sich die Wirkung auch auf die durch das Verfahren unmittelbar hergestellten Erzeugnisse.

§ 5. Die Wirkung des Patents tritt gegen denjenigen nicht ein, welcher zur Zeit der Anmeldung bereits im Inlande die Erfindung in Benutzung genommen oder die zur Benutzung erforderlichen Veranstaltungen getroffen hatte. Derselbe ist befugt, die Erfindung für die Bedürfnisse seines eigenen Betriebes in eigenen oder fremden Werkstätten auszunutzen. Diese Befugniß kann nur zusammen mit dem Betriebe vererbt oder veräußert werden.

Die Wirkung des Patents tritt ferner insoweit nicht ein, als die Erfindung nach Bestimmung des Reichskanzlers für das Heer oder für die Flotte oder sonst im Interesse der öffentlichen Wohlfahrt benutzt werden soll. Doch hat der Patentinhaber in diesem Falle gegenüber dem Reich oder dem Staate, welcher in seinem besonderen Interesse die Beschränkung des Patents beantragt hat, Anspruch auf angemessene Vergütung, welche in Ermangelung einer Verständigung im Rechtswege festgesetzt wird.

Auf Einrichtungen an Fahrzeugen, welche nur vorübergehend in das Inland gelangen, erstreckt sich die Wirkung des Patents nicht.

§ 6. Der Anspruch auf Ertheilung des Patents und das Recht aus dem Patent gehen auf die Erben über. Der Anspruch und das Recht können beschränkt oder unbeschränkt durch Vertrag oder durch Verfügung von Todeswegen auf andere übertragen werden.

§ 7. Die Dauer des Patents ist fünfzehn Jahre; der Lauf dieser Zeit beginnt mit dem auf die Anmeldung der Erfindung folgenden Tage. Bezweckt eine Erfindung die Verbesserung oder sonstige weitere Ausbildung einer anderen, zu Gunsten des Patentsuchers durch ein Patent geschützten Erfindung, so kann dieser die Ertheilung eines Zusatzpatents nachsuchen, welches mit dem Patent für die ältere Erfindung sein Ende erreicht.

Wird durch die Erklärung der Nichtigkeit des Hauptpatents ein Zusatzpatent zu einem selbständigen Patent, so bestimmt sich dessen Dauer und der Fälligkeitstag der Gebühren nach dem Anfangstage des Hauptpatents. Für den Jahresbetrag der Gebühren ist der Anfangstag des Zusatzpatents maßgebend. Dabei gilt als erstes Patentjahr der Zeitabschnitt zwischen dem Tage der Anmeldung des

Zusatzpatents und dem nächstfolgenden Jahrestage des Anfangs des Hauptpatents.

§ 8. Für jedes Patent ist vor der Ertheilung eine Gebühr von dreißig Mark zu entrichten (§ 24, Absatz 1).

Mit Ausnahme der Zusatzpatente (§ 7) ist außerdem für das Patent mit Beginn des zweiten und jedes folgenden Jahres der Dauer eine Gebühr zu entrichten, welche das erste Mal fünfzig Mark beträgt und weiterhin jedes Jahr um fünfzig Mark steigt.

Diese Gebühr (Absatz 2) ist innerhalb sechs Wochen nach der Fälligkeit zu entrichten. Nach Ablauf der Frist kann die Zahlung nur unter Zuschlag einer Gebühr von zehn Mark innerhalb weiterer sechs Wochen erfolgen.

Einem Patentinhaber, welcher seine Bedürftigkeit nachweist, können die Gebühren für das erste und zweite Jahr der Dauer des Patents bis zum dritten Jahre gestundet und, wenn das Patent im dritten Jahre erlischt, erlassen werden.

Die Zahlung der Gebühren kann vor Eintritt der Fälligkeit erfolgen. Wird auf das Patent verzichtet oder dasselbe für nichtig erklärt oder zurückgenommen, so erfolgt die Rückzahlung der nicht fällig gewordenen Gebühren.

Durch Beschluß des Bundesraths kann eine Herabsetzung der Gebühren angeordnet werden.

§ 9. Das Patent erlischt, wenn der Patentinhaber auf dasselbe verzichtet, oder wenn die Gebühren nicht rechtzeitig bei der Kasse des Patentamts oder zur Ueberweisung an dieselbe bei einer Postanstalt im Gebiete des Deutschen Reichs eingezahlt sind.

§ 10. Das Patent wird für nichtig erklärt, wenn sich ergiebt:

1. daß der Gegenstand nach §§ 1 und 2 nicht patentfähig war,
2. daß die Erfindung Gegenstand des Patents eines früheren Anmelders ist,
3. daß der wesentliche Inhalt der Anmeldung den Beschreibungen, Zeichnungen, Modellen, Geräthschaften oder Einrichtungen eines Anderen oder einem von diesem angewendeten Verfahren ohne Einwilligung desselben entnommen war.

Trifft eine dieser Voraussetzungen (1 bis 3) nur theilweise zu, so erfolgt die Erklärung der Nichtigkeit durch entsprechende Beschränkung des Patents.

§ 11. Das Patent kann nach Ablauf von drei Jahren, von dem Tage der über die Ertheilung des Patents erfolgten Bekanntmachung (§ 27, Absatz 1) gerechnet, zurückgenommen werden:

1. wenn der Patentinhaber es unterläßt, im Inlande die Erfindung in angemessenem Umfange zur Ausführung zu bringen,

oder doch alles zu thun, was erforderlich ist, um diese Ausführung zu sichern;

2. wenn im öffentlichen Interesse die Ertheilung der Erlaubniß zur Benutzung der Erfindung an andere geboten erscheint, der Patentinhaber aber gleichwohl sich weigert, diese Erlaubniß gegen angemessene Vergütung und genügende Sicherstellung zu ertheilen.

§ 12. Wer nicht im Inlande wohnt, kann den Anspruch auf die Ertheilung eines Patents und die Rechte aus dem Patent nur geltend machen, wenn er im Inlande einen Vertreter bestellt hat. Der Letztere ist zur Vertretung in dem nach Maßgabe dieses Gesetzes stattfindenden Verfahren, sowie in den das Patent betreffenden bürgerlichen Rechtsstreitigkeiten und zur Stellung von Strafanträgen befugt. Der Ort, wo der Vertreter seinen Wohnsitz hat, und in Ermangelung eines solchen der Ort, wo das Patentamt seinen Sitz hat, gilt im Sinne des § 24 der Civilprozeßordnung als der Ort, wo sich der Vermögensgegenstand befindet.

Unter Zustimmung des Bundesraths kann durch Anordnung des Reichskanzlers bestimmt werden, daß gegen die Angehörigen eines ausländischen Staates ein Vergeltungsrecht zur Anwendung gebracht werde.

Zweiter Abschnitt.

Patentamt.

§ 13. Die Ertheilung, die Erklärung der Nichtigkeit und die Zurücknahme der Patente erfolgt durch das Patentamt.

Das Patentamt hat seinen Sitz in Berlin. Es besteht aus einem Präsidenten, aus Mitgliedern, welche die Befähigung zum Richteramt oder zum höheren Verwaltungsdienst besitzen (rechtskundige Mitglieder), und aus Mitgliedern, welche in einem Zweige der Technik sachverständig sind (technische Mitglieder). Die Mitglieder werden, und zwar der Präsident auf Vorschlag des Bundesraths, vom Kaiser ernannt. Die Berufung der rechtskundigen Mitglieder erfolgt, wenn sie im Reichs- oder Staatsdienst ein Amt bekleiden, auf die Dauer dieses Amts, anderenfalls auf Lebenszeit. Die Berufung der technischen Mitglieder erfolgt entweder auf Lebenszeit oder auf fünf Jahre. In letzterem Falle finden auf sie die Bestimmungen im § 16 des Gesetzes, betreffend die Rechtsverhältnisse der Reichsbeamten, vom 31. März 1873, keine Anwendung.

§ 14. In dem Patentamt werden

1. Abtheilungen für die Patentanmeldungen (Anmeldeabtheilungen),
2. eine Abtheilung für die Anträge auf Erklärung der Nichtigkeit oder auf Zurücknahme von Patenten (Nichtigkeitsabtheilung),

3. Abtheilungen für die Beschwerden (Beschwerdeabtheilungen) gebildet.

In den Anmeldeabtheilungen dürfen nur solche technische Mitglieder mitwirken, welche auf Lebenszeit berufen sind. Die technischen Mitglieder der Anmeldeabtheilungen dürfen nicht in den übrigen Abtheilungen, die technischen Mitglieder der letzteren nicht in den Anmeldeabtheilungen mitwirken.

Die Beschlußfähigkeit der Anmeldeabtheilungen ist durch die Anwesenheit von mindestens drei Mitgliedern bedingt, unter welchen sich zwei technische Mitglieder befinden müssen.

Die Entscheidungen der Nichtigkeitsabtheilung und der Beschwerdeabtheilungen erfolgen in der Besetzung von zwei rechtskundigen und drei technischen Mitgliedern. Zu anderen Beschlußfassungen genügt die Anwesenheit von drei Mitgliedern.

Die Bestimmungen der Civilprozeßordnung über Ausschließung und Ablehnung der Gerichtspersonen finden entsprechende Anwendung.

Zu den Berathungen können Sachverständige, welche nicht Mitglieder sind, zugezogen werden; dieselben dürfen an den Abstimmungen nicht theilnehmen.

§ 15. Die Beschlüsse und die Entscheidungen der Abtheilungen erfolgen im Namen des Patentamts; sie sind mit Gründen zu versehen, schriftlich auszufertigen und allen Betheiligten von Amtswegen zuzustellen.

§ 16. Gegen die Beschlüsse der Anmeldeabtheilungen und der Nichtigkeitsabtheilung findet die Beschwerde statt. An der Beschlußfassung über die Beschwerde darf kein Mitglied theilnehmen, welches bei dem angefochtenen Beschlusse mitgewirkt hat.

§ 17. Die Bildung der Abtheilungen, die Bestimmung ihres Geschäftskreises, die Formen des Verfahrens, einschließlich des Zustellungswesens, und der Geschäftsgang des Patentamts werden, insoweit dieses Gesetz nicht Bestimmungen darüber trifft, durch Kaiserliche Verordnung unter Zustimmung des Bundesraths geregelt.

§ 18. Das Patentamt ist verpflichtet, auf Ersuchen der Gerichte über Fragen, welche Patente betreffen, Gutachten abzugeben, sofern in dem gerichtlichen Verfahren von einander abweichende Gutachten mehrerer Sachverständiger vorliegen.

Im Uebrigen ist das Patentamt nicht befugt, ohne Genehmigung des Reichskanzlers außerhalb seines gesetzlichen Geschäftskreises Beschlüsse zu fassen oder Gutachten abzugeben.

§ 19. Bei dem Patentamt wird eine Rolle geführt, welche den Gegenstand und die Dauer der ertheilten Patente, sowie den Namen und Wohnort der Patentinhaber und ihrer bei Anmeldung der Erfindung etwa bestellten Vertreter angiebt. Der Anfang, der Ablauf, das Erlöschen, die Erklärung der Nichtigkeit und die Zurücknahme der Patente sind, unter gleichzeitiger Bekanntmachung durch den Reichsanzeiger, in der Rolle zu vermerken.

Tritt in der Person des Patentinhabers oder seines Vertreters eine Aenderung ein, so wird dieselbe, wenn sie in beweisender Form zur Kenntniß des Patentamts gebracht ist, ebenfalls in der Rolle vermerkt und durch den Reichsanzeiger veröffentlicht. Solange dieses nicht geschehen ist, bleiben der frühere Patentinhaber und sein früherer Vertreter nach Maßgabe dieses Gesetzes berechtigt und verpflichtet.

Die Einsicht der Rolle, der Beschreibungen, Zeichnungen, Modelle und Probestücke, auf Grund deren die Ertheilung der Patente erfolgt ist, steht, soweit es sich nicht um ein im Namen der Reichsverwaltung für die Zwecke des Heeres oder der Flotte genommenes Patent handelt, jedermann frei.

Das Patentamt veröffentlicht die Beschreibungen und Zeichnungen, soweit deren Einsicht jedermann freisteht, in ihren wesentlichen Theilen durch ein amtliches Blatt. In dasselbe sind auch die Bekanntmachungen aufzunehmen, welche durch den Reichsanzeiger nach Maßgabe dieses Gesetzes erfolgen müssen.

Dritter Abschnitt.

Verfahren in Patentsachen.

§ 20. Die Anmeldung einer Erfindung behufs Ertheilung eines Patents geschieht schriftlich bei dem Patentamt. Für jede Erfindung ist eine besondere Anmeldung erforderlich. Die Anmeldung muß den Antrag auf Ertheilung des Patents enthalten und in dem Antrage den Gegenstand, welcher durch das Patent geschützt werden soll, genau bezeichnen. In einer Anlage ist die Erfindung dergestalt zu beschreiben, daß danach die Benutzung derselben durch andere Sachverständige möglich erscheint. Am Schlusse der Beschreibung ist dasjenige anzugeben, was als patentfähig unter Schutz gestellt werden soll (Patentanspruch). Auch sind die erforderlichen Zeichnungen, bildlichen Darstellungen, Modelle und Probestücke beizufügen.

Das Patentamt erläßt Bestimmungen über die sonstigen Erfordernisse der Anmeldung.

Bis zu dem Beschlusse über die Bekanntmachung der Anmeldung sind Abänderungen der darin enthaltenen Angaben zulässig. Gleichzeitig mit der Anmeldung sind für die Kosten des Verfahrens zwanzig Mark zu zahlen.

§ 21. Die Anmeldung unterliegt einer Vorprüfung durch ein Mitglied der Anmeldeabtheilung.

Erscheint hierbei die Anmeldung als den vorgeschriebenen Anforderungen (§ 20) nicht genügend, so wird durch Vorbescheid der Patentsucher aufgefordert, die Mängel innerhalb einer bestimmten Frist zu beseitigen.

Insoweit die Vorprüfung ergiebt, daß eine nach §§ 1, 2, 3, Absatz 1 patentfähige Erfindung nicht vorliegt, wird der Patentsucher hiervon unter Angabe der Gründe mit der Aufforderung benachrichtigt, sich binnen einer bestimmten Frist zu äußern.

Erklärt sich der Patentsucher auf den Vorbescheid (Absatz 2 und 3) nicht rechtzeitig, so gilt die Anmeldung als zurückgenommen; erklärt er sich innerhalb der Frist, so faßt die Anmeldeabtheilung Beschluß.

§ 22. Ist durch die Anmeldung den vorgeschriebenen Anforderungen (§ 20) nicht genügt oder ergiebt sich, daß eine nach §§ 1, 2, 3, Absatz 1 patentfähige Erfindung nicht vorliegt, so wird die Anmeldung von der Abtheilung zurückgewiesen. An der Beschlußfassung darf das Mitglied, welches den Vorbescheid erlassen hat, nicht theilnehmen.

Soll die Zurückweisung auf Grund von Umständen erfolgen, welche nicht bereits durch den Vorbescheid dem Patentsucher mitgetheilt waren, so ist demselben vorher Gelegenheit zu geben, sich über diese Umstände binnen einer bestimmten Frist zu äußern.

§ 23. Erachtet das Patentamt die Anmeldung für gehörig erfolgt und die Ertheilung eines Patents nicht für ausgeschlossen, so beschließt es die Bekanntmachung der Anmeldung. Mit der Bekanntmachung treten für den Gegenstand der Anmeldung zu Gunsten des Patentsuchers einstweilen die gesetzlichen Wirkungen des Patents ein (§§ 4 und 5).

Die Bekanntmachung geschieht in der Weise, daß der Name des Patentsuchers und der wesentliche Inhalt des in seiner Anmeldung enthaltenen Antrags durch den Reichsanzeiger einmal veröffentlicht wird. Mit der Veröffentlichung ist die Anzeige zu verbinden, daß der Gegenstand der Anmeldung einstweilen gegen unbefugte Benutzung geschützt sei.

Gleichzeitig ist die Anmeldung mit sämmtlichen Beilagen bei dem Patentamt zur Einsicht für jedermann auszulegen. Auf dem durch § 17 des Gesetzes bestimmten Wege kann angeordnet werden, daß die Auslegung auch außerhalb Berlins zu erfolgen habe.

Die Bekanntmachung kann auf Antrag des Patentsuchers auf die Dauer von höchstens sechs Monaten, vom Tage des Beschlusses über die Bekanntmachung an gerechnet, ausgesetzt werden. Bis zur Dauer von drei Monaten darf die Aussetzung nicht versagt werden.

Handelt es sich um ein im Namen der Reichsverwaltung für

die Zwecke des Heeres oder der Flotte nachgesuchtes Patent, so erfolgt auf Antrag die Patentertheilung ohne jede Bekanntmachung. In diesem Falle unterbleibt auch die Eintragung in die Patentrolle.

§ 24. Innerhalb der Frist von zwei Monaten nach der Veröffentlichung (§ 23) ist die erste Jahresgebühr (§ 8, Absatz 1) einzuzahlen. Erfolgt die Einzahlung nicht binnen dieser Frist, so gilt die Anmeldung als zurückgenommen.

Innerhalb der gleichen Frist kann gegen die Ertheilung des Patents Einspruch erhoben werden. Der Einspruch muß schriftlich erfolgen und mit Gründen versehen sein. Er kann nur auf die Behauptung gestützt werden, daß der Gegenstand nach §§ 1 und 2 nicht patentfähig sei, oder daß dem Patentsucher ein Anspruch auf das Patent nach § 3 nicht zustehe. Im Falle des § 3, Absatz 2 ist nur der Verletzte zum Einspruch berechtigt.

Nach Ablauf der Frist hat das Patentamt über die Ertheilung des Patents Beschluß zu fassen. An der Beschlußfassung darf das Mitglied, welches den Vorbescheid (§ 21) erlassen hat, nicht theilnehmen.

§ 25. Bei der Vorprüfung und in dem Verfahren vor der Anmeldeabtheilung kann jederzeit die Ladung und Anhörung der Betheiligten, die Vernehmung von Zeugen und Sachverständigen, sowie die Vornahme sonstiger zur Aufklärung der Sache erforderlicher Ermittelungen angeordnet werden.

§ 26. Gegen den Beschluß, durch welchen die Anmeldung zurückgewiesen wird, kann der Patentsucher, und gegen den Beschluß, durch welchen über die Ertheilung des Patents entschieden wird, der Patentsucher oder der Einsprechende innerhalb eines Monats nach der Zustellung Beschwerde einlegen. Mit der Einlegung der Beschwerde sind für die Kosten des Beschwerdeverfahrens zwanzig Mark zu zahlen; erfolgt die Zahlung nicht, so gilt die Beschwerde als nicht erhoben.

Ist die Beschwerde an sich nicht statthaft oder ist dieselbe verspätet eingelegt, so wird sie als unzulässig verworfen.

Wird die Beschwerde für zulässig befunden, so richtet sich das weitere Verfahren nach § 25. Die Ladung und Anhörung der Betheiligten muß auf Antrag eines derselben erfolgen. Dieser Antrag kann nur abgelehnt werden, wenn die Ladung des Antragstellers in dem Verfahren vor der Anmeldeabtheilung bereits erfolgt war.

Soll die Entscheidung über die Beschwerde auf Grund anderer als der in dem angegriffenen Beschlusse berücksichtigten Umstände erfolgen, so ist den Betheiligten zuvor Gelegenheit zu geben, sich hierüber zu äußern.

Das Patentamt kann nach freiem Ermessen bestimmen, inwieweit einem Betheiligten im Falle des Unterliegens die Kosten des Beschwerdeverfahrens zur Last fallen, sowie anordnen, daß dem Betheiligten, dessen Beschwerde für gerechtfertigt befunden ist, die Gebühr (Absatz 1) zurückgezahlt wird.

§ 27. Ist die Ertheilung des Patents endgültig beschlossen, so erläßt das Patentamt darüber durch den Reichsanzeiger eine Bekanntmachung und fertigt demnächst für den Patentinhaber eine Urkunde aus.

Wird die Anmeldung nach der Veröffentlichung (§ 23) zurückgenommen oder wird das Patent versagt, so ist dies ebenfalls bekannt zu machen. Die eingezahlte Jahresgebühr wird in diesem Falle erstattet. Mit der Versagung des Patents gelten die Wirkungen des einstweiligen Schutzes als nicht eingetreten.

§ 28. Die Einleitung des Verfahrens wegen Erklärung der Nichtigkeit oder wegen Zurücknahme des Patents erfolgt nur auf Antrag.

Im Falle des § 10, Nr. 3 ist nur der Verletzte zu dem Antrage berechtigt.

Im Falle des § 10, Nr. 1 ist nach Ablauf von fünf Jahren, von dem Tage der über die Ertheilung des Patents erfolgten Bekanntmachung (§ 27, Absatz 1) gerechnet, der Antrag unstatthaft.

Der Antrag ist schriftlich an das Patentamt zu richten und hat die Thatsachen anzugeben, auf welche er gestützt wird. Mit dem Antrage ist eine Gebühr von fünfzig Mark zu zahlen. Erfolgt die Zahlung nicht, so gilt der Antrag als nicht gestellt. Die Gebühr wird erstattet, wenn das Verfahren ohne Anhörung der Betheiligten beendet wird.

Wohnt der Antragsteller im Auslande, so hat er dem Gegner auf dessen Verlangen Sicherheit wegen der Kosten des Verfahrens zu leisten. Die Höhe der Sicherheit wird von dem Patentamt nach freiem Ermessen festgesetzt. Dem Antragsteller wird bei Anordnung der Sicherheitsleistung eine Frist bestimmt, binnen welcher die Sicherheit zu leisten ist. Erfolgt die Sicherheitsleistung nicht vor Ablauf der Frist, so gilt der Antrag als zurückgenommen.

§ 29. Nachdem die Einleitung des Verfahrens verfügt ist, fordert das Patentamt den Patentinhaber unter Mittheilung des Antrags auf, sich über denselben innerhalb eines Monats zu erklären.

Erklärt der Patentinhaber binnen der Frist sich nicht, so kann ohne Ladung und Anhörung der Betheiligten sofort nach dem Antrage entschieden und bei dieser Entscheidung jede von dem Antragsteller behauptete Thatsache für erwiesen angenommen werden.

§ 30. Widerspricht der Patentinhaber rechtzeitig, oder wird im Falle des § 29, Absatz 2 nicht sofort nach dem Antrage entschieden, so trifft das Patentamt, und zwar im ersteren Falle unter Mittheilung des Widerspruchs an den Antragsteller, die zur Aufklärung der Sache erforderlichen Verfügungen. Es kann die Vernehmung von Zeugen und Sachverständigen anordnen. Auf dieselben finden die Vorschriften der Civilprozeßordnung entsprechende Anwendung. Die Beweisverhandlungen sind unter Zuziehung eines beeidigten Protokollführers aufzunehmen.

Die Entscheidung erfolgt nach Ladung und Anhörung der Betheiligten.

Wird die Zurücknahme des Patents auf Grund des § 11, Nr. 2 beantragt, so muß der diesem Antrage entsprechenden Entscheidung eine Androhung der Zurücknahme unter Angabe von Gründen und unter Festsetzung einer angemessenen Frist vorausgehen.

§ 31. In der Entscheidung (§§ 29, 30) hat das Patentamt nach freiem Ermessen zu bestimmen, zu welchem Antheile die Kosten des Verfahrens den Betheiligten zur Last fallen.

§ 32. Die Gerichte sind verpflichtet, dem Patentamt Rechtshülfe zu leisten. Die Festsetzung einer Strafe gegen Zeugen und Sachverständige, welche nicht erscheinen oder ihre Aussage oder deren Beeidigung verweigern, sowie die Vorführung eines nicht erschienenen Zeugen erfolgt auf Ersuchen durch die Gerichte.

§ 33. Gegen die Entscheidung des Patentamts (§§ 29, 30) ist die Berufung zulässig. Die Berufung geht an das Reichsgericht.[1]

---

[1] Verordnung, betr. das Berufungsverfahren beim Reichsgericht in Patentsachen (noch nicht publicirt).

Wir Wilhelm, von Gottes Gnaden Deutscher Kaiser, König von Preußen 2c. verordnen auf Grund des § 33 des Patentgesetzes vom 7. April 1891 (RGBl 79) im Namen des Reichs, nach erfolgter Zustimmung des Bundesrathes, was folgt:

§ 1. Die in Gemäßheit des § 33 Absatz 1 des Patentgesetzes vom 7. April 1891 bei dem Patentamt einzureichende Berufungsschrift muß die Berufungsanträge, sowie die Angabe der neuen Thatsachen und Beweismittel enthalten, welche der Berufungskläger geltend machen will.

§ 2. Ist die Berufungsschrift nicht rechtzeitig eingegangen oder nicht in deutscher Sprache abgefaßt oder enthält sie nicht die Berufungsanträge, so hat das Patentamt die Berufung als unzulässig zu verwerfen.

Der Berufungskläger kann binnen einer Woche nach Zustellung dieses Beschlusses auf die Entscheidung des Reichsgerichts antragen.

§ 3. Ist die Berufung zulässig, so wird die Berufungsschrift von dem Patentamt dem Berufungsbeklagten mit der Auflage mitgetheilt, seine schriftliche Erklärung innerhalb eines Monats nach der Zustellung bei dem Patentamt einzureichen.

Sie ist binnen sechs Wochen nach der Zustellung bei dem Patentamt schriftlich anzumelden und zu begründen.

Durch das Urtheil des Gerichtshofes ist nach Maßgabe des § 31 auch über die Kosten des Verfahrens zu bestimmen.

Die Erklärung muß die Gegenanträge, sowie die Angabe der neuen Thatsachen und Beweismittel enthalten, welche der Berufungsbeklagte geltend machen will.

Ein Antrag auf Sicherheitsleistung im Falle des § 28 Absatz 5 des Patentgesetzes vom 7. April 1891 ist vom Berufungsbeklagten innerhalb der Frist zur Erklärung auf die Berufungsschrift zu stellen. Erfolgt die vom Reichsgericht zu verfügende Sicherheitsleistung nicht binnen der bestimmten Frist, so ist die Berufung vom Reichsgericht zu verwerfen.

§ 4. Das Patentamt legt die Verhandlungen nebst den Akten erster Instanz dem Reichsgericht vor und benachrichtigt hiervon die Parteien, unter Mittheilung der Gegenerklärung an den Berufungskläger.

§ 5. Das Reichsgericht trifft nach freiem Ermessen die zur Aufklärung der Sache erforderlichen Verfügungen.

Beweiserhebungen können durch Vermittelung des Patentamts erfolgen.

§ 6. Das Urtheil des Reichsgerichts ergeht nach Ladung und Anhörung der Parteien.

Die Ladungsfrist beträgt mindestens zwei Wochen.

§ 7. Die Geltendmachung neuer Thatsachen und Beweismittel im Termin ist nur insoweit zulässig, als sie durch das Vorbringen des Berufungsbeklagten in der Erklärungsschrift veranlaßt wird.

Das Gericht kann auch Thatsachen und Beweise berücksichtigen, mit welchen die Parteien ausgeschlossen sind.

Auf eine noch erforderliche Beweisaufnahme findet die Bestimmung im § 5 Anwendung.

Soll das Urtheil auf Umstände gegründet werden, welche von den Parteien nicht berührt sind, so sind diese zu veranlassen, sich hierüber zu äußern.

§ 8. Von einer Partei behauptete Thatsachen, über welche die Gegenpartei sich nicht erklärt hat, können für erwiesen angenommen werden.

Erscheint in dem Termin keine der Parteien, so ergeht das Urtheil auf Grund der Akten.

§ 9. Das Reichsgericht kann zu der Berathung Sachverständige zuziehen; dieselben dürfen an der Abstimmung nicht Theil nehmen.

§ 10. Zu den Kosten des Verfahrens, über welche das Reichsgericht nach § 33 Absatz 2 des Patentgesetzes zu bestimmen hat, gehören außer den aus der Kasse des Patentamts zu bestreitenden Auslagen diejenigen den Parteien erwachsenen Auslagen, welche nach freiem Ermessen des Gerichtshofes zur zweckentsprechenden Wahrung der Ansprüche und Rechte nothwendig waren.

§ 11. In dem Termin ist ein Protokoll aufzunehmen, welches den Gang der Verhandlung im Allgemeinen angiebt.

Das Protokoll ist von dem Vorsitzenden und dem Gerichtsschreiber zu unterschreiben.

§ 12. Die Verkündung des Urtheils erfolgt in dem Termin, in welchem

Im Uebrigen wird das Verfahren vor dem Gerichtshof durch ein Regulativ bestimmt, welches von dem Gerichtshof zu entwerfen ist und durch Kaiserliche Verordnung unter Zustimmung des Bundesraths festgestellt wird.

§ 34. In Betreff der Geschäftssprache vor dem Patentamt finden die Bestimmungen des Gerichtsverfassungsgesetzes über die Gerichtssprache entsprechende Anwendung. Eingaben, welche nicht in deutscher Sprache abgefaßt sind, werden nicht berücksichtigt.

Vierter Abschnitt.

Strafen und Entschädigung.

§ 35. Wer wissentlich oder aus grober Fahrlässigkeit den Bestimmungen der §§ 4 und 5 zuwider eine Erfindung in Benutzung nimmt, ist dem Verletzten zur Entschädigung verpflichtet.

Handelt es sich um eine Erfindung, welche ein Verfahren zur Herstellung eines neuen Stoffes zum Gegenstand hat, so gilt bis zum Beweise des Gegenteils jeder Stoff von gleicher Beschaffenheit als nach dem patentirten Verfahren hergestellt.

§ 36. Wer wissentlich den Bestimmungen der §§ 4 und 5 zuwider eine Erfindung in Benutzung nimmt, wird mit Geldstrafe bis zu fünftausend Mark oder mit Gefängniß bis zu einem Jahre bestraft.

Die Strafverfolgung tritt nur auf Antrag ein. Die Zurücknahme des Antrags ist zulässig.

---

die Verhandlung geschlossen ist, oder in einem sofort anzuberaumenden Termin.

Wird die Verkündung der Entscheidungsgründe für angemessen erachtet, so erfolgt sie durch Vorlesung der Gründe oder durch mündliche Mittheilung des wesentlichen Inhalts.

Die Ausfertigungen des mit Gründen zu versehenden Urtheils werden durch Vermittelung des Patentamts zugestellt.

§ 13. Wird beantragt, daß in Abänderung der Entscheidung des Patentamts die Zurücknahme des Patents auf Grund des § 11 Nr. 2 des Patentgesetzes ausgesprochen werde, so findet die Vorschrift des § 30 Absatz 3 dieses Gesetzes entsprechende Anwendung.

§ 14. Die zur Praxis bei dem Reichsgericht zugelassenen Rechtsanwälte sind befugt, im Berufungsverfahren in Patentsachen die Vertretung zu übernehmen.

Den Parteien und deren Vertretern ist es gestattet, mit einem technischen Beistande zu erscheinen.

§ 15. Im Uebrigen ist für das Berufungsverfahren in Patentsachen das den Geschäftsgang beim Reichsgericht normirende Regulativ maßgebend.

Urkundlich unter Unserer Höchsteigenhändigen Unterschrift und beigedrucktem Kaiserlichen Insiegel.

Gegeben Berlin, den ....

Wird auf Strafe erkannt, so ist zugleich dem Verletzten die Befugniß zuzusprechen, die Verurtheilung auf Kosten des Verurtheilten öffentlich bekannt zu machen. Die Art der Bekanntmachung, sowie die Frist zu derselben ist im Urtheil zu bestimmen.

§ 37. Statt jeder aus diesem Gesetze entspringenden Entschädigung kann auf Verlangen des Beschädigten neben der Strafe auf eine an ihn zu erlegende Buße bis zum Betrage von zehntausend Mark erkannt werden. Für diese Buße haften die zu derselben Verurtheilten als Gesammtschuldner.

Eine erkannte Buße schließt die Geltendmachung eines weiteren Entschädigungsanspruchs aus.

§ 38. In bürgerlichen Rechtsstreitigkeiten, in welchen durch Klage oder Widerklage ein Anspruch auf Grund der Bestimmungen dieses Gesetzes geltend gemacht ist, wird die Verhandlung und Entscheidung letzter Instanz im Sinne des § 8 des Einführungsgesetzes zum Gerichtsverfassungsgesetze dem Reichsgericht zugewiesen.

§ 39. Die Klagen wegen Verletzung des Patentrechts verjähren rücksichtlich jeder einzelnen dieselbe begründenden Handlung in drei Jahren.

§ 40. Mit Geldstrafe bis zu eintausend Mark wird bestraft:

1. wer Gegenstände oder deren Verpackung mit einer Bezeichnung versieht, welche geeignet ist, den Irrthum zu erregen, daß die Gegenstände durch ein Patent nach Maßgabe dieses Gesetzes geschützt seien;
2. wer in öffentlichen Anzeigen, auf Aushängeschildern, auf Empfehlungskarten oder in ähnlichen Kundgebungen eine Bezeichnung anwendet, welche geeignet ist, den Irrthum zu erregen, daß die darin erwähnten Gegenstände durch ein Patent nach Maßgabe dieses Gesetzes geschützt seien.

Artikel II.

Die Bestimmung im § 28, Absatz 3 des Artikels I findet auf die zur Zeit bestehenden Patente mit der Maßgabe Anwendung, daß der Antrag mindestens bis zum Ablauf von drei Jahren nach dem Tage des Inkrafttretens dieses Gesetzes statthaft ist.

Artikel III.

Dieses Gesetz tritt mit dem 1. Oktober 1891 in Kraft.

IV

Gesetz, betr. den Schutz von Gebrauchsmustern.

Vom 1. Juni 1891. (RGBl 290.)

Wir Wilhelm, von Gottes Gnaden Deutscher Kaiser, König von Preußen ꝛc verordnen im Namen des Reichs, nach erfolgter Zustimmung des Bundesraths und des Reichstags, was folgt:

§ 1. Modelle von Arbeitsgeräthschaften oder Gebrauchsgegenständen oder von Theilen derselben werden, insoweit sie dem Arbeits- oder Gebrauchszweck durch eine neue Gestaltung, Anordnung oder Vorrichtung dienen sollen, als Gebrauchsmuster nach Maßgabe dieses Gesetzes geschützt.

Modelle gelten insoweit nicht als neu, als sie zur Zeit der auf Grund dieses Gesetzes erfolgten Anmeldung bereits in öffentlichen Druckschriften beschrieben oder im Inlande offenkundig benutzt sind.

§ 2. Modelle, für welche der Schutz als Gebrauchsmuster verlangt wird, sind bei dem Patentamt schriftlich anzumelden.

Die Anmeldung muß angeben, unter welcher Bezeichnung das Modell eingetragen werden und welche neue Gestaltung oder Vorrichtung dem Arbeits- oder Gebrauchszweck dienen soll.

Jeder Anmeldung ist eine Nach- oder Abbildung des Modells beizufügen.

Ueber die sonstigen Erfordernisse der Anmeldung trifft das Patentamt Bestimmung.

Gleichzeitig mit der Anmeldung ist für jedes angemeldete Modell eine Gebühr von fünfzehn Mark einzuzahlen.

§ 3. Entspricht die Anmeldung den Anforderungen des § 2, so verfügt das Patentamt die Eintragung in die Rolle für Gebrauchsmuster.

Die Eintragung muß den Namen und Wohnsitz des Anmelders, sowie die Zeit der Anmeldung angeben.

Die Eintragungen sind durch den Reichs-Anzeiger in bestimmten Fristen bekannt zu machen.

Aenderungen in der Person des Eingetragenen werden auf Antrag in der Rolle vermerkt.

Die Einsicht der Rolle sowie der Anmeldungen, auf Grund deren die Eintragungen erfolgt sind, steht jedermann frei.

§ 4. Die Eintragung eines Gebrauchsmusters im Sinne des § 1 hat die Wirkung, daß dem Eingetragenen ausschließlich das Recht zusteht, gewerbsmäßig das Muster nachzubilden, die durch Nachbildung hervorgebrachten Geräthschaften und Gegenstände in Verkehr zu bringen, feilzuhalten oder zu gebrauchen.

Das durch eine spätere Anmeldung begründete Recht darf, soweit es in das Recht des auf Grund früherer Anmeldung Eingetragenen eingreift, ohne Erlaubniß des letzteren nicht ausgeübt werden.

Wenn der wesentliche Inhalt der Eintragung den Beschreibungen, Zeichnungen, Modellen, Geräthschaften oder Einrichtungen eines Anderen ohne Einwilligung desselben entnommen ist, so tritt dem Verletzten gegenüber der Schutz des Gesetzes nicht ein.

§ 5. Soweit ein nach § 4 begründetes Recht in ein Patent eingreift, dessen Anmeldung vor der Anmeldung des Modells erfolgt ist, darf der Eingetragene das Recht ohne Erlaubniß des Patentinhabers nicht ausüben.

Imgleichen darf, soweit in ein nach § 4 begründetes Recht durch ein später angemeldetes Patent eingegriffen wird, das Recht aus diesem Patent ohne Erlaubniß des Eingetragenen nicht ausgeübt werden.

§ 6. Liegen die Erfordernisse des § 1 nicht vor, so hat jedermann gegen den Eingetragenen Anspruch auf Löschung des Gebrauchsmusters.

Im Falle des § 4 Absatz 3 steht dem Verletzten ein Anspruch auf Löschung zu.

§ 7. Das durch die Eintragung begründete Recht geht auf die Erben über und kann beschränkt oder unbeschränkt durch Vertrag oder Verfügung von Todeswegen auf andere übertragen werden.

§ 8. Die Dauer des Schutzes ist drei Jahre; der Lauf dieser Zeit beginnt mit dem auf die Anmeldung folgenden Tage. Bei Zahlung einer weiteren Gebühr von sechszig Mark vor Ablauf der Zeit tritt eine Verlängerung der Schutzfrist um drei Jahre ein. Die Verlängerung wird in der Rolle vermerkt.

Wenn der Eingetragene während der Dauer der Frist auf den Schutz Verzicht leistet, so wird die Eintragung gelöscht.

Die nicht in Folge von Ablauf der Frist stattfindenden Löschungen von Eintragungen sind durch den Reichs-Anzeiger in bestimmten Fristen bekannt zu machen.

§ 9. Wer wissentlich oder aus grober Fahrlässigkeit den Bestimmungen der §§ 4 und 5 zuwider ein Gebrauchsmuster in Benutzung nimmt, ist dem Verletzten zur Entschädigung verpflichtet.

Die Klagen wegen Verletzung des Schutzrechtes verjähren rücksichtlich jeder einzelnen dieselbe begründenden Handlung in drei Jahren.

§ 10. Wer wissentlich den Bestimmungen der §§ 4 und 5 zuwider ein Gebrauchsmuster in Benutzung nimmt, wird mit Geldstrafe bis zu fünftausend Mark oder mit Gefängniß bis zu einem Jahre bestraft.

Die Strafverfolgung tritt nur auf Antrag ein. Die Zurücknahme des Antrags ist zulässig.

Wird auf Strafe erkannt, so ist zugleich dem Verletzten die Befugniß zuzusprechen, die Verurtheilung auf Kosten des Verurtheilten öffentlich bekannt zu machen. Die Art der Bekanntmachung, sowie die Frist zu derselben ist im Urtheil zu bestimmen.

§ 11. Statt jeder aus diesem Gesetze entspringenden Entschädigung kann auf Verlangen des Beschädigten neben der Strafe auf eine an ihn zu erlegende Buße bis zum Betrage von zehntausend Mark erkannt werden. Für diese Buße haften die zu derselben Verurtheilten als Gesammtschuldner.

Eine erkannte Buße schließt die Geltendmachung eines weiteren Entschädigungsanspruchs aus.

§ 12. In bürgerlichen Rechtsstreitigkeiten, in welchen durch Klage oder Widerklage ein Anspruch auf Grund der Bestimmungen dieses Gesetzes geltend gemacht ist, wird die Verhandlung und Entscheidung letzter Instanz im Sinne des § 8 des Einführungsgesetzes zum Gerichtsverfassungsgesetze dem Reichsgericht zugewiesen.

§ 13. Wer im Inlande einen Wohnsitz oder eine Niederlassung nicht hat, kann nur dann den Anspruch auf den Schutz dieses Gesetzes geltend machen, wenn in dem Staate, in welchem sein Wohnsitz oder seine Niederlassung sich befindet, nach einer im Reichs-Gesetzblatt enthaltenen Bekanntmachung deutsche Gebrauchsmuster einen Schutz genießen.

Wer auf Grund dieser Bestimmung eine Anmeldung bewirkt, muß gleichzeitig einen im Inlande wohnhaften Vertreter bestellen. Name und Wohnsitz des Vertreters werden in die Rolle eingetragen. Der eingetragene Vertreter ist zur Vetretung des Schutzberechtigten in den das Gebrauchsmuster betreffenden Rechtsstreitigkeiten und zur Stellung von Strafanträgen befugt. Der Ort, wo der Vertreter seinen Wohnsitz hat, und in Ermangelung eines solchen der Ort, wo das Patentamt seinen Sitz hat, gilt im Sinne des § 24 CPO. als der Ort, wo der Vermögensgegenstand sich befindet.

§ 14. Die zur Ausführung dieses Gesetzes erforderlichen Bestimmungen über die Einrichtung und den Geschäftsgang des Patentamts werden durch Kaiserliche Verordnung unter Zustimmung des Bundesraths getroffen.

§ 15. Dieses Gesetz tritt mit dem 1. Oktober 1891 in Kraft.

Urkundlich unter Unserer Höchsteigenhändigen Unterschrift und beigedrucktem Kaiserlichen Insiegel.

Gegeben an Bord Meines Aviso „Greif", den 1. Juni 1891.

(L. S.) **Wilhelm.**

von Boetticher.

V

Verordnung zur Ausführung das Patentgesetzes vom 7. April 1891 und des Gesetzes, betr. den Schutz von Gebrauchsmustern, vom 1. Juni 1891.

Vom 11. Juli 1891. (RGBl 1891. Nr. 23.)

Wir Wilhelm, von Gottes Gnaden Deutscher Kaiser, König von Preußen ꝛc verordnen auf Grund der Bestimmungen im § 17 des Patentgesetzes vom 7. April 1891 (Reichs-Gesetzbl. S. 79) und im § 14 des Gesetzes, betr. den Schutz von Gebrauchsmustern, vom 1. Juni 1891 (Reichs-Gesetzbl. S. 290) im Namen des Reichs, nach erfolgter Zustimmung des Bundesraths, was folgt:

I. Patentangelegenheiten.

§ 1. Im Patentamt werden für die Patentanmeldungen vier Abtheilungen gebildet, welche die Bezeichnung „Anmeldeabtheilung" führen und durch den Zusatz I, II, III, IV unterschieden werden.

Der Reichskanzler bestimmt, für welche Gebiete der Technik eine jede der Abtheilungen zuständig ist.

Zu dem Geschäftskreis der Anmeldeabtheilungen gehören auch die Beschlüsse über Eintragungen und Löschungen in der Patentrolle (§ 19 des Patentgesetzes) für das einer jeden Abtheilung zugewiesene Gebiet der Technik.

§ 2. Für Beschwerden gegen die Beschlüsse der Anmeldeabtheilungen und der Nichtigkeitsabtheilung (§§ 16, 26 des Patentgesetzes) werden zwei Abtheilungen gebildet, welche die Bezeichnung „Beschwerdeabtheilung" führen und durch den Zusatz I und II unterschieden werden.

Die Beschwerdeabtheilung I ist zuständig für Beschwerden gegen Beschlüsse der Anmeldeabtheilungen I und II, sowie für Beschwerden gegen Beschlüsse der Nichtigkeitsabtheilung. Die Beschwerdeabtheilung II ist zuständig für Beschwerden gegen Beschlüsse der Anmeldeabtheilungen III und IV.

Die Beschwerdeabtheilungen sind außerdem, und zwar jede innerhalb des durch Abs. 2 festgesetzten Geschäftskreises, zuständig für die vom Patentamt abzugebenden Gutachten.

§ 3. Meinungsverschiedenheiten zwischen mehreren Abtheilungen über die Zuständigkeit werden von dem Präsidenten entschieden.

Für Anträge oder Gesuche, welche andere, als die in den §§ 1 und 2 bezeichneten Angelegenheiten betreffen, wird die Zuständigkeit von dem Präsidenten bestimmt.

§ 4. Die Geschäftsleitung in den Anmeldeabtheilungen steht dem zum Vorsitz berufenen rechtskundigen Mitgliede, die Geschäftsleitung in den Beschwerdeabtheilungen und in der Nichtigkeitsabtheilung dem Präsidenten zu. Ueber die Vertretung des Präsidenten im Vorsitz trifft der Reichskanzler Bestimmung.

§ 5. Die Zuweisung der Mitglieder an die Abtheilungen erfolgt durch den Reichskanzler.

Im Falle des Todes, der Erkrankung oder der längeren Abwesenheit eines Mitgliedes können in die davon betroffene Abtheilung, solange das Bedürfniß dieses erfordert, durch den Präsidenten Mitglieder anderer Abtheilungen zur Aushülfe berufen werden.

§ 6. In den Abtheilungen trifft der Vorsitzende die für den Fortgang der Sachen erforderlichen Verfügungen.

In den Anmeldeabtheilungen bezeichnet er für jede Klasse der Anmeldungen im Voraus das Mitglied, welchem die Vorprüfung (§ 21 des Patentgesetzes) obliegt, sowie einen weiteren Berichterstatter für das Verfahren nach Erlaß des Vorbescheides.

In den Beschwerdeabtheilungen und in der Nichtigkeitsabtheilung bezeichnet der Präsident für jede Klasse im Voraus zwei Berichterstatter.

An Stelle der hiernach berufenen Mitglieder können für den einzelnen Fall andere Berichterstatter bezeichnet werden.

Die Berichterstatter halten den mündlichen Vortrag in der Sitzung und entwerfen alle Beschlüsse und Entscheidungen. Der Vorsitzende prüft die Entwürfe und stellt sie fest. Ueber sachliche Meinungsverschiedenheiten beschließt die Abtheilung.

§ 7. In den Anmeldeabtheilungen bedarf es der Berathung und Abstimmung in einer Sitzung für Beschlüsse über die Bekanntmachung der Anmeldung, sowie für Beschlüsse, durch welche die Anmeldung oder ein Einspruch ganz oder theilweise zurückgewiesen wird.

Für die Beschlüsse der Beschwerdeabtheilungen, durch welche eine auf Grund des § 16 des Patentgesetzes erhobene Beschwerde erledigt wird, sowie für die nach §§ 26, 29 und 30 des Patentgesetzes ergehenden Entscheidungen der Beschwerdeabtheilungen und der Nichtigkeitsabtheilung bedarf es der Berathung und Abstimmung in einer Sitzung. An den Entscheidungen nehmen außer dem Präsidenten und dem weiteren rechtskundigen Mitgliede die beiden für die Sache bestellten Berichterstatter und ein drittes von dem Präsidenten vorher bestimmtes technisches Mitglied theil.

§ 8. Bei den Abstimmungen entscheidet die absolute Mehrheit der Stimmen, bei Stimmengleichheit die Stimme des Vorsitzenden.

Ist eine Anhörung der Betheiligten (Patentgesetz § 25, § 26 Absatz 3, § 30 Absatz 2) vorhergegangen, so kann ein Mitglied, welches hierbei nicht zugegen gewesen ist, an der Abstimmung nicht theilnehmen.

§ 9. Dem Präsidenten liegt es ob, auf eine gleichmäßige Behandlung der Geschäfte und auf die Beobachtung gleicher Grundsätze hinzuwirken. Zu diesem Behufe ist er befugt, den Berathungen aller Abtheilungen beizuwohnen, auch sämmtliche Mitglieder zu Plenarversammlungen zu vereinigen und die Berathung des Plenums über die von ihm vorgelegten Fragen herbeizuführen.

§ 10. Die Sitzungen der Abtheilungen finden der Regel nach an bestimmten Tagen und zu bestimmten Stunden statt. Die Verfügung darüber steht dem Präsidenten zu.

§ 11. Die Ausfertigungen der Beschlüsse und Entscheidungen der Abtheilungen erhalten die Unterschrift: „Kaiserliches Patentamt" und zusätzlich die vorschriftsmäßige Bezeichnung der Abtheilung.

§ 12. Für das Zustellungswesen gelten folgende Vorschriften:

1. Zustellungen, welche den Lauf der im § 26 Absatz 1 des Patentgesetzes bezeichneten Frist bedingen, sowie Zustellungen in dem Verfahren vor der Nichtigkeitsabtheilung erfolgen durch die Post. Auf diese Zustellungen finden die Vorschriften der Civilprozeßordnung mit nachstehenden Maßgaben Anwendung.

   Der vom Präsidenten bestimmte Beamte trägt für die Bewirkung der Zustellung Sorge und beglaubigt die zu übergebenden Abschriften. Er übergiebt die Schriftstücke in einem verschlossenen, mit der Adresse der Person, an welche zugestellt werden soll, sowie mit der Geschäftsnummer versehenen Briefumschlag der Post zur Zustellung. Auf den Briefumschlag wird der Vermerk gesetzt: „Vereinfachte Zustellung". Eine Bescheinigung der Uebergabe an die Post (§§ 177, 179 CPO.) ist nicht erforderlich.

Die von dem Postboten aufzunehmende Zustellungsurkunde muß die Adresse und die Geschäftsnummer des Briefes, den Ort und die Zeit der Zustellung, sowie die Person, welcher zugestellt ist, und wenn die Zustellung nicht an den Adressaten persönlich erfolgt ist, den Grund hiervon angeben. Die Urkunde ist von dem Postboten zu unterschreiben. Abschrift der Zustellungsurkunde wird nicht übergeben. Der Tag der Zustellung ist von dem Postboten auf dem Briefumschlag zu vermerken.

2. Zustellungen, welche den Lauf sonstiger Fristen bedingen, erfolgen mittelst eingeschriebenen Briefes.

Kann in den Fällen der Nr. 1 und 2 eine Zustellung im Inlande nicht erfolgen, so wird sie durch Aufgabe zur Post nach Maßgabe der §§ 161, 175 CPO. bewirkt.

§ 13. Zeugen und Sachverständige erhalten Gebühren nach Maßgabe der Gebührenordnung vom 30. Juni 1878 (RGBl. S. 173).

§ 14. Zu den Kosten des Verfahrens, über welche das Patentamt nach § 26 Absatz 5 und § 31 des Patentgesetzes zu bestimmen hat, gehören außer den aus der Kasse des Patentamts bestrittenen Auslagen diejenigen den Betheiligten erwachsenen Kosten, welche nach freiem Ermessen des Patentamts zur zweckentsprechenden Wahrung der Ansprüche und Rechte nothwendig waren.

§ 15. Ist eine Patentgebühr (§ 8 Absatz 2 des Patentgesetzes) nicht innerhalb sechs Wochen nach der Fälligkeit entrichtet, so benachrichtigt das Patentamt hiervon den Patentinhaber.

Aus dem Umstande, daß der Patentinhaber eine Benachrichtigung nicht erhält, erwachsen Rechtsfolgen nicht.

§ 16. Die Orte außerhalb Berlins, an welchen eine Auslegung der Patentanmeldungen erfolgen soll, sowie die Art und Zeitdauer dieser Auslegung werden vom Reichskanzler bezeichnet. Wenn eine Auslegung an diesen Orten unterbleibt, so wird dadurch ein Mangel des Verfahrens nicht begründet.

§ 17. Der Präsident verfügt im Einvernehmen mit der für die Anmeldung zuständigen Abtheilung über Modelle und Proben, deren Rückgabe nicht binnen sechs Monaten nach endgültiger Abweisung der Anmeldung oder nach der Bekanntmachung von der Ertheilung des Patents (§ 27 Absatz 1 des Patentgesetzes) beantragt ist.

§ 18. Soweit für Patentangelegenheiten aus der Zeit vor dem 1. Oktober 1891 Uebergangsbestimmungen erforderlich sind, werden dieselben vom Reichskanzler erlassen.

II. Angelegenheiten des Gebrauchsmusterschutzes.

§ 19. Für Anträge in Sachen des Schutzes von Gebrauchsmustern wird in dem Patentamt eine besondere Anmeldestelle errichtet.

Die Leitung dieser Stelle liegt einem von dem Reichskanzler bezeichneten rechtskundigen Mitgliede ob.

Im Falle einer Verhinderung dieses Mitgliedes kann der Präsident einem anderen rechtskundigen Mitgliede die Vertretung übertragen.

§ 20. Die Verfügungen der Anmeldestelle erhalten die Unterschrift: „Kaiserliches Patentamt, Anmeldestelle für Gebrauchsmuster".

§ 21. Ueber Vorstellungen gegen die Verfügung der Anmeldestelle befindet der Präsident.

§ 22. Aenderungen in der Person des Eingetragenen oder des nach § 13 Absatz 2 des Gesetzes vom 1. Juni 1891 bestellten Vertreters, welche in der Rolle vermerkt werden sollen, sind in beweisender Form zur Kenntniß des Patentamts zu bringen.

§ 23. Nach der Eintragung in der Rolle erhält der Eingetragene eine Ausfertigung des Eintragungsvermerks.

§ 24. Der Präsident verfügt über Modelle, deren Rückgabe nicht binnen vier Jahren nach Ablauf der Schutzfrist beantragt wird.

III. Gemeinschaftliche Bestimmungen.

§ 25. Die Einrichtung des Bureaus, die Verwaltung der Kasse, der Bibliothek und der Sammlungen werden durch den Präsidenten geordnet. Der Präsident erläßt die erforderlichen Geschäftsanweisungen.

§ 26. Die Leitung und Beaufsichtigung des gesammten Geschäftsbetriebes steht dem Präsidenten zu. Er verfügt in allen Verwaltungsangelegenheiten.

§ 27. Sämmtliche eingehende Geschäftssachen werden, ohne Rücksicht auf ihren verschiedenen Inhalt, nach der Zeit ihres Eingangs mit einer laufenden Nummer, als Geschäftsnummer, und mit dem Datum bezeichnet.

Geschäftssachen, welche während der Dienststunden eingehen, sind alsbald, andere Geschäftssachen bei dem Wiederbeginn der Dienststunden von dem dazu bestimmten Beamten hiernach zu bezeichnen. Wenn die Reihe des Eingangs nicht feststeht, so sind sie nach der Reihe, in welcher sie von dem Beamten übernommen werden, mit der Bezeichnung zu versehen.

Von zwei an demselben Tage an das Patentamt gelangten Geschäftssachen gilt diejenige als später eingegangen, welche die höhere Geschäftsnummer trägt.

§ 28. Vertreter in Patentangelegenheiten und in Angelegenheiten des Gebrauchsmusterschutzes haben dem Patentamt gegenüber ihre Bevollmächtigung durch eine Vollmacht nachzuweisen.

Die Vollmachten müssen auf prozeßfähige, mit ihrem bürgerlichen Namen bezeichnete Personen lauten.

Sind mehrere Personen bevollmächtigt, so gelten dieselben für befugt, sowohl gemeinschaftlich als auch einzeln die Vertretung wahrzunehmen. Eine abweichende Bestimmung dürfen die Vollmachten nicht enthalten.

§ 29. Das Patentamt kann nach seinem Ermessen von den bei ihm beruhenden Eingaben und Verhandlungen, soweit die Einsicht in dieselben gesetzlich nicht beschränkt ist, an jedermann Abschriften und Auszüge gegen Einzahlung der Kosten ertheilen.

§ 30. Das Siegel des Patentamts enthält in der Mitte den Reichsadler und in der Umschrift die Worte „Kaiserliches Patentamt".

Urkundlich unter Unserer Höchsteigenhändigen Unterschrift und beigedrucktem Kaiserlichen Insiegel.

Gegeben Buckingham Palace London, den 11. Juli 1891.

(L. S.) **Wilhelm.**

von Boetticher.

Berichtigungen.

Seite 2. § 3 A. In **Ansehung** statt: in **Aufhebung**.
„ 54. Art. 164, Abs. 1: die Kommanditgesellschaft kann unter ihrer Firma Rechte erwerben und Verbindlichkeiten **eingehen**, Eigenthum u. s. w.
„ 70. „ 182, „ 2: Artikel **181** statt: **1881**.
„ 90. „ 209a, „ 5: **die** Generalversammlung statt: **der**.
„ 130. „ 272, „ 1: gewer**be**mäßig statt: gewer**bs**mäßig.
„ 136. „ 298, „ 2: Artikel**s** statt: Artikel.
„ 136. „ 299: Forderun**g** statt: Forderun**gen**.
„ 140. „ 306, Abs. 1: bei der Veräußerung **unbekannt** war statt: **bekannt**.
„ 143. „ 310, „ 3: **den** Schuldner statt: **dem**.
„ 159. „ 378: ein **einzelnes** Handelsgeschäft statt: **eigenes**.
„ 237. „ 736, Abs. 2: der amtliche Text lautet falsch: beider Schiffer.
„ 290. WO 24, „ 1: auf **dem** Wechsel statt: **den**.
„ 519. G. v. 10./6. 1869 § 1, 1.: die vom Auslande auf das Ausland gezogenen nur **im Auslande** zahlbaren statt: **nur im Inlande** zahlbaren.

Druck von Metzger & Wittig in Leipzig.

FSC
www.fsc.org
MIX
Papier | Fördert gute Waldnutzung
FSC® C083411

Kolibri 360 GmbH
Ferdinand-Jühlke-Straße 7
99095 Erfurt, Deutschland
produktsicherheit@kolibri360.de